유아특수교육의 이해

Adapting Early Childhood Curricula for Children with Special Needs

Seventh Edition

Ruth E. Cook · M. Diane Klein · Annette Tessier 공저

조용태 · 강미라 · 유경미 · 함현진 공역

PEARSON 박학사

ADAPTING EARLY CHILDHOOD CURRICULA FOR CHILDREN WITH SPECIAL NEEDS, 7th

Authorized Translation from the English language edition, entitled ADAPTING EARLY CHILDHOOD CURRICULA FOR CHILDREN WITH SPECIAL NEEDS, 7th Edition by COOK, RUTH E.; KLEIN, M. DIANE; TESSIER, ANNETTE, published by Pearson Education, Inc, publishing as Prentice Hall, Copyright © 2008

PEARSON www.pearsonhighered.com

역자 서문

우리나라에 유아특수교육 또는 장애유아의 조기교육이 시작된 지 10년이 넘었다. 그간에 많은 연구자들의 활동으로 유아특수교육 분야에서는 괄목할 만한 발전이 이루어졌다. 많은 전문 서적들이 출판되어 유아특수교육에 관심과 흥미를 가진 사람들에게 좋은 정보를 제공하고 있다. 그럼에도 한 가지 아쉬운 것은 유아의 주요 발달 영역과 특성을 충분히 고려하여 내용을 전개한 것은 많지 않다는 것이다.

특히 유아특수교육은 유아교육과 특수교육 분야의 지식을 연계 또는 통합하여야 하는 복잡하고 어려운 분야이다. 즉, 이 두 분야의 이론과 실제를 연결하지 못하면 유아특수교육 분야의 이론과 실제를 구성하는 것은 어려운 활동이다. 유아교육과 특수교육의 이론과 실제를 잘 구성하여 조직한 전문 서적의 필요성을 절감하고 있던 차에 Cook 등이 저술한 'Adapting Early Childhood Curricula for Children with Special Needs'라는 책을 접하게 되었다. 이 책은 유아특수교육 분야에서 권고된 실제, 가족의 관심사와 경험, 아동 사정, 아동을 위한 개별화프로그램계획, 교수전략, 아동 행동의 이해와 관리, 가족의 참여, 언어발달, 운동발달, 사회적 발달, 개념발달과 같은 유아의 주요 발달 영역에 있어서의 구체적인 교육과정 전략과 같은 유용한 주제들이 제시되고 있다.

이 책이 비록 미국의 교육을 바탕으로 하지만 역자들이 필요성을 느끼고 있었던 내용으로 풍부하게 담고 있었다. 특히 유아특수교육의 이론과 실제를 적절하게 담고 있어서 우리나라 유아특수교육 분야에도 많은 시사점을 던져줄 것으로 판단하였다. 저자들의 다양한 임상적 경험에 근거하여 구성된 내용으로서 특수교육 교사뿐만 아니라 장애유아의 교육과 관련된 다양한 전문가들에 매우 유익할 것으로 판단하여 번역을 결심하였다.

연구와 집필 활동은 다른 활동에 비해 상당한 시간과 노력을 필요로 한다. 연구자들은 일단 집필 활동이나 연구 활동에 몰두하게 되면 자신들의 지식 기반에 대해 깊이 생각하게 되고 많은 에너지와 시간을 쏟으며 심혈을 기울이게 된다.

번역 활동도 이와 다를 바 없다. 역자들도 이 한 권의 역서를 내기 위해 열심히 공동 작업을 하였다. 그리고 본서에 담긴 저자들의 의도와 내용을 훼손하지 않고 이해할 수 있도록 번역하기 위해 노력을 하였다. 그럼에도 저자들의 의도와 달리 전달된 내용도 있을 것으로 생각하며, 그러한 잘못 전달된 내용이 있다면 그것은 전적으로 역자들의 책임이다. 향후에 그러한 내용은 바로잡기 위한 노력을 계속할 것이다. 번역은 창작보다 더 어려울 수 있다는 것을 이번에 또 절감하였다. 물론 역자들의 일천한 지식이 그 원인이기는 하겠지만.

역자들이 느낀 본서의 매력은 유아특수교육에 관한 학문적 지식에 있어서 보편성과 특수성을 모두 추구하고 있다는 것이다. 저자들은 이 책에서 정상발달에 관한 보편적 이론과 지식을 제시하면서 각 발달에서 특수한 측면인 장애에 대한 이해를 돕고 유아교육 현장에서 특수유아의 발달 촉진을 위해 활용할 수 있는 유용한 전략들을 다루고 있다.

따라서 이 책은 특수유아의 발달적 특성과 요구에 관련된 정보를 제공하는 것뿐만 아니라 통합교육 환경에서 필요한 지침도 제공하고 있다. 또한 이 책에 포함된 지식과 논의들은 유아교육과 유아특수교육 교사가 다양한 발달적 상태에 있는 모든 영유아들과 함께 활동하는 데 필요한 다양한 지식과 기술을 지니도록 수준 높은 수행 능력을 요구하고 있다.

특수유아와 활동하고자 준비하는 예비교사들은 이 책의 내용들을 통해, 자신들이 후반부에 나오는 논의 주제와 활동을 이해하기 위한 강력한 이론적 도구를 가지게 되었다는 사실을 알게 되길 바란다. 그리고 유아교육 현장에서 활동하고 있는 교사와 전문가들은 이 책을 통해 변화하는 조기중재의 경향을 이해하게 되고 자신들의 활동에 대한 숙고의 기회뿐만 아니라 좀 더 발전된 앞으로의 활동을 재구성하게 되는 계기를 마련하게 되길 바란다.

본서가 「유아특수교육의 이해」라는 역서로 출판되기까지 모든 일을 성의껏 도와주시고 기다려 주신 박학사의 사장님과 편집부 직원들께 깊은 감사의 말씀을 드린다. 그리고 우리 역자들이 지치지 않도록 힘과 용기를 북돋아 주신 장애 아동의 부모님들과 기꺼이 도움 말씀을 주신 전문가 분들에게도 진심어린 감사의 마음을 전한다.

2009년 8월

역자 일동

추천 서문

이 책은 지난 20년 동안 조기교육 교사와 관련 서비스 전문가, 이들을 지도하는 교수들에게 유익한 정보를 제공하였다. 이 책은 특수유아와 그 가족들에게 서비스를 전달하기 위해 발달과 학습이론을 실제와 연결하는 데 있어서 크게 성공적이었다.

현재 특수유아들은 모든 조기교육 프로그램에 참여하고 있지만, 이러한 프로그램 가운데 많은 것들이 특수유아를 위한 교육과정을 수정하거나 확장하기 위한 전략에는 한계를 가지고 있다. 대부분의 경우에 약간의 수정만으로도 모든 아동들이 집단의 구성원이 될 수 있고 활동에서 이익을 얻을 수 있다. 그럼에도 이러한 수정은 아동들의 다양한 요구에 부합하는 데 관계되는 서비스 제공자들에게는 어려움이 될 수 있다.

이 책은 이러한 전문가들에게 도움을 주는 데 목적이 있다. 특수유아들이 어린이집, 센터, 유치원 등 어디에 있든 지역사회중심 통합교육 장면에서 교사와 다른 서비스 전문가들 사이의 협력, 자문, 문제해결을 향상시키는 데 초점을 두고 있다. 가족중심, 관계중심 접근을 통해 가족을 참여시키고, 프로그램에 대한 아동과 가족의 강점을 확인하도록 실천가들을 지원하는 데 강조점을 두고 있다. 이러한 전략은 특수교육, 유아교육, 물리치료와 작업치료, 언어병리학, 심리학, 상담, 건강 서비스 등과 같은 다양한 분야의 전문가들과 실천가들 사이의 계획된 조정과 협력에 의해서만 보다 잘 수행될 수 있다.

저자인 Ruth Cook, Diane Klein, Annette Tessier의 훈련과 임상적 경험은 특수유아와 그 가족들에게 서비스를 제공하는 다양한 분야를 포함하고 있다. 저자들은 조기중재와 조기교육 분야에서 다년간 함께 활동을 하였다. 저자들의 경험과 지식은 이론적 정보를 다양한 교육장면에서 수행할 수 있는 실제 기법으로 전환하여 모아진 것들이다.

이 책은 조기특수교육 분야에서 권고된 실제, 가족의 관심사와 경험, 아동 사정, 아동을 위한 개별화프로그램계획, 교수전략의 수행, 아동 행동의 이해와 관리, 아동의 프로그램에 대한 가족의 참여, 언어발달, 운동발달, 사회적 발달, 개념발달과 같은 발달 영역에서 있어서 구체적인 교육과정 전략과 같은 주제들이 설명되어 있다. 이 책의 또 다른 유용한 특정은 일반 아동의 발달에 대한 차트와 기술, 특정 유형의 장애에 대한 정보, 웹사이트와 정기간행물에서 이용할 수 있는 자원이 포함되어 있다.

이 책(*Adapting Early Childhood Curricula for Children with Special Needs*)은 유아교사들에게 쉽고 유용한 포괄적인 내용을 담고 있다. 이 책은 통합유아교육에 포함된 특수유아와 그 가족들의 발달을 지원하는 모든 사람들의 요구를 충족시킬 것이다.

Marci J. Hanson, Ph. D.
Professor
Early Childhood Special Education
San Francisco State University

저자 서문

이 책은 유아교육과 특수교육에서 공부하는 학생들을 위해 쓰여진 것이다. 특수유아교육 교사가 되기 위해 공부하는 학생이든 다양한 능력을 개발하기 위해 관련된 배경을 가진 조기중재자이든, 우리는 쉽고 재미있게 읽을 수 있고 포괄적인 자원을 포함하도록 설계하였다. 이 책은 광범위한 예시, 진단, 실제를 제시하고 있고, 유아특수교육 분야에서 가장 우수한 실제에 초점을 두고 있다.

이 책이 처음 출판되었을 때 특수유아에 대한 중재는 형성기에 해당되었다. 이 분야가 확대되면서 이 책 역시 성공적으로 성장하였다. 특수유아들은 지금은 다양한 장면에 참여하고 있고, 다양한 배경을 가진 전문가와 실천가들로부터 서비스를 받고 있다. 6판이 발행된 이후 지금 이 책의 목표는 유아들에게 서비스를 제공하는 모든 사람들의 발전에 중요한 역할을 하는 것이다. 이 책은 영유아와 그 가족들의 잠재력을 개발하고 특별한 문제 해결에 도움이 되는 필수적인 기능에 초점을 두고 있다.

특징

이 책은 다음과 같은 네 가지 핵심적인 특징을 가지고 있다.

첫째, 모든 유아의 특성과 학습 방법에 대한 이해의 중요성을 강조하고 있다. 특수아동을 위한 교육과정과 중재 접근을 수정하는 것은 전문가들이 모든 유아들에게 공통적인 것을 이해하는 강력한 기초를 형성할 때만 효과적으로 이루어진다. 이러한 필수적인 기초에 근거하여 학생들은 장애 영유아 또는 최적 성장과 적응에 방해가 되는 환경과 조건을 가진 영유아의 발달적 요구와 교육적 요구를 충족시키기 위한 전략을 생각할 수 있다.

둘째, 이 책에서 취하는 접근은 가족의 맥락 속에서 유아를 이해해야 한다는 절대적인 필요성을 강조하는 것이다. 모든 가족은 독특하고 복잡한데, 역사, 문화나 민족성, 경제, 가족 역동과 같은 많은 영향을 반영하고 있다. 조기중재자들은 이러한 많은 요인들의 상세한 분석보다 유아의 보호자로서 일상의 수행을 극대화할 가족을 지원하는 방법에 초점을 두어야 한다. 이 책에서 설명한 것처럼 여러분은 가족 환경에 관계없이 아동을 양육하는 능력에 있어서 유능감을 개발하도록 부모들을 도와야 한다. 아동의 발달에 있어서 가족 역할의 인정과 가족들의 관심과 우선순위를 존중하는 것은 효과적인 교육과정 설계와 프로그램 개발에 결정적이다.

셋째, 이 책의 일부는 전통적인 발달 영역인 사회-정서적 기술, 운동 기술, 의사소통 기술, 인지적 기술에 따라 조직되었다. 조기특수교육 전문가처럼 당신도 당신에게 위임된 아동에게 있어서 이러한 성장 영역이 개발되도록 해야 한다. 그래서 당신은 이러한 복잡한 영역의 각각에 대한 이해를 통해 발달해야 한다.

넷째, 당신은 완전한 아동의 관점에서 종합되어야 하는 개인적 배경 요인과 가족 배경 요인 그리고 모든 발달 영역에 대해 궁극적으로 이해해야 한다. 모든 유형의 상승작용에서처럼 완전한 아동은 부분의 합 그 이상으로 크다. 이러한 총체적인 관점은 활동중심 중재와 놀이중심 중재를 강조하는 것과 직접적으로 관련되어 있다. 당신은 통합적이고 지역사회중심 장면에서 발달적으로 적절하고 자극적인 활동에서 모든 영역에 대한 목적과 목표들을 통합하는 방법을 학습하게 될 것이다. 또한 당신은 순회 자문의 역할을 하면서 통합적인 지역사회중심 장면에서 다른 사람들과 협력적으로 활동하는 방법도 학습할 것이다. 책 전반에 걸쳐 가정, 센터, 학급 적용을 위한 가장 좋은 실제가 설명되어 있다.

7판에는 새로운 내용이 있는가? 6판의 독자들에게 일관되게 호소했던 이론적 틀과 접근을 제안한 네 가지 점이 언급되었다. 이러한 것들이 검증되었고 유용하다는 것이 일관되게 밝혀졌다. 이 책에서는 장애인교육개선법(Individuals with Disabilities Education Improvement Act)과 관련된 갱신된 법률이 포함되었고, 특히 응급 문해 영역인 학교 읽기 준비도 기능에 대한 관심이 증가되었다.

조직

이 책은 특수아동과 활동하기 위한 우리의 철학을 제시하고 있다. 가능한 한 가장 정상화된 장면에서 서비스를 제공해야 한다는 중요성에 대한 신념을 논의하고 가치 차이와 인간의 유사성을 탐색하고 있다. 1장은 조기교육과 특수교육 분야의 역사적 기여를 조명하고 있다. 공법 94-142, 99-457, 101-336, 101-476, 102-119, 105-17, 108-446의 중요 특징과 시사점을 요약 제시하였다. 이 분야의 경향과 통합교육을 지원하는 데 포함된 독특한 문제를 포함하여 서비스 전달에 대한 대안적인 방법이 논의되었다.

2장은 협력해야 하는 다양한 전문가들과의 협력적 동반자 관계에 가족을 포함시키는 기법을 제시하고 있다. 가족중심 접근의 개발에서 학생들은 가족을 체계적 관점으로 보도록 해야 한다. 문화적 다양성, 언어적 차이, 독특한 가족 상황을 조절할 수 있는 부모 참여에 대한 다양한 방법에 특별한 관심이 주어졌다.

3장은 형식적 방법이든 비형식적 방법이든 유아와 아동 사정에 대한 이슈와 방법을 제시하였다. 학생들에게 생태학적으로 타당한 사정의 중요성과 팀 접근에 대해 소개하였다. 사정과 교육과정을 연계하고 아동의 진전을 점검하는 것을 제시하였다. 4장은 개별화교육계획과 개별화가족서비스계획의 요소를 명확하게 제시하였다. 목적과 목표를 진술하는 기법 또한 제시하였다. 협력 프로그램과 전환 계획을 위한 전략도 개관하였다. 5장은 일반적인 교수전략의 틀 속에서 교육과정을 개발하는 데 초점을 두고 있다. 놀이의 촉진, 적절한 계획의 개발, 최적 환경의 배열이 조기중재의 성공에 영향을 줄 것이다. 자폐증이나 선천성 알코올 중독 아동과 같은 특정 장애에 대한 적응이 통합교육을 촉진하기 위한 출발을 제공한다.

6장은 놀이 매체를 통해 사회적 기능을 촉진시키는 방법을 이해하기 위한 전조로서 심리발달 단계를 설명하는 것으로 시작한다. 특별한 정서적 문제와 행동적 문제를 경험한 아동을 돕고, 학대받은 아동과 활동하는 데 주어진 고려할 만한 관심이 자세하게 논의된다.

7장은 운동 기술의 정상적 발달을 설명한 후에 비정상적인 운동발달을 설명한다. 자립기술의 촉진 기법뿐만 아니라 지침을 포함하는 실제적인 중재 전략이 제시되었다. 운동기술 발달에 있어서 움직임 교육과 음악의 역할이 고려되었다.

8장과 9장은 의사소통과 인지 발달에 초점을 두었다. 최적 발달에 있어서 보호자-아동 상호작용과 놀이 역할의 중요성도 제시하였다. 특히 중증장애, 자폐증, 시각장애, 청각장애 아동의 의사소통 기능을 향상시키기 위한 구체적인 전략에도 관심을 기울였다. 아동의 문해 기능 출현과 관련된 사회적 요인과 언어학적 요인과 이러한 기능들을 촉진하기 위한 전략을 이해하도록 하기 위한 내용도 포함하였다. 수학 학습 전 기능의 간략한 종합과 함께 음성학적 그리고 음운학적 인식의 촉진도 포함되었다.

마지막 10장은 지역사회 중심 초기 아동기 장면에 포함된 특수유아의 통합교육 지원을 제공하기 위한 방법, 전략, 문제에 대한 개관을 제시하였다. 또한 준전문가들과의 활동을 위한 유용한 고려사항도 포함하고 있다.

6판에서처럼 발달적 지침, 특수아동을 위한 교육과정 수정, 행동 수정, 통합교육 촉진을 지원하는 검목표와 같은 가치로운 실제적인 정보를 부록에 제시하고 있다. 협력을 향상시키기 위한 구체적인 의사소통 전략과 환경적 접근을 위한 일련의 훈련 단계를 덧붙였다. 마지막으로 모든 독자들이 발달시켰으면 하는 일련의 능력도 포함하고 있다.

감사의 글

특수교육 교사들에게 교육을 받는 수많은 아동과 부모들에게 감사의 인사를 전한다. 우리는 그들에게서 배경, 기능, 능력에 관계없이 각 아동의 독특성을 함양하고 가치를 부여하는 것을 배웠다. 우리는 그들이 어떤 장면에 있던 아동들의 독특한 요구를 충족시키는 방법을 찾았다고 믿고 있다. 유아들과 활동하는 데 관심을 가진 모든 사람들에게 이 과정의 핵심을 전달하는 데 목적이 있다.

이 책의 초판이 출판된 이래 수년 동안 우리를 지지하고 지원한 많은 동료들과 친구들에게 깊은 감사를 전한다. 7판의 원고를 친절하게 읽고 코멘트를 해 준 사람들의 성실한 노력에 특히 감사를 드린다. 교수자의 관점에서 유용한 코멘트를 제공해 준 Carole Osselaer, 자기 교실에서 사랑스러운 아이들의 사진을 제공해 준 Lisa Wadors에게 감사를 드린다. 시간과 관심과 피드백을 제공해준 Holy Family University의 Gaeralyn A. Arango, Mississippi State University의 Lynne S. Arnault, Grossmont College의 Lorraine Martin, Central Missouri State University의 Linda A. Nelson에게 특별히 감사를 드린다.

전문가로서 뿐만 아니라 개인적으로도 풍요롭고 능력을 증대시키면서 자기 길을 가는 많은 사람들이 있다. 이 책의 추천 서문을 써 준 Marci Hanson 박사에게 감사를 드린다. Hanson 박사의 이 분야에 대한 영향에 대해 항상 감사하고 있으며, 조기 특수교육 분야의 미래에 대한 우리의 기여를 높이는 데 도움이 된 것에 대해서도 감사를 드린다.

좋은 교사가 되기 위해 필요한 것이 무엇인지를 우리가 배우는 데 도움을 준 Anne Marie Richardson-Gibbs, Sharon Kilpatrick, Carol Dale, Shirley Sparks 그리고 Santa Clara University 대학원 학생들과 Los Angeles에 있는 California State University 학생들에게도 감사를 전한다. 또한 강한 영감을 제공한 Los Angeles에 있는 California State University의 Centro de Niños y Padres, Southern Illinois University Early Childhood Center, Los Angeles Child Development Center에 있는 Mount Saint Mary's College의 부모, 아동, 우수한 직원들에게도 깊은 감사를 드린다.

이 책을 저술하는 동안 가족들도 매우 귀중한 지지를 보내주었다. 아동 성장과 발달에 대한 우리의 이해가 피상적이 되지 않도록 해 준 Erin Klein, Christopher, Kimberly Cook Bodemar에게 특히 감사를 전하고 싶다. 이 책이 가능하도록 수년 동안 인내와 용서와 편집 기술을 보여준 Curtis Cook에게도 감사를 드린다. Ruth는 그녀의 부모들에게 지면으로 감사를 표현하였고, Peggy와 Ray Ellis는 모든 아동들은 사랑받을 가치가 있는 존재라는 것에 감사를 표현하였다.

Merrill/Prentice Hall의 편집 책임자와 직원들의 노고에 대해서도 감사를 표한다. 특히 이 책의 편집 책임자인 Penny Burleson과 Ann Davis에게 칭찬과 감사를 드리며, 이들의 관심과 재촉은 이 책을 마무리하는 데 크게 기여하였다. 마지막으로 사진 편집자인 Lori Whitley와 GGS Book Services의 출판 책임자인 Rebecca Giusti의 노력과 전문적 식견에 감사를 드린다.

차 례

Chapter 1 유아특수교육의 소개

Chapter 2 가족과의 협력관계

Chapter 3 특별한 요구와 진전 평가의 인식

Chapter 4 개별화 중재 계획과 프로그램 개발

Chapter 5 중재와 교수전략의 수행

Chapter 6 정서적 발달과 사회적 발달의 촉진

Chapter 7 운동 기술과 자립 기술의 발달

Chapter 8 의사소통 기술의 발달

Chapter 9 인지 기술과 문해발달의 촉진

Chapter 10 팀 구성: 협력, 문제해결, 자문

Chapter 1

유아특수교육의 소개

핵 | 심 | 용 | 어

가족중심 접근
관계중심 모델
교류
무상 적절한 공교육
미국장애인법
발달적으로 적절한 실제
융합학문적 접근
자연적 환경
장애인교육법
장애인교육향상법
조기중재
주류화
최선의 실제
최소 제한적 환경
통합교육
통합교육 장면
통합교육 지원
표준중심 실제
학제간 협력

핵심개념

- 조기중재의 목적은 각 아동의 학습 잠재력과 일상의 안녕(well-being)을 최적화하고, 아동이 지역사회에서 효과적으로 기능할 수 있는 기회를 증가시키는 데 있다.
- 현재 유아특수교육의 초점은 특별한 요구를 가진 유아가 통합적(일반적인) 환경에 있을 수 있는지 뿐만 아니라 통합프로그램이 얼마나 효과적으로 만들어질 수 있는가에 있다.
- 특별한 요구를 가진 영유아를 위한 프로그램은 모든 유아를 위해 가장 좋은 실제로 생각되는 동일한 발달적으로 적절한 전략에 근거해야 한다.
- 특별한 요구를 가진 아동은 먼저 아동으로 봐야 하고, 특별한 요구나 장애는 이차적인 것이다.
- 모든 아동은 그들의 장애라는 맥락보다는 가족이라는 맥락에서 가장 잘 이해된다. 특별한 요구를 가진 유아를 성공적으로 포함하기 위해 교사들은 주의 깊게 교육과정을 수정해야 한다.
- 성공은 반응적인 환경의 체계적인 계획, 개인적 요구의 고려, 부모-전문가 동반자 관계, 문화적 다양성의 존중, 가족과 전문가와 지역사회 기관들의 협력에 따라 결정된다.
- 유아특수교육은 유아교육 분야와 특수교육 분야의 영향을 받았다.
- 양육자-아동 관계의 영향에 대한 관심이 점점 증가하였다.
- 법률에 의한 공적 압력은 다양한 서비스 전달 모형과 다양한 장면을 통해 특별한 요구를 가진 영유아를 위한 프로그램 개발에 대해 중요한 자극을 주었다.
- 유아특수교육 교사의 역할은 아동을 위해 제공되는 효과적인 통합교육 지원의 독특한 문제에 부합되도록 변화하는 것이다. 이러한 새로운 역할은 협력과 팀에 있어서 부가적인 훈련이 요구되는 것이다.

특별한 요구를 가진 5세 아동의 어머니로부터:

> 내 딸이 자라면서 다른 모든 사람들과 아주 같은 것은 아니지만, 우리들 가운데 누군가와는 같아질 것이라는 것은 수용하는가? 우리 모두는 독특한 존재이고, 우리는 차이를 경멸하기보다 그러한 차이에 감사해야 한다. 우리 모두는 강점과 약점을 가지고 있으며, 장애가 없는 사람들 중에 몇 명이나 되는 사람들이 인간의 가능성을 충분히 인식하는 것일까?
>
> *Lora Jerugim*

특별한 요구를 가진 아동들이 그들의 잠재력을 완전히 발휘하도록 돕는 것이 우리의 도전이다. 우리 각자의 유사성을 인정함으로써 그리고 차이에 대해 긍정적으로 가치를 부여함으로써 부모와 교사들은 각 아동들의 독특한 강점을 개발하는 기회를 제공할 수 있다. 정상적인 성장과 학습을 방해하는 발달장애 또는 특성을 가진 아동을 위해 단계는 보다 철저하게 준비되어야 한다. 부모, 교사, 지역사회 구성원들은 아동의 특별한 요구를 걱정하는 것이 아니라 그것에 민감한 양육 환경을 만들기 위해 함께 활동하는 것을 기대하는 것이다.

정신발달과 신체발달의 많은 측면은 대부분의 아동들에게 '단지 일어나는' 것으로 보일 수 있다. 하지만 그것들은 내적 능력과 적절한 환경적 경험과의 상호작용 결과이다. 대부분의 아동에게는 능력과 경험을 일치시키려는 고민이 상대적으로 덜하다. 대부분은 탐구를 자극하는 기능과 흥미 레퍼토리를 가지고 있다. 하지만 특별한 요구를 가진 아동들은 놀이경험과 그들이 자연스럽게 마주하게 되는 일상생활에서 쉽고 자연스럽게 학습하지 못할 수도 있다. 교육자들은 아동의 자연적 환경에서 학습하는 데 도움이 되는 경험의 기회를 제공하기 위해 자료, 장비, 공간, 교수, 기대를 적용함으로써 자연적으로 발생하는 만남을 구성하도록 학습할 수 있다.

1. 아동 먼저라는 관점에서 특별한 요구를 가진 아동을 보기

우리는 특별한 요구를 가진 아동이 아동 먼저라는 점을 과장할 수 없는데, 소위 전형적 아동과 같은 특성과 요구를 가진 아동이다. 어린 존재의 아름다움과 새로움은 성장과 변화의 잠재력이다. 비록 의미있는 문제나 장애가 있다 해도 모든 영유아는 모든 유아를 위한 지원적이고 양육적인 환경을 창출하는 최선의 실제에서 이익을 얻을 것이다. 이러한 신념은 유아특수교육의 기초가 되어야 한다.

일부 아동들에게는 그들의 주변 세계를 경험하고, 즐기고, 학습하는 기회를 극대화하는 데 부가적인 전략, 기법, 수정이 필요할 것이다. 그래서 장애유아들은 두 가지 기술을 습득해야 하는데, 하나는 모든 아동의 학습을 촉진하고 건강한 성장과 발달을 촉진하는 것과 관련된 것이고, 다른 하나는 장애아동의 구체적이고 특별한 요구와 관련된 것이다. 부록 E는 전문가들이 유아특수교육에서 습득해야 하는 중요한 능력의 표본을 제시한 것이다.

2. 특별한 요구를 가진 유아의 지역사회중심 통합교육

특별한 요구를 가진 유아에게 서비스를 제공하는 가장 적절한 방법에 있어서 근본적인 이동이 발생되고 있다. 중재 서비스는 "아동과 가족 강점과 자연적 환경과 아동의 발달에 있어서 변화 대행자로서 부모를 강조하는 지원적 접근에 대한 요구와 결합에 초점을 두고 있는 서비스 중심(services-based), 전문가 추진 접근(professional-driven approach)"으로 변화되고 있다(Childress, 2004, p. 163). 점점 더 많은 장애유아가 Child Care, Head Start, 공사립 취학전 기관과 같은 일반적인 유아교육 상황에 속하게 된다. 영아, 걸음마기, 취학전 아동은 점점 이런 상황에서 조기 교육 지원과 조기중재 모두 또는 일부를 제공받는다. 이 책의 의도는 유아교육자와 특수교육자가 아동의 성장과 발달, 이런 상황에 완전히 참여하는 것을 지원하고 이런 노력을 가정과 동료와의 협력적인 관계를 형성하기 위해 사용할 수 있는 전략과 정보를 제공한다.

영유아를 위한 통합적 중재와 교육에 대한 내용은 연방법에 잘 나타나 있다. 1997년의 장애인교육법(IDEA)의 Part C는 "(1) 적절하고 최대한의 효과를 위해서는 조기중재 지원이 자연스러운 환경에서 제공되어야 한다, (2) 조기중재가 자연적인 환경에서 영유아에게 만족할 만한 서비스를 주지 못할 때는 자연적인 환경보다 다른 장면에서 조기중재 서비스를 준비한다"고 규정하고 있다(Sec. 635 [a] [16]). Part B는 "적절성을 최대화하기 위해 장애아동은 비장애아동과 함께 교육받아야 한다"라고 명시하면서 취학전 아동의 요구를 다룬다. 이 부분 또한 "보충적 도움이나 지원을 사용하는 일반학급에서의 교육이 만족스럽게 성취되지 않으면" 취학전 아동이 일반교육 상황에서 제외되지 않아야 한다고 Section 612에서 계속 언급하였다. 가장 최근의 법률인 **장애인교육향상법**(Individuals with Disabilities Education Improvement Act: IDEIA, 2004)은 **자연적 환경**(natural environment)에서 영유아에게 서비스를 제공하고 **최소 제한적 환경**(least restrictive environment)에서 아동을 교육하도록 교육당국에 요구하고 있다. 이러한 교육적 이동의 몇 가지 구체적인 내용이 다음의 예시 1.1에 제시되어 있다.

> 예시 1.1
>
> **유아특수교육의 경향**
>
> - 지역사회중심 통합교육 장면(community-based inclusive settings)
> - 아동과 가족의 강점에 대한 강조(emphasis on child and family strengths)
> - 관계중심 중재(relationship-focused interventions)
> - 가족중심 접근(family-centered approaches)
> - 학제간 협력(interdisciplinary collaboration)
> - 증가된 문화적 능력(increased cultural competence)
> - 조정된 포괄적 서비스(coordinated, comprehensive services)
> - 표준중심 실제와 증거중심 실제(standards- and evidence-based practices)
> - 통합교육 지원 전문가의 참여(involvement of inclusion support specilist)

3. 이 책의 철학

이 책의 철학은 조기중재의 목적은 아동이 지역사회에서 효과적으로 기능할 수 있는 기회를 증가시키는 것과 동시에 각 아동의 학습 잠재성과 일상적 안녕을 최적화하기 위한 것을 강조한다. 이것은 아동 주위의 세계, 특히 사회적 세계와 아동이 적극적이고 역동적인 상호작용을 하여 아동의 근본적인 발달과정을 촉진할 때 가장 잘 성취된다고 생각한다. 아마 이러한 방침을 가장 잘 반영하는 용어는 **교류적**(transactional)이라는 것이다. 최적의 성장과 발달이 가장 잘 성취될 수 있는 것은 사회적 환경에 대한 아동의 적극적이고 성공적인 교류에 있다.

이 목표를 성취하기 위해 조기중재자는 아동이 어떻게 학습하는지에 대한 철저한 이해를 먼저 해야 한다. 특별한 요구가 있는 영유아를 위한 프로그램은 모든 아동에게 효과적인 발달적으로 적합한 실제에 기초해야 한다.

또한 각 아동의 개별화된 요구를 충족시키기 위한 체계적인 계획(systematic planning)은 특별한 문제와 장애가 있는 아동을 대상으로 하는 초기 아동기 프로그램의 성공에 결정적인 것이다. 이것은 초기 아동기 전문가와 가족 간의 상호 존중적인 협력이 없이는 이루어질 수 없다. 성공적인 평가와 중재는 가족체계의 맥락 내에서 아동의 철저한 이해와 초기 아동기 센터에서 가족들이 드러낸 다양한 문화적 배경에 대한 존중이 요구된다.

가족, 전문가, 지역기관 간의 협력의 중요성을 이 책 전반에 걸쳐 제시하고 있다. 지역기관과 자원에 접근하는 데 다양한 분야와 전문가들의 역할을 이해하고 가족을 돕는 것에 대한 중요성을 아는 것 또한 조기중재의 성공에 중요한 요소이다.

많은 도구와 전략들이 초기 아동기 특수교사를 지원하는 데 이용되었다 이 책은 학습에 대한 기본적인 발달 영역과 구체적인 교수전략뿐만 아니라 아동의 학습원리를 설명하고 있다. 또한 통합 환경 속에서 광범위한 아동의 요구를 충족시키기 위한 원리와 전략의 적용을 설명하고 있다.

특별한 요구를 가진 유아의 성공적인 통합을 이끌어내기 위해 애쓸 때, 앞으로 계속 보게 될 기본적인 문제에 대한 20년도 더 된 Guralnick(1990)의 말에 관심을 가지게 된다.

> 1980년대의 10년 간 초기 아동기 교육 분야에서 아마 가장 중요한 성취는 주류화된 프로그램이 효과적으로 적용될 수 있다는 설명이 반복되는 것이다. 현재 이슈는 분명히 초기 아동기의 **주류화(mainstreaming)**가 실행가능하고 그렇게 되어야하지만 그 효과를 극대화하기 위해 프로그램을 어떻게 고안할 수 있는지가 분명하지 않다.(p.3)

불행히도 1990년에 Guralnick이 설명한 이 목표는 완전히 실현되지 않았다. 최근에 그는 **통합교육 장면(inclusive settings)**에의 배치에 대한 의사결정을 위한 분명한 지침과 정책이 여전히 성립되어야 한다는 것을 지적했다(Guralnick, 2000). 이 책은 초기 아동기 특수교사들이 **통합교육(inclusion)**의 효과를 극대화하게 될 프로그램을 설계하는 방법을 잘 이해할 수 있는 지식과 기술을 제공한다.

4. 유아특수교육: 발전중인 분야

1980년대는 장애인의 권리에 관심을 가지기 시작한 반면, 1990년대는 특별한 요구를 가진 아동의 가족의 권리와 요구를 인식하기 시작하였다. 2000년대는 장애유아의 자연적 환경에서 장애유아에게 서비스를 제공하는 것에 대한 가치를 인식하게 되었다. 아동은 더 이상 고립되지 않아야 하고, 아동의 가족이라는 맥락 내에서 아동의 요구를 이해하는 것에 관심을 둔다. 모든 아동은 그들이 장애가 없다면 자연스럽게 기능할 환경에서 지원받을 기회를 가져야 한다는 것을 인식하는 것이다.

출생하는 순간부터 서비스를 제공할 책임

이 있다는 것을 국가가 인식함으로써 조기중재 서비스는 새로운 계기를 마련하였다. 그러나 유아특수교육 분야는 상대적으로 새로운 것이다. 유아특수교육은 전형적인 초기 아동기 교육, 보상교육, 학령기 특수교육뿐만 아니라 의학, 심리학, 인간개발, 간호학, 사회학에 역사적 뿌리를 두고 있다. 유아특수교육 분야 확장에 영향을 준 몇몇 역사를 다음에서 개관하였다.

1) 초기 영향

Jean-Marc Itard는 특별한 요구를 가진 아동에게 처음으로 중재 서비스를 제공한 사람이다. 1800년에 약 12세 정도인 아동을 프랑스 근교의 아베롱 숲에서 발견하였다. 빅터(Victor)라는 이름의 이 소년은 동물에 의해 키워졌고, "교정할 수 없는 저능아(an incurable idiot)"라고 설명되었다. Itard는 빅터의 상태를 교정할 수 없고 되돌릴 수 없다는 생각을 받아들이지 않았다. Itard는 이후에 "상호작용주의자적 시각"(Bijou, 1977)으로 알려진 것을 믿었다. 즉, 빅터의 학습 잠재력은 그의 환경에서 자극을 변화시키는 상호작용을 통해 향상될 수 있었다. 그래서 Itard는 감각을 자극하는 세심하게 계획된 수업들로 빅터를 인간이 되도록 훈련을 실시하였다.

Itard(1962)는 *아베롱의 야생 소년*(The Wild Boy of Aveyron)이라는 책에서 그의 낙관주의, 좌절, 분노, 희망, 절망이라는 감정들을 자세히 이야기하였다. 오늘날의 심한 장애가 있는 아동을 대상으로 하는 교사들은 쉽게 이런 감정을 인식할 수도 있다. Itard는 그가 예상했던 성공을 성취하지 못했지만, 그의 노력은 특수교육의 미래에 중요한 영향을 주었다. Itard는 장애아동의 요구를 공감적으로 이해하려는 시도를 증명하고 기록한 첫 번째 사람이다. Itard의 제자인 Edouard Sequin은 조기중재 영역에서 개척자로 간주되었다.

2) 어린이의 집(Casa dei Bambini)

약 1세기 후에 다른 의사인 Maria Montessori가 유아교육의 개념에 혁명을 일으킨 Casa dei Bambini라는 유아학교(a nursery school)를 이탈리아에서 만드느라 분주했다. 발달에 대한 의문을 가졌던 그녀의 훈련, 초기 관심, 학교 특성 때문에 Montessori는 읽기, 쓰기, 산수뿐만 아니라 청결, 정열, 가사일을 강조하였다. 학습과 프로그램화된 수업에 대한 발견적 접근법(discovery approach)의 두 측면 모두 Montessori가 개발한 기법에서 찾아낼 수 있다. 그녀는 교사가 아동의 특성과 자발적인 행동을 관찰하고 난 후 아동의 발달을 장려할 학습 경험을 조정해야 한다고 한다.

Itard와 마찬가지로 Montessori도 체계적인 감각 훈련을 통해 아동의 선천적 호기심을 계발시킬 수 있다고 생각했다. 아동에게 어떤 것들을 훈련시키는 것에 대한 결심과 계속되는 낙관론 모두 희망을 넘어서게 된다고 믿었을 수 있다. 오늘날, Montessori의 '감각' 도구는 조작할 수 있고, 3차원적이고, 구체적이기 때문에 장애아동에게 사용하였다. 영재아동뿐만 아니라 능력에 제한이 있는 아동들에게도 사용하는 데 적합하다는 Montessori 접근에서 옹호자들은 과제분석, 계열성, 개별화의 근거에 대한 강조점을 인용한다.

3) Piaget의 인지발달이론

Jean Piaget가 그의 나이 84세인 1980년에 죽기 전까지, 그는 인지발달에 대한 우리의 이해에 지속적인 영향을 주었다. Piaget는 환경과의 맞닥뜨리게 되는 것, 모든 인간들 사이에서 매우 유사한 지식의 범주에서 적응하려는 타고난 경향을 제시하였다. Piaget의 아동발달과 아동의 인지 발달 단계는 9장에서 다시 다룰 것이다. 그의 많은 저작물과 추종자들은 아동의 내적 정신능력을 펼치는 것을 인식해야할 필요를 우리에게 계속 상기시킨다.

Piaget에 따르면 교육의 목적은 아동의 지식을 구성하는 일관된 체계에 아동이 경험을 결합시킬 수 있는 기회를 제공하는 것이다. '지식'은 외부에서 습득되기보다는 내부에서 구성되는 것이다(Furth, 1970). 그러므로 각 아동의 학습하는 능력은 독특한 경험적인 바탕으로 이루어진다고 생각된다. 아동을 타고난 호기심으로 자극된 적극적인 학습자로 보는 Piaget의 아동에 대한 개념은 아동이 학습하는 경험의 적극적인 주체자가 되도록 고안된 취학전 프로그램 개발을 촉진해왔다. 관점에 대한 발달적 지적에서 아동의 결함보다는 강점에 더 주목한다. Piaget 이론을 기반으로 한 프로그램에서 가장 주목할 것은 1950년대 후반, Michigna의 Ypsilanti에서 개발된 Perry

Preschool Project이다. High/Scope First Chance Preschool로 알려진 이 프로젝트는 장애유아를 그들의 또래와 함께 프로그램에 통합하는 것을 원하는 사람들에게 모델 프로그램으로 제공된다(Banet, 1979).

4) 초기 경험의 역할에 대한 재인식

비록 Sequin이 조기중재의 결정적인 중요성을 인정했지만, 초기 관계의 영향에 대한 관심을 이끌어낸 데에는 Skeels와 Dye의 연구가 있다. 양육, 환경적 자극, 정신적 성장과정 간의 밀접한 관계를 설명하려는 첫 시도 중 한 가지는 1930년대 후반 Iowa 성장 연구이다. Skeels와 Dye(1939)는 3세 이하인 12명의 아동을 고아원에서 정신지체인을 위한 기관으로 보냈다. 기관에서 아동들은 지체에 대해 관심을 보이는 청소년기 소녀들의 굉장한 애정으로 보살핌을 받았다. 아동의 비교집단은 특별한 관심을 받지 못한 고아원에 남겨졌다. 추후검사에서 고아원에 남아있었던 아동은 지능검사 점수가 낮아진 반면 자극을 주는 환경에 있었던 아동들은 지능검사 점수가 상승되었다(Skeels, 1942). 21년 후에 Skeels(1966)는 풍부한 환경에 있는 아동과 그렇지 않은 환경에 있는 아동 간의 극적인 차이점을 발견하였다. 실험 집단의 12명의 아동들은 자조적(self-supporting)이 된 것을 발견하였다. 비교집단의 4명의 아동들은 공공시설에 수용되고 1명은 사망했다. 교육적으로 말하면, 풍부한 환경에 있었던 아동 4명은 대학교를 마쳤고 다른 아동들은 중고등학교 교육을 마쳤다. 반면, 비교집단에서의 평균 교육 정도는 겨우 3학년 수준이었다.

Kirk(1958)도 정신지체유아의 발달에 대한 조기교육의 영향에 대해 실험을 수행하였다. 부적절한 문화적 환경은 정신지체를 야기할 수 있다는 Kirk의 제안은 유아를 위한 보상교육 프로그램의 필요에 대해 정책자를 납득시키는 데 도움이 되었다. 아마 더 많은 납득을 하게 하는 것은 "50%의 [인지적] 발달이 태아와 4세 사이에 발생하고, 30%는 4세와 8세 사이에서, 20%는 8세에서 17세 사이에 발생한다고" 주장하는 Bloom(1964)이 이끌어낸 결론이다(p.88).

Bloom의 논쟁은 고정된 지능에 대한 개념에 설득력 있게 반대하는 *지능과 경험*(Intelligence and Experience, 1961)이라는 J. McVicker Hunt의 유명한 저서에 기반을 두었다. 유전 대 환경에 대한 논쟁에 관심이 쏠리도록 시도하면서, Hunt는 환경이 성취될 한계의 정도를 결정하지만 그 한계는 유전이 결정한다는 그의 주장을 설득력 있게 지지하였다. 그래서 아동의 인지가 초기에 빨리 계발되고 초기 삶에서의 풍부함이 아동의 발달에 깊은 영향을 줄 수 있다고 생각한다는 전제하에, Project Head Start를 위한 정부 자금이 1965년에 제공되었다.

5) 헤드 스타트 프로젝트(Project Head Start)

1964년의 경제기회법안(Economic Opportunity Act)을 통과시킨 원래 목적은 저소득 가정의 아동에게 교육적 사회적 기회를 제공해서 가난의 굴레를 깨뜨리는 것이었다. 결과는 1965년 여름 동안 2,500개의 아동 발달 센터에서 약 550,000명의 아동들에게 Head Start를 실시한 것이다. 부모가 Head Start 교실과 정책회의에 모두 참여하는 선례를 남겼다. 이것은 의심할 여지없이 장애아동을 참여시키는 현재 결정에 대해 법률가가 부모의 참여를 요구하도록 영향을 주었다.

Head Start 프로그램은 유아특수교육의 발달에 커다란 영향을 주었다. 조기교육 경험의 중요성에 대해 공식적으로 공개한 것은 이것이 처음이었다. Caldwell(1973)이 지적했듯이, "조기 Head Start의 암시적 전략은 그들이 발견하는 것에 따라 아동에 어울리고 그것들이 영양적, 경험적 혹은 의료적인지 그들이 가지고 있는 결점이 무엇인지 정정하는 치료적 절차를 만드는 프로그램을 고안하는 것이었다" (p.5).

참여 인원 중 적어도 10%는 장애아동을 포함하도록 하는 Head Start 프로그램을 요구하는 법률이 1972년에 시행되었다. 일반아동과 함께 교실에 장애아동을 포함시키는 것은 Head Start의 주요 활동이 되었다. 사실, 1985년 초만 하더라도 취학전 장애아동의 Head Start 입학이 60,000명을 넘었다. 오늘날, Early Head Start의 부가로 어린 유아에 대한 지원은 상당히 증가되었다.

6) 의혹

Head Start의 수립을 가져온 극도의 낙관론 후에, 프로그램이 증명된 이득을 산출하지 못하여 매일 아동과 부모와 활동하는 사람들에게 충격을 안겨주었다. 1969년의 Westinghouse의 보고에서 Head Start에 참여하는 사람들에 의해 만들어진 측정된 이득이 빠르게 퇴색되고 있다는 자료를 인용하였다. 1학년 말에 Head Start 프로그램에 참여한 아동과 참여하지 않은 같은 지역의 아동 간의 전반적인 학문 수행에서 대게는 유의한 차이가 없었다. 이 조사의 타당성을 의심하면서, 영향력 있는 사람들은 계속 시행하기를 주장하였다(Gotts, 1973). 그들 중 한 사람인 Edward Zigler는 Head Start를 개념화시켰던 원래 계획 위원회의 구성원이었고, 이후에는 Office of Child Development의 상임이사였다. Zigler(1987)는 "나는 나의 조사단체 동료들에게 더 많은 자료들을 수집하고 분석하는 대신 사라지는 문제와 기다리는 것에 관한 결정적인 발표를 전달하려는 것에 먼저 마음이 끌리도록 하였다" 고 반박하였다(p.73).

7) 조기중재의 영향

사실 Zigler는 그의 신념에 대한 보상을 받았다. 그것은 Lazar과 Darlington(1979, 1982)

그리고 Consortium on Developmental Continuity의 활동에 대해 더 이상 관심을 가지지 않았다. 이 연구자들은 미국 전역의 조기중재 프로그램 효과의 지속에 대한 종단연구를 실시하였다. 프로젝트에서 얻은 증거는 조기중재 프로그램은 장기적으로 긍정적인 효과가 있다는 것을 확실히 지적하였다. 취학전 프로그램에 참여한 아동을 십대나 이십대 초까지 추적하여 Lazar는 몇몇 유형의 조기교육을 받은 아동들은 더 이상 특수교육이나 유예가 되지 않았다는 것을 밝혀냈다.

조기중재 프로그램의 정부지원을 위한 강력한 사례는 Perry Preschool Project 효과에 대한 19년 간의 잘 설계된 종단연구의 보고에 제시되었다(Schweinhart & Weikart, 1988). 다음의 예시 1.2는 일차적으로 장애 위험과 불이익 아동에 대한 조기중재에 의해 획득되는 것을 제시한 것이다. 이 프로그램에 참여한 아동들은 장애는 없지만 장애 위험은 있는

예시 1.2

조기교육/조기중재의 효과

조기교육 프로그램에 참여한 아동들은 다음과 같은 효과가 나타났다.

1. 특수학급 배치나 진급 유예의 가능성이 적어졌다.
2. 고등학교에 대해 보다 긍정적인 태도를 가졌고, 졸업 가능성이 많아졌다.
3. 청년기와 성인기에 범죄로 체포될 가능성이 적어졌다.
4. 십대 임신의 가능성이 적어졌다.
5. 학교 졸업 후에 확실한 취업을 가질 가능성이 많아졌다.

것으로 고려되었다. 이런 아동의 진전은 확실히 조기중재를 제공하는 프로그램의 재정적 사회적 지원을 촉진하도록 한다. 최근에 Reynolds, Temple, Robertson과 Mann(2001)은 아동이 다니는 공립학교에서 조기중재 지원을 받은 저소득 아동에 대한 15년 추후 연구에 대해 보고하였다. 지원을 받은 아동이 20세가 되었을 때 유의하게 고등학교를 더 많이 졸업하고 범죄를 덜 저질렀다.

8) 장애아동 조기중재

조기중재 연구 결과를 해석하는 데 있어서 이 분야를 다루는 데는 다양성을 명심해야 한다. 정책입안자들이 "조기중재를 통해 무슨 이익을 얻습니까?"라고 묻는다면, 그 대답은 당연히 "상황에 따라 다릅니다."가 될 것이다. 이것은 연구자의 동의가 부족하거나 연구 방법의 제한점 때문이 아니라 아동과, 가족, 그들의 생활 환경의 다양성 때문이다. 모든 시기에 모두에게 가장 좋은 중재는 없다. 다운증후군인 영아와 그 가족과 같은 아주 협소하게 지정된 집단을 위한 가장 훌륭한 중재도 없다. 다운증후군 집단에서는 아주 성공적이지 않은 특정 중재가 아마 다른 영아에게는 상당히 다를 수 있다. 연구는 조기중재가 중요한 이점을 산출할 수 있다는 것을 지적하는 이 복잡하고 매우 개별적인 퍼즐의 한 조각을 제공한다. 조기중재의 긍정적인 효과를 기록하는 일에 포함된 복잡성 때문에, 이 분야의 전문가들은 완전한 그림을 함께 완성시킬 수 있

을 정도로 충분히 알지 못한다(Guralnick, 1997; Shonkoff & Meisels, 2000).

그럼에도 불구하고, Shonkoff와 Phillips (2000)가 발행한, 지금은 유명해진 *뉴런에서 이웃까지*(From Neurons to Neighborhoods)에 보고된 2년 반동안 진행된 연구는 질적 조기중재의 중요한 영향과 아주 초기 기간에 대해 강조한다. 다음 결론은 관심을 가질 만한 성찰이다.

> 잘 정의된 목표와 잘 설계된 평가가 포함된 주의 깊게 설계된 중재를 전달하는 초기 아동기 프로그램 모델은 사회경제적 불이익, 가족 붕괴, 진단된 장애에 의해 위협을 받는 아동의 발달 과정에 영향을 주는 것으로 보인다. 부모-아동의 상호작용 유형과 관계 형성에 확실한 관심을 가진 아동에 초점을 둔 교육 활동이 결합된 프로그램은 가장 훌륭한 영향을 준다. 반대로 측정할 수 있는 목표에 직접적으로 연계된 중재 전략의 분명한 설명이 없는 일반적인 가족 지원에 근거하고, 아주 검소한 재정 지원이 이루어진 서비스는 효과가 적은 것으로 나타나고 있다.(p.11)

9) 관계중심 조기중재 모델

위에서 언급한 것처럼 조기중재에서 양육자와 아동의 상호작용의 역할에 주의할만한 관심을 가졌다(Green & Weider, 1998). Mahoney, Boyce, Fewell, Spiker와 Wheeden(1998)은 네 가지 독립된 중재 연구에서 달성한 발달 결과를 조사하였다. 연구 결과는 **관계중심 조기중재 모델(relationship-focused models of early intervention)**의 기초가 되는 가정을 지지하고 있다. 즉, 중재 효과는 부모-아동 상호작용에 좌우된다. 사실, 아동 발달에 대한 중재 효과는 어머니가 아동과 상호작용 양식을 바꾸지 않으면 일어나지 않는다. 성인 양육자와의 친밀하고 지지적인 관계의 부재는 사회적 발달과 인지적 발달 영역에서 특히 다양하고 다면적 문제에 아동이 처하게 된다(Kelly & Barnard, 2000).

시간이 지나면서 아동의 변화를 유지하는 기제는 분명해진다. 부모 또는 양육자는 조기중재에 의해 자극이 되는 장점을 유지하는 데 있어서 아동을 지원하는 요인이다. 가족 중심 중재가 정서적 지원과 정보적 지원을 제공할 때 아동과 가족에 대한 긍정적인 결과가 증가되었다(Bruder, 2000; McWilliam & Scott, 2001). 비록 부가적인 많은 연구에서 특정 중재가 양육자-아동 관계에 어떻게 영향을 줄 수 있는지를 탐구하도록 요구했지만, 연구 결과는 발달의 누적-교류적 모델(cumulative-transactional model)을 제시하고 있다(Foley & Hochman, 1997-1998).

만약 조기중재 서비스의 영향을 촉진하고 유지하는 기제가 양육자라면, 중재 프로그램은 유아 또는 아동에 초점을 두는 만큼 양육환경에도 초점을 두는 것이 필요하다. 아동의 변화는 부모-아동 관계의 상호작용적 특성을 향상시킬 뿐만 아니라 부모의 태도도 향상시

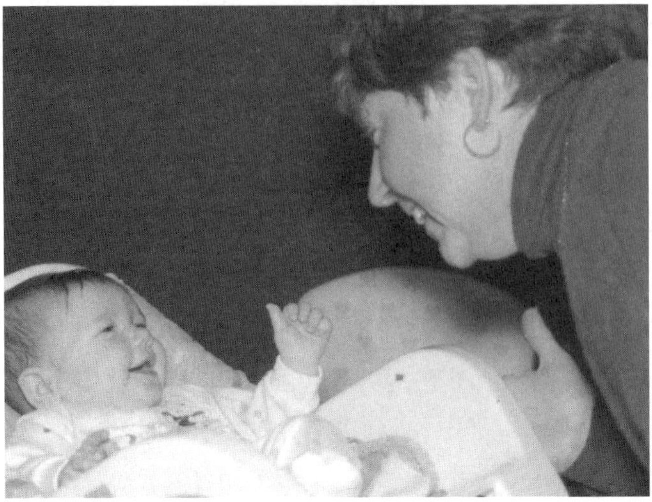

키게 된다. 반대로 부모 반응에 있어서 변화는 아동의 바람직한 반응을 강화하고 형성할 수 있다. 그래서 부모-아동 간의 상호작용을 상호 강화하는 순환 주기는 조기중재 서비스의 영향을 유지하는 데 도움이 될 것이다. 1985년 초에 Meisels가 언급한 것처럼 "일차적인 중재 표적은 아동이 아니라 가족의 맥락 내에 있는 아동이다" (p.8).

이러한 권고는 연구 개관에서 Kelly와 Barnard(2000)에 의해 강조되었다.

> 부모-아동 관계에서 있어서 개인적 강점과 관심 영역을 조사하는 방법에 대한 이해와 함께, 부모와 전문가들은 아동들이 그들의 발달적 잠재력을 달성하는 데 도움이 되는 양육 환경이 보장되도록 함께 활동할 수 있을 것이다.(p.615)

따라서 이 책의 전반에 걸쳐 양육자-전문가 협력의 중요성이 강조되었는데, 특히 3장에서 그 내용을 제시하고 있다.

5. 변화하는 정책: 공적 압력과 법률의 영향

관심 있는 시민, 적극적인 부모, 전문적 단체는 특별한 요구가 있는 아동에 대한 공적 정책을 변화시키는 주요 역할을 한다.

1) 전문 집단의 개발

전화기 발명자이고 농아에게 구어 교육을 강하게 주장한 Alexander Graham Bell은 특수교육의 전문적 옹호 집단을 조직하는 것에 대해 믿음을 가져야 한다고 하였다. 그는 장애인의 요구에 대해 관심을 가지게 되는 부서를 구성하기 위해 National Education Association(NEA)을 청원하였다. 1897년에 NEA는 그러한 부서를 설립하고, '농, 맹, 저능 교육과(Department of Education of the Deaf, Blind, and the Feeble-Minded)' 라고 명명했다. 이 집단에 대한 태도와 지식이 변함에 따라 이 명칭도 나중에 '특수교육과(Department of Special Education)' 로 변경되었다.

1922년에 국제특수아동협회(International Council for Exceptional Children)의 설립은 특별한 요구를 가진 아동의 이익에 대한 국가적 리더십을 제공하도록 가장 영향력있는 옹호집단이 된다고 믿는 것에 대한 추진력을 제공하였다. 1930년의 백악관아동건강보호위원회(White House Conference on Child Health and Protection)는 특수교육이 국가적인 인정을 받게 된 첫 번째 초석이다. 현재 7,000명 이상의 교사들이 장애유아를 위한 계속적인 옹호 자원으로서 특수교육협회(Council for Exceptional Children)의 조기교육분과(Division for Early Childhood)에 속해 있다.

2) 개별 시민의 힘

1940년대 후반에 강력한 부모 조직이 만들어지는 데 기인한 몇몇 요인들이 2차 세계대전 이후에 생겼다. 전문적 지식이 확장되었고, 국가는 상처에 대한 도움을 주어야 하는 책임을 느꼈고, 펄벅(Pearl Buck), 로이 로저스(Roy Rogers), 데일 에반스(Dale Evans), 케네디 대통령 일가와 같은 유명한 사람들이 특별한 요구가 있는 사람들을 위한 더 좋은 교육을 요구하였다. 부모들은 더 이상 그들의 장애아동을 숨길 필요를 느끼지 않았다. 미국뇌성마비협회(United Cerebral Palsy Association), 전국정신지체인협회(National Association for Retarded Citizens), 미국맹재단(American Foundation for the Blind)과 같은 압력 집단이 그들의 장애아동의 교육을 위한 제도 이상의 대안을 요구하기 시작하였다.

전문가 집단은 Brown v. Board of Education(1954)의 역사적인 대법원 판결의 기회를 이용하여 부모 집단과 연계하였다. 처음에는 인종 통합 주창이었지만 법원은 분리된 공립학교를 허락하는 주의 법이 14번째 개정 조항인 "법 앞에서의 평등"이라는 조항을 위배했다고 판결하였다. 한 소수 집단에 적용 가능한 결정은 다른 집단에도 적용해야 한다는 것을 실현하면서 압력 집단은 특별한 요구가 있는 아동의 입장에서 유의한 교육적 변화를 형성할 법안을 확보하려고 시도하였다. 하지만 장애 학생들의 권리 인식 변화에 대한 청사진을 제공한 Dunn(1968)이 쓴 기사가 출판되기 전까지는 거의 실제적으로 일어나지 않았다.

3) 첫 기회 프로그램(The First Chance Program)

1968년에 의회는 출생부터 8세까지 장애아를 위한 지원 개발에 박차를 가하기 위한 모델 프로그램을 개발하기 위해 초기 자금이 필요하다는 것은 인식했다. 공법 90-538의 형태인 법안은 첫 기회 프로그램(the First Chance Program)으로 더 잘 알려진 장애아동 조기교육 프로그램(Handicapped Children's Early Education Program: HCEEP)을 수립하게 하였다. 이런 프로젝트는 부모를 포함하도록 하였고, 현직 교육을 운영하고, 아동과 프로그램 모두의 성장을 평가하고, 공립학교와 활동을 협력하고, 대중과 전문가에 이 프로젝트에 대해 정보를 보급시켰다. 1980년에 재정이 지원된 프로젝트의 수는 영아를 포함한 111개를 합해 모두 177개였다. 이런 프로젝트는 (a) 장애유아를 위해 반복할 수 모범적인 서비스 모형을 제공하고, (b) 이런 반복을 촉진하게 될 정보를 보급한다는 기본적인 두 가지 목적을 가지고 있다.

4) 모델 전달 체계

전달 체계의 개념은 아동과 가족들에게 서비스가 언제, 어디서, 어떻게 전달되는지를 적용한 것이다. Karnes와 Zehrbach(1977)은 120개의 HCEEP 프로그램의 독특한 접근법을 요약하였다. 이런 것들의 대부분은 (a) 가정, (b) 기관이 이끄는 가정, (c) 가정과 기관, (d) 기관, (e) 기술적 지원과 상담 지원과 같은 전달체계로 이루어지고 있다.

가정중심 서비스(home-based services)로 전달된 대다수 프로젝트는 아동의 일차 교사를 부모로 보았다. Beller(1979)는 이것을 '부모중심 프로그램(parent-oriented program)'이라고 설명한다. 이런 프로그램은 특히 아동이 집을 떠나는 것을 싫어하는 부모가 있는 지역이나 시골 지역에 유용하다. 예를 들어, 포테이지 프로젝트(Portage Project)(Shearer & Shearer, 1976)는 지리적으로 교육 수단이 제한된 곳에 사는 아동의 요구를 충족시키기 위한 가정중심 프로그램을 개발하였다. 이런 가정중심 프로그램은 자연스러운 가정 상황에서 중재가 가능하도록 하는 이점이 있다. 하지만 이런 프로그램은 자녀 때문에 쉬지 못하고 교육의 책임을 가진 부모들에게는 스트레스가 되었다.

근본적으로 가정에서만 지원을 받는 많은 아동들은 대개 18개월 정도에 기관 프로그램에 참여하였다. 몇몇은 기관과 가정에서 모두 지원을 받았다. 구성원들은 아동의 가정에서 적절한 교수기술의 모델이 되었다. 많은 기관중심 프로그램들은 범주를 아우르는 것뿐만 아니라 장애가 없는 아동까지도 포함하였다. Beller(1979)에 따르면 기관중심 프로그램은 아동에게 직접적인 중재를 강조하면서 아동중심적인 경향이 있었다. 마지막으로 기술적 지원을 사용한 기관들은 진단과 현직 교육에 도움을 주도록 적용되었다.

HCEEP가 모은 자금은 잘 쓰였다. Hebbeler, Smith, Black(1991)은 프로젝트로 모인 자금을 설명하면서 80%는 자금을 모으는 기간이 지나도 계속적인 프로그램 진행을 위해 자금을 모금할 수 있었다. 10년 후 140개의 구제활동 프로젝트는 반복 모형으로 알려진 1,991개로 결과를 나타냈다. 이런 반복은 거의 108,000명의 아동에게 지원되었다.

5) 공법 94-142: 1975년의 전장애아교육법

1975년에 전장애아교육법(the Education for All Handicapped Children Act: EHA)으로 알려

진 공법 94-142의 통과로 모든 학령기 아동에게 **무상 적절한 공교육**(free appropriate public education)이 수행되었다. 이 법은 장애유아에게 지원이 제공되도록 주정부에 명령하는 것이 아니라 3세 이하의 특별한 요구를 가진 유아들에게 서비스를 제공하도록 주정부에 재정적 보상을 제공한다는 한계를 가지고 있다.

(1) 목적

공법 94-142의 목적은 "모든 장애아동이 그들의 독특한 요구에 부합되도록 설계된 특수교육과 관련 서비스를 포함한 무상 적절한 공교육을 이용할 수 있고, 장애아동과 그 부모 또는 보호자의 권리가 보호되도록 하고, 주정부와 지방정부가 모든 장애아동의 교육을 제공하도록 지원하고, 장애아동의 교육의 효과를 보장"하도록 하는 데 있다(Sec. 601 [c]). 또한 1977년에 영아와 그 가족의 요구를 인식하고 지원하기 위해 전국임상유아프로그램센터(National Center for Clinical Infant Programs: NCCIP)가 설립되었다.

(2) 무상 적절한 공교육

법안은 자격 있는 학교 대표자, 교사, 부모나 보호자, 가능할 때 개별화 교육 프로그램(IEP)의 개발에 아동을 포함할 것을 요구하였다. 이 문서화된 내용에는 (a) 아동의 학문적 기능의 현재 수준에 대한 진술, (b) 적절한 단기 수업 목표와 함께 연간 목적 달성의 명시, (c) 아동이 일반 교육 프로그램에 참여하는 정도와 아동에게 제공되는 특정 교육 서비스의 설명, (d) 요구된 지원의 길이에 대한 시작과 평가에 대한 계획된 날짜, (e) 단기간의 교수 목표의 달성 여부를 결정하도록 설계된 객관적인 준거를 구체화하는 연간 평가 절차가 포함되어야 한다(Sec. 602, 19).

(3) 합법적 절차

법안은 장애아동이 최소 제한적 환경(least restrictive environment: LRE)에서 적절하게 자신들의 교육적 요구를 지원받도록 하고 있다. 아동들은 그들의 장애가 너무 심해서 일반학교에 배치되는 것이 적절하지 못하다고 생각될 때만 분리된 교실이나 학교에 배치될 수 있다. 이 법안은 비변별적 검사와 배치 결정에서의 복합적 준거의 사용을 요구한다(Sec. 612, 5, c). 이런 조건은 모든 교사에게 다양한 교육적 요구를 나타내는 아동 교육의 전문가가 되어야 한다는 것을 암시한다. 공법 94-142는 부모나 보호자가 모든 기록을 검토할 수 있는 권리, 독립된 평가의 획득, 아동의 교육 프로그램을 변경하려는 계획이 있을 때 그들의 모국어로 문서를 요구하도록 하고 있다. 이것은 아동의 권리가 법적으로 보호되는 것을 보장하려는 의도이다. 부모나 보호자는 특별 프로그램에서 아동의 분류, 배제, 종결을 결정하기 전에 통보받을 권리가 있다.

6) 공법 99-457: 1986년의 수정 장애인교육법

공법 99-457은 유아특수교육 분야를 법제화

하려는 법률 가운데 하나라고 생각된다(Bricker, 1988). 적어도 이것은 장애가 있거나 그런 위험에 처한 영유아와 그 가족들을 위한 새롭고 확장된 지원에 대한 전례없는 노력에 가족과 협력하여 연방정부, 주정부, 지역 계획자가 속한 국가적 안건을 만들었다. 법안의 Part B는 모든 주가 1990-1991 학년도에 3세에서 5세 아동들이 공법 94-142 조항에 모두 포함되도록 확대시키도록 하였다. 이를 이행하지 않은 주는 다른 취학전 지원을 받아오던 정부의 자금을 받지 못하게 되었다.

(1) Part H

공법 99-457의 Part H는 각 주정부가 발달지체나 장애가 있는 영유아에 대한 조기중재 지원이라는 포괄적인 체계의 설계와 수행을 촉진하도록 재량적 프로그램을 수립하였다. 법이 고안한 것에 따르면, 조기중재 지원은 "다음의 하나 혹은 그 이상의 영역에서 장애 영유아의 발달적 요구를 충족시키도록 설계되었다. 그 영역에는 신체 발달, 인지 발달, 언어와 구어의 발달, 심리사회적 발달이나 자립 능력이 있다"(Sec. 672).

Part H는 발달적으로 지체되었고, 보통 지체된 결과가 나타나는 상태나 발달지체라는 위험에 처한 출생부터 2세(3번째 생일을 맞을 때)까지의 모든 아동을 적격한(eligible) 집단으로 정의하였다. 각 주는 발달지체와 '위험에 처한(at risk)' 것의 정의뿐만 아니라 이런 결정을 할 때 사용하는 준거를 독립적으로 결정해야 한다. 그래서 지원이 되는 아동 집단

예시 1.3

공법 99-457의 주요 특징

- 조기중재에 대한 주정부 수준의 기관 간 협의회 구성
- 개별화된 가족 서비스 계획 수립
- 가족에 대한 사례관리 서비스 제공
- 포괄적인 아동 발견 체계와 집중적인 조기중재 자원 명부를 포함하는 공적 인식 프로그램의 유지
- 서비스의 일반적인 감독과 점검을 위한 책임의 단일화
- 다학문적, 조정된 기관 간 서비스 전달 모형의 요구
- 합법적 절차의 수립
- 서비스의 핵심 초점이 가족이라는 것에 대한 인식
- 한 서비스나 체계에서 다른 서비스나 체계로 가족을 이동시킬 때의 부드러운 전환
- 인적 개발의 포괄적인 체계 개발의 촉진

은 주마다 다양하다. "주 단위의 모든 장애영아와 그 가족들을 위한 조기중재 서비스의 포괄적이고, 조정되고, 다학문적이며, 기관 간 프로그램"을 고안하기 위해(Sec. 671), 각 주지사들은 지도 기관(lead agency)을 지명하고 기관 간 협력 위원회(interagency coordinating council)를 설립하였다. 주는 개념상의 혼란 상태를 지속적으로 극복하려고 하고 2000년과 그 이후의 조기중재 지원의 특성을 결정했던 정치적 도전을 직면한다. 공법 99-457의 Part H는 예시 1.3과 같다.

7) 공법 101-476: 1990년의 수정 장애인교육법

공법 99-457의 수정법인 공법 101-476은 EHA이라는 표제를 장애인교육법안(Individuals

with Disabilities Education Act: IDEA)으로 바꾸었다. 불리함을 의미하는 'handicapped children' 라는 말 대신에 개인을 강조하는 'individuals with disabilities' 로 바꾸면서 의회는 특별한 요구를 가진 아동을 먼저 아동으로 인식하고, 필요하다면 장애아동은 두 번째로 생각하라는 의도였다. 이 법을 통해 아동이나 청소년 앞에 붙은 handcapped라는 용어는 모두 삭제되었다. 이 법은 '사람을 우선(person-first)' 으로 하는 말로 알려졌다. 또한 재승인되고 재량적 프로그램이 확대되며 전환 서비스와 지원적 기술 서비스의 통합을 명하였다.

8) 공법 102-119: 1991년의 수정 장애인교육법

IDEA는 공법 102-119의 형태로 1991년에 다시 개정되었다. 장애가 있는 영유아와 취학전 유아 그리고 그 가족에 대한 지원을 요구하는 것의 확대와 실행에 기여한 개정된 IDEA는 두 가지 부분으로 구성되어 있다. 첫 부분은 앞에서 논의한 것처럼, 1986년 개정조항에 포함된 것이 Part H이다. 그것이 출생부터 3세까지의 장애아와 그 가족들에 대한 모든 아동들에게 포괄적이고, 동등하고, 다학문적이며, 기관 간 지원이라는 주정부 단위 체계를 개발하고 실행하도록 하는 데 주에게 장려금을 주도록 설계된 새롭고 절충적인 프로그램을 만들었다는 것을 상기하라. 직접적인 관심의 두 번째 부분은 Section 619인 Part B인데, 이것은 또한 1986년 개정조항에 포함된 것으로 3세에서 5세를 대상으로 무상 적절한 공교육에 대한 완전한 규정을 실시하도록 확대하고 Preschool Grant Program을 통해 기금을 모았다. IDEA는 Part H를 통해 요구된 지원에서 Part B에서 제공된 지원으로 매끄럽게 전환하도록 촉진하기 위해 고안된 지원 규정을 특별히 강조하였다.

9) 공법 105-17: 1997년의 수정 장애인교육법

이 법은 IDEA를 1997년에 다시 개정하여 1998년에 효력이 발생되었다. 이 수정법은 이전의 Part H를 철회하고 수정된 Part C의 조기중재 프로그램을 재승인하였다. 새로운 Part C는 주정부가 위기에 처한 영아와 걸음마기 유아를 지원하는 데 더 융통성을 가지도록 하였다. 또한 그것은 조기중재 지원을 제공할 자연스러운 환경에 대한 설명을 포함하기 위해 개별화가족서비스계획(individualized family service plan: IFSP)를 요구하였다. IFSP는 서비스가 자연스러운 환경에서 제공되지 않을 때 이유를 설명하도록 되어 있다.

또한 주정부는 조기중재 서비스를 제공하는 데 도움을 주는 적절하게 훈련받은 준전문가를 고용하도록 한다. Part B는 이제 학구가 아동이 조기중재에서 취학전 특수교육 서비스로 전환하는 계획 수립 시 참여하도록 한다. 또한 주정부가 정신지체와 같은 더욱 이롭지 못한 명칭 대신에 3세에서 9세인 아동에게 발달지체라는 용어를 사용하도록 한다. 게다가 Part B 기금은 특수교육과 비장애아도 이런 지원에 혜택을 받는 개별화교육프로그램(IEP)을 요구하는 관련된 지원을 위해 사용될 수 있다.

10) 공법 108-446: 2004년의 장애인교육 향상법

2004년에 IDEA에 대해 개선이 다시 이루어졌다. 조기교육에 특별히 중요한 것은 유아에 대한 서비스는 과학적으로 근거한 연구에서 개발되어야 한다는 것을 요구하는 것이다. 이 책의 저자들은 최선의 실제로서 경험적 연구에 의해 입증된 전략과 기법을 포함하고 강조하였다. 이러한 IDEA의 재공인은 3세부터 유치원에 입학할 때까지 조기중재를 계속하도록 주정부에 허락하였다. 따라서 부모와 공급자들은 아동이 준비될 때 Part B에서 Part C로 발달적으로 이동하는 것을 결정하는 데 유연성을 가졌다. 3세 아동에게는 더 이상 그러한 이동을 명령하지 않았다. 다른 개선은 이 책의 적절한 시점에서 논의할 것이다.

11) 공법 101-336: 1990년의 미국장애인법

미국장애인법(Americans with Disabilities Act: ADA)은 장애인의 완전한 시민권을 보장하는 가장 중요한 연방법이다. 비록 앞에서 설명한 법들은 일차적으로 교육과 관련 서비스에 초점이 있지만, 이 법은 고용, 공공시설, 교통수단, 주와 지역 지원, 통신에서 평등한 기회를 보장하는 광범위한 내용을 포함한다. 특별히 의미가 있는 것은 아동보호기관과 가족 탁아소가 공공시설의 법적 정의에 포함된다는 사실이다. ADA에 따르면 아동보호기관은 반드시 장애아동과 장애성인이 사용할 수 있도록 그들의 정책과 절차를 타당하게 수정해야 한다. 이것은 보통은 화장실을 사용하지 못하는 아동을 수용하지 않는 기관이 장애 때문에 화장실을 사용할 수 없다면 화장실을 사용할 수 있도록 해야 할 수도 있다. 또한 기관은 그들이 듣고 보거나 말하는 것에 장애가 있는 아동이나 부모와 의사소통을 하는 데 필요하다면 보조적인 도움과 지원을 제공한다. 기관에 대한 물리적 접근도 요구된다. 비록 이 법이 완전한 영향을 규명하는 데 많은 질문을 만들어 냈지만, 그럼에도 불구하고 의도는 분명하였다. 일상생활의 모든 측면에서 장애인들의 완전 통합을 지향하는 쪽으로 이동하는 것이 사회에 기대되었다. 가장 의미 있는 법안이 다음의 예시 1.4에 요약되어 있다.

6. 유아특수교육의 동향

유아특수교육 분야에 영향을 주는 주요 공적 정책 변화를 개관한 후에, 이 정책이 실행된 이후 계속 전개되는 동향을 알아보는 것은 중요하다. 주요한 철학적 변화를 다음에서 논의하였다.

1) 가족중심 서비스

공법 99-457의 최초 구안자들은 법의 실행에 대한 가족중심 접근을 위한 명령의 증거로서 아동의 생활에 있어서 불변적인 것으로 가족을 인성하였다. 아동에 대한 전통적인 초점보다 **가족중심 접근(family-centered approach)**은 가족 체계의 맥락 속에서 아동의 발달을 보고 있다. 점차로 효과적인 서비스 전달은 가족 스트레스, 가족 기능에 영향을 주는 요인, 장애아동에게서 발생되는 문제에 대처하는 가족의 능력과 같은 가족 체계의 완전한 이해를 통해 이루어질 수 있다는 것을 인식하였다. 전문가들은 그들이 평가, 우선시하는 목표, 중재 계획의 설계와 실행과 같은 계획 절차에 성공하기 위한 협동적인 가족 주도의 협력관계를 촉진함으로써 전통적인 기관의 역할과 실제를 재심사하려고 노력하는 중이다.

2) 지역사회중심 통합 교육 장면

IDEA의 기본 전제 중 하나는 최소 제한적 환경(LRE)에서 특별한 요구를 가진 유아의 통합이다. 사실 출생부터 3세까지 아동을 위한 조기중재 서비스를 말하는 Part C는 "가정과 장애아동이 참여하는 가정과 지역사회 장면과 같은 자연스러운 환경" (P.L. 105-17, 1997)에서 제공된다. 각 아동의 개별화 계획은 '자연스러운 환경' 에서 아동이 지원을 받을 수 있는 정도를 언급해야 한다. **자연적 환경(natural environment)**은 아동의 가정, 이웃과의 놀이 집단, 아동 발달 기관, Head Start 프로그램이나 비장애아를 위해 설계된 다른 장면이 포함되기도 한다.

처음에 비장애아를 위해 설계된 프로그램과 장면에서 특별한 요구를 가진 아동을 완전히 포함하는 실제는 1990년 ADA 통과에 의해 촉진되었다. 정상적인 상황에서 가능한 한 최선으로 모든 아동이 기능할 수 있도록 효율적인 지원을 제공하는 데 대한 도전은 새로운 천년의 도전으로 대두되었다. 적어도 유아특수교육은 독립제 특수학급(self-contained classroom)의 벽을 벗어나고 지역사회 내의 조기교육 프로그램으로 통합되도록 하고 있다.

3) 간학문적 협력

조정된 여러 기관 서비스 전달을 명령하는 것에 더하여 조기특수교육 분야는 유아와 그들의 가족의 요구에 엄밀한 범주적 반응에 대해 본질적 어려움을 피하려고 하는 요구에 직면하였다. Part C는 복잡하고 다양한 인간 지원 담당자 간의 조정을 위한 결정적 기제를 제공하도록 설계된 서비스 조정을 명령하고 있다. 세심한 서비스 조정은 채용 절차, 아동과 가족의 요구 사정, 직접적인 서비스 전달의 중복을 줄인다.

기관 간 협력과 **간학문적 협력(interdisciplinary collaboration)**에 대한 이러한 초점은 여러 학문 분야 때로는 몇몇 기관으로 구성된 팀으로 활동하는 데 필요한 기능의 학습을 촉진시킨다. 3장에서 논의한 것처럼 **융합학문**

예시 1.4

주요 법률

1968	공법 90-538: 장애아동조기교육지원법(Handicapped Children's Early Education Assistance Act)	장애유아의 교육에 대한 중요성. 장애아동의 조기교육 프로그램(Handicapped Children's Early Education Program: HCEEP)을 통해 실험적 조기교육 프로그램의 구성
1972	공법 92-424: 수정 경제기회법(Economic Opportunity Act Amendments)	헤드 스타트 배치의 전체 수의 10%를 장애아동을 위해 확보하도록 요구하는 명령
1974	공법 93-380: 교육 수정안, 버클리 수정, Title V(Education Amendments Buckley Amendment, Title V)	선행된 공법 94-142와 장애아동 교육에 대한 전체 연방 위원회 구성. 최소 제한적 환경, 비변별적 검사, 프라이버시 권리 내에서 포함된 교육에 관심
1975	공법 94-142: 전장애아동교육법(Education for All Handicapped Children Act)	공법 93-380의 개정과 확장. 3-21세 사이의 모든 장애아동에 대한 관련된 서비스와 무상 적절한 공교육을 제공
1983	공법 98-199: 1983년의 수정 장애아교육법(Education of the Handicapped Act Amendments of 1983)	서비스 수준을 출생으로 낮추어 확장하는 주정부에 재정적인 인센티브 제공
1986	공법 99-457: 1986년의 수정 장애아교육법(Education of the Handicapped Act Amendments of 1986)	3-5세 아동을 포함하도록 공법 94-142의 확장. 장애 영유아와 가족을 위한 조기중재 서비스의 포괄적인 체계를 구성하는 데 주정부를 지원하도록 보조금 프로그램 지원
1990	공법 101-336: 미국장애인법(Americans with Disabilities Act: ADA)	학령전기와 보육시설에 합리적인 편의를 포함하는 모든 장애인을 위한 완전한 시민권을 보장
1990	공법 101-476: 장애인교육법(Individuals with Disabilities Education Act: IDEA)	아동을 'handicapped children'으로 명명하는 것에서 먼저 개인으로 아동을 언급하고 두 번째로 'disabilities'를 언급하도록 하는 철학의 변화를 반영하여 공법 94-142의 재승인
1991	공법 102-119: 1991년의 장애인교육법(Individuals with Disabilities Education Act of 1991)	유아와 가족에게 포괄적인 조기중재 서비스를 보장하는 공법 101-476의 재승인
1997	공법 105-17: 1997년의 장애인교육법(Individuals with Disabilities Education Act of 1997)	Part C의 영유아와 Part B의 학령전기 아동을 위한 포괄적인 서비스를 위임하는 공법 102-199의 재승인
2004	공법 108-446: 장애인교육향상법(Individuals with Disabilities Education Improvement Act of 2004)	Part B의 학령전기 서비스의 위임과 유치원까지 조기중재 서비스를 계속하도록 하는 Part C의 영유아를 위한 조기중재 서비스의 위임을 위한 공법 105-17의 재승인

적 접근(transdisciplinary approach)은 아동과 가족이 무수한 전문가들과 일대일로 만나거나 그들에 의해 다루어질 필요가 없이, 몇몇 학문분야의 전문가로부터 이익을 얻게 된다. 다양한 분야의 전문가들은 어떤 한 전문가가 광범위한 범위의 필수적인 서비스를 제공할 수 있도록 서로 교육하기 위해 협력적으로 활동하게 된다. 예를 들어, 교사나 양육자

는 언어병리학자의 충고에 대해 언어발달을 촉진하기 위한 비공식적 운동장 활동을 재수정하게 된다.(간학문과 융합학문의 정의는 3장과 용어 설명을 참고한다.)

4) 문화적 능력

자연적으로 장애유아의 가족들은 일반아동 가족의 다양성을 반영하게 된다. 지난 20년 동안 가족이라는 개념과 현실에 극적인 변화가 있었다. 가족의 정의가 점점 더 하나의 가족으로서 자체를 규정하는 단위체로 개념화된다. 가족은 생활을 공유하도록 참여하는 사람뿐만 아니라 혈연이나 결혼에 의해 관련된 모든 사람들도 포함한다(Lynch & Hanson, 1998). 가족의 특징은 계속 더 다양하고 복잡하게 될 것이다. 조기중재 서비스 전달 모형은 2000년대와 그 이후의 가족을 효과적으로 지원하기 위해 재개념화하고 앞으로도 지속될 것이다.

가족 간에 더 큰 다양성이 나타난다면, 아동 중심 관점에서 아동과 가족 서비스 방향으로 이동하는 것은 변화에 대한 계속적인 문제를 야기하게 된다. 가족을 아동 발달의 근본적 매개자로 보는 것은 지원 목표에 대해 재고를 필요로 한다. Part C는 성과나 목표가 지원 계획에 있을 때 일차적인 의사 결정자가 부모가 되도록 요구함으로써 이러한 요구를 인정하고 있다. 문화적으로 다원적이고 민감한 방향은 가족 특성의 변화에 일관되게 반응할 수 있는 서비스 전달 기제에 필수적이다.

5) 조정된 포괄적 서비스

부모와 전문가 간 그리고 기관 전문가 사이의 협력은 법이 요구하는 조정된 포괄적 서비스에 대한 규정에서 필수적이다. 전문가로서 강조되는 역할의 중요한 변화로 만들어진 도전은 가족뿐만 아니라 점점 증가하는 지역사회 서비스 제공자와도 협력 관계를 만든다는 것을 지적한다. 선행연구에서 자극과 교정 프로그램에서 커다란 지역사회 내에 묻혀 있는 아동과 가족의 생태적 관점을 반영하는 새로운 패러다임으로 이동을 논의하고 있다(Noonan & McCormick, 2006).

이러한 패러다임 이동의 요구에 부합하도록 훈련 프로그램은 전통적 학문 경계를 따르는 교육과정에서 여러 기관과 다학문적 협력을 촉진하는 교육과정으로 이동하였다. 그러한 프로그램은 몇몇 학문 분야의 전문가들이 특수교육과 일반교육에서 가장 훌륭한 실제에 대한 자문, 융합학문간, 다학문적 모형에서 가장 훌륭한 것을 통합하는 다양한 접근법으로 가족과 함께 활동하도록 할 수 있다.

6) 표준중심 교육과정

2005년에 45개 주정부는 3-5세 아동을 위한 교육과정 표준을 개발하였고, 몇몇 주정부는 출생에서 3세까지의 아동을 위한 표준을 개발하였다(Gronlund, 2006). 표준 목록에 포함된 문항의 수는 주정부마다 차이가 있으며, 표준은 다양한 제목이 붙여졌다. Colorado에서는 조기학습 지침서(Early Learning Guidelines)로, Washington에서는 조기학습과 발달 기준(Early Learning and Development Benchmarks)으로 불렸다. 비록 표준 목록에 부여된 제목을 기억하는 것은 중요하지 않지만, 유아의 학습과 발달에 대한 기대로 기억하는 것은 중요하다. 이것은 아동들이 획득해야 하고 수행을 통해 보여야 하는 구체적인 지식 또는 기능을 명료하게 한다. 전문가들은 조기학습 표준에 대한 운동에서 위험과 이익 모두를 보았다(National Association for the Education of Young Children: NAEYC, 2002). NAEYC와 교육부의 전국조기교육전문가협회(National Association for the Early Childhood Specialists in Department of Education)는 우수한 조기교육 프로그램을 선도하는 데 있어서 성공에 필수적인 특징 4가지를 제시하였는데, 다음의 예시 1.5에 제시되어 있다.

예시 1.5

성공을 위한 조건

1. 효과적인 조기학습 표준은 의미있고 발달적으로 적절한 내용과 결과를 강조한다.
2. 효과적인 조기학습 표준은 정보에 근거하고, 통합적인 과정을 통해 개발되고 검토되었다.
3. 조기학습 표준은 윤리적이고 적절한 방법으로 모든 아동의 발달을 지원하는 수행과 사정 실제를 통해 효과를 얻는다.
4. 효과적인 조기학습 표준은 초기 아동기 프로그램, 전문가, 가족을 위한 지원의 기초를 요구한다.

Source: NAEYC(2002)

7. 최선의 실제 구성

다행스럽게도 모든 유아를 위한 조기중재 서비스와 관련된 두 주요 전문가 집단이 프로그램 개발과 평가를 안내하도록 발달적으로 적절한 절차에 대한 최선의 실제(best practices)의 명백한 진술을 발표하였다. 1986년에 NAEYC는 초기 아동기 프로그램에 있어서 발달적으로 적절한 실제에 대한 입장을 발표하였다. 이것은 책자 형태로 개정되고 발표되었다(Bredekamp & Copple, 1997; Copple & Bredekamp, 2005).

NAEYC의 발달적으로 절절한 실제(developmentally appropriate practices)가 교육과정을 개발하는 데 있어서 중요한 맥락이 되고, 연령 적절성과 개별화는 유아특수교육에서 효과적인 실제의 이해에 필수적이 되었다. Noonan과 McCormick(2006)은 다음과 같이 진술하였다.

> 그러나 중증장애 영유아는 경도나 비장애 또래와 같은 활동에서 학습하기 위해 항상 준비되어 있지 못할 것이다. 그러나 장애 영유아와 비장애 영유아의 통합을 지원하기 위해 교육과정 활동은 그 활동이 준비도 수준에 상응하지 않을 때조차도 연령에 적절해야 한다. 활동들은 교수를 위한 맥락으로 제공되어야 한다. 구체적인 목표 또는 활동에 장애아동이 참여하는 방법은 독특한 요구에 부합되도록 개별화되어야 한다.(p.85)

예시 1.6

NAEYC 교육과정 권고

- 교육과정 개발은 아동의 개별적 요구뿐만 아니라 가족의 목적과 우선순위를 반영한다.
- 교육 목적은 모든 일상 활동에 통합되었다. 목표는 단독이 아닌 의미있는 활동과 사건과 통합되어 가르친다.
- 가능한 정도가 최대한이 되도록 교육 경험은 연구에 근거한 실제에서 도출되었다.
- 교육과정 기획과 중재는 자연적 맥락에서 부모와 중재팀에 의해 구성된 각 아동의 구체적 관찰에 근거하였다.
- 학습은 상호작용적 과정이다. 아동과 성인, 또래, 물리적 환경의 상호작용은 모두 중요하다.
- 학습 활동과 자료는 아동의 생활과 관련되어야 하고 구체적이어야 한다. 교사들은 실제 생활 대상과 활동의 사용을 구성해야 한다(예를 들어, 소방차에 대한 이야기를 읽는 것이 아니라 소방서를 방문하는 등).
- 프로그램은 넓은 범위의 흥미와 능력에 부합될 수 있어야 한다. 교사들은 개별화된 교수 프로그램을 기대한다.
- 교사들은 점진적이고 능숙하게 활동의 어려움과 도전을 증가시켜야 한다.
- 교사들은 아동에게 의미있고 흥미를 유발하는 방법으로 선택을 제공하고, 제안하고, 질문하고, 사건을 설명하여 각 아동의 참여를 촉진할 수 있어야 한다.
- 아동들은 자기주도(self-initiation), 자기지시(self-direction), 반복연습(repeated practice)에 대한 기회가 주어져야 한다.
- 교사들은 아동과 가족의 문화적 차이를 수용하고 인정해야 하며, 인종적 그리고 성적 고정관념을 피해야 한다.
- 프로그램은 휴식과 활동 간의 균형을 유지해야 하고, 매일 외부 활동을 포함해야 한다.
- 외부 활동은 단순히 울적한 기분을 이완하는 기회가 아니라 계획되어야 한다.
- 프로그램은 한 활동에서 다른 활동으로 주의 깊게 전환하도록 해야 한다. 아동들을 재촉하지 않아야 하고, 계획은 즉흥적인 경험의 장점을 취하도록 충분히 유연해야 한다.

교육과정과 관련된 NAEYC 틀에서 도출된 몇 가지 핵심적인 권고를 고려하는 것이 유용하다(예시 1.6). 또한 NAEYC는 성인-아동 상호작용, 가족 참여, 평가에 초점을 둔 필수적인 비교육과정 권고를 제공하였다(예시 1.7).

1) 초기 아동기 교육과 유아특수교육 전문가의 협력

두 번째 주요 전문가 집단인 특수아동협회(the Council for Exceptional Children)의 초기아동기분과(Division for Early Childhood: DEC)는 조기중재와 유아특수교육의 실제를 발표하였다(Sandall, McLean, & Smith, 2000). NAEYC의 최선의 실제와 DEC에서 권고한 실제 간에 실질적으로 중복되는 부분도 있지만 분명한 차이가 있다.

발달적으로 적절한 실제에 대한 NAEYC 지침은 취학전 기관과 유치원 교실에서 학문적 수행과 구조를 강조하는 것에 실망한 초기 아동기 교육 전문가들에 의해 구성되었다. 그래서 원래의 NAEYC 지침(1987)의 주요 초점은 정상 유아의 발달 수준에 적절한 기대와 학습 환경에 대한 것이다. 강력한 교사 중심 접근과 구체적인 기능의 지도와 추적에 대한 부정적인 반응도 있다. NAEYC 실제는 학습

예시 1.7

비교육과정 권고

성인-아동 상호작용

- 성인들은 의사소통에 대한 아동의 요구와 시도에 빠르고 직접적으로 반응해야 한다. 성인들은 가능한 아동의 눈높이가 되어야 한다.
- 아동들은 의사소통할 수 있는 다양한 기회를 가져야 한다. 상호작용은 2-3명의 소집단 또는 일대 일에서 가장 잘 촉진된다. 대집단 교수는 의사소통 촉진에는 효과적이지 못하다.
- 전문가들은 스트레스 신호에 주의해야 하고, 아동에게 민감하고 적절한 지원을 제공해야 한다.
- 성인들은 아동의 행동에 관계없이 아동을 존중하고 수용함으로써 자긍심의 개발을 촉진하여야 한다.
- 성인들은 자아통제의 발달을 향상시키는 훈육 기법을 사용해야 한다. 이러한 것에는 분명하고 일관된 한계를 설정하고, 부적절한 행동을 재지시하고, 실수에 가치를 부여하고, 아동의 관심과 좌절에 대해 경청하고, 아동의 갈등 해결을 돕고, 아동이 규칙을 지키도록 필요하면 끈기 있게 기다리는 것이 포함된다.
- 성인들은 항상 모든 아동에게 반응적이어야 한다. 항상 건강과 안전에 역점을 두어야 한다.
- 성인들은 아동의 독립심을 점차 증가시키기 위해 계획해야 한다.

가족 참여

- 가족들은 아동의 양육과 교육에 대한 의사결정에서 공유해야 하는 권리와 책임이 있다. 가족들은 동반자 관계에서 동등해야 하고, 그들의 관점이 프로그램 계획을 안내하게 된다. 전문가들은 빈번히 접촉해야 하고, 가족들이 참가하도록 격려해야 한다.
- 전문가들은 부모들과 아동발달 단계에 대한 정보를 포함한 정보와 자원을 규칙적으로 공유해야 한다. 그들은 개별 아동의 행동과 발달에 대한 양육자의 관점을 획득하고 존중해야 한다.

평가

- 아동 평가는 단일 도구에 의지하지 않아야 한다.
- 평가는 특별한 요구를 가진 아동을 확인해야 하고, 의미있는 조기중재를 유도할 정보를 제공해야 한다.
- 평가는 문화적으로 적절해야 한다.

의 결과보다 과정에 가치를 부여한 것이다.

한편 유아특수교육 전문가들은 특수교육과 공법 94-142의 가치와 주의(tenets)에 많은 영향을 받았다. DEC에서 권고한 실제는 구체적인 기대 결과의 확인, 이러한 결과에 대한 안정적인 진전을 보장하기 위한 전문가의 책무성, 직접 교수의 중요성, 개별화된 교수에 대한 강력한 실행을 강조하는 것이다. 유아특수교육 분야는 부모-전문가 협력과 가족 역량 강화, 다음 환경에 대한 전환 계획과 훈련, 학제 간 그리고 기관 간 협력에 많은 강조를 두고 있다.

NAEYC의 발달적으로 적절한 실제와 DEC의 권고 실제 간에는 여전히 약간의 차이가 있지만, 이 두 분야의 최선의 실제와 철학의 상호 통합에 대한 경향은 오랫동안 있어 왔다. 10년 전에 Bredekamp(1993)는 초기 아동기 교육은 유아특수교육 실제의 중요성을 인정했다고 제안하였다. 비슷하게 유아특수교육 분야 역시 초기 아동기 교육의 몇 가지 핵심적인 발달적으로 적절한 실제의 중요성을 인정하였다(Carta, Atwater, Schwartz, & McConnell, 1993; Wolery & Wilbers, 1994). 종합적으로 이러한 실제들은 예시 1.8에 요약하여 제시되었다.

초기 아동기 교육과 유아특수교육 분야에서 많은 전문가들의 목적은 이 두 가지를 구분하지 않는 것이다. 특히 복합적 위험에 처한 가족과 지역사회에서 아동의 특별한 요구와 다양성의 증가에 비추어 모든 초기 아동기 전문가들은 각 분야에서 현재 전문적 개발을 강조하는 기능의 범위를 요구한다. 이러한 목적은 발달적으로 적절한 실제의 1997년 개정판에서 Bredekamp와 Copple에 의해 인정되었다. 그들은 부모와의 동반자 관계를 형성하고 실제의 적절성을 고려할 때 사회적 맥락과 문화적 맥락의 중요성을 강조하는 데 주목한 것처럼 철학의 계속적인 집중을 제안하였다.

예시 1.8

NAEYC와 DEC가 권고한 최선의 실제

유아특수교육 실제

1. 가족과 다른 전문가들의 협력에 대한 강력한 강조
2. 개별 아동의 구체적인 요구를 지원하는 것에 대한 커다란 강조
3. 출생에서 3세까지 범위에 대한 커다란 강조
4. 교사 중심 대 아동 중심을 이분법으로 보는 것이 아니라 연속체로 본다. 아동중심 접근에 대한 이해가 특정 상황에서 교사중심 전략의 사용을 배제하는 것이 아니다.
5. 전환 계획에 대한 커다란 강조

초기 아동기 발달적으로 적절한 실제

1. 자연적 환경 특히 놀이 맥락 내에서 훈련
2. 아동이 주도하는 활동의 중요성
3. 표준화된 사정의 약한 강조와 사정과 교육과정의 통합
4. 자연적으로 발생하는 일상과 활동에서 하루 동안 적극적으로 아동이 참여하는 중요성
5. 사회적 상호작용에 대한 강조
6. 문화적 민감성과 능력의 중요성

2) 경계

유아특수교육을 공부하는 학생들은 모든 진전 분야의 경우와 마찬가지로 유아특수교육도 일관되게 진보하고 있다는 것을 인식해야 한다. 오늘날 최선의 또는 권장된 실제를 구성하는 생각과 관념은 10년 뒤에 전개되는 것과는 아주 다를 것이다. 조기중재 전문가들은 지식에 대한 갈증과 장애유아의 요구를 충족시키는 방법을 더 잘 이해하고자 하는 진정한 의지가 있어야 한다. 그들은 그것 자체와 방법론을 계속 정의하려는 분야로서 불분명한 것에 대한 심각한 고통을 겪어야 한다. 마지막으로 조기중재자들은 연구의 잠재적 기여를 이해해야 한다.

실천가들은 이 분야의 연구자와 중요한 쌍방향 대화를 유지할 책임이 있다. 그들은 중요한 연구 문제를 확인하고, 이런 문제에 답하는데 적절한 연구 방법을 사용하도록 주장하고, 가능할 때 그들의 일상 교수 활동에 증거중심 기법을 통합함으로써 연구 결과를 적용해야 한다. 이러한 지침을 위한 연구들 가

운데 가장 최근의 연구 예 가운데 하나가 자폐 스펙트럼 장애 영역에서 원인과 중재 효과에 대한 적극적인 연구이다(Lord & McGee, 2001; Ozonoff, Rogers, & Hendren, 203; Simpson, 2005).

8. 서비스 전달

서비스 전달의 매개 변수는 중재가 일차적으로 아동에게 주어지는지 또는 양육자에게 주어지는지 여부인 중재의 표적이다. 공법 99-457과 후속 재승인과 수정 법률은 일차적인 초점을 가족과 아동을 보게 되는 맥락에 두고 있다. 그러나 이러한 가족 중심 틀조차 중재는 아동 발달에서 가족의 역할에 상대적으로 관심을 덜 가진 아동에게만 중재의 초점을 맞추고 있다.

1) 아동중심 접근

Bricker와 Veltman(1990)은 아동중심 프로그램(child-focused program)을 일차적으로 아동 발달의 향상에 초점을 두는 것으로 정의하였다. 이들은 그러한 프로그램들이 (a) 생물학적 문제는 극복 또는 수정할 수 있으며, (b) 초기 경험은 중요하다는 두 가지 이론적 가정에 근거하고 있다고 진술하였다. 후자의 가정과 관련된 것은 다른 가정인데, 아동 발달에 긍정적인 영향을 주는 잠재력은 중재가 보다 어린 나이에 이루어졌을 때 더 크다는 것이다.

전통적으로 행동주의 이론의 영향과 특수교육 분야에서 아동중심 프로그램은 아동 지향이기보다 교사 지향이다. 그러한 접근들은 교사가 행동분석 기법을 사용하여 일차적으로 통제하는 주의 깊게 계획되고 대단히 구조화된 프로그램으로 특징지을 수 있다.(Note: 특수교육 분야가 교사중심 접근에서 멀어지기 시작하면서 이것은 자폐아동을 위해 설계된 많은 프로그램의 철학이 되고 있다(Scheuermann & Webber, 2002).)

현재 아동중심 프로그램은 교사 지향(teacher directed)이기보다 아동 지향(child directed)이다. 아동 지향 프로그램은 아동의 발달은 반응적인 성인에 의해 주의 깊게 조정된 자기주도와 탐색에 대한 기회를 통해 잘 촉진될 수 있다는 것을 가정한다. 아동중심 프로그램은 가족의 요구를 무시하지 않는다. 가족 참여는 가족들 자신의 요구를 충족하게 되는 것과 동시에 가족들이 아동의 요구를 충족시킬 수 있는 맥락이다. 부모들은 아동 중재 팀의 구성원으로서 그리고 전문가와의 동반자로서 포함된다.

2) 양육자중심 접근

전문가들이 연구에 의해 지지된 실제에 보다 동조함으로써 학문 간에 활동을 하게 되는 기능적 접근으로 전환된다(Rapport, McWilliam, & Smith, 2004). 전문가들은 아동들이 기능을 학습하고 발달이 되도록 하기 위해 시간이 지나면 분산되는 환경과 반복적인 상호작용을 해야 한다. 다른 분야의 서비스가 간헐적으로 제공되는 것처럼 중재가 효과가 있도록 하기 위해서 양육자를 매일 지원해야 한다.

양육자중심 접근(caregiver-focused approach)은 영유아를 위한 조기중재 프로그램에 사용되었다. 이러한 접근들은 부모에게 서비스를 전달하는 데 일차적으로 집중한다. 이러한 범주에는 두 가지 구분되는 종류의 프로그램이 있다. 첫 번째는 정신건강 관계형성 원리를 증진하는 노력으로, 일반적으로 어머니인 부모와의 임상적 치료 관계를 형성하는 데서 찾을 수 있다(Barnard, Morisset, & Spieker, 1993; Knitzer, 2000). 예를 들어, 이것은 부모의 관점 자체와 어머니가 자기 아이를 지각하고 경험하는 방법에 대한 많은 변화를 포함한다. 이러한 접근에서, 심리정서적 변화를 가져왔을 때 어머니의 상호작용과 아동과의 관계는 자동적으로 긍정적이 되고 촉진된다는 가정을 한다. 다른 관련된 접근은 치료적 관계에는 초점을 많이 두지 않지만 양육자가 유아에게 긍정적인 영향을 줄 것이라는 가정은 계속하고 있다(Klass, 2003; Wasik & Bryant, 2000). 단순히 부모에게 유예를 제공하는 서비스조차 부모의 심리적 안녕감에 믿을 수 없는 영향을 주는 것을 발견하게 되는데, 그래서 아동이 보다 많이 이용할 수 있도록 한다(Mullins, Aniol, Boyd, Page, & Chaney, 2002).

양육자 중심 조기중재 프로그램의 두 번째 주요 범주는 주로 의사소통적 상호작용에 초점을 두는 양육자-유아 상호작용 전략에 초점을 두는 것을 포함한다(Kelly & Barnard, 2000; Mahoney & Perales, 2003). 이러한 접근은 일상 활동의 맥락 속에서 영유아를 돌보는 양육자의 행동 변화 또는 개선을 시도하는 것이다(Klein, Chen, & Haney, 2000). 이러한 접근은 부모들에게 훈련이 아니라 유아에게 자연적으로 발생하는 단서에 특별한 방법으로 반응하도록 요구하는 것이다.(이러한 프로그램의 기초에 대한 충분한 논의는 8장을 참고한다.)

어떻게 서비스를 선택하는지는 부모와 전문가의 주의깊은 협력의 결과이다. 전문가들이 아동과 가족의 요구에 더 많이 동조하면 적절한 권고가 이루어질 가능성이 커지는 것이다. Rapport와 동료들(2004)은 (a) 중재 제안은 아동의 가족과 가정의 맥락에서 개별 양육자에게 적합하도록 하고, (b) 전문가들은 포함된 양육자에게 아동 진전에 대한 신뢰를 가지도록 요구하고, (c) 아동과의 실제적인 활동은 아동에게 직접 서비스하기보다 실제로 전문가들이 아동을 돌보는 양육자 시범, 사정, 보여주기 목적이 되어야 한다고 전문가를 위한 도전을 반영하였다.

가족과의 생산적인 동반자 관계를 개발하기 위한 앞으로의 고려는 다음 장에서 논의할 것이다. 또한 가족이 어떻게 영향을 주는지, 특수아동에게 어떻게 영향을 받는지, 가족을 위한 다양한 참여 방법을 제공하는 것이 논의된다.

3) 영유아를 위한 서비스

특별한 요구를 가진 영유아와 가족을 위한 서비스 제공은 **조기중재(early intervention)**로서 이 책의 전반에서 언급된다. 앞에서 주목한 것처럼, IDEA의 Part C는 조기중재 서비스는 아동의 가정과 다양한 지역사회 장면을 포함하는 자연적인 환경에서 제공되어야 한다고 진술하고 있다. 각 아동과 가족에게 가장 적절한 선택을 제공하기 위해 지역사회는 '서비스 메뉴'라는 것을 점차적으로 개발하였다. 중증 장애유아와 아동을 위해 가정중심 서비스(Home-based services)가 가장 정상적인 환경이기 때문에 최소로 제한된 것으로 고려되었다. 때로는 가정중심 서비스는 친척이나 아동보육 제공자의 가정에서 제공된다.

가정중심 프로그램은 각 아동과 가족의 개별적인 요구에 의해 결정되었다. 제공자는 가족의 우선순위와 자원을 사정할 수 있다. 그러한 사정은 아동의 환경의 기능적 요구에 민감해질 수 있다. 가정 방문자는 여러 지역사회 기관에서 다양하고 넓은 범위의 전문가들이 포함된다. 유아를 위한 조기중재 서비스는 건강 문제에 초점을 두고 있는 공중보건 간호사가 제공하기도 한다. 아동이 독특한 영양적 요구가 있을 때는 영양학자가 가족과 활동을 하게 된다. 감각 자극 활동은 유아교사가 모델이 되는 센터 주변을 방문하거나 작업치료사나 물리치료사가 제공하기도 한다. 우수한 양육자-아동 상호작용의 촉진과 이러한 상호작용에 대한 부모 정신건강의 영향에 점점 관심이 모아진다(Fenichel, 2002).

몇몇 영아들은 센터중심 프로그램에 참여하게 된다. 이러한 센터중심 프로그램은 부모들이 아동을 데려온 집단 장면이다. 그러한 프로그램은 부모대 부모 지원에 대한 중요한 접근을 제공한다. 또한 같은 장면에서 다양한 서비스 제공자에게 접근하는 일괄 서비스(one-stop-shopping)를 제공한다. 센터중심 프로그램은 가정중심 프로그램보다 더 빈번한 간학문적 접촉을 제공한다. 몇몇 서비스 전달 모형은 가정중심 서비스와 센터중심 서비스가 결합된다. 예를 들어, 아동들은 주당 3일은 센터에서 한 달에 1번은 가정에서 서비스를 받는다.

센터나 집단 장면에는 자연적인 환경에서 공공 아동보호 장면과 사적인 아동보호 장면이 포함된다. 몇몇 아동들은 하루의 일부는 기관이 후원을 한 분리된 장애아동을 위한 센터중심 프로그램에 참여하고 나머지 일부는 일반적인 아동보육 장면에 참여하는 이중 경

예시 1.9

유아를 위한 집단 보육의 핵심 구성요소

1. *집단 크기.* 3세 이하의 유아들에게 제공되는 프로그램에서 성인대 아동의 비율은 1:3을 넘지 않아야 한다. 그러나 집단 크기 문제는 단순히 성인대 아동의 비율을 낮게 유지해야 한다는 것은 아니다. 전체 집단 크기는 적어도 비율만큼 중요하다. 집단 크기가 증가함으로써 자극의 수준도 증가하게 된다. 이것은 유아와 직원 모두에게 긴장을 유발하는 환경이 된다. 소음이 있고 혼란스러운 환경은 아동의 단서에 민감하고 반응적이 되도록 하는 데 어려움이 되고 조용하고 친밀한 상호작용을 위한 기회를 감소시키게 된다.
2. *물리적 환경.* 물리적 환경의 배열은 유연하고 개별화되고, 반응적인 보육을 촉진 또는 방해할 수 있다. 예를 들어, 음식과 외부 공간에 대한 빈번하고 쉬운 접근은 큰 개별화를 허용하게 된다. 흔들의자와 소파와 같은 성인에게 편안한 가구가 유아에게 독서와 붙들고 있는 것을 촉진하게 된다. 품목과 영역의 제한을 줄이는 것은 훈육 문제와 부정적인 성인-아동 상호작용을 최소화시킨다. 특정 놀이 유형을 위해 잘 설계된 세부 영역은 과잉 자극을 통제하고 유아에게 초점을 두는 데 도움이 된다.
3. *일차 양육자의 배치.* 유아를 위한 센터중심 보육에서 극히 중요한 요인은 각 아동에게 대한 일차 양육자의 배치이다. 이것은 신뢰와 친밀감의 발달을 촉진한다. 이것은 아동이 한 성인과 배타적으로 상호작용한다는 것을 의미하는 것은 아니다. 오히려 여러 날 동안 아동이 의지할 수 있는 친밀하고 특별한 사람이 될 것이다. 또한 일차 양육자의 배치는 각 아동을 잘 알고 있는 적어도 1명의 직원일 가능성이 있다. 다시 말해서 이것은 유아와 반응적이고 적절한 상호작용을 위한 기회를 증가시키는 것이다.
4. *보육의 연속성.* 일차 양육자의 문제와 관련된 것으로 Lally와 동료들(1994) 역시 보육의 연속성에 대한 중요성을 강조하였다. 어린 유아가 보육자를 상실했을 때, 자신에 대한 존재감의 일부를 상실하는 것이고 세상에 대해 작용하는 방법을 상실하는 것이다. 사태는 아동이 하는 방법을 아는 것이고, 방법은 이제 더 이상 활동을 하지 않는 것을 아는 것이다. 양육자에 있어서 많은 변화는 새로운 관계를 형성하는 데 대한 아동의 저항을 유발할 수 있다. 6–9개월마다 양육자를 바꾸는 것은 영유아에게 부정적인 영향을 미치게 된다. 또한 양육자의 변경(조기중재 프로그램에서는 교사의 변경)은 아동의 부모에게도 어려움이 된다. 이것은 신뢰와 의사소통 패턴의 재형성을 요구하게 된다.
5. *문화적 연속성과 가족 연속성.* 이상적으로 프로그램은 서비스를 받는 가족들과 문화적 배경이 비슷한 직원을 채용해야 한다. 아동과 부모는 가족과 직원의 아동 양육에 대한 가치와 실제가 유사하지 않는 것에 대해 민감하다.

험을 하게 된다. ADA인 공법 101-336은 많은 영유아들이 정상화된 아동보호 장면에서 서비스를 받게 되도록 하였다.

(1) 영유아 집단 보육을 위한 특별한 고려사항

생후에서 3세까지의 아동을 위한 모든 집단 보육 프로그램은 친밀함(intimacy)을 형성하고 유지하도록 설계되어야 한다. Lally, Torres와 Phelps(1994)는 이 연령에서 유아의 집단 보육에 대한 주요 구성요소 다섯 가지를 제시하였는데, 예시 1.9에 요약 제시되어 있다.

문화적 차이가 있는 유아와 함께 활동하는 개인은 자신이 가지고 있는 편견과 가치의 근원을 조심스럽게 평가하는 것이 필요하다. 그들은 또한 자신의 지역사회에서 문화적 집단에 대한 가치와 태도에 대한 지식이 있어야 하고, 문화 간에 유의한 차이가 있을 때 판단적이 되는 것을 피하기 위한 노력을 해야 한다.

4) 학령전기 아동을 위한 서비스

IDEA의 Part B는 또한 최소 제한적 환경(LRE)

에 아동을 배치하도록 하고 있다. 통합교육 장면에 배치하는 것이 경향임에도 불구하고 3세에서 5세의 중증장애가 있는 아동을 위한 최소 제한적 환경은 장애아를 위한 분리된 취학전 특수학급과 대개는 공립학교에서 제공되는 것일 수도 있다. 취학전 특수학급은 특수교육 교사 자격을 가진 교사들이 담당하게 된다. 몇몇 주정부는 특정 유아특수교육 자격증을 가지고 있다. 직원과 아동의 비율은 표준 아동보육 장면이나 헤드 스타트 학급보다는 작다. 적어도 한 명의 보조교사의 도움을 받을 수 있다. 비록 일반적으로 부모들이 참여하기를 촉구하지만, 일반적으로 참여가 요청되는 영유아의 부모들보다는 참여가 적다. 복잡한 요구를 가진 중증 유아를 위해 설계된 모든 특별 프로그램에서 융합학문적 서비스 제공자 팀은 아동의 진전에 필수적이다. 이 전반에서 관련 서비스 전문가의 역할을 설명할 것이다.

9. 통합교육 장면에서 유아의 요구 충족

생의 초기가 아동을 포함해야 하는 최적의 시기가 되어야 한다는 이유는 많이 있다. 첫째, 대부분의 조기교육 프로그램은 이 연령 동안에 다양한 속도로 성숙하게 될 것으로 기대한다. 기능의 차이는 교육과정 내에서 기대되고 조정되었다. 조기교육에서 소위 정상 상태의 범위는 초등학교에서 볼 수 있는 것보다 더 넓다.

아동의 교사와는 달리 유아교사는 학습의 결과보다 과정에 초점을 두는 경향이 있다. 이들은 단어 시험이나 국어 시험을 준비하기보다 감각 탐색을 위한 장면을 구성하게 된다. 또한 조기교육 센터에서 발견되는 방법과 자료는 모든 유아의 발달에 도움이 된다. 탐색, 조작, 표현, 공유하기, 적극적 참여는 장애아동과 비장애아동 사이의 의미있는 상호작용을 구조화하고 강화하도록 교사에게 기회를 제공하게 된다. 그러나 수업 준비도와 표준중심 교육에 대한 현재의 강조와 함께, 표준중심 실제에 대한 앞서의 논의에서 주목한 것처럼 이러한 전통은 변화하게 된다.

유아와 활동하는 모든 사람은 개인차를 수용하고 인정하는 그들의 자연적인 능력을 쉽게 인식한다. 아동들은 서로 판단하거나 비교하지 않고 서로에게 반응한다. 자발적인 우정은 풍부하게 발생하고 있다. 차이가 관찰되었을 때 질문은 자연적인 호기심을 반영하는 것이다. 만약 진정으로, 깊이 생각해서 답을 하면 아동들은 차이를 가진 사람을 수용하고 인정하는 경향이 있다(Odom, 2002).

1) 유아 통합교육 지원에 포함된 독특한 문제

성공적인 통합교육을 위한 좋은 조건에도 불구하고, 유아교육 장면에서 성공적인 통합교육에는 몇 가지 문제가 있다. 이러한 문제의 공통적인 예에는 우수한 아동 보육의 이용가능성 부족, 아동 보육 직원에 대한 낮은 임금, 행정 구조와 교육 철학의 차이가 포함된다

(Hanline & Daley, 2002; Harris & Klein, 2002; Wesley & Buysse, 2004).

또한 단순히 비장애 유아와 같은 장면에 장애유아를 배치하는 것은 통합교육의 목적을 달성하지 못한다는 사실을 아는 것이 중요하다(Bricker, 2000). 비록 K-12 교육에 있어서 통합교육 지원 전략에 관한 많은 글들이 있지만, 유아교육 장면에서 통합교육 지원에 대해서는 관심이 적었다. Harris와 Klein(2002)이 조명한 것처럼 유아 통합교육에는 다음과 같은 독특한 몇 가지 문제가 있다.

1. K-12 통합학급에서 일반교사는 특별한 요구를 가진 아동에게 지원을 제공하는 특수교사와 같은 수준의 자격을 가지고 있다. 훈련 배경, 학위 수준, 자격 상태, 임금에서 일반적으로 동등하다. 유아교육 장면에서는 거의 그렇지 못하다. 우수한 아동 보육에 대한 사회의 지원 부족은 특히 지역사회에서 낮은 보수와 부적당한 자원의 결과를 가져온다. 이것은 유아교육 교육에서 높은 훈련에 대한 동기를 유발하지 못하게 되고, 유아교육 교사와 특수유아교육 교사 간의 훈련과 임금 수준에 차이를 유발한다. 이러한 차이는 통합교육 지원 전문가에게도 의미있는 문제를 유발하게 된다. 이것은 성공적인 협력과 효과적인 팀 구성에 관한 이해와 관점 갖기 기능을 요구하게 된다.

2. 유아교육 교사(비특수교육 교사 등)와 직원들 사이의 장애에 대한 경험과 이해의 수준은 매우 다양하다. 통합교육 지원 전문가는 아동의 장애와 학습 양식의 특성을 설명할 수 있어야 하고, 구체적인 전략을 보여줄 수 있어야 한다. Klein과 동료들(2000)은 통합교육 지원 전문가의 가장 큰 가치 가운데 하나가 유아교육 직원들이 아동의 장애를 이해하는 데 도움이 되는 능력이라고 보고한 가족 집단

에 초점을 둔 프로젝트 평가를 설명하였다. 그래서 초기 아동기 지원 전문가들은 특정 장애 전문가의 일정한 수준을 필요로 한다.

3. 유아특수교육 지원 전문가들은 다른 사람의 영역에 서비스를 제공한다는 친숙하지 않은 역할을 해야 한다. 지원 전문가는 자신의 역할을 관리하고 협력적 관계를 형성하는 것과 동시에 침해하는 것을 피해야 한다. 즉 유아교육 교사는 장애에 대한 지식과 경험의 상대적인 부족에 불편해 하게 된다. 또한 자기 교실을 누군가 관찰하는 것에 대해 익숙하지 않게 된다. 그래서 유아교육 교사는 이미 스트레스가 되는 직무에 부가적인 스트레스를 경험하고, 이해할 수 있는 방어나 주의를 하게 된다. 그러한 상황에서 진짜 협력적인 관계를 개발하는 데 제기된 문제는 의미가 있을 수 있다.

4. 마지막으로 유아교육 직원들이 고도의 훈련이 될 때조차 유아특수교육 직원과 유아교육 직원 간의 의미있는 철학적 차이가 있다. Klein 등(2000)은 이것이 성공적인 통합교육에 대한 주요 장애물 가운데 하나로 지각되고 있음을 발견하였다. 이러한 철학과 신념에 있어서 차이에는 다음과 같은 문제들이 포함된다.

- 사회화에 대한 기회 대 구체적인 발달 기능 또는 수업 준비도와 같은 유아교육의 목적
- 모든 아동은 장애 정도나 복잡성에 관계없이 교육을 받아야 하는 것과 단지 특정 아동만이 성공적으로 교육을 받을 수 있다는 통합교육에 대한 신념
- 특별한 유아교육과정에 대한 엄격한 고수 대 교육과정의 보다 유연하고 수정된 수행
- 대단히 아동중심적, 비구조화된 것 대 보다 구조화되고 교사중심 교수 중재와 같은 지도와 상호작용 전략의 유형
- 아주 비구조화되고 유연한 일상 계획 대 예언 가능한 일상과 같은 일상 활동의 조직

Note: 연계된 유아교육과 유아특수교육 전문가 준비 프로그램의 개발에 대한 중요한 경향과 함께, 위에서 언급한 많은 문제들은 대학교 수준에서 공통적인 훈련 경험의 준비를 통해 해결된다(Miller & Stayton, 1998).

2) 유아특수교육 교사의 역할 재정의

특별한 요구를 가진 아동의 발달적 목적과 교육적 목적을 충족시키기 위해서, 환경을 구조화하고, 자료를 수정하고, 아동에게 가장 유리한 학습 모형을 결정하고, 구체적인 행동을 촉진하도록 적절한 지도 전략을 선택하도록 누군가를 이용할 수 있어야 한다. 통합교육은 각 아동에게 필요한 개별화된 계획과 서비스에 대한 명령을 대신하는 것이 아니다. 교사에 의한 체계적인 중재가 성공적인 통합교육을 위해서 필요하다고 연구는 제안하고 있다(Bricker, 2000; Horn, Lieber, Sandall, Schwartz, & Li, 2000).

그러한 다면적인 역할을 완수하기 위해 교

사는 유아교사와 특수교사 모두의 능력을 개발해야 한다. 다행스러운 것은 필요한 기능들은 모든 유아들과 활동하는데 필요한 것과 같은 기능을 포함하고 있다는 것이다. 그러나 장애아동의 성공적인 통합교육은 부가적인 기능과 전문적 지식이 요구된다.

3) 통합교육 지원과 관련된 구체적 훈련 사례

Dinnebeil, McInerney, Roth, Ramaswamy (2001)가 최근에 보고한 연구에서는 통합교육 지원에서 구체적인 훈련이 필요하다는 것을 제시하였다. 이들은 지역사회중심 장면에서 아동에게 순회 지원 역할을 하는 유아특수교육 전문가들을 조사하였다. Dinnebeil 등은 이러한 자문가들에게 사용된 주요한 전략은 분리된 장면에서 사용하는 데 익숙한 직접교수전략이라는 것을 발견하였다. 그들은 협력적 자문 기능에 대한 의미있는 훈련이 필요하다고 결론을 내렸다(Klein & Harris, 2004).

다음의 예시 1.10은 지역사회중심 유아교육 장면에 배치된 아동에게 제시하기 위해 준비된 통합교육 전문가들을 지원하는 종류의 예를 제시한 것이다.

논의를 위해 우리는 통합적인 유아교육 장면에서 한 명 이상의 장애아동을 위해 지원을 제공하는 유아특수교육 교사를 언급하는 것으로 통합교육 지원 전문가(inclusion support specialist)를 이용할 것이다. 통합교육 지원 전문가는 특히 특별한 요구와 관련된 구체적이고 직접적인 서비스나 자문 서비스를 제공하는 특정 영역 전문가(작업치료사, 물리치료사, 언어병리학자 등)나 특정 장애 전문가(시각장애 전문가 또는 농과 난청 전문가 등)와는 그 역할에서 차이가 있다. 이 책에서 통합교육 지원 전문가의 역할은 다른 서비스 제공자와 팀 구성원들의 협력과 협응을 통해 통합교육 장면에서 아동의 최적의 참여를 지원하는 것이다.

예시 1.10에 제시된 내용에서 분명한 것은 이러한 서비스의 효과적인 전달은 조기중재와 유아특수교육에서 최선의 실제와 관련된 광범위한 지식과 기능이 아니라 협력, 자문,

---

예시 1.10

통합교육 지원 활동의 예

- 아동의 특정 장애(자폐증, 다운증후군, 중복 감각장애 등) 특성에 대하여 구성원에 연수와 정보 제공
- 구체적인 중재 전략과 교수전략의 시범 또는 모델링
- 장면 내에서 아동의 계속적인 관찰과 사정
- 아동의 모든 발달과 수행 영역에 대하여 교사에게 서면 피드백과 계속적인 토의(언어, 자립, 사회-정서 등과 같은 발달 영역에 따른 발달 또는 참여 수준 등)
- 아동의 적응과 진전에 관해 부모와의 계속적인 토의와 피드백
- 구체적인 목적(집단 활동 참여, 또래와 적절한 의사소통, 행동 관리 등)을 달성하도록 촉구하는 데 필요한 아동과의 개별적인 활동
- 또래 훈련 기법의 모델링
- 교실에서 아동이 사용하도록 수정된 장비의 고안이나 획득(자립과 의사소통을 지원하는 다양한 형태의 수정 장비와 기계 또는 의사소통을 위한 사진 등)
- 일반 직원 회의, 문제 해결과 갈등 해결에 필요한 지침을 제공하는 IEP 또는 IFSP 회의, 팀 리더십과 협응을 포함하는 팀 회의에 참여

성인 학습 양식, 초기 아동기 환경에 대한 아동의 참여에 목적을 둔 구체적인 전략의 영역에서 기능에 따라 달라진다. 최적의 지원을 제공하기 위해 개인은 다음과 같은 영역에 걸친 지식과 기능을 가져야 한다.

- 일반아동의 발달과 유아교육에서 발달적으로 적절한 실제
- 특정 장애와 관련된 특성과 조기중재와 유아특수교육에 있어서 최선의 실제
- 장애아동의 통합교육과 정상 또래와의 상호작용을 지원하는 구체적인 전략과 방법
- 협력적 자문과 팀 구성

이 책의 목적은 장애아동의 특성과 학습 요구와 관련된 정보뿐만 아니라 통합교육 장면에서 이러한 요구를 나타내는 데 필요한 구체적인 지침을 제공하는 것이다. 이 책에 포함된 지식과 권고는 유아교육과 특수교육의 두 분야에서 도출된 오랜 역사의 연구, 정책, 실제를 반영하는 것이다. 10장은 통합교육 장면에서 특별한 요구를 가진 아동과 가족에 대한 효과적인 지원을 제공하기 위한 상세한 접근, 기능, 구체적인 전략을 논의하고 있다.

요약

이 장은 역사적으로 이론적으로 유아특수교육 분야의 전개에 대한 관점을 제공하고, 최선의 실제를 소개하고 있다. 과거 10년 이상 특별한 요구를 가진 많은 아동들이 '감춰지고 잊혀진' 상태에서 '확인되고 도움을 받는' 상태로 이동되었다. Jean-Marc Itard, Maria Montessori, Jean Piaget는 이 분야에서 가장 주목할 만한 선구자들이다. 그들의 공헌은 다양한 장면에서 특별한 요구를 가진 유아가 적응하도록 교육과정 수정의 개발 방법을 쉽게 하였다.

몇몇 연구 결과는 지능은 삶의 초기에 빠르게 발달한다는 신념을 1960년대 중반에 수용하도록 하였고, 이러한 발달은 초기 자극이 영향을 줄 수 있다는 것이다. 헤드 스타트는 저소득 가정의 유아에게 풍부한 기회를 제공하기 위해 1965년에 연방정부의 재정 지원으로 시작되었고, 나중에 적어도 10%는 장애아동을 포함하도록 확장되었다. 최초의 연구는 헤드 스타트 아동의 즉각적인 교육적 획득은 빠르게 사라졌지만 종단 연구는 이러한 조기중재의 장기적 지속이 유지되었음을 나타냈다. 출생에서 8세 사이의 장애아동들은 장애아동의 조기교육 프로그램(Handicapped Children's Early Education Program)을 만들었던 법률을 통해 1968년에 증가하였다. 모델 프로그램의 결과는 아동의 교육 활동에 부모의 참여를 강조하였다.

공법 94-142는 가능한 한 조기에 모든 장애아동이 적절한 공교육을 이용할 수 있도록

명령하였다. 이 법의 한 가지 의미있는 준비는 각 아동이 성문화된 개별화 교육 프로그램을 가져야 한다는 것이다. 또한 장애아동들은 그들의 요구에 부합되는 최소 제한적 환경에서 서비스를 받았다. 법률은 아동의 장애가 중증이 아니면 일반학급에서의 통합교육을 명령하였다. 사실상 학교에 아동을 맞추는 것이 아니라 아동에게 수업을 맞추는 것이다. 이러한 목적은 결정적인 기초로서 중재자들을 준비하고 중재 전략의 공식적인 선택을 통해 추구된다.

공법 99-457은 유아특수교육 분야의 최초의 법률이다. 연방 정부, 주정부, 지방 정부의 기획자들은 장애나 장애 위험이 있는 영유아와 가족을 위한 새롭고 확장된 서비스를 개발하기 위한 전례가 없는 노력으로 부모와 협력하였다. Part H는 출생부터 2세 아동을 위한 포괄적이고 조정된 가족중심 기관 간 프로그램을 제공하였다. 이 법률과 이어지는 수정 법률의 독특한 면은 개별화가족서비스계획을 수행하기 위해 설계된 협력적 서비스 조정에 대한 요구이다.

유아교육 교육과정에서 특별한 요구를 가진 아동의 통합교육을 위한 전략은 몇 가지 이론적 근거를 가지고 있다. 유아특수교육애 대한 현재 접근은 유아교육과 특수교육 분야 특히 최선의 실제에 대한 영향을 결합한 것이다. 아동발달과 유아교육 선행연구들은 발달적으로 적절한 아동지향 방법과 교수와 학습을 위한 일차적 도구로서 놀이와 사회적 상호작용의 사용에 대한 중요성을 강조하였다. 특수교육 법률은 통합되고 지역사회중심 장면에서 가족 참여와 교육에 대한 초점을 명령하였다. 개선된 전달 체계는 각 아동과 가족의 독특한 요구를 충족시키는 다양한 기회를 제공하였다.

토론 주제

1. 만약 중재자들이 아동의 발달은 유전 또는 환경에 의해 일차적으로 결정된다고 믿는다면, 그의 행동은 어떤 영향을 받을 것인가? 당신은 어떤 것을 믿는가? 교사로서 당신의 행동에는 어떤 영향을 미칠 것인가?
2. 과거에 인기 있는 잡지에 나타난 아동 양육 또는 교육에 관한 적어도 6개의 논문을 선택한다. 사회적으로 채택된 신념의 측면에서 이것을 토론한다. 이러한 신념이 부모와 조기중재자들의 행동에 어떻게 영향을 줄 것인가? 당신은 이러한 신념과 역사적 발달 사이에 어떤 관계를 보고 있는가? 이것이 설정되는 방법에 대한 선례가 있는가?
3. 당신이 살고 있는 주정부 교육국이나 학구(지역교육청)와 접촉하고 그들이 개발하고 수정한 것으로 추측되는 조기학습 표준의 사본을 획득한다.
4. 한 프로그램이 이 장에서 나열한 효과적인 중재 프로그램의 최선의 실제를 포함하는지 여부를 결정하기 위해 평가자가 사용한

구체적인 준거를 토의한다.

5. 출생에서 5세까지의 아동을 위한 조기중재와 유아특수교육 서비스와 관련된 주정부와 지방 정부 법률을 설명하는 지침을 구해 연구한다.
6. 전국유아교육협회(National Association for the Education of Young Children)의 최선의 실제와 초기아동기교육분야(Division for Early Childhood Education)의 권고 실제를 비교하고 대조한다.
7. 당신의 분야에서 이용할 수 있는 서비스 전달 선택에 관해 정보통이 되어야 한다. 융합학문적 팀 회의의 역할은 다른 요구를 가진 아동과 가족을 위해 가장 적절한 선택이 되도록 결정하는 데 있다.

Chapter 2

가족과의 협력관계

핵심용어

가족 구조
가족 기능
가족 상호작용
가족 생활 주기
가족 자원
가족 체계 관점
가족의 삶의 질
가족중심 중재
감정이입
관계중심 중재(지원중심 중재)
문화적 모델
부모 하위체계
부부 하위체계
비밀유지
역량강화
일상
적극적 경청
코칭
형제자매 하위체계
확대 가족 하위체계

핵심개념

- 조기중재 전문가들은 장애에 대처하는 개인적 양식을 나타내는 가족을 지지하는 효과적인 방법을 배워야 한다.
- 특별한 요구를 가진 아동은 가족의 맥락 속에서 이해할 수 있다.
- 가족은 역동적 사회체계로서 가장 잘 이해된다. 각각은 자신만의 가치, 역할, 기능, 생활주기에 타협한다.
- 특별한 요구를 가진 아동을 위한 성공적인 중재는 아동의 양육자와 진정한 협력관계의 형성에 달려 있다.
- 조기중재 전문가는 개개 가족의 요구를 충족시키고 참여를 촉진하기 위한 다양한 의사소통 전략을 사용할 수 있어야 한다.
- 가족들 사이의 문화적 차이를 가능한 한 이해하고 이러한 차이를 존중하는 것은 성공적인 조기중재에 필수적이다. 문화적 고정관념은 피해야 한다.
- 유아특수교육 전문가들은 발달장애나 십대 또는 입양 부모와 같은 특별한 부모집단과 활동하기 위한 전략을 획득해야 한다.

부모가 부모-아동 간의 상호작용이 아동의 성과를 예언하는 가장 훌륭한 지표라는 것을 이해하도록 하는 것은 조기중재 전문가(specialists)의 책임이다. 부모나 다른 양육자와의 협력은 그들 자녀의 발달을 촉진하고 안내하며 지원하는 역할이 중요하다는 것을 부모들이 인식하는 것을 발달시키는 데 필수적이다. 시간을 들이고 이해하려는 노력으로 부모들은 아동의 요구를 해석하는 데 가장 훌륭한 협력자가 되어야 한다. 시간이 있고 이해심이 있는 부모들이 자신의 요구를 해석하는 데 있어서 아동과 가장 잘 협력하게 된다. 시간과 전문적 관심을 설명하는 부모의 관점은 특별한 요구를 가진 유아를 양육하는 매일의 현실에 직면하는 데 필요한 대처 기술을 개발하는 데 도움이 된다. 비록 쓰여진지 20년이 훨씬 지났지만, 참여한 전문가는 공교롭게도 그것이 지속적인 상관이 있다는 것을 증명할 것이다.

발달적 문제를 가진 아이를 기르는 것에 관한 개인적 시각

by Lora Jerugim

나의 딸 Elisa는 다섯 살이다. 우리 아이는 경미한 정도에서 경계가 불분명한 정도 내의 지체가 있고 원인을 알 수 없는 발달적으로 지체된 아이이다. 나는 현존하는 어떠한 자료도 구할 수 없었다. 하지만 내가 당신과 함께 공유할 수 있는 것은 발달적 문제가 있는 아동을 기르는 것이 어떤 기분인지에 대해 내가 많이 알고 있다는 것이다.

Elisa가 태어났을 때, 나는 무아지경에 빠졌다. 나는 두 아들이 있고 딸이 하나 있었으면 하는 바람이었다. 그녀가 어떻게 자랄지, 우리가 공유할 것들에 대한 환상을 갖고 있었다. 물론 그녀는 두 살이 되어 완벽하게 말을 할 것이고, 언젠가는 피아노를 가르치려고 했다. 그리고 그녀가 좀더 크면 우리는 서로에게 읽을 책을 권하고, 온 가족이 탁자에 앉아 1000조각의 퍼즐을 맞추는 것을 상상했다. 환상으로 끝나고 말았다.

Elisa는 5-6주 일찍 태어났지만, 정상이었고 아무도 그녀에게 문제가 있다고 생각하지 못했다. 그래서 나는 완전히 정상적인 아기라고 생각했다. Elisa는 항상 각성되어 있었고 반응적이었지만, 6개월이 될 때까지 뒤집기가 되지 않았을 때, 나는 뭔가 문제가 있다고 생각했다. 다른 많은 부모들처럼, 나는 Elisa가 따라잡을 수 있을 거라고 믿었고 소아과 의사가 부모만큼 지체의 징후를 맞출 수 있어서 우리 아이들이 나아지는 데 귀중한 시간을 잃지 않기를 바랄 뿐이었다. Elisa가 한 살이 되었을 때, 그녀는 앉을 수 없었고 심한 근육 저긴장을 보였다. 이것은 그녀가 정상적인 발달을 하지 못하고 있다는 것이 분명했고 우리는 마침내 발달 전문가에게 의뢰했다. 꿈이 이루어지는 것 같더니 너무나 생생한 악몽으로 바뀌었다. 나의 첫 번째 반응은 철저한 충격과 그 상황을 믿지 않는 것이었다. 나는 아침에 일어나 이것이 단지 나쁜 꿈이 아닌가했다. 확실히 장애를 가진 아동은 매일 태어나지만 나에게, 나의 아이에게 이런 일이 일어나서는 안 되었다. 검사 결과를 기다리는 두 달 동안 나는 공황상태였고, 난감했다. 그리고 검사 결과가 음성으로 나왔을 때, 나는 안도했지만 여전히 혼란스러웠다. Elisa는 진단을 내릴 수 없었고 그래서 결국 예후가 분명하지 않았다. 나는 그녀가 뇌기능 장애이지만 병명을 붙이는 것이 도움이 되지는 않는다고 들었다. 우리는 이 기능장애가 왜 나타났는지 모르고 비록 어떻게든 나에게 책임이 있다는 생각이 들지만, 나는 어디에도 나의 죄책감을 전가할 수 없었다. 내가 이전에 어떤 일이 생겼는지 알 수 없는 것이 다행이다. 왜냐하면 만약 내가 알았다면 나는 그때 내가 어떻게 다르게 할 수 있었을 거라는 바람으로 남은 생애를 마음속으로는 그 상황에서 맴돌았을 것이기 때문이다.

이런 일이 나의 아이와 우리 가족에게 일어났다는 것에 분노를 느끼던 때가 몇 번 있었다. 나는 사람의 내면에 관심을 갖는 것을 자주 잊고 성취에만 초점을 주는 사회와, 같은 차이가 있는 사람에 대해 편협한 시각을 가진 세상에 대해 화가 났다. 내가 나의 딸이 스스로 자신을 삶을 이끌어갈 수 있게 되기를 바랄 때, 나의 친구들은 자신의 아이들이 탁월한 재능이 있는지, 그냥 재능이 있는 편인지에 대해 이야기하는 것을 들을 때 질투가 나고 외로움을 느꼈다. 나는 Elisa가 유아원에서 자기보다 어린 아이들도 쉽게 하는 것을 겨우 해내는 것을 볼 때 너무나 고통스러웠다. 특수 아동들은 반만큼의 거리를 가기 위해 두 배의 노력을 필요로 하기 때문에 지쳤다. 하지만 나의 딸의 장애가 어떤 제한을 부과할지 모르고, 나의 딸이 다른 사람들과 다른 것에 대해 세상이 어떻게 반응할지 몰라 내 삶의 대부분을 두려움 속에 산다.

발달에 지체가 있지만 그 장애가 시각적으로 드러나지 않는 어린 아이가 있는 경우 많은 특별한 문제를 드러낸다. 이런 아동들은 정상인의 세계와 장애인의 세계 사이 어딘가에 있는 것으로 생각된다. 정상적인 걸음마기 프로그램은 전혀 적절하지 않고 이 분야의 조기중재 프로그램은 장애가 심하거나 시각적으로 들어나는 장애를 가진 아동들에게 활용된다. Elisa가 20개월에 처음 중재 프로그램에 참여했을 때, 나는 충격을 받았다. 나는 몇 주를 눈물을 흘리며 지냈다. 나는 장애아와 그 존재가 삶의 이해할 수 없는 부당함의 고통스러운 암시라는 것을 이전에는 알지 못했다. 나는 교실을 방문하지 않았다는 것을 알게 되었다. 나의 딸이 장애가 있고 이곳이 딸의 학교이기 때문에 나는 거기에 있었다! 하지만 그것은 Elisa의 문제를 부정하는 마음을 키우는 환경이었다. 결국, Elisa는 다른 대부분의 아동들과 비교해볼 때 너무나 '정상'으로 보였다.

학부모 모임에 참여하는 것은 나를 더 자주 우울하게 하였다. 나는 다른 부모들이 나를 질투하고 나의 딸이 그들의 아이들에 비해 천재적인 것 같다는 생각을 할 때, 나는 Elisa의 상태에 절망했던 것에 죄책감을 느꼈다. 더욱이 대부분의 그들의 자녀들은 출생 직후 진단을 받았고 진단이 부모를 그들의 현실에 직면하게 했을 뿐만 아니라 내가 이제 막 시작했을 때 그들은 아이의 장애를 감수해야 하는 많은 시간을 보냈다. 그들은 또한 특별한 지원 집단과 자신의 아이들의 특수한 장애를 다루는 데 참고할 많은 자료가 있었다.

나는 또한 내 딸만이 장애인으로 유아원에서 일부 일과에 참여할 수 있도록 했고, 내 딸은 사회적이고 잘 적응하지만 나는 외롭고, 고독하고, 우울하며 가끔은 당황스러움을 느꼈다. 나의 딸이 처음 몇 주를 보내는 동안 그녀와 떨어져 있는 것을 편하게 여길 때, 나는 내가 가끔 울기 시작할 때 방을 나가야 했다. 정상적인 3세 정도의 아이들은 어떻게 어린 아이들이 말과 다른 것들에 숙달되는지와 Elisa의 발달이 얼마나 뒤쳐져있는지를 지속적으로 상기시켜 주었다.

더욱이 나의 아들이 유아원에 다닐 때, 나는 나의 아이가 다른 아이들과 방과 후에 같이 놀거나 생일파티에 참석하는 것을 통해 처음에는 다른 부모들과 친하게 되었다. Elisa는 거의 생일파티에 초대받지 못했고, 그녀는 2년 동안 두 번 다른 아이의 집에서 놀았다. 나는 다른 아이들을 몇 번 초대해 보려고 했지만, 적당한 급우를 찾아야 했을 뿐 아니라 자신의 아이가 '느린' 아이와 같이 노는 것을 허용하는 부모인지를 확인해야 했다.

예전에 나는 고립감이 너무 심해 가족이나 친구처럼 내가 아는 다른 사람에게 장애가 있는 아이를 낳아서 내가 경험하는 것을 정말로 이해하고 내가 더 이상 외롭지 않게 되기를 바란 적이 몇 번 있었다. 물론, 이런 끔찍한 생각으로 위안을 받는 것이 나를 가장 견디기 힘든 죄책감에 들게 했다. 몇 년 동안 나는 어둠 속에서 롤러코스터를 타는 기분이었다. 나는 내리막길이 언제 시작되는지를 알지 못했고, 시작되었을 때 나는 몇 주동안 지속되는 우울함 속으로 빠졌다. 가끔 내 딸이 몇 살이냐고 묻고 더 나아가 왜 말을 할 수 없는지 묻는 여자 분처럼 낯선 이들의 질문은 내가 그렇게 되기에 충분했다. 만약 Elisa가 휠체어에 앉아 있다면 그 여자는 그런 질문을 할 엄두도 내지 못했을 것이다.

발달지체 아동의 부모는 다양한 스트레스를 견뎌야 한다. 우리는 재정적 스트레스를 받으면서 지내고 예산 삭감과 장애아동을 보호하는 것에 대한 법률의 변화에 대해 걱정한다. 우리는 학교와 치료법을 선택하는 것에 대해 책임을 지지만, 우리의 아이들이 다양한 지원을 받을 때 어떤 것이 효과가 있고 어떤 것은 없는지 어떻게 아는가? 대개 우리는 아이들이 그 다음 해에는 어떤 요구를 갖게 되는지 예측할 수 없기 때문에 내년에 어떤 학교에 가야하는지 알 수 없고 어떤 프로그램을 활용할 수 있을지 모른다. 학급에 속한 아동들의 변화가 너무 급진적이기 때문에 지금은 적절한 학급이지만 6개월 뒤에는 적절하지 않을 수도 있다. 우리는 학구(지역교육청)와 전쟁을 하고 있고 장애아에 대한 사회의 편견적 태도에 영원히 대항한다. 나는 이런 외적인 스트레스를 처리해 줄 풀타임 지원자를 고용해서 나의 에너지를 내 딸을 키우는 데만 집중할 수 있었으면 한다.

한 아이가 다른 자녀에 비해 더 많은 도움과 관심이 필요하기 때문에, 가족들은 지속적인 스트레스를 받는다. 분노를 형성하고, 나는 나에게서 모두가 공정한 배분을 얻게 하기 위해 남편과 아이들에게 지속적으로 균형잡힌 조치를 취하는 나를 발견하게 된다. 당신이 지체된 취학전 아동을 데리고 있다면, 당신이 실제 당신 두 손에 쥐어진 것은 곤경에 처해있는 듯한 두 살의 한 아이라는 사실이 이 모든 것을 공격한다. 아이를 기르는 사람이면 누구든지 끔찍한 두 살이라는 악몽과 당신이 그것이 단지 일 년간 지속되었다는 것에 얼마나 감사해하는지에 대해 기억할 것이다. 끔찍한 두 살을 2년이나 3년 동안 견딘 후와 끝이 보이지 않을 때 우리 심경이 어떨지 상상해 보아라. Elisa는 악의는 없지만 파괴적이고 계속해서 우리를 시험하고 있다. 그녀는 빈번히 마실 것을 엎지르고, 다른 때에는 시리얼 볼에 시리얼을 부으려다가 바닥에 쏟아버린다. 가끔 그녀가 화장실을 사용하는 것을 완전히 익힐 수 있을지나 밤새 내내 잠을 잘지 궁금하다.

검사는 지체된 어린 아동의 부모에게는 또 다른 스트레스의 원천이다. Elisa의 행동과 능력은 나날이 다양해지고 어떤 날을 되다가 어떤 날은 되지 않아서 평가하기가 어렵다. 그녀의 짜여진 하루 일과의 대부분이 대개 저녁이고 평가는 대개 아침에 이루어진다. 더욱이 그녀의 소근육과 언어 문제는 평가를 더 어렵게 한다. 한 검사 상황에서 그녀에게 1인치짜리 입방체를 쌓으라고 했고 그녀는 소근육과 인지라는 두 영역에서 점수를 얻었다. 그녀의 소근육 발달이 좋지 않아 블록을 더 쌓을 수 없어서 나는 검사를 실시하는 여자분에게 내 딸이 탑이 흔들리지 않게 다시 쌓으려고 했는지 물었다. Elisa는 모두 10개의 블록을 쌓았고 그 항목의 인지 점수는 18개월이나 뛰어올랐다! 가끔 Elisa는 퍼즐 조각이 어디에 가야 할지 알지만, 그곳에 조각을 놓을 수 없다는 것을 나타낸다. 나는 사용된 표준화 검사는 정상적인 아동을 위해 제작된 것이고 결국 장애아들에게는 부적절한 것으로 여겨진다. 그런 검사들은 분명히 시간이 흐르면서 나타나는 우리 아이들의 능력의 질적 변화를 집어내지 못한다. 전문가들은 또한 검사의 전체 개념이 훌륭한 교육을 받은 부모들에게만 특별한 반응을 일으킨다는 것을 인식해야 한다. 왜냐하면 잠재의식 수준에서는 잘하지 못하는 수행은 실패로 인식하기 때문이다.

아마 가장 엄청난 실패, 분노, 좌절을 느낀 한 부분은 진단에 대한 것이다. 당신이 장애에 대해 알지 못할 때 당신의 아이가 장애아라는 것을 받아들이는 것은 더 어렵다. 나는 Elisa에 대한 일치하지 않는 많은 의견을 들어야 했고, 이제 그런 것을 듣는 것을 그만하기로 했다. 나는 단지 나의 딸에게 붙여진 꼬리표에 더 이상 신경 쓰지 않기로 했다. 왜냐하면 나의 딸에게 붙여지는 가장 적절한 이름은 그 아이가 태어났을 때 붙여진 Elisa라는 이름이다. 한 의사는 자신이 Elisa에게 한 모든 것으로 내려진 진단이 완전히 혼란스럽다고 나에게 말했다. 아이가 학습할 수 없는 것은 어떤 것도 가르칠 수 없다는 것이라 생각한다. 심리학자는 그녀를 정신지체라고 하고 2주 뒤에는 어떤 연구 프로젝트에 따른 검사 결과에 따르면 Elisa는 정신지체로 보이지 않는다는 것이다. 어떤 의사는 Elisa가 커서 혼자 먹고 옷을 입을 수 있다고 했지만 다른 의사는 정상이라고 생각해야 하고, 다음에는 Elisa가 자신에게 그런 기대를 해야 한다고 말했다. 그 의사는 30년 동안 장애아를 치료해온 것으로 Elisa를 관찰해 본 결과 그녀는 정신지체가 아니라고 했다. 그의 평가에서는 아동을 관찰하는 것이 간단히 검사 점수로 보는 것보다 더 중요한 것 같았다. 또한 그는 그녀가 자라서 정상적인 생활을 할 수 있고, Phi Beta Kappa가 되지 않지만 전문가가 조사할 수 없는 사이에 속해 있을 것이라고 했다. 그녀가 속할 수준은 측정될 수 없는 많은 변수가 있을 것이고, 그 변수 중 가장 중요한 것은 그녀 자신이 성공하려는 동인에 영향을 받을 것이라고 했다.

이 특별한 의사는 훌륭한 의사일 뿐만 아니라 휴머니스트이기도 하기 때문에 특별한 찬사를 받을 만하다. 그는 여전히 Elisa를 정기적으로 보고 있고 그가 수년 동안 우리와 관계 맺고 있는 방법이 그의 일에 도움이 되었다. 그는 우리에게 민감하게 반응하고 존중하며, 우리를 Elisa의 부모로서, 세상 다른 누구보다 Elisa를 잘 알고 있는 사람으로 생각하면서 우리가 주는 정보를 소중히 하였다. 그는 우리에게 솔직하고 그가 모든 답을 알고 있지 않다는 것을 자유롭게 인정한다. 그는 항상 Elisa를 문제를 가진 대상으로 보지 않고 한 인간으로 보았다. 그는 우리에게 그녀의 강점을 인식하게 했고 그녀가 요구하는 것에 대해 Elisa에게 도움을 주려는 우리의 노력을 치하했다. 그는 항상 우리 가족에 대해 질문했고 우리 삶에서 균형을 유지하는 것이 중요하다는 것을 상기시켰다. 하지만 그에게서 배운 것 중 가장 중요한 교훈은 여러분이 부모의 희망을 앗아가서는 안된다는 것이다. 희망은 우리를 전진하게 한다. 그 희망이라는 것이 오늘보다 조금 나아지는 것이라고 해도 말이다. 희망이 없으면, 우리는 우리 아이들을 위해 싸울 수 없고 그들이 요구하는 지원을 제공하기 위해 열심히 활동하는 것을 멈추게 된다. 나는 부모와 전문가가 우리의 장애아에 대해 같은 목표를 공유해야 한다고 생각한다. 우리는 그들이 독립적이고 생산적이며 자기 실현화되는 인간이 되도록 자랐으면 하고 그래서 우리는 이런 목표에 반하기보다 이 목표를 향해 함께 가야 한다고 생각한다.

나의 친구 중 한 명은 "감사합니다, 하나님, 가시는 장미를 가지고 있다는 것을 일깨워주셔서"라는 인용구를 나에게 소개했다. 그 말을 가슴에 새기고 나는 내가 Elisa를 키우면서 경험한 것이 단지 고통과 좌절만이 아니라 기쁨과 성장도 있다는 것을 여러분과 나누고 싶다.

Elisa는 그 누구보다도 나에게 사랑과 인내를 가

르쳐주었고 인생에서 중요한 것이 무엇인가에 대한 나의 인식을 철저하게 바꾸었다. 그리고 내가 그녀의 발달을 지켜보고 언제가 될지 알지 못하거나 그녀가 어떤 특별한 기술을 습득할 것이지만 나는 나의 아들의 정상적인 발달에 감사하게 된다. 그녀는 나에게 '구어(spoken word)'와 간단한 '단계(step)'가 사람의 귀중한 선물이고 정상적인 발달이라는 기적이 주어지는 것이 아니라는 보여주었다.

나는 나의 딸이 자라서 다른 사람들처럼 되지 않을 것이라는 것을 받아들이지만 그렇다면 우리 중 누구는 그렇게 되는가? 우리는 모두 유일한 개체이고 우리는 그들을 경멸하기보다는 우리의 차이를 인정해야 한다. 우리는 모두 강점과 약점을 가지고 있고 우리 중 얼마나 많은 사람들이 장애가 없어도 완전한 인간의 잠재력을 알 것인가?

나는 나의 인생에서 기쁨의 의미를 재정의하려고 하고 슬픔과 함께 살아가고 그것을 넘어서는 것을 배웠다. 삶은 매우 가치 있고 아무도 미래를 결정짓는 것을 장담할 수 없다는 것을 알게 되었다. Elisa를 키우는 것은 나에게는 도전이었고, 내가 존재하는지 몰랐던 내 안의 강점을 발견했다.

나는 또한 어머니와 아내와는 분리된 인간으로서 나를 아는 것과 나의 성장에 힘쓰는 것의 중요성을 인식하게 되었다. 그리고 나는 나 자신에 투자함에 따라 나는 더 주게 된다는 것을 알게 되었다. Elisa의 교육은 확실한 사람에게 맡겼고 나는 더 이상 그녀의 교사가 되고 싶지 않다. 나는 단지 그녀의 어머니이고 싶고 감사하는 삶을 살고 사람을 아끼는 사람이 되는 것 등 내가 아는 것을 가르치고 싶다. 동시에 그녀는 나를 가르친다. 왜냐하면 Elisa는 편견이 없고 인간관계를 하는 데 집중하지는 않는다. 대신 그녀는 사람들의 마음에 직접적인 끈을 연결하는 것 같다.

나는 솔직히 그녀가 될 것이 아니라 실제 그녀 자체로 불완전하게 완벽한 나의 딸을 사랑하고 받아들인다고 말할 수 있다. 나의 경험을 공유하는 것이 전문가 집단이 지체된 아동의 부모의 요구에 더욱 민감해지는 데 어떤 식으로든 도움이 되고 이런 아동들을 돕는 데 함께 더 잘 일할 수 있기를 바란다.

이 부모가 너무나 분명히 설명했듯이, 모든 아동들은 가족들에게 영향을 주고받는다. 역사적으로 Sameroff와 Fiese(2000)가 만든 아동 발달 교류 모형과 같은 개념 수립은 조기중재자들이 가족과 지역사회의 맥락에서 아동의 지속적이고 역동적인 상호작용을 이해하는 데 중요한 역할을 해왔다. 특별한 요구를 가진 아동이 조기중재를 받기 시작할 때 부모들은 대개 그들의 자녀가 치료를 받거나 초기 자극을 받는 것을 바라보는 수동적인 방관자였다. 공법 94-142는 학령기 아동의 교육계획 과정에서 부모의 참여를 공식화하였다. 부모는 참여하도록 장려 받았지만 참여의 특성이 분명하게 드러나지 않았다. 특별한 요구를 가진 유아의 부모는 대개 아동과의 치료적이고 교수 활동을 수행하기 위해 훈련받았다. 많은 사람들이 그들의 역할이 '교사'와 같은 역할을 한다는 것을 알게 되었지만, 다른 사람들은 이런 교수적 기대에 좌절하기 시작했다. 그들의 삶이 하나 이상의 기대에 대처하기도록 너무 강요받았기 때문이다.

1997년의 공법 105-17은 조기중재 과정에서 통합적인 협력자로서 가족의 인식을 강화하였다. 조기중재에서 법률적 내담자로서 가족의 인식은 공법 105-17의 규정 내에서 가족평가, 가족 성과, 가족 서비스를 주문하였다. 2004년의 장애인교육향상법인 공법 108-446은 가족들이 서비스의 개시보다 연간 권리와 책임의 성문화된 통지서를 받도록 요구하여 아동의 발달에서 가족이 수행하는 결정적인 역할을 지원하고 있다.

아동에게 제공한 경험은 가족과는 별개라고 보지 않는다. 아동과 그 가족 모두에게 다른 결과를 가져오는 가족은 아동에게 영향을 주고받는 양육 환경에서 필수적인 구성성분으로 인식되었다(Zeanah, 2000). 특별한 요구를 가진 아동과 가족 간의 상호호혜적인 특성을 이해하기 위해 가족은 상호작용하는 하위 체계를 가진 체계로 보아야 한다. 가족 구성원을 다른 구성원과는 별개로 기능한다고 생각되지 않는다. 따라서 특별한 요구를 가진 가족들의 특성으로 나타나는 몇몇 요구와 정서를 검토한 후에 **가족 체계 관점(family systems perspective)**에서 가족의 역동성을 탐색할 것이다(Turnbull & Turnbull, 2001).

1. 특별한 요구를 가진 아동 가족의 정서적 요구

대부분의 새로운 부모들은 신생아를 양육하기 위한 독특하고 진행되는 문제를 충족시키기 위한 준비를 거의 하지 못한 채 시작한다. 경험이 많은 부모조차 새로운 가족으로 아이가 태어났을 때 그들의 생활 방식을 재조정해야 한다. 모든 아동의 출생은 가족 체계 내의 조정을 야기한다. 200년도 March of Dimes의 연간 보고서에 따르면 매 3.5분마다 1명의 부모가 자기 아동이 질병이나 장애를 가지고 있다는 것이다. 특별한 요구를 가진 영유아의 부모는 부모기의 일상적인 적응뿐만 아니라 준비를 하지 못한 부가적인 스트레스와 걱정을 다루어야 한다. 아동의 조건에서 각 변화는 새로운 의문, 걱정, 문제를 야기시킨다.

오늘날, 부모가 도움을 받고 정서적 지원을 구할 수 있는 방법은 많이 있다. 예를 들어, 그들은 특별한 요구를 가진 아동의 다른 부모로 구성된 지원과 치료 집단에 참여할 수 있다. 참여는 유용한 자원에 대한 정보를 교환하고 서로 격려하며 지원을 제공한다. 공법 105-17의 Part C는 심리학적 서비스와 서비스 조정 서비스가 발달지체나 그런 지체의 위험에 처해있는 생후부터 3세까지의 아동의 가족에게 제공되도록 명한다. 정서적 지원 서비스는 가족 체계가 보다 빨리 적응하고, 아동이 아주 어릴 때 제공되었다. 그러나 가족의 정서적 요구가 지속적으로 변한다는 것과 특별한 요구를 가진 아동의 출현에 동반되는 정서적 요구와 신체적 요구는 절대 과소평가되어서는 안 된다는 것을 기억해야 한다. 기본적인 가족 요구와 지각된 정서적 반응에 대한 다음의 설명은 개별 가족 반응의 이해를 촉진하기 위해 제공되었다.

사실, 법은 전문가들이 개별화가족서비스 계획을 통해 가족의 걱정과 우선시 하는 것을 구체적으로 드러내도록 한다(4장에서 다룰 것이다). 이러한 요구는 가족의 기본적인 생존 요구가 충족되지 않는다면 아동의 요구를 드러내는 데 필요한 시간과 에너지를 가족이 갖기 어렵다는 것을 인정하는 것이다.

1) 기본적 요구

어떤 요구는 전문적인 도움을 구하는 모든 부모에게 기본적이다. 첫째, 그들은 사려 깊고 지적인 사람으로 인식되기를 바란다. 그들은 효과적인 부모가 될 수 있는 능력이 있는 개인으로 보이고, 그들이 그런 방식으로 보인다는 것을 알기 원한다. 둘째, 그들은 가장 좋고 가능한 최신의 정보를 받고 있음이 보장되기를 원한다. 그들은 그들의 자녀를 도울 방법을 알고 있는 사람들의 신뢰를 받기를 원한다. 셋째, 그들은 현재 바로 할 것에 대한 안내를 원하고 절박하게 필요로 한다. 비록 그들이 어떤 미래가 펼쳐질지에 대한 긍정적인 의견을 원하지만 그들은 즉각적으로 유용한 제안을 필요로 한다.

2) 기본적 요구의 고려 실패

가족의 탓으로 돌리는 많은 정서적 반응은 가족이 그들의 기본적인 요구를 고려하는 데 도움을 주려는 사람들의 실패로 강화된다. 조기중재 전문가들이 대부분의 영역에서 특별한 요구가 있는 아동뿐 아니라 다른 가족 구성원들의 요구를 충족시키기 위해 고안된 실제로 성심성의껏 뛰어든다는 것을 의심하지 않는다. 하지만 조기중재자들이 부모들의 요구를 잘못 다루지 않아도, 그들은 어떤 부모들은 몇몇 전문가들로 인해 부적절하고 민감하지 않은 대우를 받을 수도 있다는 것을 인식해야 한다. 우리는 어떤 전문가들은 여전히 장애의 상태를 인식하고, 부정적인 태도를 전달하고, 중요한 정보를 전하지 않거나 부모들의 걱정을 무시하는 데 실패할 수도 있다는 것을 부정할 수 없다. 이런 이해는 걱정이 많고 화가 나 있거나 고민이 많은 부모들과 함께 활동 때 필요한 인내심과 이해심을 유지하는 데 중재자에게 도움이 될 것이다.

3) 정서적 지원에 대한 요구

부모들은 정서적 지원을 필요로 한다. 사실 장애아동의 부모들은 정상아동의 부모보다 더 높은 수준의 스트레스를 경험한다(Smith, Oliver, & Innocenti, 2001). 부모들은 그들이 접촉하는 모든 전문가들에 의해 협력자로 보여진다고 가정하면, 그들의 스트레스에 효과적으로 대처하는 부모의 능력은 그들의 아동과 요구에 반응하는 방법에 영향을 줄 것이다(Lessenberry & Rehfeldt, 2004). 사실 부모 반응은 아동의 발달과 일반적 안녕에 긍정적 영향을 주게 된다(Collins, Maccoby, Steinberg, Hetherington, 2000).

2. 부모 반응

많은 전문가들은 부모와 전문가 모두가 아동과 아동의 장애 상태에 대한 부모의 수용에는 몇 가지 적응 단계가 있음을 제시하였다. 일찍부터 Boyd(1950)는 되돌리고 오직 자신의 요구에만 초점을 두고자 하는 요구, 자기 가족의 요구에 점점 관심을 돌리고, 비슷한 문제를 가진 다른 사람들에게 도움을 받으려는 세 가지 수준의 적응을 논의하였다. 이후 저자들은 정상적인 아동의 지각된 '죽음'에 대한 부모들의 가능한 정서적 반응을 이해하기 위해 Kübler-Ross(1969)가 설명한 슬퍼하는 과정을 조사하였다. 표 2.1은 특별한 요구를 가진 아동의 가족들이 경험하게 되는 정서적 반응의 단계를 요약하여 제시한 것이다.

그러나 부모의 반응은 독특하다는 것을 기억하는 것이 중요하다. 몇몇 부모들은 정서적

표 2.1 가능한 부모 반응

가족 반응	단계	가능한 양육자 반응	당신이 할 수 있는 것
• 비난, 죄의식, 무가치함, 과잉보상 • 불신 • "마치 그의 아버지 같아." • "벗어버리고 걱정하지 않는다." • 진단에 대한 쇼핑 • 연구 모드(모든 정보를 찾고/다른 사람과 의견 교환을 중지)	충격, 불신, 부정	• 부모가 아동을 위해 충분히 빨리 움직이지 못하거나 행동하지 못하는 것에 대한 좌절과 걱정 • 화 또는 분노 • 만약 당신이 처음으로 부모에게 접근하는 사람이면, 두려움이나 불확실성이 당신이 실수를 하게 한다. • 불쾌함	• 수용하는 태도로 경청 • 적극적 경청하기 사용 • 아동의 이익을 위해 함께 활동 • 인내 • 만약 적절하면 자원 제공(부모나 부모 지원 의뢰 또는 사정 의뢰)
• 제공자 또는 다른 양육자에게 화가 전이될 수 있다. • 상습적인 언어적 학대 • 타인 비난 • 건강하거나 정상아동을 가진 타인을 원망하거나 정상적으로 발달하는 아동 주변에 있지 않으려 한다.	화, 원망	• 부모가 당신을 제외하는 것에 상처를 받는다. • 가족이 아동에게 해가 될 수 있는 화를 내는 것을 걱정한다. • 그것을 이겨내는 태도 • 그들이 투쟁을 찾는 것처럼 부모에 의해 쉽게 폭발한다.	• 인내심을 격려한다. • 자원을 가지도록 부모를 바쁘게 한다. • 긍정적인 부모-아동 상호작용을 지지하고 모델이 된다. • 이해, 동정, 보호
• 피할 수 없는 것으로 수용한다. • 결정 활동(복수/격렬) • "만약 내가 이것을 하면…" 그때 이것이 발생할 것이다 라는 것을 한다. • 일이 잘 되지 않으면 우울 할 것이다.	타협	• 부모를 돕기 위해 노력하는 데 있어서 그들의 단계나 상태에 사로잡힌다. • 진전을 촉진하거나 더 좋게 만드는 데 당신이 아동에게 적합할 수 없으면 좌절이 유발될 것이다.	• 가족들에게 '공감적 이해'를 보여준다-그들의 감정을 수용한다. • 그들의 감정이 정상적이고 괜찮다는 것을 이해하도록 부모를 돕는다. • 정직하게 의사소통한다. "그것이 당신에게 매우 좌절이 된다."
• "무슨 소용이겠어?" 또는 "왜 괴롭히는 걸까?"의 감정 • 무력감과 절망감 • 완전한 또는 건강한 아동의 상실에 대한 슬픔	우울과 실망	• 아동과 가족을 위해 더 많은 것을 하게 되는 잠재력 • 비현실적인 기대를 설정한다 • 당신이 그것에 적합할 수 없다는 것에 대한 죄의식	• 부모가 자신의 요구에 초점을 두는 것이 아니라 아동의 강점을 확인하도록 긍정적인 도움에 초점을 둔다. • 활동이나 중재의 성공을 보장한다. • 부모들이 자신의 양육 기능에 대해 자신감을 갖도록 돕는다. • 전문적 상담이나 다른 지원 서비스에 의뢰를 제공한다.

가족 반응	단계	가능한 양육자 반응	당신이 할 수 있는 것
• 무엇인가 할 수 있다는 것을 실감한다. • 생활 양식의 조정 • 아동의 요구에 적응 • 실제적인 것을 하려는 의지	수용	• 안심 • 아동의 요구에 부합할 수 없을지도 모른다는 막연한 두려움	• 가족을 지원체계와 연결하고, 다른 부모로부터 위로를 촉구한다. • 인내심을 격려한다. • 긍정적인 상호작용 기법을 보여준다. • 아동이 진전을 보일 때 부모를 칭찬한다. • 가족과 개방되고 규칙적인 의사소통을 유지한다. • 다른 서비스 제공자와 협력하고, 당신의 프로그램에 그들을 초대한다. • IFSP나 IEP 회의에서 당신의 출석을 요청하도록 가족을 격려하고, 정보를 제공한다.

출처: Cook, Tessier & Klein(1996)

적응 단계의 전체 개념에 문제를 제기하기도 한다(Vacca & Feinberg, 2000). 또한 슬픔에 대한 많은 연구물들은 문화가 유사한 유럽과 미국 전문가들의 연구에서 나온 것이라는 것에 주목해야 한다. 우리 나라에서 가족의 다양성에 대해 장애의 영향을 이해하는 것은 전문가들에게는 계속되는 문제이며, 적응 과정으로서 아직도 완전히 이해하지 못하고 있다. 초기 중재자들은 적응의 각 단계의 계열과 완성은 각 개인마다 차이가 있기 때문에 단계 개념은 주의 깊게 적용해야 한다. 가족 구성원들은 수용 태도를 개발하는 데 있어서 서로 차이가 있다. 몇몇 가족은 자기 아동과 장애를 결코 수용하지 못한다. 전문가의 책임은 이용할 수 있는 자원에 대한 접근을 촉구하고 정확한 정보를 제공하면서 수용적인 듣기가 되도록 준비하는 것이다.

1) 충격, 불신, 부정

부모와 전문가들은 똑같이 아동의 장애와 외모 손상을 인식해야 하는 것에 대한 충격과 불신으로 부모 반응의 일차적 단계를 설명하였다. 이러한 충격과 발생할 수 있는 불신은 자책, 죄책감, 자신이 쓸모없다는 감정을 수반할 수도 있다. 아동의 상태에 대한 현실을 천천히 받아들임에 따라 부모들은 현존하는 문제를 부정하려고 할 수도 있다. 대개, 잘못된 것을 밝혀내려는 첫 시도는 정말 아무것도 잘못되지 않았다는 말을 해줄 사람을 찾으려는 시도이다. 이런 이유로 몇몇 부모들은 소견을 구하고자 이 의사 저 의사, 이 병원 저 병원을 찾아다닌다. 하지만 일부 부모들은 각 전문가들이 부가적인 의견을 구하라고 조언하기 때문에 이렇게 하기도 한다. 어린 아동이 가지고 있는 문제를 진단하는 것은 정밀 과학과는 거리가 멀다. 오히려, 다양한 관찰과 작은 정보들, 혼란스럽게 하는 증거들을 한데 모으는 것이다. 원인과 결과는 어느 것이 어느 것인지 결정하기 어려운 시점에 상호 작용한다.

일부 부모들은 어떤 안내 지침을 찾기를 거부한다. 그들은 "그는 Uncle Joe같구나. 그도 7살까지 말을 하지 못했어."라든지 "Aunt Susie는 퍼즐을 어떻게 하는지 전혀 알지 못했고 우리 Sally도 꼭 같아."라는 친척이나 친구들의 말을 들을 수 있다.

(1) 부정의 긍정적 역할

장애아의 아버지이고 선구적인 임상가인 Ken Moses(1987)는 다음처럼 부모가 슬퍼하는 과정에서 부정의 역할을 정리하였다.

> 부정은 산산이 부서진 처음의 충격을 둔감 시키고, 실제 일어난 일에 직면하는 데 필요한 내적 강점을 발견하며 준비할 수 없었던 위기를 다루는 데 필요한 자원과 인력을 찾기 위해 필요한 시간을 번다.(p.8)

부모들이 그들의 상황을 파악하는 데 필요한 시간을 부모들에게 허용하는 것이 전문가들에게 중요하다. 그들은 수용적으로 경청하고 진정으로 감정이입을 보여주는 전문가들이 필요하다.

몇몇 부모들은 진단가가 틀렸다는 것을 증명하는 데 열심히 노력하는 동안 그들의 가족의 안정을 박탈할 수도 있다. 그들은 집중적인 교수가 발달적 차이를 제거할 것이라 희망한다. 그러나 그들을 괴롭히는 의심은 계속 커져간다. 부모들이 활용 가능한 지침을 수용할 수 없고, 수용하지 않는다면 귀중한 시간을 잃게 된다. 공포가 점점 커져가게 하는 것은 문제의 가장 효과적이고 간단한 해결책을 손상시키는 것이다.

(2) 조기중재자가 도울 수 있다

중재자는 만약 부모가 충격, 불신이나 부정을 겪는 동안 두려움, 죄책감이나 긴장을 느끼고 있는지 의구심을 갖는 것은 도움이 될 수 있다. 부모들의 요구는 이런 감정과 경험이 적절하다는 것을 이해하는 데 도움이 된다. 일시적으로 부모가 자책하고 거부하거나 심지어 자신의 자녀나 자신을 싫어하는 것은 정상적이고 수용 가능한 것이다. 전문가들은 인내심을 가지고 경청해야 한다. 부모에게 '아동의 한계를 직면하게 하는 것' 은 방어적 태도만 양산시킬 뿐이다. 전문가들은 가족 구성원이 슬퍼하고 그들의 감정을 그대로 느끼도록 하는 것을 배워야 한다. 그들이 현실을 다룰 심리학적 자원을 갖기 전까지 부정하는 것을 허용해야 한다. 이때가 가족이 전문가에게 도움을 호소하는 시점이다. 전문가들은 정보와 적절한 참고 자료를 제공하면서 판단하지 말고 적극적인 경청자가 되어야 한다.

중재자들은 걱정이 문제를 만든다는 것과 무엇을 해야 할지를 모르는 것이 걱정을 만든다는 것을 명심해야 한다. 이것이 부모-영아 프로그램이 필요한 이유이다. 초기의 두려움과 슬픔은 부모가 처음부터 건설적인 일을 하도록 배울 수 있다면 최소화할 수 있다. 하지만 슬픔과 분노로 에너지가 소진된다. 아동과 적극적인 방법으로 놀이하는 데 사용되는 에너지는 슬퍼하는 시간으로 축소될 수 있다. 전문가들은 "내가 나의 아이를 치료 섹션에 데려가지 않게 해주세요. 그녀는 단지 사랑받고 가끔 부모와 재밌게 지내는 것이 필요할 뿐입니다."라는 이 부모의 말을 명심해야 한다(Poyadue, 1998, p. 9). 전문가들은 부모가 슬퍼할 시간을 갖게 할 만큼 민감해야하지만 그들의 필요해할 수도 있는 쪽의 자원을 제공할 준비를 항상 해야 한다.

2) 화와 분노

부모들이 더 이상 자기 자녀의 존재나 자녀의 상태를 부정할 수 없다면 그들은 분노, 화, 격노나 질투를 할 수도 있다. 그들이 아동의 문제를 인지적으로 이해함에도 불구하고, 그들은 자신의 걱정에 긍정적인 접근을 할 수 없는 정서에 맞닥뜨릴 수 있다. 그들은 최대한 자신들을 도우려는 전문가들에게 화를 내기도 한다. 다른 부모들은 중재자가 '틀렸다'는 것을 증명하려고 한다. 언어적 오용은 일반적이다. 이 단계에서 중재자는 진정한 전문가적 자세를 나타낼 필요가 있다. 그들은 이해받고, 온정적이고 친절한 보살핌을 받기를 원한다.

(1) 부모를 바쁘게 하기

화는 지나갈 것이고 부모가 절대 실패하지 않을 활동을 아동과 함께 적절하게 한다면 좀더 빨리 지나갈 것이다. 이것은 아동이나 부모를 빨리 성장하게 하려는 시간이 아니다. 오히려 부모는 정말로 자기 자녀를 다르게 대해야 한다는 지속적인 상기자가 필요하다. 그들이 모르는 곳에 있는 그들 내에 있는 자원을 발견하고 재발견해야 한다. 그들은 자신의 개별적인 요구를 충족시킬 지원을 제공받아야 한다. 이 모든 것은 부모의 슬픔이 동반하는 이해할 수 없는 요구에 대한 자책이나 반응을 거부하는 친절함으로 이루어져야 한다.

3) 타협

어떤 부모들은 Kübler-Ross(1969)가 설명한 거래의 과정과 같은 과정을 겪어서 그들의 분노와 화를 해결하려고 하기도 한다. 그것은 회피할 수 없는 것에 대한 완전한 인지적 그리고 정서적 수용을 연기하려는 시도와 유사하다. 이 시기 동안 부모와 다른 가족 구성원들은 상당한 노력과 결심을 활동의 대상으로 삼기도 한다. 그것은 그들이 마치 "만약 내가 당신이 하라고 하는 것을 모두 다 한다면, 확실히 이 문제는 사라질 것이다."라고 말하는 것 같다. 만약 성과가 그들이 기대하는 것만큼 빨리 훌륭하게 나타나지 않는다면, 거래는 때때로 우울감의 암울한 세계로 흘러갈 수 있다.

(1) 공감은 필수이다

도움이 되기 위해서는 중재자가 부모가 느끼는 자연스러운 감정을 확실하게 지각하고, 수용하고, 이해하려는 공감적 이해를 보여야 한다. 공감은 "친밀함, 윤리, 이타주의, 도덕과 같은 다른 이들에 대해 모든 배려의 기초"가 되는 것으로 생각된다(Carter & McGoldrick, 1999, p.34). 부모의 정서와 마음의 상태가 정상적이라는 것을 일깨우도록 하는 것은 흥미와 배려라는 태도를 전달할 수 있다. "아이를 그렇게 많은 의료 일정에 데리고 다니는 것은 무척이나 힘들고 피곤한 일임이 분명해요."라는 적극적인 경청을 반영하는 간단한 표현은 가족이 경험하는 스트레스를 몇 가지 실제 이해하는 것을 향한 단순한 지각을 넘어서려는 시도를 보인다. 가족 구성원만이 이런 상황을 진정으로 이해할 수 있지만 양육자에 의한 진정한 공감적 반응은 그들이 만나는 위기에 대응하는 부모를 돕는 데 매우 중요한 지원을 제공하는 먼 길을 가는 것이다.

4) 우울과 실망

"무슨 소용이겠어?"와 "왜 괴롭히는 걸까?"는 모든 제안에 대한 부모의 반응이 될 수 있다. 숨 막힐 정도의 절망의 무게는 문제의 새로운 측면을 부가시킬 수 있다. 부모들이 완전히 무력해지는 것을 느끼는 것은 일반적이다. 가끔 무력감은 도움을 좀더 잘 받도록 할 수도 있다. 무력감 때문에 그들은 도움을 더 잘 요청할 수도 있다. Santelli, Poyadue, Young (2001)은 이런 감정은 위협적이기 때문에 "우울이 슬퍼하고 조정하는 과정의 정상적이고 필수적인 부분이라는 것을 믿기 힘들다. 개인적 상실을 동반하는 슬픔을 통해 인정하고 해결해가는 것은 조정 과정의 중요한 부분이다."라고 지적하였다(p.7).

(1) 긍정적인 것에 초점 두기

전문가들은 긍정적인 것에 초점을 두어야 하고 아동을 가르치는 일을 수행하기 위해 노력하는 것으로 부모의 우울을 가중시키지 말아야 한다. 이 시기 동안 활동들은 확실히 성공할 수 있는 것으로 부모를 위해 계획되어야 한다. 중재자는 좋은 부모가 되는 것에 대한 자기 불신의 씨앗이 자라게 해서는 안된다. 그들은 직·간접적 비평을 피해야 한다. 또한 과도하고 부당한 칭찬을 삼가야 한다. 왜냐하면 부모들은 그것을 성의가 없다고 해석하기 때문이다. 대신 그들은 가족의 회복력과 문제를 해결할 능력을 믿어야 한다. 그렇게 해서 가족이 맞이할 회피할 수 없는 스트레스를 다룰 수 있도록 도울 수 있다.

심한 우울로 계속 고통을 받는 부모는 전문적인 상담이 필요하다. 중재자는 이런 것을 제안할 몇몇 재치있는 방법을 찾는 데 주저하지 말아야 한다. 대개 가장 간단한 방법은 "무슨 소용이겠어?"라는 울부짖음을 경청하고 그들을 도울 수 있는 많은 방법을 제안해야 한다. 어떤 부모들은 심리학자와 심리치료사의 상담을 원하고 필요로 할 것이다. 다른 부모들은 우울을 경험하고 문제의 실제적인 해결을 하고 있는 다른 부모들로부터 편안함을 구하기도 한다. 많은 부모들은 교회, 유대인회, 정신건강기관, 부모모임과 같은 지역 자원에서 만들어진 자료를 주의 깊게 살펴보고 도움을 얻을 수도 있을 것이다. 모든 부모는 누군가가 관심을 가지고 있다는 것을 알아야 한다.

5) 적응과 수용

적응과 희망인 수용은 장애아동과의 상호작용이나 부모들이 삶을 재조직하려는 요구를 보여주는 정서적 인식에서의 마지막 단계이다. 일반적으로 부모들은 실제적이고 유용한 것을 해보려는 의지를 가지게 된다. 수용은 오늘의 요구를 인정하는 것이지 부정하는 것이 아니라는 것을 의미한다. 그것은 매일의 요구를 충족시킬 새로운 지식을 기꺼이 학습하고 적용한다는 의미이다. 그것은 그들이 각각의 인간은 독특하고, 특별하며, 사랑과 애정을 받을 만하다는 깊은 확신을 한다는 것이다.

수용은 장애상태가 불변하는 것으로 받아들이는 것을 의미해서는 안된다. 오히려 부모들은 장애의 부정적인 영향을 바꿀 유용한 방법을 학습할 필요를 수용한다. 진정한 수용은 많은 것이 이루어져야 하고 변화시켜야 할 것이 있다는 확신을 포함한다. 자신의 자녀의 장애에 대한 한 아버지의 반응을 보라. "아버지로서 당신의 자아상은 역할과 관습에 의해 영향을 받는다. 당신은 자신을 아동 양육자이기보다 '제공자', '사냥꾼-수집자', '강한 사람'으로 의식적이든 무의식적이든 자신을 보게 된다. 이러한 역할이 타당하려면 당신은

일반아동을 양육하는 데 도움이 되도록 개발되어야 한다. 당신은 오늘날의 세상에서 장애아동의 성공적인 아버지에 대해 다른 관습과 역할이 요구된다" (Bill, 2000, p.1).

(1) 인내에 대한 격려

중재자들은 대부분의 부모가 현실적인 기회를 성취할 수 있고 적절한 도움을 줄 수 있기 때문에 부모가 자신의 자녀를 있는 그대로 수용하기 시작할 때 인내하도록 격려해야 한다. 그들은 대개 새로운 상호작용 기술을 빨리 열심히 배울 것이다. 하지만 경우에 따라 부모들은 어리석고 혼란스럽다고 느낄 때가 있다. 그들은 다루어야 할 장애가 새로운 경험이고 그것에 익숙해지기 위해 시간이 필요할 것이라는 것을 이해하도록 도움을 받아야 한다. 부모들은 자녀들의 독특한 단서를 읽는 것을 배우는 데 도움을 받을 수 있다. 전문가들은 부모들에게 자녀의 성장과 부모의 참여를 칭찬해야 한다. 긍정적인 상호작용 기술에 초점을 두

는 부모는 상호 만족하는 상호작용을 위한 건설적인 선택권을 제공할 것이다.

6) 아버지의 관점

장애아동 양육에 관한 아버지의 감정을 공유하도록 요구하는 반응에 있어서 John은 다음과 같이 말했다.

> 당신이 장애아동을 두게 되면 당신은 세상을 다르게 보게 된다. 장애아동을 가졌다는 것과 당신의 삶에 어떤 영향을 줄 것인지에 대한 당신의 생각에 순응하는 데는 오랜 시간이 걸린다. 아동이 성장하여 나이가 들면 현실이 된다. 당신은 정상적인 생활을 하기 위해 노력하고, 당신이 해야 하는 무엇인가를 하게 된다. 그들의 아동에 관해 말해야 하는 아버지들은 힘들어한다. 대부분은 스포츠, 학교, 다른 활동을 통해 일반아동과 상호작용한다. 만약 내가 경험한 아버지를 찾기를 원한다면, 그것은 매우 어려운 것이다.(Bill, 2000, p.1)

아버지들의 독특한 요구를 고려하는 데 있어서 Pacer Center(2000)는 장애아동 아버지에게 다음과 같은 비결을 제공하였다. 즉, (a) 장애에 관해 학습하고, (b) 아동의 어머니와 다른 가족 구성원들과 좋은 의사소통을 형성하여 지속하고, (c) 당신의 아이와 시간을 보내고, (d) 당신 아이의 물리적 환경에서 필요한 수정을 하고, (e) 지원을 찾거나 만들고, (f) 당신 아이를 즐거워하는 것이다.

7) 위기의 기간

위기의 기간은 수정에서부터 전생애에 걸쳐 어느 시점에서나 나타날 수 있다. 부모들은 자주 그들이 이 장 앞부분에서 설명한 단계들을 재순환하는 것을 보고한다. 이것은 특히 위기 때 발생하기 쉽다. 어떤 부모들은 다른 부모들은 그렇지 않지만, 이런 위기를 전문가에게 숨긴다. 그럼에도 불구하고 도움을 제공하고 적응을 격려하는 지원적인 분위기는 유의미한 차이를 만들 수 있다. 부모들은 누군가 그들이 울고, 소리 지르고, 고함을 지를 필요가 있다는 것을 이해해줄 때 편안함을 느낀다.

부모들이 기본적으로 아동과 장애상태를 수용하기도 하지만 적응은 어떤 이들에게는 절대 완전히 이루어지지 않는다. 부모들은 아동이 성인이 되어도 눈물이 난다고 보고한다. 가끔 위기는 부모의 적응의 미완성을 초래한다. 중재자들은 부모들의 대처 기술을 판단하거나 비교하는 것을 피할 수 있다. 이해하는 누군가가 들을 수 있다는 안심은 위기에 대한 생산적인 반응과 쇠약하게 하는 것 간의 차이를 가져올 수도 있다. 부모의 기대의 파괴와 일상의 보호에 대한 실제적 걱정과 예후에 관한 근심에 대한 반응은 부모가 부모참여기회가 가능한 모든 것에 충분히 참여할 수 있기 전에 적합하게 대응하게 해야 한다.

3. 체계로서의 가족

가족 체계 관점(familiy systems perspective)에서 특별한 요구를 가진 아동과 그 가족 간의 관계의 상호호혜적인 특성이 분명해진다. 가족 구성원이 다른 가족 구성원과 별개로 기능한다고 보지는 않는다. 한 가족 구성원에 대한 중재는 가족의 상호작용과 다른 구성원에게 영향을 주는 것으로 밝혀졌다(Hanson & Lynch, 1995). 아동의 요구와 부모나 형제자매의 요구는 더 큰 사회 체계/생태적 체계 내에서 기능하는 것처럼 전체 가족의 맥락 내에서 보아야 한다. 모든 가족 체계는 관계적 또는 상호작용적 하위체계로 구성된다. Turnbull과 Turnbull(2001)은 **부부 하위체계(marital subsystem, parent-parent)**, **부모 하위체계(parental subsystem, parent-child)**, **형제자매 하위체계(sibling subsystem, child-child)**, **확대 가족 하위체계(extended family subsystem, family-extended family)**라는 네 가지 하위체계를 설명하였다. 물론 가족의 실제 조직은 상당히 다르다. 예를 들어, 한부모 가정은 부부 하위체계가 없을 수 있다. 하지만 한부모 가정은 만약 대가족 구성원이 적극적으로 참여한다면 부모 역할을 경험한 사람이 한 사람 이상일 수도 있다.

가족 구성원이 하위체계 내에서 한 가지 역할을 어떻게 하느냐로 다른 하위체계에서 어떻게 행동할지를 예상할 수는 없다. 부모들은 다른 사람과 상호작용할 때와 자녀와 상호작용하는 것이 다르다. 전 가족은 이웃집을 방문했을 때와는 다르게 집에서 서로에게 행동한다. 장애아의 출현은 네 가지 모든 하위체계에 시사점을 가진다. 아동의 특별한 요구는 확대된 가족 하위체계가 거의 영향을 받지 않는 반면, 부부 하위체계에는 부가적인 스트레스가 될 수 있다. 만약 특별한 요구를 가진 아이를 갖는 것을 걱정하여 임신을 하지 않는다면 형제 하위체계는 없을 수 있다. 대신, 나이가 많은 형제들은 부부나 부모 하위체계에서 발생하는 스트레스를 줄이기 위해 부모 역할을 하게 될 수도 있다. 한 하위체계에서 일어나는 것은 다른 모든 하위체계에 영향을 준다.

특별한 요구를 가진 아동이 가족 구성원에게 영향을 주는 방식은 가족이 많은 차원에서 다르기 때문에 예상하거나 추측할 수 없다. **가족구조(Family Structure)**는 지난 20년 동안 극적으로 변화되었다. 점점 더 많은 아동들이 한 부모나 혼합 가족과 살고 있다. 노인 인구가 증가되면서 일과 양육자의 역활을 다시 하고 있다. 가족구성원 또는 구조 역시 성비구성 측면에서 변화되고 있다. 동성커플로 구성된 가족이 만들어지고 있다. 전문가들이 오늘날의 가족 체계 내에서 변화하는 역동성을 알게 함으로써 가족 역동성을 보다 잘 이해하고 평가할 수 있다. 가족의 상호작용적 체계와 관련하여 각 가족과 이런 상호작용이 일상의 과제를 수행하는 도구로 사용되는 양식을 살펴보는 전문가는 가족의 전체 요구를 충족시킬 지원을 보다 쉽게 제공할 것이다.

가족들의 독특한 요구는 각 가정에 대해 똑같이 규정된 서비스를 제공하는 것으로 충족될 수 없다는 것은 분명하다. 조기중재 서비스를 설계할 때 Turnbull, Summers와 Brotherson(1983)은 다음과 같은 4가지 가정을 채택하도록 권고하였다.

1. 각 가족은 구성원 특성, 문화적 그리고 이념적 양식에서 아주 다르기 때문에 독특한 것이다.
2. 가족은 구성 성분의 경계가 일정하게 이동하고, 변화에 대한 저항의 정도가 바뀌는 상호작용적 체계이다.
3. 가족은 각 구성원들이 집합적으로 그리고 개인적으로 그들의 계속적인 성장과 발달을 돕는 데 이행하는 다양한 기능을 가지고 있다.
4. 가족은 모든 구성원에게 영향을 주는 다양한 정도의 스트레스를 만들어내는 발전적 그리고 비발전적인 변화를 겪는다(pp. 4-5).

가족 체계적 관점으로 계획된 중재는 Turnbull과 Turnbull(2001)이 설명한 4가지의 주요한 가족 구성 성분을 주의 깊게 고려 할 것이다. 네 가지 구성 성분은 가족 자원, 자족 상호작용, 가족 기능, 가족 생활주기이다. **가족 자원**(family resources)은 가족의 요구를 충족하기 위해 상호작용함으로써 영향을 줄 수 있는 가족 구성원들의 특성과 강점이 포함된다. 각 개인의 성격, 가치, 신념, 건강 상태, 동기, 희망뿐만 아니라 문화적 배경의 특징이 상호작용 또는 관계의 특성을 결정하게 된다. 조기중재의 효과는 전문가 자원과 가족 자원 간의 생산적인 상호작용의 존재에 따라 달라진다.

가족 상호작용(family interactions)은 가족 체계의 의무 또는 기능을 성취하는 데 가족들이 사용하는 과정이다. 가족들은 애정을 나누고, 함께 계획하고, 갈등을 해결하고, 새로운 기능을 가르치고, 일상 과제를 완수하는 것과 같은 과정을 통해 그들의 요구를 충족시킨다. **가족 기능**(family functions)은 상호작용 체계의 결과이다. Hanson과 Lynch(2004)는 (a) 사랑과 애정, (b) 일상의 보호와 건강 유지, (c) 경제적 지원, (d) 정체감 개발, (e) 사회화와 안내, (f) 교육과 직업 개발, (g) 여가, 휴식, 회복과 같은 장애유아의 발달에 필수적인 7가지 구성성분으로 기본적인 가족 기능을 결합하였다. **가족 생활주기**(family life cycle)는 시간에 따라 가족의 구조와 요구를 수정하는 발달적 변화와 비발달적 변화를 말하는 것이다. 가족 생활주기의 각 단계에서 나타나는 문제들은 가족의 모든 구성원들에게 영향을 미친다. Turnbull과 Turnbull(2001)은 특별한 요구를 가진 아동이 생활주기 단계의 초기 아동기에 있을 때 직면하게 되는 가능한 문제를 나열하였는데, 표 2.2에 제시되어 있다. 물론 이것은 초기에 가족을 지원하기에 충분한 것은 아니다. 그들은 전생애 동안 나타날 수 있는 소진(burnout)을 피하게 하는 대처 전략을 개발하는 데 도움을 받아야 한다.

Johnson과 Kastner(2005)가 언급한 것처럼, “지역사회 지원에 대한 가족의 요구는 아동의 특성뿐만 아니라 가족의 구조적, 기능

표 2.2 초기 아동기에 직면할 수 있는 문제

생활주기 단계	부모	형제자매
초기 아동기 0–5세	• 정확한 진단을 한다. • 형제자매와 친척들에게 알린다. • 서비스를 찾는다. • 특수성에 대한 의미를 찾는다. • 의사결정을 하는 데 개인적인 이상을 분명하게 한다. • 낙인의 문제를 표출한다. • 특수성의 긍정적인 기여를 확인한다.	• 형제자매의 요구에 대한 양육 시간과 에너지가 적다. • 관심이 적어지면서 질투를 느낀다. • 특수성의 오해와 관련된 두려움이 있다.

출처: Barber, Turnbull, Behr, & Kerns(1988, p.194).

적, 외부적 특성에 따라 달라진다”(p.507).

4. 형제와 대가족의 요구와 반응

가족 체계 이론에서 지적했듯이, 아동의 형제와 대가족도 요구와 반응이 있다. 조부모들도 매우 슬퍼한다. 그들의 손자에 대한 고통만 경험하는 것이 아니라 그들 자녀가 겪는 고통도 경험하기 때문에 그들의 슬픔은 두 배가 된다. 사랑하는 아들이나 딸이 장기간의 문제에 직면한다는 것을 아는 것으로도 낙담을 하게 된다. 한 조부는 백지 수표를 가지고 병원에 찾아갔다. “얼마나 필요합니까? 어떻게든 돈을 구해보겠습니다.”라고 말했다.

부정, 자책, 화는 조부모에게도 심하게 나타날 수도 있다. 그들은 “임신하는 동안 담배를 피워서 그래.” 혹은 “그의 가족은 전혀 좋지가 않아.” 또는 “그들이 만약 그렇지만 않았더라면…”라고 할 수도 있다. 화가 난 조부모들이 이런 말을 하는 것은 당연하다.

하지만 대부분의 조부모들과 다른 가까운 친척들은 필요한 도덕적, 정신적, 정서적 지원을 제공하는 데 도움을 줄 수 있다. 대개 친척들은 부모들에게 아이를 돌보는 주요 자원이다. 장애아를 돌보는 데 시간을 많이 할애하는 모든 사람들은 회의와 계획과 지도 시범에 참여하는 것이 도움이 된다는 것을 알게 될 것이다. 대개 참여하는 조부모들은 그들이 해야 하는 것을 무시하고 상당히 혼란스러워한다. 전문가들은 이런 것에 민감해야 하고 부모의 동의하에 이런 대가족 구성원도 포함시킨다.

체계적 관점으로 가족을 볼 때는 장애가 없는 형제들의 요구 변화에도 관심을 가져야 한다. 예를 들어, 유아들은 자신의 형제의 장애를 알지 못한다는 것에 대해 안심시키도록 해야 한다. 학령기 아동들은 자기 형제의 장애에 대해 또래가 하는 질문과 자신이 가지고 있는 질문에 답하기 위한 정보가 필요하다. 십대와 청년들은 자기 형제의 미래와 미래에 자신들이 수행해야 할 역할에 관한 부가적인 정보가 필요하다. 집단의 가치 있는 구성원으

로서 모임에 통합되는 것으로 '고리 안으로(into the loop)' 형제들을 끌어들이는 것은 모든 가족 구성원들에게 도움이 된다.

부모와 전문가들은 형제들이 자신의 감정에 대처할 수 있도록 도울 수 있다. 한 가지 효과적인 방법은 장애가 있는 자신의 남자 형제나 여자 형제와 함께 활동하는 기회를 자주 제공하는 것이다. 아주 어린 아동들도 훌륭한 교사가 될 수 있다. 사실, 스스로 막 어떤 것을 배운 어린 아동들도 우수한 교사가 될 수 있다. 장애에 대한 가족 구성원들의 반응에는 엄청난 차이가 있으며, 이것은 부모와 전문가들이 형제들의 기대와 요구에 민감하게 되는 데 필수적인 것이다.

장애 형제와 비장애 형제간의 관계를 조사한 선행연구 검토에서 Moore, Howard, McLaughlin(2002)은 다음과 같은 특징적인 반응에 주목하였다.

1. 유아들은 그들 형제의 문제가 자기들 때문이라고 믿고 있으며, 특히 행실이 좋은 사람이라는 것에 의해 보상을 받으려고 노력한다. 그러나 그들의 요구가 부모들에게 의해 거부되었을 때 질투심과 적대감이 발생한다. 부모들은 장애 형제의 요구에 몰두해야 하기 때문에 고립감에 대한 반응으로 행동하게 된다.

2. 학령기 아동들은 그들의 형제들이 같은 학교에 다니게 되었을 때에야 생각하게 된다. 또한 이들은 그들의 장애 형제가 공립학교에 다니기 시작할 때 사회적 낙인을 경험하게 된다. 좌절은 그들 형제를 방어하려는 갈망과 갈등이 될 수 있다. 어린 비장애 형제들은 나이 많은 장애 형제를 능가하는 것조차 걱정을 하게 된다.

3. 청소년들은 그들 형제의 장애를 보다 잘 이해하지만, 그럼에도 그들은 장애 형제를 가졌다는 것에 대해 당혹해 하고 계속 낙인을 경험하게 된다. 또한 장애의 유전적 본질에 대한 잠재성에 관한 불확실성을 겪기도 한다. 비록 이러한 것들은 많은 특징적 반응 가운데 소수이지만, 이것은 가족 체계 내의 변화와 잠재적 반응의 크기를 창출하는 개인 발달의 독특성으로 기억해야 한다. 그렇다고 하더라도 형제 수용에 영향을 주는 가장 강력한 예언자는 부모 태도에서 발견된다(Moore et al., 2002). 초기 아동기 전문가들은 이러한 예언

자를 통해 부모에게 정서적 그리고 법률적 지원을 제공하도록 준비하는 것이 필요하다.

한편 Lavin(2001)은 형제가 장애와 함께 자라면서 겪은 그들의 독특한 경험에 기인해 나타나는 긍정적 특성을 인정하였다. 그들은 삶에 대한 보다 깊은 이해로 더 성숙해지고, 장애인을 위해 옹호할 수 있고, 도움이 되는 전문가가 되는 것을 선택하였다.

부모들이 장애 형제의 형제자매에 대한 영향을 알지 못한다고 가정해서는 안된다. 전문가들은 특별한 요구를 가진 아동과 부모가 아닌 전체 가족의 요구에 관해 배울 수 있는 시간을 가져야 하고 주의 깊게 경청할 필요가 있다. 다음과 같은 부모의 말에 대해 생각해 보자. "내 아이의 형제에 관해 말하겠습니다. 그들은 시간이 필요하고, 관심이 필요하고, 칭찬이 필요합니다. 특히 그들이 있을 때 나는 그들을 좋아하고 그들이 멋있다고 말하는 것이 필요합니다. 믿거나 말거나 이것은 나의 장애 아이를 그들이 수용하는 데 도움이 됩니다. 그들은 그러한 방법으로 그 아이를 더 많이 참여시킬 것이고 그를 도울 것입니다" (Poyadu, 1998, p. 9).

장애아동과 그들의 형제간의 관계를 긍정적으로 촉진시키기 위해서 Pacer Center(2001)에서는 형제를 면접하였고, 부모들에게 이러한 비결을 제공하였다. 즉, (a) 장애와 그것과 관련된 문제에 대해 정직하게 의사소통하고, (b) 가정과 지역사회에서의 활동에 그 아동을 포함하고, (c) 그들의 장애 형제를 수용하도록 당신의 아이들을 가르치지만 그러나 그의 잠재력을 성취하도록 아동을 돕는데 그들을 격려하며, (d) 부모로서 당신은 당신의 장애아동을 다루는 다른 사람에게 모범이 되어야 한다는 것이다.

대가족 구성원의 관계나 연령에 관계없이 중재자들은 재치있고, 개방적이고, 정직해야 한다. 부모의 감정과 태도는 항상 주의 깊게 고려되어야 하고 가장 우선되어야 한다. 모든 가족들은 누군가와 어떻게 해서든 상호작용한다. 중재자들이 긍정적인 방법으로 이러한 상호작용에 영향을 줄 수 있는 한, 아동들은 얻을 것이다. 어린 형제와 성숙한 조부모를 지지하는 것이 특별한 요구를 가진 아동에게 긍정적인 도움이 될 수 있다는 신념을 가져야 한다. 성공을 보장하는 구체적인 과제는 시작하는 것이. 이 때 모든 사람들은 이익을 얻게 된다.

5. 팀 구성원으로서의 양육자

전문가들은 양육자가 발달하고 있는 아동을 위한 정서적 지원 체계를 제공하는 것뿐만 아니라 학급과 가정에서 그들의 아이들을 교육하고 지도하는 데 기여하는 팀 구성원으로서의 중요한 역할을 수행하는 것을 더욱 잘 알게 되었다. 하지만 특별한 요구를 가진 유아의 일부 부모들은 교사로서의 부모를 너무 강조한다고 느낀다. 부가적인 스트레스를 없애기 위해 전문가들은 자녀의 교육에 부모들이 참여하게 될 때 그들이 부담을 느끼지 않도록 해야 한다.

양육자가 자신들의 아이들의 중재 요구를 이해하도록 도울 때, 아동의 기술이나 발달 수준을 평가하는 중재자는 양육자에게 검사 결과를 의미있게 전달할 것으로 기대한다. 만약 양육자가 **역량이 있는(empowered)** 기여하는 팀 구성원이 된다면, 그들은 전문가가 무엇을 말하는지를 먼저 이해해야 한다. 이것은 정보가 전문용어가 되면 안되다는 것을 의미한다. 전문가들은 검사 결과와 그 의미를 일상적인 용어로 다시 표현할 수 있다. 예를 들어, 부모들에게 그들의 자녀가 '시지각에 문제'가 있다는 것을 말하는 것은 대부분의 경우에는 의미가 없다. 하지만 부모는 중재자가 단추 잠그기, 먹기, 퍼즐 맞추기나 블록 쌓기와 같은 눈과 손을 동시에 사용하는 과제를 설명하면 자녀의 문제를 즉시 이해할 수 있다. 아동 평가에서 양육자의 역할은 4장에서 더 깊이 논의할 것이다.

6. 가족 참여를 위한 선택권

특별한 요구를 가진 아동과 비장애 아동은 다르기보다 유사한 점이 더 많아서, 두 집단의 모든 부모들도 차이점보다 유사점이 더 많다. 그들도 특별한 요구의 부모만이 느끼는 특별한 감정을 느끼지만 다른 부모와 유사하게 요구, 좌절, 희망, 공포, 꿈이 있다는 것이다. 그래도 중재자는 모든 아동에게 같은 방법을 적용할거라고 생각할 수 없는 것처럼 모든 가족에게 같은 방법을 적용하리라는 생각을 할 수 없다.

하지만 전문가가 가족 기능과 중재의 결과에 대한 가족의 영향이 어떻게 결과에 영향을 주는지 그들의 인식이 증가함에 따라 중재자의 철학이 나타나는데 이것을 **가족중심 중재(family-centered intervention)**라고 한다. 이 철학은 중재를 기관 중심에서 가족중심 접근법으로 옮겨가게 했다. 가족중심 실제의 다음과 같은 특성을 Hanson과 Lynch(2004)가 제시하였다. (a) 부모나 일차 양육자를 자기 아이의 전문가로 인식하고, (b) 가족을 아동과 자신을 위한 궁극적인 의사결정자로 인정하고, (c) 가족을 아동의 삶에 있어서 불변의 요소로, 서비스 전달자로, 일시적으로 체계로 보며, (d) 가족의 우선순위, 서비스를 위한 목적, 포함되도록 선택한 정도를 지원하도록 존중하고 활동하며, (e) 부모와 전문가 사이의 신뢰하고 협력적인 관계에 가치를 부여하고, (f) 문화적으로 우수한 서비스가 되도록 활동하는 것이다.

가족중심이 되려는 보다 많은 노력에 있어서 전문가들은 조기중재와 통합교육의 성공에 대해 **가족의 삶의 질(family's quality of life)**의 영향을 인식하도록 유아교사들을 촉구해야 한다(Purcell, Turnbull, & Jackson, 2006). 때문에 Beach Center on Disability(2001)는 가족의 삶의 질 조사(Family Quality of Life Survey)를 개발하였다. 그들은 5가지 영역의 삶의 질을 확인하였는데, 신체적-물질적 안녕(physical-material well-being), 장애관련 지원(disability-related support), 가족 상호작용(family interaction), 부모되기

(parenting), 정서적 안녕(meotional well-being)이다. 여기서는 가족중심 접근을 강조하고 참여하는 가족들의 삶의 질을 높이기를 희망하는 많은 활동들을 논의한다.

위에서 제안한 것처럼 가족중심 서비스의 개발과 수행은 역할과 관계에 있어서 변화를 요구한다. 중재는 일차적인 의사결정자로서 기능하는 가족과 가족-전문가 협력에 의해 이루어진다. 전문가들은 더 이상 '전문가' 로 여겨지지 않는다. 대신에 부모들과 전문가들이 서로 효과적인 중재의 개발과 수행에 기여할 수 있도록 존중과 인정을 구성하는 관계를 만들어야 한다.

개별화가족서비스계획 결과와 개별화교육프로그램의 목적과 목표는 각 가족의 관심사와 우선 순위에 의해 도출되는 것이다. 가족 구성원들은 그들이 참여하기를 원하는 방법과 시기를 선택하도록 권유된다. 전문가들은 가족의 일상생활에 적합한 가족 참여 기회를 제공하도록 권유받는다.

가족은 참여하는 것이 선택이라는 것을 분명히 느끼도록 해야 한다는 것을 기억하는 것이 중요하다. 전문가들은 가족들이 선택한 서비스와 기회의 연속체를 이해하도록 가족들을 도와야 한다. 가족을 돕는 절차는 적절한 참여뿐만 아니라 그들의 자원과 요구를 확인하는 것이고, 이 내용은 4장에서 논의할 것이다.

1) 연속체

비록 공법 108-446은 가족중심 조기중재를 위한 단계를 설정하지만, 사실 가족 참여는 하나의 연속체에 있는 것이다. 몇몇 가족들은 조기중재 서비스에 포함되는 것을 선택하지 않지만, 다른 가족들은 완전히 가능한 참여를 찾을 것이다(Dabkowski, 2004). 이것은 가족들이 의사결정, 프로그램 수행, 옹호 활동에 적극적으로 참여하도록 마음을 여는 것을 희망하는 것이다. 가족 요구, 가치, 생활양식, 프로그램 특성이 가족 참여의 수준을 결정하게 한다. 조기중재자들은 치료사 또는 교사로서 직접 참여하고, 그들은 의뢰 정보만을 제공하기도 한다. 이것은 가족과 전문가 참여의 수준을 분명하게 설명하도록 개별화가족서비스계획의 의도이다. 부모 참여의 정도는 부모 관심사와 동의어가 되는 것을 피하려는 전문가에게 중요하다. 부모 참여는 확실히 부모 관심사의 측정은 아니다.

개인적 요구와 역량은 부모 참여의 목표와 균형을 이루어야 한다. 어떤 부모들은 강의와 패널 토의, 영화를 통해 얻은 인지적인 정보에 대한 많은 요구와 역량을 가지고 있을 것이다. 그렇지 않은 부모들은 사생활이 보장되고 안정적으로 수용되는 것으로 생각되면 전문가와의 일대일 대화를 상당히 원하고 필요로 할 수도 있다. 하지만 다른 부모들은 자녀를 가르치는 방법이 나타내는 것에 대해 잘 알 것이다. 가족 참여를 촉진하는 데 사용되는 조기중재 전략이 무엇이든 그것의 성공은 신뢰감을 개발하는 전문가의 능력에 달려 있다(Smith, Gartin, Murdick, & Hilton, 2006).

이 장의 많은 부분에서 각 참여 유형이 효과적이 되도록 하는 데 있어서 주의 깊게 생각하도록 하는 일차적인 고려에 초점을 두고 있다. 또한 독특한 요구가 논의되었는데, 이러한 요구에 대해 활동해야 하는 전문가에게 유용한 힌트도 논의하였다.

2) 가족 참여에 대한 아버지의 말

Turbiville과 Marquis(2001)는 여섯 개의 주에서 318명의 유아의 아버지를 대상으로 조사하였다. 응답한 아버지의 28%는 장애아를 두고 있었다. 그들은 장애아동의 아버지와 비장애아동의 아버지는 남편과 아내가 모두 포함될 수 있는 활동을 선호하였다는 것을 발견하였다. 초기 선행연구들과 일치되는 아버지들은 그들의 아동의 진전을 돕기 위해 취해야 하는 행동 방법과 문제를 해결하는 방법에 관해 학습하는 남자와 여자 모두가 포함되는 활동을 선호하였다. 아버지 참여 정도는 학습 가치를 가지는 것으로 지각된 활동에 대해 편리한 시간에 부탁하는 것에 따라 차이가 있다. 만약 활동이 여성에 의해 모두 계획되었다면 그리고 원기 회복이나 아동 보호와 같은 여분의 활동이 제공되었다면 그들은 주의를 하지 않았다. 아버지들은 개인적으로 참여하도록 요청받는 것을 긍정적으로 평가하였다(Guthrie, 2000).

3) 가정중심 중재 프로그램

서비스 전달 모형으로서 가정중심 중재 프로그램(home-based intervention programs)은 조기중재 서비스는 가능한 한 "자연적인 환경"에서 제공되어 한다는 것을 명령한 장애인교육법(Individuals with Disabilities Education Act)의 재승인에서 강화되었다. 가정 방문은 많은 장점을 제공한다(Wasik & Bryant, 2000). 유아와 부모는 가정에서 가장 자연스럽다. 가정에서 그들은 편안한 소속감을 개발하지 않으며, 부모 또는 학교 버스에 의해 이동되지도 않는다. 중재자는 아동을 위해 계획할 때 가정 생활을 고려해야 한다.

지난 10년 동안 최선의 실제는 아동에 대한 직접 서비스 중심에서 **관계중심 중재**(relationship-based intervention) 또는 **지원중심 중재**(support-based intervention)로 이동을 반영하였다(McWilliam & Scott, 2001). 일반적으로 교사, 간호사, 치료자, 훈련받은 준전문가는 교육적 서비스와 가끔은 사회적 서비스와 건강 서비스를 포함하는 지원을 제공하기 위해 규칙적으로 계획된 방문을 한다. 초점은 아동의 요구를 충족시킬 수 있는 건강한 부모-아동 관계를 부모가 개발할 수 있도록 돕는 지원을 준비하는 것이다. 부모들은 가족 물건이나 자료를 사용하여 자기 아동과 긍정적으로 상호작용하는 방법을 배우고 격려받았다. 중재활동을 **일상생활**(routines)에 젖어들게 하는 것은 '수업(lessons)'을 위한 특별한 시간을 계획할 필요가 없게 한다. 예를 들어, 뇌성마비를 가지고 있는 유아의 부모는 기저귀를 가는 시간에 스트레칭을 끼어 넣거나 식사시간에 언어활동을 할 수 있을 것이다. 가정을 방문하는 조기중재에 대한 개념적 틀은 예시 2.1에 제시되어 있다.

과거 수년 동안 조기중재 전문가들은 자연적 장면에서 가족과 협력하기 위해 **코칭(coaching)**의 개념을 사용하였다(Hanft, Rush, & Shelden, 2004). 코칭은 가족 구성원과 타인과의 일상 경험과 상호작용에 아동의 참여를 지원하는 양육자의 능력을 증진시키기는 코치에 있어서 관찰과 반성의 상호작용적 과정이다. 이것은 자연적 장면에서 아동의 참여를 통해 기능적 결과를 달성하는 의미있는 전략을 선택하고 수행하도록 가족 구성원, 아동 양육 제공자, 조기중재자 사이의 대화를 증진시키기 위한 지원적 구조를 제공한다.

처음에 일부 부모들은 전문가가 자신의 집에 오는 것을 불편해 할 수도 있다. 재치, 공손함, 민감성은 이런 초기 불편함을 매우 빨리 극복할 수 있게 한다. 전문가나 훈련받은 준전문가는 기다려지는 방문자가 된다. 같이 가지고 놀 장난감, 활동할 생각, 경청하는 자세는 대개 부모와 아동이 가정 방문자를 좋아하게 한다. Bernstein(2002)은 성공의 열쇠는 활동의 중점이 가정 방문자가 생각하는 것을 기초로 하는 것이 아니라 가족의 의견에 따르는 것이다. 하지만 가족의 의사 일정은 즉각적인 위기로 기각되는 것에 따라 도출된다. 위기를 없애거나 발생하지 않게 하기 위해 Bernstein은 효과적인 가정 방문 프로그램을 만드는 데 다음의 4가지를 권고하였다.

1. 가족의 문제로 낭비하지 않고 가족과 긍정적인 관계를 형성한다.
2. 아동의 발달을 지원하기 위해 부모-아동 간의 관계를 지원한다.
3. 강점을 찾아내고 증진시킨다.
4. 가정 방문자는 그들의 기술을 강화하고 소진으로부터 그들을 보호하기 위해 반영적인 수퍼비전을 제시한다(p.4).

가정 방문의 성공은 방문자의 훈련과 준비에 달려 있다는 것은 분명하다. 예시 2.2는 효과적인 가정 방문을 위한 실제적인 제안을 제공하고 가정을 방문할 때 중요한 고려사항을 논의한다.

4) 가정 방문시 다른 중요한 고려사항

예시 2.3는 가정 방문자의 안전을 위한 비결을 제시한 것이다. 표에서 언급한 것에 더하여 가정 중재자는 다음과 같은 것을 기억해야 한다.

1. 일상적인 일과 활동에 따른 부모-아동 간 상호작용을 관찰하는 동안 반응적 상호작용 기법을 직접적으로 모델링하고 설명하는 것에 대한 중요성을 항상 명심한다.

2. 시범적인 활동과 전략을 계획한다. 보여주는 것은 단순히 말을 하거나 설명하는 것보다 더 효과적이다. 가족들에게 활동하고 싶은 것이 무엇인지 물어서 그들의 관심사와 우선순위를 존중한다. 선택을 제공했을 때 부모의 홍

예시 2.1

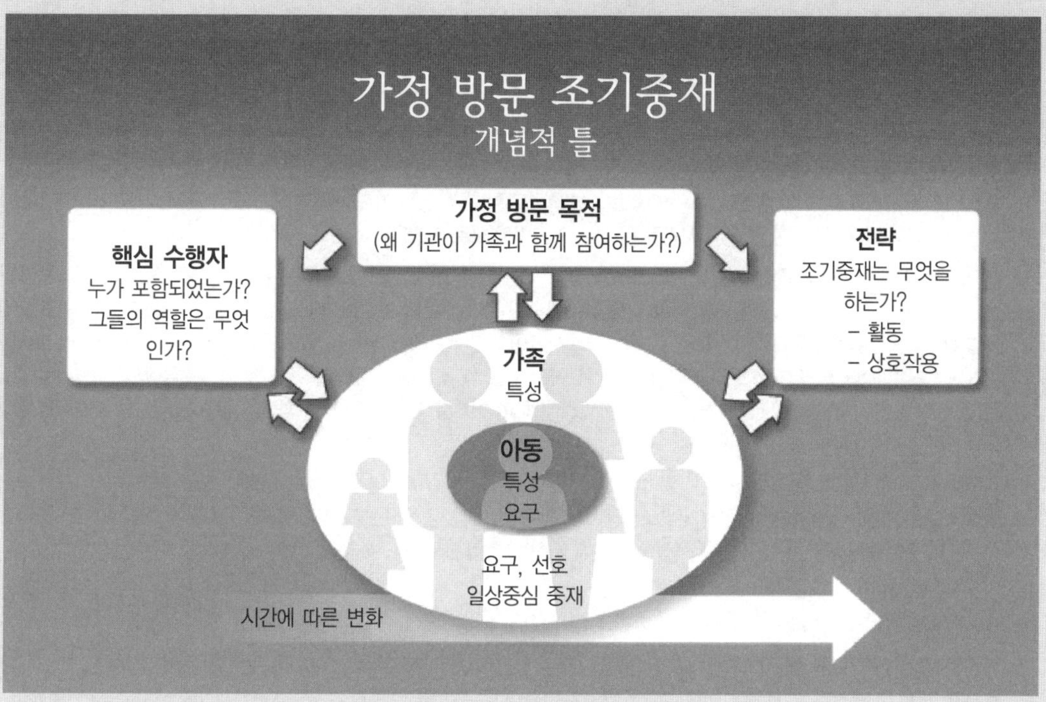

예시 2.2

가정 방문을 위한 실제적 제안

1. 현재 포함되는 형제와 *다른 가족 모두와 인사를 한다.*
2. *당신의 방문 목적을 분명하게 전달한다.* 가족들은 가정 방문자에 대한 법이 무엇인지를 알아야 한다. 만약 가정 방문자가 가족 구성원의 기대를 변경하려고 시도하면 저항이나 화에 직면하게 된다.
3. *가족의 관습과 관례를 알아야 한다.*
4. *가족생활과 일상 계획에 대한 정보를 얻기 위한 시간을 가져야 한다.* 이러한 정보는 가정 방문자를 위한 최적의 시간이 언제인지에 대한 통찰을 주고, 그들의 일상생활 속에 기능적 활동을 삽입하도록 가족을 격려하는 방법과 시기를 알게 한다. 특히 아동 양육에 관한 가족의 신념과 실제를 알기 위한 시간을 가져야 한다. 가족과 아동의 특성을 이해하는 것은 그들의 관심사와 선호에 따라 당신이 적응하도록 한다.
5. *그들이 어떻게 하면 참여하는 것을 좋아하는지를 가족에게 물어본다.* 가족 가운데 가정 방문에 참여하는 것을 좋아하는 사람은 누구인지 그리고 얼마나 많이 참여하기를 원하는지를 아는 것이 중요하다. 가족의 참여는 방문의 성공에 결정적이다. 그러나 몇몇 가족은 준비가 필요하다. 어떤 방식으로든 당신이 판단하거나 비판하지 않는다는 것을 알아야 당신의 방문에 대해 긴장을 풀고 기대하게 된다.
6. *비공식적이지만 너무 허물이 없어도 안된다.* 당신은 전문가이기 때문이다.
7. *위기를 다루고 필요하면 정서를 강화한다.* 반영적으로 경청한다. "이것을 다루는 방법은 무엇일까?"와 같은 말을 하여 아동에게 초점을 맞춘다.

8. *준비를 해야 한다.* 자원, 자료, 활동 계획, 보완 아이디어를 준비한다. 보다 자유롭게 상호작용하기 위해 채워넣기 형식은 피한다. 만약 쓰는 것이 필요하면 당신이 한 내용과 이유를 설명한다.
9. *유연해야 한다.* 만약 계획된 내용이 어떤 이유로 부적절하면 즉시 바꾸어야 한다. 또한 아동의 요구뿐만 아니라 부모의 요구를 충족하도록 활동을 바꾸도록 부모를 격려한다. 부모가 할 수 있는 것 이상으로 계획하지 않아야 한다. 그것들은 또 다른 책임을 부과하는 것이다.
10. *아동의 가정에서 찾은 품목을 활용한다.* 가능한 한 상업적으로 개발된 자료보다 가정용품을 최대로 사용하는 중재 전략을 시범 보인다. 부모들은 가능한 비슷하게 하거나 만약 자료가 미리 이용할 수 있고 친숙하다면 똑같은 활동을 한다.
11. *애완동물, 좋아하는 장난감, 다른 가족의 귀중품을 칭찬하도록 한다.* 아동과 가족들이 가진 것 가운데 가장 가치가 있는 것이 무엇이며 얼마나 되는지를 아는 시간을 가진다. 같은 방법으로 가정을 칭찬한다.
12. *부모들이 아동과 상호작용하는 방법을 시범 보이도록 부모들을 격려한다.* 부모들은 자기 아동에 대해서는 전문가라는 것을 기억해야 한다. 양육자의 행동보다 아동의 행동에 대한 논평과 질문에 초점을 둔다. 인정과 감탄을 표현한다. "당신이 …일 때 그는 정말 미소를 짓는다" 또는 "…할 때 그가 조용해진다는 것을 당신은 알고 있었나요?"와 같은 의견을 제시하라. 직접적인 비판을 피한다. 오히려 "당신이 …를 하고 싶을 때가 있을 것 같아요."나 "과거에 조금 더 잘 했을 것 같은 것에 대해 생각해볼 수 있나요?"와 같은 것을 말하게 하여 변화를 제안하라. 그런 의견은 부모가 자신의 해결책을 찾도록 한다.
13. *직면을 피하라.* 부모가 효과가 없을 것 같거나, 그들이 할 수 없거나 하지 않을 것을 주장한다 해도 방문자는 부모가 적합하다고 주장하는 것에 대해 논쟁하거나 고집해서는 안된다. 가정 방문자는 가족이 선택하는 것을 수용할 의무가 있다. 그것은 그들이 동의를 얻어야 하거나 적절한 시기에 자신들의 의견과 전문가 의견을 나누는 계획을 해서는 안된다는 것이 아니다.
14. *정시에 방문을 하고 끝내라.*
15. *당신이 가기 전에 다음 방문을 계획하고 의논하라.* 오늘 당신이 한 것과 다음 방문에 당신이 할 것에 대해 부모와 재검토하라. 부모가 따라야 할 활동에 대한 제안을 적어두어라. 다음 방문을 계획하고 활동 계획 서식에 날자와 시간을 적어 부모에게 주어라. 만약 그들이 질문이나 의견이 있으면 전화로 당신에게 연락할 수 있도록 하라.
16. *비밀을 유지하라.* 항상 당신은 전문가라는 것을 명심하라. 당신이 부모의 집에서 관찰하는 모든 것과 당신이 하는 어떤 판단도 공개적으로 논의해서는 안된다. 가족은 그들의 사생활과 생활 양식에 대한 선택권이 있다. 방문의 효과는 성숙되고 객관적이고 전문가적인 능력에 좌우될 것이다.

예시 2.3

가정 방문자를 위한 안전 비결

높은 위험 상황에 대해 경계한다.

- 매주 가정에 있는 다른 사람
- 고립된 지역, 전화가 없는 곳, 비포장 도로
- 밖에서 빈둥거리는 사람
- 위험한 개
- 종종 집에 들어오지 못하게 하거나, 들어가기 전에 당신을 밖에서 기다리도록 하는 가족
- 약물 복용을 하는 것으로 보이는 가정 내의 개인
- 가정에서 약물 소지 및 판매
- 가정에서 약물 수송의 징후

• 본능적으로 '이것은 대단히 위험 상황'이라고 생각이 들 때

문제 예방책

• 고위험 방문을 하기 전에 다른 사람에게 당신이 어디에 있는지, 언제 출발하는지, 언제 돌아올지를 알린다(이 정보를 기록하여 두어라).
• 짝을 이루어 방문한다.
• 이른 아침에 약속을 한다.
• 복지금(welfare checks)이 도착한 날에는 방문을 피한다.
• 당신의 일과를 미리 계획한다.
• 방문할 집을 찾는다고 주변을 배회하지 말라(다른 사람들이 당신을 오해할 수 있다).
• 유명한 레스토랑처럼 좋은 사람들이 많은 곳에서 만난다.
• 전화기는 가까이 쉽게 사용할 수 있도록 둔다.
• 손지갑, 보석, 값비싼 귀중품을 지니고 다니지 않는다.
• 집안에 있는 모든 사람들을 소개받는다.
• 아파트 관리인에게 자신을 소개한다.
• 미리 그 지역에 대해 조사하라
• 공공기관이 표시된 운송 수단을 사용한다.
• 당신의 신분을 확인하도록 한다.
• 이웃의 안전에 대해 가족들에게 물어본다.
• 가능하다면 방문할 집 앞에 주차한다.
• 자동차 문은 잠그고 창문은 닫아둔다.
• 여분의 열쇠를 아무 곳이나 자동차 안에 두지 않는다.
• 피신할 수 있는 큰 길을 알아둔다.
• 노크를 할 때 항상 문 옆에 서 있는다.
• 들어가기 전에 상황을 살핀다-사전에 외부 정보를 파악한다. 들어가도 되는지 허락을 얻는다. -누가 있는지 물어본다(신체 언어를 지켜본다).
• 누군가가 "들어와"라고 소리칠 때는 들어가지 않는다.
• 집 안 사람 중에 마약이나 알코올에 취해 있다면 다른 일정을 잡는다.
• 아무도 당신 뒤에 서 있지 않게 한다.
• 다른 비상구가 없는 방에 혼자 있지 않는다.
• 눈을 바로 쳐다보고 고개를 들어 주위를 둘러보며 권위 있는 분위기를 연출한다. 바지와 낮은 신발을 신는다.
• 바깥에 언쟁이 있다면 안전할 때 출발하고 다른 사람에게 당신과 같이 가줄 것을 요구한다.

미와 시간적 요구사항은 조정될 수 있다.

3. 가끔 나이 든 아동의 도움을 받을 수 있다. 형제자매에게 적절한 활동을 가르친다. 대개 그들은 활동을 계획하는 데 부모와 아동을 위해 참여할 수 있다. 다른 아동의 지원을 포함시키는 데는 두 가지 목적이 있다. 그들은 자

주 훌륭한 교사이고 자신들의 소외되었다는 감정과 질투심을 막을 수 있다는 것이다.

4. 자기 수준에서 아동과 상호작용하는 것의 중요성에 관심을 가지도록 요구한다. 많은 부모들은 아동이 실패에서는 거의 학습하지 못하는 것에 놀랄 것이다. 그들의 자녀가 성공할 수 있는 활동을 개발하는 방법을 부모에게 보여주는 것은 긴요하다. 처음에 가정 중재자는 아동이 실패하게 되는 활동은 피해야 할 필요가 있다는 것을 분명하게 해야 한다. 부모에게 자녀를 성공하도록 촉구하고(prompt) 점점 그런 자극을 제거하고 줄이는 방법을 보여주는 것은 중요하다. 이 전략은 성공적인 가정 중재의 기초이다. 부모에게 예시 2.4에서 언급한 것과 같은 상세한 지침을 제공한다.

5. 판단하지 않는다. 어떤 부모들은 자신의 가정에 대해 부끄러워하거나 비판을 두려워할 것이다. 아동과 함께 활동하는 것과 상관이 없는 것에 대해 관심을 두지 말고, 특히 부모들이 자녀를 위해 한 것과 같이 자랑스러워하는 것을 알아차리는 것은 중요하다.

6. 아동의 개별화교육프로그램(IEP)이나 개별화가족서비스계획(IFSP)을 규칙적으로 보낸다. 가정 프로그램이 IFSP 결과와 어떻게 관련되는지 또는 IEP의 목적과 목표와 IFSP의 결과가 어떻게 관련되는지 부모가 볼 수 있도록 돕는다.

7. 부모가 행동관리 기술을 발전시키도록 돕는다. 많은 부모들은 아동의 부적절한 행동에 대해 걱정하고 그것을 장애의 탓으로 돌린다. 대개 문제의 기본은 장애 자체가 아니라 아동과 효과적으로 의사소통하는 방법을 모르는 데 있다. 만약 부적절한 행동이 슈퍼마켓에서 나타났다면, 거기에서 몇 가지의 중재를 계획한다. 중재자의 효과적인 통제 시범은 두려워하고 걱정하는 부모에게 많은 도움이 될 수 있다.

부모가 일부분을 아동과 함께 하는 역할놀이는 필요한 관리 기술을 부모가 습득하는 데 도움이 된다. 가장 중요한 것은 중재자는 학습된 행동을 설명해야 한다는 것이다. 습관과 행동 유형을 바꾸는 것은 쉽지 않을 것이고 향상은 하룻밤 사이에 이뤄지지 않을 것이다. 향상된 아동 관리 기술을 성공적으로 학습한 다른 부모들과 그들의 문제에 관해 이야기하는 것이 도움이 된다.

8. 부모는 여러 측면에서 전문가보다 자기 아동에 관해 잘 알고 있다는 것을 기억해야 한다. 대부분의 부모는 자기 아동이 하고 있는 것과 하지 못하는 것에 대한 정확한 관찰자이지만, 관찰된 행동에 대한 그들의 해석은 부적절한 것이 많다. 예를 들어, 소리를 지르고 자신이 원하는 것을 부정할 때 화를 내는 아동은 "나쁜" 혹은 "누구와 똑같아." 처럼 부모들은 설명한다. 대개 이런 방식으로 행동하는 아동들은 그들이 울 때 원하는 보상을 받는다. 이러한 인과관계를 많은 부모가 잘 이해하지 못한다.

6장에서는 조기중재자들이 이런 필수적인

예시 2.4

부모를 위한 활동 지침

1. *칭찬할 준비를 한다.* 당신 아이의 노력과 성공을 칭찬하라. 안아주고 쓰다듬어주고, 미소지어주며 긍정적인 말을 즉시 하라.
2. *양육을 수정한다.* 당신의 자녀가 실수를 할 때 아이에게 잘못한 것을 말하지 않는다. 대신 상냥하게 더 좋은 반응을 보여주거나 말해준다. 예를 들어, 만약 자녀가 당신에게 포크를 달라고 했는데 숟가락을 건네준다면 "그건 포크가 아니야. 나는 포크를 달라고 했잖아."라고 말하는 대신 "네가 숟가락을 주었구나. 이제 포크를 주렴."이라고 말한다.
3. *적절한 시간과 장소를 찾는다.* 아동이 참여하고 있는 활동에서 아동을 제외시키지 않는다. 활동은 5-15분 정도로 짧게 한다. 당신의 아이가 배가 고프거나 긴장되지 않고 충분히 각성되도록 한다. 아동이 소리나 불빛으로 방해받지 않고 편안하게 활동할 수 있는 장소를 준비한다.
4. *완력을 사용하지 않는다.* 자녀에게 활동을 계속하라고 강요하지 않는다. 주의집중 범위는 아동과 활동에 따라 변경시킨다. 당신이 친구에게 하는 것과 같이 당신의 아이를 다룬다. 만약 당신의 아이가 당신이 긴장하고 화가 나 있고 비판적이라고 느끼면 아이는 활동을 싫어하는 것을 배우게 될 것이다.
5. *융통성을 가진다.* 아동의 요구를 충족시키는 활동과 방법을 다양하게 한다. 한 가지 접근 방법이 효과가 없다면 다른 방법을 시도한다. 어떤 사람들은 활동적이고 좀더 빠르게 배우고 다른 사람들은 보다 수동적이다. 특히 하나 또는 그 이상의 감각에 장애가 있는 경우 가능한 많은 감각을 사용하도록 한다.
6. *분명하게 말한다.* 너무 빨리 말하지 않는다.
7. *준비한다.* 미리 자료를 모으고 활동 공간을 준비한다. 준비 활동에 아동의 주의를 낭비하지 않도록 한다. 짧은 활동을 하는 동안 전화는 받지 않도록 한다.
8. *열정적이어야 한다.* 어떠한 환경에서도 자녀가 '당신이 해야 하기 때문에' 활동을 한다는 느낌을 받지 않도록 한다. 만약 자녀와 함께 활동하는 것 같지 않다면 아이는 당신의 긴장을 느낄 것이다. 당신의 활동을 재조정한다. 매일 다소 지속적인 시간을 선택하는 것으로 당신은 당신의 시간을 더 잘 조절하기 쉬울 것이라는 것을 알게 될 것이다. 만약 당신이 같이 참여하는 것을 즐기지 않는다면, 자녀의 교사나 다른 전문가와 계속 이것에 대해 대화하라. 활동이나 접근법의 조정은 더 훌륭한 재미를 가져다 줄 것이다.

과제에서 부모를 도울 수 있는 몇 가지 방법을 열거하였다. 목적은 아동이 배운 것과 그들에게 '알지 못하는' 것이라고 부모들이 여기는 행동을 재해석하도록 돕는 것이다. 중재자의 예와 설명으로 부모들은 그들의 자녀에 대해 좀더 건설적으로 생각하는 것을 배울 수 있다.

9. 만약 아동이 그들의 잠재력을 성취하게 되면 재미와 즐거움의 표현의 필수적이다. 중재자가 이러한 감정을 표현하는 동안 부모들은 활동을 관찰하게 된다. 아동과 놀이를 하려는 의지를 가지고 그들이 좋아하는 게임을 즐긴다. 이것은 매우 효과적인 상호작용이다. 너무 심각하게 하지 않아야 한다.

10. 비슷한 흥미와 요구가 있는 다른 부모에게 소개한다. 비록 대부분의 중재가 가정에서 이루어지지만, 때로는 비슷한 요구와 흥미를 가진 부모들과 함께 하도록 계획한다.

11. 부모의 의사소통 양식과 의사결정 위치에 대한 문화적 영향을 알아야 한다.

12. 모든 양육자와 의사소통은 필수적이다.

어떤 경우 조기중재자는 아동의 일반 유치원 프로그램이나 보육 프로그램을 보충하기 위해 가정에서 활동을 계획한다. 이 경우에 무엇을 했는가에 대한 보고 체계는 매우 유용할 수 있다. 공통적인 목적과 목표가 필수적이다. 의사소통 방법에는 다음과 같은 것이 포함된다.

a. 성취한 내용에 대한 보고와 나머지 활동의 제안에 대해 아동의 일반유아교육 교사에게 간단하게 전화로 알린다.
b. 부모와 유아교육 교사에게 성문화된 목적과 목표를 복사하여 전달한다.
c. 모든 관심사로 만들어진 의견과 관찰을 기록한 작은 노트를 만든다. 이 노트는 아동이 가지고 다니고 보호와 지도에 책임이 있는 모든 사람이 그것을 사용할 것이다. 이 노트의 예는 다음의 그림 2.1과 같다. 노트를 기록하는 다음과 같은 지침은 Shea와 Bauer(1991)가 제시하였다.
   1. 간단해야 한다.(부모와 교사는 바쁘다.)
   2. 긍정적이어야 한다.(부모들은 그들의 자녀가 문제가 있다는 것을 알고 있기 때문에 지속적으로 부정적인 것이 생각나게 하는 사람으로 기억될 필요는 없다.)
   3. 정직해야 한다.(만약 잘 하지 못하는데도 잘하고 있다고 아이에게 말하지 말라. 그러나 부정적인 내용에 대해서는 애매하게 의견을 기술하거나, 일대일 면담을 요구하거나, 전화 통화를 요청한다.)
   4. 반응적이어야 한다.(부모나 교사가 도움을 요구한다면 즉시 반응한다.)
   5. 격식을 차리지 않는다.(모든 참여자는 공평하다.)
   6. 지속적이어야 한다.(만약 노트가 선택에 대한 의사소통 체계라면 그것을 지속적으로 사용하고 그리고 다른 참여자들에게도 같은 것을 기대한다.)
   7. 전문적 용어는 피한다.(부모들은 교육적 용어를 이해할지 모를 수도 있고 전문가들조차도 목적에 따라 전문 용어를 사용할 수도 있다.)
   8. 주의한다.(아동, 부모, 교사에 대해 기분 나쁜 날의 좌절이나 개인적 감정을 투사하지 않아야 한다.)

5) 조기중재 프로그램에서 부모 지원과 협력

이 책의 주요 전제는 가족들이 아동 학습의 주요한 맥락으로 고려되어야 한다는 사실이다. 이러한 전제는 조기교육 옹호자들에 의해 지지될 뿐만 아니라 No Child Left Behind라는 부제가 붙은 2001년 개정된 초중등교육법(공법 107-110)과 2004년의 장애인교육향상법(공법 108-446)과 같은 법률에 통합되었다. 각 법률은 아동의 교육에 그들의 부모가 참여하도록 하였다.

일상 교실이나 센터 활동에서 부모들이 참

Dec. 10, Mrs. J. (Susan's mother):
Susan wouldn't eat her breakfast this morning. She didn't seem sick, just not hungry. Could you give her an early snack, please?

Dec 10, Ms. S. (Susan's teacher at daycare):
Susan was hungry when she got here. Two glasses of juice and a piece of toast disappeared right away. And then she asked to go "potty." We are making progress. No accidents today! Hooray.

Dec. 11, Mrs. J.:
Ms. R., Susan's home teacher, came yesterday afternoon. She suggested that we continue to work on teaching Susan the names of her clothes. I'm going to put her clothes on the bed, and then tell her to bring me each thing, one at a time. Could you help with this at school, please?

Dec. 11, Ms. S.:
We surely can. Susan brought me her boots and her tote bag when I asked her today. Progress is good.

그림 2.1 교사, 부모, 가정 중재자가 사용한 수첩

이것은 센터에 나오는 4개월 동안의 기록 가운데 일부이다. Susan은 발달지체를 가진 3세 아동이다. Susan은 부분적으로 이해할 수 있는 두 단어 문장을 사용한다. Susan은 집과 학교에서 대소변을 싸고 사고를 자주 저질렀다.

출처: Adapted by P. Shaw (1999) from Cook,Tessier, and Klein (1996). *Adapting early childhood curricula for children in inclusive settings*, 4th Edition. Upper Saddle River, NJ: Merrill/Prentice Hall.

여하는 것이 다양한 측면에서 유용할 수 있다는 것을 경험이 많은 유아교육 교사들은 이미 알고 있다. 교사들은 행동관리에 대해 효과적인 접근과 구체적인 기술을 가르치는 데 선호되는 기법의 모델이 될 수 있다. 많은 부모들은 가정환경에서 아주 유용한 상호작용을 관찰하는 내용을 설명할 수 있다. 많은 연구들이 부모 참여의 장점을 기술하고 있다

(Eldridge, 2001; Smith et al., 2006).

음악이나 미술과 같은 구체적인 기술이나 재능을 가진 부모들은 그들이 센터에 기여할 수 있다는 것에 좋은 감정을 느낄 수 있다. 식료품점과 같은 친숙한 장소로 현장학습을 같이 가는 부모들도 자기 아이를 가르치는 데 일상 활동을 사용할 수 있는 일반적인 방법을 관찰할 수 있다. 마지막으로 많은 부모들은 자기 아이가 다른 아동과 다르기보다 같은 점이 더 많다고 느낄 수 있으며, 부모들은 더 많은 희망을 가지고 용기를 가질 수 있다.

Eldridge(2001)는 강력한 부모-전문가 관계를 개발하는 데 방해가 되는 (a) 부모 이용가능성(parent availability), (b) 부모와 교사의 어색함(parent and teacher awkwardness), (c) 부모와 교사의 일정 갈등(parent and teacher scheduling conflict)과 같은 세 가지 공통적인 장벽을 조명하였다. 부모의 이용가능성에 대해 학교는 비반응적이라는 부정적인 경험을 가진 부모들의 소외감을 언급하였다. 부모와 교사 모두 초기 대화에서는 어색함을 경험하고 있다. 부모들은 부적절함과 일반적으로 꺼리직함을 느끼거나 문제가 있을 때만 접촉을 하게 된다. 교사들은 이미 자기 아이의 장애와 관련된 책임으로 발생하는 스트레스에 대처하고 있는 부모들을 너무 귀찮게 하고 있다. 물론 일정 갈등은 오래전부터 협력의 장벽으로 인정되어 왔다.

효과적인 부모 참여의 핵심은 직원과 부모 간의 신뢰로운 관계 개발이다. 신뢰로운 관계를 형성하는 데 결정적인 것은 비밀이 유지될 수 있다는 것을 보장하는 것이다. 부모들은 자기가 문서로 허락하지 않으면 아동이나 가족에 관한 정보가 다른 사람과 논의되지 않을 것이라고 안전하게 아는 것이 필요하다. 이것은 부모와 아동들이 그들이 허락하고 인정하지 않으면 어떤 장소이든 어떤 시간이든 확인되지 않는다는 것을 의미한다.

강력한 부모-전문가 동반자 관계는 오직 개방되고 수용적인 교실 분위기 창출에 의해서만 형성될 수 있다. 부모들이 센터나 교실을 방문하는 처음 몇 번은 자신들과 아동들에 대해 곤란해 할 것이다. 몇몇 부모들은 끊임없이 자기 아이에게 억지로 지시하고 수정하고 있음을 느낄 것이다. 이들은 매우 작은 규칙 위반에 의해 대단히 괴로워하게 된다. 눈물과 울화가 아동의 괴로움의 외면적인 신호이다. 아동의 나쁜 행동에 대한 신경과민과 사과가 부모의 반응이다. 주의깊은 계획과 함께 센터나 교실 직원은 이러한 문제의 대다수를 최소화하거나 예방할 수 있다.

(1) 첫 번째 단계: 다른 부모와의 만남

부모들이 관찰하거나 참여하기 시작하면 그들은 경험이 많은 부모들과의 만남을 통해 이익을 얻을 것이다. 자기 아이가 참여하든 아니든 서두르는 부모들은 도움을 요청하게 될 것이다. 만약 이러한 경험이 많은 부모들이 프로그램을 계획하고 제시하는 데 도움을 준다면, 새로운 부모들에게 보다 많은 믿을 수 있고 유용하게 될 것이다. 프로그램을 통해 다른 부모들과 이야기하는 기회는 초심자에게는 가장 좋은 준비가 된다.

센터는 부모를 위한 것이 아니라 부모들과 함께 하는 오리엔테이션 프로그램을 계획해야 한다. 부모들 스스로는 강조하게 되는 점과 논의하게 되는 항목을 선택하고, 의사일정을 계획할 수 있다. 지역사회 특성과 아동의 특성은 해야 하는 내용에 영향을 줄 것이다.

회의를 계획한 부모로부터 또는 그들의 아동으로부터 초청장은 센터에서 보낸 초청장보다 효과적이다. 한 부모 집단이 1주일 전에 새로운 부모에게 손으로 쓴 노트를 보냈다. 다음에는 전화를 하고 새로운 부모를 데리러 가면 거의 100% 출석을 하게 된다.

비록 전통적으로 어머니들이 학교에 오지만 아버지들은 특히 유용할 수 있다. 한 명의 아버지는 생소함을 줄이는 데 도움이 된다. 다른 가족 구성원들은 실제적일 때 포함되어야 한다.

일반적으로 저녁 모임이 부모들에게 편리하다. 그러나 밤에 일을 하는 부모들은 낮에 센터를 방문하도록 할 수 있다. 필요하다면 휴일에 방문해도 된다는 것을 알도록 한다.

(2) 관찰자로서 부모

모든 부모들은 비록 그들의 감정을 잘 숨기지만 처음에는 불확실함을 느낄 것이다. 그들은 자녀가 무엇을 할 수 있고 가장 최악은 어떤 것인지 궁금해 할 수도 있다. 종종 그들의 자녀는 호의를 보일 것이다. 기관 직원은 적절하지 않은 방법으로 자녀가 주의를 끌려고 하지 못하게 하는 특정 물건을 아이에게 주면서 부모가 편안해하고 환영받는다는 느낌을 갖도록 애써야 한다.

그들의 자녀와 상호작용하기. 교사들은 부모들이 자기 아이에게 인사를 하도록 격려해야 하고, 아이들이 주변을 보도록 허락해야 한다. 이런 사회적 기술은 많은 아동들에게 가르쳐져야 한다. 만약 기관 직원이 상황을 만들고 조금 조절한다면 초기의 어색함에서 빠르게 신뢰와 안정감을 형성할 수 있다. "아빠에게 우리가 큰 블록을 어디에 두었는지 보여 드려. 아빠가 높은 탑을 만들 수 있을 것을 확신해." 또는 "어머니께 우리가 이젤과 마커를 어디에 두었는지 보여 드려. 엄마가 네가 그림을 얼마나 잘 그릴 수 있는지 알고 계신지 궁금하구나."와 같은 단서는 효과적일 것이다. 모두에게 자연스러움, 친근함과 편안한 감정은 목표가 되어야 한다.

만약 부모가 그것을 즐거워하는 것을 보인다면 그들이 자신의 자녀와 다른 아이들 한둘과 게임을 하게 하라. 기관 직원들이 게임을 시범 보이지만 전문가는 부모가 자신의 방법을 발전시키도록 하기 위해 다른 사람들과 분주해야 한다. 이런 의도는 좋은 시간을 갖고 즐거워하도록 부모와 아동을 위한 무대를 마련하는 것이다.

방문을 짧게 하기. 시간 계획은 방문이 시작되기 전에 모두 알고 있어야 한다. 부모들이 자녀가 프로그램에 참여하는 것에 대한 좀더 완전히 이해하도록 방문하는 시간을 다양화할 수 있게 부모를 격려해야 한다.

관찰지침 제시하기. 직원은 부모에게 무엇을 봐야하는지를 말하여 빈틈없는 관찰자가 되도록 도울 수 있다. 초점으로 삼을 것에 대한 짧은 목록이 도움이 될 것이다. 예를 들어, 중재자는 청각장애가 있는 Danny의 부모가 교실에서 소리에 대한 그의 반응을 보았으면 할 수도 있다. 그녀는 다음과 같은 짧은 목록을 준비할 수 있다.

1. 다른 사람이 Danny의 이름을 불렀을 때 그는 무엇을 하는가?
2. 내가 그의 앞에서 똑바로 보고 서서 말하는 것과 Danny의 얼굴을 보지 않고 말했을 때 그의 행동이 다른가?
3. Danny의 뒤나 눈에 보이지 않는 곳에서 나는 소음에 대해 그는 반응하는가?

초점을 둘 것에 대한 이런 목록은 성격과 같은 아동의 좀더 주관적인 면보다 아동의 행동에 초점을 두어 모두 관찰한 것을 논의하기 쉽게 한다. 중재자는 과잉행동을 하는 Asha의 부모가 자신들이 걱정하는 것을 이해하도록 돕기 위해 다음의 목록을 준비할 수 있다.

1. ASha가 처음에 한 것은 무엇입니까? 두 번째는 무엇입니까?
2. 대략 얼마동안 ASha가 각 활동에 머물렀습니까?
3. 어떤 활동이 ASha의 주의를 가장 많이 끌었습니까?

부모의 주의를 집중시키는 데 도움을 주는 부모 관찰 양식의 예는 다음의 예시 2.5와 같다.

예시 2.5

부모 관찰 보고서

날짜: ____________________

이 경험에 누가 참여하였습니까? ____________________

처음에 무슨 일이 일어났습니까?

당신은 무엇을 했습니까, 혹은 다른 성인 양육자는 무엇을 했습니까?

결과는 무엇이었습니까?

당신이나 다른 성인 양육자가 했으면 더 나았을 거라고 생각합니까? 왜 그렇게 생각합니까, 혹은 왜 그렇게 생각하지 않습니까?

후속 모임. 가능할 때 모든 부모들이 관찰 또는 참여하는 경험은 인도 교사와의 간단한 토의에 의해 이루어져야 한다. 이것은 부모들이 의문에 대한 답을 얻기 위한 기회와 교사들이 아동의 독특한 행동을 설명할 수 있고 아동의 긍정적인 귀인을 지적할 수 있는 기회를 제공한다.

(3) 참여자로서 부모

어떤 센터에서는 부모가 보조자로 참여하도록 한다. 어떤 부모들은 개별 센터나 교실 활동에 전문가를 기꺼이 도우려고 하기도 한다. 그런 경험은 유아와 활동하기 위한 바람직한 전략을 모방하도록 전문가에게 우수한 기회를 제공한다. 예시 2.6은 참여하는 부모에 의해 개발된 부모 참여 지침을 제시한 것이다.

예시 2.6

센터 참여 지침

부모님들께,

아시다시피, 여러분이 교실에 와서 우리를 돕고 가정에서 자녀와 활동하는 것을 더 배우기 위해 센터에 정기적으로 오는 것은 매우 중요합니다. 하지만 여러분 중 몇 분은 정말 무엇을 해야 할지 몰라서 조금 불편했다고 하는 분들이 있었습니다. 그래서 저는 '경험이 있는 어머님들' 중 한 분인 로라에게 더욱 편안함을 느낄 수 있는 지침을 메모해 달라고 부탁했습니다. 로라와 나는 이 지침에 대해 이야기하고 그녀가 여러분의 기분을 제가 이해하도록 도와주었습니다. 로라와 저는 여러분이 우리 센터에 와서 더욱 유용하고 즐거운 시간을 가질 수 있는 것들을 몇 가지 제안할 것입니다. 이런 제안은 단지 시작일 뿐입니다. 그 제안은 다음과 같습니다.

어머니(아버지, 조부모, 친척)들을 위한 지침

1. *긴장하지 않는다.* 아동들은 집에서 하지 못하는 것이나 가정에서는 정상적으로 하지 않는 것(가위질, 물건을 냉장고에 넣는 것이나 다른 아이를 돕는 것)을 센터에서는 하게 된다.
2. *인내한다.* 만약 당신이 아이에 대해 말하기를 원하면 아동이 자리를 뜰 때까지 기다려야 한다. 비록 당신은 그들이 이해할 것이라 생각하지 않지만, 그들이 엿들을 수 있을 때는 그들에 관해 결코 말하지 않는다.
3. *시간을 가진다.* 교사가 제안하는 것을 시도하라. 교사의 방법이 처음에는 문제를 더 심각하게 만들 것 같기도 하고 가끔은 그럴 것이다. 하지만 시간(많은 시간)이 그것을 달라지게 할 것이다. 맥린 부인은 우리의 아이에 대해 우리에게 단 몇 분을 동안 일하는 것이 아니라고 했다. 우리는 그들이 자기 조절과 좋은 판단을 하는 방법을 배우기를 원한다. 그리고 이것은 그들이 하는 것들의 '논리적 귀결'을 경험하는 것이다.
4. *교실의 규칙을 배운다.* 어떤 것을 '해서는 안되는지(no-no)', 어떤 것은 괜찮은지를 알아내라. 예를 들어, 세발 자전거는 실내에서 탈 수 없지만 균형을 잡는 장난감은 괜찮다. 가끔 우리가 집의 방 배열을 바꾸는 것처럼 주방 물건을 옮기는 것은 괜찮다. 소리를 지르는 것은 안된다(그것은 바깥에서 말하는 것이다.) 당신이 사용한 물건을 치우는 것도 규칙이다. 하지만 그들 중 몇몇은 그것을 아직 배우지 못했다.
5. *질문한다.* 만약 교사들이 왜 그렇게 하는지 이유를 모른다면 물어본다. 그리고 당신이 어떤 기분인지 말하는 것을 두려워하지 말라. 그녀는 들어줄 것이다. 가끔 그녀는 일어난 일을 빠뜨리고 당신이 그녀에게 단서를 준다면 그것이 도움이 될 것이다(명심하라, 아이들이 엿듣지 못하게 하라). 만약 당신이 자녀와 문제가 있다면 그것에 대해 교사와 대화하기를 요청하라. 그녀가 당신과 이야기하는 방법을 찾아서 자녀가 엿듣지 않게 될 것이다. 만약 당신이 발생한 일에 대해 동의하지 않는다면 교사에게 말하는 것은 중요하다. 왜 그것이 발생했는지 알아내라. 이유가 아마 더 좋게 만들 것이다.

6. *말을 한다.* 일정한 방법으로 교사와 아동에게 말을 한다. 맥린 양은 당신이 '모임시간'에 아동을 제외하고 당신과 대화를 원한다. 이런 대화는 아동이 학습하도록 돕는다. 당신 책상 뒤에 있는 게시판에 있는 말들은 그들이 계속 하고 있는 말의 단서이다. 당신이 아이들과 이야기할 때 자주 그 말을 사용하려고 하라. 그것들을 '올바른 방법'으로 말하려고 하지 말라. 대화는 재미있어야 한다. 그것들은 언어를 가르치는 데 도움이 된다. McLynn 양이 다르게 말하지 않았다면 말하기 수업은 아동의 말소리를 교정하려고 하는 것은 더 좋지 않게 만들 수 있기 때문에 분리된 시간에 이루어진다. 아동은 당신 앞에서 말하려고 하지 않을 것이다.
7. *놀이시간에 자녀와 다른 아이들이 함께 놀게 한다.* 당신은 그들이 그러는 것처럼 배울 것이다. 누군가는 당신 아이와 함께 놀게 된다는 것을 명심하라. 그것이 보통이다.
8. *아주 작은 도움이라도 모두 기억한다.* 이것은 정말 중요하다. 재료를 자르고, 청소하는 것을 돕고, 경청하는 것은 모두 중요하다. 많은 것들은 아동이 유치원에 들어가기 전에 배우는 것이 중요하다.
9. *교사가 당신의 아이를 교정할 때 열린 마음을 가진다.*

Courtesy Laura Bridgeman

게임이나 소집단 활동을 지도하도록 부모에게 요청하는 것은 도움이 된다. 아동은 반복을 사랑한다. 그들이 이전에 그 활동을 경험했다면, 부모가 참여하는 것을 촉진하기 더 쉬울 것이다. 그 활동은 부모의 아동들에게 유용한 것이어야 한다. 다음과 같은 제안은 부모에게 제출되거나 부모가 참여하기로 결정했을 때 배포될 수 있다.

1. 부모와 아동 모두를 위한 성공을 계획한다.
2. 쉽게 설명할 수 있는 활동을 선택한다. 활동의 목적과 과정이 간단하게 적힌 설명서를 제공한다.
3. 소집단을 구성한다(2-3명의 아동).
4. 활동의 목적을 설명한다. 구체적이어야 한다.
5. 비록 어렵더라도 학습은 즐거워야 한다는 것을 강조한다.
6. '이기는 것'을 강조하지 않는다. 아이들은 단지 노는 것을 좋아한다. 승패는 인위적인 개념이고 학습을 방해한다.
7. 부모가 집에서 할 수 있는 게임이나 활동을 선택한다. 대부분의 상업적 게임이나 교재는 대부분의 가정에서 찾을 수 있는 것으로 만들 수 있다. 가능할 때는 언제나 아동에게 이롭고 부모가 즐거워하는 것을 선택한다.
8. 아동의 실수나 잘못된 행동을 조절하는 방법을 구체적으로 설명한다. 다양한 기술에 대해 시범을 보이고 이야기한다. 실수나 '실패'는 다른 방법을 시도하라는 단서일 뿐이다.

6) 부모회의

부모와의 개별적인 회의는 가장 효과적인 부모참여 방법 중 하나가 될 수 있고 그러해야 한다. 이러한 접근의 본질은 융통성이다. 부모나 전문가가 회의를 요청할 수 있다. 센터나 가정에서 부모가 사생활 보호와 기밀 보장에 편안함을 느끼는 편리한 시간에 이루어질 수 있다. 내용은 부모, 아동, 전문가의 요구에 따라 다양하다. 전문가는 사용된 언어수준과

이루어진 구체적인 제안을 개별화할 수 있다. 회의에서 글로 쓴 의견을 읽거나 이해하지 못하는 부모가 자신의 아동의 발전에 대한 중요한 정보를 놓쳐서는 안된다.

효과적인 가족회의는 다음과 같은 중요한 기술의 발달을 포함한다.

1. 문화적으로 민감하고 모든 가족 구성원과 친밀감을 형성하는 능력
2. 강제적이지 않은 방법으로 정보를 얻는 능력
3. 가족들이 어떤 정보를 필요로 하고 원하는지 이해하는 능력
4. 원하는 정보를 일상용어로 제공하는 능력
5. 협력적으로 문제를 해결하는 능력
6. 요약하고, 새로운 목표를 확인하는 것을 돕고, 적절한 권고를 하는 능력

이런 중요한 행동에 대한 능력을 개발할 필요를 인식하는 것으로 이 분야에서 문외한인 전문가는 성공적인 회의에 기여하는 습관을 개발하는 데 초점을 둘 수 있다.

(1) 회의 준비

회의의 목표는 상황적 요구에 따라 계획해야 한다. 어떤 경우에는 단지 습득되거나 자녀가 잘 보호받고 성공하고 있다는 것을 확신하도록 하기 위한 것처럼 그 목적이 일반적일 것이다. 다른 회의는 구체적인 관심사 때문에 부모나 전문가에 의해 소집된다. 예를 들어, 중재자는 애쉬가 교실에서처럼 가정에서도 부주의하고 활동적인지 여부를 알 필요가 있다. 만약 중재가 애쉬 부모의 태도와 반응을 이해하면, 그는 학교와 가정 간에 일관성을 개발하는 데 가족과 함께 활동할 수 있을 것이다. 물론 목표는 가족의 관심과 우선순위를 조정할 정도로 충분히 유연해야 한다.

전문가는 적절한 정보를 부모에게 제공할 준비가 되어 있어야 한다. 3장에서 논의한 다양한 관찰 기법을 통해 수집된 정보를 고려한다. 아동의 작품 수집, 일화기록, 테이프 녹음, 일지, 평가 자료를 요청하면 이용할 수 있어야 한다. 특별한 보호는 용어에 담긴 이러

한 정보를 논의하도록 취급되어야 한다. 동시에 전문가들은 자신감을 가지고 모든 정보를 교환하도록 보장되어야 한다.

회의가 전문가에 의해 개최되었을 때 개인적 초청은 전화, 편지 또는 이메일을 통해서 전달된다. 복사된 메모는 개인적이지 않다. 가능하면 부모가 날짜와 시간을 정하도록 선택권을 주어야 한다. 조용하고 방해받지 않는 장면이 편안하고 성인에게 맞는 의자와 함께 준비되어야 한다. 전문가는 책상 너머의 의자에 앉아서는 안되는데, 이미 긴장을 하고 있는 부모와 전문가 간의 거리를 두게 하기 때문이다. 음료수를 제공하는 것은 부모를 더 편안하게 할 수 있다. 아이를 맡겨두는 것이 필요할 수도 있다. 왜냐하면 아동의 존재가 대화를 방해하고 필요한 비밀보장을 할 수 없기 때문이다. 도움을 주는 사람이 아동과 형제를 운동장이나 다른 방으로 데려가 도움을 줄 수 있다.

(2) 회의 시작

대개 회의의 처음 몇 분은 가장 불편하고 그리고 필요한 친밀감을 형성하는 데 가장 결정적이다. 초기 인상은 객관적인 사고와 생산적 관계의 창출이라는 측면에서 얻어지는 방어를 만들 수 있다. 인사하고, 악수를 하며, 부모에게 온 것을 감사하는 것은 전문가가 그가 회의에 오는 수고에 감사해하는 것을 알리는 데 도움이 된다. 부모가 편안해하도록 하기 위해, 부모들이 대개 회의의 목적에 도달하기 위해 노력하기 때문에 간단해야 하지만 비정서적인 주제로 시작하는 것이 도움이 된다.

회의의 시간제한이 분명해야 대화를 마쳐야할 필요가 있을 때 거부당한다는 느낌을 받지 않을 것이다. 다음과 같은 표현은 회의의 시간제한을 설정하고 회의의 목적을 분명히 할 수 있다. "제인 양 당신이 오늘 저와 다음 15분을 함께 할 수 있어서 저는 무척 기쁩니다. 그래서 나는 제미의 성장에 대해 할 이야기가 많고, 저는 그것에 대해 당신이 어떻게 생각하는지 알고 싶습니다."

만약 부모가 회의를 개최했다면 전문가는 다음과 같이 말할 것이다. "딕슨 양, 이 회의를 요청하는데 편안하게 생각했다는 것이 나는 기쁘게 생각합니다. 나는 4시까지 시간이 있고 그리고 당신이 시작하기를 간절히 바라고 있습니다." 만약 부모가 주저한다면 전문가는 긴장하지 않아야 한다. 만약 침묵이나 부모가 말하는 것을 확실히 싫어하는 내색이 길어진다면, 전문가들은 "우리가 생각하거나 느끼는 것은 가끔 표현하기 힘듭니다."와 같은 말로 격려해야 한다. 전문가는 관심이 있고, 경청할 준비가 되어 있고, 뻔뻔하지 않다는 것을 신체언어로 보여주어야 한다.

(3) 회의 진행

회의의 목적이 분명해졌으면 만약 부모가 아주 조금 말을 한다면 말을 하도록 격려해야 한다. 전문가는 "우리가 제시카를 돕기 위해 함께 활동하는 방법을 계획하기 위해서 당신의 관찰과 관심사를 나와 공유해야 한다고 생각합니다"와 같은 촉진하는 말을 해야 한다.

일반적으로 부모들은 그들의 일차적인 관심사를 말하게 된다. 또한 전문가는 부모의 지적 교양 수준을 감지하고 그러한 수준에서 언어를 조정할 수 있다.

주의깊은 경청. 주의깊은 경청은 부모와의 생산적인 관계 개발에 결정적이다. Hanson과 Lynch(2004)는 "적극적 경청은 타인을 이해하는 능력의 기초가 된다"고 말하였다. 좋은 의사소통은 다른 사람의 관점을 이해하는 능력 없이는 이루어질 수 없다(p.222). 경청은 많은 습득 노력이 필요한 어려운 기술이다. 그러나 친밀감을 형성하는 가장 효과적인 수단이 선택적인 경청을 통해 타인의 흥미를 보는 것이다. 선택적 경청은 부모들이 스스로를 표현하도록 격려할 뿐만 아니라 전문가의 수용과 관심을 설명하는 것이다. Simpson은 효과적인 듣기를 위한 기초로서 6가지 주의깊은 듣기 기술을 제시하였는데, (a) 말문 틔우는 말(door-opening statement), (b) 명료한 반응(clarifying responses), (c) 재진술 또는 바꿔 말하기(restatements or paraphrasing), (d) 반영(reflection), (e) 침묵(silence), (f) 요약(summarization) 등이다.

말에 대한 최소한의 촉진자(minimal encourages to talk)는 말한 내용에 대해 더 듣고 싶다는 것을 화자가 알도록 하는 표정과 비언어적 단서이다. 이러한 것들은 말문 틔우기(door-openers)라고 한다. 이런 것들의 전형적 형태는 "아, 그렇군요(un-huh)", "네(yes)", "재미있군요", "음(hmmm)"과 같은 표현들이 있다. 이런 것들은 부모가 지속적으로 대화하게 하는 것에는 유용하지만 과용하거나 고정적으로 사용해서는 안된다. 전문가는 이런 혹은 다른 표현으로 부모를 방해해서는 안된다. 몸을 앞으로 기대는 것은 일반적으로 경청의 신호이고 말한 내용에 초점을 두려는 것이다.

반응 명료화하기(clarifying responses) 어떤 이유로 말한 내용이 무엇인지를 알 수 없을 때 부모나 가족 구성원들을 이해하도록 청자를 돕는 것이다. "제가 당신이 말하는 것을 정확하게 이해했는지 잘 모르겠군요. 다시 한 번만 말씀해주시겠습니까?"와 같은 반응은 명확함을 유도한다. 그러한 반응은 화자가 전문가의 흥미와 관심사를 정교화하고 설명하도록 한다. 또한 그것들은 전문가가 화자를 정확하게 이해하지 못한 정보가 있을 때 사용될 수도 있다. 예를 들어, "당신이 들은 것 중에 정확하게 이해하는 것은 무엇입니까?"라고 물을 수 있다.

*바꿔 말하기(paraphrasing)*는 부모가 말한 내용의 형태를 바꾸어 전문가가 부모에게 재진술할 때 일어나는 것이다. 이것은 화자가 말한 것을 듣고 전문가가 가진 어떤 오해를 명확하게 하는 기회를 화자에게 주는 것을 말한다. 종종 부모들은 다른 사람으로부터 들을 때 자신들의 생각과 동기를 흡수하고 이해하는 것을 더 잘할 수 있다. 이런 과정은 또한 무엇을 들었고 무엇을 지각했는지 간의 합의를 확신하는 데 도움이 될 수 있다. 한 전문가는 "만약 내가 정확하게 이해한다면 당신은 사라가 말을 분명하게 하지 못하기 때문에 다

른 아이들과 놀지 못할 것이라고 걱정할 것입니다."라고 말하였다.

*반영(reflection)*은 부모가 말한 것을 전문가가 듣고 이해했다는 것을 부모가 알도록 하는 것이다. 이것은 구체적인 논평을 인식함에 따라 부모의 논평에 초점을 두는 데 도움이 된다. 이것은 부모의 생각, 개념, 질문을 정교화하도록 부모에게 단서가 된다. 또한 만약 반영이 지각되고 있다는 느낌을 포함하면, 전문가는 적극적인 경청을 나타낼 것이다. 부분적인 반영과 적극적인 경청에 필요한 느낌을 포함하는 반영의 다음과 같은 예를 생각해 보자.

부모: 나는 그가 물리치료를 받을 때 걷는 것이 나아질 거라고 생각했습니다.
교사: 나아질 거라고요? 그렇지 않아 조금 실망했군요.

다음의 예시 2.7은 효과적인 의사소통에 포함된 기술을 조명하고 있는 가정 회의를 묘사하고 있다.

적극적인 경청은 청자는 내용뿐만 아니라 표현된 감정과 정서에 대한 민감성을 보여주도록 허용한다. 이것은 표현된 정서가 수용되도록 화자의 감정과 의사소통을 정당화한다. 적극적인 경청은 청자가 화자의 명확하고 근원적인 감정을 (a) 정확하고 민감하게 지각하는 것에 의해 청자의 정서에 반응하고, (b) 순간 다른 사람의 경험을 조절하는 말로 그런 감정을 이해하는 것을 표현하게 하도록 한다 (Turnbull & Turnbull, 2001). 청자는 그가 충분히 자신을 표현하는 데 필요한 시간을 충당할 수 있고 그렇게 할 때만 효율적일 수 있다. 장애아동 부모의 정서적 요구를 고려한다면 훌륭한 적극적 청자가 되는 데 필요한 에너지를 들일 노력이 가치가 있다.

침묵은 듣기를 촉진하는 데 도움이 될 수 있다. 이것은 청자가 말을 하는 것보다 듣고 비언어적 신호를 관찰하는 데 집중하게 한다. 이것은 들으려는 의지를 전달하는 것이다. 능숙한 침묵의 사용은 대화를 자극하고 효과적인 듣기 환경에 도움이 될 수 있다.

질문하기(questioning). 질문의 유능한 사용은 (a) 구체적으로 필요한 정보나 해명을 얻기 위해, (b) 대화가 잘못된 방향으로 갈 때 부모의 대화의 방향을 돌리기 위한 기본적인 목적에 도움을 준다. "라케샤가 어떻게 당신을 힘들게 하는지 정확하게 말해줄 수 있습니까?"와 같은 질문은 대화에 초점을 두게 하고 부가적인 정보를 제공하게 한다. "예/아니오"로 대답할 수 없도록 하는 개방형 질문(open-ended question)은 꺼리는 부모를 격려한다. 반면, "예/아니오"로 대답할 수 있는 폐쇄형 질문(closed question)은 정리되지 않은 부모의 초점을 좁히는 데 도움이 된다. 전문가는 심문을 피할 필요가 있기 때문에 그들은 생산적인 질문을 사용하는 데 능숙해야 한다.

부모 관심사의 인식과 수용(recognizing and accepting parent's concerns). 이 장은 이해를 전달하기 온정적이고 보호적인 태도의 중

예시 2.7

부모와 교사 간 가정 회의의 대화

장면: 매트는 4세이고, 어머니의 표현을 빌리자면 "한시도 가만히 있지 못하고" 아버지는 그를 "완전히 남자아이"라고 말한다. 지난 주, 어머니는 그녀가 좋아하는 화분이 매트가 지나갈 때 바닥으로 깨어졌다는 것을 보고하였다. "그는 절대 의미나 목적을 가지고 무엇을 하지 않는다."라고 했다. 어른이 불평하거나 그가 물건을 부러뜨릴 때 그는 물건에 부딪히고 놀랍니다. 지금은 맥린의 첫 가정 방문을 하는 때입니다. 매트의 어머니는 문 앞에서 인사를 한다.

어머니: 안녕하세요. 매트는 당신의 방문을 무척 기대하고 있어요. 당신이 노크를 할 때 그는 침대 밑에 숨었답니다.

맥린: 오게 돼서 기쁩니다, 어머니. 학교에서 매트는 참 도움을 많이 주는 아이랍니다. 저는 항상 무엇을 하고 있고 무엇을 할지 알기 위해 매트에게 의지할 수 있지요. 그는 저뿐만 아니라 다른 아이들의 요구를 감지하는 것처럼 보여요.

어머니: 하지만 그는 거칠어요. 그리고 항상 무엇을 망가뜨립니다. 저의 이웃사람들은 그가 과잉행동이라고 하지요.

맥린: 무슨 의미로 그 사람들이 그렇게 말을 한 것인가요?

어머니: 당신도 아시다시피 잠시도 가만히 있지 않는다는 것이지요. 그는 잠시도 조용히 있지 못하는 것 같아요.

맥린: 하지만 그는 제가 여기에 온 이후로는 매우 조용하네요.

어머니: 그는 여전히 침대 밑에 있어요. 아, 그는 자신이 원하면 조용히 할 수 있어요.

맥린: 그럼 당신은 그가 얼마나 활동적일지 그가 정말 조절할 수 있다고 생각하는군요.

어머니: 네, 저는 그렇습니다. 하지만 그에게 조용히 앉으라고 하면 그는 방안을 온통 뛰어다닙니다.

맥린: 당신은 그가 너무 활동적이라고 생각하는군요.

어머니: 네. 그리고 그는 내가 조용히 하라는 말을 듣지 않아요. 그게 저를 속상하게 합니다.

맥린: 그가 계속 움직이는 것이 당신을 괴롭히는군요.

어머니: 그렇다고 할 수 있지요. 그가 얌전히 행동하게 하려면 제가 어떻게 해야 할까요? 때려보기도 하지만 그는 즉시 잊어버려요.

맥린: 학교에서 당신이 말한 것에 대해 관찰해 본 후 우리가 같이 할 수 있는 것을 제안하겠습니다. 그를 조용하고 얌전하게 해봅시다.

어머니: 언제? 어떻게 말입니까?

맥린: 학교에서 제 책상에 특별한 종이를 둘 것입니다. 그가 조용하거나 얌전할 때마다 저는 "매트, 나는 네가 미시의 코트를 벗도록 도와주는 것이 참 좋구나. 너는 참 친절하구나." 혹은 "매트, 너는 퍼즐을 잘하고 있구나. 네가 조용하니까 바깥의 새소리를 들을 수 있어."와 같이 말할 것입니다. 그런 후에 저는 빨리 기록할 겁니다. 예를 들어, 9:03 조용하고, 얌전함, 미시가 코트 벗는 것을 도와줌, 9:10 퍼즐을 함, 3분간 조용함

어머니: 글쎄요. 괜찮을 겁니다.

맥린: 어떻게 진행되는지 알아보기 위해 2일 후에 전화를 할 것입니다.

그리고 맥린이 2일 후에 전화했을 때, 어머니가 시끄러웠을 때보다 더 조용하고 얌전하다고 보고할 때 그녀는 놀라지 않았습니다.

요성을 강조하고 있다. 물론 이해를 전달하는 이런 태도와 기술은 효과적인 부모 회의를 위해 필수적이다. 전문가들은 처음에 부모가 망설일 것이라는 것을 예상해야 한다. 그들은 전문가가 관심을 가지고 있다는 것을 알 시간을 가질 필요가 있다. 반영적 듣기는 전문가들이 부모의 관심사를 듣고 이해하고 있다는 것을 부모가 알게 하는 한 가지 방법이다. 다

른 것은 준비하고 정직해지는 것이다. 만약 부모가 질문을 하고 전문가는 그 답을 모른다면 전문가는 그렇다고 말해야 한다. 초기 아동기 중재자들은 의사나 심리치료사가 아니며, 잘못된 정보를 주어서 다른 것처럼 가장해서는 안된다. 중재자는 적절한 외뢰를 준비할 수 있고 의뢰를 해야 한다. 파일이나 노트에는 유용한 지역 기관의 이름과 전화번호를 기록하고 있어야 한다. 의뢰에 편견을 가지거나 누군가를 선전해서는 안된다는 것이 중요하다. 지역의 특수교육 관련 기관, 학교 심리학자, 사회사업가, 간호사, 교장 등에게서 자료를 얻는 것이 좋다.

아동의 진전 기술(describing children's progress). 전문가들은 가능하다면 아동의 기술이나 행동에 대한 구체적인 예를 들면서 아동의 진전을 설명하는 데 조직적이고 긍정적이어야 한다. 전문가는 진전의 개별적 시점을 논의하고 의문이 있으면 질문하도록 부모를 격려해야 하며, 정보로 그들을 압도하거나 전문 용어를 사용하지 않아야 한다. 회피하거나 '점쟁이'가 되지는 않아야 한다. 전문가는 오직 아동이 센터에서 하게 될 것, 아동이 달성한 것, 다른 단계에서 아동에게 기대되는 것만 논의할 수 있다. 전문가는 1년 또는 몇 년 뒤에 아동이 어떻게 기능할 것이라고 예언해서는 안된다.

요약하기(summarizing). 전문가는 주기적 간격으로 지각된 내용과 정서에 대한 반응으로 요약문을 제공해야 한다. 이것은 가족 구성원이 전문가의 지각의 정확성을 다시 한 번 확인하도록 한다. 요약하는 글은 다음과 같을 것이다. "매일 샤니를 여기에 나오게 하는 것을 당신이 이해하지 못하기 때문에 조기중재 프로그램에 그를 배치하는 것에 대해 아주 불쾌하게 생각한다고 하는데 맞습니까?" 내용과 정서를 요약하는 것에 더하여 만약 그들이 부가적인 관심이 있다면 가족에게 질문을 해야 한다. 과묵한 가족은 회의의 이전 단계에서 형성되는 친밀감 때문에 정서적으로 고민하는 걱정을 더 잘 나눌 수 있을 것이다. 물론, 전문가는 정말 부가적인 걱정이 생긴다면 듣는 시간을 가져야 한다.

(4) 회의 종결

전문가들은 시간 제한을 두어 회의를 끝낼 기본적인 책임이 있다. "우리에게 주어진 시간이 몇 분밖에 남지 않았습니다. …에 대해 설명해줄 수 있습니까?" 또는 "오늘 일정을 마칠 시간입니다만, 더 하실 질문 있으십니까?"와 같은 표현은 회의가 끝나야 한다는 것을 부드럽게 상기시킨다. 차후의 약속("봅시다, 다음 저희 정기 모임은…")을 하고 부모가 시간을 내어준 것에 대해 감사하는 것은 대화를 마치는데 도움을 준다. 서있으면 시간이 다 되었다는 것을 나타내기 쉽다. 마지막으로 친목적 대화로 돌아가면서 전문가는 나가는 문으로 안내할 수 있다.

(5) 회의 후

전문가들은 회의동안 무엇이 일어났는지 기

록하기 위해 회의 중간에 충분한 시간을 주어야 한다. 이것은 중요한 정보, 방문 기록지를 작성하고 회의 간 지속성을 만드는 데 도움을 준다. 회의 동안 임시 메모를 하지만 상세한 메모는 듣기를 방해하고 부모들을 불편하게 하기 때문에 좋지 않다. 부모들은 어떠한 기록과 그것들의 사용 목적을 통보받아야 한다. 아동의 지도를 증진시킬 목적으로 바르게 사용될 수 있는 정보만이 기록할 가치가 있는 것이다.

7) 부모의 집단 참여

많은 지역사회에서 부모 참여는 집단 모임과 같은 의미로 쓰인다. 만약 부모가 예정된 집단 모임에 참여하도록 초대받는다면 센터는 부모의 참여를 위한 약속을 이행할 것이다. 계획된 모임이 참여하는 사람들의 요구를 충족시키는지 그렇지 않은지에 대한 관심은 적다. 그런 모임은 대개 상대적으로 사람들의 집단에게 교육적 정보를 제공하기 위해 만들어진다. 전문가들은 말을 하기 위해 초청되고, 영화가 상영되고 책이 전시되며 다과가 제공된다. 사용된 어휘 수준은 청중이 이해할 수도 있고 그렇지 않을 수도 있다. 간절히 원하는 부모는 문답시간을 통해 이익을 얻어 그들의 혼란을 해소할 수도 있다. 결국, 한 모임에 참여하려고 한 부모는 다음에는 돌아오지 않을 수도 있다.

집단 모임의 가치를 극대화하기 위해 전문가는 이러한 요인들을 유지하는 것이 필요하다는 것을 명심해야 한다. 그들은 집단 모임이 모든 부모가 아니라 몇몇 부모의 요구를 충족할 것이라고 깨닫는다. 종종 집단 모임은 비슷한 장애를 가진 아동의 부모들과 만나고 이야기하기를 원하는 부모들을 환영한다. 다른 부모들은 일차적으로 분야의 전문가에게 지식을 얻기 위해 참여한다. 몇몇 슬픈 부모들은 참여보다는 즐기기 위한 경우도 있지만, 다른 부모들은 우선 무엇보다 오는 것이 금지되기도 한다. 비록 그러한 부모들은 오래 머무르는 경험을 즐기기는 것이 명백하지만, 다른 부모들은 서투른 사회화를 느끼거나 급하게 가정으로 가려는 압력을 느끼기도 한다. 매우 다양한 개인적 요구 때문에 모임은 교육적 관심사와 사회적 참여 간의 균형을 유지해야 한다. 모든 부모들이 모든 활동에 똑같이 참여할 것으로 기대할 수 없다. 전문가들은 최소한의 시간에 모든 부모들의 요구를 충족할 수 있는 활동을 계획하고 주의 깊게 관찰해야 한다.

(1) 부모 교육 집단을 위한 논리적 근거

만약 유사한 문제를 가진 아동의 부모가 함께 참여한다면, 가족이 장애를 가진 아동에 대해 느끼는 걱정을 공유하고 그에 대해 배우도록 지원적인 분위기가 조성될 수 있다. 부모 교육 집단은 또한 가정중심 교육, 아동 관리와 같은 특정 기술 분야에 대한 지식을 부모에게 제공할 수 있다. 아동 양육의 대안적 접근법이 소개될 수 있다. 부모들은 이미 좀더 지역사회 자원을 잘 알게 될 수 있다. 마지막으로 전문가는 부모의 가정이나 아동의 교실보다 편안한 상황에서 부모를 알 수 있는 기회를 가진다. 다음의 그림 2.2는 유아의 부모를 위해 설계된 프로그램의 전형적인 주제의 예를 제시한 것이다.

(2) 성공적인 집단 모임을 개발하기 위한 지침

선행연구의 개관은 부모들이 자기 아동과 그들 자신의 모든 측면의 교육에서 진정한 동반자 관계를 요구한다고 지적하고 있다(Turnbull & Turnbull, 2001). 주제, 강연자, 시간, 날짜, 모임 시간을 결정하는 데 목소리를 낸다고 생각하는 부모들은 대개 적극적으로 참여한다. 이것이 부모의 참여를 더 일찍 유도하여 오리엔테이션 모임을 개발하라는 제안의 이유이다. 계획을 돕는 부모는 그들의 노고의 열매를 깨닫기 위해 다른 부모를 참여하도록 고용되는 경향이 있다. 다음의 그림 2.2는 가능한 프로그램 주제를 제시할 뿐만 아니라 부모의 관심을 사정하는 한 가지 방법을 설명하는 것이다.

모임의 횟수. 대집단 모임은 전체 부모 참여 프로그램의 일부가 되어야 하기 때문에 너무 자주 요구해서는 안된다. 만약 매우 비슷한 요구를 가진 부모들을 포함하는 소집단 모임이 사회적 그리고 정서적 지원을 제공하도록 개발되었다면, 보다 빈번한 모임이 바람직하다. 만약 이러한 모임이 자문가로 활동하는 전문가와 함께 부모들에 의해 조직되었다면, 부모들은 아마 보다 비공식적인 모임을 위해 필요한 유연성을 가져야 한다.

모임 공고. 대집단 모임은 적어도 미리 한 달 전에 광고되어야 한다. 다양한 미디어가 사용되어야 한다. 서면으로 된 전단지나 메모를 아동 편으로 가정에 보내고 전화 연락망을 통해 전화를 하고, 신문기사, 케이블 TV와 지역 라디오 광고는 최대한의 참여를 위해서는 필수적일 것이다. 이후에 모임이 있기 약 1주일 전에 알리는 것은 도움이 될 것이다. 물론, 관심이 있는 참여자 사이의 순환적 계획에 책임이 있는 소집단 모임은 이런 정교한 공고는 필요 없을 것이다. 일반적으로 각 참여자에게 전화 한 통화이면 충분하다.

모임의 내용. 모의의 내용은 부모 자문 집단의 적극적인 참여가 결정적이다. 부모들은 그들이 요구하는 내용을 알고 있고 그들의 요구를 표현하도록 촉구되어야 한다. 게다가 그림 2.2에서 묘사된 것처럼 문서화된 요구 평가 외에도 전문가는 가정방문, 부모 회의나 비공식적 대화를 하는 동안 표현되는 요구에 조심할 수 있다. 화자는 역동적이어야 하고 포괄적이고 이해할 수 있는 수준에서 말할 수 있어야 한다. 가장 훌륭한 권고는 대개 부모로부터 나온다. 가능하다면 화자는 부모 집단에서 제시하기 전에 들어야 한다. 녹화된 내용도 시간 전에 미리 검토해야 한다.

아동의 참여. 아동의 활동이나 아동 자신의 참여는 부모 참여를 유도할 수 있다. 부모들은 발표에서 자녀와 전시된 아동의 작품이나

부모님들께 :

한 번이나 그 이상의 부모 모임에서 다루게 될 수 있는 많은 주제가 아래에 나열되어 있습니다. 우리는 여러분에게 도움이 되는 모임을 만들고자 하여, 이 질문지를 작성하는 데 여러분이 협조해주시면 감사하겠습니다. 어느 모임이 우리가 함께 시간을 가지고 충분히 관심을 가질 수 있을지 아래의 적절한 공간에 체크하여 표시해 주십시오. 여러분의 의견과 생각이 정말 필요합니다. 이 서류를 오늘 작성하시어 금요일에 아동 편으로 보내주십시오.

여러분의 부모 계획 위원회 드림

	Yes	No	Maybe
1. 아동이 얼마나 성장하고 발달하는가			
a. 말하기 배우기	[ ]	[ ]	[ ]
b. 생각하기 배우기	[ ]	[ ]	[ ]
c. 다른 사람과 함께 지내기	[ ]	[ ]	[ ]
2. 우리 아이의 특별한 요구 이해하기			
a. 소아과 의사의 견해	[ ]	[ ]	[ ]
b. 물리치료사의 도움	[ ]	[ ]	[ ]
c. 기타: ______________	[ ]	[ ]	[ ]
3. 놀이의 중요성			
a. 당신의 자녀가 놀이하도록 돕기	[ ]	[ ]	[ ]
b. 적절한 놀잇감 고르기	[ ]	[ ]	[ ]
4. 당신의 자녀와 살기			
a. 간신히 먹이기	[ ]	[ ]	[ ]
b. 잠자는 시간의 어려움	[ ]	[ ]	[ ]
c. 변기 사용의 문제	[ ]	[ ]	[ ]
d. 아이를 돌봐줄 사람 찾기	[ ]	[ ]	[ ]
e. 형제와 자매	[ ]	[ ]	[ ]
f. 기타: ______________	[ ]	[ ]	[ ]

5. 영양
6. 안전/ 첫 도움
7. 지역사회 자원
8. 자녀가 예의 바르게 행동하도록 돕기
9. 부모의 효율성 훈련
10. 우리가 가장 필요한 것은

    ____

    ____

11. 모임하기 가장 좋은 날

    ____________ ______ A.M. ______ P.M. ____________ ______ A.M. ______ P.M.

그림 2.2 부모 프로그램 주제 예시

영화나 비디오에 나오는 자녀를 보려고 올 것이다. 부모가 자문 집단을 만드는 것에 어려움이 있는 유아교육 기관은 아동이 부활절 달걀을 찾는 것을 계획하였다. 아동들이 도우미의 관리 하에서 달걀을 찾고 있는 동안 관리자는 부모들에게 다과를 제공하고 간단하지만 성공적인 오리엔테이션과 기관의 모임을 수행하였다.

해석자. 해석자는 영어가 유창하지 못한 부모와 전문가 간의 의사소통을 촉진할 수 있다. 가족 구성원의 요구를 이해하고 충분한 훈련을 받은 해석자가 선발되어야 하고 그 후 팀의 구성원으로 대우받아야 한다. 만약 정보가 이해되지 않으면 명확하게 하기 위한 시간뿐만 아니라 제시된 정보를 통역할 시간이 주어져야 한다.

다양성. 다양성에 대한 요구는 중요한 요인이다. 모든 모임이 부모의 완전한 집중을 요청하는 심각한 주제에 초점을 두어야 하는 것은 아니다. 유머와 재미는 매일 심각한 문제를 직면해야 하는 많은 부모가 배워야 하는 필수적인 부분이다. 각 모임은 몇 가지 사회화를 포함해야 하고 어떤 모임은 순수하게 사회적이어야 한다. 몇몇 부모 집단은 가끔 부모나 전 가족이 참여하는 간단한 저녁신사를 계획할 것이고 즐거워 할 것이다. 평일은 격식을 차리지 않은 의사소통을 촉진하는 생산적인 수단이 될 수 있다. 어떤 부모들은 편안한 옷차림, 교실 가구를 페인트칠하거나 교육적 장난감을 만드는 것에 더 편안함을 느낄 것이다. 나머지 부모들은 자녀에게 도움이 되는 수입을 위한 창고 세일을 즐겁게 조직하고 실천한다.

아동 보호와 자동차 합승. 아동 보호와 자동차 합승(carpool)에 대한 요구는 다른 중요한 요인이다. 장애아의 부모는 물리적 요구와 시간에 대한 속박에서 도움의 부족으로 고통을 받는다. 아이를 돌보는 자원을 활용하는 데

제한이 있는 부모가 부모 모임에 참여하기를 기대하는 것은 무책임한 것이다. 계획을 하는 위원회는 지역 지원 클럽, 중고등학교 학생이나 다른 지원자를 통해 아동 보호를 준비해야 한다. 자동차 합승이나 다른 교통수단 배치도 모임 참여를 높일 수 있다. 그런 실질적인 문제는 문제에 대한 요구보다 이미 문제를 가진 부모들에게 중요하다.

평가. 평가는 매우 중요한 것이다. 모든 크기의 집단 모임 동안의 분위기는 친근함, 보호, 편안함을 반영해야 한다. 만약 직원들이 긴장한다면 부모는 이런 긴장에 반응하는 자신을 발견할 것이다. 전문가들은 긴장을 줄이고, 미소를 짓고, 질문을 하고, 사람들을 움직이도록 하며, 친목시간 동안 긍정적인 대화를 하도록 하는 활동에 민첩해야 한다. 스스로 참여하는 것은 평가의 한 형태일 뿐이다. 평가는 일화기록이나 제시된 항목을 중점으로 한 일지일 수 있고 부모가 형식적으로 쓴 반응을 수 있다. 형식적 평가는 최소한이어야 한다.

(3) 가족 자원 센터를 통한 부모 지원

조기중재 서비스의 계획 단계에 포함된 전문가와 부모들은 부모의 요구 사정 조사 결과가 증사된 정서적 지원과 상담에 대한 강력한 희망을 보여준다는 것을 발견하였다. 필요한 지원을 제공하는 데 가장 경제적이고 효과적인 방법은 부모 지원 집단을 개발하는 것이다. 효과적인 집단의 한 예는 예시 2.8에서 설명하는 Parents Helping Parents, Inc.이다. 이 프로그램은 다양한 요구가 있는 가족에게 부모가 운영하는 지원 집단을 제공한다. 또한 잘 형성된 부모 자원 센터의 모델이 된다. 조기중재자는 자기 영역에서 이용할 수 있는 집단은 무엇이든 친숙해야 하고, 이용할 수 없다면 그러한 집단의 개발을 지원하도록 준비되어야 한다. 부록 I는 지역 부모 지원 집단과 가족 자원 센터의 명부를 제공하는 장애아동과 청소년을 위한 국가정보센터(National Information Center for Children and Youth with Disabilities)를 포함하는 유용한 웹 사이트 명부이다.

예시 2.8

Parents Helping Parents, Inc.

1976년, 다운증후군 아이를 둔 두 어머니가 Parents Helping Parents(PHP)를 공동 설립하였다. 지역기관의 도움으로 PHP는 법인이 되고 United Way 기관이 되었다. 재정적인 지원은 개인적 기부, 지역협회와 회사의 보조금 수여, 회원, 다양한 기금조성 프로젝트를 통해서 이루어진다. 1995년까지 그것은 모두 자원봉사자 기관이었다.

PHP 철학. 장애아동의 요구에서 가장 중요한 것은 잘 알고, 정서적으로 균형잡혀 있고, 보호하고, 수용하며, 주장하는 부모이다. Parents Helping Parents는 특별한 요구가 있는 아이들에게 특히 부모에게 가장 필요한 것을 준다.

PHP 목적. 장애아를 돕는 것은 그들의 부모에게 직접적 서비스를 통해 보호, 지원, 교육, 사랑, 그들이 될 수 있는 모든 것을 가능하게 하는 수용이다.

PHP 바람. 또래의 이점이 충분히 수여된 전문가와의 협력은 그들이 스스로를 의뢰하고 참조하게 한다. 그들의 망연자실한 의뢰자를 제안과 또는 불확실한 책자를 따르도록 내버려두어서는 안된다.

많은 부모 지원 집단처럼, PHP는 아래의 이유로 시작되었다.

1. 다른 부모들은 직면하고 있는 장애에 대한 것뿐만 아니라 활용 가능한 자원에 대한 중요한 정보를 가지고 있다.
2. 즉각적인 신뢰와 공감으로 한 또래 상담은 슬픔/상실 과정과 회복에 대해 영향을 주는 데 중요하다.
3. 많은 전문가들은 지역사회 자원에 대한 적절한 지식이 부족하였고, 또한 전 가족이 직면해야 하는 재정적, 사회적, 정서적 문제에 민감하지 못했다.
4. 처음인 부모가 경험이 있는 부모를 만나는 것이 쉽지 않았다. 그런 모임은 너무 중요하기 때문에 놓쳐서는 안되는 경우이다.

서비스는 부모 방문, 가족 안내 회기, 소식지, 전화 상담, 정보 우편물, 특별한 요구를 가진 신생아를 위한 선물, IEP 과정에 대한 부모를 위한 워크숍, 또래 상담, 강연자 사무실, 심포지엄, 형제자매를 위한 재밌는 날, 특별한 요구가 있는 아동의 출생에 대응하는 부모를 돕는 더 좋은 방법에 대해 의료 전문가의 워크숍을 포함한다.

Parents Helping Parents는 전 세계에 유사한 프로그램의 개발을 위해 다른 집단을 돕기 위한 매뉴얼을 배부한다. 가족 집단은 출생 시 결합, 병, 사고, 발달적 지체로 인한 모든 신체적, 정신적, 정서적 혹은 학습 장애를 포함한다. 분야는 거의 혼란상태에 빠진 부모, 조산아와 집중 보호 간호를 지원받아야 할 부모, 학습장애를 가진 사람들을 위한 정보와 지원 네트워크, 신생아 사망을 경험한 사람들을 돕는 것이 있다.

관심 있는 사람들은 95054 California주의 Santa Clara의 Suite #3041 Oicott Street에 있는 Parents Helping Parents의 관리이사인 Mary Ellen Petersen에게 연락하기도 한다. 전화번호는 (408)727-5775, (800)397-9827이다.

7. 문화적으로 다양한 가족과의 활동

Centro de Niños의 조기중재자인 Maria Diaz는 심한 뇌성마비를 앓고 있는 30개월의 여아인 Elena를 위해 매주 하는 가정 방문으로 Ramirez 가족의 문 앞에서 노크를 하고 있다. (할머니를 포함하여) 모두 7명이 Elena를 위한 도움을 구하기 위해 Mexico에서 미국으로 왔다. 그들은 현재 모두 갱이 활동하고, 마약과 높은 실업률로 유명한 환경에서 개조한 차고에서 살고 있다. Maria가 문이 열리기를 기다릴 때, 그녀는 이 가족이 하고 있는 다방면의 많은 걱정뿐만 아니라 이 지역이 위험하다고 생각한다. 이 가정 방문에서 Maria는 Elena가 앉아서 다른 아이들과 함께 놀 수 있도록 구석에 의자를 두는 것을 도와줄 것이다. 그녀는 Mrs. Ramirez가 Elena의 성장에 실망한다는 것과 병원으로 돌아가는 것보다 민간 치료사의 지원을 원한다고 말하는 것을 들을 것이다. Mr. Ramirez는 찬성하지만 그는 직장을 구하는 것에 더 관심을 가지고 있다.

가정과 학교에서 Elena와 함께 활동하는 것 외에, Maria가 이 가족에 대해 어떤 책임이 있는가? 문화, 가치, 언어, Ramirez 가족의 자원이 어떻게 가족과 Maria, Centro de Niños의 조기중재 팀 구성원과 지역기관 간의 상호작용 속으로 들어가는가?

현대 사람들의 풍부한 다양성은 전문가와 가정 간의 전통적 의사소통 유형에 도전이 된다. 이런 다양성은 모든 부모에게 민감한 의사소통 유형을 요구한다. 전문가는 개인적으로 인식되고 문화적으로 반응적인 상호작용 실제를 사용하는 어려움이 있다. 그래서 고위험 영아에 대한 조기중재이든 보육기관의 이주자이건 간에 어린 아동에 대해 활동하는 전문가의 어려움은 개별 가족의 문화적 언어적 차이에 반응적이어야 한다는 것이다. 모든 가족은 더 큰 지역사회의 부분이 되기 위해 아동을 사회화하는 역할을 한다. 의사소통의 '주류' 의 가치와 이런 의사소통 내의 특정한 가족 간의 차이를 이해하고 시험하는 것은 중재에 대한 생태학적 접근법의 중요한 부분이다(Hanson & Lynch, 2004). 조기중재자의 역할은 다른 문화적 관점을 인정하고 더 큰 주류 문화 내에서 발휘할 가족의 이해를 늘리고 증진시키면서 가족을 위해 편안한 범위 내에서 효과적으로 활동하는 방법을 학습하는 것이 포함된다.

1) 문화적 모델과 아동양육 실제

부모들이 아동과 양육을 보는 방법에 대한 통찰은 가족과의 활동 관계를 개발하는 데 있어서 결정적이다. 성인-아동 간의 상호작용, 섭식, 화장실 사용하기, 수면, 훈육과 같은 문제에 대한 신념은 아동과 가족에 대한 조기중재자가 정보를 수집할 때 들러날 것이다. 만약 "학령전기 목적, 아동의 학습, 사회적, 행동적 기대에 대한 가치, 상호작용적 그리고 의사소통 능력에 대한 요구가 아동과 가족이 가진 것과 차이가 있으면, 잠재적인 차이(그리고 가능한 갈등)이 발생하게 된다" (Hanson & Zercher, 2001, p.418). 사실 아동과 가족에 대한 부적절한 문화적 기대는 아동의 실제 장애보다 더 많은 문제를 만들 수 있다. **문화적 모델(cultural models)**은 아동양육 행동에 관해 생각하는데 유용한 방법을 제공한다. 문화적 모델은 사람들이 가진 것은 보편적이고, 그리고 보편적이라는 점에서 그들의 행동을 이해하는 것이다. 문화적 모델은 실제에서 그들의 신념을 전환하는데 도움이 된다. Finn(2003)이 언급한 것처럼 "영유아 가족과 활동하는 실천가들은 건강한 아동발달에 필요한 내용과 그것을 제공해야 하는 사람에 관한 가족과 지역사회 신념의 경험과 힘을 아는 것이 필요하다" (p.41). 이러한 이해는 부모 목적에 따라 조정되고 가족 중심이 되는 지원과 중재를 위해 가능하도록 한다. 아동 양육에 대한 태도는 많은 측면에서 달라지고, 전문가와 부모 간 갈등을 만들 수 있는 것처럼 아동 양육 신념과 실제의 다양성에 대한 일반화된 존중이 결정적이다. 다음의 내용들은 이러한 다양성의 예를 제시한 것이다.

(1) 독립성과 자율성 대 상호의존성과 순종의 가치

특히 미국과 같은 일부 서구 산업 사회는 독립적이고 자기주장과 같은 특징에 가치를 둔다. 대부분의 다른 문화는 상호의존적이고 순종적이며 융합하고 존중하는 가족 가치를 강조한다. 이런 차이는 아동 양육에 대한 태도와 실제에 많은 차이를 가져왔다. 예를 들어, 미국에서 말을 시작하는 것, 요구할 때 언어를 사용하는 것, 성인에게 대화를 유도하는 유아의 능력이 중요하고 긍정적인 능력으로 보인다. 특별한 요구를 가진 유아를 판별하기 위한 목표와 목적에 그런 것들이 포함되어 있다. 하지만 많은 다른 문화에서는 아동의 그런 행동을 부적절하게 여긴다. 미국의 중류층 아동은 대개 다른 문화에서는 실례되고, 공격적이고, 제멋대로인 것으로 보인다. 아동들은 '보여야 하지만 들리면 안된다'. 그들은 성인에게 상호작용을 시작해서는 안되고, 그들의 선호와 욕구를 주장해서는 안된다. 유아교사가 그들의 아이가 요구하도록 하게 해야 한다는 것을 지적할 때 그런 가치를 가지고 있는 가족에게는 갈등이 생길 수도 있다는 것을 고려해야 한다. 이런 상황에서, 전문가는 이런 목표에 가족이 편안해 하는 정도를 알아 보고 주류 문화에서 이런 목표가 왜 중요한지 의사소통하는 것이 중요하다.

차이와 관련된 다른 영역은 대개 개인적 발달과 행동의 '개인주의적' 관점과 '집합주의적' 관점으로 언급된다. 개인은 주류 미국 문화에 매우 존중받는 존재이다. '엄격한 개인주의'와 '개인의 자유 추구'와 같은 문구는 '미국적 방법'에 대해 긍정하는 것이고 기본적인 것으로 생각하게 한다. 많은 문화, 특히 유교적 가치에 영향을 많이 받은 아시아 문화권은(Gonzalez-Mena, 2001)은 융합과 올바른 행동, 사회적 질서 유지(예를 들어, 권위에 대한 복종과 서열)를 존중한다. 가족과 지역사회 구성원은 그들의 올바른 역할을 배워야 한다. 아동이 성인이 기대되는 역할을 수행하는 정도는 성공의 척도이고 가족의 자부심이다.

(2) 훈육에 대한 접근법

훈육은 문화에 따라 바뀌는 다양한 영역이고 가족과 유아교육 전문가 간 문화적으로 불일치하는 영역이다. 미국 문화와 다른 문화의 가장 큰 차이는 권위주의자와 평등주의자적인(민주적인) 양육 방식에서 찾을 수 있다. 권위주의적인 가족의 부모는 절대적, 확정적 권위이다. 이런 가정에서 신체적 처벌의 사용은 더욱 일반적인 경향이 있다. 아동양육과 훈육에 대해 더욱 민주적인 관점은 신체적인 처벌을 사용하는 경향이 적고 규칙이 비교적 고정적이지 않다. 아동은 그들 입장에서 이야기할 기회가 있고 가끔 특정 처벌의 선택에 참여하기도 한다. 평등주의적 접근법을 사용하는 부모는 "내가 하라고 하면 해"라는 말을 하지 않을 것이다. 권위주의적인 부모는 복종과 존경을 아주 강조한다. 그들에게 좋은 부모의 표시는 불경스러운 행동이나 그들이 기대하는 역할을 따르지 않은 아동을 처벌하는 것이다. 신체적 처벌이나 '수치감을 주는 것'은 일반적인 훈육 전략이다(Banks, 2002).

또 다른 차이는 훈육이 적절하게 되는 나이에서 볼 수 있다. 예를 들어, 어떤 아시아 문화에서 5-6세가 되면 훈육이 갑자기 변화되어 나타난다(Chao & Tseng, 2002). 부모가 초기에는 아주 관대하고 훈육을 사용하지 않지만 4세가 되면 성인의 기대에 따르도록 한다. 거친 양육은 학습을 촉진하는 데 계속 사용되기도 한다.

또한 유아들이 훈육을 받는 방법에 있어서 성적 차이도 있다. 여아에게는 좀더 심하게 처벌을 하지만 반면 남아에게는 관대하다. 많은 문화에서 남아는 여아에 비해 상대적으로 특별한 상태에 놓이게 된다.

(3) 장애에 대한 태도

"각 문화는 장애를 지닌 아이가 왜 태어나는지, 그러한 아동들은 어떻게 다루어 하는지, 그리고 가족구성원, 보조자 그리고 사회의 다른 구성원들에게 어떤 책임과 역할이 기대되는지를 설명하는 독자적인 방법을 가지고 있다"(Lamorey, 2002, p.67). 조기중재자가 장애에 대한 각 가족의 문화적 기대를 이해하고 형성할 때 부모와 양육에 대한 협력관계를 만드는 것이 가능하다. 조기중재에서 부모 참여의 성격과 정도는 장애의 특성과 인과관계에 관한 그들의 신념과 관련되어 있다. 종교는 가족이 아동의 장애를 어떻게 보는가 하는 데 자주 영향을 준다. 아동의 장애는 부모가 이전에 했던 잘못으로 신이 내리는 벌이라고 생각되기도 한다. 그래서 어떤 경우에는 가족은 아동 때문에 비난을 받을 것이며, 아동의 장애를 부모의 죄 때문에 발생한 것으로 보기도 한다. 다른 문화에서는 장애를 신의 의지로 보기 때문에 중재를 거부하기도 한다. 부모들은 아동의 발달을 촉진하는 데 적극적인 역할을 하도록 하는 조기중재 프로그램의 압력과 아동을 변화시키려 하거나 고착시키려 한다는 느낌 사이에서 갈피를 잡지 못한다.

(4) 인종의 영향

인종은 미국 사회에서 매우 실제적 현상이다. 인종과 편견은 미국에서 모든 소수집단으로 확장된 경험인 반면, 다른 인종은 아프리카계 미국인 가족들이 경험하는 것만큼 깊은 것은 아니다. 인종은 양육실제에 중요한 영향을 줄 수 있다. 아프리카계 미국인 아동은 인종주의사회에서 직면하고 살아남도록 준비해야 한다. Holzman(2004)은 흑인 남성의 공립학교 등록이 단 8.6% 밖에 되지 않고, 22%는 퇴학과 23%는 정학이라고 보고했다. Varias(2005)는 흑인 아동의 큰 비율이 거리를 헤매고 돌아다닐 때 생기는 결과의 문제를 우리에게 상기시켰다. 그리고 특수교육과 훈육중재에서 흑인 남자아동의 불균형적으로 높은 비율의 주요 동인은 학습 양식의 차이에 대한 적응의 부족이라는 논쟁이 있다(Kunjufu, 2005). 아동들은 인생이 공평하지 않다는 것을 배우게 된다. 백인 중산층 전문가는 자주 그런 태도를 과대망상으로 보고 부모는 그들의 자녀가 억압받기 위해 선택하고 있다고 믿기도 한다. 부모들은 그들의 자녀가 그들의 삶에 영향을 주는 3가지 요인을 조화롭게 하는 데 도움을 주기 위해 싸워야만 한다. 그 3가지는 소수문화이기 때문에 경험하는 인종, 그들이 아프리카에 뿌리를 두고 있기 때문에 겪게되는 문화유산과 전통, 미국의 주류문화 때문에 따라야 하는 가치와 행동이다.

(5) 가족 구조

초기 아동기 전문가들이 자주 직면하는 문화적 차이의 또 다른 영역이 가족 구조이다. 중산층의 전형(비록 더 이상 표준은 아니다)이 '핵가족' 이다. 핵가족은 다른 가족 구성원과 별개로 생활하는 부모와 아이들만으로 구성되는 것이다. 사실 미국에서는 다른 유형의 가족 구조가 더 보편적이 되고 있다. 특히 이혼이나 미혼 여성이 꾸려가는 한부모 가정은 점점 더 보편적이다. 또한 대부분의 많은 가정에는 조부모, 증조부모, 가끔은 이모, 삼촌, 사촌, 성장한 자녀부부와 그들의 아이들이 속하는 대가족 구성원이 속해 있다. 상대적으로 작은 지역에 사는 그러한 큰 가족 단위는 핵가족에서 성장한 전문가에게는 혼란스럽고 혼돈을 주는 것으로 생각된다. 그들은 어린 아동의 과잉 자극이나 일관성 없고 예상할 수 없는 양육 실제에 대해 걱정할 것이다. 소수 문화의 부모들은 자주 아동을 낯선 사람과 함께 두는 것을 불편해하거나 아이를 하루 봐주는 것을 싫어할 수도 있다. 대가족 구성원은 부모가 직장에 있는 동안 아동에게 진실 되고 문화적으로 적합한 보호를 제공한다. 대가족 구성원은 또한 아동과의 상호작용에 중요한 기회를 제공한다.

(6) 부모 역할

아동의 발달에 대해 부모가 그들의 역할을 어떻게 보고 있는지 흥미있는 문화적 차이가 있다. 중산층 부모는 분명히 그들 자신을 자녀의 교사로 생각한다. 그들은 자녀에게 개념과 어휘를 가르치고 자녀가 문제를 해결하는 것을 배우도록 한다. 어떤 부모들은 자녀의 교사로서 자신을 알고 있지만 그들이 가르치는 것은 신변 자립을 포함하여 도덕과 올바른 행동이다. 어떤 가족의 경우에는 아동을 야단치지 않는 것을 강조한다. 이것은 종종 과민반응 하거나 관대하지 않게 한다. 어떤 경우에는 특히 남아에게 '강인하고' 스스로를 방어할 수 있도록 가르친다. 다른 가족들은 모든 기술들은 단순히 정상적 발달과정으로 전개되고 그리고 그들의 역할을 최소한 교사나 중재자로 보게된다.

(7) 양육자-아동 의사소통

조기중재에 대해 주요 시사점을 가진 커다란 문화적 차이의 다른 영역이 부모-아동 의사소통이다. 미국의 중산층 사회에서는 말하는 것(talking)에 높은 가치를 부여하였다. 다른 문화의 기준으로 보면 미국 사람들은 지나치게 말이 많은 사람들이다. 이런 말하기는 유아와 상호작용을 많이 하게 한다. 부모들은 아주 어린 영아가 의사소통할 의사가 생기기 전에도 언어적으로 반응한다. 부모가 아기들과 깊은 이야기를 하는 것처럼 영아의 트림이나 한숨에 반응하는 것이 어색하지 않다! 부모들은 또한 유아의 언어 기술과 언어적 자기주장의 발달에 가치를 부여하였다. 아주 어린 아동이 명명하고, 설명하며, 대화를 시작하고 지속하기를 기대한다. 또한 부모는 아동이 그런 기

술을 배우도록 하는 데 중요한 역할을 할 수 있다고 믿는다.

이런 언어적 상호작용은 많은 문화에서 낯설다. 어떤 문화에서는 아주 어린 아동에게 그들이 말을 또박또박하기 전까지는 지속적으로 반응해주지 않는다. 앞에서 이야기했듯이, 존중과 복종을 강조하는 문화에서 아동이 대화를 시작하는 것을 적절하다고 생각하지 않아 아동의 의사소통에 반응하는 것은 우선시 하지 않을 것이다.

조기중재 전문가가 제안한 공통적인 전략은 부모가 지속적으로 사물의 이름을 말하고, 아동의 리드를 따르고, 아동의 발화 확장을 포함하는 아동의 의사소통 기술의 발달을 촉진하도록 하는 것이다. 어떤 부모에게는 이런 상호작용이 부자연스러울 것이다. 그것은 새로울 뿐만 아니라 그들의 문화적 실제에 반대되는 기술을 배워야할 것이다. 이런 경우에 비록 이런 것들이 익숙하지 않은 상호작용이기는 하지만 그것들이 특별한 요구가 있는 아동의 언어발달에 도움이 될 수 있다는 것을 전문가가 부모에게 설명하는 것은 중요하다.

(8) 의료적 실제

의료적 실제에 대한 시각 차이는 가족과 전문가 간 갈등의 중요한 요소가 된다. 광범위한 범위의 하위 문화 가족들은 전통적인 건강 실제를 유지하기도 한다. 신념 치유사(faith healers), 마사지, 동물을 이용한 의식, 다른 민간요법은 대개 오해를 하게 할 수도 있다. 예를 들어, 어떤 베트남 부모들이 감기, 목 통증, 두통과 같은 상태를 치료하는 데 'coining' 기법을 사용할 때 아동학대로 보고되었다. 이 과정은 문제가 있는 부위에 치료제 고약을 바르고 뜨거운 동전으로 문질러 주는 것이다. 그러한 판단은 가족들이 자기 아이에 대해 걱정을 하지 않거나 아이를 양육하지 않는다는 가정을 하도록 하였다. 우리는 부모들이 실제로 그들의 자녀를 다르게 보호할 때 부모들이 보호를 하지 않는다고 판단해서는 안된다는 것을 명심해야 한다.

2) 언어적 차이

아마 하위문화 사이에서 가장 명백한 차이는 언어적이든 비언어적이든 의사소통이다. 그들의 일차 언어로 가족들과 직접 의사소통 할 수 없는 것은 부모와 전문가 모두에게 커다란 좌절이 된다. 이것은 정보의 오해와 부적당한 통역의 원천이 된다. 구어적 의사소통과 문어적 의사소통 모두에 있어서 통역에 대한 요구가 영어로 말하는 가족들보다 모든 조기중재 프로그램에서 결정적이다. 통역가를 통해 활동하기 위한 몇 가지 제안이 예시 2.9에 제시되어 있다. 부모의 일차언어로 준비되는 보고서, 소식지, 가정 프로그램과 같은 자료는 똑같이 절대적으로 필요하다.

언어적 장벽을 깨뜨리고 아동의 프로그램에 가족이 참여하게 하는 한 가지 방법은 다른 부모로부터 가족에게 지원과 격려를 제공

예시 2.9

통역가를 통한 의사소통

전문가를 위해:

1. 모임을 하기 전에 통역가와 몇 분 정도 시간을 보내고, 준비된 주제를 토의한다. 통역가는 개념을 확실히 이해하도록 한다.
2. 당신의 통역가는 비밀스럽거나 민감한 정보에 대해 당신이 믿을 수 있는 사람이어야 한다.
3. 집단 상황에서 당신은 통역가 옆에 앉는다.
4. 간단한 단어를 사용한다. 한 번 아주 적은 문장을 천천히 말한다.
5. 통역가가 아니라 부모를 보고 말한다.
6. 말을 할 때 비언어적 의사소통을 사용한다. 부모가 사용한 비언어적 의사소통을 관찰한다.
7. 모임을 위한 충분한 시간을 확보한다.
8. 모임 후에 모임의 전반적 인상에 대해 통역자가 부모에게 물어본다.
9. 영어를 사용하는 구성원과 사용하지 않는 구성원을 가진 가족에 있어서 영어를 말하지 못하는 구성원을 무시하는 경향이 있음을 인식한다.
10. 어린 가족 구성원들은 영어를 사용하고 어른은 그렇지 않을 때, 가능하다면 아동을 통역자로 활용하지 않는다.

통역가를 위해:

1. 의료적, 교육적, 심리학적 용어에 대한 참고 자료를 개발한다.
2. 가족의 문화와 신념을 반드시 이해한다.
3. 만약 말의 의미가 분명하지 않는다면 질문을 하여 명확하게 한다.
4. 만약 한 줄씩 하는 통역이 분명하지 않다면, 당신의 언어를 사용하여 전문가와 가족에 대한 변화를 확실히 한다.
5. 언어적 의사소통과 비언어적 의사소통 모두를 인식하라.

하는 것이다. 그러한 프로그램 가운데 하나가 아동을 위한 서비스를 얻기 위해 로스엔젤레스 지역에서 라틴계 가족을 교육하고 지원하도록 1978년에 만들어진 Fiesta Educativa이다. 이것은 예시 2.8에 제시된 PHP와 같은 방법으로 부모 지원 집단과 훈련 프로그램을 제공하고, 연례 회의를 개최하는 것이다. 이러한 동료상담과 동료지원 형태는 많은 필요한 정서적 지원을 제공하는 동안 체계와 지역사회 자원을 이해하는 데 있어서 다른 부모를 지원한다.

Maria Diaz가 Ramirez 가족의 가정 방문을 하면서 발견한 것으로, 그녀의 활동의 효과는 가족의 독특한 가치를 이해하는 것뿐만 아니라 그녀 자신의 문화적 편견과 가치와 분명하게 관련되어 있다. 비록 Maria가 스페인어를 유창하게 할지라도, 스페인의 중상류층 가족에서의 그녀의 가정교육은 Ramirez 가족의 경험과 거의 관련이 없다. 대화는 건강, 아동양육, 교육과 같은 그들이 문제를 바라보는 방법에서 많은 차이를 야기하였다. Maria는 그들의 차이를 인식하는 것에서 그녀가 가족에 대한 정보를 그들과 공유하는 동안 가족이 편안한 범위 내에서 활동하기 시작했다고 생각하였다.

중재 프로그램에서 Ramirez 가족과 다른 부모와 그녀가 하고 있는 경험에서 Maria와 나머지 조기중재 팀은 지속적으로 어떤 하위문화에 대한 태도와 고정관념에 기초를 둔 편견이 만들어지는 것에 주의한다. 프로그램의 효율성은 인종적 수행 능력의 개발과 서비스 제공자들을 통한 행동적 변화에 의존하게 될 것이다. 전문가들은 그들의 가치와 가정을 분명히 해야 하고 재인식해야 한다. 둘째, 그들은 서비스를 제공하는 곳 내의 문화적 지역사회에 상관없이 인종학적 정보를 분석하고 수집해야 한다. 셋째, 그들은 가족이 조정하는 사회적 가치의 정도를 결정해야 한다. 마지막으로 그들은 특정한 아동양육의 문제를 상세화하기 위해 각 가족의 오리엔테이션을 연구해야 한다. 예시 2.10은 문화적으로 다양한 가족과 함께 활동하기 위한 몇 가지 제안을 제시한다.

예시 2.10

문화적으로 다양한 가족과 활동을 위한 제안

1. 프로그램 직원은 프로그램에서 아동과 가족의 문화와 언어를 반영해야 한다.
2. 가족의 차이와 관련된 계속적인 직원 훈련을 제공한다.
3. 그들이 가족의 신념과 전통을 나누도록 격려한다. 모든 문화적 측면과 그것과 장애와의 관계, 아동양육, 의료적 실제 등을 논의하도록 강연자를 초청한다.
4. 교회, 하위문화 집단의 지역사회 조언자, 미디어(지역 텔레비전, 라디오, 신문 등)와 같은 가족에게 의미있는 다른 지역사회 자원과 네트워크를 결성한다.

5. 모든 부모 상호작용에 대한 훈련된 해석자를 활용하는 것에 더하여 참여하는 가족의 언어로 된 성문화된 자료를 제공한다. 요구된 이해와 읽기 수준에 민감하게 된다. 제한된 읽기 능력을 가진 부모의 요구를 표현하는 데 창의적이어야 한다. 또한 이중언어 교육과정 자료와 활동은 아동의 프로그램의 통합적 부분이어야 한다.
6. 프로그램에서 표현된 언어의 몇몇 단어 특히 아동에게 말하는 데 사용되는 일반적인 인사와 구절은 학습해야 한다.
7. 고정관념을 피한다. 문화집단 내의 배경경험, 대처 양식, 흥미, 경제적 수준 등에 있어서 개인차를 인식한다. 같은 문화 집단의 부모도 항상 같은 요구를 가지고 있지 않다. 요구와 생활 경험의 자기 수준에서 개별 가족을 만난다.

8. 특별한 가족과 활동

모든 부모와 활동하면서 겪게 되는 어려움에 더하여, 유아들과 활동하는 많은 전문가들은 그들이 스스로에게 독특한 요구가 있는 부모와 활동하는 것을 알게 될 것이다. 이러한 부모의 환경이나 장애의 특성은 아주 다양할 것이다. 비록 명백한 행동은 유사하게 나타날 수도 있지만, 관심사는 아주 다를 수 있다. 이것은 일반화하는 것이 현명하지 못하고 위험한 것이다. 각 부모는 독특한 요구를 사진 개인이다. 어떤 측면에서 서로 도움이 될 수 있다.

1) 발달장애가 있는 부모

발달장애가 있는 부모들의 아동은 그들이 장애진단을 받아서가 아니라 위험에 처해있기 때문에 조기중재 프로그램에 참여하게 된다. 비록 발달장애를 가진 부모와 활동하는 데 적절한 부모와의 동반자 관계를 개발하기 위한 제안이 이미 있지만, 두 가지 구체적인 목적을 명심해야 한다. 이것에는 아동의 진전을 주의 깊게 점검하는 동안 가능한 한 가장 효과적인 부모가 되도록 부모를 돕는 것이 포함된다. 이러한 목적을 달성하기 위하여 다음과 같은 지침이 유용할 것이다.

1. *우선순위를 결정한다.* 발달장애를 가진 부모가 효과적인 양육기술을 발달시키는 데 도움을 주기 위해 전문가들은 그들이 우선시 하는 것을 잘 선택하는 것에 함께 참여해야 한다. 첫 번째 우선순위는 일상생활의 기본적인 요구를 다루는데 부모가 도움이 되는지 판단하는 것일 수도 있다. 발달장애를 가진 많은 부모들은 가장 낮은 사회경제적 계층에 속한다. 가계에 도움을 주는 자원과 기술에 제한이 있기도 하다. 조기중재자는 부모가 가계에 대한 계획을 하도록 돕고, 활용 가능한 지역사회 자원과 연결시켜달라는 요청을 받을 수도 있다. 도움은 또한 음식을 고르고 보관하는 것과 같은 일상생활 기술, 그들과 자녀 모두에게 매일의 일과를 개발하게 하며, 안전하게 교통수단을 활용하여 의료적 요구를 위해 참여하게 하는 데 필요할 수도 있다.

2. *도움을 조정한다.* 가능하다면 어떤 기관이 이런 가족을 도울 수 있는지 알아내라. 만약 몇 곳이 있다면, 참여하는 모든 사람들이 잦

은 의사소통을 하는 협력적인 조정 계획이 중요하다.

3. *자주 간단한 접촉을 한다.* 전화를 거는 것은 메모를 하는 것보다 좋고, 집에서 부모와 함께 하는 10분은 신속한 배당금을 지불할 수 있다.

4. *긴 설명은 피한다.* 간단하고 명확해야 한다. 부모에게 무엇 어떻게 하는지 보여주어야 한다. 만약 그들이 원하는 것을 이해하게 되면 그들은 기꺼이 할 것이다.

5. *읽을 것을 거의 혹은 전혀 요구하지 않는다.* 글을 읽을 수 있다면, 노트에 오직 하나의 요구사항이나 지시를 보낸다. 해야 할 항목은 아마 무시될 것이다.

6. *적절한 부모-아동 간의 상호작용의 모범을 보인다.* 부모-아동의 상호작용에 제한이 있을 때, 조기중재자는 아동의 단서에 대한 반응에 대해 모범을 보일 필요가 있다. 부모에게 까꿍놀이 같은 간단한 '유아놀이(baby play)' 게임을 가르쳐 주는 것은 이런 부모가 자녀와 더욱 함께 하도록 한다.

7. *부모가 아동의 행동을 해석하도록 돕는다.* 발달장애가 있는 부모들은 자녀의 행동을 잘못 이해하고 처벌이 필요한 '나쁜 아이' 라고 생각하기도 한다.

8. *발달장애가 있는 부모를 참여시킨다.* 가능하다면 이런 부모는 센터 관찰, 자원봉사 활동, 부모회의, 모임에 포함시킨다. 그들의 질문에 짧게, 간단한 말로 답한다. 그들의 활동을 가까이에서 관리한다. 그들은 전문가보다는 아동과 더 떨어져 있다는 것을 기억해야 한다. 만약 그들의 상호작용 기술과 행동 조절이 향상될 수 있다면, 부모와 아동 모두에게 좋을 것이다.

2) 십대 부모

증가되고 있는 십대 임신에 많은 관심이 주어지고 있지만, 장애아동을 가진 어린 십대 부모의 요구에 대한 연구는 찾아보기 어렵다. 많은 측면에서 자신도 아직 아동인 십대의 발달 수준이 고려되어야 한다. 모든 십대 부모는 자신들을 위한 현실적인 목표를 정하고 도달하는 데 도움을 받으면서 정서적 지원과 '부모되기' 에 대한 상세한 지도가 필요한 것으로 보인다. 십대가 자기존중감과 목표설정에 대한 근본적인 원인으로 또래로 돌아가려는 경향이 나타날 때 조기중재자는 권위적 모습을 보이면서 십대 부모의 자기존중감을 증진시키는 방향으로 정서적 지원을 제공하는 것은 대개는 의미있는 도전이다.

스스로 부족한 양육으로 고통받았던 십대 부모들은 위에서 논의한 '부모되기의 가장 훌륭한 실천' 에 대한 모범을 보이고 정보를 제공하는 사려깊은 접근법으로 도움을 받을 수도 있다. 게다가 폭넓은 지원을 제공해서 그들이 자신과 자녀를 위한 안정적인 환경을 제공할 수 있는 데 필수적인 생활과 직업기술을 개발시킬 수 있는 교육, 아동보호지원, 사회적 집단, 기관에 십대 부모를 연결시켜주어야 한다. 효과적으로 하기 위해서, 조기중재자는 부모의 일생이 전반적으로 건강한 발달의 이런 필수적인 요소가 부족한 부모들의 집단에 지원하는 지속적인 정서적 지원을 제공하고 수용하여야 한다.

3) 수양부모

발달장애를 가진 것에 더하여 수양아동은 압도적인 사회-정서적 요구를 가지게 된다. 양육자와 조기중재자는 어린 아동에게 발달적으로 적절한 지원을 제공하는 노력에 있어서 애착, 편안함을 위해 성인을 활용하지 못하고, 복종, 부적절한 정서적 반응, 충동성, 공포와 같은 문제를 걱정해야 할 것이다. 그의 친부모로부터 아동이 분리되는 것과 관련된 복잡성 때문에 배치, 보호, (가능하다면) 재결합에 대한 팀 접근법이 중요하다.

조기중재에 대한 시사점은 수양가족과 함께 활동하고 가정과 센터 활동에 참여하도록 격려하는데 있다. 발달장애아동의 중재 요구는 (적절하게는) 친부모뿐만 아니라 수양부모의 투입과 함께 개발되었다. 게다가 수양부모는 진행되고 있는 정서적 지원, 훈련, 교육적 기회의 장점을 취하도록 부모집단의 일부가 되도록 촉구되었다.

다음 장에서는 평가와 관련된 현재의 문제, 경향, 논쟁에 대한 개관을 제공할 것이다. 그것은 또한 변화되는 철학과 실제의 관점에서 중재자의 역할에 대해 자세히 설명할 것이다.

요약

적절하게 훈련받은 전문가는 아동의 발달에 대한 책임의 동반자 관계에서 가족을 포함하는 것에 대해 인정하고 적극적으로 활동할 것이다. 부모와 전문가를 연결시키는 첫 번째 단계 가운데 하나는 장애아동 가족의 정서적 요구를 인식하도록 하는 것이다. 종종 부모들은 사랑하는 사람을 잃었을 때 직면하는 정서적 적응과 비슷한 단계에서 장애아동을 실감하는 반응을 한다. 민첩하고 잘 알고 있는 전문가는 충격, 불신, 부정이라는 초기 감정에서 시작해서 화와 분노, 그 상황에서 벗어나고자 거래를 하고 우울과 낙담을 하고 수용하게 되는 각 단계를 부모가 잘 겪도록 도울 수 있다. 가족을 체계로서 이해하는 것은 진정한 부모-전문가 협력에 꼭 필요하다.

아동과 대가족 구성원들은 정서적 적응과 교육적 적응의 과정에 참여시킬 수 있다. 형제자매는 특히 아동이 보통 질투나 불안없이 장애아를 수용하는 가치있는 협력자이다. 특히 가족 구성원들과의 초기 섹션에서 전문용어나 기술적 개념을 피하는 것은 중요하다. 검사 결과는 일반적 행동으로 설명되어야 한다.

가정중심 교수, 관찰, 수첩, 모임과 같은

부모참여의 다양한 방법이 조사되었다. 가정 방문과 가정 교수에서 효과를 보려면 교사는 알려주고 설명하는 것뿐만 아니라 듣고 관찰하는 시간을 가지는 양방향 의사소통 방법을 배운다.

지침은 다양한 목적 하에 센터 내에서 부모와 함께 활동하기 위해 제공된다. 계획과 함께 장애아동의 다른 부모(유경험자)와 접촉하도록 부모를 데려가고, 관찰에 대해 그들을 적응시키고, 센터에서 행사에 참여하는 발달적 접근을 만들게 한다. 부모교육 집단과 부모-교사 회의는 단순히 회의를 하는 기회가 아니라 특별한 교사 기술을 요구하는 것으로 보일 수 있다.

특별한 고려사항은 문화적으로 다양한 가족과 활동하면서 생긴다. 문화 실제와 언어적 차이를 이해하는 것은 성공적인 조기중재에 필수적이다.

마지막으로, 전문가는 몇몇 장애아동의 부모들은 그들 스스로 특별한 요구가 있다는 것을 기억해야 한다. 장애가 있는 부모, 십대 부모, 수양부모가 그에 속한다. 이 장 전체를 통해 전문가가 부모와 자녀와 자신들에게 가장 적절한 참여의 확대와 유형을 선택하고 선정하도록 충분한 설명을 하였다.

토론 주제

1. 장애아동 부모의 정서적 요구와 감정에 대한 부가적 자료를 읽고 연구를 한다. 학급에서 이런 감정을 토론한다. 만약 가능하다면, 이런 감정을 공감하려고 해 본다.
2. 당신의 영역에서 공사립 기관의 목록을 작성하는 것은 문제에 대처하는 장애아동 가족을 돕는 것이다. 의뢰 파일로서 목록을 조직하는 것에는 접촉하는 사람, 전화 번호, 비용, 서비스 유형이 포함된다.
3. 당신의 지역에 있는 가족 자원 센터를 방문하고, 가능하면 자원봉사를 한다.
4. 부모들이 센터 직원들과 모임에 관해 두려움을 느끼는 이유를 검토하고 토론한다. 이러한 감정을 해소하는 데 전문가는 어떤 도움이 될 수 있는가?
5. 오리엔테이션 모임을 준비하고 역할극을 한다. 왜 당신이 자녀의 부모로 참여하고 싶은지 이유를 말할 때 이를 가능한 납득시키려고 한다.
6. 부모참여를 위해 부모의 관심과 요구를 결정하는 데 사용할 수 있는 질문지를 만든다. 몇몇 부모에게 질문지에 답하도록 해본다.
7. 부모와의 활동에 관한 잡지, 신문, 저널 기사를 수집한다. 유용한 견해들을 파일로 만든다.
8. 급우와 가정방문 역할극을 해본다. 건설적인 비평을 나눈다.
9. 가정방문자와 가족 간의 가치는 충돌의 가능성을 고려하고 논의한다. 이런 충돌을 어

떻게 피할 수 있는가? 이런 상황을 겪어본 적이 있는가?

10. 학급에서 비밀, 개인적 의사소통, 부모참여와 관련된 교사의 휴게실에서의 대화라는 문제에 대해 논의한다.
11. 지역 유아교육 센터에서 발간하는 소식지를 수집하고 토론한다. 조기중재 프로그램에 적절할 것 같은 것을 하나 만든다.
12. 가정으로 부모에게 보낼 'happygram'을 만들어라.

Chapter 3

특별한 요구와 진전 평가의 인식

핵심용어

가족지향 아동 사정
교육과정중심 사정
(교육과정지향 사정)
구성 타당도
규준지향 검사
기능적 사정
내용 타당도
다학문적 팀 접근
사정
생태적 접근
생태적 타당도
선별
수행 사정
아동 발견
역동적 사정 모델
예언 타당도(준거관련 타당도)
원인론
융합학문적 팀 접근
자연적 관찰(직접관찰)
적격성
종합평가
준거지향 사정
진단
진정한 사정 전략
타당도
판별
포트폴리오 사정
표준화 검사
프로그램 점검과 평가 신뢰도
학제간 팀 접근
형성 평가

핵 | 심 | 개 | 념

- 발달적 사정은 아동의 잠재력이 최대한 실현되도록 돕기 위해 그들의 능력과 환경을 심도 있게 이해하도록 설계된 과정이다.
- 판별, 사정, 평가의 철학과 실제가 빠르게 변화되고 있다.
- 사정에 대한 생태행동적 접근은 유아와 양육자의 복잡한 상호작용뿐만 아니라 환경적 영향에 대한 이해를 촉진시킨다.
- 전문가들은 자연적 장면에서 아동의 관찰과 부모 면접과 같은 비형식적 측정의 결정적인 역할뿐만 아니라 준거지향 사정과 표준화 사정의 유용성과 한계를 이해해야 한다.
- 사정은 놀이시간과 같은 진정한(authentic) 일상 활동에서 수집된 정보의 복합적 자원을 형성하는 진행되는 과정이 되어야 한다.
- 아동의 진전을 관찰하는 사람은 훈련을 받은 사람이어야 한다. 그들은 관련되고 전형적인 환경적 맥락 내에서 관찰하도록 선택해야 하고, 기능적 요구를 기술하는 데 초점을 두어야 한다(의미있고 목적적인 일상 활동에 참여하도록 하기 위해서 아동이 요구한 행동 등).
- 특별한 요구를 가진 아동이 포함되었을 때, 발달적 정보가 기록되어야 하고, 정보를 갱신해야 하고, 아동의 프로그램 계획 팀과 부모들이 이용할 수 있도록 만들어야 한다. 진전은 계속적으로 점검해야 한다.

유아기의 사정에 관해서는 많은 논쟁과 토론이 계속되고 있다. 유아의 특성이 그들의 기술과 능력을 사정하려고 시도하는 전문가에게 많은 어려움을 만들어낸다. 아동들은 의심이 많은 낯선 방문자이고 친숙하지 않은 장소, 짧은 주의집중 범위, 제한된 의사소통 기술, 지시 따르기에 어려움이 있다. 몇몇 저서들은 발달 영역에 따라 영유아의 사정에 대한 접근과 절차와 관련된 포괄적인 정보를 제공하고 있다. 이러한 저서들에는 *유아의 의미있는 사정*(Meaningful Assessment of Young Children; Puckett & Black, 2007), *특별한 요구를 가진 영유아의 사정*(Assessing Infants and Preschoolers with Special Needs: McLean, Wolery, & Bailey, 2004), *특별한 요구를 가진 영유아의 사정 실제 지침*(The Practical Guide to Assessing Infants and Preschoolers with Special Needs: Bondurant-Utz, 2002) 그리고 *발달장애유아의 간학문적 임상 사정*(Interdisciplinary Clinical Assessment of Young Children with Developmental Disabilities: Guralnick, 2000)과 같은 것들이 포함된다. 이 장의 목표는 사정의 주제에 대한 철저한 고려가 아니라 이 분야의 이슈, 경향, 논쟁을 검토하려는 것이다. 이 장에서는 현재 수용되고 있는 발달적 사정의 정의와 사정의 목적에 대한 논의로 시작한다.

이어지는 핵심적인 이슈는 변화되고 있는 철학과 실제, 영유아에 대한 표준화 검사 사용과 관련된 이슈, 놀이중심 사정, 포트폴리오 사정, 아동의 능숙한 관찰자가 되기 위한 기법을 포함하여 진정한 사정(authentic)과 같은 현재의 사정에 대한 접근을 논의할 것이다.

1. 발달적 사정의 개념

Meisels(2001)에 의하면, **사정(assessment)**이란 "평가적 판단을 위한 목적으로 정보를 획득하는 과정이다. 사정은 아동의 지식, 행동, 기술, 성격의 특정 측면에 관한 의문에 답을 얻기 위한 도구이며, 아동에 관한 지식과 정보를 얻는데 기여한다"(p.5)라고 정의하였다. 그는 "유아와 효과적으로 활동하기 위해 많은 정보가 필요하며, 계속적으로 이러한 정보를 얻는 것이 필요하다"(p.5)로 진술하였다.

사정은 부모와 전문가들이 일련의 보고된 평가 결정을 하도록 돕기 위해 수행된다. 관찰과 분석의 도구 또는 과정의 선택은 요구되는 결정의 유형에 따라 이루어져야 한다. 구성될 결정의 유형은 획득되는 정보의 특성을 결정할 것이고, 따라서 사정 과정의 목적이 결정된다. 다음에서는 유아에 대한 사정 활동의 사용을 위한 일반적인 목적을 논의할 것이다.

2. 판별

아동들에게 부여된 무상 적절한 공교육을 받는데 적격한 아동을 위해, 그들은 발견되고 판별되어야 한다. 따라서 **판별(identification)**에는 조기중재 서비스를 받지 않거나 부적절한 중재 서비스를 받고 있는 아동들을 발굴하고 장애를 확인하는 아동 발견(child-find)과 선별이 포함된다.

1) 아동 발견

아동 발견(child-find)의 과정은 장애가 있는 아동들을 발견하고 판별하는 것을 포함한다. 주정부의 교육청들은 종종 아동 발견을 위한 간학문적 팀을 구성한다. 이 팀들은 모든 아동들이 무상 적절한 공교육을 받을 권리에 관하여 지역사회 구성원들이 정보를 얻고 교육받도록 하기 위한 공공 인식 캠페인을 계획하고 실행해야 할 책임을 갖는다. 공공 인식 캠페인의 주요 목적은 선별을 위한 의뢰를 하기 위해서이다. 대부분의 지역사회에는 의뢰를 해 줄 수 있는 자원이 많이 있다. 만일 대중인식 활동이 그 지역사회의 성격상 민감하게 받아들여진다면 아동과 맨 먼저 접촉을 하는 중요한 구성원은 아동의 가족들에 의해 만들어질 수 있다. 또 다른 의뢰 자원들은 병원의 신생아 보호단체, 지역의 의사, 보육기관 종사자, 사회복지서비스 기관 그리고 가족 자원 센터의 직원들이 포함될 수 있을 것이다. 흥미로운 것은 지역사회에 이주한 아동, 집 없는 아동, 혹은 입양된 가정의 아동을 포함하여 이동이 높은 아동에게 적용하려는 그들의 아동 발견 노력이 확실하게 되도록 요구한 것이 2004년의 미국 장애인교육법(IDEA)이라는 사실이다.

2) 선별

선별(screening)은 아동이 적절한 교육을 받도록 돕기 위한 사정과 중재 과정의 최초 단계이다. "선별은 특별한 서비스 요구를 결정하는 보다 심층적인 진단 사정을 위해 의뢰를 하기 전에 수행되는 간단한 첫 번째 수준의 사정이다"(Twombly, 2001, p.37). 선별은 제한된 절차이다. 선별의 취지는 철저하게 검사되어야 할 문제를 지닌 것으로 생각되는 아동들을 판별해내는 것이다. 아동 발견 과정을 거쳐 발굴된 명백하거나 중증의 장애아동들은 선별 과정에 포함되지 않는다. 이런 아동들은 장애 진단을 위한 책임이 있는 지역 교육청이나 기관에 바로 의뢰되어야 한다.

(1) 유아교사의 역할

아동 발견과 선별 과정에서 중재자의 역할은 지역과 전문 판단에 따라 달라진다. 몇몇 지역에서 교사와 치료사는 공적 인식 활동의 지원과 선별 프로그램 수행을 하고 있다. 교사들이 자신의 학급에 있는 아동들 중 높은 위험 수준에 있거나 장애의 위험 신호를 나타내는 아동들이 있음을 인식하도록 기대하여 왔다(부록 D 참조).

유아 선별에 참여하는 것에 동의한 전문가들은 과정에 포함된 책임을 알아야 한다. 선별 과정이 아동들에게 재미있도록 보장하려는 많은 노력을 취해야 하지만, 그럼에도 불구하고 아동들에게는 불안한 시간이다. 특히 부모들은 선별이 예비단계이지 장애의 명백한 존재를 결정하지 않는다는 것을 알도록 지지와 격려가 필요하다. 주의해야 할 것은 아동에게 명칭을 부여하는 것은 피해야 한다는 것이다.

임상적인 관찰과 같은 부모와 의사에 의해 제공되는 정보가 표준화된 선별 검사를 대신하는 경향이 있음에도 불구하고 선별 검사는 아직도 사용되고 있다. 어떤 선별 검사를 선택하더라도 최대한의 주의가 필요하다. 우선 어느 지역에서도 수용될 수 있는 적합한 정의를 사용해야만 한다. 예를 들면, 만약 어떤 주정부에서 경도의 지체를 가진 아동들을 포함

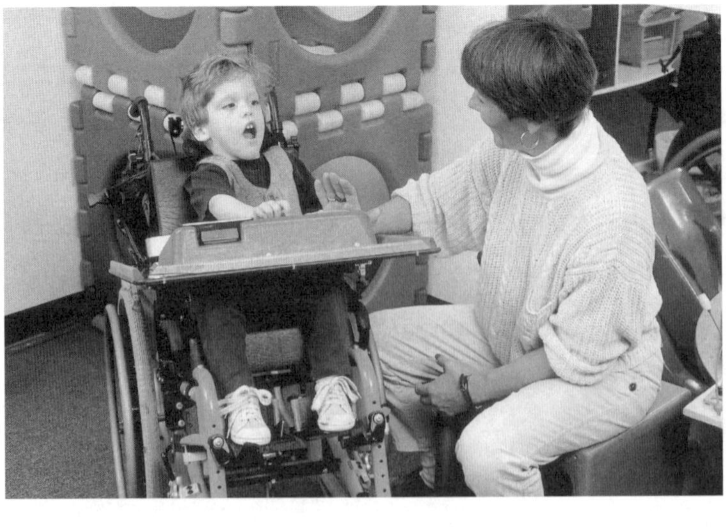

하는 매우 넓은 의미의 발달지체 정의를 사용한다면, 그 후 진단에 의뢰하기 위한 선별기준의 적합성에 관한 결정은 중증의 발달지체 아동만을 포함하는 정의를 가진 주정부보다는 더욱 광범위해야 한다.

선별 위원회는 선별 도구를 신징할 때 다음의 요소들을 고려해야만 한다.

1. 검사를 사용하게 될 개인의 자질
2. 검사의 신뢰도(일관성이나 안정성)
3. 검사의 타당성(선별하고자 목적하는 것을 최대한으로 선별하는 검사)
4. 언어기술, 인지기술, 대・소근육 운동기술, 사회-정서 발달을 포함하는 주요 기능적 영역을 포괄하는 항목의 준비
5. 선별되는 규준을 만드는 데 사용된 아동의 유사성
6. 선별 도구가 소수 집단이나 특정 장애를 변별하는 정도
7. 비용과 시간 요소

3. 서비스 적격성 결정

사정 과정은 아동이 조기중재 서비스를 받기에 적합할 정도로 충분한 문제가 존재하는지 여부를 확증하기 위해 실행되는 것이다. 다학문적 평가를 통해 문제의 본질과 존재를 명백히 함으로써 장애의 원인 또는 병인론에 따라 최종 **진단(dingnosis)**이 내려질 것이다. 그러나 많은 경우에 발달지체의 구체적인 원인은 밝혀지지 않는다. 그런 경우에 진단 평가의 목적은 아동이 서비스를 받을 정도로 명백하게 발달이 지체되어 있는지의 여부를 가리는 데 있다. 물론 이러한 결정은 그 지역의 **적격성(eligibility)** 여부 판단 기준에 의해 다를 것이다. 법적으로 주정부는 장애 범주 명칭에 따라 유아를 보고하고 서비스를 제공하도록 촉구된다. 그러므로 많은 주정부에서는 발달지체의 개월 수를 기준으로 수용해 왔다. 이것은 아동들이 장애영역에 의한 적격성보다는 자신의 발달 정도에 따른 적격성을 평가받도록 해 준다. IDEA는 서비스를 위한 아동의 적격성을 결정할 때 사용되는 사정 절차를 언급할 때 평가(evaluation)라는 용어를 사용하는데 주목해야 한다.

1) 서비스 결정

부모들과 협력하는 데 있어서 기관 간 팀은 아동과 가족을 위해 가장 적절한 서비스가 무엇인지를 결정하도록 아동의 현재 수행 수준의 다학문적 사정에서 도출된 정보를 사용할 것이다. 이러한 결정을 하는 데 있어서 아동과 가족의 요구, 능력, 우선순위와 이용할 수 있는 서비스를 연결짓는 것을 고려해야 한다. 그러한 결정은 아동과 가족 요구의 계속적이고 진행되는 사정에 의해 필요한 것으로 간주된 신속한 변화가 이루어지도록 역동적이어야 한다.

결정을 할 때 몇몇 결정적인 시점이 있는데 그것은 아동의 초기 연령이라는 것이다. 물론 많은 의사 결정 시점은 아동의 장애 특

성과 이러한 장애가 명백해지는 시기에 따라 달라 질 것이다. 예를 들어, 아동이 병원에서 퇴원 했을 때, 지체가 명백하게 인식되고 유아 프로그램이 적절한 것으로 간주된 수개월 후, 아동이 학령전기 서비스로 이동되었을 때, 유치원 교육이 적격한 것으로 되었을 때 서비스 결정이 이루어져야 한다.

(1) 유아교사의 역할

비록 역사적으로 교사들을 문제아동에 대한 의사결정에 적극적인 참여자로 보지 않지만, 점차로 세심한 관찰자와 관찰의 전달자로 기대되고 있다. 교사들은 다학문적 진단 팀의 일부로 포함된다. 이것은 서비스 조정자로서 요청받아왔던 교사나 치료사들에게는 특히 더 그렇다. 그들의 주의깊은 관찰은 형식적 검사 결과를 확증 또는 이의를 제기하는 데 도움이 된다. 현재는 각 전문가들이 말하고 권고하는 내용을 이해하는 것이 요구된다. 오늘날 교사들은 검사를 사용할 때 전문가들의 상반된 충고와 실수를 식별하기 위해서 다양한 문제들을 체크하거나, 의견이나 방향을 제시하는데 민감해야만 한다. 형식적 검사, 부모 면접, 비형식적 관찰에서 얻어진 것인지 여부에 관계없이 모든 정보는 통합되고 종합되는 것이 중요하다.

언어의 사용과 이해가 요구되는 규준지향 지능검사를 사용하는 심리학자에 의해 심각한 인지적 지체가 있는 것으로 판단된 경도 청각장애 아동의 경우를 살펴보자. 청각의 상실로 언어가 제한되고, 점수가 낮으며, 부적절한 진단이 내려졌다. 다른 심리학자가 이 아동의 수행평가(비언어적 IQ검사)를 통해 내린 진단은 중증의 정신지체로 기록되었다. 검사 점수는 정신지체의 범위에 속하였지만 부모와 교사는 아동이 심한 정신지체라는 것을 납득할 수 없었다. 운 좋게도 두 번째 심리학자는 "시력검사가 필요하다"라고 썼다.

정밀한 시력검사를 통해 심각한 근시를 발견하였다! 안경과 시각, 청각 문제를 수용할 수 있는 교육이 3년 동안 제공되었다. 이 경우에 교사가 전문가들의 의견 교환을 관찰하지 못했다면, 그리고 교사가 부모로 하여금 모든 정보를 보도록 주장하지 않았다면 중증의 인지적 지체라는 진단은 그대로 수용되었을 것이다. 그리고 이 아동은 중요한 초기 학습 기회를 놓쳐버렸을 것이다.

중재자들은 그들의 교실 환경의 상황을 완벽하게 잘 알고 있어야 한다. 한 아동이 그들의 학급에서 유익한 서비스를 받고 있는지에 대한 질문을 받는다면 교사들은 자신있게 대답할 수 있어야 한다.

또한 교사들은 그들 자신의 지도 양식과 분위기를 이해함으로써 발달할 수 있고, 그들을 관찰하는 다른 사람들에 의한 피드백을 통해 발달할 수 있다. 그들은 교장, 학교 심리학자, 언어치료사 그리고 간호사들과 그들이 가르치는 학급의 성격에 대해 도움을 얻도록 대화를 시도할 수 있어야 한다. 오디오 테잎과 비디오 테잎의 사용은 다음과 같이 교사를 도울 수 있다. (a) 다른 것보다 어떤 유형의 장애에 더 큰 인내심을 발휘해야 하는가

예시 3.1

영유아 사정에서 특별한 고려사항

1. 비록 표준화 도구들이 영유아 발달의 다양한 측면을 사정하는 데 사용될지라도, 표준화 도구와 함께 비형식적 측정 도구도 광범위하게 잘 사용해야 한다.
2. 영유아들은 그들의 자연스러운 가정 환경 내에서, 그들의 가족 맥락 내에서 사정되어야 한다.
3. 영아의 배고픔, 피로, 능력과 같은 요인 때문에 변화가 빠르고 역동적인 영아의 행동과 신체심리적 상태에 특별한 고려사항들이 제공되어야 한다. 사정은 몇 차례 시간 재조정이 필요할 수도 있다. 또한, 영아의 상태는 영아가 하루에 다른 시간대에 한 가지 상황보다 더 많은 상황에서 관찰되도록 요구될 것이다.
4. 부모들은 전문가에게 정보를 제공할 수 있고, 양육자와 함께 있는 가장 최상의 환경에서 영아의 행동을 관찰하도록 하는 요구가 있을 때 영유아의 사정에 중요한 역할을 해야 한다.

에 대한 결정, (b) 아동의 연령이나 성에 의해 다르게 강화하는지 보는 것, (c) 그들이 교실에서 하는 구조의 정도를 평가하는 것, (d) 아동 관리에 있어서 가장 효과적인 기술을 발견하는 것이다. 아동들이 다르듯이 교사와 부모들도 그렇다. 정직하고 객관적인 관찰은 문헌에서 권장하고 있는 학습 환경을 창조하는 데 도움이 될 것이다. 유아특수교육 교사가 전문가로서 책임을 생각함으로써 유아를 사정할 때 명심해야 하는 것들을 예시 3.1에 요약 제시하였다.

4. 프로그램 계획의 사정

역사적으로 철저한 진단을 통해 획득된 정보와 직접적인 서비스를 계획하고 제공하는 조기중재자에게 필요한 정보 간에 불일치가 있었다. 원래 진단에서 수집된 정보는 교수 프로그램 개발에 유용한 것으로 생각하였다. 그러나 그런 정보는 매우 일반적인 수준의 정보만을 제공한다. 그래서 대부분의 조기중재 프로그램은 프로그램 시작과 계속적인 추가적 사정을 요구한다. 최근에 사정은 "교수적 실제에 관한 비형식적인 판단을 하기 위하여 학습의 증거를 수집하는 계속적인 절차"(Jones, 2004, p.15)로 더 정의되고 있다.

미국유아교육협회(NAEYC)와 주정부 교육분과의 조기특수교육분과(2004)는 유아교육 전문가에게 다음과 같은 도전을 제공하는 공동 진술문을 논의했다.

> 모든 유아교육 프로그램의 핵심 부분은 윤리적이고, 적절하고, 타당하고, 신뢰로운 사정을 하는 것이다. 유아의 강점, 진보, 요구를 사정하는 데 발달적으로 적절하고, 문화적으로 그리고 언어적으로 반응적이고, 아동의 일상 활동과 연계되고, 전문적 개발에 의해 지지되고, 가족을 포함하고, 구체적이고 이익이 되는 목적과 연계되는 사정 방법의 사용은 (1) 교수와 학습에 관한 건정한 결정을 하도록 하고,

(2) 개개아동의 중재에 초점이 요구되는 의미있는 관심사를 확인하고, (3) 그들의 교육적 중재와 발달적 중재를 개선시키는 프로그램에 도움이 된다.(p.51)

계속적인 사정 과정이 진단 과정에서 수집된 정보를 사용하고 형성하는 동안, 각 아동의 기술과 결함을 정확하게 지적하는 데 있어서 심층적인 관찰을 수행하도록 다양한 비형식적 기법과 형식적 기법을 사용하는 것이 필요하다. 아동이 할 수 있는 것 또는 할 수 없는 것, 그리고 어떤 환경인지는 적절한 행동적 목표와 효과적인 교수전략을 선택하도록 한다. 아동의 프로그램이 진행됨으로써 계속적인 사정 자료는 개인적 목표와 중재 절차를 새롭게 하도록 수집되어야 한다.

1) 유아교사의 역할

과거에 교사들은 적응적 교육과정과 활동 계획을 따랐다. 비록 좋은 교사들이 어느 정도 항상 개별화된 활동을 하지만, 현재는 보다 철저한 초기 사정, 증가된 진행되는 사정, 계속적인 활동의 적응을 요구한다.

사정은 각 장애아동들마다 요구되는 개별화교육프로그램의 가장 첫 번째 과제이다. 유용한 사정은 다양한 자원으로부터의 정보를 도출한다. 이것은 자기 아동에 관한 풍부한 정보를 공유하도록 그들을 격려하고 부모의 말을 주의 깊게 경청함으로써 시작된다. 사정은 다양한 장면에서 아동의 빈번한 관찰을 요구한다. 관찰은 표준화된 도구나 교사가 제작한 비형식적 관찰 도구에 의해 이루어진다. 이러한 관찰은 진단 검사 결과를 확증하거나 잘못을 찾아내는 데에 도움이 되며, 동시에 관심사가 정확하게 지적되고 개별화 교육 개발의 기초가 된다.

프로그램 사정 절차는 프로그램 목표와 직접적으로 관련되어져야 한다.(목표 개발 과정은 4장에서 논의한다.) 이것은 교육자들이 교육과정의 목적과 목표에 대단히 친숙해야 한다는 것이고, 아동을 관찰하거나 활동을 계획할 때마다 명심해야 한다는 것을 의미한다. 잘 균형 잡힌 프로그램은 그러한 균형이 반영된 사정 절차를 사용해야 한다. 몇몇 프로그램들은 언어나 의사소통 기술 발달 같은 교육과정의 한 영역에 주로 초점을 두고 만들어진다. 분명히 이러한 기술들은 분리되어 발달하지 않는다. 그럼에도 불구하고 사정 절차는 언어와 의사소통에 관련된 항목에만 치중되어서는 안 된다.

규준지향 검사나 표준화 검사 보고의 의미를 이해할 수 있는 것으로 기대된 초기 아동기 교사들은 Buros Mental Measurements Yearbook(Spies & Plake, 2005)을 참고해야 한다.

5. 프로그램 점검과 평가

앞에서도 기술했듯이, 연방법은 서비스에 대한 적격성을 결정하는 데 사용한 과정을 '평가' 라는 용어를 사용한다(4장을 참고한다).

비록 평가가 때때로 사정과 진단이라는 용어와 바뀌어 사용되었을지라도, 평가는 특별한 요구를 가진 유아들을 위한 질적인 프로그램의 개발에 중요한 것으로 생각되었다. **프로그램 점검과 평가**(program monitoring and evaluation)의 두 가지 일반적인 목적은 (a) 진행 중인 프로그램에서 의사 결정의 근거로 사용되는 평가 정보의 수집, (b) 특수교육사무국이나 Danforth 재단과 같은 외부 지원 기관에 평가 정보를 제공하는 것이다.

평가 정보는 교수 프로그램이 기대했던 결과를 나타내었는지 아닌지를 판단하는 데 사용된다. 평가자들은 **형성평가**(formative evaluation)와 **총괄평가**(summative evaluation)의 두 가지 유형을 논의한다. 형성평가는 아동의 발달을 주기적으로 수집하고 이 정보를 진행 중인 프로그램을 수정하는 데 사용한다. 총괄평가는 프로그램 전체의 효용성과 관련된다. 이것은 프로그램의 성공 여부를 최종 설명하는 것이다. 일반적인 평가는 교수 프로그램의 초기에 행해지고 끝날 때 기대했던 교육적 변화를 가져왔는지 아닌지 확인하게 된다.

1) 유아교사의 역할

조기중재 프로그램에서 교사들은 종종 교육과정 계획과 프로그램 평가에는 거의 투입되지 않는다. 교사의 책무성을 요구하는 현재의 실제는 이러한 영역에 대한 그들의 참여가 필수적이다. 교사들은 프로그램의 효과를 결정하기 위한 정보를 수집하는 과정에 직접적으로 포함되기도 하고 그렇지 않기도 하다. 몇몇 프로그램은 평가를 수행하는 외부 기관에서 지원을 받기도 한다. 이러한 평가는 그 특성상 총괄평가이다.

그러나 평가 절차는 정보 수집의 편리함이 보장되고 교수 프로그램과 관련이 없는 자료수집을 하지 않도록 프로그램의 시작에서 계획되어야 한다. 형성평가에서 수집된 정보 또는 아동의 진전에 대한 진행되는 사정은 일반적으로 최종 프로그램을 평가하는 데 적절하다. 진행되는 사정 정보가 프로그램의 효과에 관한 가치있는 판단을 하는 데 사용될 때는 교사들이 확실히 포함되어야 한다. 따라서 잘 조직되고, 객관적이고, 철저하게 교사가 관찰하고 기록할 때 프로그램 평가는 보다 용이해진다.

6. 철학과 실제의 변화

판별, 사정, 평가의 실제는 빠르게 변하고 있다. 특수교육 서비스와 그것을 필요로 하는 아동을 위한 새로운 시스템은 진화하고 있다. 몇몇 지역에서의 실제는 여기에 씌어진 대로 변화되도록 인식되어야 한다.

시간이 지남에 따라 그 경향은 정신지체와 학습장애 같은 범주적 설명에서 아동에게 필요한 중재의 이해를 전달하는 설명으로 변화해 왔다. 강조는 아동에게서 발견되는 문제의 진단이 아니라 (a) 아동의 구체적인 교수 요구의 분석, (b) 이러한 요구를 충족하는 데 필요한 서비스의 결정, (c) 전통적인 명칭

붙임에 동반될 수 있는 낙인을 피하는 것이다. 사용된 검사의 유형과 결과 정보에 의해 이루어진 해석이 변화되었다. 문화적 영향, 이전 경험, 일상 환경, 검사 동안 아동이 받는 스트레스를 인식하는 데 더 많은 주의를 해야 한다.

아동의 환경과의 상호작용에 대한 인식은 사정을 묘사하는 데 중요한 차원을 첨가하였다. **생태학적 접근**(ecological approach)은 장애유아의 생활공간에서 가족과 타인과의 복잡한 상호작용뿐만 아니라 지역사회와 문화적 영향을 포함하고 있다. Gargiulo와 Kilgo(2005)는 "사정 정보는 아동이 발달하고 있는 맥락을 강조하지 않고 기술 획득에 대한 환경의 영향을 강조하지 않으면 유용하지 않다"(p.126)고 진술하였다.

과거의 많은 발달적 사정들은 단일 기능 영역에 중점을 두고 엄격하게 실시되는 표준화 검사를 사용하였다, 이러한 검사들은 넓이와 깊이가 부족하기 때문에 아동의 기능을 보는 관점이 단편적이었고 아동의 기능에 있어서 큰 환경적 맥락을 고려하는 것을 경시하였다. 아동의 기능을 환경적 맥락 속에서 보는 것이 중요하다. 부족한 정보를 바탕으로 포괄적인 중재 계획을 세우는 것은 어렵다. 최근에는 사정 도구들이 아동과 부모, 양육자의 행동 범위를 더 넓게 보여주고 아동의 경험적 세계를 넓은 맥락으로 볼 수 있도록 만들어지고 있다.

1) 생태학적 타당성

사정에 대한 생태학적 접근에 대한 움직임은 장애유아의 생활공간에서 가족과 타인과의 복잡한 상호작용뿐만 아니라 지역사회와 문화적 영향의 이해를 허용하고 있다. 친숙한 환경에서 아동을 관찰하려는 이루어지고 있다. 아동들은 먹고 노는 것과 같은 정상적으로 일어나는 일상의 맥락에서 행동하도록 한다. 부모들은 관찰의 **생태학적 타당성**(ecological validity)을 보장하는 데 도움이 되도록 상호작용하는 동반자로 포함된다. 생태학적으로 타당한 사정은 중재자로 하여금 가정에서 아동이 하는 행동들을 이해하는 데 도움을 줄 뿐만 아니라 이런 행동들이 가족들과 기능적으로 관련이 있는지에 대한 단서를 주기도 한다. 이러한 실제는 부모와 전문가들이 아동의 집과 지역사회라는 실제 생활환경에서의 의미와 관련성을 가지는 것이 중재의 목표라는 것에 동의한다. 생태학적으로 타당한 사정은 전통적인 실제에서처럼 친숙하지 않은 환경에서 낯선 사람이 사정 활동을 하도록 허락하지 않는다. 대신 사정 과정에서 중요한 동반자로 부모가 포함된다. 정상적인 일상에서 일어나는 상황에서 아동의 행동을 자연스럽게 관찰하는 것에 강조를 두어야 한다. 식사, 동아리 활동 시간에 일어나는 상호작용, 또는 미술 활동에 참여하는 것과 같은 정상적인 일상생활 활동을 관찰함으로써, 전문가들은 아동이 실제로 사용하는 기술들의 정도를 알게 된다.

Meisels(2001)는 구조화된 과제나 질문에서 유아의 능력을 해석할 때 오류를 범하지 않도록 고려해야 하는 점을 상세하게 설명하였다.

- 유아들은 사정 단서를 이해하는 능력이 제한되어 있다.
- 유아들은 언어적 반응 능력과 지각-운동적 반응 능력이 제한되어 있다.
- 몇몇 질문 유형은 유아들이 가지지 않은 복잡한 정보처리 기술이 요구된다.
- 유아들은 그들에게 주어진 질문 내용을 이해하는 것이 어렵고, 이러한 요구에 부합되도록 그들의 행동을 통제할 수 없다.

불행하게도 빠른 결정을 내려야 한다는 압박을 느끼는 전문가들은 나이가 많은 아동의 능력을 사정하기 위해 개발된 절차나 도구에 대한 경험으로 활동을 하게 된다. 이미 있는 검사나 척도를 가지고 영유아의 기능을 사정하려는 이러한 경향은 가족 맥락 내에서 아동의 사회적 기술 발달과 기능과 같은 측정하기 어려운 영역에서는 아동의 능력을 과소평가하게 된다.

7. 조기중재 팀

현재의 팀 접근법은 우수한 조기중재 프로그램의 필수 구성요소로 생각되고 있다. 전문가 팀 구성원의 수와 유형은 아동과 가족의 요구, 실행된 접근법, 프로그램의 재정적 지원에 따라 결정된다. 조기중재 팀의 다양한 전문가들의 역할은 10장에서 다룬다. 부모 또는 다른 양육자는 조기중재 과정의 모든 측면에서 팀의 필수적인 부분이라는 것을 기억해야 한다. 팀 접근이 효과적이려면 서로 완전히 협력적인 참가자가 되는 것이 필요하다. 그렇게 하기 위해서 그들은 좋은 의사소통 기술, 문제해결 능력, 이용할 수 있는 자원에 대한 지식을 가져야 한다. 대다수 팀 구성원들은

서로 존중해야 한다.

선행연구 검토에서 세 가지 팀 개발 방법이 도출되었다. 가장 전통적인 모델이 **다학문적 팀 접근(multidisciplinary team approach)**으로, 각 전문가는 각자의 고유한 사정과 중재를 수행하게 된다. 비록 전문가들이 서로 회의는 하지만 자문이 반드시 체계적이고 계획적인 것은 아니다. **간학문적 팀 접근(inter-disciplinary team approach)**에서 활동하는 팀 구성원들은 같은 환경에서 자주 함께 활동한다. 비록 각 구성원들이 각자의 사정과 중재를 수행하지만, 팀 내에서 빈번한 의사소통과 계획을 하게 된다.

최근에 수용되고 있는 고려할만한 모델이 **융합학문적 팀 접근(transdisciplinary team approach)**이다(Grisham-Brown, 2000). 융합학문적 팀 구성원들은 그들의 전문 지식을 공유하고 전문 분야의 경계를 뛰어넘는다. 모든 팀 구성원들은 다른 팀 구성원을 보는 전문적인 관점을 이해하기 위해 민감하게 된다. 융합학문적 팀 구성원들은 다른 이들에게 그들의 전문 지식을 나누고 새로운 기술을 배우는 데 마음을 열어야 한다. 그렇게 함으로써, 그들은 아동과 가족들에게 가장 좋은 제안을 할 수 있는 위치에 놓이게 된다. 이 접근법은 10장에서 좀 더 심도 깊게 설명될 것이다.

1) 가족지향 아동 사정

가족 구성원들이 조기중재 팀에 적극적으로 참여할 때 가족중심 사정이 보다 쉽게 이루어진다. **가족지향 아동 사정(family-directed child assessment)**에는 가족에게 중요한 사정 질문들을 선택하는 것이 포함된다. 또한 이것은 우선순위가 가장 높은 질문에 대해 답을 할 수 있는 사정 절차를 선택하고, 전반적인 사정 과정에 투입되는 가족을 통합한다는 것을 의미한다. 조기중재 분야의 실천가들은 가족 체계에서 지나치게 강제하지 않고 아동의 강점과 요구에 더하여 가족의 관심사, 우선순위, 자원을 사정할 수 있는 절차를 개발하는데 자신을 가져야 한다. 이 내용은 뒤에서 보다 심층적으로 다룰 것이다.

8. 유아에 대한 표준화 검사의 사용

조기중재 전문가들은 사정의 초석으로서 아동의 핵심적인 기능적 능력의 평가와 믿을 수 있는 양육자와의 상호작용에서 아동을 관찰하고 있다(Wieder & Greenspan, 2001). **표준화 검사(standardized tests)**의 사용은 점점 비판을 받고 있는데, 이러한 구조화된 검사는 규정된 일련의 자극에 대한 관계에서만 아동이 할 수 있는 것과 할 수 없는 것을 조사하게 된다. 특정 도구가 취하게 되는 아동의 능력에 대한 이러한 '속사(snapshot)'는 일상생활의 맥락 속에서 아동의 일반적인 기능을 대표하지 못한다.

이런 판에 박힌 표준화 검사를 사용하는 것을 기피하는 데는 (a) 유아에게 사용하기 위한 표준화 검사의 신뢰도와 타당도의 부족, (b) 개별화 교수 계획에 쉽게 적용할 수 있는 정보를 획득해야 하는 필요성, (c) 많은 표준화 검사 속에 있는 문화적 편견, (d) 검사 수행에서의 상황적 요소의 영향 때문이다. 따라서 우리는 표준화된 검사들이 확실히 필요하거나 이해하기 쉬운 접근법일 경우에만 사용해야 한다고 믿는 전문가들에게 동의한다. 그럴 때조차 표준화 검사는 적절해야 하고, 부가적인 의미있는 정보를 제공할 때만 사용해야 한다.

이런 걱정은 다음의 시나리오에서 확인할 수 있다. 당신이 네 살이라고 상상해 보라. 신경질적으로 보이는 당신의 어머니는 당신을 의사의 사무실에 남겨 놓았다.

> 한 낯선 남자가 나에게 자신을 소개하고 자기는 장난감을 가지고 노는 것을 좋아한다고 말하고 몇 가지 그림을 보여준다. 그는 나의 어머니에게 저기로 가 앉으라고 말한다. 나는 엄마를 정말로 볼 수 없게 되었다. 나는 엄마가 무언가에 대해 걱정하고 있다는 것을 안다.
>
> 그 남자는 재미있게 말한다. 그는 우리 엄마가 말하는 것처럼 말하지만, 많은 말은 분명하지 않다. 그 남자는 나에게 몇 가지 흥미로운 장난감을 보여주지만, 나는 그가 이것으로 내가 뭘 하기를 원하는지 알 수가 없다. 나는 매우 조심해야 한다는 걸 느낀다. 그리고 틀린 것을 하면 안 된다는 것도. 그는 서두르는 것처럼 보인다. 왜냐하면 그는 나에게 장난감들을 아주 짧은 시간 동안만 보여주기 때문이다. 나는 엄마가 있는지 확인한다. 엄마는 나를 재미있게 보고 있다. 엄마가 혼란스러워 하고 있나?
>
> 다음으로 그 남자는 나에게 몇 개의 그림을 보여준다. 나는 집에 있는 내 그림책들을 즐겨 보지만 이 그림들은 나에게 생소한 것들이다. 그리고 나는 그것들을 뭐라고 불러야 할지 잘 모르겠다. 그는 나에게 "이건 뭐지?" 또는 "이걸로 뭘 할 수 있지?" 같은 질문들을 한다. 나는 그가 이런 질문들에 대한 답을 모르는 것에 깜짝 놀랐다. 그가 모른다면 나도 당연히 모른다! 나는 이제 네 살이다. 방은 덥다. 내 새 옷은 따끔거린다. 나는 지금 가고 싶다. 엄마와 버스를 타고 여기 온지 몇 시간은 지난 것 같다.

이 시나리오는 과장된 것이 아니다. 사정에 대한 접근법의 점차적인 변화가 있었지만, 표준화 도구들은 여전히 공통적으로 사용되고 있다. 대다수 유아들은 친숙하지 않은 사투리나 언어로 말하는 친숙하지 않은 어른들, 친숙하지 않은 도구들, 친숙하지 않은 방과 가구, 친숙하지 않은 부모의 감정과 행동과 같은 친숙하지 않은 환경에서 최고의 능력을 보여주지 못한다. 많은 아동들은 그런 상황에서 요구되는 것을 수행하지 않을 것이다. 표준화 검사들은 아동들의 자연스러운 호기심과 독창성을 강요하고 아동들에게 민감하게 반응하도록 강요한다. 또한, 그런 검사들은 학습의 발달보다는 단지 특정한 기술이나 산출에만 초점을 맞춘다. 인지 양식, 통제 능력, 상호작용 양식, 뛰어난 동기유발, 그리고 속도와 같은 과정 특성들은 전통적 사정에서는 거의 다루어지지 않는다.

1) 규준지향 검사의 신중한 사용

표준화 검사들은 구체적이고 표준화된 절차에 따라 **훈련된 검사자들**(trained examiner)이 실시하도록 설계된 도구이다. 그 목적에 따라 표준화 검사나 사정은 심리학자 또는 심리측정가, 말 · 언어 · 청각 임상가, 소아과 의사 혹은 사회사업가들이 사용할 수 있다. 일반적으로 이러한 검사자들은 검사 점수와 규준지향 정보를 보고한다. 서비스에 대한 적격성을 결정할 때는 표준화 도구가 필요하지만, 그것들의 잘못된 사용은 계속 확산되고 있다. 따라서 규준지향 또는 표준화 검사의 사용에 관한 고려할만한 정보가 이 장에 포함되어 있다.

규준지향 검사 점수(norm-referenced test scores)는 규준이 만들어질 때 검사를 한 같은 생활연령의 다른 아동의 수행과 현재 검사되는 아동의 수행의 비교를 반영하는 것이다. 그래서 정신연령 3세 6개월 된 아동은 3세 6개월 된 대다수 아동들이 하는 것과 같은 방법으로 Stanford-Binet 지능검사와 같은 규준지향 검사에 대해 수행했다고 말하는 것이다.

만약 실제로 어린 아동이 3세 6개월 된 아동처럼 수행을 했다면 이 아동은 평균 이상으로 생각할 수 있다. 다른 한편으로 만약 나이가 많은 아동이 3세 6개월 된 아동처럼의 수행을 했다면 이 아동은 Stanford-Binet 검사에서 인지적으로 지체된 것으로 판단된다.

정신연령을 사정하는 이와 같은 도구들은 장애아동의 수행을 사정할 때는 가치가 적으며, 소수 문화의 아동들에게 그러한 검사를 사용하는 것은 아동의 독특한 조건이나 발달 특성의 영향을 설명할 수 없게 된다. 장애가 가 있거나 이중언어이거나 환경적 박탈에 의해 다르게 발달한 아동들은 정상적인 환경으로 고려되는 사회에서 성장한 아동들과는 논리적으로 비교할 수 없다. 능숙한 검사자에 의해 신중하게 사용될 때만 표준화 될 수 있고, 규준지향 검사는 개별화교육프로그램을 계획하기 위해 가치 있는 정보를 제공한다.

예를 들면, 규준지향 검사는 일반적으로 아동의 수용언어 기술과 표현 언어 기술에 대한 비교로 말, 언어, 청각 임상가들에 의해 사용된다. 보통 아동들은 문법과 구문의 대부분의 규칙을 4세까지 습득한다. 이 나이까지 문법적으로 정확한 방법으로 말하지 못하는 아동들은 말과 언어 발달이 지체되었다고 설명되어졌다. 표준화 검사인 규준지향 검사의 개별적인 항목에서 얻어진 결과를 분석함으로써 아동의 특정 부분의 지체에 대한 유용한 정보를 얻을 수 있다. 개별적인 검사 항목들의 결과를 분석하는 기술이 있는 검사자들은 교육의 목적과 목표에 공헌할 수 있는 발달과 행동 패턴을 기록할 것이다.

또한 특정 과제 수행 능력의 인식은 실패한 검사 문항에 포함된 사고와 행위 과정을 이해하고 있는 교사들에게 도움이 될 수 있다. 부족한 부분에 관한 지식은 아동이 비슷한 과제를 수행하는 것을 관찰하는 비형식적 관찰 기법을 교사가 사용하도록 할 것이다. 이러한 관찰은 아동이 문항을 실패하는 방법이나 이유를 이해하도록 할 것이다. 원래 검사 결과에 이의를 제기하거나 확증하는 기회가 관찰에 의해 제시된다.

McLynn씨는 다른 교사와 함께 그녀의 학생들을 관찰할 때 Danny가 청력 선별 검사를 거쳤음에도 불구하고 잘 듣지 못한다는 불안한 느낌이 들었다(예시 3.2 참조). 그녀는 Danny와 함께 가려진 자료를 소리를 듣고 찾아내거나 간단한 문장들을 따라하는 게임을 하기로 했다. Danny는 그 방에 있는 4세 아동보다 이 과제를 해결하는 데 더 어려워했다. McLynn씨는 Danny가 명백한 청각적 문제를 가졌다고 확신하게 되었다. 그녀는 Danny의 부모님에게 Danny가 대학 옆의 언어 청각 클리닉에 다니도록 말했다.

이 실례는 아동의 능력에 대한 검사 점수가 정확한지 여부를 결정하는 책임이 교사에게 있다는 것을 강조하고 있다. 매일 행해지는 관찰만이 검사 수행의 확증과 반론을 결정할 수 있게 해 준다. 따라서 모든 표준화 검사는 특정 시간에 아동의 특정 행동의 표본만을 제공한다.

2) 표준화 검사 결과 해석의 고려사항

교육자들은 장애아동이나 문화적으로 다른 아동들의 검사 결과를 조심스럽게 해석해야 할 필요가 있다. 몇몇 아동들에게 불가능한 반응 요구는 단일 검사 규준 표본의 부적절성 이상의 왜곡이다. 최근의 예가 있다. 시각장애에 대한 수정이 없는 중증시각장애아동에 대한 규준지향 지능지수의 타당성을 생각해 보자. 더 혼란스러운 것은 그 아동의 정신적 능력이 그가 받은 점수에 따라 분류되어지고 보고되었다는 것이다. 교사는 검사 결과의 외적 타당도를 확증하거나 반박할 필요가 있다. 교사의 아동 관찰 경험에 비추어 봤을 때 아동이 받은 그 점수가 적절하게 보이는가? 교사가 검사 결과나 보고서를 해석하는 데 도움을 주기 위해 진단 전문가에 의해 선택된 측정 관련 용어들을 이 책의 뒤에 제시된 용어 해석에서 찾을 수 있다. 이러한 해석에 대한 이해는 교사가 부모나 교육 보조자에게 사정 결과를 설명하는 데 도움이 된다. 마찬가지로 교사들은 교육적 전략의 개발을 위한 검사 정보의 사용에도 도움을 준다. 그러나 교사들이 사정과정에 포함될지라도, 교사들은 아동의 다학문적 사정에 포함되는 중재자들과 이야기를 해야만 한다. 교사들은 전문가들에 의해 사용 된 사정 과정과, 교육 목적과 결과에 따른 진단 해석과 번역에 대한 기술들을 논의해야만 한다. 그러한 논의는 중재자들에 의해 관찰 된 아동들의 수행에 영향을 미칠 수 있는 상황적인 요소들을 이해하도록 교사들에게 도움을 줄 것이다.

예시 3.2

McLynn의 관찰

McLynn은 4세의 유아반을 가르치고 있다. 여러 주 동안 그녀는 Danny에 대해 혼란스러워 하고 있다. 그는 도대체 집중하려 하지 않는다. 그를 부를 때 가끔은 바로 오기도 한다. 그러나 다른 때는 그녀가 소리를 높여서 확실하게 말할 때까지 알아채지 못한다. 종종 그는 그녀가 부르는 소리를 듣는 것처럼 행동한다. 그러나 그 후에 그는 다른 방향에서 그녀를 찾는다. 그녀가 그에게 무언가를 하도록 말하면 그는 다른 것을 한다. 그리고 그가 해야 할 것을 몇 번에 걸쳐 설명했을 때도 빈 것만 그녀에게 돌려준다. (처음에 McLynn은 그가 청력에 문제를 가지지 않는지 의문을 가졌었다. 그러나 간호사가 그는 청각 검사를 통과했다고 말했다.) 오늘 그녀는 그를 자세히 관찰하고 기록할 결심을 했다. 그녀의 조수인 Cain씨가 Danny를 포함한 10명의 다른 아동들이 여러 장난감을 가지고 노는 동안 4명의 아동들과 게임을 하고 있다. 여기 그녀가 쓴 것이 있다.

april 1, 2007

Danny is playing in the corner with some toy animals. Another child called him but he didn't turn, so Susan poked him. He turned, surprised. Tim said, "Danny, I want that little duck." When Danny gave him the dog, Tim said, "Not dog, you silly. I want the duck." Danny obligingly gave him the toy truck! So Tim went over and picked up the duck.

Danny walked over to the clay table and began to pound the clay. He hit it with all his 4-year-old's vigor.

Remember to ask Danny's mother about allergies. His nose always seems to be dripping. Even though he passed our screening, he just doesn't seem to be hearing.

3) 신뢰롭고 타당한 검사의 중요성

유아를 위해 개발된 검사들은 신뢰도와 타당도의 측면에서 엄격성이 부족하다. 그래서 교육 계획을 짤 때 자신감 있게 규준지향 검사를 사용하는 것이 어렵다. **신뢰도(reliability)**라는 용어는 검사 과정의 일관성, 믿을 수 있음을 설명하는 것이다. 그것은 아동의 점수가 진짜 점수라는 것의 정도를 말한다. 즉, 평가에 약간의 오류도 있어서는 안 된다. 검사의 신뢰도는 검사의 반복적인 시행(검사-재검사), 한 검사 점수를 두 개로 나누어 비교하는 것, 두 명 이상의 채점자 간의 일관성(채점자 간)에 의해 결정된다. 결과들이 고려할 만한 문제들을 반영하지 못할 뿐만 아니라, 많은 검사 매뉴얼들은 신뢰도 결정을 위한 결과들을 기록하여 제시하지 않고 있다. 어떤 수행에서 일관성은 유아들의 특성이 아니라, 사정이 만들어 질 때 가능한 한 높은 신뢰도를 유지하도록 계속 시도하는 것이다.

검사가 신뢰롭다고 해서 반드시 타당한 것은 아니다. **타당도(validity)**는 검사가 무엇을 측정하는지 그리고 얼마나 잘 측정하는지를 설명한다. 그것은 측정되도록 기대되어지는 것을 측정하는가? 하는 것이다. 예를 들어, 교사가 아동의 문제 해결 수준을 알고 싶다면 교사는 아동에게 문제를 해결하도록 요구해야만 한다. 아동에게 지정된 것을 가리킴으로 그림들을 설명하라고 요구하고 결과로 기록한 정신연령 점수는 아동의 문제 해결을 위한 잠재능력을 말해주지 못한다. 타당도가 높은 문제-해결 검사는 아직까지 없다. 대신, 아동의 수용언어 수준과, 구어적 상징과 시각적 상징을 연결하는 능력을 사정하는 타당도 있는 검사는 있다.

타당도에는 세 가지 유형이 항상 논의된다. 구인 타당도(construct validity), 내용 타당도(content validity), 예언 타당도(predictive validity)이다. 세 가지 가운데 **구인 타당도(construct validity)** 혹은 개념적 아이디어를 얼마나 잘 측정하는지에 대한 능력이 결정하기가 가장 어렵다. 오늘날 지능검사가 지능이라 불리는 추상적인 속성을 실제로 측정하는지 여부에는 많은 의문이 있다. **내용 타당도(content validity)**는 검사가 측정하도록 기대되는 행동의 대표적인 표본을 가지고 있다고 가정한다. 시각-운동 협응 검사는 검사 항목의 진정한 대표적 표본을 포함하지 않는다. **예언 타당도(predictive validity)** 혹은 **준거 관련 타당도(criterion-related validity)**는 검사 항목의 수행이 살아가면서 미래에 수행해야 할 기술이나 관련 기술을 측정하도록 기대되는 다른 검사에서도 실제적인 성취를 예언할 수 있는지 아닌지와 관련이 있다.

예언 타당도는 선별 검사나 준비도 검사 개발자들이 중요하게 고려해야 할 문제이다. 장애를 예언하기 위한 많은 시도는 아직 위험하다고 알려져 온 요인들을 발견하지 못했다는 것이 어려움이다. 따라서 윤리적인 고려 사항은 사정으로부터 미래 행동을 정확하게 예언 가능한지를 결정하기 위해 조사하려는 시도들을 방해한다. 즉, 아동들은 소모품이 아니라는 것이다! 어른들이 검사의 진단 해석을 통해 아동의 잠재적인 학습 문제를 걱정하게 될 때, 어른들은 가능한 한 빨리 치료나 예방적 행동을 취하도록 강요받는다고 느낀다. 우리가 아동을 어떻게 도울 수 있을지 안다면, 도움을 보류하는 것은 생각할 수도 없다. 그러므로, 연구자들은 만일 중재가 효과적이지 않다면 예언된 문제들이 일어나는 것을 찾기 위한 장기적 연구를 하는 데 방해를 받는다.

교육자들은 아동에게 필요한 서비스를 제공하는 데 방해가 되는 검사의 결과보다는 오히려 전문가와 부모의 관찰과 판단을 더 신뢰하고 선택한다. 전문가들은 사용하고 있는 도구들이 실제로 신뢰도와 타당도가 부족하다는 인식을 하게 되면서 표준화 도구를 덜 선택하고 있다. "임상적 의견"이라고 불리는 것의 중요성은 아동들의 다양성과 유아의 지적 능력의 불안정성을 볼 때 과소평가될 수 없다. 잘 훈련된 전문가들과 주의력 깊은 부모들이 함께 임상적 의견으로 좋은 정보를 제공하여 공헌할 수 있다.

4) 준거지향 기법

아동의 수행을 같은 연령의 다른 아동들과 비교하는 것이 전형적인 규준지향 사정이다. 대조적으로, **준거지향 사정**(criterion-referenced assessment)은 표준이라고 예상되는 기술의 숙달과 아동의 수행을 비교한다. 그것은 또한 어떤 표준이나 준거에 연관된 아동의 이전 수행능력과 현재의 수행능력을 비교할 수 있도록 만든다.

몇 가지 준거지향 도구들은 프로그램의 목표로 바로 바꿀 수 있는 정보를 제공한다. 그러한 프로그램들은 사정, 평가, 프로그램 체계(Assessment, Evaluation and Programming Systems), 캐롤라이나 발달 프로파일(Carolina Developmental Profile), 보헴 기초 개념 검사(Boehm Test of basic Concepts), 브리건스 조기 발달 진단 검사(Brigance Diagnostic Inventory of Early Development)이다.

그러나 유치원의 행정가들과 교사들은 종종 그들만의 준거지향 사정 도구를 개발하는 쪽을 선택한다. 유치원에서 개발한 도구들은 사정 목적과 프로그램 목표로 결합시킬 수 있다는 장점이 있다. 이러한 표준 준거 교육과정의 기원은, 만일 아동이 중재 기술에 의해 적합하게 될 수 있고 적절한 표준 준거에 의해 아동이 발달된다면 조기 교육자들이 좀 더 미리 결정을 할 수 있다는 것이다.

준거지향 도구들은 아동을 위한 매일의 계획을 촉진하도록 확실하게 준비되어야 한다. 적절한 과제들이 나열되어야 하고 아동은 시작이 어려울지라도 각각의 항목을 수행하도록 요구받게 된다. 나열된 과제들 중 아동이 완성하지 못한 첫 번째 항목부터 가르치기 시작한다. 하향식(top down) 사정은 가장 어려운 항목에서 가장 쉬운 항목으로 검사하는 것을 말하고 상향식(bottom up)으로 가르친다는 것은 가장 쉬운 것에서 시작하여 점점 어려운 것을 가르친다는 것을 말한다. 준거지향 사정을 할 때 문제점은 아동이 다른 아동들과 비교했을 때 얼마나 잘 하는지를 알 수 없다는 것이다. 그러나 아동이 달성해야 할 다음 단계의 적합한 기술을 결정할 수 있다. 그러나 만일 연속된 검사에서 첫 번째 문항이 프로그램의 목적으로 설정된다면 필요요건인 선행 기술들이 고려되어져야 하고 개별화된 교수를 촉진하기 위해 과제 분석이 완성되어야 한다.

개인내 진보의 측정을 위해 고려되고 행해지고 있는 검목표(checklist) 형태의 준거지향 도구들은 프로그램 목적으로 즉시 변환된다. 보통 발달영역의 한 범위를 포함하고 장애 수용을 위한 적응을 고려한다. 그러나 몇 가지 고려해야 할 약점이 있다. 첫째, 문항을 교수적 목적으로 사용할 예정이 아니었고 문항의 연속성은 최상의 교수적 연속성을 반영하지 않을 수 있다. 또한 문항 간에 큰 개입이 있을 수 있다.

교육과정의 어떤 영역은 다른 것보다 조작적으로 정의하고 과제를 분석하기가 어렵다(Alper & Mills, 2000). 물론 당신이 발달시키려는 아동의 요구에 어떤 기술이 필요한지 안다면 그러한 기술을 가르치기에 최상의 방법을 제시하는데 창의성, 지식, 인내가 필요하다. Alper와 Mills(2000)는 준거지향 사정의 전형적인 개발의 단계들을 예시 3.3에 열거했다. 과제 분석은 4장과 5장 그리고 7장에서 더 논의되고 제시된다.

예시 3.3

준거지향 사정의 개발

1. 사정하고자 하는 구체적인 교수적 목표를 명확하게 정의한다.
2. 가르칠 수 있는 단계나 기술들의 연속선에서 각 목표를 과제 분석한다.
3. 과제 분석의 각 단계를 조작적으로 정의한다.
4. 사정되는 각 기술을 위한 수행 기준을 일일이 기록한다.
5. 교육과정에서 가르치고자 하는 기술에서 연관된 내용을 사정 문항으로 선택한다.
6. 아동의 수행 능력을 효과적이고 정확하게 기록하는 체계를 개발한다.

개별 아동을 위한 프로그램을 계획할 때 다른 아동에 비해 어떤 특정 기술을 사용하는지, 어떤 특정 기술을 사용하지 않는지에 대해 교사는 특정 기술의 확인을 더 고려해야 한다. 만일 아동의 장애가 정상발달 이정표에 불일치하는 달성을 한다면, 교수적 목표의 초기 자료로 발달 이정표에 근거한 자료를 믿는 것은 부정적인 영향을 가져올 수 있다. 또한 매우 특정한 기능을 검사하려는 목적은 어떤 아동의 전체 능력이나 잠재적 능력을 보여줄 수 없다. 마지막으로 습득되고 있는 기술을 측정하는 것은 그 기술이 일반화될 수 있을지 고려되지 않는다. 예를 들어 명백하게 쉬운 항목을 정확하게 맞춘 아동과 시도와 실수를 통해 광범위한 양식에서 문항을 정확하게 맞춘 아동 간에는 발달적으로 차이가 크다.

5) 교육과정중심 기법

교육과정중심 사정(curriculum-based assessment) 혹은 **교육과정지향 사정**(curriculum-referenced assessment)은 준거지향 사정의 한 형태로 간주된다. 따라서 동일한 주의가 고려되어야 한다. 교육과정 목표는 판단된 수행능력에 기준으로 사용된다. 아동의 수행능력은 교육과정의 목표로 요구되는 과제 기술로 관찰된 것이다. Neisworth와 Bagnato(2005)가 진술한 것처럼 교육과정중심 사정은 "교수 프로그램이나 치료 프로그램의 목표에서 성취되어야 하는 기준에 비교하는 준거중심 사정의 한 가지 형태"(p.62)이다.

그러한 도구의 한 가지 예를 들자면 하와이 조기 학습 프로파일(Hawaii Early Learning Profile)과 같은 도구이다. 이 도구는 중재 활동이 포함된 지침서가 있다. 교육과정중심 사정은 그들이 사정과 교육과정에 연관된 중재 목적과 목표 개발 사이에 직접 연결을 해주기 때문에 인기가 있다. 또한 과제 분석은 검증 가능하고 교수 가능한 교육과정에 관련된 기술을 수정하는 데 자주 사용되는 절차이다. 준거지향 사정은 교육과정 목표의 달성에 대한 아동 진보의 직접적인 측정을 고려하고 수용한다. 만일 교육과정이 특정 아동에게 관련이 있고 유용하다면 그것은 가치가 있다.

따라서 준거지향 검사나 교육과정지향 사정 기술을 효과적으로 사용하기 위해서 사정팀은 높은 중재 타당도 혹은 처치 타당도를 가진 측정이라는 것을 확인해야 한다(Neisworth & Bagnato, 2000). 그것은 사정 용어, 개별프로그램 계획 수립 그리고 개별적 진도 간에 연계를 명확히 해야만 한다는 것이다. 끝으로 Wolery, Strain, Bailey(1992)와 Gargiulo, Kilgo(2005)의 연구에서 지적한 견고한 프로그램 계획과 전달을 위한 실제적 요소를 예시 3.4에 제시한다.

예시 3.4

사정의 결정적 요소

1. 사정은 다양한 환경에서 다양한 측정을 포함시켜야 한다.
2. 사정의 결과는 아동의 기능에 대해 상세한 설명을 제공해야 한다.
3. 사정 활동은 아동의 가족을 포함해야 한다.
4. 사정 활동은 다양한 학문 분야의 전문가들에 의해 수행되어야 한다.
5. 사정 활동은 일련의 높은 우선순위 목표로 귀착되어야 한다.

9. 유아 사정에 대한 현재의 접근

이전의 논의는 특별한 요구를 가진 영유아에 대한 표준화 검사 도구의 사용에 대한 타당성과 적절성에 관한 중요한 이슈 가운데 몇 가지만 지적하였다. 수년 전에 NAEYC(National Association for the Education of Young Children, 1988)는 장애가 없는 유아에 대한 형식적인 표준화 도구 사용을 비방하는 입장을 표명하였다. 그러한 논쟁은 장애유아에게는 더 타당하였다.

선행연구에서 설명된 보다 적절한 사정 모델이 역동적 사정이다. **역동적 사정 모델(dynamic assessment models)**은 아동의 최근 수행 결과와 관련되기보다 상호작용적인 환경에서 아동이 어떻게 역동적으로 배우는지 조심스럽게 관찰함으로써 학습 양식과 잠재력을 이해하는 데 더 집중한다.

또한 가장 적합한 것은 다양한 자원(직접 관찰, 부모면담, 아동 면접, 아동의 수행 샘플 등)으로부터 정보를 획득하려고 노력하는 **진정한 사정 전략(authentic assessment strategies)**이다. 진정한 사정은 관찰이 요구에 사용되기보다 교육과정에 삽입되었을 때 발생되는 것이다(Meisels, 2001). 유아들은 특정한 시점에서 분리된 단일의 대단히 구조화된 수행중심 검사에 기초하여 적절하게 기술되고 이해될 수 없다는 논쟁이 제시되었다.

Meisels(2001)와 다른 전문가들이 주목한 것이 **기능적 사정(functional assessment)**이다. "이 접근은 부모와 서비스 제공자에 의해 인식되기 쉽고, 아동 능력의 출현에 중요한 매일의 자연스럽게 일어나는 실제적인 행동과 성취에 초점을 맞춘다"(p.7). 매일의 성취는 맥락 속에서 학습되고 맥락 속에서 사정되어야 한다. Provence, Erikson, Vater와 Palmeri(1995)에 의해 개발된 Linder의 놀이중심 사정(Play-Based Assessment)과 영유아 발달 사정(Infant and Toddler Developmental Assessment)이 이 접근법의 예이다. 가장 최근 출판된 것은 기능적 정보 수집을 위해 다른 전략을 제공하는 Ounce 척도(Ounce Scale)이다(Meisels, Dombro, Marsden, Weston, & Jewkes, 2002).

1) 복합적 정보원에 대한 사정 구성

사정 과정은 가족에게서 직접 획득한 정보에 협력적으로 구성되어야 한다는 데 조기중재 전문가들은 쉽게 동의한다. Part C는 가족의 관심사, 우선순위 그리고 자원의 철저한 이해를 통해 시작하는 과정을 요구함으로써 이 접근을 강화하고 있다. 전문가들은 부모로부터 자녀의 발달사와 발달의 모든 중요한 영역에서의 최근의 능력에 대한 자세한 설명을 찾을 것으로 기대한다. 아동의 강점과 어려움에 관한 부모의 관점을 주의 깊게 경청한 후, 아동의 직접 관찰이 권고되었다. 이러한 관찰은 친숙한 장면에서 양육자와의 상호작용과 구조화된 놀이가 포함되어야 한다. 유아의 경우 적절하다면 아동과 임상가 간의 상호작용이 배치되어야 한다. 만약 사정의 목적을 충족시킬 정도로 충분한 정보를 얻지 못했다면 개별적 기능의 구체적인 사정이 계획되어야 한다.

이러한 부가적인 접근에 의해 '온전한(whole)' 아동의 특성은 복합적인 정보원으로부터 획득된 자료를 통합으로써 개발될 수 있다. 발달적 틀을 사용하여 전문가와 가족들은 개방적인 대화를 통해 최적의 프로그램을 개발하게 될 양육과 학습 환경 내에서 아동의 능력을 이해하게 된다.

2) 자연적인 관찰의 사용

자연적 관찰(naturalistic observation) 혹은 **직접 관찰**(direct observation)은 최근 형식적 검사를 통해 정보를 모으는 방법 중 선호되고 있는 아동 정보 수집 방법이다. 자연적 관찰은 아동에 대한 정보를 사정할 때 아동에게 자연스러운 환경에서의 구조적인 관찰을 하도록 한다. 아동 행동에 대한 다양한 관점의 기록은 하나의 관찰 기간 동안 모아질 수 있다. 예를 들면, 뒷걸음질 치는 것, 친밀한 어른이나 다른 사람과 자연스럽게 노는 것을 봄으로써 의사소통 표현, 사회적 기술, 운동기술, 과제에 대한 지속성과 같은 행동의 관점에 대한 정보를 쉽게 모을 수 있다. 예시 3.3은 자연적 관찰의 예이다.

직접 관찰의 주요 장점은 관찰 된 기술들이 전통적인 검사절차에서처럼 인위적으로 구분되지 않는다는 것이다. 직접 관찰은 아동이 자신의 환경 속에서 매일 요구되는 문제에 당면했을 때 어떻게 기능하는지를 사정가가 직접 알 수 있도록 해 준다. 이 장에 있는 지침들은 중재자들이 결정적인 관찰 기술을 개발하도록 돕기 위한 것이다.

수행 사정(performance assessment)이라는 용어는 자연스러운 상황에서의 다양한 관찰을 요구하는 절차를 표현한 것이다. 수행 사정은 "아동이 자신의 지식, 기술, 기질 그리고 다른 발달 측면을 나타내고 문제해결, 그들의 환경에 대한 행위, 그들의 장면에서 다른 사람과의 상호작용, 실험, 대화와 움직임을 통해 표현하도록 하는 것이다" (Meisels, 1996, p.37). 그런 절차들은 보다 총체적인 기능적 관점으로 아동의 수행을 판단하도록 복합적인 관찰을 하도록 한다. 중재 맥락 내 또는 과정 동안에 관찰을 구성하여 가설을 만들도록 한다. 이 때 우리는 보다 효과적으로 중재하는 방법을 학습할 수 있다.

3) 놀이중심 사정

표준화 검사보다 더 '믿을 만한' 사정으로 생각되는 것이 놀이중심 사정(play-based assessment)이다. 놀이중심 사정은 장애유아에 대한 표준화 검사의 적합성에 대해 몇 가지 문제를 제기한다.

Linder(1993, 2000)에 따르면 놀이중심 사정은 표준화 검사를 사용하는 전통적인 형식적 사정보다 더 신뢰로운 대안을 제공한다. 마음을 끄는 놀이 환경은 유치원 교실이나 보육센터, 혹은 아동의 집에도 만들어진다. 다양하고 흥미로운 장난감들과 도구들을 사용하여 아동들은 그들만의 놀이 활동과 상호작용을 탐색하고 시작하도록 격려된다. 놀이중심 사정의 융합학문적 모델에서는 단 한 사람의 전문가와 부모가 사정 과정 동안 아동과 상호작용한다. 다른 전문가들은 상호작용을 관찰한다. 그러나 그들은 사정을 직접 수행하지는 않는다. (이것이 '원형(arena) 사정'의 예이다.) 앞에서도 원형(arena) 사정을 언급했듯이, 놀이중심 접근법의 평가자는 아동의 놀이를 지원하고 관찰하는 데 높은 기술을 가진 촉진자이다.

Linder 모델은 간단하지 않은 개방적이고 자유로운 놀이 회기이다. 또, 그것은 모든 발달 영역(인지, 의사소통, 사회-정서, 감각운동 등)에 걸쳐 이루어진 매우 구체적인 관찰을 하는 조직화된 놀이 상황 계열이다. Linder는 녹화된 사정을 권고하였다. 아동은 다음과 같은 상황에서 융합학문적 팀에 의해 주의 깊게 관찰된다.

1. *비구조화된 촉진.* 이 상황에서 아동은 어디서든 자유롭게 논다. 촉진자는 아동이 이끄는 대로 따라가면서 가끔 한 단계 높은 놀이를 하도록 시도한다.

2. *구조화된 촉진.* 첫 번째 단계에서 확인되지 않은 기술들은 이번 단계에서 촉진될 수 있다. 촉진자는 좀 더 직접적으로 하게 된다. 그러나 놀이의 흥미는 여전히 민감하고 상호작용적으로 유지되어야 한다.

3. *아동-아동 상호작용.* 이 단계에서는 가능하다면 대상 아동과 친한 다른 아동을 놀이 공간에 데려다 놓는다. 촉진자는 직접적 방법보다 더 민감하게 행동한다. 만약 두 아동이 서로 상호작용하지 않는다면, 촉진자는 상호작용을 촉진하도록 시도할 수 있다. 예를 들면, 재미있는 장난감이나 함께 하는 게임을 소개하는 것을 통해서 할 수 있다.

4. *부모-아동 상호작용.* 이 상황에서는 부모가 아동과 집에서 하는 방식대로 활동하도록 요청받는다. 이 단계의 중요한 목적이 아동과 친밀한 성인과의 상호작용을 위해서이지만, 다른 한편은 부모-아동 상호작용의 질을 관찰하는 것도 있다.

5. *운동 놀이.* 이 단계에서 아동은 큰 운동 놀이 기구의 사용과 오르기와 자전거 타기, 기어가기 등을 지시 받는다. 작업 치료사나 물리 치료사는 더 나은 근긴장, 균형 그리고 다른 신체적 요소들의 평가를 위해 아동과 함께 직접적으로 참여한다.

6. *간식시간.* 사정의 마지막 단계는 간식시간이다. 아동-아동 단계에 포함 된 아동은 간식 활동에서도 부모와 함께 포함되어야 한다. 이 활동은 다양한 자조 기술, 구강 운동 기술과 사회적 상호작용을 관찰할 수 있는 기회를 제공한다.

(1) 놀이중심 사정의 한계

위에서 설명 된 놀이중심 사정은 표준화 검사에서 얻을 수 없는 질적인 정보를 풍부하게 제공한다. 게다가 그 정보는 아동을 위한 프로그램 계획에 직접 사용될 수 있다. 그러나 다른 접근법들처럼 이것도 고려해야 할 한계점들이 있다. 놀이중심 사정은 종종 시간을 낭비하게 되고 여러 전문가들의 조정과 협력을 요청한다. 또한 발달의 몇몇 영역들 예를 들어, 수용언어 혹은 청각 능력 같은 것들은 놀이 상황에서 사정하기 어려울 수 있고 여전히 더 형식적인 표준화 도구를 요구할 수도 있다. 중증의 지체부자유 아동들은 물리 치료사에 의한 더 세밀한 사정을 요구할 수도 있다. 결국 표준화 사정에 대한 많은 비평이 놀이중심 사정에서의 쟁점이기도 하다. 다른 문화적 배경에 있는 몇 명의 아동들은 그 장난감들이 친숙하지 않거나 불편할 수도 있다. 몇몇 아동들은 원래의 목적과 달리 '물건들'과 전형적인 놀이를 하지 않는다. 또한, 몇몇 아동들은 낯선 사람과 함께이거나 여러 사람들이 보고 있는 가운데에서 편안하게 놀지 않을 것이다. 중증의 인지장애를 가진 다양한 감각장애 아동들, 혹은 중증의 행동장애 아동들은 비구조화 되고 친숙하지 않은 놀이 상황에서 잘 대답하지 않을 것이다.

이런 경고에도 불구하고, 유아특수교육계에서는 더 기능적인 사정 모델이 중요하다는 흐름이다. 그것은 사정 정보의 질과 유용성을 유의미하게 개선시킨다는 것과 사정과 중재 사이에 더 이를 데 없는 연결고리를 만든다는 것을 의심할 여지가 없을 것이다.

10. 능숙한 관찰자 되기

앞에서 진술한 것처럼 표적, 장면, 시간, 조건들이 관찰의 목적에 의해 정해져야 한다. 비형식적 관찰은 오직 구조화된 도구, 검목표, 평정 척도, 검사로 얻어진 관찰보다 아동의 보다 포괄적인 관점을 제공하는 데 도움이 된다. 관찰의 초점은 관찰자의 상상과 시간에 의해 제한된다. 하루 중 각기 다른 시간 동안에 다양한 상황에서 관찰하는 것이 중요하다. 교사가 아동의 전반적인 발달을 사정할 때는 초점이 더욱 일반적이어야 한다.

반면, 만약 교사가 아동이 특정 목표를 성취했는지 여부를 결정하려고 하면, 특정 조건에서 매우 구체적인 행동을 관찰하도록 범위를 좁혀야 한다. 대부분의 교사들은 자기의 관찰을 위해 목표를 진술할 것이다. 예를 들어, 만약 개별화 교육 프로그램이 코트 단추 잠그기를 배우도록 요구한다면 관찰자는 아동이 어떤 조건에서 어느 정도의 기술로 단추를 잠글 수 있는지를 구체적으로 볼 수 있을 것이다.

1) 아동의 과제 수행 방법 관찰

대다수 교사 관찰의 일차적인 목적은 교수목적과 전략을 개발하기 위하여 아동의 학습 레퍼토리의 강점과 약점을 결정하는 데 있다. 교사는 원인론이나 진단명의 부여에 지나치게 관심을 가지지 않아야 한다. 대신 교사는 아동이 할 수 있는 것과 없는 것이 무엇인지와 그것을 하는 방법에 관심을 가져야 한다. 과제 수행을 면밀히 분석하는 데 있어서 교사는 아동들이 특정 과제를 수행할 수 있는 여부를 결정하는 것에 더하여 아동의 수행 과정이나 양식을 관찰한다.

예를 들어, 그림의 한 장면에서 어떤 일이 일어났는지 설명하도록 요청했을 때 아동이 즉각적으로 대답했는지, 혹은 더 신중하게 생각하고 대답을 했는지, 아동이 그 장면을 주의 깊게 살펴보는 동안 세부사항을 기록할 시간을 가졌는가? 모양을 따라 그리게 했을 때 아동이 그림을 연구하고 계획하는 것처럼 보이는가? 혹은 주어진 그림을 조금만 참고하고 그리기 시작하는가? 등이다.

2) 아동의 제2언어가 영어일 때의 특별한 문제 고려

관찰자들이 문화적 그리고 언어적으로 다양한 아동들에 대한 충분한 경험이 없기 때문에 많은 아동들이 발달지체로 간주되고 있다. 전문가들은 아동의 배경과 경험의 독특성을 위한 다양한 배경으로부터 아동을 불리하게 만들지 않는 편견 없는 사정을 어떻게 촉진할 것인가 하는 딜레마로 오랜 시간 어려움을 겪어 왔다. 지배적인 문화에서 가치가 부여된 기술과 능력만을 측정하려는 경향이 있다. 주의 깊은 관찰에는 아동의 발달, 가족의 사회문화적 맥락과 가치 그리고 비슷한 환경에 있는 다른 아동들의 발달 패턴과 비교한 정보들을 포함시켜야 한다. 예를 들어, 신변자립 기술의 관찰에 있어 몇몇 아시아계 가족은 어린 시기에 있는 아동의 혼자 먹기 기술을 촉진하지 않는다는 사실을 고려해야 한다.

다양한 관찰 절차는 자연적인 환경에서의 관찰, 편안하고 친숙한 장면에서의 놀이 관찰 그리고 가족 구성원과 양육자와의 면담을 포함해야만 한다. Conroy와 Paolini(2000)가 지적했던 것처럼, "문화적으로 민감한 사정은 개인차를 존중하고 융통성 있는 전문가들의 편견 없는 철학에서 비롯된다. 사정 과정에 가족을 적극적으로 참여시키는 것이 촉진되어야 하고 그리고 문화적 편견을 최소화해야 한다"(p.216). 문화적으로 공평한 사정 기법이 예시 3.5에 제시되어 있다.

3) 사정 결과에 대한 환경적 영향의 인식

많은 연구자들은 아동이나 환경을 각각 독립적으로 보기보다 아동과 환경의 상호작용의 중요성을 논의해 왔다. 검사가 어려운 영아를 찾은 Salvia와 Ysseldyke(2007)는 다음과 같이 진술하였다.

> 6개월과 18개월 사이에 있는 영아들은 친숙하지 않은 어른들로 인해 고통스럽다.

예시 3.5

문화적으로 공평한 사정 기법

1. 사정 과정에서 부모나 중요한 다른 양육자를 포함시킨 자연스러운 장면에서 다양한 사정 기법들을 사용한다.
2. 검사 항목은 특정 문화적 배경을 가진 아동이나 가족에게 편견이 없어야 한다.
3. 검사 지침서는 비교되는 아동 집단과 문화적으로 조화로운 것인지를 결정해야 한다,
4. 아동의 모국어로 제시한다.
5. 관찰에서 개발된 가설에 기여할 수 있는 부모와 함께 한 명 이상의 전문가 포함되도록 다학문적 또는 융합학문적 사정 과정을 사용한다.

> 비록 이들은 그들의 양육자에 의해 지켜질 때 낯선 사람에게 보다 잘 반응하지만, 여전히 친숙하지 않은 성인에게는 거부적인 반응을 하게 된다. 영유아들은 매우 적극적이고, 부주의하고, 주의가 산만하며, 낯선 상황에서는 자주 일관되지 않게 수행을 한다. 이들의 언어는 한계가 있고 발달이 되지 않았기 때문에 간단한 질문과 요구조차 완전히 이해하지 못한다. 그래서 전통적인 사정 양식은 조사자의 질문에 학생이 반응하는 데 문제가 될 수 있다. 많은 영유아들이 검사 불능으로 나오는 것은 놀라운 것이 아니다.(p.500)

상황적 요인의 영향이 교사가 아동의 학습 강점과 약점의 보다 포괄적인 관점을 가지는데 관찰의 조건을 변화시키도록 준비하고 철저하게 이해해야 한다고 다시 제안하고 있다.

4) 기능의 상호연계성 인식하기

마지막으로 관찰자들은 기능의 상호연계성을 알고 조화시켜야 한다. 운동기능의 발달에 집중하는 아동들은 그 기간 동안에 다른 아동과의 정상적인 언어적 상호작용 또는 사회적 상호작용으로 생각되는 것을 나타내기도 그렇지 않기도 하다. 반면에 운동 활동에서 능숙한 아동들은 언어적 억제의 부족과 운동기능의 능숙함으로 보다 커다란 언어적 유창성을 나타낸다.

유아들은 기능들이 분리되어 발달하지 않는다. 기능 발달의 상호관련성에 대한 가장 명백한 예가 심리언어학자들의 언어발달 연구에서 지적하고 있다. 9장에서 언어발달의 잠재력 실현의 중요성에 대해 상세히 설명하는데, 그것은 아동이 중증의 손상을 갖고 있지 않다면 매일 걷는 동안에 언어가 표출되고 환경의 자극 속에서 언어가 발달하는 것이다. 교사는 행동의 단일 측면에 초점을 둘 때조차 아동의 전체적인 수행을 알아야 한다.

요약하면, 관찰은 오직 체계적인 연습을 통해서만 발달할 수 있는 복잡하고 결정적인 기능이다. 객관적이고 체계적인 관찰에 능숙하게 되는 것의 중요성은 명확하다. 따라서 교사들이 그들의 관찰 레퍼토리에 다음과 같은 6가지 능력을 통합하려는 노력은 필수적이다.

1. 정상적인 행동이라 여겨지는 것들에 대한 깊은 이해
2. 위험 요소들과 위험 신호들을 인식하는 기술
3. 믿을 만한 관찰의 지침을 지키는 능력
4. 관찰 목적에 적합한 관찰 기술의 유형을 선택하는 능력
5. 아동의 강점과 약점에 관한 판단을 위해 수행 양식, 동기적 요소, 환경적 변수, 외적 행동의 영향에 대한 인식
6. 아동에 관한 비밀보장의 존중, 장애명칭 사용의 금지, 아동에 대한 판에 박힌 기대를 하려는 경향을 막으려는 노력을 통한 전문성의 지속적인 연마

5) 성공적인 관찰 지침

관찰은 아동의 행동을 신중하게 보고 듣는 기능이다. 아동들은 다양한 환경에서 하루에 몇 번 혼자 또는 집단으로 관찰될 수 있다. 관찰하는 동안 교사는 외모나 행동의 측면에 주목한다. 관찰되는 구체적인 행동들은 관찰의 목적에 의해 결정된다. 관찰자들은 정보 기록의 과정에서 매우 차이가 있다. 교사들은 종종 그들이 보고 들은 것을 머릿속으로 기록하지만, 보다 체계적인 기록 절차로 조직화된 기록 형식을 사용하게 된다. 만약 관찰의 목적이 개별화 프로그램에서의 아동 진보를 사정하는 것이라면, 체계적인 기록은 객관적이고 포괄적인 자료 수집을 보장하는 데 필수적이다. 다음의 지침은 교사가 체계적이고 객관적인 관찰자가 되도록 하는 데 도움이 된다.

1. *아동이 수행한 것을 정확하게 관찰하는 데 초점을 맞춘다.* 아동이 행동했고 말한 것을 특별하고 세부적으로 관찰하여 기록한다. 행동적 동사를 사용한다. 아동의 행동 혹은 반응에 앞서 행동을 한 날짜, 시간, 상황을 기록한다. 추론이나 의견은 기록하지 않는다. 실제적으로 보고 들은 것을 기록한다.

2. *가능하면 관찰한 직후에 관찰의 세부사항들을 기록한다.* 연습을 하면 교사는 머릿속으로 하는 기록을 통해 활동 참여와 동시에 관찰하는 능력을 발달시킬 수 있다. 그러나 계획을 세우는 것이 중요하므로 세부사항의 기록은 가능한 한 빨리 이루어져야 한다. 세부사항은 중요하고 쉽게 잊혀진다.

3. *아동의 일과 중 다양한 장면과 시간에 관찰한다.* 시간과 장면의 변화는 종종 아동의 흥미에 대한 단서를 제공한다. 예를 들어, 운동장에서 불안해하는 아동들은 그들이 교실에서는 느끼지 못했던 외로움을 느낄 수 있

다. 혹은 그들이 교실에서는 자기 조절을 잘 할 수 있었던 반면 운동장에서는 싸움대장이 될 수도 있다. 아동들은 친구와 놀 때 지나치게 활동적일 수 있지만 혼자 놀 때 그렇지 않을 수도 있다. 하루 일과 중에는 몇몇 아이들이 특히 흥분하는 점심시간 전과 같은 특정 시간이 있을 수 있다. 이런 시간이나 환경을 정의하는 것은 하루를 순조롭게 운영하기 위해 필요한 변화를 계획할 수 있게 해 준다. 행동의 유형을 보는 것은 종종 행동을 설명하게 된다.

4. *관찰 계획은 현실적이어야 한다.* 관찰의 목적이 아동이 활동하는 발달 수준을 결정하는 것일 때, 관찰은 관찰할 수 있는 능력과 얼마나 자주 기록하는지에 대해 결정적이고, 가능한 한 많은 상황에서 관심이 있는 발달 영역의 기록을 하는 것이 필수적이다. 우연적이거나 불충분한 관찰은 어떤 결론적 가설의 정확성을 위태롭게 한다. 관찰 시간의 계획은 현실적이어야 한다. 관찰의 기회는 분명히 생길 것이다. 일과 중 관찰이 가능한 시간은 자유선택활동 시간일 것이다.

5. *한 번에 한 아동에게 초점을 맞추는 것에서 시작한다.* 한 번에 한 아동을 보는 것과 검목표나 평정척도를 사용하는 것은 정보를 소실하거나 망각할 수 있는 위험이 없는 관찰 기술을 개발하는 데 도움이 된다.

6. *관찰하는 것을 알지 못하게 한다.* 아동이 관찰되고 있다는 것과 관찰을 하고 있다는 사실을 알지 못하게 해야 한다. 가능한 한 자연스럽게 상호작용한다. 관찰 활동이 진행되는 동안 교사는 그 장소에 평소처럼 앉아 있는다. 예를 들어, 실외놀이를 관찰할 때, 교사들은 보통 최고의 시야를 위해서 한 곳에서 서 있다. 어떤 활동을 관찰할 때라도 일반적인 위치에 서거나 앉아 있다.

7. *항상 비밀을 지킨다.* 노트를 절대 아무 곳에나 두어서는 안 된다. 이름의 코딩 시스템은 비밀이 유지되도록 해야 한다. 절대 다른 아동이나 다른 아동의 부모 앞에서 관찰에 대해 논의하지 않아야 한다. 1974년의 가족의 교육적 권리와 사생활에 관한 법률(Family Educational Rights and Privacy Act: 공법 93-380)을 읽고 익숙해야 한다. 왜냐하면 만들어진 기록을 읽기 위해 부모의 권리를 인식하는 것이 중요하기 때문이다. 부모의 허락이 없는 수집된 관찰기록이나 검사점수를 절대 외부의 기관이나 개인에게 보내거나 주지 않아야 한다.

8. *실행가능한 기록 체제를 선택한다.* 교사들은 종종 어떤 방법이 자기에게 가장 편리한지 확실하게 정하기 위해 파일카드, 노트, 3공 바인더로 실험해 볼 필요가 있다. 물론, 그 시스템은 관찰의 목표와 방법에 맞게 사용되어야 한다. 잘 조직되고 보기 쉬운 노트는 아동에 대한 진정한 이해를 하기 위한 중요한 행동 패턴의 발견을 용이하게 할 것이다.

9. *당신의 관찰 보고서는 부모와 적절하게 공*

유한다. 아동 진전의 객관적인 증거는 항상 환영받는다.

6) 포트폴리오와 유아에 대한 사용

교사들은 항상 학생들의 표본을 함께 수집하였고 'open house' 시간에 부모에게 보여주기 위해 학생들의 결과물들을 모아왔다. 이 절차는 **포트폴리오 사정(portfolio assessment)**으로 알려져 왔고 믿을만 한 사정의 한 형식으로 주목받아 왔다. Mindes(2003)는 수행중심 사정의 한 형태로 포트폴리오를 특징지었다.

Jarrett, Browne, Wallin(2006)은 "시간 경과에 따라 아동발달의 기초선(예, 중재 설계를 시작하는 발달적 상태), 성장, 진보, 노력과 성취를 제시하는 산출물의 목적적인 수집" (p.23)으로 포트폴리오 사정을 설명했다. 포트폴리오는 한 가지 영역 또는 더 많은 영역에서 아동들의 노력을 제시하는 것이다. 그것은 한 아동에 대해 알 수 있는 모든 정보를 수집하여 넣어 놓은 것이다.

유아의 경우, 포트폴리오는 체계적인 관찰, 비디오 혹은 테이프 녹음, 사진, 그림과 같은 아동 작품의 샘플과 같이 다양한 형식의 기록을 포함한다. 간단히 말해서 폴더, 상자, 서류철 등을 포함하는 포트폴리오는 관찰 유형에 시각적인 증거를 포함하는 것이다.

포트폴리오에서 어떤 아이템들이 배치되는지는 포트폴리오의 목적에 따라 달라진다. Noonan과 McCormick(2006)은 "각각의 시작 날짜를 말하는 라벨표시, 등록을 제공한 사람, 그리고 그것이 왜 중요한가를 설명하는 기록을 해야 한다"(p.114)고 제안했다. 가능하다면 언제든지 아동들을 포트폴리오 아이템 선택에 참여시켜야 한다. 모든 아이템들은 날짜가 기록되어야 하고, 흥미영역이나 발달영역에 따라 배열되어야 한다.

사정 기법으로써 포트폴리오는 모든 시간에서의 개별 발달에 대한 증거를 제공할 수 있어야 하고, 교육과정과 적합한 발달 기대와 비교될 수 있어야 한다. 포트폴리오는 분명 부모와의 의사소통을 쉽게하기 위한 훌륭한 도구이다. 다음의 관찰 기술 유형은 포트폴리오에 포함될 유용한 정보를 제공한다.

7) 관찰 표본의 유형

교사들은 아동을 위해 그들이 가진 목표만큼 많은 목적을 가진 다양한 상황에서 아동을 관찰해야 한다. 선택한 특별한 기법은 설정된 목적과 직접적으로 연결되어야 한다. 다음의 목록은 보다 공통적인 관찰 유형 몇 가지를 설명하는 것이다. 목록에서처럼 기술들은 더 표준화 되고(형식화), 관찰자에게 더 큰 체계적인 계획과 구조화를 요구한다.

1. *사진*. 사진은 다양한 수업에서 아동의 반응을 획득하는 빠르고 쉬운 방법이다. 사진은 관련된 일들의 자동적인 기록을 제공한다. 계획된 사진들은 연속적인 발달을 판별하기 위한 차이를 보여줄 수 있다. 또 하나의 목적은

사진이 언어 발달에 자극을 주기 위해 사용될 수 있는 데, 이는 8장에서 논의하겠다. 게시판에 사진을 전시하는 것은 자부심의 발달을 도와주는 반복적인 기회들을 제공한다.

2. *전자 기록.* 교수 공학의 발달로 더 많은 교실에서 전자 기록 기법을 보편적으로 활용하고 있다. 교사들이 활동에 직접 참여할 수 있고, 나중에 교사의 독특한 지도양식에 대한 아동의 반응을 검토할 수 있다는 장점이 있다. 그러나 기록 장치가 관찰을 방해하지 못하도록 하는 것에 주의해야 한다. 다시 말해서 그러한 기법들은 언어 자극에 대한 이상적인 기회를 제공하고, 교사들이 언어적 표본을 수집하도록 한다. 종종 운동 협응과 사회적 상호작용 같은 영역의 발달에 대한 증거를 제공한다. 지역 봉사 단체들은 종종 영상을 찍는 것을 돕거나 경비 마련에 기꺼이 기부한다.

3. *아동 작품의 수집.* 비록 유아교육이 결과보다 과정지향일지라도, 아동의 결과물을 수집할 기회는 있다. 아동의 그림, 모방작품, 자르기 한 것 그리고 자신의 이름을 쓰려고 시도한 작품들의 수집은 교사가 발달을 분석하고 부모가 이를 알기 쉽게 하도록 해 준다.

4. *활동목록.* 자유선택 활동 시간에 흥미영역에서 제공되는 프로그램들에 아동의 이름 목록을 만듦으로써 날짜를 알 수 있고, 각각의 흥미영역에의 참가 여부를 알 수 있다. 개별 아동들의 이름과 참가 시간의 목록으로 아동의 흥미와 발달 단계를 알 수 있다. 교사는 아동의 선택이 제한적이라면 더 폭넓은 참여를 하도록 용기를 줄 필요가 있을 것이다.

5. *일화기록, 일기, 일지.* 교사들은 정확한 행동, 정확한 선행행동, 행동에 대한 모든 반응, 시간, 장면, 관련된 개인을 포함하여 관찰의 구체적인 세부사항을 기록한다. 주의해야 할 것은 판단, 분리 된 사건들의 선택, 혹은 불규칙적인 사건으로부터의 과다한 일반화를 피해야 한다는 것이다. 체계적이고 균형 잡힌 기록은 교사가 행동의 유형을 연구하도록 해 준다.

6. *알림장.* 알림장(Shea&Bauer, 1991)은 아동이 매일 들고 다니는 평범한 공책이다. 알림장의 예는 2장에서 볼 수 있다. 아동과 활동하는 모든 성인들은 이 작은 공책의 관찰 기록을 통해 용기를 얻는다. 기록은 간결하고, 긍정적이고, 정직하고, 일관적이어야 한다. 알림장의 목적은 긍정적인 부모-교사 간의 의사소통과 협력을 조성하는 것이다.

7. *시간 표집법과 사건기록.* 시간 표집법에서 관찰자는 쉽게 관찰 가능하고 자주 일어나는 특정 행동을 선택한다. 몇몇 행동이 선택되면 그 행동의 출현은 규칙적으로 계획된 짧은 관찰 기간 동안 준비된 기록지에 기록한다. 시간 표집법과 달리 사건 기록법은 구체적인 미리 계획된 시간 간격에 제한되지 않는다. 화내는 기질과 같은 표적 행동이 발생할 때마다 기록한다. 이 기록 방법은 가끔씩 일어나는

행동에 사용된다.

8. *검목표와 평정척도.* 검목표(checklist)와 평정척도(rating scale)는 관찰자가 관찰할 것을 정확하게 일일이 명시하는 데 도움이 된다. 이런 도구의 사용은 관찰자를 변경하는 것이 가능하고, 관찰된 행동이 계속 일관성을 유지하도록 해 준다. 검목표와 발달척도의 예는 이 책의 전반에 그리고 유아특수교육 분야의 거의 대다수의 책에 포함되어 있다. 그러나 교사들은 행동이 그들 프로그램 목표와 관련되어 관찰될 수 있도록 자신들만의 것을 설계해야 한다.

9. *준거지향검사.* 준거지향검사(criterion-referenced tests)는 대상 아동을 다른 아동들과 비교하기보다는 대상 아동을 표준과 비교하도록 설계된 것이다. 상품화된 도구들은 몇 가지 표준화된 발달척도에서 문항을 선택하고 계열화하여 표준을 설정한다.

10. *규준지향검사.* 규준지향검사(norm-referenced tests)는 관찰에 있어서 가장 표준화된 정보 수집의 기회를 제공한다. 규준지향 측정의 취지는 아동의 수행을 동일한 생활연령의 다른 아동들의 수행과 비교하자는 것이다. 몇몇 규준지향검사는 아동을 위한 개별화 프로그램 계획 설정에 유용하다. 이 검사들은 유아들에게 사용했을 때는 낮은 신뢰도를 갖는 경향이 있다. 규준지향검사는 적격성 판단에 가장 유용하지만, 준거지향검사는 교육과정과 직접 연계될 수 있다. 그러나 기금을 내는 재단에서는 때때로 규준지향검사로 프로그램 평가를 하도록 요구한다. 규준지향검사의 사용 시 유의점은 이 장의 앞부분에서 논의하였다.

11. 사정과 교육과정의 연계

최근 10년간 유아특수교육 교사들은 수행하는 교육과정과 사정과정을 연계할 필요성을 느끼게 되었다. 0세에서 3세 아동을 위한 AEPS 교육과정과 3세에서 6세 아동을 위한 AEPS 교육과정(Bricker, 2002)은 개별적인 성과, 목표, 목적의 개발에서 사정을 하는 동안 획득된 정보의 직접적인 사용 기회를 만드는 데 자주 사용된 체계이다. 사정, 목적과 목표, 중재, 평가를 포함하는 중재과정의 모든 측면들이 내적으로 관련이 있을 때 개인적인 요구가 가장 잘 충족된다. Pretti-Frontczak과 Bricker(2000)는 "그래서 우수한 IEP 목적과 목표는 포괄적인 사정과정에서 개발되고, 중재와 평가가 직접적으로 연계되고, 유아를 위한 서비스의 개별화와 향상된 결과에 기여할 가능성이 있다" (p.92)고 지적하였다.

다음 장에서는 개별화된 결과, 목적과 목표를 개발하는 방법을 논의하였다, 그러나 다음 장에서의 논평은 아동을 위해 계획된 사정과 활동에서 학습한 내용은 직접적인 연계가 있어야 한다는 신념에 근거하고 있다.

12. 아동의 진전 점검

유아교육 프로그램에서 기록을 하는 것은 구체적인 학습목표나 훈련 절차에 대해서는 세부적으로 기록하지 않는다. 뿐만 아니라 각각의 아동을 위해 개별화되지도 않는다. 그러나 특별한 요구를 가진 아동들이 교실에 포함되었을 때는 확실한 정보가 기록되고, 자료가 갱신되어야 하고, 부모와 아동의 교육담당 팀 구성원들이 이용할 수 있도록 만들어져야 한다. 바꾸어 말하면 아동의 진전은 계속 진행되는 근거에 관해 점검되어야 한다. 진전의 기록은 절차와 프로그램의 수정 그리고 조절을 쉽게 촉진하기 위해 계획되어야 한다. 가능한 한 가장 간단한 방식으로 이것을 수행하는 것이 매우 중요하다. 실제적이지 못한 체계는 시간 낭비일 뿐만 아니라 사용하기도 간단하지 않다.

자료수집과 기록체계는 구체적인 훈련 요구에 적합하도록 설계되어야 한다. 특히 도전적인 훈련 목표들은 매우 구체적이고 주의깊은 자료 수집이 요구된다. 이것은 아동의 진전이 느리거나 일관되지 않을 때 그렇게 해야 한다. 이런 경우 정성들인 정보 수집 노력 없이 아동 발달이 있다고 결정하는 것은 힘들 것이다. 예를 들어, 중증장애 아동의 대소변 지도 계획이나 중도 행동장애 아동의 파괴적인 화냄의 감소 계획은 그림 3.1과 같은 주의깊고 빈번한 정보 수집이 요구될 것이다. 그림 3.1의 형식은 Jon의 배뇨 패턴과 화장실에서의 배뇨지도를 위해 사용되었다. 첫 번째 시도 중에 그는 매 30분마다 소변을 했는지 안했는지 체크되었다. 게다가 그가 목소리를 낼 때마다 변기에 앉혀졌다. 왜냐하면 어머니가 최근 집에서 아이가 기저귀를 적셨을 때 목소리로 신호를 보내기 시작했다고 말했기 때문이다. 점차 Jon의 배뇨 패턴이 나타났다. 그는 종종 오전 8시 30분쯤 그리고 또 오전 11시쯤 소변을 보았다. 만약 이 시간에 소변을 보지 않는다면, 그를 변기에 앉히고 거기

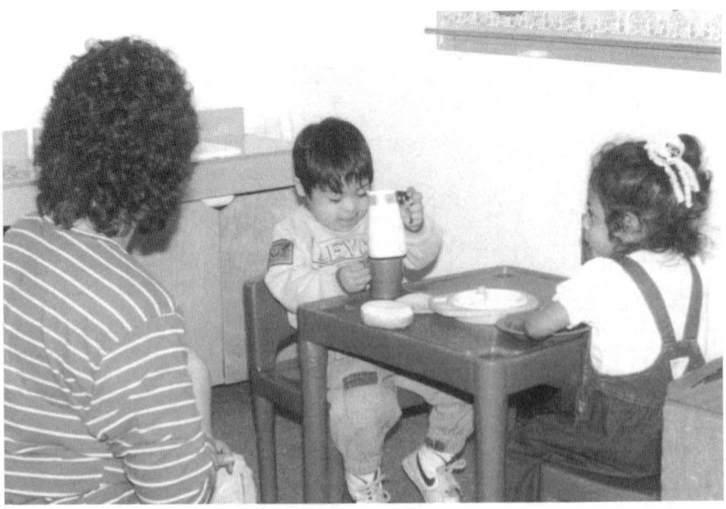

진전 자료

이름: Jon

목표: Jon은 변기에 앉았을 때 소변을 볼 수 있다.

표시: D = 마름 W = 젖음 V = 소리냄
P = 변기에 앉음
+ = 변기에서 소변 눔 – = 변기에서 소변 누지 않음

시간	월요일	화요일	수요일	목요일	금요일
8:00 A.M.	D	D	D	D	D
8:30 A.M.	W	W	P–	VP+	P+
9:00 A.M.	D	D	W	D	D
9:30 A.M.	D	D	D	D	D
10:00 A.M.	D	VP–	D	D	D
10:30 A.M.	VP–	D	D	VW	VP+
11:00 A.M.	W	W	VP+	D	D
11:30 A.M.	D	W	D	D	D

그림 3.1 진전 차트: 배뇨 훈련

진전 요약

이름: Sharon 주: 11월 9일-13일

목표: 점심시간에 혼자서 숟가락으로 먹을 수 있다.

표시: + = 혼자서 숟가락을 입으로 가져 간다

⊕ = 팔꿈치 보조

A = 전반적인 도움을 요구함

시도	월요일	화요일	수요일	목요일	금요일
1.	A	A	⊕	A	
2.	A	A	A	A	
3.	A	⊕	A	⊕	
4.	A	⊕	⊕	+	
5.	A	A	+	+	
6.	A	A	A	VW	
7.	A	A	A	D	

그림 3.2 진전 차트: 혼자 먹기

아동 진전

이름: ____________________ 일자: ____________________

목표	의견
사회성 기술 1. 2. 3.	
의사소통 기술 1. 2. 3.	
운동 기술 1. 2. 3.	
자조 기술 1. 2. 3.	

그림 3.3 진전 차트: IEP와 IFSP 목표 점검

서 소변을 보면 칭찬을 하였다. 그가 정말로 기저귀가 젖었거나 화장실에 가고 싶을 때 목소리를 사용하는지 확실히 하기 위해 그의 소리내는 행동이 계속적으로 기록되었다.

시각장애 아동이 숟가락으로 먹는 행동을 배우는 것을 돕기 위한 주의 깊게 계획된 운동촉구와 이양절차(hand-over-hand procedures)의 사용은 그림 3.2에서 보는 것과 같이 식사를 하는 동안 얼마나 많은 도움이 필요한가를 기록하고 있다. 매 식사 시간의 시작에, 요구되는 도움의 수준을 위해 7번의 시도가 기록된다. 우리는 자료 기록지로 그 주초에 Sharon이 7번의 모든 시도에서 총체적인 운동 촉구를 요구하였다. 비록 그녀의 수행이 다소 일관되지 못하기는 하지만, 목요일까지 Sharon이 보다 적은 총체적인 지원이 필요하고 스스로 먹는 횟수가 증가한 것을 발견했다.

모든 IEP 목적(혹은 IFSP 결과들)에서 이루어진 진전을 추적하기 위해 매주 혹은 격주의 일화기록이 보다 유용할 것이다. 한 가지 간단한 전략은 각 아동에게 한 쪽을 사용하여, 왼쪽에는 각 영역의 IEP 목표를 나열하고 각 목표 다음에 논평을 기재할 수 있는 공간을 남겨두는 것이다(그림 3.3). 각 아동을 위해 이 기록지를 몇 장 복사하고, 아동의 폴더에 끼워둔다, 매주 한 장을 사용하여 각 목표의 진전과 문제를 요약한다. 이것은 모든 목표에 따라 연속적인 진전의 이야기를 제공한다. 또한 각 목표는 매주 교사와 보조자들이 검토한다. 위에서 설명한 구체적인 문제 행동에 대한 자료지는 이러한 일화검토 기록지에 첨부할 수 있다.

기록의 중요한 점은 그것이 반드시 실행되어야 한다는 것이다. 아무리 유능한 조기교육 전문가라도 이런 기록 없이 발달과 중재 과정의 효율성을 주의 깊게 측정한다는 것은 불가능할 것이다.

이 장에서는 아동들의 특별한 요구를 인식하고 그들의 진전을 점검하는 데 사용된 중요한 정보원을 제시하였다. 또한 철학과 실제의 변화를 논의하고 표준화 도구를 사용할 때의 주의점도 제언했다. 다음 장은 사정 정보가 적격성을 결정하고 개별화 서비스 계획과 프로그램을 개발하는 데 어떻게 사용되는지를 논의할 것이다.

요약

장애아동의 범주적 표시에서 벗어나 아동의 특별한 교수적 요구를 분석하는 움직임으로 이동하고 있다. 전형적인 다단계 과정은 (a) 의학적으로 관련된 문제에 대한 발달적 검목표와 선별에 대한 관찰 비교를 포함하는 문제 아동의 초기 판별, (b) 개별화가족서비스계획이나 개별화교육프로그램의 다학문적 요원 개발에 의한 진단, (c) 일상 활동의 교사 관찰과 결정, (d) 아동의 프로그램을 갱신하고 전반적인 프로그램의 성공에 대한 주기적인 검토를 목적으로 하는 아동 진전의 계속적인 점검이 포함된다.

아동의 특별한 요구를 인식하고 조절하는 과정에서 몇몇 단계는 수많은 전문가들의 지원이 요구되지만, 조기중재자는 아동의 성공에 있어서 도구적인 역할을 수행한다. 성공적이 되도록 교사 역할의 일부는 정상적 행동을 구성하는 것이 무엇인지를 아는 것이다. 그러한 지식을 가지는 것에 목적을 둘 때 교사는 특정 정문가나 또는 기관에 의뢰가 필요하다는 것을 나타내는 높은 위험 신호를 체계적으로 관찰할 수 있다. 지침과 제안이 이 관찰 과정을 강화하는 방법을 제공한다.

유아교육 교사들은 사정 과정의 일부로서 표준화검사를 사용할 때 특히 주의를 해야 한다. 같은 연령의 아동 집단에 의해 형성된 규준과 아동의 점수를 비교하는 규준지향검사는 장애나 독특한 요구를 고려하지 않으면 아동의 능력을 왜곡하게 된다. 준거지향검사는 습득된 기능 계열 또는 발달 표준과 아동의 수행을 비교하는 것이다. 그러나 점점 놀이중심 사정, 교사개발 기법이 사정과 평가의 기본이 되고 있다.

이 장에서는 사정에 대한 궁극적인 책임감, 일상 활동의 선택 그리고 교사의 효과적인 교수방법을 강조하였다. 이것은 준비되어야 한다는 느낌이 없는 교사를 위한 책임감이다. 관찰 기법에 능숙하게 되도록 형식적 검사와 비형식적 검사, 프로그램 계획, 실제와 인내가 필수적이다.

마지막으로 이 장에서는 평가의 전반적인 장소에서 애매함을 분명하게 하고, 평가 절차를 둘러싸고 있는 결정적인 문제를 조명하고, 연구와 실제를 촉구하려고 시도하였다.

토론 주제

1. 판별, 진단, 사정, 평가를 구분한다. 각 과정의 목적을 설명한다.
2. 자기의 발달 평정척도를 구성 또는 선택한다. 적어도 두 명의 아동을 관찰한다. 만약 가능하다면 장애아동 한 명과 알려진 결함이 없는 아동 한 명을 선택해서 관찰한다. 평정척도에 따라 아동들의 수행을 점검하고 비교한다. 관찰된 교육적 강점과 약점의 요약을 기록한다. 부모의 허락을 받고 모든 측면의 비밀을 관찰한다.
3. 장애유아의 교육적 강점과 요구를 결정하는 데 사용할 수 있는 몇 가지 비형식적 사정 절차를 설계한다. 사정된 아동을 위한 계획 세우기에 유용한 절차에 따라 행동을 기록한다.
4. 규준지향검사와 준거지향검사를 구분하고, 각 검사 유형의 장점과 단점을 설명한다.
5. 피바디 그림 어휘력 검사(Peabody Picture Vocabulary Test)와 같은 사정 도구를 공통적으로 사용하여 연구한 Bros Mental Measurements Yearbook(Spies & Plake, 2005)

을 사용한다. 급우들에게 비평을 한다. 신뢰도, 타당도, 규준 표본의 특성과 같은 중요한 요인을 확실하게 연구한다.

6. 중증장애를 가진 특정 아동을 선택한다. 6개월 동안 아동의 진전을 제시하는 포트폴리오에 포함되어야 하는 것이 무엇인지를 계획한다.

Chapter 4

개별화 중재 계획과 프로그램 개발

핵심용어

개별화가족서비스계획(IFSP) 과정	사정에 대한 가족중심 접근	행동적 목표
개별화교육프로그램(IEP) 과정	서비스 조정자	헌신적이고 독립적 모델
과제분석	전환	협력적 교환
관심사, 우선순위, 자원	준거	혼합 모델
도중 행동	지역사회 관계망	IEP 연간 목적과 목표
동형 실제	최종 목표	IFSP 결과 진술
비헌신적이고 독립적 모델	프로그램 계획	

핵심개념

* 장애인교육법(IDEA)은 영아, 유아, 가족을 위한 개별화가족서비스계획(IFSP)과 학령전기 아동을 위해 개발된 개별화교육프로그램(IEPs)을 요구한다.
* 가족들은 개별화 계획 과정에서 일차적인 의사 결정자가 되어야 한다.
* IFSP와 IEP 문서는 팀이 사용하는 **과정(process)**에서 이차적으로 중요하다.
* 계획 과정에서 필수적인 것은 가족 구성원과 서비스 제공자들 사이의 협력에 대한 믿음이다.
* 가족의 관심사, 우선순위, 자원의 판별은 가족 중심 접근에 의해 이루어져 한다.
* 가족의 관심사는 기능적인 IFSP의 결과와 IEP의 목적과 목표에 즉시 반영되어야 한다.
* 서비스 조정은 부모들이 자녀의 공립학교에 입학의 주창자가 될 수 있도록 영유아를 위해 새롭게 명령된 서비스이다.
* 다학문적 사정 팀은 IEP의 적절한 목적과 목표를 결정하는 데 있어서 부모들과 협력하도록 기대한다.
* IFSP와 IEP의 매년 그리고 주기적인 검토는 서비스의 계속적인 개선을 위한 도구이다.
* 가족의 스트레스를 최소화하기 위해서 다음 교육 환경에 대한 전환 계획 단계에서 주의 깊은 고려가 있어야 한다.

앞 장에서는 판별, 진단, 사정, 평가의 진행을 둘러싼 몇몇 중요한 사안들을 소개하였다. 전문가들에게는 아동의 행동에 민감한 관찰자와 같은 그들의 중요한 역할을 위해 준비하도록 주의가 주어졌다. 그리고 학교에서 사정을 위해 이용할 수 있는 선택사항들이 논의되었다. 이 장에서는 개별화교육프로그램과 계획의 개발 과정에 초점을 맞출 것이다.

1. 영유아와 가족을 위한 개별화가족서비스계획의 과정

개별화가족서비스계획(IFSP)은 3세까지의 아동들과 그들의 가족을 위한 조기중재 서비스의 실행을 위해 IDEA에 서술된 것이다. 그것은 사정과 서비스 전달에 관련된 가족과 전문가 사이의 **협력적 교류(collaborative interchanges)**를 통해 개발되어 왔다.

IFSP의 목적은 자녀와 가족을 위한 목적을 촉진시키기 위한 형식적, 비형식적 자원을 명료화하고 조직화하는 것이다. "IFSP의 목적은 전문가와 가족 간의 생산적이고 지원적인 관계를 형성하고 유지하기 위한 과정이나 상황이라기보다는 결과물이다. 자녀와 그들 자신들이 원하거나 요구하는 조기중재 서비스에 대한 결정을 가족이 할 때 연속적인 정보 수집과 공유와 교환과 확장이다" (Noonan & McCormick, 2006, pp.56-57).

지적한 것처럼 성문화된 문서로 개발되는 과정이 중요하게 고려되지 않는다. 서비스 제공자들은 가족과 믿음과 존경을 바탕으로 한 파트너십을 형성하도록 기대되고, 아동의 삶

중 위태로운 초기 몇 년간의 기간동안 각 아동들에게 실현 가능한 프로그램을 만들도록 기대된다. IFSP 과정은 가족 구성원들의 자연스러운 양육 역할을 지지하기 위해 계획되었다. 2장에서처럼 가족 체계를 역동적으로 만들어간다면, 특별한 요구가 있는 어린 아동들은 그들 가족의 환경 안에서 이해되어진다. 이런 식으로, IFSP는 이 장의 뒤에서 논의되듯이 IEP와는 다르게 보여진다. IFSP 과정은 가족 중심인데 반하여 IEP는 아동 중심인 경향이 있다. IFSP 접근법은 영아와 유아들이 그들의 가족에게 신체적 그리고 정서적 지지를 받아야 하는 독특한 존재라는 사실을 받아들였다.

1) 개별화가족서비스계획(IFSP) 과정

IFSP를 개발하는 과정은 가족이 그들의 자녀와 부모 자신을 위해 원하는 조기중재 서비스를 선택할 수 있도록 하는 자료의 수집, 공유 그리고 가족과 직원 간의 정보 교환으로 이루어진다. 가족은 그들의 관심사와 요구 그리고 선택에 따라 활동적인 과정으로 옮겨갈 수 있다. 따라서 몇 가지 활동들이 준비되어 있어야 한다. IFSP에는 아래의 내용들을 포함한다.

1. *적격성을 위한 초기 면담과 선별*. 앞 장에서 논의하였듯이, 아동이 조기중재 서비스에 위탁될 때 평가는 아동에게 적합한 서비스를 결정하도록 안내한다. 적격성을 위한 척도는 발달장애에 대한 각 주정부의 정의에 따라 일관적이어야 한다. 사정 계획은 아동의 5가지 발달영역 각각의 상태를 결정하기 위해서 가족과 함께 진행된다. 5가지 발달영역은 시각 · 청각 · 건강을 포함한 신체발달, 인지 발달, 의사소통 발달, 사회성 혹은 정서 발달 그리고 적응 발달이다.

2. *가족의 자원, 관심사, 우선순위 그리고 아동의 강점과 요구의 평가*. 아동과 가족의 평가는 가족의 자원과 우선순위와 관심사의 표현을 이끌어내도록 계획된 양육자와의 인터뷰가 포함된다. 가족은 또한 지원과 서비스의 필요성의 판별과 그들 자녀의 발달적인 요구를 알 수 있는 가족 역량을 강화하도록 격려된다.

3. *서비스 계획 문서의 개발*. 회의는 반드시 처음 개별화가족서비스계획(IFSP) 기록을 시작하고 45일 안에 열려야 한다. 회의는 반드시 가족이 편리한 곳에서 편리한 시간에 열려야 한다. 그리고 가족의 모국어로 안내하도록 해야 한다. 서비스 조정자는 이 회의 도중에 지명되어야 한다.

4. *실행과 점검*. 아동과 가족에게 적합한 서비스는 IFSP 회의 이후에 가능한 한 빨리 실행되도록 한다. 서비스 조정자는 조정, 촉진 그리고 조기중재 서비스로의 적시의 인도를 위한 점검에 대한 책임이 있다. IFSP의 재검토는 적절하다고 생각된다면 6개월마다 혹은 더 자주 완료되어야 한다. 거기에 더해서

IFSP의 종결 평가는 연간 수행되어야 한다.

2) 초기와 연간 IFSP 회의 참가자

초기와 연간 IFSP 회의의 참가자는 일반적으로 아래와 같다.

1. 아동의 한 쪽 부모, 혹은 양친.
2. 가족에 의해 요청된 가족의 다른 구성원.
3. 부모가 참가하기를 요구하는 가족 외의 사람 혹은 대변자.
4. 가족과 함께 초기부터 일해 온 혹은 IFSP의 실행을 위해 책임을 지는 공공기관에 의해 지명된 조정자.
5. 사정 과정에 직접적으로 관련된 사람.
6. 아동 혹은 가족에게 서비스를 제공할 수 있는 적절한 사람.

만약 이 사람들 중에 누군가 회의에 참석할 수 없다면, 합의 과정에서 전화 회의, 식견이 있고 권위를 가진 실질적인 대표자의 채용, 이용할 수 있는 적절한 기록물과 같은 다른 수단을 통해 참여를 하도록 해야 한다.

3) 가족의 관심사, 우선순위, 자원 확인

공법 99-457에서 원래 아동의 향상과 발달에 관련된 가족의 강점과 요구들의 판별을 요구했지만, 전문가들은 가족이 수정했으면 하는 것까지 포함하는 요구라는 용어의 사용에 점점 세심한 주의를 기울여야 한다. 관심사(concerns)라는 용어는 가족이 유능하고, 그들의 관심사와 우선순위에 기초한 선택을 할 수 있다는 것을 보여주어 용기를 주기 위한 노력의 일환으로 현재 사용되고 있다. 그것은 가족이 단지 '빈곤자'라는 것은 아니다. 조기특수교육 전문가들이 가족의 강점과 관심사를 결정하도록 가족 삶의 영역이 평가되어져야만 한다고 믿는 것은 적합하지 않다. 그러므로 명확히 말하면 법에서는 '가족의 자원과 우선순위와 관심사를 포함한 가족중심평가' (P.L. 105-17 Sec. 636)가 되어야 한다고 말한다.

가족 활동에서 일반적인 문제가 발생했을 때, 상담이나 다른 형태의 지원을 위한 적절한 전문가에게 그들을 의뢰하는 가능성을 탐색하도록 하는 것이 적절하다. 오직 가족만이 그들 자녀의 발달을 최선으로 도울 수 있는 역할의 형태를 결정할 수 있다. 전문가들은 가족의 관점으로부터 그 가족의 관심사와 우선순위를 이해할 필요가 있고, 그러고 나서 가족 부양자의 관점에서의 관심사와 우선순위를 판별할 필요가 있다. 협조를 통해서, 가족의 관심사는 자원에 앞서 판별되어질 수 있다.

이전의 2장에서 나온 부모를 조력하는 부모의 행정 감독관이었던 Florene Poyadue는 특별한 요구를 가진 아동이 있는 가족의 생명선으로써 **관심사**(concerns)와 **우선순위**(priorities) 그리고 **자원**(resources)을 언급해 왔다. 한 번 관심사가 우선시 되면, 전문가 집단과 가족 양쪽의 책임감은 실행가능한 자원의 증거가 된다. 전문가들에게는 가족이 그들의 자원을 판별하고 세워가도록 하고 동시

에 적절한 지역사회 자원과 연결할 수 있도록 돕는 것이 중요하다. 그것은 가족에게 유용하고 쉽게 이용할 수 있는 자원으로 기억되어야만 한다.

가족들이 가족의 관심사, 우선순위, 자원을 확인하는 데 도움이 되는 약간의 강제적인 방법으로 전문가와 가족들 사이에 고려할만한 논의가 생성되었다. 전문가들은 구체적인 정보를 위해 가족들의 요구에 균형을 맞추고, 가족의 우선순위와 관심사를 배경으로 프로그램을 만들기 위해서 **사정에 대한 가족중심 접근(family-centered approaches to assessment)**을 훈련하고 경험하는 것이 필요하다고 확실하게 인정하였다. 지역사회들이 공법의 Part C의 실행을 통해 활동할 때, 그들은 각각의 가족이 중요한 의사결정자로서 완전성을 획득하는 정보수집 방법들을 만들어내야만 한다. 이것은 가족의 관심사나 아동의 요구에 대해 의심이 될 때는 언제나 가족의 의견을 제일 먼저 찾아야만 한다는 것을 의미한다. 사정 절차에서 가족이 그들의 자녀들에 대해 인터뷰 형식을 완성해야 할지, 서술적인 이야기를 통해 정보를 제공해야 할지 선택의 기회를 가져야만 한다. 전체 과정의 성공을 위해 필수적인 것은 가족과 전문가들 사이의 신뢰와 존경을 바탕으로 세워진 관심사다.

Hanson과 Lynch(2004)는 가족과의 효과적인 협력을 위해서 전문가들이 개발해야 하는 네 가지 기본적인 속성을 나열하였다. 즉, (a) 장애아동과 관련된 지식과 기능을 가져야 하고, (b) 가족과 지역사회의 맥락 내에서 활동하고, (c) 긍정적이고 열린 마음을 있어야 하고, (d) 약속을 지키는 것이다. 이들은 "가족들과 정직하지 못한 전문가들은 정보를 완전하게 공유하지 못하고, 가족의 역할과 책임을 존중하지 않고, 가족이나 그들의 직업에 대해 부정적인 태도를 보이고, 그들의 직무에 대해 훈련이 잘 되어 있지 않고, 협력적인 동반자 관계를 형성할 수 없다"고 진술하였다(p.201).

4) 개별화가족서비스계획(IFSP) 문서

문서를 작성할 때, IFSP는 여기에 제시한 요소들을 포함하여야 한다. IEP의 형식과 중요한 차이는 목적이나 목표보다 "성과가 영아 혹은 유아 그리고 가족을 위해 성취되도록 기대된다"(Sec. 677)는 진술을 포함하는 것이다. 이러한 **IFSP 성과의 진술(IFSP outcome statements)**은 자녀나 가족을 위해 가족 구성원의 변화를 반영한다. 각각의 성과들은 발생되는 과정과 이 활동의 결과로 기대되는 결과에 의해 기능적으로 진술된다. 비록 견본 양식이 그림 4.1에서 제시되어 있을지라도, 독자들은 상황마다 형식이 다르다는 것에 주의해야 한다. 건강, 교육 그리고 사회봉사 기관에 전화를 걸어서 부분적으로 사용된 형식의 복사물을 얻기 위해서 개인과 관계된 정확한 자료의 출처를 바로 알 수 있도록 해야 한다. 선택된 형식이 어떤 것이든지, 아래의 요소들이 포함되도록 요구된다(Sec. 633-636).

1. 목표 준거에 근거한 아동의 신체발달(시각, 청각, 그리고 건강상태), 인지발달, 의사소통 발달, 사회적 혹은 정서적 발달, 적응행동 발달의 현재 수준의 진술.
2. 아동의 발달을 향상시키는 것과 관련된 가족의 자원, 우선순위, 관심사의 진술.
3. 아동과 가족이 성취될 것으로 기대되는 측정할 수 있는 결과와 성취 결과의 진전 정도를 결정하는 준거, 절차, 시간표의 진술. 결과에는 발달적으로 적절한 문자이전의 언어적 기능을 포함한다.
4. 실제적이 되도록 또래 검토 연구에 근거한 구체적인 조기중재 서비스의 진술. 나열된 서비스는 서비스 전달의 빈도, 강도, 방법을 포함하여 아동과 가족의 독특한 요구를 충족시키는 데 필수적이 되어야 한다.
5. 자연적 환경에서 제공되지 못한 서비스의 정도를 판단하는 것을 포함하여, 조기중재 서비스가 적절하게 제공되어야 하는 자연적 환경의 진술.
6. 계획된 서비스의 시작 날짜와 예상되는 서비스 기간.
7. IFSP의 실행에 책임을 질 서비스 조정자의 이름, 그리고 다른 기관과 사람들과의 조정.
8. 3세에 도달한 아동이 적절하다고 인정된 서비스의 다음 프로그램으로 가도록 전환을 지원하는 단계 또는 서비스 진술.
9. IFSP의 내용을 충분히 설명하여야 하고, 계획에서 기술된 조기중재 서비스를 준비하기 위해 부모나 안내자의 동의를 먼저 얻어야 한다. Cathy의 사례로서, 요구 조건을 포함하는 한 가지 형식이 그림 4.1에 제시되어 있다.

5) 결과 진술 개발

IFSP 팀은 제공되는 서비스의 선택을 안내하고 결과의 진술을 개발하도록 기대된다. 이 진술들이 가족에 의해 더 일찍 표출되어진 관심사와 우선순위와 직접적으로 연결되어야 한다는 것을 기억하는 것이 중요하다. 이 진

0–3세 아동을 위한 개별화가족서비스계획 산타클라라시

아동 성명: Cathy Rae Wright 생년월일: 2007. 11. 15 연령: 26 개월 성별 여

부모/보호자: Martha and Gary Wright 주소: 1414 Coolidge Drive Cupertino 우편번호

자택 전화: 408-398-2461 직장 전화: 408-554-2490 일차 언어: 영어 다른 언어:

IFSP 작성일자	2009. 1. 15	중간 점검일자	2009. 7. 15	연간 검토 일자	2011. 1. 15	잠정적 종결 일자	2010. 11 15

서비스 조정자 성명	기관명	전화	약속일자	종결일자
Sandy Drohman	Regional Center	408-461-2192	12/10/08	/ /
			/ /	/ /

<u>**가족의 강점과 선호자원**</u> (가족의 관심사와 우선순위를 아는 데 도움이 되는 가족의 강점과 자원을 가족과 함께 확인한다.)

Wright 부부는 좋은 교육을 받았고 Cathy의 상태에 대한 부가적인 정보를 찾았다. 이들은 가능한 모든 방법으로 Cathy를 도울 수 있기를 열망하였다. 이들의 가족은 매우 지지적이다. 가족들은 Cathy의 언니를 잘 돌봐주었다.

Cathy는 의학적으로 매우 취약한 경향이 있기 때문에 Wright 부부는 가정 중심 조기중재 프로그램을 선호하였다. 이들은 Cathy와 활동하는 방법을 이해하는 데 도움이 되는 문서화된 자료를 받은 것에 대해 감사하게 생각하였다. Wright 부인은 가정방문자가 오면 그녀에게 배울 수 있도록 집에 있기를 원했다.

<u>**가족의 관심사와 우선순위**</u> (특별한 요구를 가진 아동과 전체 가족에 대한 주요관심 영역을 가족과 함께 확인한다.)

Wright 부부는 Cathy의 걷기, 손가락으로 물건 집어 올리기, 다른 아동과 말하기가 지체된 것에 매우 관심을 가졌다. 또한 그들은 Cathy의 작은 체구에 대해 걱정을 하였다. Cathy는 둘째이고 24주만에 태어났다. Wright 부부는 미성숙에 대해 더 많은 정보를 필요로 했고, 자신들을 위한 적절한 지원집단을 찾기를 원했다.

Page 1 of 6 total IFSP

그림 4.1 IFSP의 예

0–3세 아동을 위한 개별화가족서비스계획 산타클라라시

아동 성명: Cathy Rae Wright 생활 연령: 26 months

아동의 강점과 현재 발달 수준

아동이 할 수 있는것과 아동이 학습할 수 있는 것을 가족과 함께 확인한다. 다음 영역에서 가족과 전문가 관찰을 포함한다.

신체적 부모 보고와 HELP 기준에 근거한다

건강 Cathy는 건강한 반면 몸이 매우 작다고 부모가 말했다. 부모는 Cathy의 몸무게를 늘이기 위해 영양학자와 활동을 하였다.

시력 Cathy는 사시로 인해 수술을 하였다.

청력 Cathy는 귀에 감염이 많아서 현재는 귀에 튜브를 착용하고 있다.

대근육(큰 동작) Cathy는 발끝으로 서고, 발끝으로 달리고, 달리면서 코너를 갑자기 돌고, 한손으로 잡고 계단을 걷는다.

소근육(작은 동작) Cathy 적절하게 크레용을 집고 집게 손가락으로 지적하고, 수평선을 모방하고 6개 블럭을 쌓고 한 번에 한 장씩 넘기고 어렵지만 작은 물건을 집어 올린다.

인지(환경에 대한 반응성, 문제해결) Cathy는 숨겨진 물건을 찾고, 기계적인 장난감을 작동시키고, 연령에 맞게 물건을 사용한다.

의사소통(언어와 말)

수용(이해) Cathy는 요구하면 신체 부분을 지적하고, 서로 다른 요구를 따른다.

표현(음을 구성하고, 말하기) Cathy는 8개 그림의 이름을 말하고, 오직 제스처만으로 또래와 상호작용하고 단어가 있는 노래를 부른다.

사회적/정서적(타인과 관계 맺기) Cathy는 정서를 표현하고, 간단한 규칙을 따르고 존중하며, 신체적으로 공격적이 된다.

적응/자립(수면, 식사, 착탈의, 화장실 사용 등) Cathy는 양말과 신발을 신을 수 있고, 화장실에 가고싶다고 말하지만 어린이용 변기에 대해 훈련을 받지 않았고, 스스로 음식을 먹는다.

진단(만약 알고 있다면) ______

Page 2 of 6 total IFSP

그림 4.1 IFSP의 예 (계속)

0-3세 아동을 위한 개별화가족서비스계획 **산타클라라시**

아동 성명: *Cathy Rae Wright*

개별화가족서비스계획 결과
다음 6개월 동안 활동할 목적을 가족과 함께 확인한다.
이것은 앞에 진술된 가족의 우선순위와 관심사와 직접 관련되어야 한다.

결과: Cathy는 자신의 요구를 알고 타인과 긍정적으로 상호작용하기 위해서 언어적으로 의사소통하려는 것이 증가될 것이다.

	서비스 유형 (개인 = I 집단 = G) 발굴	회기수 각 회기길이	시작일자	종결일자 (예상)	책임있는 기관/집단 비용조정포함
결과 달성을 위한 전략 또는 활동 (이것을 하게될 사람, 내용, 시기는?) AIM 유아교사는 Cathy의 발화 노력에 도움을 요청하는 Wright 부부의 모델이 될것이다. **준거**(만약 진전이 되면 우리가 어떻게 아는가?) 증가된 발화는 부모와 유아교사에 의해 관찰될 것이다.	I=가정중심 유아 프로그램	매주 1시간	2009. 1. 23	2009. 11. 10	SARC가 재정지원 가족
결과 달성을 위한 전략 또는 활동 (이것을 하게될 사람, 내용, 시기는?) Wright 여사는 Cathy가 이웃 또래들과 놀게하고 그들을 집으로 초대할것이다. 그녀는 놀이와 발화를 촉구할 것이다. **준거**(마약 진전이 되면 우리가 어떻게 아는가?) Wright 여사는 상호작용의 정도를 관찰하고 주목할 것이다.	G=가정과 이웃	최소 30분 매주 1회	2009. 2. 1	계속	Wright 부인
결과 달성을 위한 전략 또는 활동 (이것을 하게될 사람, 내용, 시기는?) Cathy는 2009. 2. 15에 말 병리학자가 사정할 것이고, 기초요구사항에 따라 사정할 것이다. **준거**(마약 진전이 되면 우리가 어떻게 아는가?) 후속 보고가 제출될 것이다.	I=지역센터 말과 언어 클리닉	1시간 놀이중심 사정	2009. 2. 1	요구하면	Sandy Drohman이 배치될 것이다. (SARC가 재정지원)

그림 4.1 IFSP의 예 (계속)

0–3세 아동을 위한 개별화가족서비스계획 산타클라라시

아동 성명: Cathy Rae Wright

개별화가족서비스계획 결과

다음 6개월 동안 활동할 목적을 가족과 함께 확인한다.
이것은 앞에 진술된 가족의 우선순위와 관심사와 직접 관련되어야 한다.

결과: Cathy는 건강을 유지하고 발달적으로 적절한 성장 패턴을 유지하기 위해 몸무게가 증가될 것이다.

	서비스 유형 (개인 = I 집단 = G) **발굴**	**회기수** **각 회기길이**	**시작일자**	**종결일자** (예상)	**책임있는 기관/집단** 비용조정포함
결과 달성을 위한 전략 또는 활동 (이것을 하게될 사람, 내용, 시기는?) Wright 부부는 Cathy의 영양섭취를 개선하기 위해 Breez와 함께 계속 활동할 것이다. **준거**(만약 진전이 되면 우리가 어떻게 아는가?)	Kaiser 병원 클리닉	30분 매달	계속	요구하면	Mrs. Breez (Kaiser가 재정지원)
결과 달성을 위한 전략 또는 활동 (이것을 하게될 사람, 내용, 시기는?) **준거**(만약 진전이 되면 우리가 어떻게 아는가?)					
결과 달성을 위한 전략 또는 활동 (이것을 하게될 사람, 내용, 시기는?) **준거**(만약 진전이 되면 우리가 어떻게 아는가?)					

Page 4 of 6 total IFSP

그림 4.1 IFSP의 예 (계속)

0–3세 아동을 위한 개별화가족서비스계획 **산타클라라시**

아동 성명: Cathy Rae Wright

개별화가족서비스계획 결과
다음 6개월 동안 활동할 목적을 가족과 함께 확인한다.
이것은 앞에 진술된 가족의 우선순위와 관심사와 직접 관련되어야 한다.

결과: Wright 부부는 동료 부모의 지원을 받고 Cathy의 상태에 대해 더 알기 위해 PHP에 가입할 것이다.

	서비스 유형 (개인 = **I** 집단 = **G**) **발굴**	**회기수** **각 회기길이**	**시작일자**	**종결일자** (예상)	**책임있는 기관/집단** 비용조정포함
결과 달성을 위한 전략 또는 활동 (이것을 하게될 사람, 내용, 시기는?) Sandy Drohman은 Wright 부부에게 모든 의뢰 정보를 제공할 것이고, 그들이 원하면 첫 회의에 그것들을 가져갈 것이다. **준거**(만약 진전이 되면 우리가 어떻게 아는가?) Wright 부부는 늘어난 지지와 지식에 만족할 것이다.	**G**–부모를 돕는 부모모임(PHP)	부모의 재량에 따라			Wright 부부 PHP
결과 달성을 위한 전략 또는 활동 (이것을 하게될 사람, 내용, 시기는?) AIM 유아교사는 Cathy의 상태에 관한 부가적인 정보를 얻도록 Wright 부부를 지원할 것이다. **준거**(만약 진전이 되면 우리가 어떻게 아는가?) Wright 부부는 더 많은 정보에 근거하여 받게된 지원에 대해 만족을 표현할 것이다.	**I**–가정	계속	2009. 2. 1	2009. 11. 10	AIM 유아교사
결과 달성을 위한 전략 또는 활동 (이것을 하게될 사람, 내용, 시기는?) **준거**(만약 진전이 되면 우리가 어떻게 아는가?)					

Page 5 of 6 total IFSP

그림 4.1 IFSP의 예 (계속)

0-3세 아동을 위한 개별화가족서비스계획 **산타클라라시**

아동 성명: Cathy Rae Wright

전환 계획 – 36개월에 이루어지는 이 아동의 전환은 다음과 같은 단계를 달성함으로써 완성될 것이다.

1. 30개월에 Wright 부인은 배치를 검토하기 위해 지역 프로그램 자문가와 만날 것이다.
2. Wright 부인은 Sandy Drohman이 있는 기관을 방문할 것이다.
3. Wright 부인은 그녀가 선호하는 것을 진술하고 참여 형식에 사인을 할 것이다.
4. Wright 부인은 Cathy와 함께 오리엔테이션에 참가할 것이다.

적격성 진술 – 시정 결과가 IDEA의 Part C에서 아동과 가족이 서비스에 적격한지를 증명하고 있는지 IFSP 팀이 결정한다. ☒ 예 ☐ 아니요

아동이 자연적 환경에 있는 시간의 백분율은 N.A. %.

가족 – 나는(우리는) 이 IFSP 개발에 참여할 기회가 있었다. 이것은 내(우리의) 아이를 위한 나의(우리의) 관심사, 우선순위, 결과를 제외하고 있다.

나는(우리는) 이 계획을 수행하기 위해서 허가를 하였다 ☒ 하지 않았다 ☐.

나는(우리는) 이 IFSP 계획이 2010. 11. 15 (일자) 까지 영향이 있다는 것을 이해한다.

Mrs. Martha Wright (부모 / 법적 보호자 사인) 1 / 15 / 09 (일자)

다른 IFSP 참여자 – 다음의 개인/기관들은 회의에 참석하거나 전화 또는 문서로 참여하고 전체 조기중재 서비스 준비에서 그들의 역할을 적용하여 계획을 수행하는 데 동의한다.

이름	전화	기관	전화나 문서로 결정 (결정하는 사람의 이니셜)	일자
Mr. and Mrs. Gary Wright		Parents		1-15-09
Sandy Drohman	408-461-2192	Regional Center		1-15-09
Julie Maze	408-460-6190	Public Health Nursing		1-15-09
Margaret Breez	408-642-8314	Kaiser Nutritionist	SD	1-10-09
Rosalie Martinez	408-648-2941	AIM Infant Program		1-15-09

다음 검토에서 고려하기 위한 노트 Cathy와 그녀의 언니인 John 간의 관계

Page 6 of 6 total IFSP

그림 4.1 IFSP의 예 (계속)

술들은 그들의 자녀들이나 가족 자신을 위한 가족 기대의 변화를 기록할 것인데, 이 변화들은 그들 자녀의 발달적인 요구와 관련되어 있다. 성과의 진술들은 가능하다면 가족의 모국어로 기능적으로 기록되어야 한다. 그들은 매일의 환경 속에서 요구에 대처할 수 있는 아동의 능력을 강화하고 가족의 일상생활과 기술에 알맞은 실용적인 활동들을 지시해야 한다.

'…를 위해(in order to)' 와 같은 진술서의 어법은 발달을 촉진하는 활동의 기능적인 목적을 쉽게 이해하도록 해 준다. 예를 들어, 그들의 자녀에게 열성적인 부모들은 "Josh는 서려고 잡아끌 것이다" 라고 쓰여진 성과 진술에는 만족하지 못하더라도 "Josh는 걷기로 진행해가기 위해서 서려고 잡아끌 것이다" 라는 진술에 만족하게 될 것이다. Deal, Dunst, Trivette(1989)에 의해 지지된 이 문구는 진행과정(서려고 잡아끈다)의 결과(결과-걷기)를 쉽게 이해할 수 있도록 한다. 그것은 B라는 성과를 실현시키기 위해서 A라는 활동이 그 성과를 촉진한다는 것이다. 활동이나 전략들은 성과 진술로부터 직접적으로 나와야 한다. 예를 들어, 물리치료사로부터의 충고는 Josh가 서려고 잡아끄는 행동에 용기를 주기 위해 가장 적절한 전략을 결정하기 위해 주의 깊게 받아들여져야 한다.

그림 4.1은 딸 Cathy를 위한 Wright씨 부부가 선택한 세 가지 성과 진술을 나타낸다. 다른 진술들도 포함될 수 있지만, Cathy의 부모님은 이 세 가지가 첫 IFSP에서 가장 높은 우선순위를 가진다고 생각하고 결심했다.

IFSP는 프로그램 계획에 들어가지 않는다는 것을 깨닫는 것이 중요하다. IFSP는 서비스와 원하는 성과들을 판별한다. 그것은 성과를 가져오기 위해 사용되는 구체적인 목적, 전략, 활동들의 완성된 리스트를 판별하지도 않는다. 법에 의해 요구되지 않더라도 모든 서비스 제공자들은 각각의 성과들에 도달하기 위한 구체적인 장 · 단기 목표들(교수 단계와 전략들)의 계획을 준비해야 한다.(교수 목표 진술과 관련된 세부 정보는 162-167쪽에 있다.)

2. 서비스 조정

공법 99-457과 현재의 공법 108-446은 **서비스 조정자(service coordinator)**가 3세까지의 아동과 가족을 위한 개별화가족서비스계획(IFSP)의 완전한 개발을 보장하기 위해 임명되어야 한다고 명령한다. 이 법은 최상의 가족 기능을 지원하기 위해 제공되는 전문적인 조력을 하고자 한다. 이렇게 서비스 조정은 IFSP 과정의 완전한 한 부분으로 고려된다.

공법 Part C의 규정과 규칙에는 서비스 조정이 권리, 절차상의 보호, 각 주정부의 조기중재 프로그램을 통해 제공되도록 위임된 서비스를 받기에 적합한 아동과 가족을 도울 수 있도록 계획된 활동들의 시작으로 되어 있다. IFSP 회의 동안에 임명된 서비스 코디네이터는 기관을 통한 모든 서비스들을 조정하는 책임을 가지고, 적절한 서비스를 얻도록 부모를 돕는데 있어서 하나의 초점을 제공할 책임을 가진다. 서비스 조정은 다음과 같은 책임을 가정한다.

- 각각 적격한 아동을 위한 완전한 IFSP 과정의 조정.
- 적절한 서비스의 이용 가능성을 가족에게 제공.
- 완전한 다학문적 팀 구성원으로서 부모들의 포함.
- 가족과 함께 참여해야 할 모든 전문가들의 포함.
- 만일 적절하다면 통역사를 준비.
- 사정과 IFSP 회의 촉진과 일정잡기.
- 아이디어와 제언의 확장을 격려하기
- 독창적이고 통합적이고 조정된 중재 서비스의 선택사항을 격려하기.
- 문제 해결과 충돌 해소를 촉진하기.
- 부모가 적절한 서비스를 취하도록 돕는다는 하나의 관점으로 서비스 제공하기.
- 적당한 때 취학 전 서비스로의 전환 계획의 진전을 촉진할 것.
- 아동의 기록에서 IFSP 전환 계획의 복사본의 서류를 정리하기.

서비스 조정은 부모가 그들의 IFSP에 명시된 서비스들을 이용할 수 있도록 돕고, 이 서비스들을 조정하고, 아동과의 적합성이 지속됨을 통해 적합한 서비스를 적시에 제공하는 것이 용이하도록 하는 것을 포함하는 활동적이고 계속적인 과정이다. 많은 지역에서는 유아특수교사들이 서비스 조정자의 역할을 하

기를 기대할지도 모른다. 가족 체계 이론을 훈련받지 않은 이러한 사람들은 연방이나 주 법률의 요구를 이해해야 하고, 그런 책임을 수락하기 이전에 지역의 서비스 체계에서 훈련을 받을 수 있는 곳을 찾아야 한다.

구체적인 서비스 조정 활동이 정해졌을지라도, 이 활동들은 유동적이고, 밀접하게 관련되어 있고, 가족과의 협의 안에서 항상 개별적으로 결정된 것으로 이해된다. 한 가족에게 도움이 되는 활동은 다른 가족에게 부적절하거나 요구되지 않을 수도 있다. 한 가족의 오늘에 적합한 활동조차도 그 가족의 내일에는 맞지 않을 수도 있다. 서비스 조정의 효율성은 가족의 요구를 만났을 때 그들과 활동적으로 관계하는 능력을 포함하는 서비스 조정자의 능력에 달려있다.

1) 누가 서비스 조정자가 될 수 있는가?

법이 서비스 조정에 책임을 지는 누군가의 포함을 지시할지라도 서비스 조정자의 선택과 서비스 조정의 실행에는 융통성을 가진다. 가족과 아동의 요구에 가장 적합한 사람이 가족의 서비스 조정자가 되어야 한다는 것이 법의 취지이다. 최선은 서비스 조정자가 가족의 요구를 바탕으로 하여 선택되도록 어떤 기관에서 보내는 것이다. 서비스 조정자는 가족의 변화는 요구에 따라 적절한 서비스를 바꿀 것이다. 부모들은 서비스 조정을 완전히 거부할 권리가 있다.

2) 서비스 조정 모델

서비스 조정 실제의 광범위하고 심도 깊은 검토에서, Dunst와 Bruder(2006)는 서비스 조정의 세 가지 모델을 예시했다. 이는 (a) 헌신적이고 독립적인 모델, (b) 헌신적이지만 독립적이지 않은 모델, (c) 혼합된 모델이다.

헌신적이고 독립적인 모델(dedicated and independent model)은 "서비스 조정자의 역할은 오로지 서비스 조정에만 관여하고, 기관이 제공하는 서비스 조정은 서비스 감독으로부터 독립적이다"라는 모델을 언급한다 (Bruder, 2005, p.34).

헌신적이지만 독립적이지 않은 모델(dedicated but not independent model)은 서비스 조정만을 제공하는 첫 번째 모델과 같은 조정자의 역할을 의미한다. 그러나 조정자는 조기중재 서비스를 제공하는 동일한 기관이나 동일한 프로그램에서 일한다. 마지막으로, **혼합 모델(blended model)**에서 서비스 조정자는 서비스 조정자 역할과 조기중재 서비스 모두를 제공한다. Harbin과 그의 동료들(2004)은 전체 주정부와 지방의 47%가 모델을 혼합해서 사용하고 있다고 밝혔다.

Dust와 Bruder(2006)는 서비스 조정 모델들이 다른 서비스 조정 실제와 연결되는 차이를 밝히기 위해 노력하였다. 그들은 조기중재 서비스를 전달하는 프로그램으로부터 독립된 조정자에 의해 서비스 조정이 수행될 때, 조기중재 서비스를 제공하는 기관에 있는 서비스 조정자가 조정할 때보다 독립된 조정자가 프로그램 참여자들에게 연락을 덜 취한다고 밝혔다. 독립적이고 헌신적인 모델이 덜 효율적이라는 사실은 독립된 조정자에게 혼합모델보다는 더 많은 기관들 사이의 협력을 촉진하고 활동을 통합하도록 요구하기 때문이다. 가족은 서비스 조정자로부터 상대적으로 적은 시간과 관심을 받는데, 이것은 일상에서 아동과 활동하는 전문가들이 다음에서 논의된 네트워킹에 참여하고 지역 자원에 관해 잘 알게되는 데 기초가 된다.

3. 기관 간의 기본적인 협력 촉진

장애유아를 돕는 교육 프로그램들은 다른 프로그램이나 다른 기관들과의 협력을 통해 아동과 가족의 요구에 모든 서비스들을 제공할 수 있다. **지역사회 연계**(community networking)는 조정된 서비스와 기관 사이에 포함된 노력들을 나타낸다. 지역사회 연계는 분열을 줄이고, 중복을 피하고, 가족이 필요한 서비스를 쉽게 얻도록 도울 수 있다.

위에서 논의된 것과 같이 3세 이하 장애아동의 가족은 서비스를 책임지는 서비스 조정자를 선정받게 되고, 가족의 요구를 위해서 관련기관과의 협력이 쉬워진다. 서비스 조정을 필요로 할 정도로 장애정도가 중하지 않은 나이든 아동들이나 장애아동들은 서비스 전달의 미로 항해에서 도움을 받을 다른 것을 찾을 것이다. 도움이 될 수 있는 가장 적합한 전문가는 가족과 매일 접촉하는 조기중재 전문가와 유아교육 교사이다.

그러므로 능률적이고 효율적인 관련기관과의 협동을 진전시키기 위해서 프로그램들은 다양한 연계 활동들을 포함하여야 한다. 연계 활동들은 자원의 차이, 지역사회의 요구 그리고 지리적 문화적 요소들에 의해 변화된다. 조기교육 전문가들은 각각의 아동과 가족의 요구들에 대한 정확한 이해와 가능한 자원들에 대한 철저한 지식을 발전시켜 나가야 한다. 프로그램과 전체 양육자의 개인적인 평가는 가족 요구와 서비스 사이에 조정을 한다. 서비스의 질, 양, 비용에는 주의를 기울여야 한다. 가족은 기다리는 기간 동안에 기관에 보내지는 진행과 절차에 응할 때 도움을 필요로 할 것이다. 이상적으로 말하면, 연계를 위한 노력은 특수아동들과 가족이 넓은 범위의 서비스를 받을 때 형식적 혹은 비형식적인 관련기관의 동의로 끝나게 될 것이다.

협력은 또한 조기교육 프로그램에 대한 인식을 창조하고, 연계 과정에 대한 기여를 창조하는 활동들과의 연결을 포함한다. 가정을 공개하는 것, 개인적인 연락, 방송 취재, 소책자들, 회의에서의 발표 그리고 지역사회 자문 회의에의 참여는 대중적인 인식을 개발시킨다. 연계 활동이 시간에 따라 바뀔지라도, 그것들은 성공적인 중재 프로그램의 전달에 필수적인 것으로 남는다.

4. 학령전기 아동을 위한 개별화교육계획(IEP)의 개발

연방 정부의 정책은 특수교육 서비스를 받을 아동들이 서비스를 시작하기 전에 여러 전문분야에 걸친 팀의 구성원들에 의해 진단을 받아야 한다고 명령한다. 그들은 포함될 전문가들을 일일이 임명하지 않는다. 그러나 특정 아동의 특성과 짐작되는 장애 상태에 따라 특정 팀 구성원의 선택이 결정될 것이다. 예를 들면, 언어 발달지체로 지적되는 경우 아동은 언어치료사에게 보여져야 한다. 이 치료사는 다음의 회의나 진행되는 IEP 직원회의 시간에 출석해야 한다. 이 회의에 참가해야 하는 다른 사람들은 아래와 같다.

1. 아동의 부모 혹은 부모 중 한 명.
2. 아동이 정규 교육 프로그램에 참가하고 있다면 적어도 한 명의 일반교육 교사.
3. 적어도 한 명의 특수교사, 혹은 적어도 한 명의 그 아동의 특수교육 제공자.

4. 장애아동의 독특한 요구를 위해 특별히 설계된 교육을 공급하고, 감독하기에 적합한 아동의 담임 외의 학교 직원.
5. 평가 결과를 교육적으로 관련지어 설명할 수 있는 개인.
6. 지역 교육청을 대표하여 위원회를 받아들일 수 있는 권한을 가진 행정가.
7. 만일 아동이 Part C에 있는 조기중재 서비스를 받고 있다면, 그 부모는 Part C 조정자나 첫 IEP 회의에 초대되어 재진술을 요구할 권리를 갖는다.
8. 부모나 학교가 원하는 전문적인 기술을 가진 개인들.

1) 간학문적 IEP 팀 회의 과정

부모와 같이 근거가 확실한 구성원들을 포함한 다학문적 팀은 아동의 현재 강점과 아동이 현재 나타내는 수행능력 수준을 고려한다. 우선순위가 선택된다. 측정가능한 **IEP 연간 목적**(IEP annual goals)들이 구체화되고, 이러한 연간 목적에 대한 진전을 어떻게 측정할 것인가를 결정한다. 가족으로부터의 중요한 정보를 가진 이 팀은 가족이 어떤 서비스를 받을지, 어디에서 서비스를 받을지 결정한다. 이러한 것은 프로그램 계획에 기록될 것이다.

(1) 의뢰 전문가의 준비

간학문적 직원 구성을 위한 준비에서 교사는 다양하고 상이한 상황과 환경 속에서 아동을 관찰한 내용을 쓸 것이다. 그녀는 형식적, 비형식적 교실 평가로부터 정보를 얻어 요약하고 아동의 행동에 대한 적절한 샘플들을 얻을 것이다. 그녀는 아동의 현재 기능적인 수준의 증거물을 제공할 수 있도록 준비해야 한다. 질문들은 그녀가 준비한 관심사에 기초하여 준비되어야 한다.

(2) 전문가의 준비

유아를 평가하는 전문가는 가능하다면 언제든지 교사와 부모를 포함하는 다른 사람들이 쓴 관찰 결과 보고서를 요구해서 보아야 한다. 종종 판별검사는 심층적인 평가를 위해 시행되는 예비 행위로 사용된다.

각각의 전문가는 예상되는 문제들과 관련된다고 판단되는 평가 절차를 선택할 것이다. 진단 과정에서 부가적인 검사가 필요하다는 것이 명백하게 될 것이다. 한 전문가가 정보를 얻었다면 간학문적 진단 팀에 속한 다른 전문가들에게 제의할 필요가 있다. 그것은 필요한 부가적인 진단을 요청하기 위한 그의 책임이다. 종종 IEP에서 개발된 직원회의의 의장은 지역의 교육기관의 대표적 법률안에서 지명된 사람이다. 이 사람은 모든 사정 정보를 수집하고, 진단 과정에서 중요하지 않아 간과된 것들을 확실하게 하는 데에 책임을 가질 것이다. 전문가들은 자녀들의 배치와 수행을 위한 장점, 그리고 검사 결과와 관련되도록 준비되어야 하는 것을 포함한다. 그들은 프로그램과 활동 계획에 직접적으로 유익한 정보의 증거들을 해석하기 위해서 가능한 모든 노력을 기울여야 한다.

간학문적 직원회의에 참가할 때, 전문가들은 부모들이 이해할 수 있는 언어로 말할 수 있도록 준비되어야 한다. 그들은 전문가뿐만 아니라 팀의 중요한 구성원인 부모들을 기억해야만 한다.

(3) 부모의 준비

부모들은 이전의 조사자들로부터 받았던 어떤 정보든지 조직화하도록 기대될 것이다. 그들은 그들 자녀의 행동과 인지능력과 관심사에 대한 정보를 정직하고 정확하게 나눌 책임을 가진다. 부모들은 아동의 대변자가 된다.

전문가들은 부모들이 전문가의 질문 목록에 대답하여 정보를 공유하기를 원할 때 부모들을 잘 도울 수 있다. 부모들은 제공되는 프로그램과 서비스를 충분히 이해하기 위해 필요한 어떤 도움이든지 받을 수 있다. 몇몇 경우에는 다학문적 팀의 한 부분에 통역가나 여러 나라 말을 사용하는 전문가가 포함되어야 할 것이다. 전문가들이 중재 목표가 각 아동들의 부모들에게 중요하다는 것을 정확하게 이해하는 것은 매우 중요하다. 자녀가 다음 해에 가장 성취했으면 하는 기능과 가족의 스트레스를 줄이고 독립성을 증가시킬 수 있는 행동 등을 판별하기 위해 부모들에게 물었던 질문지나 면접은 자녀들의 목표를 선택하고 우선순위를 정할 때, 부모들의 적극적인 참가를 보장할 수 있는 효과적인 방법이다. 부모들의 목표는 달성될 목표 목록 중 가장 높은 우선순위를 가진다. 예를 들면, 한 부모는 자녀가 독립적인 식사를 할 수 있게 되는 것이 직원과 눈 맞춤하는 것보다 중요하다고 생각할 수도 있다는 것이다. 아동이 유치원에서 함께 생활하는 사람들보다 매일 접하는 중요한 사람들에 의해 받아들여지는 것이 더 중요하다. 전문가들이 아동이 배우고 성취할 가장 중요한 것을 안다고 느낄지라도, 현실적으로 가능하다면 언제든지 부모의 요구와 희망이 우선순위에 있다. 부모에 의해 제안된 서비스의 최초의 이해와 진실한 수락은 많은 논의 시간을 절약하고, 나중에 변화의 필요성까지 절약할 수 있을 것이다.

이전의 IEP 회의의 재검토와 재실행을 위해 미완성된 목적과 목표의 계획을 가족에게 보내는 것은 우선순위를 정할 때 부모의 적극적인 참여를 권유하는 다른 방법이다. 이 접근은 또한 부모의 근심을 경감시키도록 도울 수 있다.

(4) 가족 참여를 촉진할 때 주의해야 할 고려사항

Turnbull, Turnbull, Erwin, Spodak(2006)이 지적한 것처럼, "1980년대 이후 문헌 연구는 IEP 회의가 종종 파트너십 실제를 저버려서 실패를 했다는 것을 인정하는 데 상당히 일치해 왔다"(p.258). 이러한 진술의 지원에서 이와 같은 저자들은 IFSP/IEP 회의는 일상적으로 적절한 계획을 세울 충분한 시간을 허락하지 않는다. 부모는 회의에서 제한된 역할을 가지는 경향이 있고, 회의는 비록 과정이 완전하지 않다할지라도 시간 설정을 종료할지도 모른다. IEP 회의에 앞서 컴퓨터로 생성한 IEP들이 종종 개발되어지고, 그리고 부모는 종종 초기 의사결정자인 전문자로 여겨진다는 사실을 논의해 왔다. 상업적으로 사용가능한 컴퓨터 프로그램으로 IEP가 개발되고, 논의를 하기에 불충분한 시간은 조기교육에 대한 가족중심 접근을 재현하지 않는다는 것은 의심할 여지가 없다.

5. Danny의 사례

아래의 이야기는 한 아동의 다학문적 회의의 배경과 진행을 볼 수 있게 해 준다.

1) 배경 정보

Danny의 부모님들은 걱정을 하였다. 그들은 보육 센터에서 Danny를 두 차례 데리고 나왔다. 지금은 회의를 통해 정해져서 다니게 된 사립 유치원에 다니고 있다. 양친은 모두 일을 한다. 그리고 그들은 Danny를 위한 가장 좋은 장소를 원한다. 몇몇의 친구들은 Danny가 내년에 공립 유치원에 받아들여지지 않을 것이라고 이야기 해 왔다. Danny는 드물게 말을 한다. 그리고 그가 말할 때는 이해하기가 매우 힘들다. 그는 또한 고집이 세다. 수차례 그에게 무엇을 하도록 말했을 때, 크게 말하고 있는데도 듣지 않은 것처럼 행동한다. 부모님들은 Danny가 특수학급에 배치될까봐 걱정을 하였다.

(1) 2007년 10월 21일

Danny는 3주 동안 사립 유치원에 등록되어 있다. Ms. McLynn과 Ms. Johnson은 Danny의 부모인 Dicksons 부부와 함께 그들이 관찰한 것을 가지고 논의하기를 원한다.

Ms. Johnson: 와주셔서 감사합니다. 우리는 Danny와 즐겁게 지내고 있고, 그도 우리와 즐거워하고 있기를 원합니다. 우리는 Danny를 다양한 상황 속에서 관찰해 왔

고, 관찰 결과를 가지고 부모님과 논의하고 싶습니다.

Mrs. Dicson: Danny가 당신의 프로그램에 오게 되어서 우리는 정말 기뻐요. 우리는 당신이 Danny에게 도움을 준 것들에 기뻐하고 있고, Danny가 어떻게 하고 있는지 듣고 싶어요.

Ms. Johnson: 좋습니다. 당신도 알듯이, 우리는 Danny가 말하는 것이 무엇인지 때때로 이해하기 어렵고, 그것은 종종 그가 우리를 이해하지 못하는 것으로 보입니다. 우리가 그에게 무언가를 말하려고 시도할 때, 그는 매우 혼란스러워 보입니다. 우리는 자녀의 앞에 서서 주의를 집중하게 할 수 있고, 그 후에 그에게 직접적으로 말합니다. 그는 또한 색깔이나 신체 부분과 같은 사물의 이름들을 말하는 것도 힘들어 보입니다.

Mrs. Dickson: 우리는 당신이 말한 것들 중 몇몇에 주의를 기울여 왔어요. 당신이 제안한대로, Danny의 소아과 의사에게 검사를 받았는데, 의사는 괜찮다고 했어요. 의사선생님은 많은 아이들이 학교에 가기 전까지는 정확하게 말하는 것을 배우지 못한다고 말했어요.

Mr. Dickson: 우리 친구 Joneses도 심리학자가 발달이 늦다고 말한 어린 딸이 있어요. 그 딸도 정확하게 말하지 못해서 그 딸을 특수학급에 넣었어요. 우리는 정말 Danny를 문제가 있거나 배우지 못하는 아동들이 있는 학급에 넣고 싶지 않아요. Danny는 바보가 아니에요.

Ms. McLynn: Dickson씨, 저도 부모님들 말씀에 동의합니다. Danny는 바보가 아니에요. 하지만 무언가 잘못되어 있어요. Danny는 대부분의 일과에서 우리의 말을 잘못 이해하고 있어요, 우리도 Danny를 이해하지 못하구요. Danny는 다른 자녀들이 아는 많은 사물의 이름을 알지 못해요.

Ms. Johnson: 우리는 Danny를 충분히 도와줄 수 없어요. Danny는 우리가 훈련받지 않은 특수한 종류의 도움을 필요로 해요. 우리는 부모님들이 Danny와 우리가 최선의 길을 찾아 나갈 수 있도록 특수한 검사를 받는 데에 동의해 주었으면 합니다.

Mr. Dickson: 나는 확신할 수 없어요. 선생님은 Danny가 이 모든 도움이 필요하다고 생각하시나요? 우리는 그의 말을 이해할 수 있어요.

Ms. Johnson: 예. 부모님들은 Danny를 이해하실 수 있다고 믿어요. 그리고 Danny는 많은 부분에서 눈에 띄게 영특해요. Danny는 대부분의 어려운 퍼즐을 쉽게 맞추고, 블록으로 멋진 마을을 만들어요. 우리는 단지 Danny의 의사소통 문제의 원인을 찾고, 그 자녀와 함께 어떻게 공부 해 나가면 좋을지 알고 싶은 겁니다.

Mr. Dickson: 좋습니다. 우리가 누구에게 전화를 걸면 되나요?

Dickson 부부가 유치원에 남아 있을 때, 그들은 무언가에 대한 무서움을 느꼈다. Dickson 부인은 한 유치원 교사가 그녀의 아들에게 "우둔한 표현"이라고 말한 것과 다른 교사가 "당황하게 만드는" 것처럼 보인다고 말한 것을 기억했다. 하지만 그들이 친구들이나 이웃들에게 말했을 때, 그들은 모두 Danny는 단지 늦되는 것 뿐이라고 했다는 것이다. 그들은 두려워하는 대신에, 그들 지역의 공립학교 사무실에 전화를 해서 진단 인터뷰 일정을 잡았다. 그들은 유치원에 정보를 공개하고, 검사에 동의한다는 것을 확인시키기 위해 사인해야만 했다.

(2) 2008년 1월 15일

간학문적 팀 직원 회의는 특수교육 사무실에서 진행된다. 회의에는 Danny의 사립 유치원 선생님과 부모님, 학교 심리학자, 간호사, 사회복지사, 언어치료사 그리고 특수교육 슈퍼바이저가 참석한다. 슈퍼바이저는 배경 정보를 재검토했다.

Mr. Dickson: 저는 먼저 심리학자님의 말씀을 듣고 싶습니다.

심리학자: Danny는 매우 열심히 활동하고, 모든 것에 도전하고 싶어하는 것처럼 보입니다. Danny는 말하기와 문법을 매우 조금 이해하고 있는 것처럼 보였기 때문에, 저는 그를 이해하기가 힘들었습니다. 저는 자녀에게 두 가지, 정확하게 말하면 세 가지의 검사를 했습니다. 첫 번째로 어휘력 검사를 했습니다. 그 검사에서 그림들과 낱말들을 보여 주었습니다. Danny는 제가 말하는 그림을 손으로 가리켜야 했습니다. 각각의 페이지마다 네 개의 그림이 있는데, 그 중의 하나만 정답이었습니다. 그 검사에서 Danny는 몇 개의 그림만 정확하게 이름을 말하고, 손으로 가리켰습니다. 그는 종종 혼란스러워 하는 것처럼 보였습니다. 그는 또래 자녀들이 알고 있는 많은 그림들을 알지 못했습니다. 그래서 저는 Danny가 저의 말을 듣고, 질문에 대답하고, 손으로 가리키는 형식의 표준화 지능 검사를 사용해서 시도했습니다. 다시, 그는 다른 4세의 아동들이 할 수 있는 대부분의 문항들을 해 내지 못했습니다. 그래서 다음에 저는 비언어적 수행 검사를 사용했습니다. 이 검사에서 Danny는 몇 개의 지시만을 들어야 했고, 나에게 말해서는 안 되었습니다. 그는 저를 주의 깊게 쳐다보아야만 했습니다. 그리고 제가 하는 것을 모방해야 했습니다. 그리고 여기서는 좀 더 성공적이었습니다. 그는 이 활동을 즐기는 것처럼 보였습니다. 그의 혼란스럽던 표현은 사라졌고, 좀 더 흥미 있어 보였습니다. Danny는 색깔을 잘 매치 시킬 수 있었습니다. 그는 어려운 퍼즐을 할 수 있고, 복사된 그림을 완성하고, 패턴 조각들을 맞추었습니다. 그가 끝냈을 때, 나를 보고 싱긋 웃었고 더 하고 싶어 하는 것처럼 보였습니다.

Ms. McLynn: 그것은 그가 학교에서 하는 방식과 같군요. 그는 다른 아이들보다 색깔을 잘 알고, 그리는 것도 더 잘합니다. 그는 물건을 만드는 법을 빨리 배웁니다.

언어치료사: 검사는 Danny가 p*i*n, p*a*n, p*e*n, 그리고 p*u*n같은 단모음은 명료하지 않을지라도 대부분의 모음을 정확하게 말한다는 것을 나타냅니다. 그는 /b/, /d/, /g/, /m/과 같은 자음을 말할 수 있습니다. 그리고 몇몇의 단어에 그것들을 사용합니다. 하지만 종종 단어의 끝부분에서 자음을 생략합니다. 예를 들어서, 그는 ba*ll*을 baw라고, do*g*를 da*w*라고 말합니다. 그가 문장을 만들려고 시도할 때, 단어 끝의 /s/, /t/, /z/를 빠뜨립니다. 그래서 그는 hopp*ed*나 look*ed* 같은 과거시제를 표현할 수 없습니다. 그는 cars 나 trucks 같은 복수를 사용하지 않습니다.

제가 그에게 제가 말하는 문장을 듣고, 그림을 손가락으로 가리키라고 했을 때, 그는 정말 혼란스러워했습니다. 한 그림은 한 소년이 거울 속의 자신의 모습(himself)을 쳐다보고 있고, 다른 그림은 소년이 선반(shelf)을 보고 있었습니다. Danny는 제가 그에게 뭘 원하는지 알지 못했습니다. 제가 "그는 그 자신을 보고 있어."라고 말했을 때, 그는 두 그림을 다 가리켰습니다. 또 저는 장난감 자동차, 트럭 그리고 장난감 차고를 가지고 노는 동안 그가 말하는 것을 50개 이상 녹음했습니다. 그는 그 놀이를 정말 좋아했습니다. 자녀가 말한 것을 분석했을 때, 저는 비록 정확한 단어가 아닐지라도 그가 3, 4단어의 문장을 사용한다는 것을 발견했습니다. 그는 무언가를 위해서 저에게 요청하려고 시도하기도 했습니다.

간호사: Danny는 시각 진단 검사에 매우 빠르고 정확하게 대답했습니다. 저는 그가 하기를 원하는 것을 딱 한 번만 보여주었습니다. 그는 주의를 기울여서 모든 질문에 대답했고, 그가 좋은 시력을 가졌다는 것을 빨리 증명했습니다. 하지만 듣기 검사에서는 다른 상황이 발생했습니다. 그는 몸을 좌우로 흔들고 낄낄 웃었습니다. 그는 청력 측정기가 꺼져 있을 때 소리를 들었다고 말했습니다. 듣기 검사의 큰 소리인 25데시벨에서 그는 한 귀에 500 그리고 1000헤르츠를 들었습니다. 그러나 그는 높은 주파수의 같은 크기의 소리에는 대답하지 못했습니다. 다른 쪽 귀를 검사할 때, 그는 모든 25데시벨의 소리에 정확하게 대답하지 못했습니다. 그래서 저는 더 정교한 기구를 사용하여 정확한 청력 평가를 하기 위해 그가 우리 언어청각 센터에 오도록 지시했습니다. 청각전문가, 즉 청력 평가와 필요한 치료교육 권유의 전문가는, Danny가 양쪽 귀에 청력 손실을 보인다고 보고 했습니다.

언어치료사: Danny는 특히 높은 주파수의 소리 사이에서 청력의 문제를 보입니다. 그는 다른 청각 처리 과제에서도 어려움을 가졌습니다.

Mr. Dickson: 하지만 자녀가 듣지 못한다면, 그가 원할 때 우리가 말하는 것을 들을 수 있죠? 그는 TV 앞에 앉아 있을 수 있고, 내가 그에게 무언가를 말할 때 단지 주의를 기울이지 않는 것 뿐이에요. 그런데 만약 내가 화가 나면, 그는 벌떡 일어서요.

언어치료사: 당신이 화가 났을 때, 아마 크게 말씀하셨을 것이고, 당신 목소리의 톤은 변했을 것입니다.

Mr. Dickson: 그렇게 하는 것이 좋은 방법입니다.

언어치료사: 그는 이런 변화를 들을 수 있어요. 왜냐하면 모음은 낮은 주파수를 갖기 때문이에요. 그리고 그는 당신이 말하는 대부분을 들어요. 그는 같은 방식으로, 당신 목소리의 톤의 변화를 들을 수 있어요. 그가 듣지 못하는 것은 자음이에요. 지금까지 그는 중요한 것들을 빠뜨리고 들어왔어야만 했어요. 이를테면, 청력 손실 검사에서 그는 'Come to supper' 를 'um oo u er.' 로 들었어요.

Mrs. Dickson: 왜 먹는 시간에 누군가에게 말하는 것은 정확하죠?

언어치료사: 예. 어머니께서 보셨듯이, 그는 그가 들어온 것을 말해왔어요.

Mr. Dickson: 그래서 우리가 이제 무엇을 해야 하죠?

Ms. McLynn: Danny가 배워야 할 것을 그에게 가르칠 수 있게 우리를 도울 수 있는 누군가가 있나요? 우리는 정말 Danny를 돕고 싶어요.

언어치료사: 우리가 제일 처음 해야 할 것은 Danny의 청력을 돕기 위한 청각 검사를 하는 것입니다. 그러고 나서 저는 그와 함께 정식으로 활동할 수 있습니다. 저는 그의 청력 손실을 대신해서 그가 배울 수 있도록 돕기 위한 특별한 많은 활동들을 그의 선생님께 가르쳐 드릴 것입니다. 그는 그의 청력을 더 잘 사용할 수 있도록 배울 수 있고, 구화를 통해 듣는 것을 보충해서 배울 수 있습니다.

Mr. Dickson: 저는 Danny가 못 듣는 것을 계속 벌해왔던 것 때문에 계속 부끄럽습니다. 하지만 Danny는 그의 형이 반 블록 전에서 오토바이를 타고 오고 있는 것도 항상 들었습니다. 그리고 제트 비행기를 보려고 항상 제일 먼저 밖으로 뛰어나갔습니다. 그는 곡조를 사용한 노래와 소리를 사랑합니다. 당신은 저에게 그가 모든 소리를 들을 수 있지만 /p/ 와/t/ 같은 말소리를 듣지 못한다고 말하고 있는거죠?

언어치료사: 맞습니다. 그리고 저는 비록 그의 청력이 개선되지 못할지라도 그가 다른 사람들의 입술을 볼 때 그런 소리를 만들고 인식하는 방법을 가르칠 수 있습니다. 물론 우리는 청력이 좋아지기를 기대합니다.

Ms. McLynn: 우리는 그가 남자 목소리를 제일 잘 듣는 것처럼 보이는 것에 주목해 왔습니다. 그가 남자들만 있는 교실에 배치되어야 할까요?

언어치료사: 그럴 필요는 없습니다. 하지만 당신이 천천히 그리고 짧은 문장을 말한다면 그것은 도움이 될 것입니다. Danny에

게 가까이 가세요. 그리고 당신이 그에게 무언가 말하기 전에 그의 주의를 끌도록 하세요. 그에게 말할 때 창문을 뒤에 두어서 밝은 빛을 보게 하는 그런 원인을 피하도록 하세요. 그는 당신의 입술과 입을 보는 것이 필요할 것입니다. 그가 독순술에서 벗어나게 되더라도 그는 청각만큼 시각을 사용하여 배울 수 있을 것입니다. 빛이 그의 눈에 들어간다면, 당신 입술의 움직임을 보는 것이 더 어려울 거예요.

Ms. McLynn: 우리가 Danny의 말을 이해할 수 없을 때는 어떻게 해야 하나요?

언어치료사: 모든 상황적인 단서들을 사용하세요. 때때로 그에게 다시 한 번 말하도록 시키세요. 그래도 당신이 이해하지 못했다면, 당신에게 보여주도록 요구하세요. 제스츄어를 사용하도록 용기를 주세요. 당신이 이해했을 때, 당신의 기뻐하는 얼굴을 자녀에게 보여주세요. 기대하는 자녀를 보세요. 그가 당신이 보여준 것을 따라했을 때 기뻐해 주세요. 하지만 강요하지는 마세요. 이 때는 그의 발음을 교정해주지 마세요. 당신은 그가 더 말하고, 더 시도하도록 동기화 하는 데 힘쓰세요.

이 논의 후에, 간학문적 팀의 구성원들은 IEP를 작성한다. 그의 부모들은 이것이 최고의 계획이라는 데에 동의했다. 그들은 모든 사람들이 Danny를 평가했던 보살핌에 매우 기뻐했다. 그들은 Danny의 요구를 매우 구체적으로 알게 되었다고 느꼈다.

6. IEP에 요구되는 구성요소

IEP는 아래의 요소들을 포함해야만 하는 문서로 된 계획이다.

1. 아동의 현재 교육적 수행 수준의 진술(규준지향 검사와 준거지향 검사의 결과를 기본으로).
2. 아동의 강점과 수행 수준에 근거한 측정 가능한 연간 목적 진술. 그 목적은 학습적인 것과 기능적인 목적을 포함해야 한다. 만일 아동이 심각한 인지적 지체를 지니고 있다면, 연간 목적에 알맞은 단기 목표들이 요구되어진다.
3. 구체적인 특수교육, 관련 서비스, 아동에게 제공될 부가적인 도움 그리고 프로그램 변경, 혹은 제공될 학교 직원들을 위한 지원의 진술.
4. 아동이 정규학급에서 정상아동들과 함께 어느 정도 참가할 수 있는지에 대한 설명.
5. 서비스 시작을 위해 계획된 날짜와 예상되는 횟수, 장소, 서비스의 기간.
6. 연간 목적을 향한 진보를 측정하기 위한 적절한 목표 준거와 평가 절차.
7. 유치원으로 순조로운 전환을 감독하기 위한 특정 계획.
8. 아동의 진전을 고려한 의사소통의 유형과 빈도, 그리고 가족이 어떻게 포함될 것인가에 관한 분명한 표현. 진전은 적어도 1년에 4번 정도 보고되어야 한다.

정확하게 쓰여진 형식일지라도 장소에 따

라 다르다. 하지만 이 요소들은 반드시 포함되어야 한다.

1) IEP의 목적과 한계

IEP에 포함된 연간 목표는 장애아동이 구체적인 기간 동안에 성취하도록 기대될 수 있는 것을 표시한다. 보통 할당된 시간은 학교에서의 1년이다. 그러나 계획된 기간이 몇 주나 몇 달 정도로 적을 수도 있다.

거기에는 아동의 현재 교육적 수행 수준과 목표, 목적, 제공되는 서비스 사이의 직접적인 관계가 반드시 있어야 한다. 하지만 IEP는 완벽한 교육 계획서처럼 충분하게 세부적인 사항들을 포함하지는 않는다. 문서상의 목표와 목적들은 아동의 성취 수준의 평가를 기초로 하여 가장 필요하다고 생각되는 것들로 진술하도록 기대된다. 여기에는 아동의 성과를 넘어서서 사정 과정 중에 배운 것들을 기초로 한 질적 목표와 목적들인 한정적 가설이 있다(Pretti-Frontczak & Bricker, 2000). 그들은 특별한 발달적 지체를 위한 치료 교육이나 촉진적 학습의 목표를 만들어낸다. 그 취지는 아동의 우선순위와 요구에 의해 기입된 위험한 영역에 주의를 기울이고, 가르치는 노력을 기울이기 위함이다.

IEP는 전체적인 커리큘럼을 포함하는 개별적인 교수 프로그램으로써, 세부적으로 수반되는 발달의 기초적인 부분들까지 제공하는 것을 포함한다. 예를 들어, Danny의 IEP가 그의 말하기와 문법을 위한 목표와 목적에 초점이 맞추어져 있을지라도, 그의 완성된 교수 프로그램은 사회성 발달, 대근육 · 소근육 운동 기능, 인지 발달 그리고 학습 준비 활동까지 포함하는 것이다. 이 모든 영역에 Danny는 참여하고 배우게 될 것이다. 그의 요구에 맞는 적합성은 교육의 과정에서 만들어진다. 예시 4.1은 IEP 회의 준비를 돕기 위한 몇 가지 좋은 단서를 제공한다.

2) IEP 이외의 고려사항

특수교사는 법이 인정하는 설명자로서 IEP의 실행에 첫째로 책임을 진다. 이 교사들은 각각 아동들의 개발을 모니터하도록 기대된다. 이들이 계획이 더 이상 적합하지 않다고 느낄 때는 언제든지, IEP의 재검토를 위한 또 다른 회의를 요청하게 된다. 부모님들은 또한 개별계획의 재검토를 요청할 수 있다.

비록 시간제일지라도, 장애아동이 일반 학급에 출석할 때 그들의 일반학급 담임교사는 IEP의 사본을 가지고 있어야 한다. 특수교사는 각각의 계획들에 대한 세부사항들을 설명해 주어야 한다. 이 특수교사는 학급의 교사에게 상담을 제공할 수 있다. 상담은 관심사와 정보, 행동통제를 위한 제안, 교재교구 그리고 교수 기술 등을 나누는 것을 포함해야 한다.

7. 프로그램 목표의 기술

목표와 목적 기술의 분명한 이유는 장애아동

예시 4.1

IEP에 대한 준비: 조기특수교육 교사를 위한 회의 비결

당신의 숙제.

- 사전 목적의 성취와 아동의 진전을 검토한다.
- 아동 수행능력에 관한 평가 자료와 다른 증거 자료들을 조직한다.
- 어려운 문제와 관심사를 구분한다.
- 최종 평가와 제언에 관하여 팀 구성원과 함께 의사소통한다. 아동에 관하여 당신이 관찰한 것과 제언을 공유한다. 유아특수교사로서의 역할을 유지하고, 아동과 가족과 함께 하는 가장 친근한 팀 구성원이 될 것이다.

IEP 회의 이전에 가족을 만난다.

- 아동에 대한 가족의 관심사와 우선순위를 결정한다.
- 아동의 강점과 요구에 의한 그들 가족의 목적과 요구를 분명하게 표현하여 가족을 돕는다.
- 평가보고서의 사본을 획득하여 가족을 돕는다.
- 만약 가족이 보고서에 관한 질문을 한다면 가능한 IEP 사전 팀 구성원과의 연락을 취하도록 노력한다.

가족에게 IEP 절차를 설명하고 다음 정보에 따라 가족을 포함시킨다.

- 팀의 각 서비스 제공자는 설명을 할 것이다.
  - 현재 수행능력 수준을 설명한다.
  - 과거의 목적과 비교한다.
  - 성취한 것을 설명한다.
  - 아동의 강점과 요구를 설명한다.
  - 새로운 목적과 최소제한적 환경에 관한 제언을 한다.
  - 목적에 적합하도록 요구되는 서비스와 지원들을 설명한다.
  - 각 팀 구성원이 IEP 회의에서 가능한 목적을 수립할 수 있지만, 그 목적들은 부모를 포함하여 팀 모두의 동의가 있기까지는 공식적인 IEP 목적이 되지 않는다.
  - 만일 정상아동의 환경보다 더 특수한 환경에 배치하도록 하였다면 상세한 근거가 제공되어야만 한다.
- 부모는 IEP 회의에 출석하여 친구를 초대하거나 주장을 할 수 있는 권리를 가진다.
- IEP 회의가 진행되는 동안 만일 어떤 것이 불분명하다면 팀 구성원으로부터 분명한 사안을 요구할 수 있도록 부모를 준비시키고, 부모의 관심사와 희망 혹은 비동의를 표현할 수 있도록 부모를 준비시킨다.
- 부모는 언제든지 IEP의 재고려를 요구할 수 있는 권리를 가진다.

기억하라: IEP는 문서로 된 계획이며, IEP 회의는 협력적인 과정이다.

을 위한 교육 계획에 포함되는, 법이 요구하는 기준들을 제공한다는 것이다. 그러나 거기에는 중요한 이유가 하나 더 있다. 그 이유들은 아래에 잘 쓰여진 행동 목표들의 특성에 포함되어 있다.

1. 가르칠 내용은 정확하고 정밀하게 설명되어야 한다. 그 목적을 읽는 누구나 무엇을

하는지, 그리고 그 결과로 어떤 상태가 될지 알 수 있어야 한다.

2. 목적이 성취되는 것이 증명되고 설명되었을 때 아동들은 그것을 수행하게 될 것이다.
3. 과제를 완성하는 데 걸리는 시간이 진술되어야 한다. 아동이 어떻게 수행해야 하는지는 (기준이) 분명하게 쓰여져야 한다. 과제를 위해서 기대되는 성취와 성공의 기준이 명확하게 쓰여져야 하고, 책임은 용이하게 되어야 한다.

거기에 더해서 아래의 2가지 이점들은 조금 덜 명확하지만 동일하게 중요한 이점들이다.

1. 목적을 쓰고 나서 그것을 가지고 교육해 나갈 때, 교사들은 종종 그들이 학습 과제의 분석을 더 효과적으로 할 수 있다는 것을 발견한다. 그들은 그들이 하는 것 중의 작은 변화도 분명히 중요하다는 것을 깨닫는다. 이것들은 겉으로는 작은 변화지만, 때때로 가지를 내뻗는 것과 같이 수업의 성공에 큰 변화를 가져온다. 사실상, 태도에 대한 생각의 연습은 교수 기술을 강화하는 행동 목적을 쓰는 것을 필요로 하게 된다.

2. 성취의 순서 중에 (행동) 목표가 성취되었다면, 그것은 같은 요구를 가진 다른 아동들을 가르치는 데도 사용될 수 있다. 목적이 잘 서술된 파일은 수업 계획에서 시간을 크게 절약할 수 있게 해 준다.

1) 행동적 목표 진술의 기초

당신이 당신의 목적을 알고 있지 않으면, 목적을 위한 가장 효과적인 통로를 선택하는 것은 어렵다.

행동적(혹은 수행 혹은 교육의) 목표(objectives)는 교사가 목적(destination)을 분명하게 쓰도록 요구한다. 'Fuzzy' 라는 용어는 목적(goals)에는 적합하다. 그러나 그것은 행동적 목표(objectives)에는 허락되지 않는다. 예를 들어, 정확하게 쓰여진 목적(goal)은 '빨강, 노랑, 파랑을 가르치기' 라고 읽힐 것이다. 그러나 목표(objective)는 목적(goal)과 연관되어, 아래의 세 가지 요소들을 포함해야 한다.

1. 교사가 제공하고, 거절하고, 수행할 것.
2. 목표가 성취되었을 때 학습자가 하거나 말하게될 것(보여지거나 들려질 수 있는 행동).
3. 과제가 학습되었는지 교사가 확신할 수 있도록 학습자가 얼마나 잘, 혹은 얼마나 자주 이 방법을 수행하여야만 하는가에 대한 내용(몇 회 이내에 이 활동의 성취가 일어나야 하는지).

'빨랑, 노랑, 파랑을 인식하기' 목적과 관련된 정확한 목표 기술의 예는 '교사가 15가지의 다른 색깔들 중 하나를 지적하면서 (빨강, 노랑, 파랑에 각각 5가지) '이 색깔은 뭐죠?' 라고 물었을 때 아동은 20초 안에 시도한 것의 80%의 색깔을 정확하게 말하는 것이다. 예시 4.2는 목적과 목표들을 서술하는 데 유

예시 4.2

행동적 목표 진술에 적합한 동사

1. 목적

이 카테고리에 제공된 단어들은 목적을 서술하는 데 유용하다. 하지만 행동적 목표의 서술에는 적합하지 않다.

감소하다	발견하다	증명하다	연습하다
개발하다	설명하다	증가하다	이해하다

2. 행동적 목표

이 카테고리에 제공된 단어들은 행동적 목표의 서술에 유용하고, 관찰 가능한 행동들을 묘사하는 데 사용될 수 있다.

대답하다	따라하다	이름을 대다	생각해 내다
색칠하다	쥐다(지시받은 대로)	집어 들다	말하다
완성하다	모방하다	함께 있다	분류하다
자르다	목록을 만들다	손가락으로 가리키다	사용하다
그리다	주시하다		

용한 단어들을 나타내고 있다.

이 목표들을 성취하기 위해서 시도한 것의 80%는 달성되어야만 한다. 이 기준은 **준거**(criterion)로 제시된다. 10개 중의 8개(80%)를 성취하였을 때는 문서에 보통 '능숙함'으로 표현된다. 10개 중에 10개(100%)는 '우수함'으로 정의된다(요구되는 수준은 개별 아동의 요구에 맞게 변경되어야 한다. 몇 가지는 100%에 도달하도록 기대될 수 없다).

아래는 사회적 기술과 관련된 목적과 목표의 예이다.

목적(Goal): 또래와의 상호작용이 증가한다.
목표(Objective): Alisa가 협동놀이를 위한 하나의 아이템만을 가지고 있는 상황일 때, 그녀는 적어도 5회 연속되는 놀이 회기 동안에 자발적으로 아이템을 나누게 될 것이다.

몇몇의 경우에는, 예를 들어 2분 이내와 같은 시간적인 한계가 성공적인 수행을 평가하는 부분이 될 수 있다.

2) 행동적 목표 진술과 선택을 위한 지침

교사들은 특별한 요구들을 위해 목표들을 쓰기 원하게 될 것이다. 표준 참고 검사와 유치원 교육과정 안내서는 모든 유아 학급을 위한 비슷한 목표들을 제안한다. 그러나 각각의 학급과 각각의 프로그램들은 독특하고 특별하다.

아래의 절차는 유치원 아동들을 위한 목표 진술에 유용하게 사용되어 왔다. 각각의 목표들은 기본적인 요소들을 포함해야만 한다. 그러나 기록된 방식은 변경될 수 있다. 목표들을 찾는 과정에서 같은 것들만 남을지라도, 몇몇의 다른 형식이 제안된다.

1. *특별한 목적을 판별한다.* 목적들은 아동들이 배웠으면 하고 당신이 원하는 것들이 일반적으로 진술되어야 한다. 목적들의 예는 자부심, 감정의 표현, 그리고 표현 언어의 개발을 증명하는 것을 포함해야 한다. 목적들은 구체적이지 않다. 그것들은 교사나 아동이 무엇을 할지 설명하지 않는다.

2. *아동들이 목적을 통해 무엇을 배우기 원하는지 결정해야 한다.* 가장 어려운 일은 그것들이 가능해야 한다는 것이다. 정확하게 시각화하는 것은 당신이 자녀들에게 그것을 하도록 시키고 "이제 아이들이 그것을 알아요."라고 하고 그들을 보았을 때 그들은 하게 될 것이다. 당신의 마음의 눈이 시각화해 온 것을 쓰시오. 이것은 관찰 가능한 행동이 될 것이다.

3. *당신은 자녀들이 이 관찰 가능한 행동을 수행하기 원할 때, 자녀들에게 무엇을 주고, 무엇을 말할지 생각하라.* 이것은 교사가 하고, 제공하고, 제한하기로 판별된 목표의 부분이 될 것이다. 종종 이 부분은 '주어진' 혹은 '교사가 …을 할 때' 로 시작된다.

4. *당신이 선택해 온 형식 가운데서 당신이 시각화해 온 것을 기록하라.* 우선 모든 요소들을 포함한 하나의 긴 문장으로 된 목표를 쓰는 것은 도움이 될 듯이 보인다. 나중에 당신은 짧은 것을 선호하게 될 것이다. 각각의 목표는 실행되어야만 한다. 각각의 목표에 기준을 쓰는 것이 중요하다. 각각의 기준은 적당해야 하고, 특별한 목표에 맞아야만 한다.

5. ***과제 분석****(task analysis)을 시작하라.* 당신은 목적을 선택해 오면서, 목적과 관계된 성취를 위한 목표를 가장 어렵게 결정했다. 그리고 당신이 선택한 이 모든 것을 양식에 써 넣으려고 했다. 당신이 써 온 것은 **최종적인 목표**(terminal objective)이다. 다음으로는, 당신이 써 온 목표들을 아동들이 성취하지 못해서 필요하다고 생각하는 것에 대해서 생각하라. 이것들이 어렵다는 것이 사실이라고 생각된다. 하지만 당신은 프로그램의 경험을 통해서 자녀들이 그 모든 것을 성취하기 원한다. 어떻게 이것을 좀 더 쉽게 만들 수 있을까? 이것을 **도중 행동**(en route behavior)으로 조금 더 쉽게 쓴다(목표들 중의 하나는 최종적인 목표가 된다). 때때로 목표를 결정하기 위해서 당신 스스로 과제를 해보거나 다른 사람이 하는 것을 조심스럽게 보는 것도 도움이 된다.

6. *이전의 안내서에서 제안되었 듯이 과제 분석을 계속하라.* 간단하고, 많은 조언들을 포함하는 중간의 행동을 쓰는 것은 당신이 가르치는 모든 자녀들이 적어도 가장 쉬운 것 하나는 할 수 있을 것이라는 것을 확신시킬 것이다.

7. *가능한 모든 단계를 쓰려고 시도하지 않는다.* 목표들 사이의 단계를 선택하라. 그러면

당신은 자녀들이 할 수 있는 것의 대부분을 알 수 있을 것이다(고려할 사항들에서 제공된 샘플들을 마음에 두고 분석하라). 특정 목표를 수행할 수 있지만 연속되는 계획 중 다음의 부분을 할 수 없을 것이라 보여지는 아동을 데리고 있다면, 당신은 다른 가지(branch)를 계획할 필요가 있다. 특정한 아동을 위해서, 부가적인 목표들을 써 넣는 것이 필요할 것이라는 것이다. 보통 이것들은 당신의 계획서에 더해질 필요가 없다. 오히려 아동의 기록에 분리되어서 기록되어야 한다. 많은 아동들을 위해서 이 특별한 가지가 필요하다는 것을 발견하면, 당신의 계획서에 이것을 써 넣으라. (각각의 분리된 카드에 도중 행동들을 빨리 기록하는 것은 목표들을 더하고 빼는 것을 더 쉽게 해 줄 것이다.)

8. *당신의 목표들을 정리하라.* 먼저, 개별 카드에 도중 행동들을 넣는 것은 연속되는 순서에서 그들을 평가하는 것을 좀 더 쉽게 해 준다. 이후에, 당신의 과제 분석 능력이 개발되면 그것은 점점 필요 없게 될 것이다. 도중 행동들이 분리된 카드에 쓰여져 있을지라도 낮은 단계의 과제를 실패한 아동들을 위해서 부가적인 단계를 삽입하는 것이 더 쉬울 것이다. 도중 행동들을 정리한 후에, 그것은 처음의 순서를 증명하고, 놓친 단계들을 발견하기 위해 윤곽을 그리는 것과 같은 과제의 수행에 실제적으로 도움을 줄 것이다. 당신이 선택해 온 양식의 제일 꼭대기에 목적을 써라. 가장 간단한 것부터 써야 한다. 가장 쉬운 것부터 가장 어려운 것의 순서로 목표를 써야 한다. 기억하라, 가장 어려운 것은 당신의 최종적인 목표이다. 다른 모든 것들은 도중 행동이라고 불린다. 여행에서의 도중 행선지처럼 말이다. 최종적인 목표는 마지막 종착지이다. 그리고 다른 목표들은 그 종착지로 가는 과정의 구체적인 부분들이다. 당신이 특정한 장소로 여행을 떠날 때, 그곳은 하루 혹은 한 주 당신의 '목적'이 될 것이다. 이와 같은 방법으로, 당신은 특정 아동을 위한 표적 행동으로 특별한 목적을 언급할 수 있다. 이렇게 최종적인 목표를 분석하고, 중간의 행동들을 발견, 연결하는 과정은 **과제 분석**(task analysis) 과정이라고 말해진다.

9. *각각 아동들의 시작 행동을 판별하라.* 각각의 아동들은 당신의 유치원 혹은 센터에 당신이 가르치기 위해 선택해 왔던 정보나 행동에 대한 인식을 가지고 들어올 것이다. 몇몇의 아동들은 당신의 최종 목표에 쓰여진 몇몇의 기술들을 첫 날에 해 낼 수 있을 것이다. 또 다른 아동들은 특정 목적 행동의 한 면도 완벽하게 알아채지 못할 것이다. 이것이 왜 당신이 최종적인 목적을 분석해야만 하는지, 그리고 중간의 행동들을 써야 하는지의 이유이다. 시도하는 것은 각각의 아동들이 할 수 있는 중간의 행동들을 결정하게 해 준다(사정). 날짜도 반드시 기록되어야 한다. 이것이 다 되면, 각각의 아동들의 시작 행동은 판별된 것이다. 이제 당신은 언제 시작해야 할지 알 수 있다.

10. *동일한 연습의 다양성을 제공하라.* 당신의 기준이 성취되었다고 생각될 때까지 많은 다른 교재교구와 장난감들을 사용하라. 서두르지 말라. 몇몇의 아동들은 아주 느리게 발달해 나갈 것이다. 각각의 아동들이 시작 행동의 기준들을 성취했다고 확신할 때(이 아동의 목표는 당신의 학급에 들어왔을 때 할 수 있는 것이다), 이름 옆에 날짜를 기록하고, 연속되는 다음의 목표를 위한 활동을 시작하라.

11. *동일한 연습 시간을 필요한 만큼 제공하라.* 목표들의 순서는 모든 아동들을 위한 당신의 계획에 유용하게 사용된다. 아동들 중 몇 명은 빨리 배울 것이다. 몇몇의 아동들이 시작 행동의 모든 단계를 통과하고, 최종적인 목표를 아주 짧은 시간 안에 성취하더라도 놀라지 말라. 또 다른 아동들은 각각의 시작 행동을 하는 데 며칠 혹은 몇 주일이 걸릴 수도 있다. 가속이 붙은 아동들은 다양한 활동과 교구들을 제공받아야 한다. 당신의 목표를 같은 난이도로 유지하는 것은 당신이 이렇게 동등한 연습을 제공하였다는 것을 말한다. 당신이 쓴 목표들은 기준 능력을 위해 사용될 특정한 교구들을 보여준다. 하지만 당신은 수업, 게임 혹은 자유놀이를 위해 당신이 선택한 교구들을 완벽히 자유롭게 사용할 수 있어야 한다. 그 취지는 각각의 단계에서 많은 성공적인 경험(동일한 연습)을 아동들에게 제공하기 위함이다. 중요한 과제는 도전에 적합한 단계를 유지하는 것이다. 잘 짜여진 행동적 목표의 순서는 각각의 아동에게 효과적이고 효율적인 활동을 할 수 있도록 도움을 제공한다.

12. *당신이 써 온 목표들을 매일의 수업을 위한 기초로 사용하라.* 당신의 첫 번째 목적과 목표를 쓰자마자, 자녀들과 함께 해보아라. 그 목적과 목표들을 개별 아동과 함께 수업의 기본으로 사용하라. 이것들을 인접한 중간의 행동들을 행하고 있는 아동들의 소그룹에 사용해 보아라. 다음에는 2-3가지의 인접한 목표들을 행하고 있는 더 큰 그룹에 시도하라. 점차적으로 수업을 계획하는 이 새로운 방법에 자신감을 느끼면서 같은 최종 목표를 향해 가고 있지만 도중 행동들과 멀리 떨어져서 행하고 있는 한두 명의 아동들을 포함시키도록 시도하라.

13. *당신이 목표들을 사용하는 동안에 계속적으로 그것들을 평가하라.* 목표를 연속적으로 쓰는 것은 연습해 나감으로써 점차 쉬워질 것이다. 시련과 실패는 유능한 교사가 되게 할 것이다. 아동에 의한 실패일지라도 목적이 다른 방향으로 바뀌어야만 한다는 지적으로써 교사에 의해 해석되어야만 한다. 아래의 질문들은 문제가 발생했을 때 도움을 줄 것이다.

a. 아동들이 과제의 어떤 부분이라도 수행할 수 있었는가?
b. 아동들이 듣거나 보기에 지시가 너무 길지는 않았는가?
c. 어떤 양식(시각, 청각, 촉각-운동성, 혹은 이들의 연합)들이 교사의 지시에 포

함되었는가?

d. 자극에 대한 반응으로 어떤 양식들이 요구되었는가?

e. 어떤 답들이 대립되었는가?

f. 어떤 추가적인 단서들이 도움이 되었는가?

g. 교사가 제시한 것과 기대되었던 반응들이 장애 상태로 인한 개인적인 적응 능력을 고려하였는가? 예를 들어, 만약 아동이 시각 손상을 가지고 있었다면, 청각과 촉각-운동성을 위한 단서들을 제공해 주었는가?

h. 할당된 시간은 적절하였는가?

i. 내용이 잘못 생각되는 것을 피하기 위해서 제한되고, 구체화되었는가?

j. 결과들을 발표하기 전에 하위 기술들이 잘 학습되었는가?

연습의 과정에서 아동들은 다음 단계로 넘어가기 전에 목표를 능숙하게 수행하거나 80% 정도는 성취할 수 있어야 한다. 새로운 목표는 처음 시도에서 부분적으로 달성할 수 있는 것이어야 한다. 만약 다음의 중간의 행동 목적이 아동들에게(혹은 아동 중 어떤 한 명) 모두 낯선 것이라면, 가지가 더 많이 갈라지게 하는 것이나, 더 적은 단계들이 필요하다. 잘 쓰여진 순서는 계속적으로 성공적인 경험을 제공한다. 많은 실패들도 유익한 것이 될 수 있다. 그것은 아동들이 그들의 실수를 다르게 하기 원하는 것을 발견하는 단서로 사용하도록 이끌 수 있다. 하지만 실패를 너무 많이 경험한 아동들은 긴 시간 동안 실패를 최소화 할 수 있도록 해주어야 한다.

14. *아동들에게 필요한 것이 나타났을 때 교육과정에 새로운 목적과 목표들을 써 넣어라.* 당신의 목적과 목표들은 당신의 교육과정임을 기억하라. 당신은 그것들을 규칙적으로 증가시켜 나가기를 원할 것이다. 당신은 또한 시간에 따라 몇몇 개를 지워나가기 원할 것이다. 아동들이 말하고 하는 것(혹은 하고 하지 않는 것)에 관하여 생각하는 것에 익숙해졌을 때, 당신의 수업의 결과가 나타났을 때 당신은 교사로서의 능력이 더욱 향상된 것을 느낄 것이다. 계획은 단순화될 것이다. 중간의 행동에 기초한 개별적인 수업은 더 쉬워질 것이다. 수행하지 않은 중간의 행동들은 연기될 수 있다. 몇몇의 아동들을 위해서 필요하다면, 더 많은 단계들을 끼워 넣을 수 있다. 많은 아동들은 각각의 중간의 목표를 빨리 달성

할 수 있을 것이다. 가장 느리게 성취하는 아동들에게 단계들이 충분할 만큼 작을 때, 많은 아동들은 짧은 시간 동안에 각각의 단계를 달성할 것이다.

8. 전환 촉진하기

전환(transition)은 변화를 의미하고, 변화는 아동과 가족의 증가된 스트레스를 정상적으로 바꾸는 것을 의미한다. IDEA에서는 영유아(3세까지)와 취학전 아동(3-5세)에게 요구되는 서비스에 큰 차이를 둔다. 프로그램에서 프로그램으로의 전환은 피할 수 없는 것이다. 취학 연령의 아동들이 유치원 교육에서 공립학교에 의해 제공되는 프로그램으로 옮기는 것도 아동들과 가족에게 피할 수 없는 변화이다. Part C는 가족을 도울 필요성과 지역사회 서비스를 확보해야 할 필요성을 인식한다. 그것은 전환 계획이 IFSP에서 자세하게 설명될 것을 요구하고, 상처입기 쉬운 변화의 기간 동안 서비스 조정자들이 가족을 도울 것을 요구한다. 지역의 전환 관계기관의 협동과 동의로 명확해진 지역의 전환 과정은 국가 전체에 걸쳐 개발되고 있다. 예시 4.3은 전환과 연관된 몇 가지 논쟁과 어려운 문제를 기록하였다.

스트레스가 불가피할지라도, 주의를 기울인 계획을 가능한 한 빨리 시작함으로써 스트레스를 줄일 수 있다. 서비스 조정자들과 다른 관심 있는 전문가들은 아동의 가족과 파트너십을 이루는 환경 가운데에서 전환 계획을 만들고 실행하는 것을 확실히 해야 한다. 전환은 변화들에 효과적으로 대처하기 위해 잘 계획된 단계들을 필요로 하는 정상적인 삶의 사건들이다. 신생아 집중 치료시설에서 신생아를 집으로 데려오거나 영아 프로그램의 편안함을 잊게 되면 매우 큰 불안을 느끼게 된다. 전문가들은 잘 쓰여진 전환 계획의 개발을 통해 부모들이 걱정을 하는 순간에서 성장을 위한 기회로 돌아서도록 도울 수 있다고 말한다.

1) 센터중심 서비스 또는 공립학교 서비스 전환의 단계

DEC의 추천된 실제(Sandall, Hemmeter, Smith, & McLean, 2005)는 3세에 조기중재 서비스에서 취학전 서비스로 아동이 옮겨가야 할 때 무엇이 어려운 전환이 되는지에 관해 서비스 조정자와 가족을 돕는 다른 사람들에게 지침을 제공한다. 조기중재 전문가들과 서비스 조정자들에 대한 다음과 같은 제언들은 공법 108-446에서 제공된 것과 같은 지침과 요구사항을 승인한 것이다.

1. 계획과 사전 준비를 위한 충분한 시간을 사전에 계획하라. 계획 수립은 아동이 2세 6개월이 될 때 시작해야 하고 아동이 2세 9개월이 되었을 때는 계획 수립이 완료되어야 한다.

2. 언어에 대한 의뢰에서 가족들은 전환 과정에서 전체적 단계에 관한 정보를 제공받아야

예시 4.3

조기중재(Part C)에서 취학전 특수교육(Part B)으로 전환: 독특한 논쟁과 어려운 문제

- 조기중재에서 취학전 서비스로의 전환은 가족이 아직 감정적인 문제를 처리할 수 없는 시기에 종종 일어난다. 계속되는 슬픔과 흥분, 확실한 진단, 서비스 획득의 어려움과 행정적인 절차의 까다로움, 그리고 가족 구성원들 간의 충돌과 같은 어려운 문제를 다루고 있는 시기에 일어난다.
- 어떤 경우에는 이러한 전환은 조기중재 서비스 제공자와의 중요한 신뢰 관계나 파트너십과 같은 것을 개발하기 시작한 가족에게서 일어난다. 그 전환은 아마도 어머니와 같은 최초 양육자에 의해 경험될지도 모른다.
- Part B 취학전 서비스는 가족이 중심이 덜 된 경우와 간학문적 팀이 덜 완성된 경우에 더 빈번하게 일어난다. 가족은 그들이 손해 보는 서비스를 받고 있다고 느낄지도 모른다.
- 2세 6개월에 시작되는 "전환 계획"은 중앙정부에서 명령된 것이고 성공적인 전환이 최종적인 것이다.
- 아동이 생후 3세가 되기 전에 6개월이라는 기간은 아동이 평가받고 IEP문서가 초안으로 작성되는 시기이다. 이 시기 동안에 조기중재 프로그램 직원과 받아들이는 교육프로그램의 IEP에 책임을 지게 될 직원은 각기 다른 사람들과 그리고 가족과 협력적으로 일을 해야 한다.

하고 가족의 역할 그리고 전환 과정에 포함되어야 할 다른 개인들의 역할에 관한 정보를 제공받아야 한다.

3. 배치에 관한 선택사항은 가족 구성원들과 논의되어야 한다. 그리고 가족들이 잠재적 프로그램을 방문하기 위한 기회를 실제적으로 도움 받아야 한다. 그리고 서비스 제공자와 프로그램을 승인하게 될 가족이 함께 이야기할 기회를 제공받아야 한다.

4. 영아를 준비시키기 위한 단계에 영아가 새로운 배치에 성공할 수 있도록 돕는 단계를 포함하여 서비스전달의 어려움에 관한 준비단계가 개발되어져야 한다.

5. 서비스 조정자나 다른 서비스 제공자들은 서비스 선택사항, 과제, 시간표, 역할, 책임 그리고 기관 간 동의하에 계획된 것과 같은 관련 절차들에 관한 지식을 알고 있어야 한다.

6. 아동을 받아들이는 프로그램은 그들의 프로그램으로 등록할 아동의 전환을 촉진하고 지원하기 위한 사전 준비를 해야만 한다. 아동을 보내는 프로그램과 받아들이는 프로그램 간의 상호호혜적 사후 관리가 권장되어져야 한다.

2) 전환을 촉진하기 위한 유아특수교사의 역할

조기중재 전문가는 영유아 프로그램에서 학령기 아동을 위한 프로그램으로 옮기는 가운데에서 가족과 아동들을 돕는 독특한 위치에 있다. 자녀들의 특별한 요구를 극복해 나가고 있는 가족은 전환의 시기에 특히 더 스트레스를 받을 수 있다. 그들은 많은 의문을 갖게 되고 잘 모르는 것들과 접하게 된다. 교사들과 다른 조기중재 전문가들은 그들의 자녀들을 위한 새로운 환경을 방문하고 친숙해 질 수 있도록 부모들을 격려할 수 있다. 그들은 배치 가능성에 대한 환경 적인 기대를 먼저 이해시킴으로써 아동들과 가족을 즉시 준비시킬 수 있다. 가능하다면 언제든지, 아동들은 정해진 시간보다 앞서서 새로운 일과와 필요에 놓여질 수 있다. 그만두는 교사들은 전화를 통해서, 자연스러운 방법을 위한 보고서를 통해서 들어오는 교사들과 직접적으로 일할 수 있다. 그럼으로써 부모들에게 확신과 지지를 제공할 수 있다.

자녀들을 이미 새로운 환경에 보낸 부모들과 직접적으로 만나는 것은 매우 중요하다. 아동들을 유치원 프로그램에서 공립 초등학교 프로그램으로 옮길 때, 같은 관심사와 전략들이 사용되었을 것이기 때문이다.

이 단원의 중심 내용은 개별화 중재 계획과 프로그램 개발의 진행이다. 가족은 이런 계획의 진행과, 그들이 실행한 것을 성공시키기 위한 가장 중요한 사람들로 보여진다. 5단원은 개별화 교육에 서술되는 결과, 목표 그리고 목적들을 실현시키기 위한 효과적인 중재 전략들을 보여준다. 학습의 가장 중요한 요소인 놀이의 중요성을 인식하는 동안 일반적인 교육 전략이 설명된다는 것에 주의를 기울여야 한다.

요약

중재 전략들이 시작되기 전에 개별화가족서비스계획(IFSP)뿐만 아니라 개별화교육계획안(IEP)도 진행되어야 한다. 이 두 가지의 진행에 있어, 문서보다 그것의 진행이 훨씬 더 중요하다는 것을 기억해야 한다. 가족은 그들이 어떻게 참가할지 그리고 어떤 결과 혹은 목표, 목적들을 포함시킬지 결정하는 데 가장 중요한 의사 결정자들이 되어야만 한다. 두 가지의 진행 과정에서는 서비스와 전략의 결정에 여러 전문분야에 걸친 팀의 사정과 참가가 요구된다. 이 팀은 적합한 서비스를 결정할 때 아동의 현재의 발달 수준을 고려한다. 각각의 과정은 매년 재검토를 필요로 한다.

IFSP와 IEP들이 비슷한 목적을 가지고 있을지라도, 일반적으로 그 사이에는 몇 가지 중요한 차이점이 있다. 먼저 IEP가 아동에 더 초점이 맞추어져 있는 것에 반해 IFSP는 가족에 초점을 맞추고 있다. IEP는 기능적인 결과의 진술보다 목적과 목표들을 포함한다. 오직 IFSP 과정만이 서비스 조정과 전환에서의 스트레스를 순조롭게 하기 위한 단계들을 제공하고 있다. 독자들은 만약 IEP 과정이 오히려 가족 중심적인 서비스 계획으로 접근하게 된 IFSP 과정에 가깝게 된다면 아마도 좀더 친밀하게 보려고 할지도 모르겠다

토론 주제

1. 다음의 문제들을 생각하라. David를 위한 IEP 회의는 완료되었다. 부모들은 여러 전문가들의 팀에 의해 만들어진 제안들에 대해 매우 기뻐했다. 이 제안들 가운데에는 당신의 초등학교 학급 3학년에 아동을 계속적으로 배치하는 것을 포함하고 있다. 한 유아 특수교사가 당신이 David를 위한 활동계획을 세우는 것을 돕도록 배치되었다. 검사 결과들은 David가 모든 발달 영역에서 뒤떨어진다고 나타내고 있다. 특수교사가 당신을 첫 번째로 방문했을 때 당신은 어떤 질문을 하겠는가?
2. IEP 혹은 IFSP 회의에 참가했던 부모들을 인터뷰하라. 그들이 그 경험에 대해서 느꼈던 점을 찾아내도록 시도하라. 그들이 편안함을 느꼈었는가? 만약 아니라면, 과정 중에 어떤 것이 그들을 괴롭혔는가? 신임 조기중재자가 부모들이 환영받는다는 것을 느끼게 만들고, 팀의 일부라는 것을 진실로 느끼게 하려면 어떤 충고를 하면 될지 그들에게 물어보라. 당신이 발견한 것들을 수업의 구성원들과 나누어라.
3. IFSP나 IEP 회의에 들어갈 수 있는 기회를 얻어서 당신의 지도자와 함께 동참하라. 교사나 다른 사람들이 부모가 그들의 결정이 중요하다고 느끼도록, 그리고 그들이 의사결정 과정에서 중요하다고 느끼도록 하기 위해 무엇을 하는지 판별하라. 가능하다면, 회의를 통해 당신이 의문을 가졌던 것을 묻기 위해 유아특수교육자를 인터뷰하라.
4. Part C 실행 과정에 포함되기 위해서 당신 지역의 누구와 접촉해야 하는지 결정하는 데 도움을 얻기 위해서 당신의 지도자에게 질문하라.
5. IFSP 과정과 IEP 과정을 비교하라. 가족 중심 접근을 IEP 과정으로 바꿀 때 무엇이 필요한지 결정하라.
6. 당신의 지역에서 장애유아들에게 서비스를 제공하는 지역 기관을 완전하게 파악하라. 수업의 구성원들과 함께 서비스들이 어떻게 이용되는지, 정확하게 어떤 서비스들이 이용가능한지, 그리고 적합성의 기준은 무엇인지 잘 알게 되도록 지역의 기관을 적어도 한 번은 방문하라. 수업의 구성원들과 함께 조기중재 전문가뿐만 아니라 부모들에게도 유용한 서비스 지침서를 만들어라.

Chapter 5

중재와 교수전략의 수행

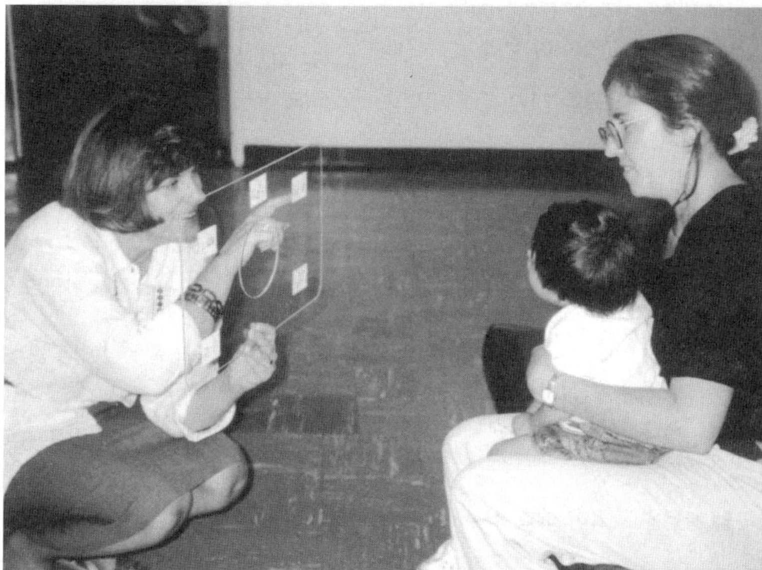

핵심용어

강화자
결과자극
교육과정
근접발달지대
긍정적 행동지원
놀이
높은 선호 검사
높은 선호 항목
도중 행동
동기
동형 실제
비계설정
사회적-교류적 접근
삽입된 학습 기회
생태학적 관련성
선행사건
알코올 관련 신경발달장애
연속적 접근
우발사건
절충적 모델
정적 강화
조정된 학습 사태
증거중심 실제
진보적 짝짓기
태아 알코올 스펙트럼 장애
행동분석
행동수정
활동중심 계획
효과성 동기

핵심개념

- 교육과정의 내용은 기능적이어야 하고 생태학적으로 관련된 것이어야 한다.
- 교육과정의 내용은 유아들이 자기 주도적으로 학습을 수행할 수 있고 긍정적인 인간 관계를 확립할 수 있는 인지적이고 심리-정서적 과정을 기초로 발달시킬 수 있도록 초점을 맞추어야 한다.
- 교수전략은 의미있는 사정에 근거해야 하고, 증거중심 실제를 반영한 것이어야 한다.
- 동기의 확인은 특별한 요구를 가진 영유아의 성공적인 중재에 결정적이다.
- 프로그램은 즐겁고 동기 유발적인 활동의 맥락 속에서 자발적으로 몇몇 목표에 대해 활동하는 '활동 중심(activity focus)'을 사용해야 한다.
- 성인들은 유아들의 신호에 대한 반응성, 의사소통적 상호작용의 사용, 경험의 사회적 중재를 통하여 영유아의 발달을 촉진하는 데 중요한 역할을 한다.
- 일상과 반복의 사용을 통하여 예측할 수 있는 환경을 구성하는 것은 유아들의 학습과 적응에 필수적이다.
- 유아교육 프로그램에서 학습을 위한 가장 중요한 맥락 중의 하나는 유아들의 놀이이다.
- 물리적 환경의 주의 깊은 배치는 장애를 가진 유아들의 신체적 요구에 대한 편의를 도모하는 데 필수적이다.
- 시간 사용 계획을 통한 주의 깊은 하루의 활동 시간표는 일관성을 가져야 하고 능력과 흥미의 폭넓은 단계에 맞추어 제공해야 한다.
- 구체적인 단계들은 특별한 요구를 가진 유아들을 통합하기 위한 준비가 될 수 있도록 해야 한다.
- 어떤 일반적인 전략에 더하여 유아특수교육 전문가는 장애와 위험 요인에 대한 이해를 통하여 각 유아의 독특성에 맞는 중재 전략들을 숙달하여야 한다.
- 모든 아동의 독특한 요구는 고려되어야 하고 모두 다학문적 팀의 서비스를 받도록 해야 한다.

여기까지 우리는 특별한 요구를 가진 유아들, 조기중재의 역사와 법률적 선례, 가족에 대한 이해와 협력, 가족의 관심사에 의해 조정된 유아들의 요구에 대한 평가, 개별화된 서비스 계획과 프로그램의 개발을 포함시키기 위해서 철학적 기초에 관심을 가져야 하고 직접적인 중재 서비스의 전달을 준비할 수 있는 주제들에 관심을 가지고 있어야 한다. 이장의 목적은 모든 유아들을 위한 중재 프로그램의 방법론적인 기초를 제공할 수 있도록 실제적, 일반적 교수전략들을 제안하는 것이다. 이 장에서 제공하는 총체적인 접근법은 폭넓은 단계를 가진 유아교육 프로그램에 장애를 가진 유아들이나 발달적 지체를 가진 유아들을 포함하는 것을 가능하게 한다. 그런 프로그램의 예를 예시 5.1에서 논의하였다.

1. 교육과정

1) 정의

교육과정은 다양한 방법으로 정의되어 왔다.

예시 5.1

특별한 요구를 가진 아동들이 환영받는 아동보호센터

최근까지 많은 공립과 사립 아동보호센터는 특별한 요구를 가진 아동을 수용하는 데 저항을 하였다. 이들은 장애아동을 돕는데 훈련도 안되어 있고 장비도 없다고 말했다. 몇몇 센터는 장애아동을 수용은 했지만 그들의 신체적 요구에 대한 단순한 보호만을 제공하였다.

Johnson과 McLynn은 그들의 센터에 온 특별한 요구를 가진 아동들에게 가능한 최선의 서비스를 제공하기를 원했다. 그들은 부모들의 요구와 자기 아이에 대한 설명을 주의 깊게 들었다. 이 때 그들은 학령전기 환경에서 아동을 관찰하였다.

이 교사들은 다음과 같은 계열이 유용하다는 것을 발견하였다.

1. 아동이 등록하기 전에 부모들은 감독관과 교사와 만난다. 정보, 부모 관심사, 이용할 수 있는 서비스가 고려되었다. 등록 서류에는 건강사뿐만 아니라 이전의 경험에 관한 질문이 포함된다. 아동의 발달 수준이 논의된다.
2. 처음 몇 주 동안 아동은 하루 종일 관찰된다. 특별한 요구가 확인되었다. McLynn과 Johnson은 두 번째 회의에서 부모들과 이것을 논의한다.
3. 이 두 번째 회의 동안에 아동이 받아야 하는 다른 서비스가 있는지 조사하고, 정보 기록지의 적절한 곳에 사인을 한다.
4. 아동이 평가된 후에 중재 서비스와 절차에 대한 권고는 개별화교육프로그램에 대한 IEP 회의에 제출하였다. McLynn과 Johnson은 아동의 매일의 프로그램에 제안과 활동을 통합하였다.
5. 부모와 아동을 위해 활동하는 다른 사람과 규칙적으로 접촉하는 것은 전화, 회의, 보고서를 통해 유지된다.

이 아동보호센터는 각 회기 동안에 몇몇 장애아동을 포함한다. 만약 이러한 아동들에게 많은 여분의 시간과 관심이 요구되면 부가적인 도움이 제공된다.

현재 이 아동보호센터와 다른 센터들은 특별한 요구를 가진 아동을 포함하는 문제를 수용하고 있다. 현명한 교사들은 단순히 아동을 사랑하고 돌보는 것을 거부한다. 이들은 전통적으로 학교에 입학하기 전인 5세 또는 6세 시기가 학습을 위한 가장 결정적인 시기라는 것을 알고 있다. 결과적으로 이들은 부모와 협력하고 그들의 센터에서 특별한 요구를 가진 아동을 포함시킴으로써 전문가를 참여시켰다.

Bowe(2004)는 교육과정을 "교육자들이 아동의 행동을 변화시킨 것을 통해, 내용과 과정을 포함하는 계획된 활동의 계열"로 규정하였다. 교육과정은 개별화가족서비스계획과 개별화교육프로그램에서 확인된 것으로서 목적과 목표를 달성하기 위한 도구이다—아동의 특별한 요구에 반응하는 개별적으로 선택된 학습 경험의 정리된 순서이다(p.156). 이 정의는 수용할 수 있는 유아교육 교육과정은 단순히 목표의 뒤범벅이 아니라는 것을 말한다. 이것은 아동, 부모, 민족 그리고 일반적 문화의 요구를 고려한 프로그램에 대한 분명한 계획을 제공해야 한다. 표와 목적에 도달하기 위한 수단이다. 교사의 양식과 이론적 접근은 이러한 발달에 영향을 준다.

이전에 Vincent(1988)는 교육과정을 '로드 맵'—우리가 가야 할 곳과 거기에 갈 수 있는 방법을 알 수 있도록 우리를 도와줄 수 있는 도구—이라고 적절히 묘사하였다. 즉, 유아들과 그들의 가족들을 위해서 바라는 결과들이 목적지가 되는 것이다. 그리고 교육적 목적과 교수전략들은 우리가 거기까지 가야 하는 경로가 되는 것이다.

2) 선택

교육과정의 많은 형태는 특별한 요구를 가지고 있거나 가지고 있지 않은 영유아 모두를 위해서 개발되었다. 교육과정은 다양한 이론적 가정에 근거하였고, 그리고 준거지향 사정, 상세하고 단계적인 행동적 목표, 제안된 활동과 자료를 포함하는 포괄적인 방법으로 설계되었다. 이런 것들은 페키지화된 프로그램으로서 상업적인 것을 이용할 수 있다. 그러나 그러한 독립된 교육과정(self-contained curricula)은 특정 프로그램에서 아동의 요구를 충족시키지 못하기도 한다는 것을 이해하는 것이 조기중재자에게는 중요하다. 첫째, 중재자는 그들이 서비스를 제공하는 아동의 특성을 분명하게 이해해야 한다. 그들은 이러한 아동들을 위한 부모의 교육적 목적뿐만 아니라 중재자 자신의 목적도 확인해야 한다. 이때 중재자들은 자신의 교수양식 뿐만 아니라 아동의 학습양식과 강점도 조사해야 한다. 교육과정을 선택하기 전에 바람직한 프로그램 결과와 최선의 중재전략에 대한 명백한 개념화가 이루어져야 한다. 유아특수교육자들은 특정 아동집단의 독특한 요구를 충족시키기 위해서 페키지화된 교육과정의 수정이 필요한지를 알아야 한다. 또한 그들은 자기자신의 교육과정을 설계하기도 한다.

현재 장애아동에게 충분한 것으로 밝혀진 한가지 이론적 접근이나 교육과정은 없다. 프로그램들은 유아교육과 특수교육 분야의 신중한 통합을 요구하는 학습양식 기술, 배경, 가능성에 있어서 많은 차이를 가진 아동의 요구를 충족시키기 위해 교육과정을 조절하고 있다. 이렇게 독특한 요구들은 환경적인 기대에 연관되어 고려되어야 한다. 그것은 유아특수교사가 이 두 분야의 최상의 실제를 결합시켜야 하는 의무이다.

예시 5.2

	비형식적 접근		형식적 접근
	아동/정상발달	인지적/상호작용적	행동적/학습
환경의 역할	자기 주도적 참여와 아동-아동 간 상호작용을 촉진한다	실수에서 부터 문제해결과 학습/활동 탐구를 촉진한다	아동의 특정 행동의 습득을 구현한다
성인의 역할	환경과 또래의 상호작용을 권장한다	자극적인 질문을 묻는다. 모형, 탐색을 격려한다	희망하는 행동을 만들고 구체화하고 강화한다
아동의 역할	스스로 주도적인 참여를 한다	탐색하고, 실험하고, 문제를 해결하고, 개념을 통합한다	정보와 강화에 대해 수용하고 반응한다
교육과정 내용	모든 영역에서 사회정서적 발달을 강조	인지발달을 확장시키는 경험을 중요시	결함의 사정을 통한 개별적 기술 결정
방법	놀이, 센터, 단원	최대한의 발견을 위해 센터를 계획한다.(놀이)	행동 강화를 위해 사물, 사람, 사건들은 구조화시킨다

Linder(1983)는 대부분의 유아교육 모델은 형식적 구조에 대해 비형식적인 구조가 반영된 연속성에 있어서 아래로 내려오는 것으로 묘사될 수 있어야 한다고 오래전부터 지적하였다. 예시 5.2에 종종 정상적 발달로 의뢰되는 아동의 비형식적 접근에서 시작하여 가장 형식적인 행동적 접근으로 끝나는 이러한 연속성을 제시하였다. Piaget의 이론적 내용과 아동의 환경에서 아동의 생물학적인 경향과 점진적 변화 사이의 역동적인 상호작용의 특성을 재인식한 다른 학자들의 이론에 근거하여 인지적/상호작용적 접근이라는 용어를 사용하였다. 여기서 간단하게 기술된 모형에 포함된 몇 가지 모형을 공평하고 정당하게 다루지 않았다는 것을 재인식했다. 독자들은 각 접근의 좀 더 상세한 설명을 충분히 찾기를 바란다.

3) 특별한 요구를 가진 아동 고려

Bricker와 Bricker(1974)는 특별한 요구를 가진 아동과 활동하기 위한 **절충적 모델(eclectic model)**을 개발하는 데 다양한 접근으로부터 요소들을 결합하려는 최초의 사람들이다. 주의 깊은 고려를 한 후에 이 연구자들은 전통적인 성숙 이론이나 행동주의적 학습이론을 고수하는 것은 인간 행동의 복잡성을 적당하게 설명하지 못한다는 것을 느꼈다. 따라서 이들은 '구성주의적 상호작용-적응적 접근(constructive interaction-adaptive approach)'이라고 언급한 몇 가지 핵심적인 Piaget적 개념을 결합하였다.

Anastasiow(1978)는 아동의 요구를 진단하고 중재 프로그램을 계획하는 데 인지적, 심리언적, 지각적 이론을 도출하면서 수업 전략을 위한 행동적 절차를 통합하였기 때문에 인지적, 학습 모델이라 언급한 절충적 결합을 논의하였다. 예시 5.3은 장애아동의 통합교육을 지원하는 이론적 지향의 결합을 포함한 절충적 접근을 제시한 것이다.

예시 5.3

인지적/학습 관점

환경의 역할	촉진없이 구조화됨. 흥미와 활동센터.
성인의 역할	환경의 활동적인 탐구와 놀이, 또래와의 모델링 촉진. 아동은 통찰력 있는 관찰자. 평가 자료를 매일 수집하여 수업을 계획한다.
아동의 역할	환경의 활동적인 탐험가, 활동의 창시자
교육과정 내용	목표는 교육과정에 기반을 둔 평가에서 유래. 모든 부분에서 기술 발달을 최대화시킴. 자발적인 사회적 의사소통적 상호작용을 촉진.
방법	측정할 수 있는 행동의 목적. 과제 분석을 사용하여 작은 단계의 수업. 증가하는 진보의 긍정적인 강화. 놀이의 사용과 기술과 기능성의 일반화를 촉진하는 학습 기회.

4) 이 책의 철학

실제에서 특별한 요구를 가지고 있는 유아들을 위한 가장 좋은 프로그램은 몇 가지 교육과정 모형의 요소들을 결합한다. 이 책의 철학은 다음과 같은 가정에 기초한다.

1. 교육과정 실제는 가능한 최대한으로 **증거중심 실제**(evidence-based practice)로부터 도출되어야 한다. 이 책의 저자들은 Buysse, Wesley, Snyder, Winton(2006)에 의해 제안된 증거에 근거한 실제의 정의에 동의한다. 그것은 "가족과 전문적인 지식과 가치를 동반한 최상의 유용한 연구 증거를 통합하는 하나의 의사결정 과정이다"(p.3)는 것이다. 이 정의는 형식적 교육과정 결정이 지식의 다양한 출처에 의지해야 한다는 것을 인식시키는 것이다.

2. 교육과정의 내용은 각각의 유아들의 가정과 지역사회의 맥락상에서 의미 있고 관련된 목적을 포함해야 한다. 즉, 그것들은 기능적이고 **생태학적인 관련성**(ecologically relevant)을 가지고 있어야 한다(Udell, Peters, & Templeman, 1998). 목적은 유아들과 바로 인접하거나 가장 가까운 환경에서 유아들을 위해서 기능적으로 유용성이 있는 것에 기초하여 선택되어야 한다. 게다가 교육과정 내용도 유아들의 근원적인 인지적 과정과 심리 정서적 과정의 발달을 포함하여야 할 것이며, 결과적으로 긍정적인 인간 관계성을 자기-주도적 학습을 수행하고 설립할 수 있도록 한다.

3. 중재 전략들은 기능적이고 정상적인 일상 활동의 맥락내에서 구체적인 기술을 표적으로 하는 주변 활동에서 전개되어야 한다(Squires & Bricker, 2006). 기술을 향상시키기 위해 기능적 행동들을 사용하는 것은 이런 기술들의 자연스러운 사용을 통하여 일반화를 촉진시킬 수 있을 것이다. 교육자들은 필요할 때 언제든지 직접적인 교육을 제공할 준비가 되어 있어야 한다.

4. 구체적인 행동 목표 또는 기준과 **도중 행동**(**en route behaviors**)의 설계는 정상발달의 단계와 과정과 관련된 정보를 고려할 것이다. 게다가 행동 분석의 영역으로부터의 원리와 기법(예를 들어, 과제분석)은 활동중심 중재에서 필요할 때 도구로 사용될 것이다.

5. 표적으로 설정된 목적을 달성하는 데 사용된 교수전략들은 유아들과 그들의 또래와의 사회적 상호작용뿐만 아니라 유아들과 의미있는 성인(예를 들면, 교사와 양육자) 사이의 사회적 상호작용의 질에 근원을 두는 우선적인 교수방법과 함께 강한 **사회적-교류적인 접근**(**social-transactional approach**)을 반영해야 할 것이다.

2. 일반적인 교수전략

발달심리학과 실험심리학, 아동발달, 신경심리학, 교육과 같은 분야에서 연구와 이론적 활동의 핵심은 조기중재를 위한 원리와 전략의 범주를 개발할 수 있는 집중적인 지식을 생성하는 것이다. 이러한 전략과 절차는 특별한 요구를 가진 유아에게만 적용하는 것이 아니라 모든 아동들에게 적용하는 것이다. 이것들은 아동들이 학습하는 방법을 설명한 몇 가지 핵심적인 원리에 근거한다. 유아특수교육 분야에서 전문성을 발달시키기를 원하는 학생들은 먼저 모든 유아들이 어떻게 학습하는지, 그리고 특별한 요구를 가진 아동의 요구를 충족시키기 위해 교수전략이 어떻게 수정되고 정교화될 수 있는지를 이해하지 못하면 그렇게 될 희망이 없을 것이다.

1) 동기

학습의 가장 강력한 주요 요소 중의 하나는 심리학의 영역에서 가장 오래된 개념 중의 하나인 **동기(motivation)**이다(Maslow, 1998). 동기는 행동을 자극하거나 격려한다. 인간 유기체는 어떤 이유를 가지고 환경에 반응하고 행동한다. 아무런 장애를 가지고 있지 않은 유아들은 전형적으로 쉽게 동기가 유발된다. 즉, 유아 교육자들은 그런 유아들의 동기 유발을 확인하고 이해하는 것에 매우 많은 지속적인 노력을 소비할 필요가 없을 것이다. 그러나 장애를 가진 유아들에게는 **높은 선호 항목(high-preference items)**, 사람, 활동의 확인이 성공적인 중재에 결정적이다. 만약 아동들이 주의를 집중하지 않고 참여하지 않는다면, 이들은 학습을 할 가능성이 없다. 아동이 중복 또는 중증장애를 가졌을 때 더 어렵지만, 아동의 단서를 읽는 것이 어려울 때 아동의 관심을 끌고 유지하는 것을 파악하는 것은 조기중재자들에게는 도전이다. Klein, Cook, Richardson-Gibbs(2001, p.5)는 잘못되거나 오해하고 있을지 모르는 단서들의 예시를 다음과 같이 제시하고 있다.

- 아동들은 직접적으로 장난감이나 사건들을 보지 않을지도 모른다. 그들은 중앙 시각보다는 오히려 주변 장치(피상적인 것)를 사용할지도 모른다. 따라서 외관상 주의(주목)보다는 오히려 인상적일 수도 있다.
- 특별한 요구를 가진 아이들은 비록 홍미가 있더라도 목표에 향해 간다거나 도달하지 않을지도 모른다. 이것은 운동 문제와 시각장애에 기인될 수 있다.
- 특별한 요구를 가진 몇몇 아이들은 종종 미소가 없거나 오히려 무표정한 얼굴일지 모른다. 이것은 아주 약한 저긴장 상태의 근육이거나 시각장애를 가진 아이들의 특성, 또는 정서장애의 아이들의 증상일지도 모른다. 다른 아이들은 웃음이 결여되거나 예측할 수 없는 미소를 지을지 모른다.

반면에 Klein과 그의 동료들(2001, p.6)은 홍미와 관심을 표현하는 독특한 방법 가운데 일부를 우리에게 상기시키고 있다.

- 아동들은 무언가에 홍미가 있을 때는 아주 고요해지고 조용해질 수는 있겠지만 대상을 응시하거나 향하지는 않는다.

- 그들은 무언가에 관심을 가질 때 흥분하여 손이나 팔을 퍼덕거릴지도 모른다.
- 그들은 비록 팔이나 다리가 경직되거나 뻗을지 모르고 또는 흥미가 있더라도 외면할지도 모른다. 다른 아이들의 이런 반응은 무관심하거나 거절의 표시일지도 모른다.

이러한 차이점 종류들의 결과로, Klein과 그의 동료들(2001)은 양육자를 면접하고 다른 활동, 문항, 사람의 제시에 아동들이 반응하는 방법과 그러한 자극을 제거하는 것에 반응하는 방법을 직접 관찰하도록 함으로써 **높은 선호 검사(high-preference inventory)**를 수행하도록 조기 교육자들을 격려하였다.

(1) 효과성 동기

동기는 내적 동기와 외적 동기라는 두 가지 형태로 보는 것이 중요하다. 행동분석과 행동수정 기법은 우선적으로 외부적으로 제공된 동기 유발자에 의존한다. 이러한 것들에는 음식과 물과 같은 일차 강화자 또는 칭찬이나 토큰과 같은 사회적으로 조건화된 강화자가 포함된다. 외적 동기에 첨가되는 것이 **효과성 동기(effectance motivation)**로서, 아래에서 논의된 내적 동기 요인에 의존하는 것으로 생각된다.

효과성 동기의 고전적 이론은 모든 유아들은 효과 또는 성취에 대한 내적 동인을 가진다는 것을 말한다(White, 1959). 유아들은 그들 자신의 행동 이상의 것을 가지기 위해서 숙달하고, 그들 환경에 영향을 줄 수 있는 결과를 위해서 개인적인 책임감을 느끼거나 내재화한다. 만약 장애가 없다면 유아들은 그들 자신의 결과나 능력에 기여할 수 있는 성취감에 대한 자신감을 좀 더 쉽게 느낄 것이다(Cook, 1986). 그것은 자기를 조절할 수 있다는 개인적 느낌과 자신의 노력에 대해 자부심을 가지도록 하여 행동을 장려할 수 있는 것(동기유발)을 제공한다.

자신의 환경에 영향을 주는 내적 추동의 존재는 유아들이 그들 주변의 생명이 있는 세계와 무생물 세계 모두와 함께 상호작용을 시작할 수 있도록 장려할 수 있는 중요성을 제안한다. 장애가 없는 유아들을 위한 이 동기유발 형식의 주요한 것들은 반응적 환경의 존재 속에서 스스로 시작하고 탐구할 수 있는 기회 모두에 달려있다. 특별한 요구를 가지고 있는 유아들을 위해서는 교사와 양육자가 종종 분명하지 않고 드물게 일어날 수 있는 단서들을 알아챌 수 있어야 한다. 이런 단서들은 장애를 가진 유아들이 환경에 작용할 수 있는 것을 시도할 수 있는 상황들을 확인하기 위해서 인식할 수 있는 것이어야 한다. 그것은 또한 유아들이 상호작용을 시작하고 성공적으로 경험할 수 있을 수 있는 가능성을 증가시킬 수 있는 방법으로 유아들의 환경을 조작할 수 있는 것이 필수적이다.

교사는 유아들이 자신의 행동이 실제적으로 다양성을 만들 수 있다는 사실에 관심을 가질 수 있도록 언어적으로 또는 다른 방법으로 동기 유발을 할 수 있어야 한다. 행동의 성공이 자기 자신의 결과에 기여할 수 있을 때에만 동기 유발할 수 있는 자부심 있는 결과가 될 수 있거나 다시 시도하고 싶은 것으로 인식된다(Cook, 1986). 다음의 예들은 유아들의 동기 유발을 이해할 수 있도록 도와줄 수 있는 중요한 것들을 설명하고 있다.

Johnny는 건강하고, 활력이 넘치는 전형적인 4세의 유아이다. 그의 가장 큰 흥미는 대근육 활동이다. 그는 실외에서 세발자전거를 타고, 기어오르는 활동을 하는 것을 좋아한다. 어느 비 오는 날, 그는 놀이 점토가 있는 기어오를 수 있는 개방된 장 주변을 어슬렁거리고 있었다. Mrs. Hunt의 처음 경향은 Johnny가 기어오르는 것에 대해 질책하려고 하였으나, 그 대신에 그녀는"너는 무엇을 살펴보고 있니? 내가 도와줄까?"라고 말하였다. 그런 다음에 그녀는 그가 놀이 점토를 가지려고 시도하고 있다는 것을 인식하였다. Johnny는 원래부터 소근육 활동과 같은 종류의 것을 할 수 있는 인내심이 가지고 있기 않았기 때문에 이것은 Johnny의 특징이 아닌 것이었다. 그래서 Mrs. Hunt는 그의 흥미를 장려해 주기로 결심하여 그에게 놀이 점토를 제공하였다. 그녀는 또한 그가 밀대로 둥글리면서 '뱀'을 만드는 동안 그의 가까이에 앉아서 그를 종종 조언하고 칭찬해 주었다. 그래서 그녀는 Johnny가 그의 환경에 적용하여 나타나는 자신의 의도를 이용하여 새로운 활동에 참여할 수 있도록 장려할 수 있었다.

또 다른 유아인 Robert는 뇌성마비이다. 그는 그의 모든 팔 다리로 움직이는 것이 매우 제한되어 있었다. 그는 걸을 수 없었고 지금 막 물체에 뻗어서 쥐려고 시도하기 시작하였다. 그는 심한 신체적 장애를 가지고 있음에도 불구하고, 유머감각이 많았고 배려심도 많은 사랑스러운 유아였다. 자유 선택 활동시간 동안 그는 낮은 받침대로 된 곳에 있어서 장애가 없는 두 명의 그의 또래 친구들인 Maria와 Jeff가 블록 놀이를 하는 것을 볼 수 있었다. 교사는 그 집단에 들어가서 Robert가 닿을 수 있는 곳에 블록으로 탑을 쌓기 시작하였다. 그녀는 Robert에게 만약 그가 블록 탑을 도달하여 만질 수 있다면 그는 그것을 허물 수도 있다고 설명하였다. 그녀는 탑이 부서진 것을 당황하는 척 하였다. Rober는 밝게 미소를 지었다. 바로 교사는 탑을 다시 쌓았는데, 아무런 조언을 하지 않고도 Robert는 탑을 다시 무너뜨리기 위해서 다가왔으며, 그 게임을 충분히 즐겼다. 곧, Maria와 Jeff도 그 게임을 하고 싶어 하면서 Robert가 무너뜨릴 각각의 탑들을 쌓았다.

이런 시나리오들은 동기유발의 사용과 환경에 영향을 줄 수 있는 것의 중요성을 설명한다. 첫 번째 예에서 교사는 Johnny가 놀이 점토에 흥미를 가지게 된 것을 인식하고 그 흥미에 반응하여 그가 물체에 영향을 줄 수 있도록 허락하고 그의 주변에 있었다. 그런 다음에 그녀는 새로운 기술 영역에서의 그의 발달을 조력하였다. Robert의 경우, 그는 신체적 환경과 사회적 환경 모두에서 그 결과에 의해 동기 유발되었다. 그는 탑을 성공적으로 무너뜨리고, 또한 그의 교사와 그의 또래 친구들 모두와 함께 순서대로 하는 게임(사회적 상호작용)을 시작하면서 유효성을 경험하였다. 이것은 장애를 가진 유아들이 성취하는 것은 어렵다는 결과를 보여준다.

2) 행동분석

특수교육 영역에서 **행동분석**(behavior analysis)과 **행동수정**(behavior modification) 기법의 기여는 실제적이다. 행동을 객관적으로 설명하고, 선행사건과 결과들을 분석하고, 아동의 행동을 형성하는 것은 모든 교사들에게 요구되는 기본적인 기능이다. 비록 이 책에서 행동수정에 대한 원리와 적용의 철저한 제안을 다루지 못하더라도, 조기중재자들은 연속적 근접, 단서의 촉구의 사용, 우발 강화 준비와 같은 기법들을 사용할 수 있는 능력을 획득해야 한다(Walker, Shea, & Bauer, 2006 참조).

간단하게, 이런 접근법들은 특정 행동의 직접적 결과가 행동을 강화하거나 약화시킬 수 있다는 원리에 근거하고 있다. 즐거운 결과자극을 강화자라한다. 불쾌하거나 혐오적인 결과자극은 벌이라 한다. 벌을 주는 것이나 혐오적 통제를 사용하는 것은 영유아들에게는 적절하지 않다. 그러나 **정적 강화**(positive reinforcement)의 사용은 어떤 행동을 강화하고 빈도수를 높이는 것에 매우 유용하다. 예를 들면, 목이 마른 유아에게 소리를 낼 때마다 한모금의 주스를 주는 것은 발화를 증가시키는 데 도움이 된다.

가능할 때 정적 강화자는 인위적인 결과자극보다는 특정 행동의 논리적 또는 자연적 결과자극이 되어야 한다. 좋아하는 장난감에 대한 정확한 신호를 하기 위한 자연적 강화자의 예는 한 조각의 사탕을 받기보다 장난감으로 놀이를 할 수 있는 기회를 제공하는 것이다. 다른 예는 "말을 잘 한다"라고 아동에게 이야기하기보다 "주스"라고 말하는 것에 대한 한 잔의 주스를 주는 것이다.

행동수정의 또 다른 주요 구성요소는 구체적인 단서와 촉구를 계획하고 선택하는 것이다. 유아들은 인위적인 단서와 촉구에 의한 것보다는 가능할 때마다 자연스럽게 반응하도록 학습하여야 한다. 초기의 행동수정 프로그램들은 소위 '무오류 학습(errorless learning)' 이라고 부르는 것을 목표로 한 대단히 구조화된 프로그램을 사용하였다. 구체적인 기술들을 가르치는 것은 많은 작은 단계들로 나누어지는데, 많은 인위적인 촉구들로 시작하여 유아들이 촉구 없이 행동을 수행할 때까지 점차적으로 약하게 되어간다. 불행하게도, 그런 절차들은 종종 '단서가 꼭 있어야 하는' 유아들이 되도록 한다. 즉, 그들은 구체적인 촉구를 해 주는 것에 계속해서 매우 의존한다는 것이다. 다른 환경에 일반화하는 것은 어려워진다. 예를 들면, 한 유아가 '쿠키라고 말해' 라는 촉구에 반응하여 '쿠키' 라는 단어를 말하는 것을 배웠다면, 그 유아는 다른 환경에서 단서 없이는 쿠키라고 하면서 자발적으로 요구하지 못할 것이다. 그래서 좀 더 최근에는 성인이 기대하고 있으면서 보고 있는 것이나 "네가 필요한 것이 거기에 있니?"라고 말하는 것과 같이 유아들이 좀 더 자연스러운 단서에 반응하면서 행동을 사용할 수 있는 적절한 상황을 인식할 수 있도록 가르치고 자연스러운 맥락상에서 가르치는 것을 좀 더 강조한다.

행동수정에서 여전히 일어나고 있는 또 다른 주요 구성요소는 아동의 **연속적 접근**(successive approximations)의 강화이다. 이것은 근접에서 출발하고 점점 정확한 행동에 접근하도록 촉구하는 것에 대한 중요성의 인식에 근거한 확실한 학습 원리이다. 예를 들면, 초기에 유아는 색깔 있는 펜으로 종이에 휘갈겨 그리는 것만 가능하다. 점차적으로 유아는 원을 그리는 것에 점점 더 근접할 수 있는 행동을 위한 강화를 받게된다.

(1) 긍정적 행동지원

행동 원리들은 우리기 어떤 행동의 **선행자극**(antecedents)(예를 들면, 행동이 일어나기 바로 전에 일어났던 사건들)과 **결과자극**(consequences)(즉, 바로 다음에 일어나는 행동) 모두를 주의 깊게 관찰하는 것에 의하여 이해할 수 있도록 시도할 때 유용하다. 예를 들면, 촉각 방어(즉, 촉각에 매우 예민한 것)를 가지고 있는 유아는 자주 울음을 터뜨리는 일이 일어날 것이다. 아동이 다른 많은 아동들 사이에서 접촉이 발생하는 선행사건이 이루어지는 상황에서 나타나게 된다. 또한 관찰은 이렇게 우는 것의 주된 결과가 그 유아가 좋아하는 성인이 그에게 말을 걸기 시작하도록 한다는 것을 밝혀낼 것이다. 다음과 같이 단순하게 중재하는 것으로도 우는 것을 감소시키고 그 유아가 사람들에 대한 포용력을 증가시킬 수 있도록 할 수 있을 것이다. 즉, 좋아하는 성인이 일어난 선행적 상황(주변 사람들)을 알아차렸을 때, 그녀는 유아가 울기 전에 그에게 다가가 다른 유아들과 함께 할 수 있는 좋은 시간과 같이 그가 즐겁게 지낼 수 있는 방법에 대해서 의견을 말해 준다. 그런 **우발적 사건**(contingencies)의 재배치(즉, 행동이나 사건에 따르는 것 또는 다른 행동이나 사건들이 일어나는 것에 선행하는 것)는 그 유아를 참여시키고 울지 않도록 하는 것 모두를 강화한다. 그리고 그 유아가 친구와 이야기를 할 수 있게 되는 즐거운 경험의 상황으로 사람들과 연합되는 조건을 강화한다. 이것은 좀 더 최근에는, 행동 운영의 예방적 접근법으로 이미 부적 행동을 보여주는 것으로의 반응에 초점을 맞춘다기보다는 정적인 행동을 장려할 수 있는 조건의 동일시에 초점을 맞춘다. 양육자는 부적 행동이 나타날 수 있도록 도와주는 선행하는 것들을 예측할 수 있는 것을 배운다. 이런 선행하는 것을 변이하고 교정하는 것으로, 양육자는 정적 행동의 결과를 지원할 수 있는 것을 제공한다. 6장은 **긍정적 행동 지원**(positive behavior support)으로 언급되며 많은 지지를 받은 행동관리기법에 대해 더 철저한 논의를 제공한다.

행동관리기법은 유아들의 행동에 강력한 영향을 줄 수 있다. 그것은 유아를 총체적으로 철저히 이해하는 것으로부터 분리하여 사용하지 않는 것이 매우 중요하다. 예를 들면, 가능한 모든 화내는 원인(약물 치료 효과, 고통이나 두려움)을 야기할 수 있는 것들을 탐구하지 않고 화내는 것을 조절하는 행동관리 전략들을 이용하지 않는다.

3) 경험의 사회적 조정

발달 심리학과 인지 심리학 분야의 문헌들에서 보면 유아들이 경험하는 환경과 사건을 성인이 중재하는 것(즉, 의미 있는 것을 만들기 위한 조력)에 대한 이론적 설명과 방법에 대한 경험적인 설명이 모두 풍부하다. Feuerstein, Rand, Hoffman, Miller(1980)는 아동이 성인들을 경험하는 것처럼 신체적 언어적으로 사건을 번역함으로써 아동의 이해와 습득을 주의 깊게 향상시키는 **조정된 학습 사태(mediated learning events)** 또는 MLE로 이러한 현상을 언급하였다.

또 다른 이론가인 Vygotsky(1980)는 사회적 맥락에서의 인지발달에 대하여 언급하였다. 그는 유아들이 독립적으로 수행할 수는 없지만 의미 있는 성인과 함께 상호 작용하는 동안 나타낼 수 있는 능력들의 범주로써 **근접 발달 지대(zone of proximal development)**를 설명하였다. 민감한 성인들이 이런 '지대'를 깨닫게 되면서 유아들과 상호작용을 하면서 유아들이 과제를 독립적으로 숙달하도록 진보할 수 있는 것을 조력할 수 있는 필수적인 지원의 형태와 올바른 단계를 제공하면서 발달을 촉진시킬 수 있다. Bruner(1982)는 유아들이 문제를 해결하면서 도움을 받을 수 있는 일반화된 단서를 제공하는 것으로 **비계설정(scaffolding)**을 언급하였다. 유아들의 경험에 대한 그런 사회적 중재는 그들이 가지고 있는 특별한 능력과는 상관없이 모든 영아와 유아들에게 다 중요하다. 다음의 두 가지 예들에 주목한다.

Jose는 크게 칭찬할 만한 재능을 가지고 있지만, 다소 사나운 3세 유아이다. 그는 세 개의 블록을 사용하여 그의 트럭이 지날 수 있는 아치 밑의 통로를 만들기 위해서 노력하고 있지만 지금 그것은 너무 좁다. 그는 그것을 해결하기 위해서 단순히 한번 힐끔 본 다음 재빨리 포기하고 다른 어떤 것을 만들기 시작하였다. 그의 교사는 그것을 얼른 알아차리고 "그 공간이 너무 좁지, 그렇지 않니? 트럭이 거기를 지나가기에는 적당하지 않구나. 트럭은 너무 커. 음, 우리가 무엇을 할 수 있을까?" 라고 말하였다. 이런 코멘트들을 하는 동안 교사는 그 블록 위를 교차할 수 있도록 대체할 수 있는 긴 마분지 조각을 찾아 와서 블록 위의 뚫린 곳을 더 넓게 할 수 있도록 하였다. 그녀는 이것을 말하지 않고, Jose에게 마분지 조각을 제공하였다. 그녀는 기다리면서 그가 자극을 받아서 스스로 해결 방법을 발견할 수 있는 기회를 주었다. 그는 트럭을 아래로 지나갈 수 있도록 만들었고, 그의 교사는 "오, 잘했구나. 그 곳은 그 트럭이 충분히 지나갈 수 있게 크구나." 라고 말하였다.

두 번째 유아인 Min은 심한 발달지체와 중복 장애를 가지고 있다. 그녀는 눈이 안 보이고 걸을 수 없었다. 그녀는 아주 가끔 뻗어서 잡을 수 있었다. 그녀가 좋아하는 활동은 먹는 것이다. 그녀는 점심 식사 시간이 다가오고 음식 카트가 복도를 통해 이동하면 좀 더 많이 민첩해지면서 음식의 향기에 대해 민감함을 보였다. 그녀의 교사는 Min의 주변의 환경을 중재하여 그녀가 점심 식사 시간을 중심으로 경험을 조직하고 이해할 수 있도록 도와주었다. 교사가 가까이 접근하는 음식의 냄새에 예민하게 된다는 것을 알아차리면서 그녀의 교사는 "점심 식사야! 점심 식사 시간이야, Min. 자, 준비하자."라고 말하였다. 교사는 먼저 Min의 턱받이를 소개하면서 "여기에 너의 턱받이가 있단다."라고 말하면서 그것을 만져보고 느낄 수 있도록 장려하였다. 교사는 턱받이를 직접 해주면서 Min이 턱받이 구멍에 팔을 넣을 수 있도록 하는 것을 가능한 한 독립적으로 할 수 있도록 장려하였다. 다음에는 교실에 음식 카트가 들어오고 있을 때 그녀는 Min이 그 소리를 들 수 있도록 그것의 안쪽을 톡톡 두드리면서 그녀 가까이로 움직이면서 그녀가 그것을 느껴볼 수 있도록 하였다. 교사는 그녀에게 "좋아, 우리 음식 카트가 여기에 있단다. 지금 우리는 먹을 수 있어. 나는 너에게 점식 탁자를 밀어줄 거야."라고 말한다.

이런 방법으로 교사는 또렷하지 않은 소리, 냄새, 촉감과 위치 변화에 대한 것들을 단순하게 개입하여 중재해 준다. 교사는 이렇게 하는 것을 지속적으로 하여서 결과적으로 Min이 이런 사건들을 이해하면서 참여할 수 있도록 도움을 줄 수 있게 될 것이다.

4) 성인-아동 의사소통 전략

앞에서 진술한 예에서 볼 수 있는 것처럼 유아들의 학습을 도와줄 수 있는 또 다른 중요한 요소는 언어의 사용이다. 성인과 좀 더 연령이 높은 유아들이 영아와 어린 유아들과 대화를 나누는 방법은 그들의 발달에, 특히 언어와 인지 영역에 주된 영향을 줄 수 있다(Klein & Briggs, 1987). 이런 전략들은 8장에서 자세히 논의될 것이다. 그러나 여기에서도 다음과 같이 그것들을 적절하게 요약하였다.

1. *준거 언어(referential language)의 사용.* 즉, 물체와 행동의 명칭을 명확하고 구체적으로 사용한다. 예를 들면, 한 유아가 미끄럼틀에 공을 굴리는 것을 좋아한다. 교사 A는 "와! 솜씨가 좋구나. 구르는 것 좀 봐."와 같이 이야기할 수 있다. 비록 이것은 그 유아와 관련하여 열정적이고 긍정적인 반응을 보여주는 것이라고 할지라도, 그것은 참고할 수 있도록 지시하는 것은 아니다. 이런 언급들은 교사 B가 "와! 공이 아래로 구르고 있구나. 미끄럼틀 아래로 가네. 공이 아래로 빨리 구르네!"라고 반응하는 것보다 유아들의 언어발달에는 덜 긍정적인 영향을 준다.

2. *핵심 단어와 구의 중복과 반복 사용.* 그것은 어떤 것을 오직 한번만 언급하는 것은 충분하지 않다는 것이다. 언어는 주요 개념들과 사건들을 몇 번이고 언급하면서 반복하는 것

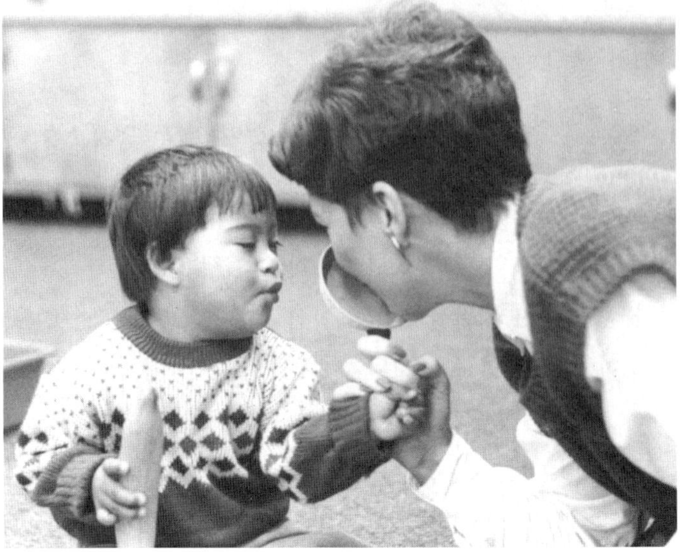

이 필요하다. 덧붙이면, 주요 단어와 주요 구절을 반복하는 것은 중요하다. 중복하고 반복하는 것은 모든 유아들에게 중요하고, 심지어 장애를 가진 유아들에게는 더욱 중요하다. 위의 예에서 보는 것처럼 '공' 이라는 단어는 두 번 사용되었다. '아래' 는 세 번 사용하였다. 그리고 '구르네' 는 두 번 사용하였다. 전형적으로 이런 세 가지의 개념들은 놀이 상황 동안에 다시 소개할 수 있고, 비슷하게 다른 전후 상황 속에서도 사용할 수 있다. 예를 들면, 교사는 다양한 공들을 기울어진 곳에서 아래로 구르게 하거나 유아들이 스스로 언덕 등에서 아래로 굴려보게 할 수 있다.

3. *일상과정의 사용*. 일상적이고 예측할 수 있는 정도의 것들은 모든 유아들에게 중요하다. 특별한 요구가 있는 유아들을 위해서 일상 생활적인 것의 주의 깊은 사용은 중요한 교수전략이 된다. 하루 사건들의 친숙한 순서에서 사용되는 주요 단어와 구절의 반복은 언어발달을 촉진시킨다. 일상적인 놀이와 일상적인 양육 모두 다양한 영역에서 유아들의 발달을 장려할 수 있는 효율적인 전략으로 나중에 좀 더 자세하게 논의할 수 있을 것이다.

4. *포괄적인 입력의 제공*. 포괄적인 입력 정보의 중요성은 MacNamara(1972)에 의해서 처음 설명되었다. 말한 것에 대해서 이해하고, 감정이나 생각한 것 등을 알게 되는 것은 유아들에게 중요하다는 것이다. 심지어 만약 그들이 모든 단어들을 실제적으로 이해하지 못했을 때조차도 그러하다. 몇 가지 전략들은 이런 것들을 촉진시킨다. 예를 들면, 성인들은 유아들이 이끄는 것에 따를 수 있고, 유아들이 관심을 가지고 경험한 것에 대해 말할 수 있다. 때때로 이것은 "경험에 대한 언어 지도 작성" 이라고 부른다(McLean & Snyder-McLean, 1978). 또 다른 전략은 보고, 느끼고,

듣는 구체적인 것에 대하여 이야기하는 것이다. 이 방법에서 단어들은 그들이 언급할 수 있는 것과 함께 쉽게 연합될 수 있다.

5. *성인 언어와 유아 언어 수준의 짝짓기.* 지금 막 언어를 학습하기 시작한 유아들을 위해서 성인 언어 입력은 한두 단어로 구성된 것으로 짧고 단순한 문장이어야 한다. 유아들의 언어가 발달하면서 성인의 언어는 좀 더 복잡하게 할 수 있다. MacDonald(1989, p.173)는 이것을 **점진적 짝짓기(progressive matching)**로써 언급하였다. 예를 들면, John은 지금 막 하나의 단어를 사용하기 시작하였다. 그는 그의 교사와 함께 잡기 놀이를 하면서 교사는 "잡아, 공을 잡아. John, 공을 잡아."라고 말했다. John의 친구 Theo는 단순한 문장은 쉽게 말할 수 있는 유아로, 그 게임을 함께 하고 있었다. 교사는 "여기로 Theo. 공을 잡은 다음에 그것을 John에게 던져."라고 말하였다. 이런 방법에서 교사는 Theo에게 좀 더 복잡한 말을 하는 것을 보여준다.

6. *순서바꾸기 형성.* 영아나 중증장애 아동을 위해서 앞에서 나열한 전략을 효과적으로 사용할 수 있기 전에 순서 바꾸기 기술을 먼저 형성하는 것이 필요하다. 순서바꾸기는 의사소통 기술이 발달하는 사회적 토대를 제공한다. 장애를 가지고 있지 않은 유아들에게 순서 바꾸기 기술들은 양육자와 생후 3, 4개월된 영아 사이의 뜻 깊은 대화 속에서 잘 형성된다. 그러나 어떤 유아들을 위해서는 이것은 구체적인 교수 목표로써 형성될 필요가 있다. 다음과 같은 몇 가지 전략들은 순서바꾸기를 형성시키기 위해서 사용될 수 있다. (a) 유아들이 이미 하고 있는 것을 모방한다. (b) 즐거운 활동을 수행한 다음 유아들이 반응을 보일 때까지 활동을 중단하고 기다린다. (c) 유아들이 순서대로 할 수 있도록 물리적으로 촉진시킨다. 8장에서 의사소통 기술들을 발달시킬 수 있는 다른 방법들에 대하여 상세히 설명할 것이다.

5) 일상과정

매일매일의 일상과정은 유아들을 위한 교육 프로그램을 계획할 때 중요하다. Rossetti (2001)에 따르면 "조기중재자들은 언어가 발생되어야 하는 가상적 장면에 대한 요구를 느끼지 않아야 한다. 아동 중심적 환경은 새롭게 학습된 기술이 다른 환경들의 일반화 할 가능성의 증가뿐 아니라 아동들의 흥미를 유지하기 위한 역할을 한다. 성인이 만든 대화 형식은 목표로 설정될 필요가 없다. 일상적인 생활 활동의 일부로서 나타나는 대화의 교환과 기회가 강조되어야 한다"(p.236). 영아를 위한 매일매일의 일상생활들은 양육적 일상과정으로 언급될 수 있다.

(1) 매일매일의 일상과정

매일매일의 일상과정들은 생활의 일상 활동들을 수행하는 부분으로서 발생하는 일상과정의 유형이다. 가족들은 그들의 생활을 예측할 수 있는 일상의 과정이나 스케줄에 의해 특징화할 수 있는 것으로 그 범위는 다양할 것이다. 비록 어떤 가정환경은 매우 예측적(예를 들면, 일어나기, 아침 식사하기, 학교가기, 학교에서 집으로 오기, 간식 먹기, 낮잠자기, 아빠와 함께 놀이하기, 저녁 식사하기, 텔레비전 시청하기, 목욕하기, 동화읽기, 잠자기)일 수도 있지만, 다른 가정환경은 무질서하고 예측할 수 없을 수도 있다. 예측의 정도는 유아들에게 중요한 것으로 생각된다. 그것은 유아들이 안정적으로 느끼고 그들의 환경을 조절하고 숙달할 수 있는 감각을 줄 수 있다. 6장에서 논의한 것처럼, 그것은 정서발달과 인지발달 모두를 촉진시킨다.

매일매일의 일상과정은 가정에서 중요한 것과 마찬가지로 기관이나 교실에서도 중요하다. 덧붙이면, 그것들은 교수 언어와 인지 개념에 유용한 맥락을 제공한다. 친밀한 일상의 과정은 장애를 가진 유아들이 새롭고 특별한 사건들을 경험할 수 있는 필수적인 배경이다. 이런 유아들을 위해서 그런 사건들은 그들이 평균적인 것과는 다르게 경험했을 때 보다 쉽게 처리하였고 주의를 가질 수 있다. 한편, 그런 사건들은 하루 중에서 예측할 수 없고 친밀하지 않은 사건들 중의 하나로 발생할 때, 그것들은 가장 의미가 없고 아마도 혼돈스러울 것이다.

(2) 놀이 일상과정

놀이의 일상과정은 교실 안에서 일상적이고 반복적으로 사용할 수 있는 또 다른 방법이다. 놀이의 일상과정은 언어와 개념과 사회적 기술들을 가르치기 위해서 구체적으로 계획될 수 있다. 놀이의 일상과정은 종종 쇼핑하기, 캠핑 여행가기, 잃어버린 것 찾기, 보물찾기 등과 같은 가상적 놀이 주제와 관련된다. 놀이의 일상과정의 목적은 구체적인 개념, 어휘, 사회적 행동, 또는 실제적인 의사소통 기술들을 가르치기 위한 것 안에서의 친밀한 활

동 순서를 제공한다. 놀이의 일상과정은 초기에 많은 양의 활동과 계획이 필요하지만, 일상과정은 또한 좀 더 강력한 교수전략이 되면서 수행하는 것이 더욱 쉽게 되고 계속적으로 반복된다. 놀이의 일상과정의 복잡성과 내용은 교실 안의 유아들의 요구와 특성에 의존해야 할 것이다. 예시 5.4는 여기에서 논의하는 유아들에게 가장 표준적인 맥락적 상황 속에서 놀이의 매체로써 통합시킬 수 있는 일반적 전략들의 방법을 설명하는 것이다.

예시 5.4

놀이시간에 일반적 교수전략의 사용

사건	*전략*
Curtis 선생님의 교실에 있는 유아들은 점심 식사를 마쳤다. Curtis 선생님은 테이블을 깨끗이 치우고 휴식시간을 가질 수 있다고 알렸다.	전환활동의 신호
유아들은 이런 일상생활에 매우 친밀하였기 때문에 그들의 냅킨과 우유통을 버리고, 컵을 가져오며, 접시를 싱크대로 가지고 가는 데 도움이 거의 필요하지 않았다.	일상적 과정의 사용
네 살의 다운증후군인 Andrea는 운동장 쪽으로 머리를 기울였다. 그녀의 방법에서 그녀는 선반에 비누거품 병이 있는 곳을 알고 있었다. 그녀는 비눗방울을 부는 것을 아주 좋아해서 병을 잡으려고 시도하였다.	
보조교사인 Miss Chinn은 그것을 알아채고 "너는 비눗방울을 밖에서 불고 싶니?" "좋아, 우리를 위해서 병을 가지고 올 수 있겠니?"	유아들의 흥미에 반응하기
Andrea는 한 손으로 뻗어서 병을 어렵게 잡고 있었다. 보조교사 Chinn은 Andrea가 두 손으로 병을 잡을 수 있도록 장려하기 위해서 그녀의 다른 손을 병에 뻗을 수 있도록 상냥하게 도와주었다.	비계설정하기
Andrea는 밖으로 병을 가지고 나갔다.	
Andrea의 친구 Alex는 그녀가 비눗방울을 할 수 있는 병을 가지고 있다는 것을 알아차렸다.	유아의 성공적 경험 또래와의 상호작용
그는 그녀 쪽으로 가서 도와주고 싶다고 제안하였다. 그는 몇 개의 비눗방울을 분 다음 그녀에게 막대기를 주어서 그녀가 시도할 수 있도록 하였다.	
교사는 다가와서 유아들과 함께 풀밭에 앉았다. 그는 "Andrea, 이 비눗방울들을 보렴. 비눗방울이 아주 많구나! 저런! 하나가 터졌네. 비눗방울이 터졌네. 톡! 톡!"	주요 단어들을 반복한 간단한 문장 사용하기
Andrea는 Alex가 운동장에 있는 비눗방울을 가리키는 것을 보면서 "buh!"라고 말하였다.	유아들이 반응
Alex는 "비눗방울이야!" 그런 다음에 비눗방울이 터졌고 Andrea는 "톡! 톡!"이라고 말하였다.	하고 듣기
같은 날 나중에 Chinn 보조교사는 풍선을 발견하였다. 그녀는 풍선을 Andrea쪽으로 가지고 와서 "풍선을 불어 보자."라고 말하였다. Andrea는 처음에는 흥미를 보이지 않았지만 Chinn 보조교사가 불기 시작하자 흥미를 보이기 시작하였다. 그녀는 그것을 작게 분 다음 멈추었다. 그녀는 Andrea가 볼 수 있도록 하였다.	반복적이고 일반화된 실제
Andrea는 풍선 쪽으로 그녀의 손을 움직였다. 보조교사 Chinn은 "내가 좀 더 불어줄까?"라고 하자, Andrea는 "좀 더"라고 말하였다.	유아들의 비언어적인 신호 읽기
풍선을 부는 것을 마친 다음에 그녀는 "나는 풍선을 펑 터뜨릴 거야." "나는 그것을 펑 할 거야."라고 말하였다.	반응할 수 있는 사건 예측하기

Andrea는 그녀를 의아하게 쳐다보았다. 보조교사 Chinn은 풍선을 핀으로 펑 터뜨렸다. 그녀는 "터졌네!"라고 말하였다. Andrea는 재미있어 하며 그녀의 손뼉을 쳤다. 그녀는 모래 테이블에서 놀고 있는 그녀의 친구 Alex를 찾았다. 그녀는 Alex쪽을 보면서 "펑!"이라고 말했다.	사회적 상호작용 과거의 사건을 설명하기 위한 언어 사용하기

3. 중요한 교수 맥락으로서의 놀이

여기에서 설명하는 전략의 능숙한 사용은 유아특수교육 전문가들에게는 의미있는 도전을 제시하고 있다. 이런 전략들을 사용하는 맥락에서 놀이 상황보다 더 좋은 것은 없다. 사실상, 놀이의 많은 방법들은 유아특수교육에서 가장 중요한 개념일 것이다. 그것은 교수 맥락상과 그 자체의 결과상 모두에서 중요하다. 놀이는 중요한 기술이다. 일반적인 유아들은 종종 성인들의 안내가 거의 필요 없이 놀이 기술들을 학습한다. 그러나 특별한 요구가 있는 많은 유아들은 이런 기술들을 학습할 때 도움을 받아야 한다. 그래서 사회적 기술로써 놀이하는 것을 가르치는 것은 유아교육과정의 중요한 부분으로 고려되어야 한다. 이런 놀이의 양상은 6장에서 더 자세히 논의할 것이다.

놀이는 유아들의 동기를 발견하고 발휘할 수 있는 이상적인 배경이다. 그것은 또한 교사가 앞에서 설명한 상호작용과 매개적 전략들을 사용할 수 있는 환경을 풍부하게 구성하여야 한다.

유아교육 영역 속에서는 놀이에 초점을 맞춘 역사적 선례가 강하다. 1800년대의 독일의 교육자 Froebel은 유아교육의 기본 원리는 다음의 내용을 포함한다고 믿었다.

1. 교육은 우선적으로 보호하고 양육하여야 한다.
2. 그것은 지시하거나 통제하지 않아야 한다.
3. 놀이는 교육과정의 핵심으로 구성되어야 한다.
4. 놀이는 유아들이 통찰력을 획득하는 수단이다.
5. 놀이는 정신 발달의 수단이다.

이것은 교육에서 놀이의 역할을 강하게 승인하는 것으로 역사를 통하여 유아교육 영역에 지속적으로 영향을 주었다.

유아특수교육 영역에도 이런 개념들을 적용하는 것을 똑같이 중요하게 생각해야 한다. 이런 적용은 어느 정도의 치밀함이 요구된다. 첫째, 전에 언급했던 것처럼, 특별한 요구가 있는 유아들은 놀이를 쉽게 수행하지 못한다. 그래서 교사들은 맥락적으로 놀이를 사용하는 것 뿐만 아니라 그것이 일어날 수 있도록 장려할 수 있는 전략들을 발달시켜야 한다. 둘째, 모든 유아들을 위해서 놀이의 요소들을 모두 성취할 수 있도록 하는 방법들을 이해할 수 있도록 하는 것이 필수적이다.

놀이(play)라는 단어를 사전에서 찾아보면 40개 이상 정의되어 있다. 우리의 목적을 위한 유용한 조작적 정의는 다음과 같을 것이다. 놀이는 영아나 유아들이 그들의 환경—생물이나 무생물이나—과 함께 적극적으로 수행할 수 있는 상황으로 결과나 목적을 미리 결정하거나 고의적으로 하는 것은 아니다.

이 정의의 몇 가지 주요 요소들은 앞에서 논의하였던 기본 요소들과 전략들과 병행되고 놀이가 왜 그렇게 강력한 교수 학습 맥락상 이유가 되는지를 설명하였다. 첫째, 유아들이 수행하여야 한다. 이것은 최소한 거기에는 정보 처리 과정들이 일어나야 한다는 것을 제안한다. 즉, 유아들은 어떤 것에 관심을 가지게 된다. 게다가, 적극적인 수행은 어떤 방법 속에서 환경 안에서 시작하고 행동하는 것을 필요로 한다. 환경이라는 용어는 물체, 공간, 감각을 자극할 수 있는 물리적 세계 뿐만 아니라 (그리고 아마도 좀 더 중요한) 사회적 환경도 언급한다. 사회적, 또는 활동적 인간(그리고 애완동물)의 환경구성, 의사소통, 정서, 얼굴표정, 접촉 등은 유아 또는 아동의 경험에 대한 몇가지 측면에서 충돌하고 있다.

다른 맥락이나 활동들과 가장 구별될 수 있는 놀이의 요소는 아마도 최종적 요소이다. 거기에는 미리 예측하는 결과나 목적이 없다. 놀이에서 목적은 나타날 수도 있고, 안 보일 수도 있으며, 자발적으로 생길 수도 있다. 즉 결과들은 탐구와 시행착오를 통하여 발견되어진다.

주어진 이런 놀이의 정의에서 영아들의 단순한 탐구 행동들로부터 유아기 유아들의 복잡한 가상 시나리오까지 단계화될 수 있다. 까꿍 놀이나 블록을 통에 넣는 것은 한 유아를 위한 놀이가 될 수 있는 반면, 우주에서 온 외계인이 되어 보는 가상 놀이는 다른 아동을 위한 놀이가 될 수 있다.

그래서 놀이는 유아특수교육의 중요하고 필수적인 구성요소로써 간주하여야 한다. 물론, 그것은 오직 구성요소만은 아니다. 매일매일의 일상 생활적 사건들은 학습을 위해서 동등한 중요한 맥락이다. 바쁜 부모들을 위해서 이런 맥락들은 아마도 놀이보다 더욱 중요할 것이다. 그것은 또한 좀 더 구조적이고, 전통적인 학습 상황에 있어서 중요한 것으로 특히 유아기 연령이 된 유아들이나 행동적으로 고안된 프로그램을 운영하는 곳에서는 특별한 기술이나 행동에 초점을 맞출 것이다. 그러나 유아특수교육 영역에서 전문적인 능력의 특징은 특별한 요구를 가지고 있는 유아들의 학습을 촉진시킬 뿐만 아니라 그들의 삶의 질을 높이고 즐거움을 향상시킬 수 있는 놀이의 완전한 잠재성을 억제하지 않는 능력일 것이다.

4. 학습을 극대화시키기 위한 물리적 환경 배치

앞의 논의에서 반영된 것으로 사회적 환경은 유아들의 발달에 매우 큰 영향을 준다는 실질적인 증거가 있다. 그것은 또한 물리적 환경이 유아와 성인 모두에게 영향을 줄 수 있는 방법을 어떻게 고려해야 하는가가 중요한데, 그것은 유아들이 서로서로 사회적으로 상호작용하고 학습할 수 있는 기회를 향상시킬 수 있어야 한다. 일반적으로, 전형적인 유아들에게 효율적인 물리적 배치와 설비는 특별한 요구를 가지고 있는 유아들에게도 적합할 것이다. 그러나 어떤 것들은 유아들의 특별한 요구의 특성에 따라 조정하여 만들어질 수도 있다. 또한 가족 구성원의 적극적인 참여가 기대되면 많은 수의 성인들이 들어갈 수 있도록 교실에 더 많은 공간이 있어야 한다. 쌍방향 거울은 가족과 교사들이 훈련을 하면서 눈에 띄지 않는 곳을 관찰할 수 있도록 도와준다. 다음의 논의는 특별한 요구를 가지고 있는 유아들의 통합과 동반되는 독특한 고려사항을 조명하고 있다.

신체적 문제를 가진 아동을 통합할 때, 경사로는 목발이나 휠체어와 같은 기구가 필요한 유아들에게 충분한 공간으로 유용하게 만들어져서 제공되어야 할 것이다. 심지어 특별한 설비를 설치할 장소가 필요하다면 교실 안에 추가적인 공간을 두어야 한다. 재료들은 눈높이에 맞게 있어야 한다. 선반들과 테이블들은 서있기 어렵거나 균형을 잡고 유지하기 어려운 유아들을 충분히 지지해 줄 수 있도록 튼튼해야 한다. 모래와 다른 활동 테이블들은 벽에서 떨어져 있어서 유아들이 모든 부분에서 그것들을 사용할 수 있어야 한다. 반원형 책상이나 모서리 주변의 테두리는 유아들이 재료에 근접할 수 있도록 되어 있어야 하고 또한 바닥에 구르지 않는 항목으로 되어 있어야 한다. 어떤 경우에는 재료들이 바닥에 놓여져 있어야 한다. 목발이 걸리거나 넘어지는 것을 방지하기 위해 미끄럼 방지 바닥 덮개는 필수적이다. 적절한 설비는 모든 유아들의 완

벽한 참여를 가능할 수 있도록 하는 데 필수적일 것이다.

시각장애를 가지고 있는 유아들을 받아들인 기관에서 교실의 배치는 적절히 고정되어 있어야 한다. 어지럽게 늘어져 있는 것은 배제하여 제거해야 한다. 변화가 이루어질 때에는 시각장애를 가지고 있는 유아들이 그런 변화를 적용할 수 있을 때까지 도와주는 것이 중요하다. 한 영역에서 다른 영역까지의 결합은 직선으로 최소한 교차되어 있지 않고 방해물 없이 자유롭게 갈 수 있어야 한다. 문은 완전히 열려 있거나 완전히 닫혀 있어야 한다. 청각이나 촉각적인 단서는 영역들을 나타내기 위해서 사용되어야 한다. 예를 들면, 카펫은 조용한 영역을 표시하고 그리고 과학영역에서 수족관의 거품을 표시한다. 집단의 수는 소집단으로 유지하고 청각의 사용을 최대화시킬 수 있도록 소리 단계를 조절해야 한다. 시끄럽고 무질서한 환경들은 시각장애를 가지고 있는 유아들이 학습을 할 수 있는 기회

를 감소시킨다.

인지, 건강, 의사소통 또는 사회-정서적으로 다양성을 가지고 있는 유아들을 위해서 설비나 기구를 적용할 수 있도록 만드는 것은 일반적으로 필수적인 것은 아니다. 그러나 자폐증을 가지고 있는 유아들은 잘 조직되어 있고 예측할 수 있는 기능을 할 수 있도록 구성되어 있어야 한다(Koegel, Koegel, & Dunlap, 1996). 자기 조절이나 과도한 활동을 하는 경험을 어려워하는 유아들에게는 안전한 감정을 느낄 수 있도록 하기 위해서 양육할 때 좀 더 일관되고 제한을 분명하게 정의하는 것이 필요하다. 그럼에도 불구하고, 가능한 많고 자연스러운 사회적 상호작용의 기회는 통합 프로그램의 성공을 위해서 필수적이다.

1) 영유아를 위한 특별한 고려사항

영유아 환경에 대해 특별한 관심을 갖는 것은 주목할 만한 가치가 있다. 건강과 안전의 주제가 우선적으로 중요하다. 바닥은 충격을 완화할 수 있는 것이 필요하고, 날카로운 모서리와 테이블 모서리들은 안전하게 하고, 높은 영역은 높이가 2피트가 넘어서는 안 된다. 손을 닦고 기저귀를 갈 수 있는 싱크대와 비누는 위생이 잘 지켜질 수 있도록 장려할 수 있는 편리한 위치에 놓여 있어야 한다. 기저귀를 갈 수 있는 영역은 음식을 준비하는 장소와 가까운 곳에 위치해서는 안 된다. 짧은 털로 짜여진 카펫은 청소를 쉽게 할 수 있도록 촉진시켜준다. 보관 장소는 쉽게 이용할 수 있는 곳으로, 혼란스럽고 위험한 통행이 많은 공간은 피해야 한다.

영유아들을 위한 환경은 서로 상호작용하고 움직일 수 있는 것을 장려할 수 있도록 고안되어져야 한다. 움직임은 흥미로운 놀이 영역으로 이끌 수 있도록 카펫이 깔려 있는 층계나 경사로를 제공하여 촉진시킬 수 있다. 터널 또는 특별하게 고안된 상자나 아늑하고 기분 좋은 장소와 같이 기어서 들어갈 수 있는 포근한 장소는 움직이는 것을 동기 유발시켜줄 것이다. 다양한 높이를 사용하는 것 또한 매우 어린 유아들과 그들의 양육자 사이에서 눈 맞춤을 용이하도록 하여 상호작용을 더욱 쉽게 할 수 있도록 격려할 수 있다. 물침대를 바닥에 배치하는 것은 효율적인 움직임을 동기유발시킬 수 있고 동시에 편안함을 느낄 수 있게 해준다. 성인이 흔들어 줄 수 있는 흔들 목마와 흔들의자는 걸음마기 유아들에게 기어오르기 위한 부가적인 것을 제공할 뿐만 아니라 성인이 영아와 걸음마기 유아들과 함께 같이 있어주고, 동화를 읽어주거나 대화를 나눌 수 있는 것을 격려해 준다. '양할아버지와 할머니'는 움직임과 언어화에 필요한 격려를 제공하는 적절한 사람이 되어야 한다.

장애를 가진 영유아들을 위해서 선택할 수 있는 것을 제공하는 것이 필수적이다. 그들은 신체를 움직이는 것을 위해서 자극될 수 있는 것과 다양한 놀잇감이 필요하다. 놀잇감과 다른 흥미로운 물체들은 엷은 색깔로 된 선반에 물체들이 두드러지게 분명하게 진열되어 있어야 한다. 시각적 혼동을 피하기 위해서 한 번에 단지 몇 개의 놀잇감만 눈에 보이도록 해야 한다. 그러나 유아들이 흥미를 계속 가지고 있는 놀잇감은 장에 유지시키거나 높은 선반 위에 놓아서 유아들이 닿을 수 없다고 물체를 요구하면서 이루어지는 유아들의 의사소통적 행동들을 격려할 수 있도록 한다.

교실 방음은 소리의 울림과 주위 소음을 감소시키도록 바닥, 벽, 천장에 흡수력 있는 재료를 사용함으로써 최적이 될 수 있다. (많은 성인들뿐만 아니라) 장애를 가지고 있거나 장애를 가지고 있지 않은 많은 유아들은 마음을 산란하게 하고 무질서한 소음이 있는 환경에서 살고 있다. 이것은 시각장애를 가지고 있는 사람들과 쉽게 과잉 자극되는 사람들의 특히 더 그렇다. 라디오와 녹음기로부터 나는 일정한 배경적 소음은 유아들과 성인들이 크게 이야기를 할 수 있도록 조장하여 교실 안에서 전체적으로 소음의 단계를 증가시킨다. 이것은 또한 스트레스와 피로를 증가시킨다. 물론 이것은 유아들의 풍부함을 방해하지 않는 환경적 소음을 감소시키려는 노력이 중요하다. Torelli와 Durrett(2004)는 움직일 수 있는 유아와 영아를 위한 실제의 일을 토론함으로서 학습을 위한 풍경이 되기 위한 환경들을 고려한다. “그들의 신체적인 환경을 위한 탐구는 교육과정의 많은 부분을 구성하고 있다” (p.11).

특별한 요구를 가지고 있는 유아들을 포함하기 전에 기관장은 물리치료사, 작업치료사, 아동 심리학자, 언어 병리학자, 간호사 그리고 유아특수교육자로 구성된 조언할 수 있는 전문 위원회를 모으는 것이 현명할 것이다. 이 협의회는 물리적 환경과 프로그램을 구성하기 위해서 적용할 수 있도록 하는 추천할 점을 만들어 낼 수 있다. 그림 5.1은 더할 나위 없이 만족스러운 환경적 배치를 설명한다. 도서관 영역이나 블록 영역은 ‘자유선택활동시간’ 에 도움이 될 수 있는 것에 주목하여라.

5. 삽입교수와 학습 기회

교육 장면에서 특별한 요구를 가진 유아들을 포함할 때, 유아교육자들은 흥미뿐만 아니라 폭넓은 능력의 단계에 따라 이루어질 수 있는 활동들을 선택하고 시간표를 계획하여야 한다. 거기에는 유아들의 학습 목표들을 위해서 활동하는 특별한 시간은 없다. 중재는 일상적 활동들과 일상의 과정 속에 삽입되어야 한다 (Horn, Lieber, Li, Snadall, & Schwartz, 2000). **삽입된 학습 기회(embedded learning opportunities)** 또는 그러한 활동은 자연스러운 놀이 행동 밖에서 시작되기 때문에 매우 적절하다. 예를 들면, 유아들은 옷을 입고 벗는 과정을 또래로부터 자연스럽게 학습할 수 있는 탈의실 영역에서 자립기술을 연습할 수 있다. 그런 활동 속에서 각각의 유아들의 독특한 요구에 맞추어 융통성 있게 제공된다.

한 유아에게는 색깔 있는 양말을 신어볼 수 있도록 장려할 수 있는 반면, 다른 유아는 셔츠의 단추를 끼워볼 수 있고, 세 번째 유아는 신발을 신어볼 수 있도록 할 수 있다. 그

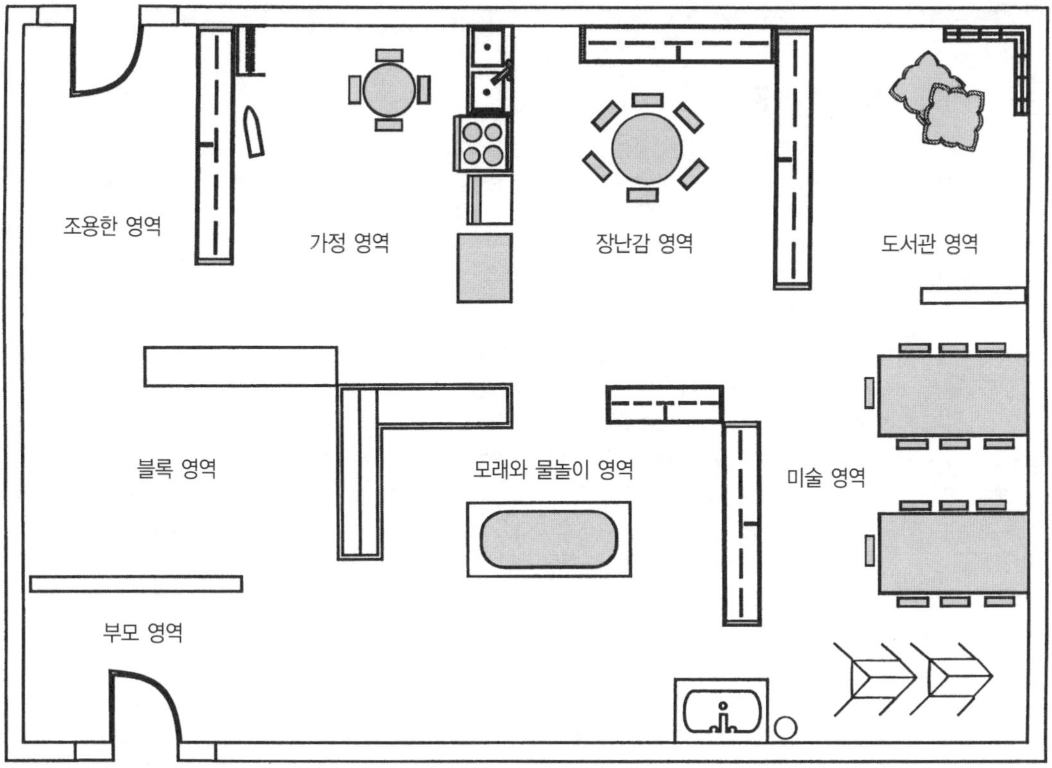

그림 5.1 교실 배치

출처: Reprinted with permission from Teaching Research Division,Western Oregon State College.

활동들을 통해서 모든 유아들은 사회적 상호작용을 할 수 있는 기회를 가진다.

센터중심 활동을 계획할 때는 균형이 핵심이다. 즉 거기에는 대집단 활동, 소집단 활동과 개인별 활동의 균형이 이루어져야 한다. 또한 구조적이고 비구조적인 활동과 적극적이고 수동적인 활동도 균형이 이루어져 활동이 진행되어야 한다. 활동들은 유아들의 발달을 위해서 모든 영역에서 이루어져야 한다. 예시 5.7에서 그 균형을 제시한다.

1) 일과에서 바람직한 일관성을 촉진하기 위한 일정 계획

앞에서 논의한 것처럼, 하루의 일상적 과정들은 유아들이 그들의 환경에서 안심하고 숙달할 수 있는 감각을 인식하고 조절할 수 있도록 도와줄 수 있는 데 필요한 지속성을 제공해야 한다. 하루 일과 순서를 계획하는 것은 하루의 일상적 과정의 설립을 통하여 지속성을 제공하고, 활동들을 규정할 수 있는 수단이 된다. 우리는 교사들이 학교 시간에 좀처럼 즐거운 시간을 가지지 못하는 유아기 유아

예시 5.5

주간 계획과 개별화된 활동

Ms. McLynn은 한 주의 활동들을 미리 사전에 계획한다. 그녀는 유아들이 할 수 있는 것과 즐거워할 수 있는 활동들을 주의 깊게 선택한다. 주제에 관련된 어휘력과 개념들을 강조하고, 대근육 활동과 소근육 활동뿐만 아니라 음악과 동화들을 선택한다. 예를 들면, 만약 주제가 '봄의 소리를 듣고 그것에 대한 학습을 한다'라면 그녀는 봄의 꽃과 새싹들, 식물의 씨앗을 관찰할 수 있도록 산책을 하고, 종이로 꽃을 만드는 것과 같은 소근육 활동을 하게 하고, 봄에 대한 노래를 학습할 수 있도록 계획할 것이다.

각각의 유아들을 위한 많은 목적들은 시간이 지나면서 연습해야 하는 것이 필요하다. Ms. McLynn은 매일매일 이런 기술들을 촉진시키기 위한 재료들과 게임들을 선택한다. 이와 동등한 연습들은 유아들이 같은 기술 단계에서 필수적으로 많은 다양한 것들을 할 수 있는 것을 가능하게 한다. 그들은 지루해 하지 않았고, 심지어 그들이 매일 같은 기술들을 연습할 때조차 그러했다. 필요하여 반복하는 것은 결코 의미 없는 반복 연습이 되지 않았다.

Ms. McLynn은 주간 교육 계획안에 각각의 유아들의 개별적인 목적들을 포함시키는 것이 어렵다는 것을 발견하였다. 그녀는 계획안에 '숫자와 수세기'와 같은 활동들을 목록화하는 것을 선호하였다. 그런 다음에 그녀는 그녀의 체크리스트를 사용하여 각각의 유아들에 맞는 개별화된 수업의 목적을 제공할 수 있도록 하였다. 이것은 그녀가 동시에 한 가지를 그들과 함께 활동한다는 것을 의미하지 않는다. 그녀는 집단 활동을 하는 동안 각각의 유아들에게 개별적 기술의 기초에 따라 적합하게 순응할 수 있는 지도를 하고 질문을 하였다.

Ms. McLynn의 친구 Ms. Watts는 다양한 개별적 요구가 있는 유아들을 가르치는 것에서 경험이 많지 않았다. 그녀는 각각의 유아들에게 분리된 사건들을 사용하는 것을 선호하였다. 그녀는 주간 교육 계획안에 개별적 유아들을 위한 각각의 부분들을 위한 계획에서 구체적인 목적들을 서술하였다. 그런 다음에 매일 오후에는 그녀가 계획한 것의 효율성에 대한 견해를 평가하여 서술하였다. 이런 방법으로 그녀는 그녀의 계획을 평가하고 조정하는 것을 학습하였다. 각각의 이런 교사들은 주제를 선택하고 집단 수업 안에 개별화된 활동들을 계획한다. 어떠한 방식이라도, 그들은 다양한 체계로 조직하고 기록을 지속하여 할 수 있는 것을 선호하였다.

게다가 짜여진 계획 이외의 특별 활동과 전략 그리고 매일 사용하는 언어를 쓰기 위한 공간에서의 학습 전략 역시 중요하다. 특별 활동이나 사용했던 재료들의 고려되지 않음은, 가르침은 각 아이들의 뚜렷한 목적들에 의해 의도될 것이다.

예를 들면 만약 교사가 이번 주는 색을 가르치기 위하여 가르치려는 색을 얼리고 과자를 굽는 것을 선택하면 그 또는 그녀는 "파란색 얼음을 보여주세요." 또는 "노란색 얼음을 사용하세요." 의 몇몇 아이들의 요청에 의해 목표를 확인할 것이다. 교사는 그들이 인지하고 설명할 수 있는 아이들을 위해 (예를 들어, "나에게 보여주세요.") "Joe가 그의 쿠키에 사용한건 무슨 색이지?"라고 물어볼 준비가 되어야 할 것 이다. 물론 이것은 선생님은 이런식으로 계획하기 때문에 개별화를 반영한다. 교사가 동등한 연습을 제공하고 있기 때문에 각 다른 활동을 위해 쓰는 목적은 불필요하게 된다.

들 집단을 위해서 계획을 짜야 한다는 것을 인정한다. 유아들을 가르치는 것은 가장 최고가 요구되는 작업이다. 그것은 발달에 효과가 있고 계획을 효과적인 방법으로 계획하는 데 중요하다. 이것은 잘 조직된 교육과정을 필요로 한다.

계획에 있어서 첫 번째 단계는 다음과 같은 질문들을 할 수 있어야 한다.

1. 하루를 얼마나 다양한 활동들로 나누어야 하는가?
2. 각각의 활동들을 위하여 얼마나 많은 시간을 주어야 할 것인가?
3. 일상의 과정과 활동들은 하루 중에 반복될 것(예를 들면, 유아들과 함께 인사나누기, 모임 시간, 화장실의 일상생활, 놀이시간과 바깥놀이 시간)인가?

4. 활동들에 초점을 맞추어서 제공할 때 사용할 수 있는 주제들은 어떤 것이 있는가?
5. 특별한 수업을 위해서 소집단을 구성할 것인가? 대집단으로 구성할 것인가?
6. 어떤 활동들이 시간이 지날수록 점점 더 복잡한 기술을 발달시킬 수 있도록 빈번하게 반복되어야 할 것인가?
7. 누가 이런 활동 계획을 따라야 할 것인가?

이 일곱 가지의 질문에 대한 대답에 의해서 교실에서 적절한 체계를 이루도록 할 것이다. 첫째, 일곱 가지의 질문을 고려한다. 당신의 활동 계획을 누가 해석하고 따라야 할 것인가? 보조교사들과 자원 봉사자들은 계획대로 하는 동안 이루어져야 할 것들과 그 이유를 이해해야 할 필요가 있다. 당신은 일곱 가지의 질문들에 대한 답을 계속적으로 고려해야 한다. Ms. McLynn의 독특한 계획 고찰은 예시 5.5에서 논의하고 있다.

다음에는 하루를 나누어서 각각의 활동에 소요할 수 있는 시간의 양(질문 1과 2)을 고려해야 한다. '유아들과 개별적으로 인사 나누기' 또는 '화장실 욕구에 대하여 돌보아 주기' 또는 심지어 '정리 시간 노래 부르기'와 같은 반복적인 견해와 함께 매주 무미건조한 것으로 공간을 채우는 것을 피하기 위해서 하루 일과를 기록하는 것은 많은 주를 위해 사용할 수 있어서 유용하다. 매일 반복되는 활동들을 포함시켜야 한다. 충분히 자세하게 하는 것을 포함하여 대체할 수 있는 활동들도 각 시간 동안 기대할 수 있는 분명한 상황을 가질 수 있도록 해야 한다. 예시 5.6과 예시 5.7은 시간 사용 계획을 보여주는 것이다.

그러나 소근육 운동 계획을 위한 인형 옷 입히기, 다른 색깔의 장난감 분류하기, 종이 선택하기를 포함하는 반면에 몇몇 활동은 요리하기가 포함될 것이다. 가르치는 동안 교사는 개인별 수행을 계속 사정하게 된다. 교사는 선택한 활동에서 창의적이 될 수 있지만 각각을 상세하게 기술할 필요는 없다.

6. 결과나 목표 성취를 위한 다양한 활동의 제공

어떤 하나의 목적이나 결과를 성취하기 위해서 적절한 활동들을 선택하는 것은 교육자들이 그들의 상상력과 창의성에 의해 제한된다. 예를 들면, 다음의 목적들은 '신체의 부분의 명칭을 학습하기 위한' 목적들을 성취하기 위해서 선택될 수 있다.

1) 최종 목표

교사가 어떤 신체의 부분(눈, 귀, 코, 입, 팔, 손, 다리)을 지적하면서 "나에게 이것을 무엇이라고 부르는지 말해 주렴."이라고 말했을 때, Danny는 80%의 명칭을 정확하게 말할 것이다. 각각의 신체 부위는 인형, 그 유아, 다른 유아를 통하여 할 수 있을 것이다.

예시 5.6

일일 계획의 예: 학령전기 학급

아침과 오후 수업 모두를 위한 시간을 사용한 계획과 일상생활의 설명

8:30 A.M. *인사 나누기.* 유아들은 그들이 도착하면서 개별적으로 인사를 한다. 이름을 불리고 환영을 받으면서 눈 맞춤을 하고 "안녕하세요"나 "좋은 아침이에요"라는 인사와 미소를 사용하여 반응하는 것을 장려한다. 그들의 코트를 걸고 그들의 특별한 활동을 준비하기 위해서 필요한 것만큼만 그들을 도와주어라. 그들이 가정에서 메모를 쓴 노트를 가지고 왔는지를 물어보아라. 몇몇의 유아들(필요한 유아들)은 화장실에 갈 수 있도록 한다.

유아들과 함께 그들이 하는 모든 것들에 대하여 적극적으로 의사소통을 하는 것은 그들의 우선적인 요구가 매일매일의 경험에 대한 사회적, 언어적 그리고 인지적 기술들을 발달시키는 것이기 때문에 반드시 필요하다. 그들이 거울을 통하여 깨끗하고 학교 갈 준비를 한 모습을 볼 수 있도록 격려하여라. 처음 30분 동안 유아들은 그들이 선택한 소집단이나 혼자서 놀이하는 모습을 보여줄 것이다. 이런 개방된 교실은 유아들이 '수업', 게임 또는 놀잇감을 선택할 수 있기 때문에 중요한 수업 시간이다. 교사, 보조 교사 그리고 부모들은 그들과 함께 놀이를 하거나 활동을 할 수 있지만, 무엇을 하고 싶은 지는 유아들이 직접 선택할 수 있도록 해야 한다. 유아들이 주의 깊게 선택하고 활동을 완벽하게 하며, 놀잇감과 게임 도구들을 선반에 정리할 수 있도록 격려하여라. 그들은 선택한 것을 공유할 필요가 없고 만약 그들이 원한다면 혼자서 놀이 할 수도 있을 것이다. 비록 처음 한 부분일 수 있을 지라도, 유아들과 함께 그들이 하는 활동에 대하여 의사소통을 하는 것을 즐기는 것은 중요하다. 상호작용적인 의사소통(성인들이 경청해 주는 것을 포함한 것)은 언어와 말하기 기술을 가르치기 위한 가장 최적의 방법이다.

강조하여야 할 개념들은 주간 주제들에 대한 인쇄물은 교사의 책상 뒤에 개념 게시판에 목록화 되어야 한다. 개념 게시판의 목적은 하루를 통하여 교실 안에서 적절한 방법으로 지속적으로 이런 단어들을 사용할 수 있도록 하는 "prompt sheet(조언을 해 줄 수 있는 종이)"를 제공하기 위한 것이다. 유아들을 위하여 이런 개념들을 정확하게 사용할 수 있는 기회를 계획하라. 자발성은 중요하다. 반복적으로 사용하는 것은 필수 조건이다.

8:45 A.M *정리시간.* 유아들은 놀이시간의 끝을 알리는 벨 소리를 듣는다. '정리' 노래를 부르자. 정리하는 것에 모두가 참여하여 게시판이 잘 보이는 곳 앞에 반원으로 의자를 놓는다. 그들의 작업을 완벽하게 하고 온 첫 번째 유아들에게 칭찬으로 보상하여라.

모임시간. 때때로 유아들은 다양하게 허락할 수 있게 하여 바닥에 있는 그들 자신만의 카펫에 앉거나 나무 아래에 앉을 수 있다. 이런 시간의 목적은 유아들에게 대집단에 그들 스스로 참여하고, 경청하고, 조절할 수 있는 연습을 할 수 있게 한다. 이것을 시간을 고려한다. 'Dailies'는 날씨에 대한 관찰, 주 중의 날짜, 달력, 학습 주제, 결석한 유아들을 인식하고 '보여주고 말하는' 것을 포함한다. 이런 활동들은 유아들이 사회적으로 인식하게 되도록 도와줄 뿐만 아니라 그들의 언어적 표현, 기억과 명백한 하루일과에 대한 지식을 발달시킬 수 있도록 도와준다.

9:00 A.M *소집단 활동 시간.* 유아들은 교사가 미리 준비해 놓은 활동들 중에서 하고 싶은 활동을 선택한다. 이런 활동들 속에는 소근육 활동, 언어활동, 문제-해결하기 활동, 요리활동과 같이 소근육 기술, 언어와 개념들을 확립시킬 수 있는 결합 활동들이 주로 포함한다. 특별한 요구가 필요한 유아들을 위해서는 정리하기, 배변 훈련하기와 손 씻기와 같은 행동들에 목적을 두고 발달시킬 수 있는 한정된 선택을 할 수 있다.

9:30 A.M *간식시간.* 영양가가 골고루 들어 있는 다양한 음식을 제공하여 색깔, 질감, 맛, 모양과 같은 다양성을 이해하고 의사소통 능력을 장려할 수 있도록 한다. 유아들이 다 먹으면 칫솔로 이를 닦고 선반에서 동화책을 선택하여 본다.

9:50 A.M	*동화 듣는 시간.* 때때로 모든 유아들은 그들 스스로 '읽고' 싶어 한다. 다른 시간에 몇몇의 유아들을 성인이 이야기를 들려주는 것을 경청하는 동안 스스로 읽는다. 성인들의 수가 충분하다면, 몇 개의 이야기들을 소집단으로 들려줄 수 있다.
10:10 A.M	*율동(동적활동)시간.* 날씨에 따라 동적활동은 교실, 체육관의 실내나 바깥에서 이루어질 수 있다. 음악은 그런 활동들에 수반되어야 한다. 물리 치료사가 몇몇 유아들과 함께 활동할 수 있다.
10:30 A.M	*음악과 미술시간.* 음악과 손가락을 이용해서 하는 놀이 활동들은 집단 범위로 이루어질 수 있다. 미술활동들은 주로 소집단으로 이루어진다. 때때로 부모들은 이 시간에 특별한 흥미를 가진 유아들과 함께 공유할 수 있다. 가능한 한 선택을 할 수 있도록 한다.
10:50 A.M	*하원 준비 시간.* 유아들은 정리를 하고 원형으로 모인다. 한 팀의 유아들이 하루에 대한 평가를 하고 헤어지는 인사 노래를 부르는 동안 다른 팀의 유아들은 한꺼번에 자신의 코트를 입는다.
11:00 A.M	*하원.* 유아들은 부모들이나 버스를 타고 하원한다.

주의: 시간들은 어림잡아 제안하였다. 유아들은 급하게 행동하게 하면 안 된다. 융통성을 가지고 하는 것은 '가르칠 수 있는 순간'을 포착했을 때 필수적이고, 현장학습을 나가는 것과 같은 특별한 사건을 조절할 때 필수적이다.

예시 5.7

일일 계획의 예: 영유아 센터

B. Ammons	D.Tison
Teachers (교사)	***Physical Therapist (물리치료사)***
A. McKail/C.Rodriquez	M.Briggs
Assistants (보조교사)	***Speech Therapist (언어치료사)***

DATE: Sept 20

시간	하루 활동	주의해야 할 점
9:00	1. 도착	1. 교직원들은 버스에서 인사를 하고 유아들과 부모들이 교실에 들어올 때 조력해 준다.
9:25	2. 촉진할 수 있는 놀이 • 퍼즐 • 블록 • 소꿉놀이 • 거울 활동: 낡은 모자 • 조작할 수 있는 놀잇감 • 개별적인 유아들이나 소집단이	2. • 선택영역: 바닥, 책상, 교실 영역 • 개개 아동이나 소집단을 지원하거나 참여 촉진 • 목표: 언어, 사회화, 소근육 운동과 대근육 운동
9:25	3. 전환 활동 • 놀이 영역을 떠날 수 있는 시간 허락하기	3. • 놀이가 끝나는 신호나 단서 주기

	• 원형으로 의자 가져오기 • 도움이 필요한 유아들의 상황 확인하여 도와주기	
9:30	4. 대집단 활동 A. 음악(기타와 함께) "Good Morning"/"Buenos Dias" "Where Oh Where?" (각 유아들의 이름 부르며 노래하기) B. 활동 "상자 안에 있는 것은 무엇일까?(풍선을 예쁜 상자에 숨겨 놓는다) 풍선을 불어서 차례차례 돌리기	4. A. • 부모들은 유아들과 함께 앉을 수 있도록 장려할 수 있다. B. • 목적: 언어 개념, 사회적 상호작용, 관심, 운동 활동, 문제 해결하기
9:45	5. 실외놀이 영역: 자아 주도적인 놀이 촉진한다. • 모래상자 • 물놀이 • 세발 자전거, 자동차, 수레들 • 운동장 기구(미끄럼틀, 사다리, 그네 등)	5. • 목적: 대근육 운동, 사회적 상호작용(장애를 가지고 있는 유아들과 장애를 가지고 있지 않은 유아들이 놀잇감과 게임 도구를 가지고 상호작용 하는 것을 격려한다). 동적활동과 공간을 통하여 탐색한다. • 부모들이 참여할 수 있도록 장려한다.
10:15	6. 소집단 활동(각 집단별 4-5명의 유아들) • 푸딩 만들기(맛 선택하기, 열려있는 상자, 혼합하기, 맛보기)	6. 목적: 언어개념, 선택하기, 맛보기, 사회적 상호작용, 소근육 운동
10:40	7. 정리하기 화장실 가기	7. 이 시간은 유아들이 정리하고 손과 접시를 닦을 수 있도록 도와줄 수 있는 시간이다. 정리가 진행되면서 2-3명의 유아들은 어린이용 변기가 있는 화장실에 간다. 이것은 자조 기술, 언어 등을 가르치기 위한 중요한 시간이다.
11:00	8. 점심시간 정리하기	8. 훌륭한 수업 기회. • 자조, 언어, 사회화를 장려한다. • 상황과 급식 기술들(필요한 것으로써)에 관심을 갖는다.
11:45	9. 끝마치기: 대집단(3개 학급) 음악/활동	9. 부모, 유아들, 교직원들이 함께 음악, 리듬, 운율과 휴식에 참여한다. 이중 언어의 노래와 게임을 한다.
12:00	10. 하원	10. 교직원들은 부모와 유아들이 버스에 탈 수 있도록 조력한다.

하루 일과 프로그램에 기초가 되는 중요한 구성요소

1. 물리치료사와 언어치료사가 아침 동안 교실 안에서 활동한다.
2. 부모들은 교실에 참여하거나 한쪽 면에는 거울로 된 곳에서 관찰하거나 부모 방에서 다른 부모들과 함께 정보를 공유한다.
3. 아침 활동을 통하여 이중 언어로 된 상호작용이 이루어진다.
   • 스페인어/영어 • 중국어/영어
4. 각각의 유아들은 하루 일과 활동 안에서 개별적 목적을 가진다.
5. 전환시간에는 신호를 준다.

2) 개별 목표

1. 교사가 신체 부위를 지적하면서 "이것은 ______ 이다."라고 말했을 때, Danny는 교사의 언어 모델을 모방할 것이다.
2. 교사가 신체 부위를 지적하면서 "이것은 ______ 이니?"라고 말했을 때, Danny는 그 부분의 이름을 말할 것이다.
3. 교사가 "나에게 너의 ______ 를 보여 주렴."이라고 말했을 때, Danny는 그 자신의 신체 부위에서 명명한 곳을 지적할 것이다.
4. 교사가 자기 자신, 다른 유아들의 것, 인형의 특징들을 지적하면서 "이것은 무엇이니?"라고 물어보았을 때, Danny는 그 특성들을 정확하게 명명 할 것이다.

다음에 나와 있는 활동의 목록은 단순히 설명하고자 하는 목적들과 동등한 실제를 제공하기 위해서 사용될 것이다.

1. 인형 목욕시키기
2. 인형 옷 입히기
3. 손과 얼굴 씻기
4. 퍼즐(신체 부위가 포함된) 맞추기
5. 칠판에 그리기
6. 종이에 그리기
7. 호박초롱 만들기
8. 구조화된 종이로 만들어진 테디 베어의 특징들을 풀로 붙이기
9. 노래 부르기("머리 어깨 무릎 발"과 같은 율동을 함께 한다.)
10. 생강 빵으로 사람 만들기
11. 이야기하며 유아들이 행동을 할 수 있도록 격려하기
12. 인형극하기

다음의 대화를 묘사하면서 이런 활동들은 유아들이 함께 하는 활동에 참여하면서 다양한 도중의 행동들을 할 수 있도록 허락할 것이다.

3) 활동: 인형 목욕시키기

준비물: 앞치마, 따뜻한 물, 비누, 갈아입힐 옷, 수건, 인형 욕조, 더러운 인형

교사: Sally, 우리가 인형을 씻는 것을 도와줄 수 있겠니? 인형이 너무 더럽구나. 이 손과 다리 좀 봐.(지적한다.)

Sally: 제가 물과 비누를 가지고 올께요.

Danny: Wa-er(water).

교사: Danny 수건 좀 가지고 오렴.

Vicky: 어디에 있어요? (인형을 꽉 잡아챈다.)

교사: Vicky, 조심해서 인형을 잡으렴. 친절하게. (팔을 지적한다.) 봐, 팔이 모두 젖었구나.

Danny: Dere no(nose)(지적한다.)

교사: 맞아 Danny, 거기가 인형의 코야.

Danny: Wha da?(What' s that?)

교사: 그것은 인형의 귀야(지적하면서). 너는 인형의 다른 귀를 찾을 수 있겠니?

Danny: Dere(There)

교사: 맞아!

교사들은 활동에 필요한 기대할 수 있는

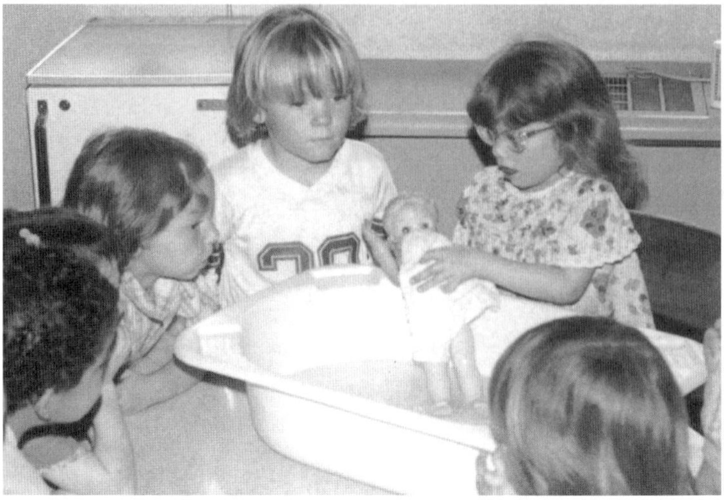

수행 능력의 단계들을 적용하여 활동들을 개별화하는데 목표를 이용한다.

4) 각각의 활동에 대한 효율성 평가하기

활동들이 유용성을 가지고 있다는 것은 크게 유아들의 마음에 와 닿는지에 의해 결정된다. 덧붙이자면, 그런 활동들은 보다 작은 차이를 반복하는 것을 통하여 제공되어야 한다는 것이다. (유아들은 의미있는 반복을 즐긴다.) 각 활동들은 집단에서 가장 능력이 부족한 아동에게 도전은 되지만 압도되지는 않도록 하는 방법으로 기술을 개발하도록 선택되어야 한다. 참여할 수 있도록 하는 것은 유아들과 함께 효율적으로 학습할 수 있는 선행적 필수조건이다. '단순히 보고만 있는 것' 은 몇몇의 매우 부끄러워하는 유아들이 시작할 수 있는 유용한 방법이다. 이런 유아에게 친절하게 격려하는 것은 완전히 참여할 수 있도록 도와줄 수 있게 한다.

5) 한 가지 이상의 목적을 성취하기 위해 활동 사용하기

Squires, Bricker(2006), Bricker(1998)의 초기 활동에 기초하여 프로그램을 계획하기 위해서는 **활동 중심**(activity focus)을 사용하도록 제안하였다. 이 접근법은 프로그램이 적절하고 동기를 유발할 수 있는 활동 중심으로 이루어져야 한다는 것을 제안한다.

대부분의 활동들은 동시에 몇 개의 목적들을 성취할 수 있도록 사용될 수 있다. 예를 들면, 2, 3단계 방향을 따라 학습하는 것은 중요한 기술이다. 수 세기와 색깔과 다른 개념들을 학습하는 것은 모든 유아 교육 과정 안에 포함되는 목적이다.

인형을 목욕시키면서, 교사들은 "파란 수건을 가져오렴. 그것은 싱크대 아래에 있단다."라고 말할 수 있다(색깔과 아래를 강조하면서). 그녀는 "양말을 벗으렴. 봐봐, 양말 하나는 발 위에 놓고 다른 것은 바닥에 놓으렴."이라고 말할 수 있다(일대일 대응, 발, 위를 강조하면서).

물론, 대부분의 유치원 교사들은 이런 많은 것들을 의식적으로 많이 계획하지 않고 자연스럽게 한다. 프로그램에 특별한 요구를 가지고 있는 유아들을 포함할 때, 이런 특별한 기술에 대한 중요한 강조점을 기회로 남겨 놓지 않는다. 이런 유아들은 명백한 예들, 의미 있는 반복과 관련된 다양한 경험을 필요로 한다. 하나의 경험은 불충분하다. 하나의 경험으로부터 다음의 것으로 일반화할 수 있는 능력은 지속적으로 교육하여야 한다.

7. 특별한 요구를 가진 유아들의 성공적인 통합을 위한 방법 준비

다음에서 제안하는 것들은 교사들이 특별한 요구를 가지고 있는 유아들을 포함하여 프로그램의 발달을 성공적으로 하기 위해 중심적 역할을 한다는 신념에 기초하였다. 교실의 분위기는 교사들의 태도와 행동을 통해 구성되므로 교사들은 통합 프로그램을 시작하기 전에 그들 자신의 두려움과 불안함을 인정하는 용기를 북돋아 주어야 한다. 그것은 모든 유아들이 그들과 다르다고 하기보다는 다른 사람들과 좀 더 비슷하다는 것을 기억할 수 있도록 도움을 준다. 유아들의 발달 단계는 교사들이 정상에서 벗어난 행동을 단순히 순수한 표준으로 인식할 수 있도록 가능하게 만들기 때문에 각각 특별한 장애에 대하여 학습하는 것은 많은 두려움을 완화시켜 해결할 수 있고 교사가 무력함을 덜 느끼게 할 수 있을 것이다. 준비하고 계획하는 것은 유아들, 가족과 교직원들을 위해 전환을 순조롭게 할 수 있는 장기적인 방법으로 운영될 것이다. 다음의 제안점들은 일반적으로 각각의 구체적인 상황에 비추어서 고려될 수 있다.

1. *프로그램에 유아들을 포함시키기 전에 그들의 부모들과 함께 모임을 가진다.* 중요한 부모의 지원을 찾는 것 외에 특별한 흥미, 특별한 문제점과 해결 방법들을 탐구할 수 있다. 불쾌한 시간들은 예방조치를 통하여 피할 수 있을 것이다. 몇몇 교사들은 다른 유아들이 집에 간 후나 하루 동안 짧은 시간 동안 손님으로서 교실에 방문할 수 있도록 하여 도움을 줄 수 있는 것을 찾는다. 입학하여 정규 수업을 받기 전에 그런 방문을 하도록 하는 것은 많은 유아들의 두려움을 줄여준다.

2. *앞에서 설명한 것처럼 간단하게 방문한 후 아동이 천천히 적응하도록 한다.* 처음에는 부모가 같이 출석해야 할 필요가 있을 수 있다. 특별한 요구를 가지고 있는 유아를 오직 한 명만 받아들이는 것은 필요한 만큼 개별적인 관심을 줄 수 있는 기회를 가질 수 있을 것이다.

3. *이미 입학한 유아들은 사전에 준비한다.* 유아들의 질문에 정직하게 대답한다. 장애가 없

는 유아들의 두려움과 관심을 다루고 이해하는 것은 매우 중요하다.

4. *유아들의 질문을 정직하게 다룬다.* 단순하고, 진실한 답을 해 주어라. 유아들을 소개하는 것이나 그들의 차이점을 소개하는 것에 대하여 큰 성과를 거두는 것을 피한다. 유아들은 다양하기보다는 좀 더 비슷하다는 것을 기억하여라. 유아들이 "왜 Susie는 말하는 게 그렇게 웃겨요?" 라고 질문을 하면 "Susie는 수술을 해서 너희들처럼 말하는 것을 학습할 수 있게 되었단다. 아마도 너는 오늘 인형으로 놀이를 하면서 Susie가 새로운 단어를 해볼 수 있도록 도와줄 수 있을 거야." 라고 대답할 수 있다.

5. *부모들의 두려움과 걱정을 다룬다.* 일반적으로 유아들의 부모들은 통합에 호의를 가지는 경향이 있다. 그러나 그들은 종종 유아들이 통합 프로그램에 잘 어울릴 수 있을지에 대한 걱정을 하고 교직원 훈련이 적당한지에 대한 의문을 가질 수 있을 것이다. 장애를 가지고 있는 유아들의 부모들도 또한 통합적 환경에서 그들의 유아들이 사회적으로 거부를 당하게 될 수 있는 것에 대한 걱정을 표현한다. 교직원들은 부모들의 두려움과 걱정을 다루는 것에 대한 적절히 훈련을 받아야 한다. 장애를 가지지 않은 유아들의 부모들과 장애를 가진 유아들의 부모들 사이의 모임을 촉진시키는 것은 유용할 수 있다. 부모들도 명확하고, 관련이 있으며, 읽기 쉬운 자료들로부터의 정보를 바르게 판단하고 받아들여서 그들의 걱정과 의문에 대처할 수 있다.

6. *모든 부모들이 지원받고 용기를 갖도록 한다.* 그들은 그것이 필요할 것이다. 그들은 특히 그들의 유아들의 발달과정에 대한 정보에 근거하기를 원한다. 가능한 한 많이 그들을 참여 시킬 수 있도록 격려하고 확신을 가진다.

7. *긍정적이 된다.* 아동에게서 보고 싶은 태도와 행동들에 초점을 맞춘다. 당신이 보기를 원하는 것이 표현되어 있다.

8. *현실적이 된다.* 너무 많거나 너무 적은 기대를 하지 않는다. 천천히 진행한다. 유아들이 잘 알 수 있도록 하여라. 발달적으로 유아들의 장점과 약점을 충분히 이해하여야 실제적으로 될 수 있다.

9. *구조적으로 되는 것을 두려워하지 않는다.* 유아들은 행동에 대한 분명하고, 변함없는 지침들이 필요하다. 구체적인 안전 규칙을 확인하여라. 유아들에게 첫 날 안전하고 깨끗한 것과 관련된 행동을 할 수 있는 것에 대해 이야기 해주고 보여주어라.

10. *가능할 때마다 유아들과 함께 할 수 있는 교실 행동에 대한 지침을 개발한다.* 단순하고 적은 규칙들을 유지하여라. 특별한 요구를 가지고 있는 유아들이 모든 규칙을 즉각적으로 이해하고 따를 수 있을 것으로 기대하지 않는다. 다른 유아들에게 새로운 유아들이 행동할 수 있는 방법을 보여주면서 학습할 수 있도록

도와주어야 한다고 이야기해 준다.

11. *특별한 요구를 가지고 있는 유아들의 장점을 강조한다.* 이런 것들은 실제로 필요하다. 예를 들면, 한 유아가 컴퓨터로 처리하는 의사소통 장치를 조작할 수 있는 방법을 알고 있거나 예술적으로 훌륭하고 자세하게 그림을 그릴 수 있는 장치를 조작하는 방법을 알 수 있다(예를 들면, 자폐증을 가지고 있는 유아). 각각의 이정표에서 성취될 수 있는 것에 따라 열정적이고 즐겁게 표현할 수 있도록 한다. 과장하지는 않는다.

12. *장애를 가지고 있는 유아들이 항상 도움을 받을 수 없다는 것을 인식하도록 한다.* 그들이 다른 사람들을 도와줄 수 있는 기회들을 제공한다.

13. *유아들이 아닌 환경이 변화할 수 있는 것을 찾는다.* 모든 활동들에 참여할 수 있도록 지원할 수 있는 전략들을 창의적으로 계획한다.

14. *또래와의 사회적 상호작용을 촉진시킬 수 있도록 교직원들을 교육시킨다.* 장애를 가지고 있는 유아들과 장애를 가지고 있지 않은 유아들 사이의 사회적 상호작용이 자동적으로 일어나지 않는다면, 교직원들은 이런 상호작용을 촉진시킬 수 있도록 교육되어야 한다. 이 장의 마지막에 있는 자문과 교육과정 지침과 같은 자료들이 유용할 것이다. 모든 유아들을 위한 '특별한 또래' 를 배치하여 주는 것은 장애를 가진 유아들이 사회적으로 포함될 수 있도록 하는 매우 효율적인 기술이다. 대표적인 단짝 또래를 교육하여서 그들이 장애를 가진 유아들과 함께 의사소통을 할 수 있는 방법—특별한 유아들의 신호를 읽을 수 있는 방법—을 이해할 수 있도록 해야 할 것이다. 전형적인 또래들은 장애를 가진 유아들과 함께 시작하고 반응하는 데 필요한 전략들을 정의해 줄 수 있다. 소집단으로 '협력 학습하기' 활동과 신체적 근접성과 같은 다른 유용한 전략들은 6장에서 논의될 것이다.

15. *자신이나 상황에 너무 많은 기대를 하지 않는다.* 발달에는 시간이 걸린다.

8. 특별한 요구를 지닌 유아들을 위한 교육과정 수정을 위한 고려사항

장애아동들은 먼저 아동이라는 것을 기억해야 한다. 여기에서 주어지는 제안점들은 가능한 한 가장 좋은 아동기를 경험하도록 아동에게 기회를 제공하여 특별한 요구를 충족시키는 교사, 부모, 기타 보호자들에게 도움이 되도록 설계되었다. 이런 생각들은 각각의 유아들의 독특한 요구에 맞도록 수용되고, 거부되거나, 수정되어야 한다는 것을 제안한다. 물론, 가능한 많이 고려할 점 중에서 오직 몇 가지만이 여기에 포함되어 있다. 다른 수많은 것들은 이 책을 통하여 적절한 단락에서 소개한다. 우리는 그들이 다른 많은 성공적 적응 발달을 자극하면서 제공할 것이다.

1) 건강장애

일반적으로 만성적인 건강상 문제들은 알레르기, 빈혈, 천식, 암, 섬유근종, 소아 당뇨, 간질, 심장 결핍, 혈우병, 뇌하수체 문제, 소아 류머티스 관절염, 근육 영양실조, 적혈구 세포병을 포함한다. 이런 각각의 문제점들을 여기에서 자세하게 설명하지는 않는다. 그것들 중 다수는 어휘적으로 정의된다. 좀 더 자세한 내용은 의학 또는 간호학 참고서적을 조회한다. 여기에서 제안하는 것은 그것의 구체적인 성질과는 관계없이 만성적 건강장애를 가진 거의 대부분의 유아들에게 적절하다.

양육자들은 우선적으로 장애에 대한 양육에서의 협조를 보장해야 할 뿐만 아니라 일반적 건강을 유지하는 것을 조력할 수 있도록 건강을 돌보아주는 제공자들과 밀접하게 활동하여야 한다. 건강장애를 가지고 있는 유아들은 일반적인 유아들보다 감기, 귀 전염병, 설사와 같은 일반적인 병에 더 잘 걸린다는 것을 기억하여라. 만성적 건강장애를 가진 유아들은 대부분의 다른 장애를 가진 상태의 유아들보다 학교에 좀 더 많이 결석하고, 가정에서 건강을 회복하기 위해서 좀 더 많은 시간을 보내며, 좀 더 빈번하게 병원에 입원해서 치료를 받는다. 반복되는 분리와 마음의 상처는 정서적 그리고 신체적 스트레스를 받게 된다.

좀 더 많은 책임감이 부모로 하여금 유아들의 건강을 지속적으로 점검하고, 유아들을 지정된 곳에 데려다 주고 데리고 오는 운전사로서 그리고 의료적인 일상을 걱정하고 감당하고, 때때로 하루 치료를 수행하게 한다. 게다가 몇몇 만성적 건강장애는 삶을 위협한다. 양육자들은 일반적인 것보다 좀 더 민감하고 지지적이어야 한다.

(1) 건강장애 유아들과 활동하기 위한 구체적 전략

1. 프로그램에서 유아들이 경험할 수 있는 건강상 문제점들에 대한 것들을 가능한 한 많이 발견한다. 폭넓게 읽고 건강 보호기관을 개별적으로 방문한다. 궁금한 것을 질문하고 답변들을 기억한다. 다이어트, 약물치료, 의학의 가능한 효과, 신체적 제한과 만성적인 병이 급성적으로 되는 것을 나타내는 행동들의 징후에 주의를 기울여야 한다.
2. 유아들의 프로그램을 계획할 때 유아들의 부모와 일차적인 치료의사와 상담한다. 졸도와 인슐린 반응과 같은 건강상 위급한 상태를 야기할 수 있는 것을 인식해야 한다. 양육자들은 그런 건강상 관련된 위급한 상태를 다루기 위하여 완벽하게 준비하여야 한다. 그들은 살펴보아 경고하는 신호가 되는 것, 조절할 수 있는 것이 적절한 것인지와 응급처치를 하기 위해서 따라야 하는 방법을 알아야 한다.
3. 교실에서 위급한 사건의 가능성에 대하여 보조교사와 다른 유아들을 준비시켜서 어느 누구도 혼란스럽게 하지 않고 모든 사람들이 적절하게 돌보는 것을 받아들일 수 있어야 한다. 아마도 교육과정 단원들은 소방

에 대한 보호, 지진 진행 과정 등을 포함한 비상사태를 다룰 수 있다. 그런 다음에 건강장애를 가지고 있는 유아들도 다르게 느끼지 않게 만든다.

4. 일반적 교실 활동들의 목록을 준비하여라. 부모들과 내과 의사들에게 물어보아서 피해야 하는 활동이나 적용할 수 있도록 제안할 수 있는 활동들을 주목하여 유아들이 가능한 완전하게 참여할 수 있도록 하여야 한다.
5. 유아들이 가능한 한 독립적으로 할 수 있도록 장려한다.
6. 몇몇 유아들은 빨리 피곤함을 느낄 수 있다. 교실 일과를 약한 유아들도 따를 수 있는 활발한 활동들로 정하여야 한다. 만약 신체적이나 정서적인 위험성이 분명하지 않다면 유아들을 제한하지 않는다.
7. 유아들이 그들의 건강상 문제점들이 줄 수 있는 영향에 대하여 이해할 수 있도록 도와주어야 한다. 그들이 그들의 두려움과 불안감을 가지고 행동하고(놀이하고) 토의할 수 있도록 개방하고 장려한다. 그들이 먹을 수 있거나 먹을 수 없는 음식들이 무엇인지와 그들이 피해야 하는 활동이 무엇인지 등을 이해할 수 있는 유아들은 그들 스스로 의사를 결정하기 시작하여 그들의 삶 속에서 좀 더 많이 조절할 수 있음을 느끼게 한다.
8. 장기간 동안 결석하여야 하는 유아들과 지속적으로 접촉할 수 있도록 하는 계획을 개발한다. 전화, 카드, 테이프에 녹음하는 것은 유아들이 고립된 것에 대해 대처할 수 있도록 도와줄 수 있는 장기적인 방법이 될 수 있다.

2) 청각장애

청각장애는 가벼운 정도(듣는 것을 어려워하는 것)부터 심한 정도(농, deaf)까지 그 범위가 있다. 전문가들(청력학자, 이과 의사, 언어병리학자)은 양육자들에게 의사소통 기술들의 발달이 장애 상태에 영향을 받을 수 있는 정도를 이해할 수 있도록 조력할 수 있다. 부모들은 유아들이 가지고 있는 청력 가능성이 얼마나 되는가와 좀 더 심한 장애를 가지고 있는 유아들에게 사용하여 가르칠 수 있는 방법들과 의사소통 체계(구어 대 총체적 의사소통)를 결정하기 위해서 상담을 받아야 한다. 초기의 발달 이정표는 청각장애 유아들의 경우에도 유사할 것이다. 청각장애의 영향은 대부분 언어 발달에서 명백하다. 인지적 능력은 언어 이해력과 언어 사용에 의존한 수행능력의 범위에서만 방해를 받는다. 청각장애를 가지고 있는 유아들은 이해력의 부족과 사회화에 따른 문제점으로 나오는 결과 때문에 부적절한 행동을 나타낼 것이다.

(1) 청각장애 유아들과 활동하기 위한 구체적 전략

1. 유아들을 교사, 활동 또는 다른 유아들을 잘 볼 수 있는 가까운 곳에 앉힌다.
2. 유아들이 들을 수 있도록 하기 위해서 말하는 사람이 가깝게 있어야 하는지를 부모에

게 물어보거나 발견할 수 있도록 시도한다.
3. 유아들에게 잔존 청력을 사용할 수 있는 경험들을 제공한다.
4. 과장된 입술의 움직임 없이 일반적인 속도와 음량으로 말한다.
5. 유아들 뒤에서 말하는 것을 피하고 당신 뒤에 밝은 빛을 두는 것을 피한다. 말할 때 무심코 당신의 입을 가리지 않는다. 입술의 움직임이 보이는 것이 방해되는 수염과 콧수염을 인식한다. 립스틱은 시각적으로 잘 보이게 한다.
6. 일반적인 어휘와 문장 구조를 사용한다. 만약 그 유아가 이해하지 못한다면 반복하고, 고쳐 말하고, 지적하고, 설명할 수 있는 것을 준비한다.
7. 유아들의 관심을 끌 때 그들의 이름을 사용하는 것이 확실하다. 유아들이 당신의 얼굴에 관심을 가지도록 가르치고 그 유아가 명백하게 관심을 가질 때까지 어떤 지시도 하지 않는다.
8. 유아들을 가르칠 때, 시각적이고 촉각적인 보조 자료를 사용한다. 가능할 때마다 바라는 행동을 모델링한다.
9. 보청기 배터리나 코드의 변경을 학습한다.
10. 집단 활동 속에서 유아들이 말을 시작하고 끝맺을 수 있는 시간을 주어 말할 수 있도록 격려한다.
11. 청각장애 유아들을 위한 프로그램을 계획할 때 청력학자와 언어 전문가와 함께 긴밀하게 작업한다.
12. 언어지체 유아들을 위해서 만든 것을 적용하는 것 또한 청각장애를 가지고 있는 유아들에게 효율적일 것이다.

3) 학습장애

학습장애 유아들은 학습장애가 될 위험 요소를 가지고 있거나 다르게 학습하는 몇 가지 이유를 가진 유아들이다. 그런 유아들은 과잉행동을 보이고, 참여하거나 집중하는 것을 어려워하고, 협력하는 것이 부족한 것이 발견되고, 정보에 대한 시각적이나 청각적인 과정을 어렵게 경험하고, 낮은 기억력을 갖고 추상적으로 추론하는 것과 일반화하는 것을 어려워한다. 이런 장애들은 종종 감추어져 있기 때문에 발견하고 수용하는 것이 어렵다.

(1) 학습장애 유아들과 활동하기 위한 구체적 전략

1. 움직임을 증가시키거나 감소하게 할 수 있는 행동 관리 기법들의 일관되게 사용한다. 구조적이고 일관적인 교실 조직은 그런 유아들이 그들의 환경에 안심하고, 적절하게 반응할 수 있도록 도와줄 수 있다.
2. 다감각 접근(청각, 시각, 조작적)을 사용한 작은 부분으로 된 내용을 제공한다. 필요한 만큼 반복적인 연습과 반복 학습을 많이 제공한다.
3. 과제를 분석한다. 성공할 수 있기 위해서 필요한 만큼의 다양한 작은 단계로 나눈다. 짧은 문장과 단순한 어휘를 사용한다.
4. 새로운 개념들을 제공할 때 구체적인 예시

를 사용한다. 단순히 다음에 나타나는 발달적 범주의 것이 아닌 기능적으로 중요한 개념들을 선택한다.

5. 아무리 작은 부분이라도 유아들의 진보 과정을 칭찬한다.
6. 각각의 유아들의 약점이 아닌 장점에 관심을 가진다.
7. 유아들에게 어떤 것에 대한 방법에 대하여 많이 보여주어야 하는 것이 필요할 때 인내심을 가진다. 유아들이 쉽게 일반화할 수 있을 것이라고 기대하지 않는다.
8. 유아들이 한 가지 이상의 것들을 다루게 될 때까지 한 번에 한 가지의 지시를 한다. 만약 필요하다면 신체적인 도움을 제공한다.
9. 유아들의 프로그램을 계획할 때 언어 전문가와 상담한다. 청각장애, 시각장애, 언어장애를 가지고 있는 유아들을 위해서 제안한 점들 또한 학습장애를 가지고 있는 유아들에게 유용하다.
10. 부모들이 그런 유아들은 단지 '바보' 나 말을 안 듣는 것이 아니라는 것을 이해할 수 있도록 도움을 준다. 가정에서 다감각을 응용한 학습 경험들을 할 수 있는 기회와 일관성을 가질 수 있도록 장려한다. 부모들이 그들의 유아들의 작은 성공을 인식할 수 있도록 도와준다.

4) 지체장애

정형외과적 장애(뼈, 관절, 근육)는 관절염, 뇌성마비, 근육 장애(영양실조), 척추피열, 척수 손상과 같은 상태가 있을 것이다. 특징들은 각각의 상태의 특성과 심한 상태에 따라 다양화될 것이다. 지체장애를 가지고 있는 유아들은 다른 감각을 사용하여 정보를 획득하고 환경을 조작할 수 있다. 심한 유아들은 호흡의 변화와 눈을 깜빡거리는 것을 통하여 관련된 의사소통을 하고 학습한 것을 나타낸다.

물론, 대부분 명백한 발달적 장애는 운동영역이다. 그런 유아들은 일반적인 유아들보다 다양한 속도나 질적으로 다양한 방법으로 운동 기능의 획기적인 사건을 달성하게 될 것이다. 몇몇 유아들은 결코 그 어떤 획기적인 사건을 확실하게 달성하지 못할 것이다. 언어 발달과 인지 발달의 확실한 양상들은 운동기능 장애 때문에 지체될 것이다. 예를 들면, 환경을 쥐고 조작할 수 있는 것에 대한 무능력은 문제를 해결하는 것을 지체하게 한다. 적용할 수 있는 기구를 사용하여 하는 대안적인 반응들은 인지 발달을 향상시킬 수 있는 데 필수적일 것이다.

모방하는 것에 필수적인 근육을 사용하지 못하고 조절할 수 있는 태도의 지체는 의사소통 기술의 발달을 방해할 것이다. 언어 그 자체는 직접적으로 영향을 줄 수 있을 것이다. 그들의 양육자와 함께 포옹할 수 없는 지체장애를 가지고 있는 유아들은 초기 발달의 모든 양성에 필수적인 긍정적인 상호작용을 받아들일 수 없다. 좌절감은 유아들과 부모들 모두를 위한 삶의 주요 부분일 것이다.

(1) 지체장애 유아들과 활동하기 위한 구체적 전략

1. 건강장애 아동과 활동하기 위해 만들어진 제안을 재검토한다.
2. 아동의 적절한 취급(handling)과 자세(positioning)는 매우 중요하다. 아동이 편안함을 느끼고 집중할 수 있도록 균형을 잘 맞추는 것이 필요하다. 적절한 자세를 결정하기 위해서 부모와 물리치료사를 자문한다. 예를 들면, 받침대에 의존해야 하는 경향이 있는 유아들이 환경과 시각적으로 접촉할 수 있도록 해야 할 것이다. 한 쪽 옆으로 누워 있는 상태에서는 팔과 다리의 움직임을 도와줄 수 있을 것이다. 각 유아들의 자세는 일반적으로 매 20-30분마다 바꾸어 주는 것이 필요하다.
3. 최소한의 움직임으로 환경에 영향을 주기 위한 활동과 환경을 배열한다.
4. 유아들이 가능한 많이 환경과 상호작용할 수 있도록 하는 적응적 기구를 사용한다. 교실과 교실의 설비에 가장 적절하게 신체적으로 적용할 수 있도록 전문가들과 상담한다.
5. 휠체어, 목발, 부목, 인공적으로 만들어진 손발과 다른 의학적 보조기구의 사용을 능숙하게 하도록 한다.
6. 아동에 대한 성공적인 반응 유형을 확인하기 위하여 말과 언어 전문가의 자문을 받는다. 특별한 언어 위원회가 몇몇 아동을 위해 구성될 필요가 있다.
7. 각 아동을 위한 최대한의 신체적 독립성과 사회-정서적 독립성의 목적을 실현하기 위해 활동한다. 긍정적인 자기 존중(self-regard)은 미래 동기와 자기충족의 핵심이 된다.
8. 유아들의 가능성을 과소평가하지 않는다고 현실적으로 평가해야 한다.

5) 시각장애

법률적으로 부분적으로 눈이 보이는 사람의 교정된 시각 예민성은 20/200과 20/70 사이에 있다. 부분적으로 눈이 보인다는 용어는 교정으로 학습을 위해 충분히 사용할 수 있는 시력이 있을 때 사용한다. 법률적으로 맹(blind)인 사람은 가장 좋은 쪽의 눈이 20/200보다 떨어지는 교정된 시각적 예민성을 가진다. 그런 사람은 일반적인 사람이 200피트에서 볼 수 있는 것을 20피트에서 볼 수 있다. 시각 손상은 일반적으로 굴절 오차(근시 또는 원시) 또는 약시, 백내장, 각막 손상, 망막 분리, 녹내장, 망막염과 같은 장애로부터 이루어질 것이다.

통합된 프로그램에서 참여한 많은 아동들은 약간의 기능적 시력을 가질 것이다. 시각장애는 발달의 다른 영역에도 영향을 준다. 지체는 팔에 의한 자아의 향상, 앉은 자세에서 서기, 달리기와 같은 자기 주도적 이동성을 요구하는 운동 이정표에서 두르러진다. 손 사용의 지체는 개념 발달의 지체를 가져온다.

시각장애의 심각성에 따라서, 입술 움직임과 감소된 자극을 포함하는 얼굴표정의 식별에 대한 아동의 무능력에 기인하는 언어발달에 상응하는 지체가 있게 된다. 언어적 명칭과 구체적인 대상을 시각적으로 관련짓는 능력은 초기 언어발달에 대단히 결정적이다. 중증 시각장애 아동들은 인칭 대명사와 소유 대명사에 어려움을 경험한다. 일반적으로 인지발달과 언어발달은 자극의 부족에 의해 방해를 받는다.

(1) 시각장애 유아들과 활동하기 위한 구체적 전략

1. 아동이 어느 정도 볼 수 있는지 결정하기 위해 아동의 부모와 시력 전문가에게 자문을 구한다. 많은 아동들은 적어도 그림자, 색깔, 때로는 큰 그림은 볼 수 있다.
2. 몇몇 유아들을 위해서 주변시력(peripheral vision)이 최선이 되기도 한다. 따라서 고개를 돌리는 것이 무관심하다는 것을 의미한다고 가정하지 않는다.
3. 빛의 상태를 알고 아동에 대한 그 영향을 알아야 한다.
4. 교실 배치와 재료 위치를 유아들 방향으로 한다. 변화가 있을 때마다 유아들에게 새로운 환경에 대한 적응을 할 수 있도록 한다.
5. 교실영역이 다른 바닥재, 다른 모빌 등에 의하여 확인할 수 있도록 한다.
6. 아동들에게 풍부하고 다양한 촉각적, 조작적, 청각적 경험을 제공한다.
7. 청각적 위치, 소리에 의한 도달, 청각적 변별력 기능을 촉진한다.
8. 시각장애 유아들은 청각적 단서에 강하게 의존하기 때문에 일반적인 소음 단계를 낮게 유지할 수 있도록 한다.
9. 당신의 행동에 의해 그리고 교실을 정리하는 방법에서 독립성을 조장한다. 예를 들어, 아동이 너무 지쳐서 편안한 방(cubby)에 가려고 하면, 아주 쉽게 찾게 한다. 다양한 크기와 모양으로 된 밝고, 빛나고, 빛이 나는 물체들을 가지고 실험한다.
10. 중증 시각장애 아동에게 접근할 때 아동들이 스스로를 확인하도록 격려한다.
11. 신체적 촉구에 대한 필요에 민감해야 한다. 새로운 자립 기술을 가르칠 때에는 유아들 뒤에서 활동하고 점차적으로 도움을 줄인다.
12. 새로운 활동을 시작하기 전에, 무엇이 발생할 수 있는지를 간단하게 말해 준다.
13. 부분적으로 볼 수 있는 유아들을 위한 보조기구를 개발하기 위해서 전문가에게 자문을 구한다. 예를 들어, 검정 펜으로 종이의 모서리에 표시하는 것은 유아들이 그림 그리는 받침의 기준들을 알 수 있도록 도와줄 수 있을 것이다.
14. 유아들이 긍정적인 자아 개념을 발달시킬 수 있도록 도와줄 수 있는 창의적인 방법들을 찾는다.

6) 자폐 스펙트럼 장애

자폐 스펙트럼 장애(Autism Spectrum Disorders: ASD))는 아스퍼거 증후군이라 하는 가벼운 것에서부터 자폐성 장애라는 중증까지의 범위를 가진다. ASD를 가진 어떤 개인도 동일한 증후군을 가진 것처럼 보이지 않는다. 증후군은 한 아동에게는 가볍지만 다른 아동에게는 중증이다. ASD를 가진 자폐 스펙트럼 장애아동은 아주 다양한 능력을 가지고 있다. 몇몇에게서는 평균 이상이거나 그 정도의 지적능력과 의사소통 능력을 나타내지만, 반면 몇몇은 구어적 언어 기능이 발달되지 않고 발달적으로 중증 지체를 나타낸다. 그러므로 자폐 스펙트럼 장애는 전반적 발달장애의 스펙트럼에서 넓은 범위의 하위 유형과 심각성의 정도를 언급할 때 사용된다. 그러나 자폐증(autism)이라는 용어는 자폐증적 장애나 ASD에 대한 보다 일반적인 장애를 언급할 때 사용한다.

사회적으로 그리고 정서적으로 다른 것들과 관련된 어려움은 자폐증의 두드러진 특징이다. 자폐증 유아들은 종종 한정되거나 결여된 가상 놀이를 보여준다. 그들은 자주 반복적이고 고정된 행동(예를 들면, 손 흔들기)이나 편집적 행동(예를 들면, 매일매일 교실에 들어가서 사물들에 연속적으로 접촉한다)을 수행하고 변화에 대해서 동요된 반응을 보인다. 자폐증에 대한 공식적인 진단 기준은 정신장애에 관한 진단과 통계 편람(미국 정신의학 학회, 2000)을 참고한다.

반면에 스펙트럼에 있는 아동은 기계적 기억, 시각적 기억과 처리과정에 있어서 강점을 보이는 경향이 있고 그들은 특정한 관심을 추구하는 경향이 있다. 특정한 몇 가지 전략들은 이러한 강점에 기초하여 아래와 같은 전략들에 주목하였다.

(1) 자폐 유아들과 활동하기 위한 구체적 전략

2001년에 이루어진 국가 연구 협회의 과학적, 이론적, 정책적으로 통합된 문헌의 과제를 함께 이룬 전문가 위원회의 보고서에 따르면 "거기에는 실질적으로 한 모델(중재의)과 관련된 다른 장점에 대한 자료가 없다." (Lord & McGee, 2001, pp.171-172)고 하였다. 그럼에도 불구하고, 중재에 대한 접근법은 최근에 유아기에 집중적인 서비스를 받아야 하는 유아들을 긍정적으로 변화시키는 것을 보여준다. 이런 다양한 중재들은 장애의 다양한 양상과 다양한 발달 영역에 초점을 맞추는 것에 주목하는 것이 중요하다. 기술 영역에 목표가 되고, 이론적 가정에 기초가 되고, 전략들을 사용하면서 이루어지는 변이성 때문에 특별한 접근법의 선택(접근법의 결합)은 자폐증을 가지고 있는 유아들의 필요와 특성과 가족의 필요와 선호하는 것에 의존하여야 한다. 비록 그것이 이 책에서 각각의 접근법들을 자세하게 논의하는 것이 적절하지 않다고 해도 예시 5.8은 중재 모형의 주요한 부분을 제공한다.

다음의 전략들은 모형이나 이론적 접근법과 관계없이 자폐 유아의 성공적인 통합교육에 필수적인 것을 제시한 것이다.

1. 자기 아동의 장애와 독특한 특성에 관해 잘 알도록 아동의 가족과 협력한다. 이것은 가정중심 프로그램과 센터중심 또는 학교중심 프로그램 사이에 순조로운 전환을 보장

예시 5.8

자폐증에 대한 최근 중재

가설/목표	전략	이점
응용 행동 분석[1] (또한 불연속적인 시도, 행동 수정, 또는 집중해서 하는 행동 중재를 참고하라.)		
기술의 획득에 초점 맞추기 행동 보상을 강화하거나 반복되게 해야 할 것이다	집중적으로(일주일에 40시간) 하기 과제 분석하기 각 단계에 대해 보상하기	새로운 기술 학습하기 개별적인 유아들에게 적용하기
자폐적이고 의사소통과 관련된 것에 장애가 있는 유아의 치료와 교육(TEACCH)[2]		
학습적인 것에 초점 맞추기 대단히 구조적이고, 일상 적인 환경이 필수적이다 시각적 단서 의존하기	대단히 구조화하기 시각적 학습하기 (일과운영, 순서화된 차트)	유아들은 독립심 획득하기 개별적인 유아들에게 적용하기 부모 스트레스 줄이기
그림 교환 의사소통 체계(PECS)[3]		
의사소통의 발달에 초점 맞추기 시각적 단서 의존하기	바라는 목적이나 활동들을 위해서 전환되는 상태에 대한 이해에 의해 의사소통하기	유아들에 의해서 시작하기 기능적 의사소통하는 것을 촉진하기 단순한 언어구조 가르치기
발언 시간(Greenspan)[4]		
의미 있는 다른 사람과의 사회-정서적 상호작용에 초점 맞추기	유아들이 이끄는 놀이 따라하기	사회적 상호작용 증가시키기
순서대로 하고 정서적 반응에 목표 두기	'의사소통의 순환' 장려하기	유아들의 영향력 강화하기
사회적 이야기[5]		
사회적 행동에 초점 맞추기 지각력 획득에 대한 어려움 다루기	대본이나 이야기를 사용하여 사회적 일상 과정 가르치기	개별화 쉽게 하기 사회적 기술 향상시키기
감각 통합[6]		
감각 정보를 중재하고 통합시키는 것에 초점 맞추기 유아들의 지나친 흥분(자극)이나 부족한 흥분(자극) 다루기	PT 또는 OT가 다양한 감각활동들 감독하기	자극에 대한 감각 판별력과 포용력 증가시키기 운동기능 계획과 자기 조절력 향상시키기

출처: 1) Koegel & Koegel(2006)
2) Mesibov, Shea, & Schopler(2004)
3) Boody & Frost(2002)
4) Greenspan & weider(2006)
5) Gray(2006), Gray & White(2002)
6) Ayres(2005)

하는데 도움이 될 것이다.

2. 유아들이 실제적으로 좋아하는 것(높이 선호하는 것)과 싫어하는 것에 따라 목표와 활동들을 결정하기 위하여 유아들의 부모들과 면접한다. 이런 것들은 특이한 강박관념이 긍정적일 뿐 아니라 부정적이 될 수

있게 한다. 유아들의 두려워하는 것과 열망하는 것을 이해하는 것은 유아들의 행동을 이해할 수 있도록 도와준다.

3. 잘 조직되고, 예측할 수 있는 환경 공간을 만들어 준다. 이것은 한결같이 가장 중요한 전략이 될 것이다. 교실 영역은 활동들이 시각적, 청각적인 단서에 의해서 분명하게 신호할 수 있도록 일관성이 있으면서도 전이될 수 있어야 한다. 활동들은 정규적으로 이루어지고 일상적 과정들은 모든 유아들에게 친밀하게 예측할 수 있는 것을 제공하여야 하는데, 특히 자폐증을 가지고 있는 유아들에게 중요하다.
4. 사물, 사진 그리고 아이콘을 사용한 개별화된 시각적 작업 시간표를 통해 특정 관심과 시각적 처리 과정의 강점을 이용한다.
5. 가능한 언제든지 시각적 도움을 사용한다. 네 명의 사람을 위한 테이블을 배치하도록 기대하는 아동에게 접시와 은그릇의 윤곽이 그려져 있는 네 가지 매트에 위치하도록 아동을 잡아준다. 그리고 항목들의 위치가 어디로 가야하는지 그 매트를 정확하게 보여준다.
6. 비계획적인 변화는 자폐 유아들에게 행동적 폭발을 야기시킬 수 있다. 이런 행동들은 종종 언어적 격려로 단순하게 다시 지도하는 것을 통하여 최소화할 수 있다(예를 들면, "모두들 가자."라고 간단하게 말하는 것 대신에 "우리는 1분 후에 밖으로 갈 거야."라고 말한다.).
7. 방음 효과가 있는 재료로 만들어진 영역 깔개와 벽걸이 천을 사용하여 가능한 교실에서의 소음 수준을 줄인다. 말할 때에는 조용한 목소리를 사용한다. 만약 가능하다면, 형광등보다는 백열등과 같은 자연 광선 등을 사용한다.
8. 유아들과 접촉할 때, 가벼운 접촉보다는 확고한 압력을 사용한다. 만약 확고한 압력을 사용하여 접촉하는 것, 특히 가슴과 등을 대는 것을 유아가 난처해한다면 부드럽게 할 수도 있다. 항상 어떤 예측할 수 있는 단서를 제공하는 것은 유아들이 접촉하게 된다는 것을 알게 하여 접촉하는 것에 깜짝 놀라지 않게 한다.
9. 용납할 수 없는 행동을 위한 결과에 대해서 절대적으로 일관성을 유지한다. 심지어 재발생의 가능성을 줄이기 위해서 행동을 유발하고 환경을 변화시키는 것을 정확하게 결정할 수 있도록 노력하는 것이 좀 더 중요하다. 제어를 위한 행동적 접근법은 소리 발달적 접근법과 일관적이어야 하며 자폐증이나 자폐 스펙트럼 장애를 가지고 있는 유아들에게 특히 효율적일 수 있음을 기억해야 한다.
10. 언어적 단서와 시각적인 단서는 자폐 유아들이 규칙적인 일상 활동에 참여하는 것을 돕고, 이들과 의사소통하는 강력한 도구이다.
11. 연계된 일련의 행동이나 활동을 설명하는 계열카드는 자폐 유아들을 도와줄 수 있다. 이런 것들은 개별적인 유아들과 프로그램에 의존하여 자주 변화되거나 반영구

적인 것이다. 그런 상황들은 유아들이 다음에 일어나는 것에 대해 기대할 수 있는 것을 알 수 있도록 도와줄 것이다.

12. 다른 분야의 팀 구성원들과 밀접하게 활동한다. 자폐증과 ASD를 가지고 있는 유아들은 자주 몇 가지 발달영역에서 독특한 요구를 가지고 있다. 행동 전문가들은 어떤 파괴적인 행동을 중재하고 야기될 수 있는 문제를 해결하는 것을 도와줄 수 있을 것이다.
13. 한 장면 이상에서 제공된 중재의 영향을 최대화하도록 가정 프로그램 전문가들과 활동한다. 이것은 아동의 혼란이 최소화되도록 조정하는 데 필요한 노력을 계획하는 사설 기관과 활동할 때 특히 중요하다.

7) 태아 알코올 스펙트럼 장애

확인할 수 있는 장기 결과와 분명히 관련된 한 가지 물질이 알코올이다. 비록 얼굴 기형과 태아 알코올 노출의 구체적인 증상은 특정 취약기에만 발생하지만, 뇌 발달은 임신 기간 전체에서 알코올에 손상될 가능성이 있다(Streissguth & O'Malley, 2000). Chasnoff(2001)는 만성적인 알코올 증후군 여성에게 태어나는 아이들의 출생으로부터 출현하는 신체와 정신적 결함들을 논의했다. 태아의 알코올 스펙트럼 장애(fetal alcohol spectrum disorders: FASD)의 기준은 아래에 나열된 범주에 의해 분류된다. 만들어진 FASD의 진단 순서에 따라, 아동은 3개의 모든 범주에서 증후가 설명되어야 한다.

1. 출생 전 성장과 출생 후 성장 모두에서 결함이 있다. 태아 알코올 스펙트럼 장애아동들은 성장은 하지만 연령보다 계속 작고, 머리 크기도 계속 작다.
2. 소두증, 짧은 눈꺼풀 틈새, 전두비부 대치, 얇은 윗입술, 평평한 미간, 저형성 윗턱과 저형성 아래턱과 같은 얼굴 기형을 가진다.
3. 인지장애, 운동 문제, 경련이나 과잉행동과 같은 중추신경계 영향이 있다.

이러한 특징 가운데 몇 가지를 나타내기는 하지만 태아 알코올 증후군으로 진단하기에는 충분하지 않은 아동을 알코올 관련 신경발달 장애(alcohol-related neurodevelopmental disorder: ARND)로 본다. 알코올 관련 신경발달 장애(ARND)를 가진 아이들은 얼굴 특징이 전혀 없거나 중간 정도의 얼굴 특징을 최소한으로 가지게 된다. 그러나 그들은 학습에 부정적인 영향을 주는 행동 문제를 가지는 경향이 있다. 이 영향은 아동이 2-3학년이 될 때까지는 명백하게 드러나지 않는다.

많은 태아 알코올 증후군 아동이나 잠재적인 알코올 관련 신경발달 장애를 가진 아동들은 출생 초기에는 공식적으로 확인되지 않는데, 이들은 전통적인 얼굴 특징을 보이지 않거나 표준화 검사에 발달적으로 지연된 것으로 보여 검사가 되지 않기 때문이다. 그럼에도 불구하고 이들은 조기중재 서비스를 요구하게 되는 조절 문제를 나타낸다. 예를 들어, 유아기에 자기 행동을 조절하고 통제하는 어려움에 대한 조기 신호를 보여준다. 이들은 침착하지 못하고, 안정하기 어려운 모습이 기술될지 모른다. 그들은 쉽게 흥분하고 동요가 될 것이다.

학령전기 동안에 조절 문제가 지속된다. 몇몇 아동들은 쉽게 흥분하고 자기 행동을 조절하는 데 어려움을 자주 나타낸다. 예를 들어, 깔깔거리고 웃는 것은 통제되지 않는 웃음으로, 음울한 분위기에서 즐거운 분위기로, 극단적인 의존으로부터의 독립으로 바뀔 수 있다. 특히 사회-정서적 발달에서는, 이 아이들은 사건들에 대해 과장된 반응과 지연된 모습을 보일 수 있다. 예를 들면, 이들은 종종 그들 연령대의 아이들에게 예상되는 학교생활(예를 들어, 일과의 변화와 관계자의 변화)의 전환에 있어 어려움을 나타낸다. 그런 아동들은 결국 주의력 결핍이나 학습장애와 같이 분류될지도 모른다.

(1) 태아 알코올 노출 아동과 활동하기 위한 구체적 전략

태내에서 약물에 노출된 유아와 함께 활동하는 데 도움이 되는 몇 가지 전략이 있다. 이 전략은 특별한 요구가 있는 많은 아동에게 유용하다.

1. 부적절한 행동을 촉발시키는 상황과 사건의 유형을 안다.
   - 비일관되고 비구조적인 환경
   - 새로운 상황
   - 과잉자극
   - 병이나 극도의 피로와 같은 내적 변화
2. 잘못된 행동이 나타났을 때 행동을 유지시키는 결과자극뿐만 아니라 행동을 촉발시키는 것이 무엇인지를 이해하도록 한다.
3. 교실 일과에서 예측성과 일관성을 증가시킨다. 아동에게 다음에 무엇을 하는지 준비하게 한다.
4. 아동의 발달 수준을 훨씬 능가하는 인지적 요구와 사회적 요구를 하는 것을 피한다.
5. 새롭거나 어려운 과제에는 여분의 지지를 제공한다. 작은 단계로 가르친다.
6. 불필요한 자극 특히 배경적 소음을 줄인다.
7. 불필요한 간섭을 최소화하여 아동의 놀이와 활동 공간을 존중하라.
8. 규칙의 수를 제한한다. 규칙들에 대해 확실히 의사소통하고 일관되게 실시한다.
9. 태내에서 약물에 노출된 많은 아동들에게 공통적인 문제로 좌절이나 퇴행을 기대한다. 그들은 이전에 배운 기술을 수행하는 일관되지 않은 능력이 있다. 또한 가정의 일, 특히 가족이나 이웃의 폭력, 양육자의 변화, 부양법원과의 만남(dependency court dates)이 아동의 행동과 학습에 영향을 주는 주요 요인일 수 있다.
10. 방심하지 않는다. 안전은 활동 수준이 높고, 충동 통제가 약하고, 원인과 결과를 이해하는 것이 어려운 아동에 대한 이슈이다. 당연하게 여길 것은 없다. 계속해서 안전에 대한 경계를 다시 가르쳐야 한다. 위의 전략을 사용하여 시간이 지나면 아동의 자기통제와 환경에 대한 지배감은 강화된다.

이 장에서 설명하는 원리와 전략들은 모든 유아들에게 강력하고 효과적인 것이다. 그것들은 모든 유아교육자의 기본적인 수행능력 중에 몇 가지를 표현한 것이다. 이것은 유아특수교육 교과서이기 때문에, 유아특수교육 전문가에 의해서 부가적인 기술과 방법들이 숙달되어야 한다. 이런 것들은 환경 조작, 특정 장애를 가지고 있는 유아들을 위해서 사용할 수 있는 특별한 방법과 적응적 도구의 사용, 아동 행동과 교수 효과의 미시적 분석, 특히 특별한 요구를 가진 아동을 위한 프로그램의 계획과 수행에 있어서 부모-전문가 협력이 포함된다. 이러한 것들은 이 책의 나머지 장에서 계속 논의할 것이다.

모든 우수한 유아교육 프로그램에 공통적인 전략과 독특한 요구를 가지고 있는 유아들을 위한 구체적인 적용에 초점을 가지고, 다음 장에서 건강한 정서 발달과 사회적 발달을 촉진하기 위한 기법을 논의할 것이다.

요약

교육과정은 우리가 가르치는 것(목적)과 우리가 가르치는 방법(전략)을 분명하게 설명하는 것이다. 목적과 전략은 인간 특성에 대한 가정과 유아들이 학습할 수 있는 방법에 기초한 철학을 분명하게 정의한 것과 일치시켜 개발되는 것이다. 이 책의 철학은 목적은 기능적이고 생태학적인 관련성을 가지고 있어야 한다고 가정한다. 전략은 우리가 각 유아들에 대한 발달과 유아들을 위한 목적을 이루기 위해서 각각의 유아들을 도와줄 수 있는 가장 적절한 기법에 맞추어 이루어질 것이다. 교육은 유아들의 환경에서 그들과 의미 있는 다른 사람들 사이의 사회적 상호작용을 근원으로 하여 생각되어야 한다.

폭넓은 연구가 일반적 교수전략이라 부르는 것을 구성하는 원리와 전략의 범주 목록을 구성하는 데 기여하였다. 전략은 개관된 특별한 요구를 가진 아동의 요구에 부합되도록 수정되고 세련화될 수 있다. 전략이 무엇이든 놀이는 가장 자연스럽고 가장 중요한 교수 맥락으로 간주된다.

아동의 학습 기회를 향상시키고 사회적으로 서로 상호작용 방법에서 아동과 성인 모두에게 영향을 줄 수 있는 사회적 환경을 정리하는 것뿐만 아니라 물리적 환경을 고려하는 것은 중요하다. 영유아를 위한 환경 배치를 위해서 특별히 고려해야 할 점은 주목할 만한 가치가 있다.

시간 계획은 일상을 통하여 원하는 일관성을 촉진시키고 그들의 일상적 활동 속에서 특별한 요구를 조정하는 데 있어서 직원들을 지원하게 된다. 결과적으로 수많은 구체적인 제안점들은 독특하고 특별한 요구를 가지고 있는 유아들을 위한 교육과정에 적용되어야 할 것이다.

토론 주제

1. 조기중재 프로그램에서 교사들을 관찰한다. 이 장에서 논의되는 일반적인 전략 각각을 어떻게 사용하는지 설명한다.
2. 특별한 요구를 가진 유아들이 포함되어 있는 기관들을 방문하여라. 놀이 활동을 하는 동안 유아들을 관찰한다. 특정 아동을 추적하고 자료, 물리적 배열, 아동의 수에 주목한다. 아동이 놀이 활동에 정말 참여하고 있는지를 결정한다. 아동이 참여하거나 참여하지 않은 이유를 2가지 정도 말하거나 가설을 만든다. 학급에서 관찰한 내용을 토의한다.
3. 통합된 유치원 프로그램을 관찰하고 물리적 환경의 밑그림을 그려본다. 책에서 묘사하고 있는 것과 비교한 후에 관찰한 배치의 장점과 단점을 파악한다.
4. 영유아가 포함되는 프로그램에 대한 시간 사용 계획을 개발한다. 전반적인 일일 계획 내에서 특별한 요구를 가진 아동이 적응하기 위한 촉구를 포함한다.
5. 구체적인 특별한 요구를 가진 유아들을 위해 교육과정을 적용할 수 있도록 부가적인 제안을 첨가할 수 있는 파일이나 노트를 개발한다.

Chapter 6

정서적 발달과 사회적 발달의 촉진

핵심용어

과민반응	둔감반응	일차 제공자
관찰학습	말초적 의사소통	자기 조절
교류모형	반응성 애착장애	자연적 결과
긍정적 행동지원	보상 대 벌 비율	정서 조율
기질	생태학적 관점	정서적 영역
논리적 결과	애착	
논리적 연계	유대감	

핵심개념

- 일차 양육자와의 강력하고 긍정적인 애착은 건강한 성격을 발달시키는 데 중요한 요소가 된다.
- 건강한 환경적 분위기는 사회적 문제와 정서적 문제를 예방하는 데 기여한다.
- 긍정적인 사회적 기술을 발달하는 데 있어서 유아를 지원하는 데 구체적인 중재전략이 적용되어야 한다.
- 놀이는 발달을 위한 중요한 맥락일 뿐만 아니라 결정적인 사회적 기술을 촉진할 수 있다.
- 행동 문제가 있는 아동은 주의 깊은 환경적 계획과 긍정적 행동지원을 통해 긍정적으로 관리될 수 있다.
- 피학대 아동과 방임 아동은 일차 양육자와 애착을 형성하기 위해서 일관성, 예측성, 기회제공이 필요하다.

사회적 발달과 정서적 발달의 촉진은 아동이 정서적으로 안정적이고 건강한 자아개념을 갖도록 하는 수단이다. 건강한 성격의 특성을 설명하려는 많은 시도들이 있어 왔다. Erik Erikson과 같은 초기 이론가의 업적이나 Greenspan과 Daniel Stern과 같은 최근 학자의 업적들은 영유아의 정서발달을 이해하는 데 유용한 기초를 제공한다. 상호 반응적 상호작용 유형과 의사소통 전략을 형성하여 영아기에 일차 양육자와의 애착을 통해 정서적으로 지원을 받은 취학전 아동은 자아개념과 광범위한 정서적 경험과 의견을 표현하고 이해하는 능력을 성취한다.

이 정서적 견고함과 건강한 자율성을 가진 아동은 효과적인 사회적 기술을 발달시키기 시작한다. 많은 아동에게 취학전 기관은 집단이라는 환경을 처음 경험하게 되는 곳이다. 아동들이 이 새로운 경험을 다루기 위해서는 도움이 필요할 수도 있다. 모든 아동들은 자신의 행동을 규제하는 환경에 대하여 자신의 느낌을 인식하고 대처하는 것을 배우는 과정에 있다. 정상적인 사회적 기술 발달은 부록 A에 제시되어 있다.

이 장에서는 정서적으로 그리고 사회적으로 잘 적응하게 되도록 성인이 아동을 지원할 수 있는 방법을 전문가와 부모가 이해하도록 돕는 데 목적이 있다. 우리는 정서적 요구와 행동적 요구를 효과적으로 다루는 기법을 제시한다. 환경의 영향을 인식하고 안정과 성장을 산출하는 조기교육 경험에서 놀이의 중요성을 강조한다.

1. 정서적 안정

영유아의 정서 발달과 성격 발달을 이해하기 위해서는 애착(attachment) 형성 과정을 주의 깊게 관찰해야 한다. 영아의 일차 양육자에 대한 강력하고 긍정적인 감정은 발달의 모든 측면을 성장하게 하는 씨앗이 된다. 장애아동뿐만 아니라 잘못된 치료와 모체의 약물 노출로 인해 이런 위험에 처할 가능성이 있는 특별한 요구를 가진 아동은 양육자-영아 간의 강한 애착관계를 만드는 것으로도 치료될 수 있다. 유아교육 전문가는 애착 과정의 특성을 이해하고 이를 촉진시키는 것이 중요하다.

1) 애착

발달심리학자들은 아마도 수년 동안 아동과 양육자 간의 애착관계를 아동의 삶에서 가장 널리 스며든 초기 사회 정서적 사건일 것이라고 생각할 것이다(Greenspan & Weider, 12005). **애착(attachment)**이라는 용어는 Bowlby(1982)가 영아와 일차 양육자 간에 발달되는 유대관계를 설명하는 데 사용하였다. 그는 영아가 생물학적으로 세상에 태어났을 때 안전 때문에 양육자에게 의지하도록 사전에 조치를 취하는 것을 알아냈다. 어려움이 있을 때 편안함과 안도감을 주는 양육자가 있을 때 유아는 양육자와 확실하게 애착을 형성하게 된다. 역사적으로 애착은 Ainsworth 낯선 상황 패러다임(Ainsworth strange situation paradigm)(Ainsworth & Witting, 1969)으로 평가를 했다. 이 '낯선 상황'에서 일련의 사람과 부모에 대한 영아의 반응을 주의깊게 관찰했다. 그 패러다임은 다음과 같은 7개의 3분짜리의 에피소드로 구성된다.

1. 어머니가 영아를 놀이방에 데려와서 내려놓는다.
2. 낯선 사람이 들어와 영아와 같이 놀이를 하려고 한다.
3. 어머니는 놀이방에서 나온다.
4. 어머니는 다시 놀이방에 들어오고 낯선 사람이 나간다.
5. 어머니가 나가고 영아는 혼자 있게 된다.
6. 낯선 사람이 다시 들어온다.
7. 어머니가 다시 들어와 영아에게 인사하고 안아준다.

Ainsworth(1973)와 공동연구자들이 수행한 초기 연구의 결과, 애착을 세 가지 종류로 나누었다. B집단 영아는 재회를 하는 분명한 태도로 부모를 반겼다. 예를 들어, 아동은 웃고, 반기며, 접근하거나 신체적 접촉을 시도할 수도 있다. 이런 영아들은 애착이 형성되었다. 양육자와의 재회를 확실히 피하는 것으로 설명되는 A집단 영아는 접근해 오는 것을 저지하고 눈길을 피하거나 무시하는 특징이 있다. 이런 영아는 불안정-회피 애착이라고 명명된다. C집단 영아는 양육자와 함께 있을 때 편안해 하지 않고, 재회 시 직접적으로 화를 내거나 자신의 부모를 밀고 장난감을 발로 차서 떨어뜨리거나 거부하는 등의 행동으로 부모에 대한 반항적인 행동을 한다. 이런 영아는 불안정-저항 애착에 속한다. 최근 몇몇 연구자들은 네 번째 집단이 있다고 하는데 그 집단은 회피와 저항이 혼재하여 혼란스럽다(Lyons-Ruth, Connell, Zoll & Stahl, 1987).

Ainsworth(1973)는 불안정 애착 영아를 양육자와 분리되었을 때 상당히 고통스러워하는 동시에 양육자와 쉽게 편안해 하지 않는 아동으로 설명하였다. 아동의 신뢰감이 혼란스럽거나 전혀 완전히 발달되지 않은 것으로 보인다. 한편, 안정적으로 애착이 형성된 아동은 혼자 남겨지고 울음을 빨리 멈추게 할 때 불안해 한다. 긍정적이거나 부정적인 애착 과정에 영향을 주는 기질에 영향을 받는 아동들도 있다.

20여년 전에, Connor, Williamson, Siepp(1978)은 유아와 일차 양육자와의 상호적 관계의 중요성에 대해 언급하였다. 아기는 울거나 소란하게 해서 몇 가지 보살핌을 필요로 한다는 신호를 보낸다. 그러면 어머니는 아동을 들어 안는 것으로 반응하고 아동은 어머니에게 꼭 안기는 등의 신체적 반응을 한다. 아기의 신체적 적응은 기저귀를 차거나 음식을 먹여주고 목욕을 시켜주거나 꼭 안아주고 쓰다듬어 달라는 신호를 어머니에게 보낸다. 아기가 어머니의 양육 행동에 따라 진정되는 것이 어머니의 그런 행위를 강화시킨다. 이러한 단서와 반응의 연결고리는 확실히 중요하다. 신호보내기와 반응 체계의 어떤 손상이 전체 유대관계를 맺는 것과 애착 과정에 영향을 줄 수도 있다. Fraiberg(1974)는 시각장애 영아에 대한 연구에서 그들의 어머니가 눈 맞춤이 부족하고 영아의 사회적 미소가 늦게 발달되기 때문에 애착을 형성하는 데 어려움을 느낀다고 이야기하고 있다. 다른 장애와 성격 문제도 애착 과정을 방해할 수 있다. 뇌성마비인 아동은 완전히 안기는 것이 어려우므로 양육자에게 따뜻한 강화를 주지 못할 수도 있다. 청력에 손상이 있는 아동은 어머니가 그녀의 목소리로 상호작용하려고 할 때 눈맞춤이나 다른 애착 신호로 반응할 수 없다. 그런 결과로 생긴 애착 유형은 복잡한 상호작용 과정의 마지막 산물이다. 아동의 생득적 버릇이 부모의 반응에 영향을 주는 것뿐만 아니라 성인의 선천적 성향이 자신과 환경에 대한 아동의 관점을 결정하는 데 도움을 준다. 한 사람의 자아존중감은 다른 사람에게 영향을 주고 다른 사람에게서도 영향을 받는다.

많은 조기중재 프로그램의 목표 중 하나는, 특히 정서 애착에 대한 장애로 인해 불리한 조건의 경우에는, 양육자와 아동간의 강한 정서적 유대관계의 발달을 촉진하고 지지하는 것이다. 교육자는 부모가 아동이 주는 단서를 발견하고 반응하여 아동에게 즐거운 반응을 하도록 할 수 있다. 부모가 특별한 요구가 있는 아동이 나타내는 불분명하거나 혼란스러운 단서를 이해하는 것을 학습할 수 있을 때, 올바른 방법으로 반응할 기회를 얻게 되어 더 높은 자아 존중감을 형성할 수 있게 된다. Bromwich(1997)는 부모와 아동 간의 서로 긍정적이고 행복한 상호작용의 수준을 판별하는 과정을 개발하였다. 교사는 인지, 감성, 아동의 신호와 단서에 대한 반응 모델링이 포함되는 중재 전략으로 관찰기술을 사용할 수 있다.

2) Erikson의 사회심리 발달 단계

Erikson(1993, 원저는 1963년)의 고전적 발달 개요에서, 그는 유아의 특징으로 여겨지는 사회심리 발달의 3단계에 대해 논의하였다. 각 단계는 감정과 욕구 반영을 수반하는 문제에

표 6.1 아동의 성격 발달을 촉진하는 성인의 행동

에릭슨의 단계	적절한 성인의 행동
1. 신뢰감 촉진하기	일관되고 민감한 양육을 제공하라. 까꿍 놀이처럼 재미있는 반복이 나타나는 신뢰감을 형성하는 놀이를 하라. 불편해 하는 것에 대해 신속하게 안도감을 느끼게 하라. 성실한 애정을 제공하라. 안정적이고 예측 가능한 분위기를 조성하라. 편애하지 말라. 선택권을 제공하라.
2. 자율감 촉진하기	탐구할 기회를 제공하라. 중요한 것에만 초점을 두지 말라. 부동과 포용력을 결부시켜 생각하라. 창피주지 말라. 아동이 속도를 정해서 기술을 발달시키도록 하라. 개성을 존중하라.
3. 주도감 촉진하기	상상할 여유를 제공하라. 역할놀이를 장려하라. 적절한 모범을 보여라. 처벌을 최소화하라. 기분과 꿈에 대해 이야기하라. 질문에 답하라.

대한 해결책을 포함한다. 각 단계의 핵심 문제의 해답은 다음 단계에서 조절하기 위해 선호할만한 성향을 형성한다. 표 6.1은 Erikson의 성인의 행동과 함께 성격 발달의 단계를 나타내는데, 이 때 성인의 행동은 아동이 각 단계에서 욕구와 감정을 반영하는 문제에 대한 건전한 해결책을 찾는 데 도움이 될 수 있다.

(1) 신뢰감 대 불신감

Erikson(1963)은 생후 1년을 신뢰감이 발달되는 결정적 시기라고 생각하였다. 이 시기에는 일관성과 확실성으로 특징지어지는 아동을 양육하는 이유가 되는 신뢰를 발달시키도록 촉진한다. 양육의 질은 음식이나 사랑을 주는 양보다 중요하다. 기본적으로 아동의 요구에 일관되고 민감한 양육은 세상을 의지할만하고 안전한 것으로 생각하도록 한다. 반대로, 부정적이고 일관성 없거나 둔감한 양육은 세상에 대해 무섭고 의심스러운 관점을 가지게 한다.

세상에 대해 신뢰감(또는 불신감)이 발달된 아동은 영아기 동안 발달되는 성격 특징 중 하나일 뿐이다. Erikson은 자신의 몸동작을 조절할 수 있는 능력을 아동이 지각한다는 것의 중요성에 대해 이야기하였다. 물체를 잡고 쥐는 지속적인 반복 동작 등을 통해 아동은 자신의 몸을 자신이 명령하여 조절할 수 있다는 것을 학습한다. 자신의 몸에 대한 신뢰감을 발달시키기 위해 탐색을 하는 동안 신체적 장애가 있는 아동이 겪는 좌절을 상상하는 것을 그리 어렵지 않을 것이다. 교육과정은 신체 움직임에 장애가 있는 아동도 자신의 신체 조절을 신뢰하도록 고무시킨다.

지속적이고 민감한 양육 분위기를 제공하는 중재자는 환경에서 더욱 유아의 신뢰감 발달을 하도록 도와준다. 반대로 프로그램에서의 무질서한 경험은 두려움이 있는 아동을 더 두렵게 하거나 기본적으로 안정된 아동이 다른 사람과의 관계에 의문을 가지게 할 수도 있다. 이성적이고 설득력 있는 행동 규칙과 활동의 기본적 스케줄의 규칙성, 아동의 요구에 따른 민감하고 즉각적인 반응을 하게 되면 신뢰할만한 분위기는 쉽게 조성된다.

(2) 자율감 대 수치심 및 불신

생후 2, 3년 동안 첫 해의 목표 때문에 대부분의 아동들은 자신의 환경을 탐구하고 몇 가지 독립성을 발달시키기 위해 바쁘다. 기본적으로 신뢰하는 아동은 자신의 속도에 맞춰 기술을 발달시키도록 해주면 '끔찍한 두 살' 을 연결하는 데 어려워하지 않는다. 간단한 선택을 하고 감각 운동 능력을 확장하는 연습을 하며, 새로 발견한 언어 기술을 실험할 수 있는 기회를 가져본 아동은 적절히 자신을 주장하는데 충분한 자신감을 갖게 된다.

'나쁜 아동' 이라는 말을 들어서 수치심을 느끼거나 안된다는 말을 계속 들은 아동은 자신과 자기 능력에 대해 불신하기 시작할 것이다. 이런 아동들은 반항하거나 권위를 무시하는 행동을 한다. 어렸을 때 선택하지 못한 아동은 과도하게 의존적이거나 인생에서의 중대한 결정을 할 때 두려움을 느낀다. 다른 아동들은 적극적으로 새로운 일을 시도하는 반면 어떤 아동들은 가치 없다는 생각에 움츠려들기도 한다.

중재자들은 아동이 탐색하고, 결정하고, 질문하고, 적절한 자기절제를 연습하는 기회를 만들어 합리적인 수준의 자아통제와 함께 자율성을 발달시키도록 아동을 지원할 수 있다. 교육과정과 교실 정리는 아동이 자율적이고, 자신 있는 행동을 증진하는 데 선택할 수 있는 활동과 조작할 수 있는 자료가 있는 시설을 제공한다. 교실 탐색과 지도에 대한 확실하고 논리적인 기준을 정하는 것은 아동이 독립심의 필요성과 성숙된 판단 부족으로 압도당하지 않고 자율감을 촉진하게 한다. 좀 더 발달한 대근육을 잘 사용할 수 있는 이 시기의 아동들은 소근육이 효율적으로 움직이지 않으면 쉽게 좌절한다. 중재자들은 자존감을 상실하는 조건을 만들지 않도록 도움을 주어야 한다. 일반 아동은 쉽게 활동에 참여하여 즐거워하지만 장애아동을 활동에 참여하도록 하려면 특별한 동기가 필요하다.

통제와 융통성이 있는 확고함이 유아를 보호하는 데 필수적이지만, 이런 통제는 목적이 있어야 한다. Erikson(1971)은 이런 관점에서 성인이 따를 수 있는 대부분의 건설적인 규칙은 "중요한 것은 그 금기가 분명하고 일관성 있어야 한다." 라고 말했다(p.126).

(3) 주도성 대 죄책감

환경과 자기에 대한 기본적인 신뢰를 형성하고 탐구하고 실험하는 자신의 능력에 대해 자신감을 가지고 있는 아동은 주도성 발달의 준비가 되어 있다. 4, 5세 정도에 아동은 상상이나 환상을 경험하는 것이 증대되는 기간이다. 신체적, 언어적으로 펼쳐보는 시기이다. 건강한 성격과 신체를 가진 아동은 자신의 생각을 발달시키려고 상당히 시도한다. 영웅놀이나 비속어를 사용하는 것에서 나타나는 것처럼 강력한 모방자이다.

이 연령의 아동은 또한 양심이라는 것이 발달되기 시작한다. 아동은 대게 현실과 환상을 구분하는 데 어려움이 있기 때문에 좋지 않은 생각만으로도 죄책감을 느낄 수 있다. 이런 경향을 알고 있는 교사는 "나는 네가 싫어."라는 아동의 성격적 서술에 대해 과잉반응을 피하려고 노력한다. 사망이나 이혼과 같은 어려움이 가정에서 발생했을 때, 아동은 그들의 행동이나 생각이 이런 불행한 일이 생기도록 한 것이 아니라는 것을 알도록 해야 한다. 또한 이 연령은 악몽과 꿈의 시기이다. 이런 아동은 현실과 환상을 분리하는 것에 대한 부가적인 위안을 주고 안심하도록 할 필요가 있다.

주도성을 발달시키고 있는 아동에게 안전한 기준 내에서 여유를 허락하는 교사는 성취하고자 하는 아동의 동기에 의미 있게 기여할 수 있다. 이 동기는 근면성 대 열등감이라는 다음 단계에 중요한 것으로 탐색하고, 상상하고, 질문하고, 계획을 세우는 데 도움이 되며, 선택을 하고, 의미 있는 활동에 참여하고, 창조하고, 역할놀이 활동에 참여하려는 자유를 추구하고자 하는 욕구와 자존심을 발달시키는 데 필요하다. 특별한 요구를 가진 유아를 가르치는 중재자는 일부 아동에게는 탐색하고, 놀이하며, 어려운 것을 시도해보려는 것을 가르쳐야 한다는 것을 인식할 필요가 있다. 능력이나 환경에 제한이 있는 아동이 신뢰감과 자율성, 주도성을 발달시켜야 한다면 직접적으로 도와줘야 할 수도 있다. 장애가 없는 아동들의 경우 대게 이런 특성은 환경을 통해 자연스럽게 발달된다.

3) Greenspan의 정서발달 모형

Stanley Greenspan은 영유아 정서발달을 이해하는 데 중요한 기여자이다. 그의 연구가 특히 중요한 이유는 자폐아동과 함께 장애와 발달에 어려움이 있는 영유아의 세부적인 요구를 언급하였기 때문이다(Greenspan, 1990; Greenspan & Weider, 1998, 2005). Erikson과 같이 Greenspan은 정서 성장의 단계에 대한 '발달적 구조 모형(developmental structural model)' (Greenspan, 1992)을 제시하였는데, 그것은 여기에 요약해 두었다. Greenspan의 모형은 인지발달에 대한 Piaget의 단계이론과 방법적으로 매우 유사하다.

Greenspan의 모형은 6가지 기본 단계가 있다. 최근 저서에서 마지막 3가지 단계(자아의 복잡성, 정서적 개념표상, 정서적 사고)는 각각 두 개의 하위 단계로 나눠진다. 대부분의 경우, 두 번째 하위단계는 언급하고 있는 특정 정서능력의 좀 더 정교화된 것을 간단히 나타낸다. 그래서 간단하게 설명하기 위해, 아래에 6가지의 기본 단계를 설명하였다.

(1) 자기 조절과 세상에 대한 관심

생후 약 3개월 동안 건강한 영아는 자기 주변 세상에 관심을 갖고 관찰하는 것을 허용하는 방법으로 자신들의 내적 단계를 조절하는 능력을 발달시킨다. 시각, 통찰력, 촉각, 후각으로 영아는 세상을 경험한다. 이런 경험은 그들이 평안하고 각성된 상태에서 가장 잘 성취된다.

신경학적으로 과잉반응을 하고 쉽게 과잉자극을 받는 아기는 침착하고 각성된 상태를 유지하는 데 어려움을 경험할 수도 있다. 결과적으로 그런 아기는 주변 세상에 관심을 가질 기회가 적을 것이다. 그들은 세상이 고통스럽거나 짜증스럽기까지 해서 주변 세상에 대한 자연스러운 관심이 생기지 않을 수도 있다.

민감한 아기는 자기 조절과 침착하고 각성된 상태를 유지하는 데 도움을 주는 특별한 조절 기술이 필요할 것이다. 예를 들어, 천으로 돌돌 말고, 좁고 구부러진 곳에 두며, 가슴에 압력을 가하고, 약한 자극보다 강한 자극을 주는 마사지나 흔드는 것이 **과잉반응(hyperresponsive)**을 하는 영아를 침착하게 하는 데 도움을 줄 수 있다. 어떤 미숙아와 모체의 어떤 약물에 노출된 아기, 어떤 신경적 손상을 입은 아기는 이런 기술을 사용하는 것이 도움이 된다.

일부 영아는 **둔감반응(hyporesponsive)**을 할 수도 있다. 그것은 그들을 자극하는 것이 매우 어렵다는 것이다. 그들은 완전히 각성하는 것도 어렵고 각성 상태를 유지하는 것도 어렵다. 그들은 활기가 없고 반응이 없다. 이런 아기들은 다른 아기들보다 감각 자극의 어떤 유형에는 더 반응할 수도 있다. 예를 들어, 부모들은 자신의 아기가 자신들의 소리와 재미와 표정에 흥미를 느끼도록 많은 노력을 하여 아기가 침착한 상태를 유지하도록 할 수도 있다. 그런 아기는 이동과 자세와 같은 접촉과 운동감각과 같은 자극으로 더 각성될 수도 있다. 그래서 마사지를 하거나 간질이거나 자세를 자주 바꿔주어 각성 상태에 이르도록 할 수도 있다. 각성 상태일 때, 아기는 목소리와 표정에 더 흥미를 느끼게 될 수도 있다.

요약하면, 이런 발달 초기 동안에 영아는 침착하고 각성된 상태를 성취하고 당황하지 않고 주변 세상이 제공하는 감각을 경험하도록 노력하게 도와주어야 한다.

(2) 사랑에 빠지다(애착)

약 2개월에서 5개월 동안 내면 상태를 조절하는 첫 단계(항상성) 시기를 성공적으로 보내는 영아는 일차 양육자와 매우 친근해지기 시작할 것이다. 게다가 안아주고 음식을 먹여주는 행복한 기분과 양육자의 표정, 목소리, 향기, 접촉에 대한 감각을 연결시키기 시작한다. Greenspan은 결과적으로 아기들이 "사랑에 빠진다."라고 말한다(Greenspan & Greenspan, 1985, p.16). 이것은 영아 애착의 필수조건이다. 영아가 양육자의 존재와 행동에 대해 반응하는 것처럼 양육자의 이런 경험에 대응하는 것을 유대관계(bonding)라고 한다. 양육자가 영아와 유대관계를 형성할 때, 양육자는 행동적으로, 정서적으로 영아에게 반응적이게 되고 영아와의 애착이 강하게 된다. 앞에서 논의했듯이, 애착과 유대관계의 발달은 시간이 흐르면서 진행되고 역동적이며 상호작용적이다. 상대에게 강력한 방법으로 영향을 준다.

시각장애나 청각장애가 있거나 양육자의 행동에 적극적인 방법으로 반응하기 어려운(미숙아동이거나 모체의 약물에 노출된) 영아는 이 단계에서 몇 가지 위험에 처할 수 있다. 예를 들어, 민감한 영아의 경우 자신의 얼굴에 어머니가 얼굴을 가까이 가져오거나 이야기를 하면 울거나 고개를 돌려버릴 수도 있다. 영아는 어머니를 그저 슬쩍 보기만 할 수도 있고 어머니가 웃을 때 쳐다보지 않을 수도 있다. 이런 영아는 이 단계의 애착에서 중요한 결과인 인간 세계를 선호하는 발달에 어려움을 가질 수도 있다. **교류 모형(transactional model)**에 따르면, 유아와 그들의 부모가 시간이 지남에 따라 서로 어떻게 영향을 미치는지 이해하는 것이 치료를 위한 적절한 제언에 필수적인 것이다. "치료는 부모가 비정상에서 정상으로 볼 수 있는 능력을 증대시키는 것을 포함시킨다. 예를 들어, 아이의 크기는 다르지만 조산아도 만삭의 아기들과 유사한 발달형태와 인지적, 사회-정서적 요구를 지닌다는 것을 인식해야 한다."(Sameroff & Mackenzie, 2003, p.18)

(3) 의도적인 쌍방향 의사소통 방법

영아의 행동이 중요한 양육자로부터 지속적으로 피드백을 이끌어낼 때, 약 3개월에서 10개월까지의 영아 중에는 의도성이 점진적으로 발달하는 것을 관찰할 수 있다. 그들은 그들이 환경에 영향을 줄 수 있고, 특히 사회적 세계에서 의사소통하기 위한 행동을 사용할 수 있도록 학습한다. 양육자의 이 의도적 의사소통에 대한 반응은 영아 발달에 매우 중요하다.

특히 아동의 건강한 정서발달과 관련된 것은 **정서 조율**(affect attunement)이라고 하는 양육자의 반응 유형이다. 영아가 9, 10개월이 되면 양육자와의 상호작용 특징이 영아의 정서 단계를 반영하기 시작한다. 부모는 더 이상 단순히 모방하거나 아기의 행동에 반응하는 것이 아니라 영아의 기분을 정확하게 반영하는 것이다. 아기가 기분 좋을 때, 어머니는 미소를 짓고 이 감정을 반영한다. 영아가 울거나 기분이 나쁠 때 어머니는 "어유, 불쌍한 것"이라고 말하면서 얼굴을 찡그린다. 영아가 깜짝 놀랐을 때, 어머니는 눈을 크게 뜨고 "오, 세상에!"라고 말하면서 재빨리 물러난다. 이런 방법으로 영아가 다양한 감정을 표현해도 괜찮다는 것을 학습하기 시작한다. 양육자가 영아의 감정을 연결시키고 반영할 때, 영아도 다른 사람들의 정서를 인식하는 것을 학습한다. 가장 중요한 것은 그들이 그들의 행동뿐만 아니라 감정도 다른 사람에게 영향을 준다는 것을 학습한다는 것이다.

성인이 장애가 있는 영아의 정서적 단서를 읽도록 배우는 것은 상당히 중요하다. 예를 들어, 심각한 운동장애가 있는 영아는 기쁨이나 슬픔에 대한 분명한 단서를 주기 어렵다. 부모들은 아동이 하는 경험이 행복한지 그렇지 않은지 확신할 수 없어 매우 당황할 수도 있다. 가끔 화와 같은 극한 감정은 쉽게 이해된다. 여러 분야의 조기중재자는 부모가 이런 정서적 의사소통을 분명히 해서 적절히 반응하도록 돕기 위해 부모와 함께 팀을 이루어 작업을 할 수 있다. 이러한 정서적 의사소통에 실패하는 것은 영아가 포기하고 수동적이 되고 움츠러들게 하는 위험을 증대시킨다. 이런 반응은 구조화된 자아개념이라는 정서발달의 다음 단계를 완전히 인식하는 데 필요한 아동의 능력을 방해할 것이다.

(4) 구조화된 자아개념의 출현

영아에서 걸음마기로 전환되는 9개월에서 18개월 시기까지는 영아가 타인과 분리된 개인으로서의 자신에 대해 좀 더 명확하게 인식하는 것을 성취하게 되는 중요한 발달적 시기이다. 그들은 **말초적 의사소통**(distal communication)을 활용하여 양육자와 분리되기 시작한다. 즉, 그들은 방을 가로질러 기어 다니고 아버지가 웃고 말을 하면 뒤돌아 볼 수 있다. 이런 방법으로 걸음마기 유아는 양육자와 떨어져 있을 수 있지만 여전히 사랑과 지지를 받고 있다는 것을 학습한다. 그래서 마침내 그들은 물리적으로 떨어져 있는 것이 안전하고 자기 자신도 분리된 개체라는 것을 학습하게 된다.

장애가 있는 아동은 이 단계 동안 특별한 도움이 필요할지도 모른다. 예를 들어, 시각장애 아동은 말초적으로 의사소통하는 것을 학습하도록 도와주어야 할 때도 있다. 부정적인 환경에 있거나 복잡한 위치에 있는 걸음마기 유아는 모든 정서적 발달 단계에 방해를 받을 수도 있다. 만약 걸음마기 유아의 사회적 환경이 반응적이지 않고 다양한 감정을 표현하고 이해하지 못하면, 자아발달이 상당한 위협을 받게 될 것이다.

걸음마기 유아의 자아가 발달할 때, 그들은 연관성을 인식하고 정서적 사건에 대한 좀 더 복잡한 감정연결을 사용하는 것이 점점 늘어간다. 예를 들어, 어머니가 집으로 돌아왔을 때, 걸음마기 유아는 단순히 웃기만 하는 것이 아니라 웃고 소리 내고 아장아장 걸아서 안아달라고 손을 뻗는다. 그들은 적절한 방법으로 이런 행동을 시작하고 실행한다. 다양한 환경과의 상호작용하는 방법에 대한 감각은 내면화되고 구조화되기 시작한다. 그들의 자아상이 형성되고 있다.

(5) 정서적 아이디어(표상)

18개월에서 30개월까지의 걸음마기 유아는 점점 더 내면적으로 또는 정신적으로 개념과 경험을 표현할 수 있게 된다. 24개월에는 걸음마기 유아는 기본적 감정(행복, 슬픔, 화, 공포)과 요구에 대한 정신적 표상을 만들 수 있다. 30개월이 되면 아동은 정신적으로 한 가지 놀이 에피소드나 표현(아기가 피곤하다, 아기가 엄마를 안는다)에 대한 두 가지 이상의 감정뿐만 아니라 더욱 광범위한 요구와 감정을 표상하고 표현할 수 있다. 정서적으로 건강한 걸음마기 유아는 다른 사람이 보는 것 같은 것뿐만 아니라 기본적으로 느끼는 감정에 대한 명확한 정신적 표상을 발달시킨다. 예를 들어, 영아는 어머니, 아버지가 화가 났을 때의 모습을 만들 수 있을 뿐만 아니라 자신이 느끼는 화나 공포의 정신적 표상을 만들 수 있다.

이 시기에 걸음마기 유아는 더욱 독립적이게 된다. 그들은 자기 자신의 정서 상태와 중요한 타인의 정서적 특징을 좀 더 세밀하게 이해하도록 발달하게 된다. 즉, 자기 스스로를 가끔은 버릇없이 또 가끔은 착하게 볼 수 있을 뿐만 아니라 엄마가 가끔은 기쁘고, 가끔은 슬프다는 것도 알게 되고 그래서 각각의 모습이 같은 사람임을 알게 된다.

(6) 정서적 사고

30개월에서 48개월의 아동은 사고의 논리적 관계를 생각하고 그것에 대해 이해하기 시작한다. 예를 들어, 아동은 "저 여자 아이의 엄마가 화가 나서 그 아이는 슬퍼." 또는 "만약 내가 나의 여동생에게 뽀뽀해 주면 동생이 기뻐할 거야."와 같은 일반적인 관계를 이해한다. 아동은 어떻게 행동하면 어머니를 화나게 하고 어떻게 하면 다른 사람들은 기쁘게 하는지 그 방법을 배운다. 일관성 있는 반응을 경험하지 못하거나 다양한 감정 표현을 하지 못한 아동은 이 발달단계에서 방해를 받을 것이다.

이 단계에서 아동이 가상놀이에 참여하는 것은 정서적 사고의 발달에 중요한 역할을 한다. 가상놀이는 또한 중요한 교육적 치료적 활동이다. 가정하는 것을 통해 어머니와 아버지, 부모와 자녀, 남자 형제와 여자 형제 등의 자세한 관계를 실행하는 것뿐만 아니라 자신의 다양한 감정을 표현할 수 있다. 가상놀이는 아동이 화를 표현하기 위해 다른 사람을 때리는 것 대신에 "나 너한테 화났어!"라고 이야기하도록 학습하는 기회를 제공한다.

아동은 또한 자신의 정서적 위기나 실망을 표현할 수도 있다. 학대를 당하고 부적절한 환경에 있는 아동은 유기나 폭력에 대한 주제를 다룬 놀이를 통해 중요한 대처 전략을 학습할 수도 있다. 심각한 정서장애아뿐만 아니라 이런 아동들에게는 조기 교육자가 적절한 중재 전략을 정하여 정신건강 전문가들과 함께 협력하는 것이 중요하다.

2. 건강한 환경 만들기

조기 교육 전문가들은 그들의 관점을 기술 중심적 접근법에서 아동에게 적절한 환경의 중요성을 인식하는 보다 상호작용적인 관점으로 변화시켜 왔다. 이 **생태학적 관점(ecological perspective)**은 정서 행동적 문제를 예방하는데 도움이 되는 건강한 환경을 형성하고자 하는 요구를 인식하는 것이다. 그런 환경은 문제의 발생을 예방할 뿐만 아니라 아동과 환경간의 발달에서 생기는 갈등을 해결하는 주요 요소가 될 수 있다. 다음 내용은 대부분의 연구자들이 유아기 동안 최적의 성장으로 여기는 특징에 대해 논의하였다. 그림 6.1에서 이런 특징들을 강조하고 있다.

1) 구조와 일관성

Werner(2000)는 적응 행동의 경향을 "더 많이 반응적이고 양육적인 분위기와 함께 더 잘 구조화되어 있고 예측 가능한 환경과 관련되어 있는데, 그것은 기준, 규칙과 책임이 명확하게 정의되어 있고 일관되게 강조되어야 한다"(p.126)고 논의한다.

일관성은 예측성을 의미한다. 아동을 효과적으로 다루는 기술을 부모나 교사에게 가르칠 때, 예측성은 안정감을 느끼는 것과 같다. Maslow(1968)는 기본적인 신체적 요구를 안전에 대한 기대로 인식했다. 우리가 다음에 무슨 일이 일어날지 모를 때, 우리는 대개 항상 스스로 방어할 준비를 한다. "만약 우리의 예상이 사실이라면, 우리는 안심할 것이다. 만약 그렇지 않다면, 우리는 당황하고 화가 날 것이다. 우리의 예상이 전혀 맞지 않는다면 우리는 계속 혼란스러운 상태에 있을 것이다."(p.7)

실제적인 관점에서 양육자는 아동이 사회적으로 승인되는 행동 규칙을 학습하는 데 일관적이어야 한다. 우리가 야구의 규칙을 배우려고 하는데 타자가 방망이로 공을 치고 나서 첫 번째 베이스로 가는 것이 아니라 세 번째 베이스로 달려가는 것처럼 비일관적인 규칙은 아동을 실망시킨다. 만약 아동이 소파 위에서 뛰는 것이 허용되다가 또 다른 때는 야단을 맞게 된다면, 아동이 학습하게 되는 규칙은 '해보면 알게 되는 것' 이 된다.

'끔찍한 두 살' 대신에 우리는 '시험 중인 두 살' 이라고 불러야 한다. 그들의 시험에 일관된 반응을 보이면, 그들은 규칙을 배우고 그 규칙 속에서 기술을 수행하려고 한다. 동시에 일관성은 기본적인 인과관계에 대한 이해를 촉진한다.

2) 일과

Erikson의 신뢰감이나 안정감을 발달시키기 위해, 전문가들은 세심하게 계획을 세워야 한다. 아동이 다음에 무슨 일이 일어날지 예상할 수 있는 일과나 계획은 아동들이 한 활동에서 다른 활동으로 전환하는 것을 편안하게 여기는데 도움이 된다. 계획이 너무 고정적이지 않아서 교사가 '가르칠 수 있는 순간' 으로

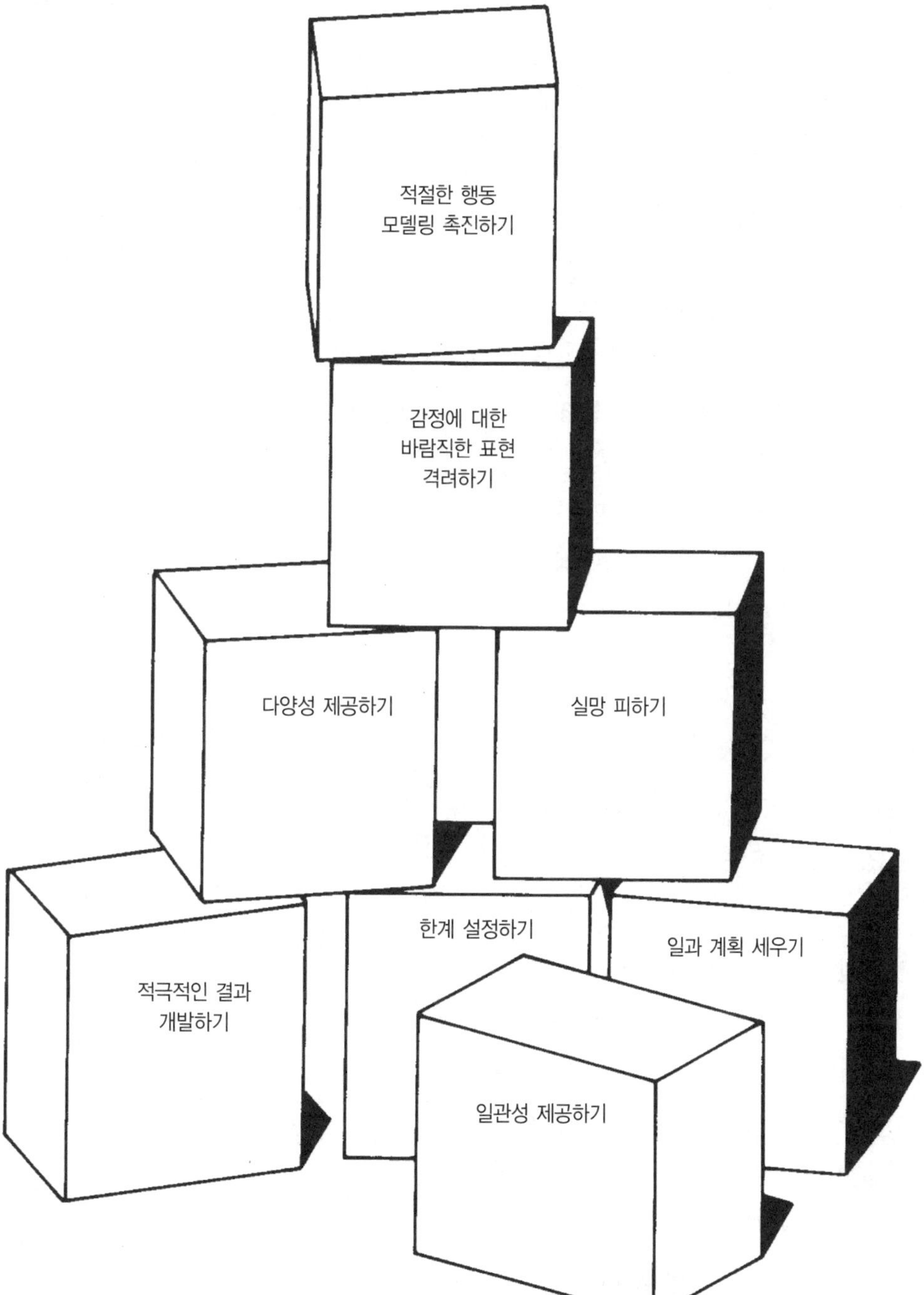

그림 6.1 건강한 환경 만들기

이용할 수 없지만, 아동들은 아주 짧은 활동들, 속도의 변화나 집단형성이 요구되는 활동 사이의 시간과 일과 변화를 준비할 수 있다.

아동의 잘못된 행동은 아동이 다음 활동이 언제 어떻게 변할지 모르기 때문에 나타나는 결과이다. 아동이 참여하고 있는 활동을 곧 끝내야 할 경우 가볍게 부드러운 말로 아동에게 신호를 주어야 한다. 유아는 참여하는 데 시간이 필요하기 때문에 참여한 활동에서 벗어나는 데도 시간이 필요하다. 교사는 아동이 변화를 예상할 수 있는 이해를 발달시킬 수 있기 때문에 아동에게 일과의 변화에 대해 분명하게 이야기를 해야 한다.

3) 한계

적절한 한계나 지시는 일관성을 제공하는 데 도움이 된다. 발달적으로 적절하고 분명한 지시나 한계는 안정이라는 정서적 요구를 성립시키는 것뿐만 아니라 신체적 안정에 대한 조건도 형성한다. 아동은 자율성에 대한 강력한 요구도 있지만 그들은 가끔 스스로나 다른 사람을 위험하게 하는 것을 피하기 위해 자신의 행동을 적절히 조절할 수 있는 인지적 판단이 부족하다. 행동적 한계는 아동이 적절한 자기통제를 발달시키도록 하고 내면화할 수 있는 기준을 제공한다. 앞에서도 지적했듯이, 교사는 필수적인 한계와 탐색할 수 있는 자유 사이에 균형을 형성해야만 한다.

아동과 교사 모두에게 필요한 긍정적인 학습 환경에 확실히 필수적인 규칙이 만들어져야 한다. 교사와 부모들은 또한 대개 너무 많은 규칙들 때문에 아무도 일관적으로 학습하고 실행하지 못하게 할 수 있다. 교사는 아동이 규칙이나 지시를 따라야 할 때 아동에게 선택권을 주어서는 안 된다는 것을 기억해야 한다. 무심코 성인들은 "이제 집에 갈 시간이다. 코트를 입겠니?"라고 질문을 하는 실수를 종종 한다. 아동이 "싫어요."라고 하면 어떻게 할 것인가?

아동 관리에 대한 잘 인용된 텍스트에서 Smith와 Smith(1976)는 좋은 규칙은 다음의 세 가지 요구사항을 충족시켜야 한다고 제안하였다.

1. *정의내릴 수 있어야 한다.* 규칙은 어휘와 기대 모두 아동의 발달 수준에서 이루어져야 한다. 해도 되는 행동인지 아닌지에 대한 상세한 언급을 해야 한다. 예를 들어, 우리는 자주 부모나 교사가 아동에게 "착한 사람이 되어야지."라고 이야기하는 것을 듣는다. 아동이나 어른에게 "착한 사람"은 어떤 것인가? 아동에게 실내에서 뛰지 않는 것이다. 왜냐하면 어제 그것 때문에 야단을 맞았기 때문이다. 부모에게는 점심을 먹는 것일 수도 있다. 왜냐하면 부모들은 점심 도시락에 남은 밥이 많다는 것을 알기 때문이다. 규칙이나 기대는 행동적 용어로 정확해야 한다. 만약 교사가 아동이 카펫에 앉을 때 아동이 어떤 자리에 있기를 원한다면 테이프 등으로 그 자리를 표시해서 아동이 확실히 제한을 알게 해야 한다. 명확하고 가시적인 도움은 인지 기술을

발달시키는 데 도움이 되는 것처럼 유아가 행동의 규칙을 학습하는 데도 도움이 된다.

2. *적절해야 한다.* 교사는 규칙을 정하기 전에 아동의 발달 수준을 판단해야 한다. 2세 6개월 된 영아에게 부모와 교사가 그들에게 원하는 만큼 나누기를 기대하는 것은 적절하지 않다. 발달적 기준에 대한 꾸준한 참고가 필요하다. 다른 아동들이 쉽게 익히는 제한도 발달지체 아동은 별도의 연습이 필요하다는 것을 명심해야 한다. 예를 들어, 다른 아동들은 20분 이후에도 이야기에 집중할 수 있지만 어떤 아동은 5분 동안만 이야기에 집중할 수도 있다.

3. *실행 가능해야 한다.* 교사와 부모는 모든 아동이 모든 규칙을 지킬 수 있거나 그렇게 할 거라고 가정해서는 안 된다. 어떤 규칙은 어길 수 있다. 제한이나 규칙이 아동을 안전하고 신뢰감을 느끼는 데 도움이 되기 위해서는 규칙이 실행 가능해야 한다. 아동이 교사가 약속을 어기는 것에 대해 아무런 조치도 취할 수 없고 어떤 일도 하지 않는 것을 보게 되면, 그들은 어떤 일이 일어날지 예상할 수 없어서 불안해 할 것이다. 아동은 제한을 찾고 즐긴다. 어떤 아동은 자신들이 생각하는 일이 정말 일어나는지 예상할 수 있는지 알아보기 위해 단순히 규칙을 어길 것이다. 이것은 '한계를 시험한다' 고 하고 이것은 모든 교실에서 일어난다. 앞에서 말했듯이, 교사들은 아동이 예측성을 발달시키는 데 보통 이것을 어느 정도 사용하는지 알아야 한다. 교사들은 확고하고 일관되고 침착하게 반응해야 한다. 이 반응은 아동에게 행동의 결과로 정의될 것이다. 만약 규칙을 어기면 어떤 일이 생기는지 알려준다. 그 결과를 피하려고 하는 것은 아동이 그들의 행동을 조절하려는 동기가 될 것이다. 그들이 자기 조절력을 발달시키도록 다른 사람들이 도움을 줄 때 그들은 안정감을 느낀다. 물론, 발달적으로 적합한 규칙만을 실행할 수 있다. 만약 특별한 환경에서 교사가 규칙이나 제한을 변경하게 될 때, 아동과 함께 의논하는 것은 아동이 일관성 안에서 융통성이 필요하다는 것을 이해하는 데 도움이 될 것이다.

4) 구성적 결과

아동이 사회적 책임감을 발달시키는 데 도움이 되는 효과적인 도구는 자연스럽고 논리적인 결과를 사용하는 것이다. **자연적 결과**(natural consequences)는 성인이 전혀 간섭하지 않고 아동이 상황에서 자연스럽게 일어난 것에서 배울 때 일어난다. 예를 들어, 게임을 할 때 협동하지 않는 아동은 다른 아동들이 자신과 같이 게임을 하지 않으려는 것을 바로 알게 된다. 만약 아동이 준비한 간식을 먹지 않으면 배고프게 되어 음식을 먹을 수 있을 때 먹어야 한다고 생각하게 된다. **논리적 결과**(logical consequences)는 반대로 자연적 결과를 알아낸 성인이 발달시키는 것으로 즉시 사용할 수 없는 것이다. 이런 것들은 대개 규칙을 지키거나 상황을 복구하고 혼란을 방지하기 위해서 사용한다. 예를 들어, 모래를 던지려고 하는 아동은 모래상자에서 놀지 못하게 된다. 아동이 자신의 행동을 조절하는 것을 배우는데 도움이 되는 결과는 논리적이고 즉각적이어야 한다. 만약 결과가 잘못된 행동에 대한 어떠한 논리적 관계도 낳지 못한다면 아동이 논리적 인과관계를 배우기 힘들다. 잘못된 행동에 대해 오랜 뒤에 발생하는 결과는 아동이 자신의 행동과 연결시키지 못할 것이다. 만약 아동이 결과의 원인을 기억하지 못하면 원인과 결과 간의 연결고리를 찾지 못할 것이다. "아버지가 오시기 전에 숙제를 해두지 않으면 벌을 주실 거야."라고 이야기하는 이유가 바로 그것이다.

5) 논리적 연계

행동과 그 결과에 대한 **논리적 연계**(local connections)는 아동과 환경 간의 건강한 관계를 형성하고 유지하는데 많은 이점을 준다. 물건을 부주의하게 사용하여 그 물건을 사용하지 못하게 된 아동은 구석 아무 곳에나 앉으라고 하는 것보다 교사를 독단적으로 보지는 않을 것이다. 구석에 앉아 있으라고 지시를 받으면 아동은 괴롭힘을 당하고 있다고만 생각할 것이다. 하지만 물건을 없애는 것은 다른 아동을 보호할 필요가 있는 것으로 생각될 수 있다. 또한 논리적 연계는 결과의 원인을 잘못된 행동이라고 쉽게 해석할 수 있게 하여 아동의 행동 변화에 초점을 두도록 한다.

결과에 통제를 받은 아동은 미래에 그런 결과를 끝내거나 막으려고 뭔가를 할 능력이 필요하다는 것을 알게 될 것이다. 예를 들어, 다른 아동을 방해하여 집단에서 빠져 있다가 자기를 조절할 수 있다는 생각이 들면 돌아와도 된다는 이야기를 들은 아동에게는 자신의 복귀에 참여하는 기회가 있다. 그들은 방해하는 행동이 자신이 제외된 원인이 되고 다시 돌아갈 기회를 얻을 수도 있다는 것을 배울 수 있다. 반대로 교사가 오라고 할 때까지 20분 동안이나 타임아웃 자리에 앉아 있어야 하는 아동은 즉각적인 자기 조절이 도움이 되지 않을 것이고 시간만 보낸다고 생각한다.

6) 다양성

하루 동안의 속도의 변화를 포함하는 주의 깊은 계획은 아동이 학습하도록 동기를 부여하는 데 꼭 필요하다. 아동의 발달 수준에 맞는 다양한 개별 활동과 집단 활동이 포함되어야 한다. 유아는 조용한 활동에도 참여하고 활동적인 활동에도 포함되어야 한다. 감각이나 신체 운동에 제한이 있는 아동은 좀 더 빨리 지쳐서 휴식이 필요할 것이다. 다른 유아들은 내적 긴장을 해소하기 위해 자유롭게 움직이는 것이 부가적으로 필요할 수도 있다.

원래 유아는 일반적으로 집중하는 시간이 짧다. 물론, 예외는 있다. 이것은 일과를 계획할 때 고려해야 한다. 만약 아동의 집중이 산만해지고 지겨워하고 실망하면 들뜨게 될 것이다. 많은 아동에게 영향을 끼쳐서 이런 산만함이 퍼지게 될 수 있다. 이것은 학습 이론가들이 시간이 지나면 산만해진다고 언급하는 이유 중 하나이다.

마지막으로 속도의 변화도 그냥 재미있는 것과 웃음으로 가득 찬 활동을 포함시키는 것을 의미한다. 대부분의 성인들은 너무 서두르거나 아동과 웃거나 실수를 학습경험으로 전환시키는 우연한 기회를 놓치는 것에 대해 미안해한다. 아동이 신발을 잘못 신었을 때 "너 신발 잘못 신었어."라고 반응하기보다는 웃거나 다시 신어보라고 격려한다.

7) 좌절 피하기

아동을 민감하게 관찰하는 교사는 치료 환경을 계획하고 수행할 수 있다. 그들은 실망과 스트레스에 대한 개인적 신호에 민감하다. 각 아동의 발달수준을 이해하는 것은 적절한 활동을 계획할 수 있게 한다. 하지만 가장 잘 이어진 활동도 아동이 피곤하고 배고프거나 아프면 실망감을 만들어 낼 수도 있다. 교사들은 아동이 소란을 일으키고, 울며, 손톱을 물어뜯고, 한숨을 쉬고, 불안해하며, 엄지손가락을 빨고, 화를 내는 것과 같은 경고신호를 빨리 인식해야 한다. 대개 활동의 즉각적인 변화는 실망을 줄이고 파괴적인 행동을 막을 수 있다.

교사가 간단한 지시를 하고, 상대적으로 짧고 의미있는 활동을 제공하며, 아동이 도움을 요구하면 도와주면서 교사가 혼란과 소음을 줄이면 실망을 피할 수 있다. 교사들은 과제를 분석하고 적절한 단계로 나눠진 과제를 조정할 수 있고 적절한 단계로 나눈 하위기술로 다시 나누어야 한다. 결과에 상관없이 노력은 인정받아야 한다. 경쟁은 피해야 한다. 성공적인 활동은 아동을 유쾌하게 할 뿐만 아니라 교사도 기분 좋게 한다.

전환시간이 순조롭게 계획되지 않으면 아동이 실망을 느끼는 시간이 될 수 있다. 마음이 산란한 아동은 궁금하거나 방황하도록 두면 규칙을 지키지 않게 될 수 있다. 수줍음이 있는 아동은 두려워할 수도 있다. 전환을 위한 일과를 명시적으로 가르쳐야 한다. 앞에서 논의했듯이, 불빛을 깜박이는 것과 같은 신호는 아동이 한 활동에서 다른 활동을 준비하면서 긴장을 푸는 데 도움이 된다. 유아는 성인의 주요한 내적 시간이 발달되지 않았다는 것을 잊은 교사만이 가끔 서두르는 유아로 인해 실망하게 될 것이다. 하루 동안의 주요 활동 끝에 자연스럽게 휴식을 계획하는 것은 전환을 순조롭게 한다. 예를 들어, 점심시간이 다가오고 있다는 걸 아동이 알면 작업을 한 후 정리하는데 아동의 도움을 쉽게 얻게 될 것이다

8) 바람직한 감정 표현 촉진하기

적절하게 잘 계획된 활동과 일관성, 잘 정의된 규칙이 있음에도 불구하고, 예상하지 못한 일들이 발생한다. 아동이 개인 간 상황에서 발생하는 감정에 적극적으로 대처하는 것을 배워야 한다. 화, 질투, 우울, 공포 그리고 다른 불쾌한 감정은 일반적인 개인 간 감정이다. 교사는 도움이 되는 표현을 할 수 있는 기

회를 제공할지 아니면 최소한의 일시적 억압을 할지 둘 중에서 선택을 한다. 교사가 하는 접근법의 선택과 성공은 그들 자신의 불쾌한 감정을 어떻게 잘 다룰지에 달렸다. 부정적 감정을 다루는 데 자신이 있고 아동과 신뢰 관계를 조심스럽게 형성시키는 교사는 정서적 성장을 촉진하는 방법으로 스트레스 상황을 다룰 수 있다(Snowman & Biehler, 2004).

민감한 교사는 아동이 자신의 감정을 적절히 수용하고 표현하도록 도울 수 있는 많은 기회를 발견한다. 실제적으로 교실에서의 어떠한 불쾌한 경험은 토론의 자료가 될 수 있다. 유아들은 감정이나 행동을 설명하는 긴 훈계를 받아들일 수 없다. 짧은 말이나 따뜻한 신체적 접촉이 아동이 그런 감정을 느끼는 것도 괜찮다고 인식하는 것에 도움이 될 것이다. 행동을 따라하는 것에 대한 질문과 감정에 대한 짧은 승인이 아동이 감정을 받아들이는 동안 정서를 적절히 이해하고 표현하도록 할 것이다. 예를 들어, 교사가 "Johnny가 너의 종이를 찢어버렸을 때 화가 난 것은 괜찮지만, Johnny를 때려서는 안 돼. Johnny에게 네가 얼마나 화가 났는지 알게 하는 다른 방법은 없을까?"라고 말할 수 있다.

잘 쓰여진 많은 책들은 아동이 자신의 감정을 발달시키는 데 효과적으로 대처하는 것을 배우는 데 도움이 된다. 죽음과 이혼과 같은 어려운 주제도 민감한 주제이다. 인형이나 역할놀이, 미술활동, 펀치백 놀이, 상상적이고 비구조화된 놀이도 아동에게 그들의 감정을 적절히 조절하는 활동의 기회를 제공한다. 예시 6.1은 아동이 그들의 감정을 이해하고 명명하고 적극적으로 표현하는 것을 배우도록 계획을 세울 수 있는 몇 가지 수업을 설명한다.

9) 적절한 행동 모델링 촉진하기

장애유아는 자주 비장애 또래를 모방하면서 새롭고 좀 더 적합한 행동을 학습한다. 모델링의 효과는 조기 교육 프로그램에서 장애아동과 비장애아동의 통합교육에 대한 강력한 논쟁이 된다. 사실, 관찰학습 기회는 집단 교수의 가장 중요한 진보 중의 하나이다(Noonan & McCormick, 2006). 이 학습 형태는 모델링으로서 언급되어 왔고 다른 사람의 활동을 모방하는 것으로 구성된다. 이러한 학습 형태는 우연히 일어날 수 없다.

교사의 책임은 모방을 통한 역동적 학습을 이해하고 원하는 행동의 적절한 모델이 이용 가능하다고 보장하는 것이다. 많은 변수는 아동이 관찰한 행동을 재현할지 하지 않을지를 결정하는 데 도움이 된다. 연구자는 단순히 장애아와 비장애아가 함께 있는 것이 꼭 원하는 또래 모방으로 나타나지 않는다는 것을 밝혀냈다. 아동들은 그들의 환경 안에 있는 다른 아동들과 그들의 교사로부터 직접적인 강화를 받는 것을 관찰하고 그들의 더 우수한 또래들을 더 많이 모방하거나 모델링한다. Allen과 Cowdery(2005)는 "교사들은 그러한 모방이 일어나도록 만든다."(p.311)고 기술하였다. 교사는 기대되는 행동을 위해 강화를 실시할 때 그들은 매우 명백한 위치에 있다.

예시 6.1

배려 가르치기

목표

아동이 배려하는 것을 배우도록 가르칠 기회를 매일 만든다.

시작하는 방법

1. 아동에게 바라는 모습대로 스스로가 되도록 하라. 배려하는 아동을 원한다면 여러분 스스로가 배려하는 사람이 되어야 한다.
2. 거의 매일 그런 표현에 주목하라. 자연스러운 방법으로 배려를 표현하는 아동에게 관심을 가져라. 그것만을 목적으로 하지 말라. 차라리, 부드럽게 쓰다듬거나 가볍게 안아 주어라. "Susie가 코드 입는 것을 도와주다니 친구를 배려하는구나." 또는 "참 친구를 위하는 구나"라고 말하라. 다른 아동은 관심을 보이지 않을 거라고 생각하겠지만 관심을 가지고 있다. 즉시 당신에게 배려하는 방법을 알아내려고 할 것이다. 그리고 물론 '배려'의 미묘한 의미를 배우고 있을 것이다.
3. 배려에 대해 주의를 집중시키는 것을 피하라. 무시하라.

며칠 뒤

1. 목표 특성에 대해 관심을 갖는 횟수를 줄여라. 위에서 설명하는 것을 계속하되 횟수를 줄여라.
2. 배려하는 아동에 대한 짧은 이야기를 만들어라. 인형과 판넬 보드나 폴라로이드 사진을 사용하라. 아동이 표현하는 배려에 집중하라. 한 장에 사진을 붙이고 아래에는 어떤 일이 있었는지 간단한 이야기를 적어라. "Susie가 지나갈 수 없었다. Tommy가 자기 의자를 움직여 주었다. 그래서 Susie가 지나갈 수 있었다. 참 배려심이 있는 것 같다."라고 기록할 수 있다.
3. 배려에 관한 예가 있는 이야기와 내용을 읽는다.
4. 가끔 인형이나 이야기로 배려심(또는 당신이 그 상황에서 초점을 두는 특성)이 부족한 것에 대해 언급하라. 그리고 아동에게 배려하도록 제안하라. 주의하라. 이때는 훈계를 해서는 안 된다. 해야 하는 것으로 연관시키지 말라.

참고: 당신은 배려를 가르치는 것뿐만 아니라 당신은 아동이 기분과 행동의 이름을 배우도록 돕고 있다는 것을 기억하라. 성인들은 아동에게 너무 자주 "배려 깊어야 해."나 "배려심 없는 행동이야."라고 이야기한다. 아동은 자신들이 하는 이야기에 대해 약간의 생각도 하지 않을 수 있다. 좋은 행동을 명명하는 것은 아동이 자발적이고 목적을 가지고 표현하는 것을 더 쉽게 한다.

계속해서

1. 당신이 바라는 특성의 예에 계속 관심을 가져라. 물론, 이런 특성의 횟수가 늘어가면 일관성 있게 각 상황에 관심을 보이는 것은 불가능하다. 그럴 필요도 없다. 긍정적 특성의 표현에는 특별한 마법이 있는 것 같다. 한번 형성된 특성은 사라지는 것 같지만 그저 다시 관심을 가지기 시작하면 일상적인 바탕이 된다.
2. 새로운 목표를 정기적으로 소개하라. 그것이 확산되는 것을 살펴보라. 여러분은 버릇없는 아동이 첫 날부터 목표 행동의 특성 몇 가지를 표현하는 것을 조금은 빨리 발견할 수도 있다.

교사는 또 다른 아동을 위해 박수를 치도록 격려할 수 있고, 아동의 이름이 적혀 있는 종이에 행복한 얼굴 스티커를 다른 아동의 이름 위에 붙이거나 스티커를 가지게 할 수 있고, 그리고 앉아서 인내심 있게 기다리는 첫 번째 아동에게 간식을 배분 할 수 있다.

3. 사회적 기술 촉진하기

긍정적인 사회적 기술의 발달은 지역사회를

바탕으로 한 특별한 요구가 있는 아동의 성공적인 통합에 중요하다. 사회적 기술도 우정과 자존감을 발달시키는 기술과 같이 유아의 정서적 행복에 필수적이다. 부록 A는 사회적 기술의 연속적 발달을 나타낸다. 그것은 "통합 유치원에서 장애를 가진 유아들은 장애가 없는 그들의 또래만큼 사회적 행동에 참가하지 않고, 그리고 그들은 사회적으로 거부될 가능성이 더 있다." (Lau, Higgins, Gelfer, Hong, & Miller, 2005, p.208)는 것을 밝혔다. 유아교육자들은 장애를 지닌 유아들이 그들의 또래와 함께 적절하고 효율적인 관계를 만들도록 그들의 역할을 도와야 하는 중요성을 이해한다. 그들은 모델링, 직접교수, 칭찬, 토큰 강화 그리고 사회적 통합 활동을 제공한다. 게다가 그들은 또한 장애아동의 완전한 사회 참여를 촉진하기 위한 또래 중재 환경을 구조화한다. 이와 같은 환경적인 구조의 예는 다음과 같다.

1) 환경 구성의 활용

1. 구조화된 학습 활동에 참여할 때 *상대적으로 (2명에서 3명) 작은 집단을 유지한다.* 작은 집단에서 교사는 아동들을 방해하는 요인 없이 전진적이고 긍정적인 사회적 상호작용을 촉진한다.

2. 상호작용을 고취시키기 위해 *집단 시간이나 탁자 주위에 자리를 배정한다.* 통합 환경에서 보통 정상발달 아동은 특별한 요구가 있는 아동 옆에 앉게 할 수 있다.

3. *바라는 기술이나 상호작용에 알맞은 자료를 제공한다.* 아동은 협동적 상황에서 그들과 함께 놀 것을 기대하기 전에 도구를 사용하여 장난감을 사용하는 것을 배워야 한다. 자료를 사용하는 기술이 없어서 좌절하게 된 아동은 파괴적으로 되거나 움츠려든다.

4. *협동적인 상호작용을 촉진하는 자료 선택*

을 *권장한다*. 일부 자료는 다른 것보다 긍정적인 사회적 상호작용을 더 전달한다. 고립적 장난감(크레용, 점토, 퍼즐)보다 사회적 장난감(블럭, 공, 인형)을 선택하게 한다. 특별한 규칙이 있고 간단하게 탁자에서 하는 게임은 모래나 크레용, 퍼즐과 같은 비구조화된 자료보다 협동적 놀이를 더 확산시킬 수 있다. 상상놀이가 발달되지 않은 장애아동은 긍정적 인간관계가 우선적인 목표일 때, 구조화된 것에서 비구조화된 것으로 점점 이동한다. 교사는 어떤 자료가 원하는 행동을 촉진하는 데 가장 영향력 있는지 결정하기 위해 자세히 관찰해야 할 것이다. 부가적인 것은 부록 F를 참고하라.

5. *협동과 모방을 촉진하는 데 충분한 자료를 만든다*. 아동은 사용하는 자료가 많을 때, 협동적 놀이는 아동이 나누려는 의지에 달렸다. 만약 나누는 것이 놀이 활동에서 우선시하는 것이 아니라면 남는 자료가 있어야 한다. 모방 또한 즉시 가능하지 않고 아동이 자료를 사용하기 위해 기다려야 한다면 모방 행동은 강화될 수 없다.

6. *협동을 요하는 뚜렷한 활동을 계획하라*. Hewett와 Taylor(1980)는 서로의 목표에 도달하기 위해 의사소통하고 협력하기 위해 적어도 두 명의 아동이 필요한 많은 활동을 설명하였다. 각자의 동작이 다른 사람에게 꼭 필요한 것이다. 예를 들어, 팬 정리하기 과제에서는 두 아동이 칸막이의 반대편에 앉아 있어야 한다. 한 아동은 (예를 들어, "나는 빨간 팬 위에 노란 자동차를 놓고 있어.") 팬에 놓여 있는 물건으로 무엇을 하고 있는지 설명하는 사람이 된다. 다른 아동은 설명하는 사람의 동작을 모방하기 위해 이런 지시를 따라하려고 한다. 이런 활동은 특히, 협동을 하고 지시를 따르기 위해 오래 집중하는 데 어려움이 있는 아동에게 도움이 된다. 물론, 말을 잘하는 아동이 이 과제를 더 잘 수행한다. 어떤 아동에게는 다른 사람의 행동을 따라하고 모방하는 방법을 가르쳐야 한다는 것을 기억하라.

2) 사회적 기술 중재자로서 정상또래 활용

몇몇 저자들은 사회적 기술 발달의 중재자로 또래를 활용하는 전략을 설명하였다. 또래 중재 전략과 함께, 코칭은 장애를 가진 아동을 촉진시키기보다 사회적 상호작용 능력을 증진시키기 위해서 또래에게 제공되는 전략이다(Rosenberh & Boulware, 2005). 이런 전략은 특별한 요구가 있는 아동들에게 또래가 기술이나 활동을 설명하도록 하고 서로 상호작용을 개시하기 위해 장애가 있는 아동이나 없는 아동 모두를 훈련하거나 주도적인 상호작용을 촉진하도록 한다. 그것은 특별한 요구를 가진 아동들보다 더 높은 수준의 사회적 기술을 가진 또래를 가르치는 것이 이상적이다. 또래들은 장애를 가진 아동들이 만들어 내는 사회적인 상호작용의 시도를 공유하고, 보조하고, 나누기를 요구하고, 나누도록 가르친다.

4. 발달적 놀이 행동 격려하기

장애아동을 위한 놀이의 중요성에 대한 연구가 제한적이지만, 놀이가 그들의 발달에 중요한 기여 요인이라는 내용이 보편적으로 받아들여지고 있다. 아동 발달의 모든 측면에 대한 중요한 역할을 한다는 것을 인식하면서 연구자들은 지금 다양한 관점으로 놀이 행동에 대해 연구하고 있다.

1) 놀이의 중요성

플라톤과 아리스토텔레스까지 올라가 보면 초기 문서에 놀이의 중요성이 언급되어 있다. 프로이드학파는 놀이에서의 경험을 반복하는 것을 괴로운 일을 극복하는 수단으로 본다. 에릭슨학파는 놀이를 아동이 삶의 경험을 조직하고 통합하는 방법으로 활용된다고 본다. 피아제학파는 자신의 환경을 정복하는 필수적 수단으로 놀이를 본다. 놀이는 창의성을 발달시키고 아동의 반응 레퍼토리를 증가시킨다. 교수와 학습 상황으로서 놀이의 중요성은 5장에서 논의하였다.

덧붙여, 사회적 능력을 이끄는 기술의 발달에서 놀이의 중요한 역할은 상당한 관심을 받고 있다(Pierce-Jordan & Lifter, 2005). 교사는 수용 가능한 사회적 기술의 발달을 확장시키는 한 가지 방법으로 아동이 다른 사람들과 적절하게 놀이를 하도록 도울 수 있는 사회적 기술자가 되도록 지도받아야 한다.

자유롭고 적절하게 지시적인 놀이를 촉진하는 환경 구성의 중요성을 과소평가할 수 없다. 유아교육자들은 모든 취학전 기관의 교육과정의 한 부분으로 놀이 활동의 필요성을 인식하였다, 하지만 책무성 문제로 어떤 교실에서는 자유로운 놀이가 위태로워지고 있다. 교사는 학습으로서 놀이 활동의 가치를 평가해야 한다는 압박감을 느끼고 있다. 아마 그 어려움은 지금 덜 구조화된 창의적인 활동, 선택의 자유 그리고 발달적 결손을 중재하기 위해 고안된 직접적 과제라는 세 가지 방법 간의 균형에서 만들어지고 있다.

2) 놀이의 특성

Piaget(1963)는 놀이를 세 가지 넓은 범주로 나누고 있다. 첫 번째, 기능놀이는 인지발달의 감각운동기에 나타난다. 기능놀이는 탐색과 활동을 끝마치기 위한 반복으로 특징지어진다. 물건을 넣었다 뺐다하는 게임은 일반적인 연습을 위한 놀이이다.

상징놀이는 두 번째 놀이 범주로, 인지발달의 전조작기 동안에 일어난다. 상징놀이에 속한 취학전 아동은 한 대상을 다른 것으로 재현하거나 상징하는 데 사용하는 것을 볼 수 있다. 아동은 작은 나무 블록을 카메라의 특성이 있다고 생각하여 '사진을 찍으며' 돌아다닌다. 아동의 발달된 언어능력은 경험을 모방하고 경험에 반응하도록 하여 가상놀이나 극놀이를 촉진하게 된다. 놀이의 세 번째 유형은 규칙이 있는 게임이라고 하는데, 이것은 좀 더 복잡한 의사소통과 협력을 요한다. 어떤 아동은 취학전 기간 동안 규칙에 근거한 놀이에 참여할 수도 있지만 이런 행동에 대한 관심은 7세에 가까운 인지발달인 구체적 조작기 동안에 강조된다고 본다.

3) 놀이를 통한 사회적 상호작용 기술의 발달

문헌 개관에서 연구자들은 미래 기능에 대한 예언인으로 장애아의 인지적 능력을 강조하는 것에서 사회적 발달을 고려하는 것으로 그들의 관점이 바뀌고 있다고 했다. 통합에 대한 좋은 의도에도 불구하고, 우리는 그들의 놀이에서 정상발달 아동이 장애를 가진 아동을 일반적으로 포함시키지 않는다는 것을 거듭 발견하였다. Brown과 Bergen(2002)의 연구에서 장애아동은 단지 어른이 있을 때만 놀이에 포함된다는 것을 밝혔다. 특별한 프로그램 전략은 특별한 요구가 있는 아동의 사회적 기술 발달을 촉진하고 상호작용을 증가시키는데 필요하다. 그들은 일상적 놀이 행동을 통해 요구되고 있는 일반 아동의 개인 간 기술을 발달시키는 데 거의 숙련되지 않는다. 사회적 놀이 행동의 발달 수준을 이해하기 위해, Parten(1932)의 권위 있는 연구에 대해 논의해 볼 것이다. Parten의 사회적 참여 6단계는 참고할 만한 순서를 제공하지만 확실히 따르기에는 경험적, 실제적 지지가 더 필요하다. 적어도 관찰과 중재 전략에 대한 기준을 제공해야 한다. 각 단계에 대한 다음의 논의는 Bailey(1978)의 연구에서 상세히 설명한다.

1. *비참여 행동.* 이 단계에는 개인 간 상호작용이 없다. 아동은 자신이 관심이 가는 것을 쳐다볼 수도 있다. 어떤 아동들은 자기 자극을 위한 행동을 할 것이다. 이 단계에서도 아동들은 가까이에 다른 아동이 있고, 사회적 환경 내에서 머물며 장난감을 조작하는 것을 강화해야 한다.

2. *단독놀이*. 아동은 또 혼자서 다른 아동이 가지고 노는 장난감과는 다른 것을 가지고 논다. 아동들은 다른 아동과 말을 할 수 있는 거리 내에 있지만 그들과 상호작용하지는 않는다. 교사는 아동이 다른 아동과 상호작용하지 않더라고 장난감을 공유하도록 장려해야 한다. 장난감을 세심하게 선택해야 하고 적절한 사용법을 강화해야 한다.

3. *방관자적 놀이*. 이 단계에서 아동은 확실하게 다른 아동의 놀이를 관찰하고 있고 그들과의 의사소통에도 참여할 수 있다. 다른 아동과 함께 실제 참여하는 단계로 나아감에 따라 성인은 아동을 확실히 관찰 가능한 곳에 두어야 하고 상호작용의 어떠한 시도라도 격려해야 한다. 장애유아의 사회적 상호작용에 대한 믿을 만한 접근법 중 하나는 사회적 교환의 주도자가 되기 위해 장애가 없는 또래를 가르치는 것이다(Chandler, 1998; Morris, 2002). 눈여겨 볼 만한 성과는 놀이를 할 때 다양한 장애가 있는 유아의 사회적 반응을 유도하기 위해 행동 절차를 사용하도록 훈련시켰을 때라는 보고를 한 것이다(Odom et al., 1999). 하지만 새로운 환경의 일반화에 문제가 있었다. 그래서 Guralnick과 Neville(1997)은 장애아동이 반응을 하도록 '자연적' 주도권을 가지고 있는 훈련받지 않은 비장애 또래와 함께 하는 놀이에 참여하는 효과적인 절차를 제안하였다.

4. *병행놀이*. 이 단계의 행동은 다른 아동이 사용하는 것과 같은 장난감을 사용하는 아동 사이에서 혼자 놀이하는 것을 포함한다. 아동이 완전히 참여하도록 하기 위해서, 교사는 비장애아가 장애아와 함께 장난감을 같이 가지고 놀고 장애아동에게 장난감을 달라고 하는 것을 격려해야 한다. 이런 방법으로 비장애아는 참여의 주도자로 행동한다. 장애아는 정확히 집단 내에 있어야지 그 주변에 있어서는 안된다.

5. *연합놀이.* 이 단계에서는 아동이 다른 아동과 함께 놀이를 한다. 빌리고, 빌려주고, 나누고, 비슷한 활동에 참여하고, 활동보다도 연합에 초보적인 관심을 갖는다. 이런 참여를 촉진하기 위해 교사는 신중히 조직해야 한다. 교사는 장난감과 블록, 멋진 옷, 게임과 같은 상호작용을 촉진하는 물건을 제공해야 한다. 복잡한 것은 파괴적 놀이로 가게 하는 경향이 있으므로 공간은 적절해야 한다. 비장애 또래에게는 교실의 장애 친구와 공유하고 대화하는 것을 강화해 주어야 한다. 장애아동이 부가적으로 강화를 필요로 하고 집단 주위를 맴돌고 있다면 놀이의 재조정이 필요하다.

6. *협동놀이.* Parten의 단계 중 마지막 단계에서는 아동이 몇 가지 방법으로 조직된 집단에서 놀이를 하는 것이다. 거기에는 공통된 목표와 일의 분담이 있다. 보통 비록 한두 명이 이끌고 놀이를 하긴 하지만 모든 구성원이 집단의 일부라고 느낀다. 일반적인 활동은 블록놀이와 극을 하는 동안 구조 만들기를 포함한다. 협동적 놀이를 촉진하기 위한 교사의 역할은 환경을 준비하고 적절한 공간과 두 명 이상의 아동 간의 협동적 상호작용을 요구하는 '사회적' 장난감을 제공하는 것에 중심을 준다.

(1) 아동이 놀이를 하도록 하는 몇 가지 방법

교육은 대개 일부 아동들이 자유놀이를 통해서 즉시 학습하는 것 같지 않기 때문에 구조적이고 교사지시적인 놀이를 강조한다. 놀이에서 아동의 참여에 영향을 주는 환경적 요인을 더욱 인식한다(Taylor, Peterson, McMurray-Schwarz, & Guillou, 2002). 예를 들어, 부적절한 장난감과 놀이 자료는 장애아의 제한된 놀이 행동을 나타나게 한다. 내구성이 없는 장난감은 거칠게 가지고 노는 데 어려움이 있고 상징놀이를 위한 인형과 같은 장난감은 어떤 아동들에게는 발달적으로 적합하지 않다. 기능놀이를 더 해야 하는 아동은 반복적으로 사용 가능한 튼튼한 장난감을 제공해야 한다. 참여하는 기술과 의사소통 기술이 부족한 아동은 나누거나 순서를 기다리는 것이 잘 되지 않는다. 이런 기술을 발달시키는 데는 시간이 필요하고 모델링과 강화로 신중히 가르쳐야 한다. 교사는 아동의 가장 적합한 놀이 활동을 격려하기 위해 발달적 강점과 약점을 평가해야 한다.

교사가 아동이 환경을 탐색하고 다양한 장난감을 효과적으로 사용하기 시작하는 것에 주목하면, 좀 더 세련되고 지속적인 장난감 놀이와 좀 더 사회적 상호작용을 필요로 하는 놀이의 발달을 격려해야 할 때이다. 예시 6.2는 생산적인 자유선택놀이를 향상시키는 몇 가지 기준을 제시한다.

예시 6.2

생산적인 자유놀이 시간을 위한 단계 설정하기

A. 전반적인 놀이 영역 배열

1. 실내외에 적절한 공간을 제공하라. 혼잡한 곳은 피하라.
2. 책장이나 다른 것으로 작은 놀이 공간을 배열하라. 퍼즐, 책, 다른 물건들은 혼자 사용 가능해야 한다.
3. 블록과 다른 쌓기 자료들을 가지고 협동놀이를 할 수 있는 넓은 공간을 준비하라.
4. 한 코너의 부엌놀이는 집단 놀이를 촉진한다. 알맞는 크기의 팬, 숟가락, 그리고 아동에게 알맞는 도구를 제공하라.
5. 기본적인 공간 배열을 항상 유지해야 하지만, 사용가능한 놀이 자료는 다양해야 한다. 장난감이 '쉴' 보관 영역이 있어야 한다. 아동들이 가끔 무엇을 보관하고 무엇을 사용할지에 대해 결정하도록 하라.
6. 점토와 이젤을 비치해 두고 사용하는 것을 감시하지 말라.
7. 손인형, 인형, 인형집, 헛간과 동물은 매일 사용 가능해야 한다. 이런 상상을 자극하는 것은 혼자 가지고 놀든 집단으로 가지고 놀든 설치할 공간이 필요하다.
8. 활동을 장려거나 모든 아동들의 가장 많은 흥미 얻는 데 부적절한 소음을 유발하는 장난감을 제거하라. 작은 공간에 큰 자동차와 트럭은 대게 안전에 유의하기엔 너무 높은 수준의 활동성을 보인다.
9. 가능하다면 언제든지 실내와 실외 활동을 대체할 계획을 세워라. 실외 영역은 아래, 위로 기어다릴 수 있는 구조물과 세발자전거뿐만 아니라 안전하게 기어오르고 달릴 공간이 있어야 한다.
10. 특별한 요구에 민감해야 한다. 신체장애가 있는 아동을 위한 특별한 도구를 제공하라.

B. 시작할 때 규칙이나 기준 만들기

1. 규칙은 간단하고 수에 제한이 있어야 한다.
2. 아동에게 규칙을 이야기하는 것은 중요하지만 그다지 효과는 없다. 그들은 관찰과 경험을 통해 배울 필요가 있다. 하지만 교사는 확실히 규칙을 기억해야 한다.
3. 규칙은 배려심 있고, 친절하고, 예의바른 행동을 형성하도록 만들어야 한다. 다음은 알아본 것 중 유용한 것이다.
   a. 처음 장난감을 선택한 아동은 혼자 놀 것인지 같이 놀 것인지 결정해야 한다. 아동의 결정을 존중한다.
   b. 특히 나누어야 한다는 생각이 특정 아동에게 국한된 것이라면 나누는 것을 강요하지 말라. 하지만 나누는 것은 격려해야 한다.
   c. 집단을 만들어 함께 놀고 싶은 아동은 참여할 수 있도록 해야 한다. 새로운 참여자가 같이 놀자고 할 수도 있지

만 환영을 받지 못하면 참여할 수 없다.

d. 좋은 행동은 모델링되고 기대된다. "제가", "해 주시겠어요?", "감사합니다."를 일상적으로 교사가 사용한다. 아동은 이런 예의바른 것을 빨리 흡수한다.

e. 한 아동이나 집단이 하나의 놀이 활동을 끝낼 때, 다른 장난감이나 게임을 선택하기 전에 그 전에 있었던 자리에 두어야 한다.

f. 가끔 아동은 잠깐 쳐다보고 싶어 한다. 그것을 존중하라. 아동은 보관함이나 의자를 자주 바라본다.

g. 새로운 참여자인 아동은 이미 형성된 집단에 들어가기 어려워서 성인의 허락을 묻는데, 성인이 수용해야 한다.

C. 자유놀이 동안 교사와 학부모의 태도

1. 아동들이 그들의 현재 학습 요구에 적합한 활동을 선택하는 능력을 존중하라. 다양한 자료와 가능한 활동을 제공하면서 교사는 각 아동이 자기 지식으로 그 역할을 다 하도록 한다.
2. 각 아동이 좋은 판단을 한다는 것을 신뢰하라. 만약 실제 위험이나 불친절함의 정도가 심하면 제재를 가하라. 사건이 일어난 후에 처벌하는 것보다 문제를 예상하고 예방하라.
3. 교실에서 무엇이 일어나고 있는지 인식하라. 특정 아동에게 관심을 가질 때 교사는 모든 아동과 모든 것에 민감해야 한다. 시작부터 이런 인식을 가지면 아동이 일관적으로 규칙을 잘 따르게 된다.
4. 자기주장이 부족한 아동을 과잉보호하는 것은 피해야 한다. 좀 더 공격적인 아동에게 나누도록 하는 교사는 자기주장의 부족으로 스스로에게 단호하게 대하지 못하는 아동에게 보상을 준다. 차라리, 조용한 아동에게 자신의 차례를 요구하도록 하게 하라. 만약 그들이 소란스럽기 시작하면, 그 때에 논쟁의 대상을 제거하라. 그들이 문제를 해결하는 방법을 찾도록 설명하라.
5. 만약 수용할 수 없는 행동을 주장하면, 전 상황을 재검토하라. 만약 물건이 잘못된 자리에 던져져 있으면 적절한 자리를 찾아 이동시켜라. 실내에서 큰 소음이 문제라면 실외에 더 자주 나가라.
6. 아동이 수줍어하지 않도록 하라. 모두가 실수한 것에 집중하도록 한다든지 엉망이 되어 있는 것에 관심을 갖도록 하는 것은 좋지 않다.
7. 비교하지 말라. 항상 독창적인 것을 존중하라.

많은 아동에게 상상과 가상은 어려울 수 있다. 다른 사람으로 혹은 다른 무엇이 될 수 있는 자유는 아동이 자신의 껍질을 벗어던지도록 한다. 정장이나 모자들(소방관, 목동, 기차의 차장, 간호사), 할로윈 때 쓰고 난 오래된 의상이 필요하다. 동화시간 동안 동물인 척하는 것과 뮤지컬에 참여하는 것은 많은 아동이 자유롭게 뛰어놀 수 있도록 한다. 자유로운 움직임은 주위의 다른 아동들을 더욱 편안하게 한다.

유리로 되어 볼 수 있는 구멍이 있는 큰 상자는 방어심을 제공한다. 아동이 기어 들어갔다가 나왔다가 할 때, 그들은 사물을 보는 새로운 방법을 발견한다. 상자에서 유리를 통해 보는 것은 예상하지 못한 관점의 제한을 준다. 움직임은 목적을 가지게 된다. 안에 있는 것을 들여다보는 것은 몇몇 아동에게 흥미를 자아낸다. 만약 상자가 적당히 크다면, 작은 카펫과 간식을 먹는 곳은 다른 아동이 출입하도록 자극할 것이다.

교사들은 판넬 보드나 그림으로 짧은 이야기를 들려주고 싶어 할 수도 있다. 그러면 교사가 활동의 중심에서 간단한 도움을 주고 철회를 할 때, 대게 '이야기 놀이'를 하자는 제안을 받아들인다.

*역할놀이*는 가작이나 상상의 한 형태이다. 앞치마와 주방놀이 기구들은 아동이 엄마나 아빠가 되도록 한다. 플라스틱 망치는 아동이 목수나 차를 고치는 사람이 되게 한다. 일부 아동들은 형이나 언니인 척한다.

공포나 실망에 대한 많은 통찰력은 평가가 없는 역할극을 통해서 얻어진다. 물론, 이런 통찰력은 기쁘지 않을 수도 있다. 이러한 지식을 사용하는 방법에 대한 판단은 동정심, 이해, 지혜를 요구한다.

*손인형*은 치료적이고 대부분의 아동들이 재미있어 한다. 무대로 잘려진 상자, 내부가 없는 오래된 텔레비전이나 덮개가 있는 탁자가 손인형 극장이 된다. 물론, 원하는 부모가 있다면 실제 손인형 무대를 만들 수 있다. 손인형은 양말로 만들거나 간단한 패턴으로 바느질해서 만들 수 있다. 상업적으로 만들어진 손인형이 대부분 비싸긴 해도 좋다. 아동들은 즐겁게 손인형을 가지고 놀겠지만 만약 교사가 처음에 먼저 쓰고 보여준다면, 그들은 손인형을 더 잘 가지고 노는 방법을 알게 될 것이다.

수줍음이 많은 아동이 손에 인형을 끼고 처음 말을 하는 것이 놀랄 일은 아니다. 대개 그들은 자신이 말하고 싶은 때라면 언제라도 손인형을 사용하는 것이 필수적이라는 것을 알아낼 것이다. 손인형을 바꾸는 것은 세심하게 제공되어야 한다. 만약 특정 손인형이 효과가 있다면 교사는 아동에게 다른 손인형으로 많은 역할을 하라고 강요해서는 안 된다. 어떤 아동들은 그들이 감행하기 전에 그런 격려를 받는 것을 좀 늦추길 바란다.

또래와 놀이는 대개 아동을 자신의 껍데기에서 끌어낸다. 한 아동이 다른 아동이 엎어버린 퍼즐을 정리하는 것을 도와주도록 제안하는 것은 이후의 자발적인 친절로 이끈다. 어떤 아동들은 대부분의 성인이 믿는 것보다 더 완전하게 요구를 알아챌 것이다. Lance와 Carla의 경험을 살펴보자.

Lance는 유치원에 입학했지만, 몇 개월이 지나도록 교실 한 구석에 조용히 가만히 서 있다. 유치원 선생님은 인내심이 있고 경험도 있는 분이셨지만, 32명이 넘는 아동 때문에 Lance는 그 상황에 압도당했다. Lance의 이런 계속되는 수줍음 때문에, 그의 부모님은 그를 유치원에 보냈다. 그가 유치원에 들어갔을 때 그의 눈은 웃지 않았고 그의 입술은 꽉 다물어져 있었다. 며칠 동안 다른 아동이 그 주위에서 놀았다. 그는 간식도 먹지 않고 특별한 활동에도 참여하지 않으며 놀이에 참여하려는 어떠한 노력도 거부하였다. 그 뒤, Carla가 행동을 개시했다. 그녀는 네 살이다. 그녀는 Lance 앞에 가서 "나는 블록이 좋아. 나랑 같이 놀자."라고 이야기 했다. 힘들이지 않고, Lance를 바닥으로 당겨 블록 옆으로 밀고서는 블록을 쌓기 시작했다. 완전히 독백처럼 웃지도 이야기 나누지도 않으면서 그녀는 그에게 그녀가 만들고 있는 집이 얼마나 아름다

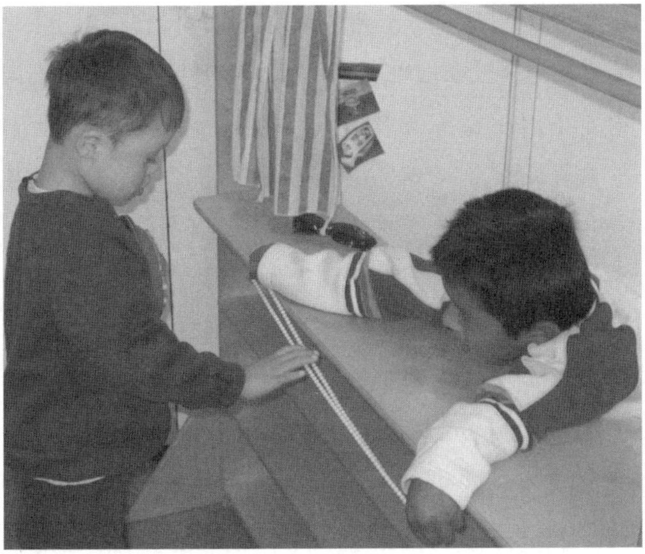

운지에 대해 이야기했다. Lance는 무미건조하게 바라만 보고 있었지만, 그녀에게는 전혀 문제가 되지 않았다. 잠시 후 Carla가 "블록을 뒤에 두도록 도와줘. 우리는 이제 퍼즐을 할 거야."라고 말했다. Lance는 움직이지 않았다. 얼마 후 Carla가 "Lance는 포도를 좋아해."라고 사람들에게 이야기했다. 교사는 Lance가 포도를 좋아하는지 Carla가 어떻게 알아냈는지 알지 못했지만, 다음 날 포도를 가지고 오기로 약속했다.

다음 날, Carla는 'Lance에게 줄' 포도를 부탁했다. 한손에는 포도를 들고 다른 손을 Lance에게 내밀면서 퍼즐 영역으로 갔다. 그녀는 "먼저 퍼즐을 할 거야."라고 말했다. 포도를 한 번 쳐다보았지만 Lance의 손이 닿지는 않았다. 그들은 퍼즐을 하기 시작했다. "우리는 이 퍼즐 다 하고 나면 포도를 먹을 거야."라고 Carla가 이야기를 했다. Lance는 웃으며 살며시 퍼즐 조각을 Carla에게 주었다. 그는 Carla와 함께 포도를 먹었다.

Carla가 Lance를 돌보는 것은 그녀가 Lance의 거부를 무시하면서 수 주 동안 이어졌다. 그녀는 항상 "Lance는 내 친구야."라고 모두에게 말하고 그와 함께 무엇을 할지 바쁘게 계획을 짰다. 그녀는 강하게 이야기하기도 하다가 달래기도 했다. 종종 Lance가 그녀를 무시하면 그녀는 Lance를 떠나버리지만 잠시 후, 언제 그랬냐는 듯 돌아와 있다. Carla는 Lance를 치료하기 위해 계획했고 실행했다. 의심의 여지없이, Carla의 자연스러운 관심이 잘 짠 교사의 많은 직접적 수업보다 효과가 있었다.

(2) 중증장애 아동의 놀이와 사회적 기술 촉진하기

확실히 중증장애 아동은 다른 아동과 함께 놀 기회가 거의 없다. 다른 사람들은 자신의 아동이 거부당하거나 놀림을 당할까봐 걱정을 하여 과잉보호할 수도 있지만 일부 아동들은 그들의 짧은 삶을 대부분 병원에서 보낸다.

물론 선천적으로 장애가 되는 많은 조건은 아동이 사회적 기술을 습득하는 데 어려움을 준다. 예를 들면, 청각이나 언어, 인지 장애가 심한 아동은 자신의 요구를 알리거나 적절한 언어적 상호작용을 하는 데 필요한 언어 표현을 할 수 없을 수도 있다. 신체장애나 행동조절이 되지 않는 아동은 그들의 행동이나 적응을 위한 기구가 사회적 상호작용의 방해요인이 되기 때문에 친구를 만드는 데 어려움이 있다. 그러므로 양육자는 좀 더 특별한 요구가 있는 아동의 효과적인 참여를 촉진하기 위해 특별한 노력을 쏟아야 한다.

몇 년 전에 텍사스 테크 대학교(Texas Tech University)에서 교육자들(1984)은 중증 장애 아동과 함께 활동할 때 특별히 주의를 기울여야 하는 목표 기술들을 다음과 같이 나열했다.

1. 다른 아동들과 놀이하는 것을 시작하고 유지한다.
2. 다른 아동의 지도에 따르거나 모방한다.
3. 창의적인 극놀이를 통해 가상놀이를 한다.
4. 자료를 공유하고 차례를 지킨다.
5. 그들이 무슨 생각을 하고 무엇을 느끼는지 다른 아동이 알게 한다(p.104).

이런 기술을 발달시키기 위한 몇 가지 전략은 이미 앞에서 논의하였다. 물론 아동이 이미 습득한 기술은 무엇이고 습득해야 할 기술은 어느 것인지 알아내기 위해 세심한 관찰을 시작하는 것이 필요하다. 게다가 Linder(1993)에 의해 제시되고 3장에서 논의된 놀이 중심 접근법은 매일의 놀이 일과를 통해 아동의 사회적 기술을 평가하기 위한 포괄적 기준을 제시하였다.

(3) 신체적 촉진과 소거

가끔 중증 장애아동은 장난감을 가지고 놀거나 타인에게 반응하는 방법을 모르기 때문에 놀이에 참여하지 않는다. 그들이 반응하지 않으면, 양육자가 강화하고 격려할 놀이 행동이 없다. 그럼 양육자는 원하는 반응으로 아동을 신체적으로 지도 할 수도 있다. 예를 들어, 만약 게임이 한 아동이 다른 아동에게 공을 굴려주는 것이라면, 양육자나 훈련 받은 또래는 아동의 손을 그들이 하는 것과 유사하게 행동할 수 있을 때까지 직접 지도를 할 수 있다. 신체적 촉진은 바라는 행동에 가까워지면 질수록 점점 줄어야 한다. 이런 신체적 촉진의 소거나 제거가 있는 동안 아동이 당황해하거나 외연적으로 혼자 스스로 할 준비가 되어 있지 않다면, 소거를 일시적으로 멈춰야 한다. 이러한 접근법은 심한 신체장애, 시각장애, 청각장애나 정신지체를 지닌 아동에게 매우 효과적일 수 있다. 신체적 촉진으로 행동을 따르는 것이 이런 아동들에게는 더 쉬울 것이다.

(4) 놀이 시작하기와 유지하기

가끔 신체적 촉진만으로는 불충분하다. 아동이 놀이행동을 시작하고 유지하는 데 필요한 말을 알아야할 경우가 있다. 아동이 다른 아동을 놀이에 초대하는 데 필요한 말을 알지 못하는 것 같으면, 양육자는 아동에게 도움을 주어야 한다. 예를 들어, Danny는 Brad가 자신이 모래로 길을 만드는 것을 도와달라고 하고 싶지만 그저 바라보고만 있다. 비언어적 단서를 잘 이해하지 못하는 Brad는 반응하지 않았다. 그때 Ms. McLynn이 "Danny, 가서 Brad에게 '길 만드는 거 도와줘.' 라고 말해보렴." 하고 말했다. Danny가 Ms. McLynn을 모방하자 Danny와 Brad가 같이 길을 만들기 시작하였고 교사는 그 둘 모두를 칭찬하였다. 다른 아동이 그 길을 밟기 시작하자, Ms. Mclynn이 " '그만!' 이라고 말해." 라고 했다. Danny는 다시 Ms. Mclynn을 모방하여 말했고 그 아동들은 놀이를 계속 했다.

5. 정서 · 행동문제 아동 돕기

일관되고 긍정적인 교사와 환경에 상관없이, 아동들이 건강하고 잘 조절된 성격을 발달시키길 간절히 원할 때, 부가적인 도움이 지속적으로 필요한 아동이 있을 것이다. 어떤 행동들은 확실한 문제로 받아들이도록 우리가 만든 과거 경험이나 가치, 지도실제와 기관의 기준 때문에 위기가 될 것으로 지각하는 행동들도 또한 있다. 아니면, Tomlin(2004)이 " '문제행동' 은 아동의 행동에서보다는 가끔 보는 구경꾼의 시선에 있다" (p.33)는 지적과 같다. 아마도 개인의 기질적 특성에 대한 "정상" 을 좀 더 이해한다면 우리가 직면하는 문제행동을 덜 강조하게 되고 더 인내하게 되는데 도움이 될 것이다.

1) 개인의 기질

"기질적 소인은 아동의 성격 발달에 대한 구획을 형성하는 데 필수조건이기는 하지만 충분조건은 아니다." (Sturm, 2004, p.5). 이렇게 타고난 것은 경험에 의해 영향을 받기 때문에, 그들은 개개인의 성격 특성을 발달시킨다. 기질적인 특성은 아동이 그들의 환경에서 정상 아동과 어떻게 상호작용을 하는지 결정한다.

최근의 연구자들은 그들의 기질의 개념 또는 관찰 행동의 초기에 보여지는 패턴을 토론할 때, 종종 Thomas, chess, Birch(1968, 1970)의 선구적인 작업으로 눈을 돌린다. 연구자들은 철저한 부모 면접과 아동 관찰로 성격의 특징을 9가지로 나누었는데, 연구된 아동의 약 65%를 설명하는 기본적인 3가지로 집중되어 있었다. 다른 35%는 기본적인 일관성 있는 성격이나 행동 유형을 보이지 않았다.

그들은 행동 강도는 낮고, 신체적 기능에서 적응적이고, 가까이 하기 쉽고, 예측할 수 있으며, 분위기는 긍정적인 사람으로서 얌전한 아동으로 설명하였다. 물론, 표집의 약 40%러 간주되는 이런 아동들은 교실에서 즐거운 존재이다.

두 번째 유형은 까다로운 기질의 아동으로서 표집 아동의 약 10%를 차지한다. 이런 유형의 아동은 부정적인 분위기이고, 변화에 적응하기 어렵고, 신체적 기능을 예측하기 어려우며, 환경적 요구에 민감한 반응을 나타낸다. 이러한 아동은 교사와 부모의 부가적 노력과 아동의 자존감을 손상시키지 않으려는 인내심이 요구되지만 관련된 성인의 자존감을 위협하는 어려운 방식으로도 행동한다. 성인이 여기서 말하고 있는 환경을 형성함으로써 확고한 지도를 제공할 수 없을 때, 이런 아동이 불행하거나 통제가 안 되는 경험을 하게 될 수도 있다. 지친 양육자를 위협한다는 것은 매우 현실적이다. 이런 가능성은 초기 발달지체를 보이는 위험에 처해 있는 아동의 경우는 심각하다. 아동이 장애라는 조건이나 미성숙 때문에 불가능하다면, 앞으로 초기 사회적 신호의 필요성을 인식하고 초기 애착을 형성할 수 없을 때, 그들의 까다로운 행동은 이미 양육 기술에 대해 불편함을 느끼는 부모에게 위협적일 것이다.

Thomas와 그의 동료들이 논의한 세 번째 유형의 아동은 느린 아동인데, 이들은 표집된 아동의 약 15%에 해당하였다. 이런 아동은 보통 새로운 환경에 부정적인 반응을 보이지만 시간을 갖고 기다리면 결국 적응한다. 이런 아동의 움츠리는 성향을 이해하고 기다려주는 것은 이 아동이 잘 조절되도록 하는 데 중요하다.

이러한 기질적 특성의 안정성은 아동의 개인적 특성뿐만 아니라 아동의 일차 양육자와의 역동적인 상호작용적 놀이에 달려있다고 여겨진다. Blackwell(2004)은 "바꾸어 말하면, 기질에 대한 충분한 이해는 아동의 환경적 맥락 내에서 아동을 고려하는 한 가지가 되어야 한다" (p.38).고 언급한다.

양육자의 책임은 아동과 환경의 상호작용 과정에 영향을 주어 까다로운 기질적 특성이 현재와 미래의 환경적 요구에 따라 건강하게 조정될 수 있도록 하는 것이다(Pelco & Reed-Victor, 2003). 그러므로 다음 부분에서 아동의 행동이 학습을 방해하거나 파괴적이거나 유해하다고 생각되는 경우에 도움이 되는 몇 가지 실제적 방법을 제시한다.

2) 자기 조절이 부족한 아동

자기 조절을 충분히 하지 못하는 아동은 대게 공격적이고, 적대적이며, 과잉행동적이고, 충동적으로 생각된다. 이런 아동들은 교실에서의 규칙을 따르는 것이 어렵다. 적대적이고 공격적인 아동이 있을 경우 다른 아동을 때리거나 물건을 부술 수도 있다. 과잉행동적이거나 충동적인 아동은 외부로 나타나는 동작을 조절하기가 거의 힘들 것이다. 이런 행동이 문제이기는 하지만, 지속되는 어떤 행동은 아동에게는 하나의 '활동' 이다. 그런 행동은 목적이 있는 의사소통의 기능을 한다. Strain과 Hemmeter(1997, p.4)는 그런 행동은 다음과 같은 메시지를 의사소통하려는 시도일 수도 있다고 제안한다.

1. "당신은 나에게 너무 어려운 것을 요구하고 있어."
2. "나는 당신이 무엇을 원하는지 모르겠어."

3. "나는 어떤 것이 갖고 싶어. 지금 그게 갖고 싶어."
4. "심심해. 나에게 관심을 가져줘."

이런 아동의 생각과 요구를 사회적으로 용인되는 방법으로 의사소통하는 것을 학습하는 데 도움을 주고 그들이 의사소통하려는 것을 인식하는 것은 우리의 책임이다. 우리는 요구를 예상하고 이런 행동적 에피소드를 예방하여, 의사소통을 하는 데 원하지 않는 시도를 막으려는 노력하려고 한다. 예방을 하려는 노력은 하고 싶은 인형과 활동을 활용하고 긍정적인 피드백을 제공하여 발달적으로 개별적으로 적절하도록 활동을 만들고 요구를 명확히 이해하는 것이 포함된다.

그것은 공격적인 행동이 높은 빈도로 발생할 때이다. 재산의 파괴와 동물의 학대 또는 다른 사람에게 위험을 주는 등의 극도의 행동을 포함한다. 또는 전문가의 중개가 요구되는 심각한 문제가 있다고 염려되는 행동이 3세 이후에 증가한다.

행동에 문제가 있는 아동은 주의력결핍장애(attention-deficit disorder: ADD)나 주의력결핍 과잉행동장애(attention-deficit hyperactivity disorder: ADHD)라는 병명을 얻게 된다. ADHD는 정상 수준의 주의를 유지하는 데 어려움이 있고, 매우 충동적이며 활동 수준이 높은 것으로 특징지어진다. 많은 유아들은 정상적으로 이런 행동을 나타내지만 ADHD인 유아는 이런 행동들이 부적절하게 높은 수준으로 나타난다(Wolrai, 2006). ADHD의 시작은 7세 이전이고, 주로 남아에게 더 많이 발생한다. 정도의 차이는 다르고 증상은 환경적 요소로 인해 심해지거나 좋아질 수 있다. 조기중재 전문가들은 행동 조절에 많은 어려움을 나타내는 아동을 자동적으로 ADHD나 ADD라고 생각하지 않도록 해야 한다. 완전하고 여러 분야의 진단을 통해서만이 믿을 수 있는 ADHD라고 진단할 수 있다.

주의집중 지속시간을 포함하는 어떤 진단은 많은 성인들이 비합리적인 기대를 가지는 것처럼 어린아동에게는 특히 어렵다. 문헌은 매일의 상황에서 정상적인 주의집중의 길이가 얼마인지를 나타내는 지표에 일관성이 없다. Ruff와 Capozzoli(2003)는 두 체계가 3세까지의 주의집중에 대해서는 신뢰할 수 있으며, 그것들은 다른 시기에도 중요하다고 가정하였다. 첫해 동안 영아는 그들의 주의집중 대부분을 신기한 것에 준다. 그들은 신경학적으로 발달함에 따라 주의집중과 활동을 조절하기 시작하고, 그리고 행동을 의도적으로 조절할 수 있게 된다. 아동이 한 가지 과제에 즉시 주의를 집중하고 주의산만에 저항할 수 있게 되는 연령은 4세 미만이다. Tomlin(2004)은 아동이 주의를 기울이는 능력을 발달시키도록 돕는 인지 발달의 중요성을 논의한다. 그녀는 우리에게, "과제를 지속하고, 적어도 부분적으로 인지 능력에 의존하고 상황적 요인에 영향을 받는 발달 기술로써 활동과 상황에 지속적으로 주의집중하는 능력을 고려하는 것이 유용하다."(p.32)는 것을 상기시킨다.

만약 어떤 아동이 학습장애나 심각한 정서적 혼란이 있거나 다른 건강상에 문제가 있는 것으로 의뢰되어 특수교육을 통해 추가적인 지역사회 정보를 받을 적격자로 된다면, 부모들은 이런 병명이 가족 상담이나 행동 조절 상담과 같은 부가적 도움을 위한 재정적 도움을 얻는 데 어쩔 수 없이 필요하다는 것을 인식하도록 도움을 받을 수 있다. 하지만 이 책에서 계속 이야기하고 있듯이, 병명은 대개 장점보다 단점이 많다. 담임교사나 부모의 기본적인 문제는 같다. 즉, 아동이 자신의 행동을 조절하는 것이다. 행동을 조절하는 많은 동일한 기술들은 이런 문제를 가지고 있는 모든 아동들에게 효과적으로 사용될 수 있다. 하지만 어떤 아동들은 개별적인 도움을 받을 것이다. 우리는 많은 아동들에게 유용한 기술을 가지고 시작해서 특별한 고려사항을 따를 것이다.

(1) 환경 준비를 통한 예방

교사들은 아동의 환경을 준비하는 것이 필요하다. 지나치게 활동적이거나 불안해 하거나 종종 자주 화를 내는 아동은 계속 앉아 있거나, 방향을 돌리거나, 설명을 기다리는 것이 불가능하다는 것을 안다. 그들은 끊임없이 꿈틀거리거나, 빙빙 돌거나, 흔들 수 있다. 만일 그들이 외부의 소리 또는 광경을 쉽지 않게 여과하면 그런 아동은 쉽게 과도한 자극을 받을 수 있다. 교사는 그들의 교실 안에 있는 잡음 정도와 이 아동을 둘러싸고 있는 시각적인 자극을 제한하도록 주의해야 한다. 최소의 공간을 가지거나, 다른 활동 또는 잡음 정도와 관련되는 센터는 너무 많은 혼란을 만들 수 있다. 외부로부터 걸러진 무능력함과 통제 자극은 식료품점이나 백화점에서 쇼핑할 때 부모들이 다루기 어려워 할 수 있는 이러한 몇몇 아동의 이유일지 모른다.

정신집중은 주의산만으로부터 자유롭게 활동하기 위한 조용한 장소를 제공함으로 개선될 수 있다. 이러한 아동이 너무 많이 기다리거나 나누어 갖지 않도록 충분한 장비와 자료를 이용할 수 있어야 한다. 교사는 좌절을 유발할 수 있는 작은 조각이 너무 많은 장난감이나 게임의 사용은 제한해야 한다. 그들은 외부의 움직임이 다른 사람들을 괴롭히지 않게 하기 위해서 충분한 공간을 두어 테이블의 간격을 멀리 떨어지게 해야 한다. 그들은 공격적인 행동을 유발할 수 있는 총이나 군인들 같은 장난감은 제거해야만 한다. 간식이나 또는 활동 재료를 기다리는 시간에 참을성 없는 아동들은 비교적 일찍 받을 수 있도록 배치해야 한다. 이런 아동이 그들의 자제하는 능력을 늘리는 사인을 보여주는 것에 따라, 기다릴 수 있는 시간을 늘려 나갈 수 있다.

(2) 일과

앞에서 논의 한 것처럼, 예측 가능한 일과는 어린 아동의 사회적으로 수용 가능한 행동을 지원하는 데 기본적인 것이다. 일과표는 예상되는 일과를 아동이 학습할 수 있도록 합리적으로 일관성이 있어야 한다. 무엇을 해야 하고 그것을 언제 해야 하는지를 알게 됨으로써 아동은 문제행동을 적게 나타낼 것이다. 활동 형태에서 예측 가능성은 무엇보다 중요하다.

(3) 교육과정 실행을 세심하게 살펴보라

교사는 교육과정 실행에 있어 세심하게 고려해야 한다. 아동이 자료나 사람과 함께 하는 활동에 적절히 참여할 때, 그들은 대개 적절한 행동도 따라한다. 집중하는 것이 어려운 아동은 학습전 기술의 발달 단계로 뒤처져 있을 수도 있고, 이후에는 학습장애라는 낙인이 될 수도 있다. 가끔 그들의 말이 너무 빨라 단어와 생각이 뒤죽박죽되어 결국에는 과도한 몸짓을 사용하게 된다. 아동의 실망은 자기 조절력 부족에 대한 수치심으로 자존감을 잃고 공격적인 행동이 증가한다. 이런 실망이나 좌절을 피하기 위해 지도는 매우 명확해야 하고 시각적 도움과 함께 하나씩 제시되어야 한다. 교사는 과제를 분석해서 연속적 단계로 과제를 제시하여 그들의 성공을 강화할 수 있다. 자료와 활동은 흥미로워야 한다. 집단활동 중에 아동의 이름을 자주 부르는 것은 아동의 주의를 기울이는 데 도움이 된다. 침착한 목소리는 필수다. 상기된 목소리는 아동의 활동수준을 높이고 예민하게 할 뿐이다.

비구조화된 자유놀이 시간이나 전환 시간은 충동적인 아동에게 특히 힘들다. 이런 아동에게 선택은 제한되어 있기도 하기 때문이다. 예시 6.3에서 제시하고 있는 것과 같은 전환 시간에 대한 뚜렷한 과정을 만드는 것이 도움이 된다. 교사나 보조자는 충동적인 아동이 새로운 활동에 참여하기까지 대부분은 함께 있어야 할 것이다. Hewett와 Taylor(1980)의 연구에서 그들은 "순서가 있는 과제는 아동이 일과에 적응하고 지시를 따르고 과제를 수행하며 자기 행동을 조절하는 데 도움을 주기 때문에 특히 유용하다"고 설명하였다(p.189). 눈과 손의 협응이 필요하고 완성할 수 있을 정도로 간단해서 아동이 즉시 성공을 인식할 수 있는 과제가 있다. 예로는 그림퍼즐, 나무 못 꽂기, 구슬꿰기 같은 것이 있다. 아동자유놀이나 작업 시간에 조절을 못하면 그들은 수용적이고 비처벌적인 평정을 얻도록 도움을 주는 이런 순서가 있는 과제를 하게 할 수 있다.

음악시간에 시끄럽고 활기찬 CD를 사용하면 조절이 어려운 아동이 당황할 수 있다. 어떤 레코드 활동은 아동이 참여하여 청각적 자료를 빨리 처리할 수 있도록 요구한다.

자기 조절력이 부족한 아동에게 이런 레코드는 부적절하거나 짧은 시간 동안만 사용할 수 있다. 교사들은 많은 문제행동이 단순히 과잉자극이나 좌절에 대한 반응이라는 것을 기억해야 한다. 이런 문제를 왜 만들고 강조하는 것일까?

교사들은 아동이 자신을 조절하도록 도울 수 있는 시각적인 도움을 활용할 수 있다. 카펫 자리나 마루 위의 테이프 조각은 자신을 조절할 수 있는 명확하고 시각적이고 감각적인 공간을 제공한다. 아동이 자신의 물건에 대한 명확한 위치를 아는 것은 모든 아동들에게도 역시 중요하다. 그들이 자신의 물건과 자기를 조절하는 데 도움이 된다. 견학을 할

예시 6.3

일과 활동 전환 기법

A. 아동이 자유놀이나 자유선택 활동을 할 때

1. 정리 시간 5분 전에 조용히 "정리할 시간이 다 되어 간단다."라고 이야기하라. 소집단이나 개별적으로 이야기해야지 전 집단에게 알려서는 안 된다.
2. "이제 정리 시간이란다."라는 신호를 종을 울려 알린다.
3. "정리 노래"를 부른다.
4. 아동들 사이를 다니면서 그들이 보관함을 찾아 장난감을 올바르게 정리하도록 도와주어라. 아동이 어디에 있는지 배움에 따라 교사의 도움을 줄여야 한다.

   제안: 연초에는 사용 가능한 장난감과 게임의 수를 제안하라. 아동이 바로 정리하는 것을 배움에 따라 새로운 것을 하나씩 제공하면서 뺄 것은 빼도록 한다. 어수선한 것은 피하라. 다양하게 제공하라. 즉, 퍼즐, 게임, 블록, 구슬, 색칠하는 자료 등. 각각의 장난감에 맞는 보관함을 준비하라. 아동이 청소를 할 때 어떤 보관함에 두어야 하는지 장소를 정해 두어라.

B. 모임 시간이나 대집단 활동에서 소집단 수업, 간식시간, 개별 수업과 같은 다른 지시적 활동으로의 전환

1. 한 활동을 마쳐야 할 때, "이제 _______ 할 시간이 다 되어 갑니다."라고 아동에게 이야기하라.
2. 웃으면서 동시에 각 아동과 간단한 눈 맞춤을 하라. 그리고 "지시를 잘 들어봐. _______ 의 차례란다."라고 말하라.
3. 각 아동에게 다음 수업이나 활동의 전환 장소로 이동하는 세부적인 방향을 이야기해 주어라. 예를 들어,

   교사: Matt야, 손뼉을 두 번치고, 네 귀를 만지고, 간식 먹을 자리로 걸어가도록 해. (다른 아동들은 Matt가 지시를 따르는 것을 보고 있다. 지시는 하나의 긴 문장으로 되어있다. Matt는 자신이 움직이기 전에 교사가 말을 마칠 때까지 기다려야 한다.)

   교사: (Danny는 학습장애 아동이다.) Danny야, 두 번 위로 뛰어보렴. (Danny의 지시는 짧고 좀 더 천천히 말한다.)

   교사가 탁자로 가는 것이나 다음 활동의 위치에 대한 자세한 지시를 할 때, 아동은 "화를 식히는" 동안 지시를 듣고 따르는 것을 배운다. 전환은 규칙적인 방법으로 일어나고 적절한 행동에 대한 감각을 향상시킨다.

때, 과잉행동을 하는 아동은 작은 집단에 속하게 하고 성인과 가까이에 있도록 한다. 만약 그들이 언어가 가능하다면, 그들은 대개 신체 조절이 더 잘 될 것이다. 2, 3명으로 된 집단에 유사한 유형의 이름표는 아동들이 작은 집단에 대한 수긍할 수 있는 소속감을 느끼는 데 도움이 된다.

(4) 신체적 접근과 접촉 조절 유지하기

성인의 신체적 접근이나 부드러운 접촉이 어떤 아동의 행동에 대한 조절을 유지하도록 도울 것이다. 이것은 특히 유아가 조절을 하는 데 부가적인 노력이 필요할 때 유용하다. 정부의 지원을 받고 있는 유아교육 프로그램이 초등학교 내에 존재한다. 그 결과 아동들이 줄을 서서 걷고 유치원 연령에 이르기 전까지는 대개 기대하지 않는 행동을 조절하게 되기도 한다. 교사가 필요한 조절을 유지하는 데 도움을 주어야 하는 아동도 있다. 이것은 잘못된 행동에 대한 처벌로 이루어지는 것이 아

니라 아동을 도와주는 것으로 문제가 생기기 전에 이루어져야 하는 것이다. 만약 교사가 손을 꼭 잡는 것을 처벌로 사용한다면 교사는 혐오 자극이 되고 아동은 손 잡는 것이 가치 있다는 생각을 거의 하지 않을 것이다.

(5) 자아통제 상실을 예방하기 위한 신호간섭 사용하기

만약 교사가 충동적인 아동의 두드러지는 면은 관찰했다면 그런 아동에게 신호간섭은 매우 효과적이다. 간식시간 전, 동아리 활동시간 동안, 귀가시간이 가까울 때의 지나친 좌절이나 활동과 같이 때때로 활동의 유형은 명백하다. 과잉자극, 충분히 움직일 수 있는 공간 부족이나 과제를 수행할 시간의 부족과 같은 환경적 요인은 문제 행동 유형의 한 부분이다. 고개를 끄덕이거나 윙크와 같은 비언어적 신화와 언어적 신호는 잘못된 행동의 시작 단계에 사용하고 그런 것을 이해할 수 있고, 왜 신호가 주어졌는지 기억하는 아동에게 특히 효과적이다.

신호는 아동이 감정적이어서 행동을 멈출 수 없기 전에 사용되어야 한다. 교사와 아동 간의 따뜻한 관계는 이 접근법의 효과를 만든다. 아동이 성숙해짐에 따라 조절의 상실이 가까워 왔다는 신호를 이해하도록 지도할 수 있다. 그러면 그들은 타임아웃이나 활동의 변화가 필요하다는 신호를 보내도록 격려받을 것이다.

(6) 싸움을 잡아내라

교사와 부모는 조절을 목표로 가장 파괴적이고 공격적인 행동만을 골라내야 한다. 교사와 부모들은 일반적으로 용인되는 것보다 높은 수준의 활동을 용인해 주어야 한다. 반면, 이들의 부정적인 반응은 아동의 행동을 더 악화시킬 것이다.

(7) 공격적인 행동을 용인하지 말라

공격적인 행동을 용인하지 않는 것은 아동이 수용될 수 없고 위험할 수도 있는 행동의 표현을 조절하도록 돕는 첫 번째 규칙이다. 처음에 성인은 때리고 차고 미는 아동의 행동을 분명히 허락하지 않을 것이다. 그리고 교사와 부모는 그런 행동을 했을 때 어떤 결과가 나타나는지를 일관성 있고 확실하게 설명하기 위해 그런 행동에 대한 얼굴표정을 즉시 나타내야 한다. 그러면 아동은 벌을 받는 것은 아니지만 그런 행동이 용서받지 못한다는 것을 학습한다. 따라서 벌을 주지 않고 효과적인 결과를 낼 수 있다. 확고한 일관성은 아동들이 자신과 다른 사람들을 신뢰하는 데 도움이 된다.

교사는 예방에 최상의 노력을 하고 있지만, 공격행동은 발생하기 때문에 즉시 그에 대해 조치를 취해야 한다. 공격적 아동을 다루는 데 있어서 해답은 교사가 공격적이지 않는 것이다. 타임아웃과 같은 아프게 하지 않는 훈육은 효과적이라고 생각된다. 그들은 또한 교사가 자신을 아프게 하지 않을 것이라고 교사를 믿을 수 있다. 교사가 만약 관심을 가져 준다면 비공격자에게 관심을 주어야 한다. 즉, 교사는 공격자보다 희생자에게 관심을 주어야 한다. 이 장에서 계속 행동조절을 위한 비공격적인 방법의 다른 예를 논의할 것이다. 이것은 고려해볼 가치가 있다.

(8) 놀이 행동 줄이기

참여하고 있는 놀이에서 손을 떼야할 때는 성인의 적극적인 참여가 필요하다. 아동이 놀이에 너무 빠져들었을 때 다시 집중하도록 도와줄 필요를 설명하기 위해 너무 익숙한 모래상자 장면을 제시한다. 아동들은 순수하게 모래파이를 만들기 시작한다. 한 아동이 밟거나 아동의 결과물을 망가뜨린다. 그러면 적개심이 나타나고 폭력이 나타난다. 참여한 성인은 놀이를 중단하기 이전에 그 행동을 잡아내거나 환경적으로 예방하기 위해 시도해야 할 뿐만 아니라 모든 공격적 행동 의도를 파악함으로써 아동이 긍정적인 놀이 활동의 유쾌함으로 돌아갈 수 있게 해야 한다고 제안하였다.

(9) 타임아웃을 효과적으로 사용하기

타임아웃이 행동 감소를 위해 오랫동안 사용되었지만, 이 기술의 단점도 언급되었다. 지친 아동이 타임아웃 장소를 손상키시고, 소란한 소음을 내며, 장소를 떠나거나 벌을 받고 있다는 것을 잊어버리는 일이 이에 포함된다. 아주 어린 유아에게 스스로 조절력을 되찾도록 요구하는 것은 무리이고 아동이 혼자 있을 때는 적절한 행동을 가르칠 수 없다. 만약 타임아웃을 사용한다면 Klein, Cook과 Richardson-Gibbs(2001)는 타임아웃 과정을 개발할 때 고려해야 하는 중요성을 다음과 같이 제시하였다.

1. 타임아웃이 될 수 있는 행동이 무엇인지를 아동이 정확하게 이해하도록 한다.
2. 아동에게 조용하게 단 한번 경고를 한다.
3. 아동은 교사의 시야 안에 있어야 한다.
4. 타임아웃은 짧게 한다.
5. 타임아웃이 끝날 때는 긍정적이 되어야 한다. 아동 스스로가 통제를 하게 되면 칭찬한다.
6. 아동이 다른 활동을 선택하고 참여하도록 돕는다.

(10) 타임 어웨이의 가치 고려하기

일반적으로 아동이 조절력을 잃으면 휴식을 취해야 한다는 데 동의한다. 그러므로 Miller (2007)는 타임아웃 대신에 타임 어웨이(time away)를 추천한다. 타임 어웨이는 모든 사람들은 잠깐의 휴식이 필요하다는 것을 인정한다. 아동이 조절력을 잃었을 때 양육자는 기분이 나아지고 협력하는 것을 원할 때까지 떨어져 있기를 제안할 수 있다. 이 행동은 처벌이 아니라 대신 짧은 휴식이라고 생각해야 한다. 타임 어웨이 영역은 창가, 책이나 퍼즐 코너 근처의 기분 좋은 곳이어야 한다. 아동이 뭔가를 해야 한다는 것은 자기 조절력을 촉진시킬 것이다. 언제든지 한 아동만이 그 곳에 있어야 하고 아동은 조용히 있고 싶다는 생각이 들 때 스스로 가야 한다. 만약 가능하다면

한 명의 성인이 그 아동에게 지원을 제공할 수 있도록 해야 한다.

(11) 화 기질을 일관되게 다루기

주의를 얻으려고 노력하는 화라는 기질은 일관되게 무시될 때 사라진다. 만일 화가 계속된다면 아동은 단지 틀에 박힌 6단계의 타임아웃 과정의 후보자가 된다. "너는 지금 우리와 함께 놀 수 없는 것처럼 보인다. 잠시 '생각하는 자리' 에 가서 시간을 보낸 후에 우리와 함께 놀았으면 해."와 같이 비위협적인 표현을 하는 것이 좋다. 일단 아동이 돌아와서 적절하게 참여한다면 강화는 건설적인 행동에 대해 주어져야 한다.

부모와 함께 서로 협력하는 관계는 확고하고 일관성 있는 기준을 만드는 데 필수적이다. 아동이 확고하게 다시 통제하게 될 때 성인의 반응은 벌을 주거나 화를 내어서는 안된다. 그 중에서도 특히 아동이 방법을 획득했지만 만일 그것이 부적절하다면 성인은 화가 그 결과가 아니라는 것을 확실히 해야 한다. 아동의 하루는 건설적인 방법으로 주의를 얻으려는 아동을 위해 많은 기회가 주어지는 프로그램이 되어야 한다.

(12) 과잉행동을 하는 아동이 스스로를 좋게 생각하도록 돕기

과잉행동을 하는 많은 아동들은 화를 잘 내고 열등감이나 상처입게 된다는 공포감에 대한 에너지를 확장시킨다. 어쩌면 이런 아동에 대한 초기 목표는 많은 사람들이 자기 조절력을 발달시키는 능력만큼 자신을 알도록 도와주는 것이다. 경험은 이런 아동들이 책임있는 개체라는 것을 느끼기 시작할 때 부정적 행동에 대한 그들의 요구는 줄어든다는 것을 보여준다.

건강한 유아는 자신을 즐겁게 하는 성인을 신뢰할 수 있다. 이런 아동이 잘못 행동했을 때, 교사는 그들이 하고 있거나 하지 않는 것이 문제를 일으키는지 스스로에게 묻도록 해야 한다. 충분할 만큼 자주 아동이 활동을 변화시키도록 하는가? 너무 많은 것을 요구하는 것은 아닌가? 찰흙을 치고 장난감 볼링 핀을 두드리는 것으로 자신의 기분을 적극적으로 언어적 신체적으로 표현하도록 허용하는가? 상과 벌의 비율이 적정 수준인가? 교사의 책임은 아동이 자신의 행동을 조절하는 능력을 상실하지 않도록 예방하는 것이다. 조절력 상실은 수치심, 죄책감, 더 낮은 자아 존중감을 형성한다.

교육과정은 실제적인 발달적으로 개별적으로 적절한 기대를 보장하는지를 재검토해야 할 필요가 있다. 전문가들은 교육자들이 사회적 정서적 발달의 손상에 대해 학업을 강조하는 것을 경계하도록 주의를 준다. 그것은 유아 교육자들이 취학 이전 시기 동안 학업을 강조하는 것을 피해야 한다는 것을 제안한다. 대신 듣기와 같은 현재 활동과 과거 경험을 연결하는 능력, 학습 도구를 사용하고 주의를 기울이는 것과 같은 어떤 선행 조건에 집중하도록 아동을 격려해야 한다.

마지막으로, 도움을 주는 교사는 다음을 증명할 것이다. (a) 아동의 부정적 감정과 긍정적 감정에 대한 수용을 표현한다. (b) 아동을 위험에서 보호하는 것이 교사의 업무 중 하나라는 것을 과잉행동아동에게 안심시킨다. (c) 자기 조절력을 증진시키려는 아동의 능력에 자신감을 나타낸다. 그리고 (d) 아동의 증가된 자기 자극과 적절한 감정의 표현을 보임으로써 자신의 행동을 더 적절하게 조절할 수 있는 더 많은 기회를 제공받게 될 것이라는 것을 증명한다.

3) 약물에 관한 경고

아마 충분한 자기 조절력이 부족한 아동을 다루는 가장 논쟁적인 방법은 항정신제를 사용하는 것이다. 미취학 아동의 정신과 약물의 사용이 증가하고 있다. 염산염(리탈린)과 텍스트로암페타민 황산염(덱시드린)은 미취학 아동들에게 가장 많이 사용되는 것으로 나타났다(Rappley, 2006). 그러나 다른 나이든 환자에게서 관찰되는 것보다 부작용이 더 강하고 차이가 있다는 증거가 있다. 그것은 또한 식품 의약품 안정청 지침에서 염산염이 들어간 제품은 6세 이하의 어린 아동에게 권장하면 안 된다고 명시하였다(Kollins & Greenhill, 2006).

유아를 대상으로 하는 진단의 어려움과 충분한 치료에 대한 연구의 부족을 고려하다면, 약물치료에 대한 조심스러운 경고는 확실히 정당하다. 약물치료만을 치료 방법으로 사용해서는 안 된다. 약물치료는 과잉행동이 너무 심할 때와 잘 고안되고 잘 검토된 다양한 운영 프로그램의 한 부분으로 사용을 고려해야 한다.

4) 참여를 꺼리는 아동

참여를 꺼리는 아동은 교사와 학급친구들을 괴롭히지 않는다. 부끄러움이 많거나 소심한 아동은 쉽게 간과된다(Nelson, Rubin, & Fox, 2005). 특별한 관심은 내성적인 것에서 수줍음이 너무 많은 것에 이르는 행동을 보이는 아동에게는 매우 중요하다. 그렇지 않으면 그들의 요구는 드러나지 않는다. 이런 아동들은 대개 신체적으로 스스로를 분리시키고, 집단활동과 언어적 상호작용을 피하며, 새로운 과제에 도전하는 것을 두려워하는 것으로 여겨지고, 가끔은 흥미가 없고 자기 자극(흔들기, 머리카락 꼬기, 손가락 빨기)을 통해 편안함을 찾는 것 같기도 하다. 이러한 아동은 보고,

말하고, 접근하고 다른 사람과 함께 노는 사회적 접촉을 정상적으로 하는 행동이 많이 부족하다. 교사들은 가끔 접근적이고 반응적인 행동을 발달시키도록 아동을 도와야 한다는 책임을 스스로 발견한다.

사회적 접촉 행동이 부족한 데다가, 이런 아동들 중 일부는 자기 자극이나 몽상이나 환상에 마음을 빼앗겨 버릴 수도 있다(Miller, 2007). 상상이나 감각자극의 반복적 행동에 너무 심취하여 그들은 사회적 단서를 놓친다. 이런 주의 부족은 그들이 신체적 정서적으로 고립되지 않은 아동들에게서 가능한 사회적 학습을 방해한다. 또한 언어 지체를 경험한 아동은 보다 불리하다. 그들이 주의를 기울여도 지시를 이해하거나 필요한 질문을 할 수 없다. 그들은 자신이 알고 이해하고 있는 것을 설명하는 기회가 거의 없다. 기술과 인내는 아동이 그들이 꼭 필요하다는 믿음을 발달시키도록 돕기 위해 절대적으로 필요하다.

(1) 아동의 환경 준비하기

이 책를 통해, 환경의 사려 깊은 준비의 중요성은 문제행동을 막기 위한 수단으로써 강조된다. 한편, 다루기 어려운 내성적인 아동을 위해 교사들은 안전의 분위기, 예측성, 그리고 일관성을 만들 필요가 있다. 비록 한계가 있을 수 있으나, 교사는 아동들의 반응을 수용하고 확장시킬 필요가 있고 영양과 양육 그리고 질적 양적으로 아동 주도적 결과를 고려하는 개별적인 관심이 필요하다. 스트레스를 감소시키는 분위기의 연출에 초점을 맞춤으로써 아동은 좀 더 적극적으로 참여할지 모른다(Nelson et al., 2005).

참여하기를 망설이는 아동은 숨어있을 수 있는 작고 안전한 장소를 좋아한다. 그 장소는 타임아웃 장소와 같지 않아야 한다. 이런 아동들은 안전한 장소에서 교실활동을 바라볼 수 있도록 해야 한다. 이런 아동들은 다른 아동을 보면서 많은 것을 배운다. 보는 것을 통해 그들은 새롭거나 다른 과제를 시도하는데 필요한 자신감을 발달시킬 수 있다.

아동이 좀 더 신뢰를 하게 될 때, '바라보는 의자' 를 진행되고 있는 활동에 보다 가까이에 가져갈 수 있다. 상호중재의 시각에서, 같은 놀이 자료를 아동이 접근가능한 곳에 비치할 수 있다. 교사는 이런 아동을 구슬려 활동을 하게 해서는 안된다. 아동이 혼자서 혹은 다른 아동들과 함께 활동을 하려고 시도하지 않는다면 그 아동에게 관심을 두지 않아야 한다. 만약 아동이 관심을 보이는 상황이 발생하면, 조용히 그리고 주의를 끌지 않게 긍정적인 강화를 제공한다. 교사는 아동이 무엇을 즐기는지 알아야 한다. 아동의 참여를 공개적으로 알리는 것보다 웃어주는 것이 아마 더 적합할 것이다.

이런 아동들은 자료가 매일 같은 장소에 있는 것에 안정감을 느낄 것이다. 그들은 크레용이나 코트와 같은 자신의 물건이 정확한 자리에 있는 것을 좋아한다. 교사들은 그들이 준비가 될 때까지 나누어 사용하라고 해서는 안 된다. 일과와 교육과정에 있어서의 일관성은 아동이 예상하고 좀 더 편안하게 생각하도록 한다. 아동은 방문자와 견학이나 토네이도 드릴과 같은 새롭거나 낯선 상황에 앞서 미리 준비시켜야 한다.

(2) 또래 지원을 촉진하기

참여하지 않은 아동을 상대적으로 조용하고 유능한 또래 가까이에 앉히는 또래 지원 촉진에 아동이 놀랄 수 있다. 경험은 매우 수줍음이 많은 아동이 성인보다 다른 아동에게 보다 빨리 반응하는 것을 보여준다. 큰 소리 없이, 조용히 움직이는 아동을 보살피는 것은 훌륭한 모범이 되고 불안정한 유아를 위협하는 것이 아니다. 이런 아동들은 참여하라고 매달리지 않고도 망설이는 아동을 참여하도록 촉진할 수 있다. 앞에서 언급했듯이, Lance의 이야기처럼 가끔 가장 좋은 접근법은 아동이나 교사가 "Johnny, 이 물감 정리 도와줄래." 혹은 "그림 좀 들어줄래."처럼 도움을 요청하는 것이다. 도움은 간식을 나르는 것처럼 독립적인 활동으로 시작할 수 있고 두 아동이 주스를 가지러 가는 것과 같은 협동적 활동으로 신장될 수 있다. 다른 사람들을 돕는 것은 자존감을 향상시킬 수 있는 동시에 관계를 형성하기 위한 쉬운 기초를 아동에게 제공한다.

(3) 교육과정의 수정 고려

대부분의 아동처럼, 억제된 아동은 집단 활동과 개별 활동 모두 예상되는 일과가 필요하다. 집단의 크기는 아동의 자신감이 형성됨에 따라 증가될 수 있다. 대화에서 자신을 표현하고 싶지 않은 어떤 아동들은 눈에 덜 띈다고 생각되기 때문에 같이 노래 부르는 것에 참여할 것이다. 그들은 처음에는 끝 모서리에 앉을 수도 있다. 교사는 그들은 밀어붙여서는 안 된다. 처음에는 지정하는 것보다 옆에서 그림을 들고 있는 것과 같은 주변적인 참여를 장려할 수 있다. 이런 많은 아동들은 언어적으로 참여하기 전에 신체적으로 참여할 것이다. 만약 이야기를 읽기 시작하고 질문을 한다면 설득하는 것보다 망설이는 아동을 마지막에 부르는 것이 좋다. 교사는 아동이 속도를 정해야 한다는 것을 기억해야 한다.

많은 유아들은 사람들과 상호작용하기 전에 애완동물들과 상호작용을 할 것이다. 이런 아동들이 애완동물들을 보살피는 것은 그들이 교실에서의 안정과 애완동물의 안녕을 구축한다는 느낌을 갖도록 한다. 그들의 참여는 또한 그들이 찾고자 하는 승인을 받는 기회를 얻는 것이기도 하다.

사회적으로 고립된 아동은 모델링과 모방의 사회적 학습 원칙에 자주 반응한다. 앞에서 언급한 것처럼 교사는 이런 아동이 긍정적이고 즐겁게 사회적 상호작용을 관찰하는 기회를 진지하게 계획해야 한다.

개별적 관심은 가끔 망설이는 아동이 교육 활동에 참여하도록 하는 열쇠이다. 교사는 그들에게 침착하고, 천천히 그리고 분명하게 말하며, 그들이 기대하는 것을 정확하게 말해야 한다. 아동이 확실히 흥미를 보이는 활동을 제시해야 한다. 교사들은 아동이 흥미를 갖고 있는 것과 연결시키도록 해야 한다. 교사들은 아동이 그들의 교사에 대해 알거나 생각할 때

좋게 기억을 하도록 도와야 한다. 만약 아동이 참여하기를 거부한다면 자료를 아동 옆에 두고 지켜보게 해야 한다. 이 과정은 간식시간에도 마찬가지다. 만약 아동이 먹지 않아도 교사는 예민하게 반응해서는 안 된다. 아동에게 더 불편한 관심을 주면 아동은 더 먹지 않을 것이다.

참여를 촉진하기 위한 효과적인 한 가지 전략이 다음에 포함된다. 고립된 아동 옆에서 있기 시작하고, 그런 다음 그 아동에게 집단에 참여하기를 권한다. "Tim과 Laura는 다리는 만드는 데 다른 사람의 도움이 필요할 거야. Bob이 좀 도와주지 않겠니?" 이 시점에서 교사는 아동이 제안을 받아들일 때만 관심을 좀 더 주고 멀리 떨어져야 한다. 교사는 그런 뒤에 그들이 참여를 촉진하는 것처럼 보인다면 부가적인 제안을 주기 위해 기대할 수도 있다.

(4) 감정 표현의 기회 제공

앞에서 언급했던 것처럼, 다양한 감정 표현은 건강한 정서 발달에 필수적이다(Greenspan & Weider, 2005). 억제되고 부끄러움이 많은 아동은 보통 표현하지 않는 감정을 많이 경험한다. 그래서 자기표현에 대한 특별한 격려가 필요하다. 그림그리기, 색칠하기, 인형놀이, 찰흙놀이, 물놀이, 핑거페인팅, 음악은 이런 표현을 할 기회를 제공한다. 물론 이런 아동들을 강요해서는 안되며 결과물이 없는 것에 상관없이 그 노력만으로도 보상을 해주어야 한다. 신뢰가 발달됨에 따라 교사들은 점점 "네 그림에 있는 이 여자 아이는 오늘 화난거니 슬픈 거니?"와 같은 질문을 해서 언어적 표현을 장려할 수 있다. 활발한 듣기처럼 이런 접근법은 아동이 이해받고 수용된다는 느낌을 받는 데 도움이 된다. 자신이 그린 그림의 대상에게 감정을 투영시켜 그런 감정에 대해 덜 위협받는다.

그림, 특히 자기 사진은 자신의 감정을 이야기할 때 매우 유용하다. 얼굴표정, 확실한 몸짓이나 다른 아동에 대한 분명한 아동의 행동에 대한 결과를 나타낸 그림을 선택해야 한다. 이런 그림들은 아동이 다른 사람들의 느낌을 지각하고 인과관계를 발견하도록 돕는다. 제시된 논의는 무슨 일이 일어나고 있는지, 무슨 일이 일어날 것인지, 이런 그림에 대한 느낌에 대해 초점을 맞추도록 해야 한다.

(5) 스스로에 대해 좋게 생각하도록 망설이는 아동 돕기

우선, 교사들은 망설이는 아동이 사회적 접근과 주의를 기울이는 기술을 발달시키는 용기를 발견할 수 있도록 해서 자신에 대해 좋게 생각하게 하는 것이 필요하다. 교사는 아동이 성취할 수 있는 비경쟁적 과제에 단계별로 참여하도록 해야 한다. 믿을 수 있는 신뢰관계와 노력을 위한 비위협적인 보상은 필수적이다. 아동이 거의 참여하지 않을 때, 상과 벌의 비율을 최상으로 조작하는 것은 매우 어렵다. 처벌을 피하는 것은 아동이 자신감을 형성하고 신뢰를 쌓기 시작하는 것에 도움이 되는 가장 효과적인 수단이다.

아동의 억압되고 수줍음을 타는 유형은 이후의 심각한 불안과 관계된 발달 유형이 될 수 있으므로, 교사가 부모와 상담가 그리고 심리학자와 가까이 일하는 것이 중요하다. 아동의 심한 저항이 의식적으로 환경을 구축하고 위협적이지 않은 참여기회를 만든 몇 개월 후에도 지속되면 교사는 도움을 구하는 것에 주저해서는 안 된다. 아동에게 아동의 연령과 이전 경험이나 부족한 점을 고려하면서 조정할 충분한 시간을 준 후, 교사는 세심한 관찰기록을 해야 한다. 어떤 변화가 있었는지 세심하게 연구해야 하고, 학교 심리학자나 다른 정신 건강 관계자와 부가적 평가나 프로그램에서의 변화가 필수적인지를 결정하기 위해 최소한의 발달에 대해 논의해야 한다.

6. 강화의 사용

연구자들은 성취 부족이 아동 자신의 노력이나 능력을 수용할 만한 수행능력으로 연결하는 데 실패한 것과 관련이 있을 수 있다고 제안한다. 그들은 자신의 성공을 기회나 과제의 쉬움, 혹은 능력 있는 다른 사람의 탓으로 돌린다(Cook, 1986). 자신의 성공적인 수행을 외부의 원인으로 돌리는 아동의 경향 때문에 교사는 벌을 주거나 칭찬을 할 때 매우 주의해야 한다.

1) 무엇 때문에 칭찬하는지 이야기하기

칭찬은 그 칭찬을 받는 아동이나 그때 그것을 지켜보는 아동 중 교사가 반복적으로 나타나기 바라는 행동을 상세한 용어로 설명해야 한다. 더욱이 아동에게 칭찬은 그들의 노력이나 능력에 대한 것이어야 한다. 이 말에 대해 생각해 보라. "Danny, 기쁜 것이 어떤 것인지 느껴야 해. 내가 하는 말을 잘 듣고 따라해 보도록 해." 이런 말은 다른 사람에게 무엇을 기

대하는지 지적하는 동시에 Danny가 그의 노력이 중요하다는 것을 인식하는 데 도움이 된다. 결과보다 노력을 강조하는 말이다.

유아, 특히 장애유아는 결과보다 노력에 초점을 맞추도록 격려해야 한다. 결국, 그들은 성공적인 결과가 나타나지 않아도 자신의 노력을 조절할 수 있게 된다. "Danny, 너에게 새로운 청각 보조기가 생겨서 기쁘구나. 내 말을 잘 듣고 따라할 수 있을 거야." 라는 말에 대해 생각해 본다. Danny는 지금 그의 노력 때문이 아니라 꼭 청각 보조기 때문에 성공했다는 느낌을 갖게 된다. 그는 특히 그의 청각 보조기는 더 이상 새로운 물건이 아니라면 그는 앞으로 노력을 하기도 하고 하지 않기도 할 것이다.

2) 중요하지 않는 파괴적 행동 무시하기

만약 아동이 다른 사람의 보상이나 주의를 끌지 못하면 괴롭히는 행동은 사라질 것이다. 교사는 민감한 관찰자여야 한다. 교사는 그런 행동을 하는 아동을 무시할지라도 다른 아동들이 그것에 관심을 가지지 않는다는 것을 의미하지는 않는다. 단순히 행동을 무시하는 것은 그런 상황에서는 효력이 없을 것이다. 아동들은 어떤 유형의 관심을 보일 것이고 다른 아동의 부적절한 행동을 즉시 모방한다.

어떤 아동들은 단순히 교사의 반응을 얻기 위해 욕을 하고, 혀로 장난을 치고, 자기 탁자를 칠 것이다. 관찰하는 교사는 대개 이런 경우를 예상한다. 행동을 무시하는 것은 교사가 그 아동이 관심을 주기 전까지 계속 할 것이라는 것을 아는 한 효과적이다. 답은 아동에게 긍정적인 관심을 주는 방법을 찾는 것이다. 바라지 않는 행동을 무시하는 동시에 활동으로 이끎으로서 이루어질 수 있다. 아동에 따라 무시만 하는 것은 파괴적인 행동을 증가시키는 결과를 낳기도 한다.

3) 부정적인 결과 자극의 사용 최소화하기

처벌은 부적절한 행동이 발생하는 비율을 감소시키고 공포나 긴장과 움츠려드는 것과 같은 부정적인 부작용을 발생시킬 수 있다. 성인에 의한 공격적인 행동도 바라지 않는 모델을 제공하여 아동이 모방하게 된다.

어떤 형태의 처벌에 따른 부작용을 최소화하기 위해, 교사와 부모는 아동의 상벌 비율을 조절하는 세심한 노력을 기울여야 한다. 보상은 자신에 대해 긍정적으로 느끼게 하는 아동의 자존감이나 어떤 것을 형성하는 어떤 행동이나 말에 주의를 기울이는 것이다. 처벌은 자존감을 낮추거나 자기 가치를 떨어뜨리는 행동이나 말을 의미하기도 한다.

오래 전에 Kirhart와 Kirhart(1972)는 건강한 성격의 발달에 대한 상벌 비율의 중요성을 명확히 지적할 때 매우 가치 있는 '생각을 위한 양식' 을 제공하였다. 한 번의 처벌에 다섯 번의 보상이라는 상벌 비율은 아동의 행동을 안내하고 지시하는 데 거의 최적이다. 하지만 상벌 비율이 한 번의 벌에 두 번의 보상으로 정해 질 때 신경증적 증세가 발달되기 시작한다. 특히 열등하고 부적절함이 있고 실패에 대한 일반화된 두려움을 가지고 있는 사람에게 그러한 증세가 발달되기 시작한다. 그들은 상벌 비율이 1대 1이거나 혹은 그 이하로 떨어지는 아동에게서 비행 직전의 행동이 종종 관찰되었다고 진술하였다.

교실 관찰로 많은 교사가 그들이 사용하고 있는 상벌 비율에 대해 인식하지 않는다는 것이 즉시 나타났다. 이것은 특히 아동이 칭찬받을 만한 것의 매우 작거나 부정적 주의가 더 나을 게 없는 것 같은 기능을 할 때 문제가 될 수 있다. 상벌 비율을 조절하기 위해, 교사는 이런 아동들이 그들의 노력이 보상받을 수 있도록 과제를 확실히 시도하도록 하는 세심한 계획을 세워야 한다.

예방적 관찰은 필수적이다. 교사는 아동이 좌절이나 피곤 또는 배고픔 때문에 조절력이나 흥미를 잃기 시작한다는 것을 알 때 교사는 아동의 활동을 빨리 바꾸어야 한다. 상벌 비율은 보상을 늘려서 처벌을 줄이는 것이 최적 수준의 접근법이다. 교사는 잘못된 행동을 할 것 같은 아동에게 고개를 끄덕이거나 윙크와 같은 신호를 주는 것을 개발할 수 있다. 그리고 즉각적인 보상이나 강화는 아동이 자신의 행동을 조절하려는 노력을 증가시킬 때 주어질 수 있다.

논리적, 자연적 결과 형태의 처벌은 지혜롭게 사용하면 유익한 효과를 준다. 교실에서 정해진 규칙의 일부인 처벌은 규칙을 지키지 않은 아동으로 인해 자연적 결과가 예상될 수 있다. 그들의 행동이 직접적으로 연결될 때, 그들은 원인인 되는 행동과 결과적 효과 간의 관계를 알 수 있다.

만약 아동이 모임 시간에 다른 사람을 때리거나 놀리면 활동을 할 수 없다는 것을 알게 된다면 그들은 그들의 행동 때문에 처벌이 정당하다는 것을 알 것이다. 그들은 교사를 자기 마음대로이거나 결과에 반응하지 않는 사람으로 생각하지 않을 것이다. 그들은 교사가 왜 그들을 처벌하는지 자세하기 설명하면 앞으로 처벌을 받지 않을 방법을 알게 될 것이다. 교사는 "Vicky, 너는 타임아웃이야. 너는 Susie를 때렸고 우리는 다른 사람을 아프게 해서는 안 돼."라고 말할 것이다.

Walker, Shea, Bauer(2006)는 처벌을 하는 데 절대적으로 필요한 기준을 밝힌 사람들로 다음과 같은 기준을 제공했다.

1. 행동에 대한 교실 규칙의 수단으로 아동에게 처벌적 행동을 상세히 설명하고 의사소통한다.
2. 아동이 볼 수 있는 곳에 규칙을 붙여두고 자주 같이 그 규칙을 살펴본다.
3. 수용가능한 행동의 모델을 제공한다.
4. 처벌은 즉시 수행한다.
5. 처벌은 자주 바뀌는 것이 아니라 일관되게 해야 한다.
6. 처벌을 사용하는 것에 형평성이 있어야 한다.(Peter에게 유익한 것이 Paul에게도 유익하다.)

물론, 이런 규칙은 매우 어린 유아에게 사용하는 데 적합해야 한다. 규칙을 나열할 때

표 6.2 논리적 결과 대 처벌

행동(일어난 일)	논리적, 자연적 결과	인격에 대한 처벌
아동이 우유를 엎지른다.	아동이 엎지른 우유를 닦는다.	"너는 너무 서툴러." "넌 조심해서 행동을 하지 않지?" "또 엉망을 만들었구나."
아동이 다른 아동의 장난감을 가로챈다.	장난감을 돌려준다.	"또 너구나." "나쁜 아이가 틀림없어." "너는 항상 이기적이야."
코트를 걸어두는 것을 '잊어' 버린다.	코트를 건다.	"기억하는 게 아무것도 없지?" "내가 몇 번이나 이야기했잖니?"
슈퍼마켓에서 소리 지른다.	"조용히 말하는 걸 연습해보자."라고 아동에게 부드럽게 말한다. 슈퍼마켓에 다시 가서 조용히 하는 것을 연습한다.	"조용히 해, 나쁜 것." "착한 아이는 사람이 많은 곳에서는 조용히 하는 거야." "다시는 너를 가게에 데려오지 않을 거야."

글자 대신에 그림 상징을 사용할 수도 있다. Walker와 그의 동료들은 교사들이 신체적 벌(찰싹 때리는 것) 또는 심리적 벌(경멸하는 것)을 피해야 하는 이유 14가지를 나열하였다. 기본적인 행동 관리의 다른 형태는 보다 효과적이고 손상을 주지 않는다. 처벌이 아동의 약한 자기상을 발달시키는 데 이미 손상을 준다는 것은 더욱 중요하다.

아동의 심리적 신체적 가치를 손상시키는 처벌은 꼭 피해야 한다. 논리적이고 자연적이며 아동의 인격과는 상관없는 처벌만을 사용해야 한다. 표 6.2는 이 제안의 중요성을 설명하고 있다. 최소한, 마지막으로 사용되어야 하는 수용할 만한 처벌은 타임아웃과 같은 권리의 박탈과 일부러 엎은 퍼즐 조각을 주워 모으는 것처럼 의도적인 잘못된 행동에 대해 보상하는 것이다. 하지만 어떠한 형태의 처벌은 가치를 손상시키는 것을 피하기 위해 견고한 친절로 관리해야 한다는 것을 기억해야 한다.

7. 긍정적 행동지원

어떤 행동을 수정하거나 제거하기 위해 부정적 결과를 사용하는 것은 전통적인 '행동수정' 접근법이다. 이 접근법은 아동의 행동에 대한 결과(무는 행동에 대한 반응으로 짧은 타임아웃이나 놀이 영역에서의 제외)을 더하거나 바꾸는 것에 초점을 둔다. 적절한 행동을 격려하고 문제가 되는 도전적 행동을 관리하는 최근의 접근법은 (a) 부적절한 행동의 발생 가능한 계기로서의 전조적 행동을 이해하고, (b) 대게 행동의 결과로 일어나는 행동의 일반적 결과를 분석하고 (c) 행동의 기능을 구분하며 (d) 특정 아동의 긍정적 행동을 가장 잘 지원하는 맥락적 조건을 판단하고 적절한 대체 행동을 구분하는 것에 초점을 둔다. Koegel, Koegel, Dunlap(1996)에 의해 정의된 이 접근 방법은 **긍정적 행동지원**(positive behavior support)으로 선호된다.

Fox, Dunlap, Cushing(2002)에 따르면, 긍정적 행동지원 접근법은 특정 행동의 기능과 상세한 전조 행동과 결과의 관계를 판단한다. 아동 가족과의 협력과 일상 환경에서 아동에 대한 세심한 관찰로 긍정적 행동지원 계획을 일반화한다. 결과를 조작하기 보다는 긍정적 행동지원 접근법은 선행적 조건을 바꾸고 적절한 의사소통과 사회적 기술을 가르치는 데 대체 행동을 강조한다.

낮은 좌절 허용, 정서적 결함, 충동 조절의 부족, 촉각과 청각에 민감함과 같은 요인은 장애아의 일반적인 특징이다. 이런 특징으로 어떤 전조적 상황이 아동의 수용되지 않은 행동을 더 쉽게 촉발시키게 된다. 어느 아동이라도 장애가 있든지 없든지, 파괴적이거나 수용되지 않을 것 같은 행동 유형이 발달될 수 있지만, 어떤 장애 조건의 특징은 아동의 행동 문제를 발달시킬 가능성을 증가시킬 수도 있다.

1) 파괴적 행동을 이해하기 위한 행동분석의 사용

소리 지르기 같은 진짜 파괴적이거나 물기, 때리기, 자해적 행동과 같은 잠재적으로 유해한 행동을 막고 관리하는 데 그 행동의 기능이나 목적을 판단하기 위해 체계적인 기능적 행동 분석 과정을 사용하는 것이 도움이 된다. 행동에 따라 기능이 다르기도 하다. *행동의 유형은 행동의 기능을 말해 주지 않는다. 다른 두 아동의 같은 행동은 전혀 다른 두 가지 기능을 할 수도 있다.*

아동이 왜 수용되지 않는 행동을 하는지에 대한 몇 가지 가능한 이유가 있다. 문제 행동의 가능한 기능은 다음과 같다.

1. *불쾌한 것을 피하기 위해.* 경우에 따라 아동들은 내면적 상태를 피하려고 하기도 한다. 예를 들어, 아동들은 외부 조건보다 심리적 생물학적 요인으로 불편해하고 많은 스트레스를 느끼기도 한다.

아동들은 스트레스와 불안이나 불편함을 야기하는 환경 조건을 자주 피하려고 한다. 예를 들어, 자폐아처럼 청각에 예민한 아동은 시끄러운 공간에서 불편함을 경험할 수도 있다. 전조적 조건과 사건 분석은 행동의 회피 기능을 이해하는 데 중요하다. 어떤 아동에게 스트레스를 야기시키고 불편한 일반적 환경 조건은 다음과 같다.

- 시끄럽거나 크게 울리는 음향 환경
- 좁은 공간의 너무 많은 아동
- 혼란스럽거나 무질서한 물리적 환경
- 혼란스럽고 예상하기 힘든 환경과 일과
- 경계가 없는 크고 열린 공간

어떤 아동은 싫어하는 구체적인 과제나 활동을 피하려고 할 수도 있다. 예를 들어, 아동은 양치질하는 것을 싫어하거나 모래와 같은 촉각 자료를 싫어할 수도 있다. 어떤 '회피'

행동은 도망가거나 자리에 앉아 있는 것을 거부하는 것과 같이 분명하다. 하지만 대개 그런 행동은 쉽게 해석되지 않는다. 회피하기 위해 자주 나타나는 행동은 다음과 같다.

- 짜증
- 물건 던지기
- 때리거나 물기
- 자해(자기 손 물기)
- 자기 자극적 행동(손을 소리내며 꺾거나 흔들기. 이러한 행동은 대개 환경을 회피하는 데 도움이 된다.)

2. *주의를 끌기 위해.* 수용하기 힘든 행동의 초기 동기는 관심을 끌고 양육자나 중요한 성인과 상호작용을 하기 위해서이다. 유의미하게 행동 문제를 감소시킬 수 있는 효과적인 일반적 전략은 하루 동안 자주 친밀한 일대일을 기본으로 하는 접촉을 확신하는 것이다. 이것은 인내심을 가지고 아동의 말과 감정을 들어주면서 눈높이를 맞추는 것으로 시작한다. 중요한 성인의 상호작용과 관심을 구하고자 하는 아동은 자동적으로 부적절하거나 불규칙하게 여겨서는 안 된다. 그것은 불확실한 의도를 아동이 수반하는 특정한 방법이다. 주의를 끄는 부적절한 행동을 하는 아동에게 효과적인 전략은 아동이 부적절한 행동을 하기 전에 간단하고 특별한 관심을 아동에게 주는 것이다. (착한 행동을 포착하여) 적절한 행동을 아동이 했을 때 아동에게 즉시 관심을 보이는 것도 도움이 된다. 다음은 일반적인 주의를 끄는 행동이다.

- 도망가기
- 활동에 참여하지 않기
- 친구 괴롭히기
- 짜증내기
- 옷 벗기
- 자기 물건 망가뜨리기
- 물 틀고 잠그기/불 켜고 끄기

3. *아동이 원하는 것에 접근하기.* 이런 경우 아동은 즐거워할 만한 장난감, 활동이나 영역에 접근하기 위해 부적절한 행동을 한다. 목적을 달성하기 위한 부정적 행동에 참여하는 것은 대개 명확하다. 덜 실체적인 것을 얻으려고 하는 것은 명백하지 않을 수도 있다. 예를 들어, 자주 도망가는 아동은 주의를 피하거나 끌기 위해 도망가는 것이 아니라 바깥에 있는 것이 좋기 때문이다. 아동은 교사의 관심을 끌기 위해 불을 껐다켰다하는 것이 아니라 불이 켜지고 꺼지는 시각적 자극이 필요해서이다. 행동, 전조, 결과의 세심한 관찰은 행동의 기능을 적절히 판단하는 데 도움을 줄 수 있다.

2) 긍정적 행동지원 계획하기

(1) 의사소통으로 문제행동 이해하기

언어적으로 자신을 표현하지 못하는 아동에게 문제가 종종 일어난다. 많은 장애아동은 언어기술에 한계가 있고 자주 비언어적 방법으로 강하게 자신이 느끼는 요구를 표현하다. 너무 자주 이런 비언어적 의사소통이 부적절해서 문제행동으로 구분된다.

문제행동을 줄이는 중요한 단계는 행동의 의사소통 기능이 무엇인지 판단하는 것이다. 앞에서 말했듯이 회피요구와 관심욕구와 같은 아동의 행동은 의사소통을 하려는 시도로 보는 데 도움이 된다. 이것이 판단되면 더욱 적절한 의사소통 행동을 훈련할 수 있다. 이 새로운 행동은 앞에서 언급했듯이 대체 행동이라고 한다.

예시 6.4는 긍정적 행동지원을 계획하고 실행하기 위해 Klein과 그의 동료들(2001)로부터 나온 단계적 접근법을 설명한다. 이 접근법에 따르면 긍정적 행동지원으로 중재하

예시 6.4

긍정적 행동지원 절차

1단계 : 'A-B-C' 분석을 실시하라. 적어도 일주일 이상 행동을 관찰하라.

A는 선행사건(antecedent)

행동이 일어나기 전에 무슨 일이 있었는가?

B는 부적절 행동(inappropriate)

아동이 무엇을 했는가?

C는 사건(consequence)

그 행동 뒤에 즉시 무슨 일이 일어났는가?

2단계 : 수용되지 않은 행동을 상세하게 묘사하라.

실제 아동이 무엇을 했는가? 일의 전후 순서를 설명하라.

아동이 교사를 바라본다.

아동이 소리 지르기 시작한다.

교사가 다가가자 아동은 문으로 달려간다.

언제 아동이 그렇게 했는가?

어디서 그런 행동을 했는가?

그 행동을 할 때 대개 누가 있는가?

3단계 : 왜 그 행동을 하게 되는지 가정하라.

원인이 내부에 있는가?(약물, 병, 피로, 낮은 역치)

아동이 회피하려고 하는가?

아동이 주의를 끌려고 하는가?

아동이 원하는 물건이나 활동을 얻기 위해서인가?

4단계 : 행동의 있음직한 의사소통의 가치를 판단하라.

아동이 우리에게 무언가를 이야기하려고 이 행동을 하는 것일까?

예를 들어

"나는 아파요."

"나가게 해주세요."
"나를 안아주세요, 나를 봐주세요, 같이 이야기해요, 같이 있어요."
"레고를 가지고 놀거나 밖에서 그네를 더 타고 싶어요."

5단계 : 촉발제가 되는 행동을 구분하라.

전조에 대해서는 1단계의 정보를 사용하라. 아동의 행동을 시작하게 하는 것은 무엇인가?

6단계 : 촉발시키는 행동을 제거할 환경적 변화나 전조적 사건을 바꿀 계획을 세워라.

어떤 물건을 손이 닿지 않는 곳에 두어라.
다른 아동과 일정한 거리를 두어라.
처지는 소리가 나는 공간의 음향적 특징을 바꾸어라.

7단계 : 적절하다면 대체 행동을 판별하라.

예를 들어,
아동이 때리는 것보다 '그만'이라는 신호를 보낼 것이다.
아동이 필요할 때 '조용한 영역'이라고 되어 있는 카드를 가리킬 것이다.
아동이 배가 부를 때는 탁자 위의 음식을 내버리는 대신에 "다 먹었어요."라는 표시를 할 것이다.

8단계 : 만약 행동이 가끔 나타난다면 결과가 어떠할지 구성원과 함께 세심한 계획을 세워라.

교사는 아동을 놀이 영역에서 제외시킬 것이다.
모든 성인들은 아동에게서 멀어질 것이다. 만약 무시 같은 소거과정이 결과로 사용된다면 부정적 행동의 빈도와 강도는 그것이 감소되기 시작하기 전에 처음에는 상승할 수도 있다.

단계 9: 감소하고 있다는 것을 확인하기 위해 행동의 강도와 빈도를 체크하라.

주의: 교사는 이 과정을 사용하면서 그 행동이 하루 밤이 지나고 나면 갑자기 사라질 거라고 생각하지 말라. 행동이 점점 감소하는지 판단하기 위해 주기적으로 행동을 측정하는 것은(하루에 몇 번 그 행동이 나타나는가 혹은 그 행동이 한 번에 얼마나 지속되는가) 중요하다. 종종 교사들은 이 과정이 효과가 없다고 하고 너무 빨리 그만둔다.

는 것이고 긍정적 행동은 촉진되는 반면 부정적인 행동을 더욱 예방하거나 제거하기 쉽게 된다.

8. 학대받고 유기된 아동과 함께 활동하기 위한 특별한 고려

아동 학대 또는 남용 및 태만은 어린 아동에 있어 장애와 발달지체의 주요한 원인으로 간주된다. 적어도 양육 상태에 있는 모든 어린 아동들의 반 정도는 장애나 발달지체가 나타난다(Dicker & Gordon, 2006). 아마도 학대받고 방치되었던 아동들을 위한 가장 중요한 한 가지 중재전략은 예측 가능하고 안전한 환경을 만드는 것이다. 한 시기를 걸쳐 반응적이고 예측 가능한 환경은 다른 사람들과의 관계와 마찬가지로, 아동에게 물리적 환경을 탐색하기 위한 힘의 필수적인 지원을 제공할 수 있다. 이 장과 5장의 교실 일과의 초기 논의는 예측 가능한 환경을 계획하고 수행하기 위한 중요한 제안들을 제공한다. 아동 자신의 자기 지시에 관한 기본적인 의지나 아동에게 그들의 시간 사용에 대한 주요한 책임을 받아들이도록 요구하는 프로그램들은 학대받은 아동에게 너무 많은 자유와 애매모호함을 제공할 수도 있다.

최근의 연구는 심각한 학대가 **반응성 애착장애**(reactive attachment disorder: RAD)를 초래할 수 있음을 제안한다(Haugaard & Hazen, 2004). 반응성 애착장애 아동의 초기 특징은 사회적 관계가 부적절하다. 이러한 아동들 중에서 애정을 갈구할 때, 무차별적이거나 다른 극단에 있는 아동들은 애정을 찾거나 받아들이는 것을 꺼린다. Haugaard와 Hazen은 "반응성 애착장애(RAD)를 지닌 아동의 중재 목적은 (a) 정서적 안정의 근원을 주고, (b) 올바른 사회적 경험의 기회를 주고, 그리고 (c) 더 나은 기술을 주는 것이다(p.158)"라고 진술한다. 따라서 애착장애 아동을 위해, 아동에게 인사하고 자조기술을 지원하고 특히 좌절의 순간과 통제의 상실을 지원하기 위해 일관되게 할 수 있는 **일차 제공자(primary provider)** 한 사람을 승인하는 것이 정말 중요하다(Hanson & Spratt, 2000). 반복되는 경험과 일관되게 따뜻한 반응을 경험하게 함으로써 아동은 사회적 관계로부터 안정을 획득한다는 것을 학습할 수 있다.

아동이 사람과 사건에 어떻게 적절하고 효과적으로 영향을 미치는지 배우는 것도 중요하다. 이러한 아동을 대상으로 한 다른 중요한 프로그램은 자기 조절을 어떻게 하는지 다양한 감정을 이해하고 표현하는지 배우도록 지원하는 것이다. 학대당한 아동은 종종 다른 것들을 배우는 것을 방해하는 파괴적 행동을 하게 될 것이다. 처벌과 동정을 모두 최소화해야 하고 권력과 힘을 추구하려는 것은 피해야 한다. 부정적 결과가 필수적일 때 그들이 예상할 수 있고 일관되고 부드럽고 간단해야 한다.

훈계는 애정적 중립적 환경에서 발생하게 하여 긍정적인 표현이 부정적 결과와 연결되지 않게 한다. 학대당하고 유기된 아동들은 종종 양육자로부터 혼합된 메시지를 받는다. 예를 들어, 부모는 순간 신체적으로 학대했다가 그 다음에는 걱정을 하거나, 부모가 아동이 어떤 과제를 수행하거나 따르게 하는 것이 잘못된 즐거움이라고 추정하기도 한다. 그래서 교사는 "나는 너를 무척 사랑한단다."라고 긍정적으로 말하는 동시에 활동에서 제외시키는 것과 같은 전략을 적용해서는 안 된다.

게다가 구성원들은 행복, 슬픔, 피로와 같은 정서의 표현을 분명하고 일관되게 해야 한다. 이것은 인간의 정서를 이해하는 데 학대당한 아동을 도울 것이고 아동 자신의 감정 표현의 모델을 제공할 것이다.

Cicchetti와 Toth(1987)는 학대받은 가족에 대한 중재 교류모형(transactional model of intervention)의 중요성을 강조하였다. 중재 교류모형에서는 아동, 가족, 환경과 같은 체계의 모든 구성요소들이 서로 영향을 주는 것으로 보고 있다. 교류 모형은 중재를 위해 아동 한 개체만을 따로 체계의 한 구성요소로 고립시키지 않는다. 오히려 이런 모델은 아동과 가족 환경적 특징을 포함하면서 역기능적인 가족 체계의 모든 구성요소에 영향을 준다. 그래서 학대당한 아동과 그 가족의 많은 요구를 충족시키기 위해 담임교사와 다른 팀 구성원과 사회 지원국과 협력적으로 활동해야 한다. 예시 6.5와 예시 6.6은 신체적 학대 징후를 인식하고 보고된 학대의 사례를 사후 관리하는 데 필요한 정보를 제공한다.

이 장에서 충분히 논의된 것처럼 풍부한 환경을 통해 건강한 자아개념이 발달된 아동은 모든 영역에서 더 준비되어 발달할 것이

예시 6.5

신체적 학대 징후 인식하기

1. 타박상, 화상, 베인 상처뿐만 아니라 슬픔이나 화의 징후에 민감하라. 아동이 하는 말을 들어라. 병이나 학교에서 일어나는 일에 대해 설명할 수 없는 행동의 변화에 특히 민감해야 한다. 즉시 당신이 관찰한 것을 상세히 기록하라. 관찰한 날짜, 시간, 방법에 대해 확실히 기록하라. 허가를 받아야 할 수도 있다. 기밀을 유지해야 한다.
2. 담뱃불로 생긴 화상은 대개 둥글다. 작고 둥근 화상 자국은 항상 조사해야 한다.
3. 다리와 엉덩이의 타박상은 떨어져서 그럴 수 있다. 타박상의 빈도와 다친 정도는 유용한 기준이 된다. 아무리 다루기 힘든 아동도 항상 상처가 나 있지는 않다. 만약 아동이 거의 항상 상처가 나 있다면 의심해 보아야 한다.
4. 눈에 멍이 드는 것은 내던져서 생긴 것이다. 그래서 머리에 혹이 생길 수도 있다. 교사는 타박상의 심각한 정도와 빈도에 관심을 가져야 한다.
5. 어린 아동들은 대개 모두 말하지만, 3세만 되어도 자신이 어떻게 다쳤는지에 대해 거짓말하게 할 수 있다. 만약 엄마와 아빠가 자신을 다치게 한 것을 이야기하면 나쁜 사람들이 와서 엄마, 아빠를 데리고 갈 수 있다고 이야기하면 부모에 대해 이야기하는 아동은 거의 없다. 이런 상황이 일어났을 때 대개 확실한 지시를 받는다. 만약 이야기가 바뀐다면 의심해야 한다.

예시 6.6

사후관리

1. 적당한 기관에 보고가 된 후에 교사는 학교의 책임자나 교장으로부터 도움이나 안내를 받아야 한다. 다음 단계는 부모와 교사 혼자서 결정해서는 안 된다. 가정 방문은 적어도 얼마 동안은 중지되어야 한다. 이것은 교사와 부모 모두에게 필수적인 안전에 대한 주의다.
2. 무엇을 어떻게 해야 하는지 교사에게 조언을 해줄 사람과의 회의 이후 교사는 가정 방문을 혼자 해서는 안 된다. 조력자는 교사를 동반해야 하고 하는 말에 민감해야 한다. 회의 후에 교사가 한 기밀기록은 아동의 파일에 일부가 되어서는 안 되지만, 교사 개인적으로 보관해야 한다. 종료 시에는 필요가 없을 때 파기될 수 있다.
3. 사례의 심각도나 특징에 상관없이, 아동이 계속 학교에 다닌다면 학교에서의 부모 회의와 봉사 활동에 부모가 참여하도록 지속적으로 격려할 책임이 있다. 교사는 이런 학부모를 도울 수 있는 기술이 있고 훈련받은 사람의 도움이 있어야 한다. 만약 학교나 기관에서 이런 도움을 제공하지 않는다면, 교사는 일부 공적, 사적 기관에 도움을 요청해야 한다. 가르치는 것에서의 기술은 교사가 모든 사람에게서 전부가 되어야 한다는 것을 의미하지는 않는다. 그렇게 하려고 하면 실패할 수 있다.

다. 다음 장에서는 운동 기술과 자조기술을 촉진하는 데 가장 기본적인 관심사와 기술들을 제시할 것이다.

요약

이 장은 건강한 성격을 발달시키는 데 도움을 주는 필수적 요소인 가정과 학교 환경에 대한 개관을 제공하였다. Erikson의 발달단계 중 일부에서 아동 내의 힘과 외부 조건의 힘 간의 상호작용을 강조하는 것을 살펴보았다. 양육하고, 이성적인 기준 내에서의 자율성을 장려하며, 부드러운 지시로 조절되는 주도성 개발에는 초기 온정과 일관성이 필요하다.

Greenspan이 제안한 최근 이론은 정서 발달을 주요 5단계로 설명하고 있는데 이는 자기 조절, 애착, 의도적 의사소통, 조직된 자각(sense of self), 정서적 사고이다. Greenspan은 반응적 환경과 광범위한 인간의 정서를 인식하고 표현하고자 하는 영아의 요구의 중요성을 강조하였다. 피아제 학파의 틀을 사용하여 계획적이고 가상적 놀이와 같은 인지적 이정표는 정서적 발달에서 중요한 역할을 한다고 추측한다.

성장을 꾀하는 환경을 형성하는 필수적인 지지대를 그려 묘사하였다. 제한, 반복되는 일과, 다양성, 건설적 결과, 좌절이나 실망 없애기, 행동 모델링, 적절한 감정표현 기회 형성과 함께 교사는 행동적으로 기초한 많은 원칙을 사용하여 안전을 형성하여 부적절한 행동을 예방하려고 노력했다.

어떤 아동들은 학습을 방해하는 행동적 정서적 특징을 가지고 취학전 기관과 보육센터에 온다. 그들은 너무 활동적이거나 너무 수줍음을 탄다. 그들은 충동적일 수도 있다. 몇몇은 교사의 지시를 전부 거부하는 반면 나머지는 너무 성인의 지시에 의존적이다. 행동의 독특한 방법으로 활동하는 데 필요한 기술을 제안하였다. 타임아웃의 효과적인 사용에서 손인형과 놀이까지가 이에 속한다. 계속해서 긍정적 강화와 행동의 적절한 모델링을 강조하였다. 자아존중감을 향상시키는 것은 항상 존재하는 목표이다.

기준은 정서적 안녕의 발달에서 필수적이라고 생각되는 자발적 놀이 행동의 발달을 촉진하는 환경을 형성하는 데 교사에게 도움을 주었다. 긍정적 행동의 발달 지원 계획 과정은 양육자에게 행동 관리에 대한 체계적인 접근법을 제공한다.

마지막 부분에서는 학대당하고 방치된 아동의 특징과 요구를 설명하였다.

토론 주제

1. 필요한 기관의 한계나 규칙 목록을 만들어라. 각각은 명확하고 이성적이고 실행 가능한 것이어야 한다. 그것들이 정말로 명확한지 그렇지 않은지 판단하기 위해 이런 한계에 대한 설명을 경험해야 한다.
2. 장애아동을 위한 교실의 구조와 관리에서 이루어져야 하는 특별한 수정을 나열하고 논의하라.
3. 적극적 참여와 소극적 참여 간의 균형, 시각적 주의를 요구하는 경험과 청각적 주의를 요구하는 경험, 집단과 개별 활동 간의 균형을 제공하는 실행 가능한 교실 일과를 개발하라. 급우와 건설적인 비평을 교환하라.
4. 당신이 생각할 수 있는 행동적 어려움에 대한 많은 자연적 논리적 결과표를 만들어라. 표를 손에 들고 다녀라. 행동 관리에 대한 최근 서적을 보는 것은 처벌에 대한 대안의 중요성을 깨닫게 한다.
5. 자신의 자녀가 싸움으로 논쟁에 놓이게 된 부모를 어떻게 대할지 경험하라.
6. 일부 아동에게 좌절이 될 수 있는 장남감을 확인해 보자. 이런 장난감과 그것을 가지고 활동하는 데 어려움이 있을 수 있는 아동의 유형에 대한 목록을 만들어라.
7. 순조로운 전환에 효과있는 기술 목록들을 개발하라. 급우와 이런 것에 대해 경험하라.
8. 행동적 관리 기술에 대한 훌륭한 많은 텍스트 중 하나를 연구하라. 당신의 급우와 도표 형태로 당신의 프로젝트에 대한 결과를 보고하라.
9. 긍정적인 행동지원 계획의 발달에 동료와 함께 참여하라.
10. 학교 물품 센터를 방문하거나 장난감 회사에서 카탈로그를 구하라. '사회적' 장난감의 목록과 '고립적' 장난감의 목록을 만들어라.
11. 가장 놀이에 참여하는 아동을 관찰하라. 표현된 감정의 범위를 기술하라.
12. 세 쌍의 양육자-영아의 상호작용을 관찰하라.

Chapter 7

운동 기술과 자립 기술의 발달

핵심용어

감각 방어
감각운동 관찰
감각 통합
경련성
과긴장성
과민반응
과소반응
근위-원위 패턴
기능적 독립성
대근육 운동 기술
두미 패턴
무정위 운동 패턴
물리치료사
변동 근육 긴장
분지
사지마비
소근육 운동 기술
손사용
역순 행동연쇄
우세 손
운동 교육
의족
자기조절
자세
작업치료사
저긴장
적응적 장비
적응 행동(기능)
전정반응
전진형 행동연쇄
정형외과수술
좌우대칭
편측성
행동연쇄

핵심개념

- 영아들은 주로 수동적인 것보다는 능동적인 운동을 통해 운동감각을 배운다.
- 운동능력 발달은 대단히 예측 가능한 계열 패턴과 중복 패턴을 따른다.
- 생리적 성숙과 환경적 요인들은 신체발달과 운동발달의 비율과 질에 영향을 준다.
- 운동 기술의 평가는 다양한 접근을 통한 한 팀의 노력이다.
- 치료적 중재는 대근육 운동 기술과 소근육 운동 기술, 일상생활에서의 그것들의 사용을 포함하는 기능적 행동을 촉진해야 한다.
- 자세와 손사용(handling)은 근육 긴장의 정상화, 기형의 방지, 몸의 안정성에 있어서 매우 중요한 사항이다.
- 자료의 수정과 환경적 고려는 운동장 아동의 프로그램 계획에 대단히 중요한 사항이다.
- 다양한 전략과 도움은 자립 기술을 가르치는 데 효과적이다. 중재 계획과 수행에 부모를 포함시키는 것은 아주 좋은 방법이다.

1. Nikki

Nikki는 950g의 무게로 2개월 일찍 태어난 조산아이다. 그녀는 8주 동안 신생아집중치료실에 머물렀고, 그 동안 병원균으로부터 그녀의 생명을 위협당했다. 그녀가 회복하게 되더라도, 신경학적인 장애를 동반하는 뇌손상이 지속되는 것은 명백한 것이다. 듣기와 보기는 평균 범위 이내로 나타나지만, 좌측의 움직임은 제한된다. 그녀는 결국 경련성 반신마비(왼쪽의 팔, 몸통, 다리가 말리는)를 동반한 뇌성마비로 진단되었다. 그녀는 아동병원의 뇌성마비 클리닉에 배치되었고, Nikki의 대근육 운동 기술과 소근육 운동 기술을 극대화하는 자세와 활동을 지도하고 부모에게 도움을 주기 위해 물리치료사가 가정을 방문하였다. 구체적인 훈련은 그녀의 왼쪽 팔다리를 사용하도록 권고되었다. 치료의 대부분은 일상활동과 놀이 시간에 하도록 첨가되었다. 걷기 시작하면서 지지와 보다 우수한 균형을 제공하는 발목-발 보조 버팀대를 사용하였다.

Nikki가 2살 때 가정중심 중재와 센터중심 중재가 포함된 조기중재 프로그램에 의뢰되었다. 그 팀은 (a) 왼쪽 사용의 극대화, (b) 왼쪽과 오른쪽을 함께 사용하는 상호운동의 극대화, (c) 먹기, 옷 입기, 배변 훈련과 같은 신변자립 활동을 자극시키는 상호작용 전략을 개발하기 위해 그녀의 부모와 밀접하게 일했다. Nikki의 아버지는 음악가이다. 그는 Nikki가 움직이고 춤추도록 하기 위해 음악을 사용한다. 그는 Nikki의 왼쪽 손목과 발목에 벨, 풍선, 리본을 묶어 소리가 나도록 하여 Nikki의 인식을 증가시켰다. 학교에 있는 교사들은 프로그램 내에 있는 다른 아동들과 마찬가지로 Nikki와도 유사한 활동을 하고 있다. Nikki의 아버지 Dave가 교실을 방문할 때, 그는 기타를 가져와서 아동들 사이에 Nikki가 잘 어울릴 수 있게 모든 아동들의 용기를 북돋아

주었다.

Nikki가 통합적 학령전기 프로그램으로 전환하기 위해 준비할 때 조기중재 프로그램의 교사와 치료사는 Nikki의 성공을 위해 필요하다면 교실을 수정하도록 학령전기 프로그램의 직원을 도울 것이다.

운동 기술이 발달하도록 유아와 활동하는 것은 특별한 종류의 계획이 요구된다. 영유아들은 자기 신체에 관해 학습할 필요가 있다. 그들은 균형과 협응을 발달시킬 필요가 있다. 그것은 공간에 대한 관계에서 그들 자신을 발견하는 데 중요하다. 공간에서 움직이는 것은 몸의 두 양측이 하나의 팀처럼 움직이도록 요구하기 때문에 보육은 몸의 양쪽 측면 사이의 차이에 대한 내적인 자각을 발달시키도록 아동을 도와줄 수 있어야 한다.

운동 기술의 협응은 아동이 자신감 발달과 자신의 신체와 마음에 대한 신뢰를 갖는 데 큰 역할을 한다. 신체에 대한 믿음은 건강한 인격 형성에 매우 중요하다(Erikson, 1993; 제6장 참조). 이것은 감각운동 활동이 조기교육에서 아주 중요하다는 몇 가지 이유이다. 운동능력에 문제가 있거나 발달이 느린 아동(뇌성마비, 정신지체, 지체장애 등)의 경우에는 운동 경험이 종종 제한되기도 한다. 부가적인 교육, 치료적 중재 그리고 촉진은 발달의 모든 측면에서 보았을 때 아동의 장애를 축소시키고 잠재력을 증대시키는 데 아주 필수적이다.

운동 기술은 대개 최소 두 개의 일반적인 범주로 나뉜다. **대근육 운동 기술**(gross motor skills)은 목과 몸통, 팔과 다리의 큰근육을 사용하는 활동과 관계가 있다. 머리 들기, 구르기, 기어가기, 걷기, 뛰기, 오르기, 밀기, 당기기, 잡기, 들어올리기와 같은 기본적인 몸 움직임이 포함된다. 큰 근육의 강점과 지구력은 오르기, 밀기, 당기기, 매달리기 그리고 들어올리기에서 또한 중요하다.

소근육 운동 기술(fine motor skills)은 좀 더 우수한 운동능력으로 작은 근육의 정확한 움직임, 특히 눈, 말하기 근육, 손, 손가락, 발 그리고 발가락의 움직임이 포함된다. 눈 깜빡거리기, 한 곳에 집중하기, 빨기, 잡기, 펴기, 꼬집기, 글쓰기 등이 소근육 운동 활동이다. 많은 소근육 기술에는 자르기, 따라 그리기, 구슬꿰기가 포함되고, 시선이 직접 손에 닿아야 한다. 이런 행동들은 지각운동, 시각운동, 감각운동, 안구운동이나, 눈손 협응을 이루어야 하는 활동으로 다양하게 나타난다.

이 장에서는 대근육 운동 기술과 소근육 운동 기술 그리고 지각-운동 통합을 포함하여 정상운동발달을 검토한다. 그리고 발달을 강화시킬 수 있는 활동들을 제안한다. 비정상적인 운동발달의 판별과 문제점에 중점을 두고 중재를 위한 제안도 함께 강조된다. 특별한 시도는 일상의 기능적인 활동에서와 마찬가지로 교육과정의 다른 발달 영역에 운동 기술의 통합을 권장하도록 하는 것이다.

2. 운동 기술의 발달

신생아들은 수동적 움직임보다 주로 적극적

움직임에서 오는 움직임의 감각을 통해 학습한다. 이러한 발달과정에서 성숙에 대한 보다 높은 중추 능력은 부분적으로 전달된 감각정보에 따라 달라진다. 감각 투입(촉각, 고유수용, 시각, 청각)은 신경계를 통해 전달되고, 뇌와 척수의 적절한 수준에서 통합된다. 메시지가 수용되고 처리되는 것처럼 반응도 운동행동의 형태로 다시 전달된다. 수의 운동 활동은 대뇌피질에 위치한 상뇌 중추에 의해 통제되지만, 반면에 불수의 또는 무의식적 근육운동(예, 음식물 소화, 눈 깜박거림, 운동반사)은 아래쪽 뇌, 즉 소뇌와 뇌간의 일부에 의해 조절된다.

아동의 생리적인 성숙에 관여하는 체계를 보면, 일반적으로 운동 기술의 발달은 한쪽 팔이나 다리를 움직이는 과정으로 진행되어 몸 전체의 보다 높은 협응으로 통합되는 운동형태로 발달한다.

운동발달의 속도는 환경적 자극의 질뿐만 아니라 뇌 발달의 단계에도 영향을 받는다. 영유아기 운동 능력의 차이는 매우 크지 않기 때문에 영유아기의 남자아이와 여자아이의 운동 능력에서 구분하기 어렵다. 학령전기의 말에 여자 아이들은 손의 기민함이 요구되는 과제를 보다 잘 수행하지만, 반면에 남자 아이들은 큰 근육을 사용할 때 보다 더 숙련된다. 어느 정도 문화적으로 결정되는 이러한 차이는 아직도 의문으로 남아있다. 부모의 기대와 유아와의 상호작용은 아동의 성에 따라 차이가 있다. 이러한 기대는 놀이 활동에서 반영되고 있다.

수면과 연습의 양, 의학적 치료의 질, 영양상태와 같은 환경적 요인들이 신체발달 즉, 운동발달의 속도와 최종 정도에 영향을 준다. 게다가 다른 문화들 사이에서 운동 기술 발달의 차이를 보일 때 아동 양육의 실제 또한 고려되어야 한다. 일반적으로 운동 기술 발달에 대한 아동의 잠재력은 유전적 원인과 특정한 환경적 영향의 결과로 생각해야 한다.

아동이 5세 또는 6세가 되면 많은 운동 행동이 형성되고, 보다 높고 더 복잡한 수준에서 정교화되고 획득되기를 요구한다. 이러한 어린시기 동안에 운동발달은 대단히 예언 가능한 계열 패턴과 중복 패턴을 따른다. 비록 전형적인 아동의 진전에서 속도는 다르지만 계열은 일정하다. 운동발달에 대한 선행연구들은 도달되는 운동능력의 시기와 단계에 대한 많은 설명과 시간표를 제시하고 있다. 발달 속도에 대한 변화는 잘 기록되어 있다. 걷기 연령을 비교할 때 8-18개월 사이라는 어머니들의 말은 이상한 것이 아니다. 부록 A는 전형적인 대근육 운동발달과 소근육 운동발달을 요약한 것이다.

1) 운동발달의 계열적 경향

운동발달의 계열을 설명하는 7가지 기본 원리가 있다.

1. *두미 패턴(cephalocaudal pattern)*. 근육발달 과정은 머리에서 발끝으로 진행된다. 예를 들면, 영아는 신체 아랫부분보다 머리를

먼저 자발적으로 통제한다. 비슷하게 아동들은 보통 물건을 받기 전에 던질 수 있다.

2. *근접에서 말단 패턴(proximo-distal pattern).* 성장과 발달은 척추(근접)에서 사지(말단)로 진전된다. 자발적 운동은 어깨에서 시작하여, 팔꿈치, 손목, 마지막으로 손가락으로 이동한다.
3. *전체에서 구체적 패턴(mass-to-specific pattern).* 영유아의 신체 운동은 전체 신체를 포함하는 차별화가 되지 않는다. 구체적인 운동 패턴은 나중에 일반화된 전체 운동으로 발달하게 된다. 새로운 기술을 학습할 때 아동은 불필요한 관계 없는 운동을 억제하는 데 시간이 걸린다.
4. *대근육 운동에서 소근육 운동 패턴(gross-motor-to-fine-motor pattern).* 아동은 대개, 작은 소근육 활동이나 소근육 운동을 하기에 앞서 대근육을 사용하는 조절능력을 갖게 된다. 게다가 아동은 차별적인 통제를 할 수 있게 된다. 그것은 몸의 한 쪽 근육의 움직임이 몸의 다른 쪽 근육의 유사한 움직임이 없이 일어날 수 있게 한다.
5. *최대에서 최소 근육 수반(maximum-to-minimum-muscle-involvement).* 전체에서 구체적 패턴과 같이 신체 운동은 점점 더 효율적이 된다. 실제에서 아동들은 불필요한 에너지 소비를 하지 않도록 학습한다. 공을 잡기 위해 몸 전체를 움직였던 아동이 한 쪽 손과 팔만을 사용하여 공을 잡는 것을 배운다.
6. *양측에서 단측 패턴(bilateral-to-unilateral pattern).* 아동들은 신체 양측의 비차별적인 사용에서 편측성의 확립으로 간주되는 단측적 선호로 진전한다.
7. *순서적 발달 패턴(orderly development pattern).* 아동은 발달 속도는 다르지만 환경적 조건이 적당하고 기관의 결함이 없다면 비슷한 패턴을 따르는 경향이 있다.

2) 부모의 이해 돕기

조기중재자들은 아동의 운동발달의 여러 측면에 관해 부모들과 상담을 하거나 가르칠 때 길고 상세하게 발달 영역을 설명하는 자신들을 자주 발견하게 된다. 이런 이유로 부모들은 전문 용어가 섞이지 않은 설명을 요구한다. Lacy(1981)는 성장하고 있는 어린 아동의 입장에서 발육 과정을 기술한 책을 출간했다. '엄마 아빠에게'는 부모와 아이 모두를 위한 행동 지침을 담고 있고 초기 운동발달에 관한 요약으로 그림 7.1에 제시되어 있다.

3) 반사의 발달

영아의 초기 운동은 원시적이고 무의식적인 반사작용에 의해 형성된다. 원시적인 반사작용은 신생아이거나 초기 영아기라는 증거이다. 아동에게서 광범위한 반사 능력의 변화를 볼 수 있는데, 아동에게서 관찰되는 행동양식에 영향을 끼친다. 반사 능력은 아동의 예민한 체계의 성숙함을 보여주는 표현 방식이며, 인생 초기 신경계 발달을 평가하기 위한 기초

Project Hope

엄마 아빠에게

그녀의 부모에게 보내는 아기의 편지

(대근육 운동발달)

사랑하는 엄마 아빠에게,

제가 태어났을 때에 처음으로 두 분이 알아채신 것은 제가 움직이며 나왔고 아직 멈추지 않은 것이었다고 확신해요. 하지만 그런 초기의 움직임들은 제가 정말로 계획한 것은 아니었어요. 그런 몸부림의 대부분은 저의 미성숙한 신경계 때문이고, 어떤 자세를 취한 것은 반사작용 때문이었어요. 제 기저귀를 가시기 위하여 저를 누이실 때에 제가 움찔한 것을 기억하세요? 그것은 아마 모로 반사였어요. 펜싱 선수처럼 보이는(머리는 굽힌 팔다리를 향하고 다른 쪽은 곧게 편) 저의 누운 자세는? 아마 그것은 제 ATNR 반사였어요. 제 몸으로 반응하기 이전에 주위의 물건들을 감지하기 시작했고 그런 경험은 실망스러웠다고 말하고 싶어요.

그러나 제가 나아가기 시작하면서 머리에서 아래로 발가락까지, 몸의 중심에서 바깥 근육으로 발달했어요-'머리에서 아래로', '안에서 밖으로'가 제가 기억하는 방법이에요. 두 분이 아셨듯이 저는 눈 근육부터 얼굴, 목, 몸통, 다리, 발의 순서로 조절하기 시작했지요. 그러므로 먼저 눈으로 초점을 맞추고 얼굴을 가누고, 다음으로 머리를 가누고 몸의 균형을 맞출 수 있었어요. 그 이후에 바닥에서 몸을 끌다가 손과 무릎으로 기었고 마지막으로 서고 나서 걸을 수가 있었어요. 성장하면서 팔을 흔들고 때리는 것이 가능한 이후에 손목, 팔, 손가락의 순서로 물건을 다루는 데 사용하였어요. (나중에 팔과 손에 대하여 상세히 말하겠어요.)

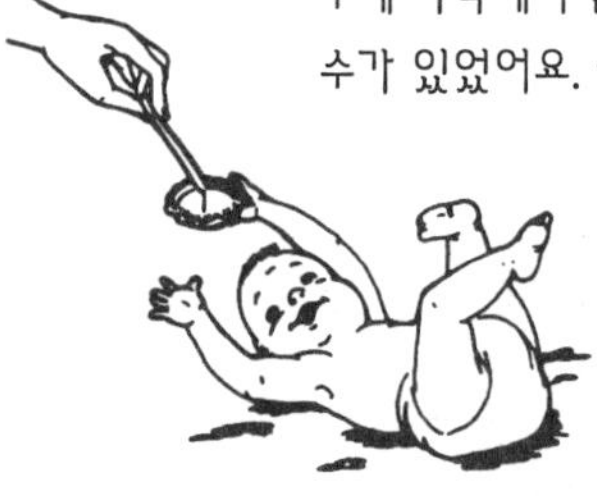

처음 몇 달 동안에는 저의 신체적인 수행이 제가 울고, 졸고, 활동적이고, 민첩한가에 따라 크게 달라졌어요. 그 때에 저는 정말로 이해하지는 못했어요. 그러나 두 분은 제 몸을 두는 방식에 따라 제가 성장할 기회를 주시고, 저를 칭찬하거

Infant Development Program

그림 7.1 초기 운동발달의 요약

나 격려하는 등으로 제 가능성을 위해 올바른 활동을 계속 시도하셨지요. 그러나 제가 저 자신(저의 자아 개념)을 느끼는 방식이 제 스스로 얼마나 잘 움직일 수 있는가에 크게 관련된다는 것을 항상 일찍 알아내셨지요. 그래서 제가 기거나 수건을 허리에 두르고 걷는 것을 도우시면서 가능한 한 '불간섭' 주의를 택하셨어요. 그 때에 저는 새로운 세계에서 제가 중요한 것을 할 수 있다는 것을 정말로 느끼기 시작했어요.

그래서 첫 해는 제 몸을 사용하는 방법을 점점 더 배우는 시기였던 것 같아요. 사회적인 성장이나 물건과 언어의 사용은 아직 제겐 별로 중요하지 않았어요. 그러나 그런 움직임 모두를 생각해 내고 계획함에 따라 저는 정말로 조금씩 배워갔어요. 여러 가지 일들이 모두 동시에 일어났어요. 앞에서 이야기한 반사작용과 다른 것들을 종합하기 시작했고 제가 조절할 수 있는 움직임을 시작했어요. 동시에 저는 머리와 몸통, 그 다음에 팔과 다리를 조절할 수 있게 됨에 따라 비스듬한 자세에서 조금씩 직립하게 되었어요. 둘째 해에 행동을 선택하고 직립한 채로 움직일 수 있는 능력은 제 삶의 모든 것에 영향을 끼쳤어요. 그 능력으로 물체에 대하여 더 많이 탐구하고 감각을 써서 새로운 경험을 시도할 수 있게 되었어요(소근육과 인지). 사람들을 더 잘 보고 더 잘 알 수가 있었고(시각과 사회성), 제 내부의 호흡 기관은 더 적당한 위치에 놓여 제가 말하는 것을 도와 주었어요(언어). 이 가운데 최고의 것은 스스로 움직일 수 있어서 닿지 않던 것을 탐구할 기회를 더 많이 갖게 된 것이에요.

새로운 각 단계를 배울 때마다 두 분은 제가 왜 때때로 그렇게 천천히 일을 하는지, 또한 같은 것을 왜 여러 번 반복하는지 의아해 하셨을 것이에요. 새로운 성취에 정말로 집중할 필요가 있었기 때문에 천천히 했어요. [때로는 새로운 신체적 기적에 집중하기 위해 식사나 수면을 단념하기조차 했어요.] 그렇게 많이 연습하는 이유는, 각 움직임이 정말로 저의 일부분이 되어 절대 잊지 않도록 확실히 하고 싶었던 것이에요. 때때로 일어서기 같은 새로운 움직임을 단지 한 번만 시도하고는 새로운 독립이 무서워

그림 7.1 초기 운동발달의 요약 (계속)

Project Hope

져서 한 동안 (아마 두 달까지) 그만 두기도 했어요.

아니, 모두 쉽지는 않았어요. 처음에는 세계를 떠맡기를 원하다가 늦추거나 멈출 필요가 있었고 때로는 배운 것을 그만두기도 했어요. 엄마, 제가 자주 울고, 엄마께 매달리고, 힘들게 행동할 때에 새로운 움직임으로 생기는 독립이 약간 무서울 거라고 말씀하시려는 것을 알아요. 자신감을 되찾기 위하여 늦추거나 엄마께 되돌아 갈 필요가 있었어요. 아마 엄마는, 저의 비틀거림이나 불안정성이 확실히 불쑥불쑥 나타나다가 새로운 '운동발달 이정표'가 생기는 것을 인식하게 되셨을거예요. 엄마와 아빠 두 분으로부터 멀어지기를 기다리시고, 두려워져서 두 분이 주시는 평안함과 사랑으로 되돌아 가는 어려운 시기를 이해하고 받아주셔서 고마워요.

또한 자유와 한계에 대한 훌륭한 균형을 찾아주셔서 감사해요. 규칙과 위험을 가르치시면서 탐구하고 배울 기회를 제공하시는 것이 두 분에게는 어려우셨을 것이에요. 저를 보호하시고 배울 수 있는 적절한 환경을 제공하신 일은 훌륭하셨어요. 무엇보다도 두 분은 저의 개인적인 신호를 관찰하시고 저를 신뢰하셨어요. 머리끝에서 발끝까지 두 분께 감사드려요.

사랑해요,
당신의 성장하는 아이

Infant Development Program

그림 7.1 초기 운동발달의 요약 (계속)

가 된다.

교사들이 신경학적인 복잡성을 이해하기란 쉽지 않지만, 각 행동들이 어떻게 조정되고, 정상적인 기술을 저해하는 요인이 무엇인지에 대한 지식은 매우 중요하다. 부록 C에 중요한 반사와 잠재적인 문제들이 요약되어 있다. 조기중재에서 어려움이란, 반사적 행동을 다루도록 특별히 훈련된 물리치료사와 작업치료사를 찾는 것일 수 있다.

4) 대근육 운동 기술의 발달

대근육 운동 기술은 몸통, 팔, 다리의 굵은 신경과 목의 큰 근육과 관련이 있다. 어린 아동은 신체의 빠른 변화가 일어나기 전에 새로운 신체능력을 습득하기 위해서 많은 노력과 시간을 소비한다. 아동은 자세를 조절할 수 있는 능력을 키우고 걷기, 뛰기, 잡기, 점프하기 등을 배운다. 이러한 대근육 운동 기술의 숙달 정도는 근육 사용의 기회와 마찬가지로 근육 발달에 영향을 받는다는 것을 기억해야 한다. 자극을 제공하는 것이 필요하고 장애물이 없는 안전한 환경과 많은 격려가 필요하다.

대근육 운동 기술의 숙련은 신체 크기의 변화에 영향을 받는다. 2세 아동의 머리는 자기의 몸무게의 1/4정도이다. 그러나 아동이 5세가 되면 머리는 전체 몸무게의 1/6밖에 되지 않는다(Blasco, 2001). 머리가 가장 무겁게 되지 않게 됨으로써 그들의 능력을 그들 스스로 균형 있게 발달시킨다. 보통 아동은 유치원에 들어가서 근육 조직을 증진시키는 경험을 쌓고, 활동을 할 수 있는 잠재적 근육 에너지를 키운다.

5) 소근육 운동 기술의 발달

소근육 운동 기술은 작은 근육이 포함된다. 손의 움직임 조절을 포함한 대부분의 소근육 운동 기술은 손과 손가락의 움직임과 연관된다(손사용 조절에서 변화의 진전은 그림 7.2를 참고한다). 손과 손가락의 협응은 힘, 신축성, 민첩성을 요구하는 것으로 자주 기술된다. 눈-손 움직임의 협응은 시각-운동 기술으로 간주된다.

(1) 우세 손

소근육 운동 활동을 하는 아동을 관찰하고 있노라면, '우세 손' 이나 선호하는 손에 대한 의문을 떠올리게 된다. 유치원 교사들은 아동이 유아기 동안 손을 자주 바꿔 쓰는 것을 발견하게 되는데 그러한 징후들을 살펴보아야 한다. 우세 손은 6세 이전에는 잘 알 수 없다. 그 이후에 몇몇 아동들은 기술적인 양손잡이로 발달한다. 아동이 자르기와 던지기와 같은 활동에서 그들의 오른손을 좀 더 사용하는 경향이 있다는 사실은 우리의 문화적 편견에 대한 영향을 시사한다.

(2) 실제적인 연습

영아가 걷기 오래 전부터 그녀의 엄마는 "샐리가 오늘 건포도를 잡았어요"라고 보고할 것이다. 아동이 뭔가를 잡았다는 사실에 놀라서

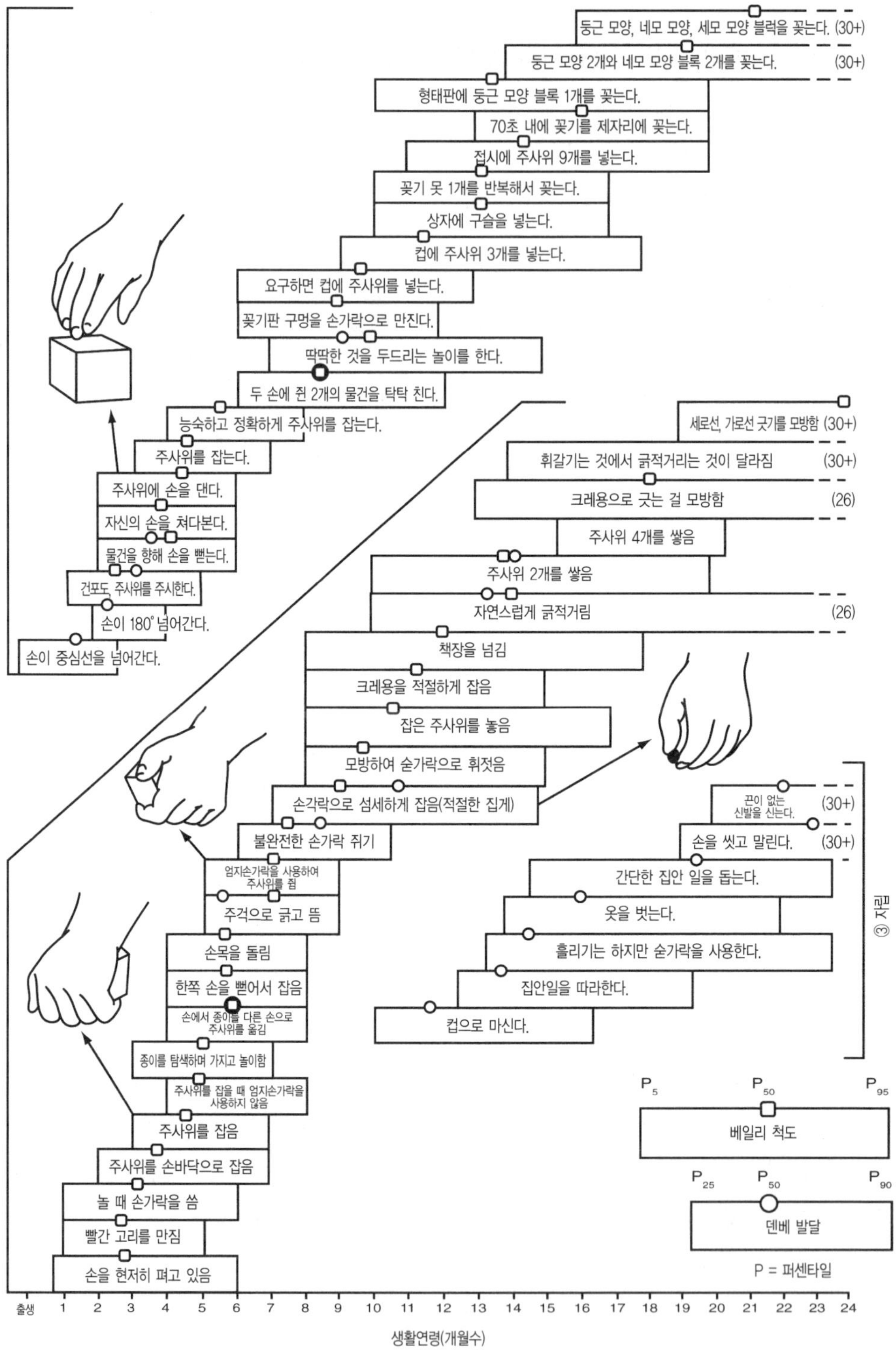

그림 7.2 연속적인 변화: 손사용의 조절

출처: Movement Skill development(p.32), by J.Keogh and D.Sugden, 1985, Upper Saddle River, NJ: Merrill/Prentice Hall. Reprinted with permission.

주변의 먹을 수 없는 구슬 같은 것이 있으면 조심하게 된다. 후에, 작은 것들을 보고 쥐게 되는 이런 능력은 크레용이나 연필 혹은 다른 작은 물체를 잡는 능력으로 발전한다.

물론 사용 가능한 물건들을 잡는 것은 대부분의 아동이 배워야 할 중요한 소근육 운동 능력이므로 그들은 반드시 연습할 기회를 가져야 한다. 작은 블록 쌓기, 작은 장난감 조작하기, 크레용, 쵸크, 가위 사용하기 등은 이런 필수적인 기술을 발달시킬 것이다.

스냅단추, 점판, 퍼즐, 구슬, 나사와 볼트 등은 아동의 흥미를 끌고, 소근육 운동 기술에 도전하도록 한다. 요리활동도 젓기, 자르기, 빻기, 굴리기와 같은 아동의 기술을 발달시킨다. 전형적인 운동 기술 촉진을 위한 활동 목록의 표본이 표 7.1에 제시되어 있다. 예상되는 정상적 운동 기술 목록은 부록 A에서 볼 수 있다.

(3) 눈-손 협응 발달

처음에 한 가지 특정한 종류의 감각자극을 만났을 때 아동은 그 자극을 받아들인다. 연이어 일어나는 자극충돌들은 보통 아동들이 그 자극들을 해석하고 이해한 결과이다. 만일 어

표 7.1 전형적인 운동 기술 활동

대근육 운동발달			
눈-발 협응	**눈-손 협응**	**신체 인식**	**균형**
발차기	오르기	기어다니기	발끝으로 서기
오르기	매달리기	물건 주위를 기어다니기	평균대 걷기
뛰어 오르기	공치기	동물처럼 움직이기	바퀴달린 장난감 타기
깡총 뛰기	던지기	활동을 따라하기(거울놀이)	타이어 위에서 움직이기 또는 놀이 모래 통에서 움직이기
춤추기	잡기	가라사대 놀이하기	콩주머니를 머리나 어깨에 올려 놓고 걷기
평균대 걷기	도구 사용하기	바퀴 달린 장난감 조종하기	
줄넘기	블록 쌓기		
	공굴리기		
	두드리기		
	젓기		
소근육 운동발달(눈-손 협응)			
자르기	수놓기	스텐실이나 템플릿으로 윤곽 그리기	
색칠하기	점판	복사하기	
스케치하기	긋기	붙이기	
바느질하기	색칠하기	블록 탑 쌓기	
퍼즐 쌓기	종이접기	조립하기	
구슬꿰기	따라 그리기		
자립 기술			
옷입기(단추, 지퍼, 스냅, 버클 채우기)			
먹기			
개인 위생(이닦기, 손씻기)			
화장실가기			

떤 감각이 손상되었다면 비록 가벼울지라도 아동은 처음 자극을 정확하게 감지할 수 없을 것이다. 만일 그들이 정확한 처음 자극을 받지 않았다면 이후 그 자극에 대한 해석이 틀리거나 혼돈이 일어날 것이다. 따라서 영아와 어린 아동들은 움직임에 어떤 제한이 아마도 지각 기술의 발달을 방해할 수 있고, 학습과 사회적 기술 발달의 다른 종류에 부작용을 가질 수 있다(Greenspan, 2001).

그 결과로, 우리는 지각-운동 기술의 발달 그 자체를 과제로써 촉진시키기도 하고 지각-운동 기술의 발달을 언어와 개념 발달과 연관시켜 과제로써 증진시키기도 한다. 일상생활의 일부분으로서 지각-운동발달을 촉진하는 수많은 활동을 담은 어린 아동에게 기술적으로도 발달적으로도 적합한 교육과정이라는 것은 의심할 여지가 없다. 퍼즐, 펜, 가위질, 단추 채우기와 단추 풀기 그리고 스스로 먹기는 아동들의 매우 자연적인 환경내에서 눈-손 협응의 발달을 첨가시킨 몇 안 되는 일상생활 활동들이다.

(4) 시각-운동 활동의 개별화

표 7.2에 설명된 바와 같이 종이 한 장을 가위로 자르는 활동의 목적과 목표를 제시함으로써 아동들이 많은 기술을 다양하게 변형시키도록 돕는다. 대부분의 3세 아동이 집게로 커튼 볼을 집을 수 있는 반면, 중간목표 행동은 5세 아동에게 적합한 기술이다.

그러나 발달적으로 지체된 어느 5세 아동은 집게 사용하는 것을 배우기 어렵다는 것을 발견하게 될 것이다. 그들은 두 번째 목표로 나가기 전에 며칠 또는 몇 주 동안 격려와 언어적 안내와 신체적 안내와 같은 도움을 요구할지도 모른다. 좀 더 어려운 과제를 할 수 있는 아동을 포함시킴으로써 그들은 관찰하고 발견하여 또한 배울 수 있게 된다.

주의 깊게 계획된 일상생활 행동들의 순서에 대한 근거 중 한 가지는 기준이 달성되기 전에 하나의 과제를 각 아동에게 제공하기 위

표 7.2 활동 개별화를 위해 사용된 목적과 목표의 예

주어지는 것 (교사가 제공해야 할 것과 제한해야 할 것)	아동들이 해야 하는 것	기준
목적: 자르기 기술을 발달시키기		
최종목표:		
끝이 무딘 가위, 3인치의 곧은 선과 3인치의 굽은 선 그리고 3인치 원주의 원이 그려져 있는 종이, 선을 따라서 자르라는 지시	지시대로 자른다.	1/4인치 내의 선을 5분 안에 자른다.
중간 목표 :		
1. 집게, 코튼 볼 5개, 4인치 볼, 자를 때의 손가락의 위치와 집게 사용법에 관한 교사의 안내	코튼 볼을 들어 올리는 집게 사용법, 필요한 교사의 도움.	손가락을 바른 위치에 두고 도움을 받아들인다.
2. 위와 같이 교사의 지시를 따른다.	위와 같음.	손가락을 바른 위치에 놓고, 실행한다(시간제한이나 코튼 볼을 떨어뜨렸을 때의 벌칙은 없다.)
3. 위와 같음.	위와 같음.	바른 위치를 유지하고, 솜을 볼에 떨어뜨린다.(2분 내에 1개 이상의 솜을 밖에 떨어뜨려서는 안 된다.)
4. 끝이 무딘 가위와 1인치 폭과 11인치 길이의 종이.	종이를 자른다.	최소한 10조각을 1분 내에 자른다.
5. 위와 같음, 종이의 가로로 1인치 간격의 두꺼운 검은 선	선을 따라 종이를 자른다.	1/4인치의 선을 자른다.(시간제한 없음)
6. 끝이 무딘 가위와 종이의 가로로 1인치 간격의 두꺼운 선이 있는 3인치 폭과 11인치 길이의 종이	각각의 선을 자른다.	1/4인치의 선을 자른다. 각 조각을 10분 내에 자른다.
7. 최종 목표와 동일	지시한대로 자른다.	1/4인치의 선을 10분 내에 자른다.
8. 최종 목표와 동일		

Note: 지체장애 아동을 위한 교수적 수정은 전통적인 가위 대신에 압착(스퀴즈) 가위를 사용한다. 어떤 아동의 경우엔 교사와 함께 자르기를 해야 함으로 네 개의 구멍이 있는 가위가 유용할 수 있다. 시각손상 아동을 위한 수정에서는 색 대조가 필요하기 때문에 살색 종이에 어두운 갈색 선을 제공해야 한다.

한 것이라는 것을 명심해야 한다. 과제와 함께 어려운 기술을 점차적으로 실패의 고통 없이도 발달시키는 것이 가능하다. 각 아동이 기대되는 '선 자르기' 를 시작하는 것은 그들의 많은 수가 실패한다.

선 자르기를 다섯 명 혹은 그 이상의 아동에게 가르칠 때는, 필요한 재료를 각자 한 명씩 가지도록 제공하고, 그들의 수행수준에 맞도록 시범을 보이고, 계속 격려를 해야 할 필요가 있다. 이러한 방법으로 가르칠 때 한 명의 실패도 없고 더 나아가 각 아동이 성공한다. 대부분의 아동은 다음 단계를 도전하거나 그것을 다시 해보기를 간절히 원할 것이다.

게다가 계획되고 산출된 수업처럼 분명하게 쓰여진 행동적 목표는 교사에게 유용하고, 이러한 동일 목표는 좀 더 작은 단계나 필요한 세부적인 단계로의 파생을 돕는다.

기본적인 목적과 목표는 다수의 아동을 가

르치는데 유용한 지침으로 계획되어야 한다. 그러나 몇 명의 아동은 더 세부적인 작은 단계를 필요로 한다. 목표를 분석함으로서 교사는 어떤 정밀한 단계가 좀 더 있어야 하는지를 구분할 수 있다.

목표가 있는 문서 양식은 과제 분석을 도와준다. 만약 아동이 성공적으로 수행하지 못했다면 어디에 문제가 있었는가? 교사가 무엇을 제공하고 무엇을 고쳐야 하는지에 대한 변화를 만든다. 혹은 일의 분량이나 시간의 양이 부적절하게 배당되었는지 알게 해 준다. 가끔 일상 생활 행동은 과제의 수정이 어렵기 때문에 더욱 어려워지기도 한다. 간혹 시간 제한으로 변경이 어려워지기도 한다. 과제, 기준, 교사가 하거나 하지 않은 것을 평가함으로서 아동과 마찬가지로 교사를 위한 더 나은 성공적인 교수방법의 감각을 만드는 것이 가능하다.

이 모든 활동을 통해서 교사는 아동이 독립심, 정확성, 인내, 지구력을 배울 수 있도록 돕기 위해 노력한다. 이러한 질적인 것은 일상생활 행동들을 분명하게 시작할 때 더욱 성공적으로 길러진다.

(5) 진전 기록하기

그림 7.3은 동일한 목적의 강조 하에 다양한 기술 수준의 아동이 한 집단에 포함되었을 때 아동의 진보를 기록하는 간단한 방법을 제시한다. 기대행동을 종이 왼쪽 아래에 표시해 놓고 아동의 이름을 위쪽에 표시해 놓음으로

교육과정 영역: 소근육 운동

목적: 자르기 기술 배우기

중요: + = 이미 습득된 기술
□ = 현재 목표 행동
[xx/xx] = 행동 달성 날짜

	매그	메리	데니	바비	비키	에릭
집게와 커튼 볼	+	+	+	+	+	+
1인치 싹둑 자르기	[10/03]	[9/03]	[10/03]	+	□	+
굵은 선 1인치 싹둑 자르기	□	[10/03]	[10/03]	+		+
굵은 직선 3인치 자르기		□	□	[10/03]		+
굵은 곡선 3인치 자르기				□		[10/03]
굵은 선의 동그라미 3인치 자르기						□

그림 7.3 다양한 기술 수준을 지닌 아동 집단의 진보 기록하기

써 각 아동의 현재 행동을 확인하여 쉽게 기록 할 수 있다. 교사는 간단히 날짜와 각 항목의 성취도를 기록한다. 그러면 리스트의 다음 항목이 기대되는 현재의 목표 행동이 된다.

3. 비정상적인 운동발달

비전형적인 운동발달 혹은 운동발달의 차이는 다양한 이유로 발생될 수 있다. 뇌손상이나 교정적인 문제, 진행성 질병, 유전적 결함, 발달지체 그리고 감각 손상은 잠재적으로 운동 기술 습득에 방해가 될 수 있다.

어린 아동에게 영향을 끼치는 운동 패턴의 편차는 태아기나 분만시에 생겨난다. 중추신경계에서 일어나는 신경근육 결함, 특히 뇌성마비(cerebral palsy: CP)는 모든 연령에게 나타나는 가장 일반적인 운동장애이다. 뇌성마비는 비진행성 뇌 기술장애에게 주어지는 일반적인 용어이다. 이것은 발달의 모든 측면에서 복잡한 문제를 불러일으킨다(Batshaw, 2002). 뇌성마비 아동에게서 나타나는 비정상적인 운동 패턴은 원시반사의 보유와 운동 협응과 근육 긴장 문제들과 연관이 있다. 두뇌 손상에 기인하는 운동 기술장애의 연속체에는 미약하고 어설픈 운동능력을 지닌 아동이 끝에 있고 또 다른 끝에는 매우 심각한 손상으로 어떠한 협응적 움직임이 불가능한 뇌성마비 아동이 포함될 수 있다. 이 연속체 안에는 다양한 정도의 운동 문제가 있다.

Howard, Williams, Lepper(2005)에 의해 제안된 것처럼, 한 아동이 운동적으로 영향을 받게 되는 범위나 참여의 정도를 설명하지 않으면, 조기중재를 위한 뇌성마비의 진단은 크게 유용하지 않다. 경증, 중(中)증, 그리고 중(重)증 뇌성마비의 일반적인 특징에 관한 설명이 표 7.3에 있다.

뇌성마비의 다양한 형태는 많은 다른 발달영역에 영향을 미치는데, 인지적인 결함을 지

표 7.3 뇌성마비의 간편 진단 기준

정도	특성
중(重)증	1. 신체적 요구에 전체 의존 2. 약한 머리 통제 3. 기형적이고, 현재 혹은 잠재적으로 제한적 기술 혹은 통증 산출 4. 연령에 적합한 운동 기술의 성취를 방해하는 지각, 감각 통합 결함
중(中)증	1. 신체적 요구에 약간의 독립성 2. 기능적인 머리 통제 3. 기형적이고, 현재 혹은 잠재적으로 제한적 기술 혹은 통증 산출 4. 연령에 적합한 운동 기술의 성취를 방해하는 지각, 감각 통합 결함
경증	1. 신체적 요구에 맞는 독립성 2. 치료적 중재를 동반한 운동의 질적인 진보와 지각적 기술의 잠재성 3. 치료적 중재를 동반하지 않는 운동의 질적인 진보와 지각적 기술의 잠재성

출처: Best, Heller, and Bigge (2004). Adapted by permission of Pearson Education, Inc., Upper Saddle River,New Jersey.

닌 운동장애를 동등하게 다루지 않도록 주의해야 한다. Batshaw(2002)에 따르면, 연구들은 중추신경계의 손상이 인지적 성장과 이후의 학업적 수행능력을 정확하게 예언하는 것이 아니라는 것을 보여준다.

1) 근육발달의 문제

근육의 긴장, 조절 그리고 힘(세기)의 특성은 발달과 중재에 있어서 중요한 사안이다. 문제의 원인은 중추신경계의 손상과 유전적 장애에서부터 발달의 불명료한 지체에 이르기까지 다양하다(Batshaw, 2002). Hanson과 Harris(1986)는 프로그램을 계획할 때 고려를 해야 하는 근육발달의 이탈에 대해 논의하였다.

1. *근육 긴장의 결함.* 근육에 있어서 긴장 정도에 따라 근육 긴장을 정의한다. 근육 긴장의 편차에는 3가지 유형이 주목된다. 첫 번째, 근육이 낮은 긴장이나 연약한 것을 나타내는 **저긴장**(hypotonicity)이다. 느슨한 아동은 어깨나 엉덩이, 그리고 발목에 일반적으로 약하고 흐느적한 근육을 나타낸다. 다운증후군이나 프러더-윌리 증후군 또는 운동실조로 분류된 뇌성마비는 저긴장 아동의 좋은 예들이다. 저긴장의 아동은 또래보다 활동량이 적고, 운동 활동으로 인해 쉽게 피로를 느끼게 된다.

앉기, 기기, 걷기와 같은 운동의 연속적 발달은 근육의 낮은 긴장 때문에 보통 지연된다. 신체의 다른 영역인 가슴이나 얼굴 근육 역시 영향을 받을 수 있다. 낮은 근육 긴장 때문에 호흡도 얕을 수 있다. 그런 아동은 울기, 거품불기 혹은 말하기 등 소리를 내는 데에도 어려움이 있을 수 있다.

반대로, 긴장과도의 아동은 너무 과한 근육의 긴장을 가지고 있다. **과긴장성**(hyprotonia)의 또 다른 이름은 **경련성**(spastically)이다. 높은 비율의 뇌성마비 아동이 경련성을 가지고 있다. 경련성의 양측마비에서는 다리가 주로 영향을 받지만, 몸통과 팔 또한 영향을 받을 수 있다. 경련성의 사지마비에서는 팔다리와 몸통이 모두 영향을 받는다.

과긴장성의 아동은 운동발달을 습득하는 것이 빈번히 지연된다. 그들은 중력에 대항해서 앉아있기, 기기, 서기 등의 자세를 유지하는 데 어려움을 겪는다. 늑골과 가슴의 감소하는 활동 때문에 숨쉬기도 힘들 수 있다. 얼굴이나 입주위의 근육도 영향을 받아 경련성 **사지마비**(quadriplegia)의 경우엔 관절 접합, 씹기, 삼키기가 힘들 것이다(Klein, Cook, and Richardson-Gibbs, 2001).

변동 근육 긴장(fluctuating muscle tone)은 긴장과도나 저긴장의 아동에서 많이 나타난다. 보통 이런 경우는 자발적으로 근육의 긴장도를 증가시키도록 시도해 본다. 그러나 아동이 쉬면 근육은 저긴장이 될 것이다. 수축과 이완의 협응이 되지 않는 반복적인 **무정위 운동 패턴**(athetoid movement patterns)에서 볼 수 있다. 변동 긴장이 일어나는 가장 보편적인 운동장애의 유형은 무정위 뇌성마비이다.

2. *근육 조절의 결함.* 떨림과 근육 상태의 동요는 비정상적인 운동신경의 특성이다. 뇌성마비 아동이 뭔가 하기를 원할 때, 예를 들면 동요하는 근육 상태뿐만 아니라 협응되지 않은 움직임과 비정상적인 자세는 근육 긴장의 증가나 감소를 불러일으킨다. 불수의적인 얼굴 운동(입을 열고, 다물고, 혀를 밖으로 내미는 등)은 종종 몸 전체의 전반적인 근육 조직의 동요로 이어진다. 소근육 활동의 시도에서 몇몇의 뇌성마비 아동은 협응에 문제를 증가시키는 경향이 있다.

3. *근육 힘의 결함.* 아동들 사이에서도 근육의 힘은 다를 것이다. 근위축증과 같은 퇴행성의 질병은 근육 힘에 점진적인 영향을 준다. 근육 마비는 척추파열이나 소아마비와 같은 척추 손상과 연관되어 어떤 근육조직의 영구적인 손실을 가져온다. 아동이 부러진 뼈에 깁스를 하는 것은 근육의 힘과 긴장의 감소를 가져올 것이다.

4. 운동능력의 사정

교육 계획이나 치료적 중재에서 영유아의 모든 발달 영역과 사회적 상호작용과 학습 전체에 영향을 미칠 운동능력의 지연이나 부재를 어떻게 평가하는가 하는 것은 중요하다. 평가방법(체크리스트 관찰이나 표준화된 테스트)이 식상하더라도 그 정보는 최적의 학습경험으로 해석될 수 있다.

이 책에서 강조되고 있는 것처럼, 아동의 평가에 대한 책임은 한 팀의 노력이 되어야 한다. 부모, 교사, 치료사 그리고 건강 전문가와 관련된 모두는 운동 문제의 판별, 진단 그리고 치료 중재에 있어서 기본적인 정보를 줄 수 있다. 모든 평가와 함께, 획득된 모든 정보가 타당하게 되기까지는 진단적 명칭을 적용시키지 말아야 한다. 예를 들면, 위험에 처할 가능성이 높은 조산아는, 발달하고 있는 신경계가 아닌 한 가지 미숙의 특징적 증상에 근거하여 뇌성마비라는 조기 진단이 자주 주어진다. 이런 잘못된 진단이 그 부모에게 미치게 될 영향을 생각해 봐라!

조기교육 프로그램 직원은 사정 정보의 조정자와 합성자가 되어야 한다. 부모로부터 받은 조기 발달의 이정표, 가족력, 평소의 행동과 의학 전문가로부터 받은 병원 기록과 진단적 평가에 덧붙여 아동의 신체적 발달에 관한 좀 더 광범위한 견해를 첨부해야 한다.

1) 영유아

운동발달에 대한 가장 최초의 평가는 보통 태어난 지 1분과 5분 안에 시행된다. 신생아는 외모(피부색), 심장박동, 자극에 대한 반응성, 활동, 근육의 긴장상태 그리고 향후에 의학적인 보조가 필요한 지를 결정하는 데 기여하는 호흡을 평가받는다. 실제적인 점수 체제가 사용되어 진단에 기여한 것은 Apgar 척도이다 (Apgar & James, 1962). 표 7.4는 신생아의 순환에 영향을 미치는 산소의 손실과 손해를 측정하는 다섯 가지 기준과 각 점수의 수준에

표 7.4 Apgar 점수 체계

점수	0	1	2
심장박동	없음	100 아래	100 이상
호흡	없음	느리고, 불수의적	정상적인 호흡
근육 긴장	흐느적거림	약간의 굴곡	활동적인 움직임
반사	반응 없음	얼굴 찌푸림	재채기, 기침
피부색	몸 전체가 푸르고 창백	사지 창백, 나머지 부분은 분홍빛	전체가 분홍빛

관해 제시하고 있다. 각각은 0, 1, 2점으로 나눠지는데, 이 점수들은 전부 더해져 0점부터 10점까지 다양해진다. 5분 평가의 점수는 이후의 발달적 진보를 매우 잘 예언해 준다(Batshaw, 2002).

신생아의 보다 집중적인 관찰은 신생아 행동 관찰 시스템을 통하여 달성될 수 있다(Nugent, Keefer, O' Brien, Johnson, & Blanchard, 2007). 이 시스템은 행동의 평가 척도가 1973년에 최초로 출판된 Brazelton Neonatal 행동 평가 척도를 이용하고 있는 수십 년 동안의 연구에 근거하고 있다(Brazelton, 1996). 신생아 행동 관찰 체제의 18 문항은 신생아가 우연히 만나게 될 그들의 새로운 환경에 있어서 어려운 문제와 마찬가지로 신생아의 강점을 판별한다. 그것은 10분 이내의 시간이 걸리며 부모가 그들의 자녀에게 적절한 자극과 육아 기술을 배울 수 있는 기회를 제공한다.

영유아가 명백한 결손이나 눈에 보이는 손상이 있을 때, 운동발달과 관련된 가능한 문제를 발견하기가 더욱 어렵다. 보통 부모나 교사는 짧은 시간 동안 기관을 방문하는 의학 전문가들이 관찰할 수 없는 더욱 민감한 문제들을 발견한다. 다음에 포함된 행동의 몇 가지는 주의를 필요로 하며 사전 의뢰를 요구하는 지표로서 고려되어야 한다.

1. 지체된 운동 이정표(비록 지체가 중요한 지표이지만, 정상발달의 다양성을 생각하라.)
2. 쉬는 동안이나 활동 중에 팔다리의 비정상적인 자세
3. 작업 중에 손이나 팔의 떨림
4. 양쪽 팔다리 운동 기술의 현저한 차이
5. 더 빨리 잘 쓰는 손의 확인(13개월 이전)
6. 부족한 균형과 평형감각
7. 주의집중의 어려움
8. 대근육 운동과 소근육 운동 협응의 부족
9. 혀, 입술, 입 근육의 부족한 운동 조절(예를 들면, 침이나 코 흘리기)
10. 경련이나 안절부절 못하는 것과 같이 움직임을 통제하지 못함
11. 시각-운동 협응 기술(그림 그릴 때 주로 나타남)
12. 운동 활동 중 심약하거나 극심한 피로

아동이 나타내 보이는 이런 신호는 운동신

경에 기술 장애가 있다는 것을 나타낸다. 이런 행동은 그 아동의 일차 양육자와 의사의 의사소통이 필요하다. 게다가 다양한 약물치료, 주의력 문제의 증상을 보이는 부작용을 초래할 수 있다. 유아교육 프로그램 직원과 부모는 모든 약물치료의 부작용을 숙지해야 한다.

2) 중증운동장애

중증운동장애를 지닌 어린 아동은 운동 문제를 평가하기가 어렵다. 특히 아동의 인지적 기술과 의사소통 기술 평가 또한 어렵다. 왜냐하면 많은 평가 과제는 소근육 운동 기술과 대근육 운동 기술을 필요로 하기 때문에, 중증운동장애 아동은 표준화된 항목들을 이행하기 어렵다. 원시 반사와 비정상적인 운동 패턴을 이해하는 것은 교사가 최적의 수의적인 운동 반응을 얻도록 아동을 가장 좋은 자세로 두는 것과 같다. 물리치료사나 작업치료사는 아동이 다른 발달 영역에서 운동 기술 향상과 기술을 보이도록 아동을 돕는 방법을 제공할 수 있다.

정상적인 놀이 환경에서 한 아동의 행동과 수행을 비디오로 녹화하는 것은 아동 능력의 질적인 측면을 이해하는 데 도움이 될 것이다. 평가자는 아동의 강점을 진정하게 평가하기 위해 여러 가지 세션이 필요할 수 있다. 왜냐하면 아동의 심리적 신체적 상태는 하루 하루 급격하게 달라지는 근육의 긴장도와 협응 그리고 운동 능력에 영향을 받을 수 있기 때문이다.

3) 모든 유아 사정을 위한 일반적 고려사항

운동 기술의 효과적인 관찰은 운동 과제에 대한 과정과 접근이 중요하다는 인식을 가진 관찰자를 필요로 한다. 어떻든 공이 잡혀야 한다는 것보다 한 아동이 공을 잡기 위해 어떻게 시도해 가는가에 더 접근한다. 거기에는 능력에서 큰 차이점이 있다. 아동이 공을 잡으려고 시도할 때, (a) 그 공을 잡기 위해 공의 경로를 따라 눈과 손이 함께 움직일 수 있는 아동과, (b) 눈은 공을 보고 있는 것 같지 않고 손도 함께 움직이지 않는 것처럼 보이는 아동들 사이에는 능력에서 큰 차이가 있다. 비록 둘 다 공을 잡지 못한다고 하더라도 그들의 차이점에 주목해야 한다. 그들은 분명히 발달적으로 다른 수준에 있다. 계단 오르기나 가위를 사용하는 것과 같은 활동에서 경험이 부족한 아동은 또한 실행에 영향을 받는다. 새로운 작업에 두려움이나 흥분하는 수준의 아동은 운동의 진전이 훨씬 어려울 것이다.

수행의 질은 신체적인 성숙과 경험에 좌우되기 때문에, 교육적 목표를 개발하기 위한 목적의 평가는 개별적인 개인 내적 준거에 의존해야만 한다. 표준 집단과의 비교는 교사에게 일반적인 참고자료는 될 수 있지만, 개인 내부에서 일어나는 변화에는 충분하지 않다. 예를 들면, 2세 아동의 키와 몸무게를 가진 3세 아동은 대부분의 3세 아동이 할 수 있는 과제들을 수행할 수 있으리라고 기대할 수 없다. 균형의 부족이 약점이 되는 것을 고려하는 것과 균형을 가르치려는 목표를 포함시키는 것은 신체를 앞으로 이동하기까지는 부적절한 것이다. 간단히 말해, 교사들은 준거지향적인 목표를 개발하는 것과 개인의 차이를 관찰하는 것과 함께 표준화된 검사로부터 지식을 결합해야 한다.

(1) 발달적 과제 분석

일단 교사들이 표준적인 예상치들로부터 유래된 발달 검목표를 사용하고 성숙, 흥미, 경험, 프로그램 활동을 주의 깊게 관찰한다. 그 검목표는 광범위한 목표를 서술해 놓았거나 각각의 광범위한 목적은 더욱 구체적인 과제 분석을 포함하고 있을지도 모른다. 그런 검목표는 검사와 사정도구로 활용될 수 있다.

적절한 운동 목적을 만족시키는 관찰 도구로서의 과제 분석을 사용하는 표본 방식은 중재자와 부모 모두에게 이롭다. Hanson과 Harris(1986)는 다섯 가지 기본 단계를 제안하였는데, 예시 7.1에 제시하였다. 이 교재의 뒤쪽의 "적응행동 기술의 발달" 부분에서 과제 분석의 적용 예를 제공한다.

4) 놀이중심 사정

이 접근은 구조화된 놀이 활동과 구조화되지 않은 놀이 활동의 넓은 범위에서 영아와 유아

예시 7.1

운동발달 촉진의 다섯 가지 기본 단계의 예

행동: 아동이 앞구르기를 한다.

1. 당신이 가르치고 싶어하는 행동을 결정하라.
Debbie는 도움 없이 앞구르기를 하게 될 것이다.

2. 아동이 시도해 보도록 당신이 사용할 구호를 결정하라.
"Debbie, 굴러"라고 말하고, 신체적인 도움을 주면서 Debbie가 구를 곳에서 닿지 않는 위치에 그녀가 가장 좋아하는 장난감을 놓아둔다.

3. 행동에 뒤따르는 결과를 결정한다.
구르고 나면 Debbie는 장난감을 가지고 놀 수 있을 것이다.

4. 작은 단계로 행동을 나눈다(과제 분석).
a. Debbie가 누워있을 때, 그녀의 무릎을 구부리고 가슴 쪽으로 팔짱을 낀다. 부드럽게 누워있는 자세에서 일어나 앉은 자세만큼 구른다.
b. Debbie는 절반 구르고 난 다음, 스스로 나머지 절반을 구른다.
c. Debbie는 스스로 절반 구른다.
d. Debbie는 완전히 한번 구르기를 한다.

주의: 각 단계마다 "Debbie, 굴러!"라는 구호를 외친다.

5. Debbie가 어떻게 그 행동을 잘 해낼 수 있는지 결정한다.
a. 몇 초간 당신은 다음의 신호를 따르도록 기다릴 것이다. Debbie는 구호에 따라 30초 내에 구를 것이다.
b. 여러번, Debbie는 정확하게 구를 것이다. Debbie는 8번 내지는 10번 정확히 구를 것이다. Debbie가 3일 연속 8회에서 10회 정확히 구르면 그녀는 다음 단계로 넘어갈 수 있다.

를 관찰하는 많은 기회를 제공한다. 이것은 특히 운동행동 관찰에 유용하다. Linder(1996, 2000)는 (a) 운동의 일반적인 양상, (b) 근육 긴장/강도/내구성, (c) 감각적인 자극에의 반응, (d) 놀이에 사용되는 정지 자세, (e) 놀이에서의 활동성, (f) 다른 발달적 성과, (g) 파악과 조작, (h) 운동계획과 같은 범주로 감각운동발달의 관찰 지침을 개발했다. 감각운동 관찰은 인지적, 언어적, 사회적 발달을 포함한 다학문적 놀이 평가로 전체를 통합하고 있다. Bricker(2002)는 또한 교육과정에 근거한 평가를 위한 의미로서 놀이를 이용하고, 게다가 평가과정을 용이하게 하기 위하여 교실 안의 놀이센터 세팅을 위한 전략을 기술한다.

5. 치료적 중재

치료적 중재의 목적은 무엇인가? 누가 치료를 하는가? 가정 또는 센터중심의 중재 프로그램이 어떻게 사용되는가? 유아 교육자들은 신체적 제약을 가진 아동을 위한 중재를 계획할 때 이런 비판적인 질문을 해본다.

치료사들과 교사들은 발달적 목적을 강조한 것에서 **기능적인 독립**(functional independence)이라는 목적을 강조하는 쪽으로 전환한다. 기능적인 운동 목적에 관한 작업은 가능한 빨리 시작해야 한다. 특히 심한 장애를 겪고 있는 아동들은 더욱 그렇다. 기능적인 목적의 예는 과자를 들어 올리고, 문고리를 돌리고, 크레용을 잡는 행동을 포함시켜야 한다. 이런 기술은 아동이 더욱 독립적으로 되거나, 자신의 환경과 더 나은 상호작용을 가능하게 해준다. 전문가들은 심한 뇌손상 아동에게 근육 긴장과 운동 패턴이 '정상'이 되도록 너무 자주 주장하여 왔다. 이들은 반드시 아동과 부모 그리고 그들 스스로를 위해 이런 뇌 손상을 고정시키려는 노력에 대한 책임을 놓아야 하고 현실적인 기능적 목적에 초점을 둔 작업을 대신해야 한다.

각 아동의 개별적 중재를 계획할 때, 치료사는 그 아동의 기능적 수준과 일상생활의 활동들을 고려하고, 가정과 지역사회의 상호 관련성과 다른 발달 영역을 지원하는 데 필요한 기술을 주의 깊게 관찰해야 한다. 이런 정보를 재검토한 다음, 교사는 아동 주도적인 운동 목적의 유형과 기능적 수준에 대한 더 좋은 그림을 가질 수 있을 것이다. 예시 7.1은 운동발달을 촉진시키는 기본적인 단계를 제시하였다.

1) 치료사의 역할

유아특수교육에서 팀 접근의 부분으로서 치료사는 기능적인 운동 기술의 발달에 관한 목표와 지도 방법을 교사와 부모가 이해하도록 도와야 한다. 작업치료사와 물리치료사는 대근육 운동 활동과 소근육 운동 활동의 수행에 관한 전문적인 상담을 제공할 수 있다. 그리고 자세지도에 관한 충고를 해 줄 것이며 섭식과 다른 적응기술의 발달을 촉진시키는 것과 마찬가지로 부목, 휠체어 그리고 기타 치료 기구의 사용에 관한 전문적 상담을 해 줄 수 있다. 치료사는 또한 아동의 일상생활인 가정과 학교에서 치료적 처방이 통합되도록 돕기 위해 부모와 함께 일할 수 있다.

영유아들과 함께 치료를 할 때는 물리치료사와 작업치료사들의 역할이 중복된다. 좀 더 성장한 아동과 성인을 치료하거나 시설에서 치료하는 프로그램의 **물리치료사(physical therapist)**는 보통 큰 근육 움직임과 대근육 활동과 관련이 있는 반면에 **작업치료사(occupational therapist)**는 일상적 활동과 소근육 운동의 기능적인 대처와 평가에 좀 더 많은 관련이 있다.

최근 이 분야에서 최상의 실제는 가정에서 부모와 함께 치료를 하거나 센터에서 교사를 곁에 두고 실제로 치료하는 치료사를 두는 것이다. 이런 방법으로 치료사는 교실이나 가정에서 일상적 활동 속에 치료적 활동을 어떻게 통합시킬 수 있는지를 시범보여 준다. 게다가 치료사는 다른 발달적 문제를 좀 더 이해하기 위해 교실과 가정의 활동에서 관찰할 수 있고 참여할 수 있다.

치료는 아동의 일상적 치료 목표를 교사가 이해하고 후원하도록 유아특수교육의 통합적 부분이 되어야 한다. 일반 직원과 일하거나 헌신적인 회의시간은 센터 중심의 조기중재 프로그램에서 성공적인 치료 프로그램의 기본적인 구성요소이다. 교실이나 특정 회의에서 계속되는 직원 연수는 치료사들의 책임감을 길러주는 중요한 부분이 되어야 한다.

2) 치료에 대한 접근

여기서는 신체장애유아의 훈련, 수업지도 방법, 적응기구 사용, 약물치료 그리고 외과적 정형수술을 포함하여 운동 수행능력을 개선시키기 위한 다양한 치료적 방법을 광범위하게 다룬다.

뇌성마비나 다른 신경학적 운동장애를 가진 아동을 치료할 때 비정상적인 반사의 억제와 적절한 자세지도는 중요한 관심사이다. 이러한 대응 기술을 위한 몇 가지 방법 중, 물리치료사들은 Bobath와 Bobath(1984)에 의해 개발된 신경발달적 처치 접근(NDT)을 유용하게 사용하고 있다. 신경발달적 처치 접근(NDT)의 능숙한 사용은 집중적인 훈련을 요하고 있지만 그 결과는 결론이 나지 않았다.

그 기본적인 원리와 실제적 적용은 물리치료사의 지도 아래 교사와 부모가 모두 사용할 수 있다.

조기중재 분야에 중요한 영향을 미친 것은 감각 통합이다. 감각기관의 통합이 신체장애가 있는 어린 아동들을 치료하기 위한 매우 인기 있는 접근일지라도 그것은 여전히 논란의 여지가 남아있다. 특히 자폐증과 같이 여러 가지 신체장애 영역에서 그것의 긍정적인 효과의 다양한 일과가 증거가 되지만, 그러나 아직 감각 통합의 효과를 논증하기 위한 다양한 조사가 실시된 바는 없다. 다음 내용에는 감각 통합의 중요한 구성요소에 관한 간단한 설명이 포함되어 있다.

3) 감각 통합

감각 통합의 이론과 치료기술은 Jean Ayres 박사에 의해 발전되어 왔다(1979,1994, 2005). 감각기관의 통합은 모든 감각으로부터 수집되는 정보과정을 받아들이고 여과하는 능력이다(Howe, Brittain, & McCathren, 2004). 감각 조직(만지고, 운동하고, 냄새 맡고, 맛보고, 보고, 듣는)으로부터의 정보는 저장된 정보(예를 들어, 앞선 경험, 기억, 지식)를 통합하는 것이고, 그때 반응으로 조직된다. 감각기관의 정보를 처리하고, 조직하는 어려움은 감각기관의 통합장애의 결과가 될 수 있다. Ayres(1994년)는 뒤에 오는 유추를 사용하여 감각 통합의 장애를 기술한다. 좋은 감각의 처리는 모든 자극이 쉽게 흐르고 그들의 목적지에 빨리 도착하는 것을 가능하게 한다. 감각 통합 장애는 일종의 뇌의 교통마비와 같다. 감각 정보의 작은 부분이 묶여 있어 뇌의 특정 부분에서는 일에 필요한 감각을 얻지 못한다.

많은 감각 통합 운동은 촉각적이고 전정기관에 자극이 주어지는 것으로 계획된다. 치료사는 신경조직 체계의 구성능력과 판단능력을 향상시키고 감각기관의 정보를 해석하고 개선하기 위해서 다감각적인 접근을 사용한다. 그네, 회전기구, 스쿠터 그리고 기타 놀이기구가 아동들의 치료에 사용된다. 감각 통합 장애는 다음과 같다.

(1) 주의집중과 조절 문제

몇몇의 아동은 외부의 불필요한 감각정보(예를 들면, 주변의 소음들이나 시각적인 자극물)를 차단하는 데 어려움이 있다. 따라서 그들은 적절한 정보에 주의를 기울이는 것이 힘들다. 몇몇의 아동은 **자기 조절**(self-regulation)에도 문제가 있다. 그들은 자극에 과잉반응하고 흥분한 상태에서 조용히 스스로를 다스리는 데 어려움이 있다.

(2) 감각 방어

대부분의 조기중재자들은 접촉에 대한 촉각 방어나 과민반응이 있는 아동과 친숙하다. 이러한 아동들은 일반적인 자료와 직물을 다루거나 만지는 것에 저항한다. 또한 이들은 시각적 방어(직접 눈을 응시하거나 빛이나 플래쉬 빛에 대한 과민반응 등) 또는 전정 방어(움직임이나 불안정한 표면의 과민성)로 나타나는 다른 감각자극에 대해 과도하게 민감하다. 또한 아동들은 구강 감각(특정 음식 조직이나 온도 등), 후각 자극(강력한 냄새에 대한 부정적 반응 등), 청각 자극(많은 사람들이 동시에 말하는 것과 같은 부적절한 행동이나 특정 소리의 회피 등)에 대해 과도하게 민감할 수도 있다.

감각 방어는 사회적 위축, 특정 대상, 음식, 소리, 사회적 경험을 나타내게 한다. 아동의 운동은 계단을 올라가거나 내려가는 것 또는 울퉁불퉁한 표면과 같은 공포에 의해서 방해를 받는다. 이것은 일상적인 일이나 행동에서 고집성을 갖게 될 수 있다(예를 들면, 한 가지 옷만을 입기를 주장하거나 한 가지 음식만을 먹거나, '안전한' 일상적 스케줄만을 고집한다).

감각 통합 장애의 지표로서의 활동 수준. 이 영역에서 문제로 지적될지 모르는 활동 수준의 변화들이 아래에 나열되어 있다. Dunn(2001)이 제시하고 있는 것처럼 "감각 처리 과정에 대한 지식은 아동이 하루를 성공적으로 통과하는 필수조건에 대해 자각하는 수준을 증가시키도록 돕는다"(p.615).

- 아동은 환경을 탐색하지 않는다. 물체를 조작하거나 주위로 이동하는 것을 피한다.
- 아동은 질서가 없고, 목적의식이 부족하다.
- 아동은 놀이 활동에서의 다양성이 부족하다. 반복적이고 늘 하는 놀이만을 한다.
- 아동은 균형감각이 부족하고 자주 헛디디며 서툴게 보인다. 감각 방어 반응이 부족할 수 있다.
- 아동이 흥분한 후 또는 격렬한 신체적 활동을 한 후에 스스로 차분해지는 데 어려움이 있다.
- 아동은 과도한 양의 감각적 정보 투입을 찾는다(예를 들면, 과도한 회전, 과도한 충돌이나 뛰어 내리기).

아동들의 행동을 신중하게 관찰하는 것은 중요하다. Howe와 그의 동료들(2004)이 지적한 대로, 그것은 감각 입력에 대한 아동의 반응이 **과민 반응(hyperresponsiveness)**과 **과소 반응(hyporesponsiveness)**으로 일반화된 2가지 반응 중 하나를 보여 줄 있다는 것을 고려하는 데에 유용하다. 과민 반응을 하는 사람들은 감각 입력에 대한 낮은 인내력으로 인해 자극을 피할지도 모른다. 과소 반응을 하는 아동들은 감각 입력에 늦게 반응하고 그 자극을 좀 더 탐색하게 만드는 것일지도 모른다. 이러한 일반적인 범주를 이해하는 것은 아동이 감각 입력에 대해 적절하게 반응하는 것을 더 쉽게 만들 것이다.

치료 기법은 신경학과 아주 특별한 계획과 수행을 위한 훈련을 필요로 하는 복잡한 이론에 기초한 것이다. 이런 영역의 임상적인 능력을 달성하고자 하는 사람들은 물리치료사와 작업치료사들이다. 몇몇은 '감각 통합 방법'을 지지하는데, 이는 이 치료적 접근에서 행동적, 교육적, 개인적 그리고 운동장애의 광범위한 적응성을 위해 너무 열심히 활동하기 때문이다. 비록 감각 통합에 대한 논쟁은 계속되고 있지만, 감각 통합 치료는 확실히 주의력 장애와 운동통제 장애를 조절하거나 경감시키는 데 중요한 희망을 주는 것으로 나타났다.

4) 자세와 손사용

비록 움직임을 촉진시키는 것이 중요하지만, 어린 아동이 정적인 자세를 한 채로 있는 시간이 있다. 운동 손상이 있는 어린 영유아의 경우, 한 영역의 중요한 문제는 자세지도와 손의 사용이다. 과도하거나 부족한 근육긴장과 비정상적인 반사의 조절을 하도록 하기 위해 확실한 자세지도와 특정 손사용 기술이 아동의 가정과 학교 또는 센터의 활동 속에 통합되도록 해야 한다.

자세(positioning)는 근육의 긴장상태를 정상화 시키고 기형을 예방하고 그리고 몸을 안정되게 만드는 조심스럽게 선택된 자세로 아동을 있게 하는 것이다(예를 들면, 옆으로 눕기, 앉기, 서기). 주의 깊은 자세지도는 아동이 용변을 보고, 먹고, 놀고, 다른 기능적인 활동을 하는 동안 아동이 좀 더 효과적으로 기술하게 만든다. 예를 들면, 만일 아동의 몸통이 앉아 있는 동안 불안정하다면, 자가 섭취와 장난감 놀이를 위한 자신의 손과 팔의 통제가 어려울 것이다.

손사용(handling)은 Copeland와 Kimmel(1989)에 따르면, 근육긴장을 정상화시키려는 목적과, 아동의 움직임을 준비시키고 운동을 촉진시키는 역동적인 과정이다. 몸의 중요한 일부인 손의 적절한 사용은 잘못된 자세와 움직임을 조절하거나 억제할 수 있다. 덧붙여, Hanson과 Harris(1986)는 치료 중재를 계획할 때 고려해야 할 일반적 지침을 아래와 같이 제시하였다.

1. 조절의 중요성은 머리, 목, 어깨, 골반, 다리를 포함한 몸의 중심에서 가장 가까운 부분의 신체와 관련된다. 이것은 당신이 아동을 옮기고, 이동시키고, 자세를 잡게 할 때 중요한 일이다. 이러한 점에 밀접하게 집중하는 것은 근육긴장이 잘 정상화되도록 하는 데 도움이 된다.
2. 아동 신체의 대칭은 양쪽 신체가 비슷하게 배치되었다는 것을 의미한다. 따라서 한쪽은 다른 쪽의 거울에 비친 이미지가 된다. 대칭은 또한 원시 운동 패턴을 제거하는 것처럼 근육을 발달시키는 데 중요하다.
3. 중심선 배치는 중요하다. 운동 장애를 겪는 많은 어린 아동들은 그들의 손을 중심선(신체의 중심) 쪽으로 모으는 것이 불가능하다. 중심선에서의 손을 사용하는 활동들은 운동, 자조 기술을 발달시키는 데 도움이 될 것이다. 옆으로 눕는 자세는 중심선 활동을 촉진시키는 한 가지 방법이다. Hanson과 Harris(1986)은 중심선에서 활동을 촉진시키기 위한 특정한 방법과 기구를 제안해 왔다.
4. 유아의 자세와 손사용을 지도할 때, 최소한

의 도움만 주도록 한다. 너무 많은 도움을 받게 되면 아동은 이미 발달된 근육 조절을 사용하지 못하게 될 것이다. 예를 들면, 만일 아동이 독립적으로 앉기 위해 몸통의 조절을 적절히 한다면, 목을 지지할 수 있는 코너 의자는 더 이상 필요하지 않다. 그러한 기구의 사용은 몸통 근육을 제거할 뿐이고, 힘과 지구력 발달에 필요한 연습을 제공하지 못한다.

이러한 지침에 근거해서, Copeland와 Kimmel(1989)은 다음과 같은 질문을 평가 시에 해 보도록 제안하였다.

1. 머리가 중심선에 있고 유아가 바라는 목표물(장난감, 사물, 또래 친구)에 초점을 맞출 수 있는가?
2. 몸통은 대칭적이고 신체의 나머지 부분과 일직선이 되는가?
3. 더 말단의 신체들도 적절하게 일직선이 되는가? 앉았을 때나 서있을 때나 무게는 동등하게 실리는가?
4. 상부의 말단의 신체들은 적절하게 일직선이 되는가? 그리고 무게가 안정적으로 실리고, 물체를 조작할 때 기능적인 배치인가?
5. 이러한 자세는 긴장, 수축, 기형 혹은 압박 상처의 발전을 촉진시키는가? (p.48)

가능하다면, 부모와 전문가들은 치료사와 상담하여 자세지도와 손사용에 대한 각 아동의 요구를 받아들이도록 한다. 여기에는 자세한 지침과 활동을 제공하는 우수한 자료가 있다. Best, Heller, Bigge(2004)와 Forney, Alberto, Schwartzman, Goeckel(2000) 그리고 Klein과 그의 동료들(2001)의 연구 자료가 여기에 포함된다.

5) 적절한 안아올리기

중증운동장애 아동을 대상으로 바람직한 안아올리기와 이동하기의 기술을 사용함에 있어 조기중재자나 부모는 치료 방법과 같은 지원을 제공받는 기회를 가진다. 어린 아동을 바르게 안아올리면 비정상적인 반응들이 자극되지 않아 아동은 스트레스를 덜 받게 된다. 안아올리기와 옮기기의 중요한 단계는 다음과 같다.

1. 그 아동에게 지금 해야 할 일과 어디에 가고 있는지를 말해준다.
2. 반응을 기다려주고 진행을 돕도록 아동을

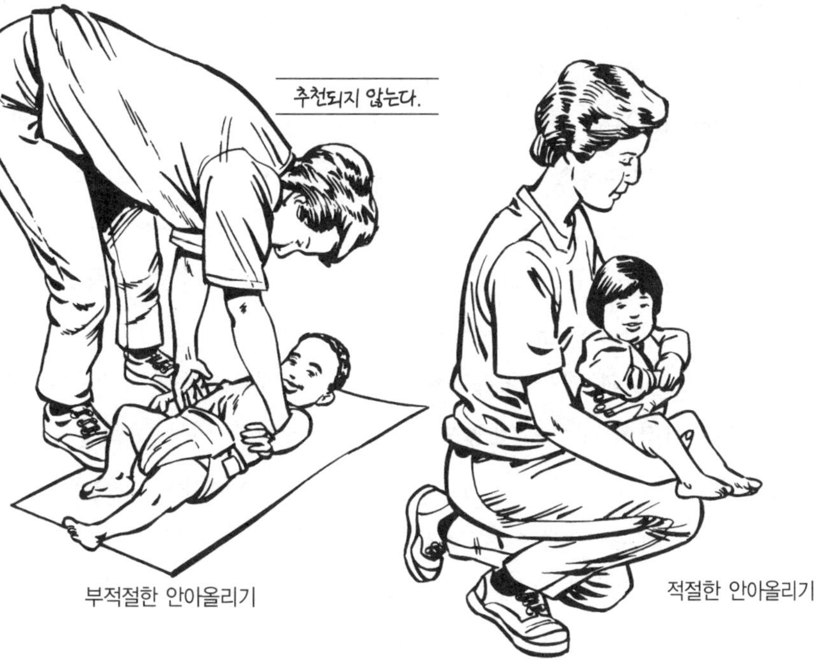

그림 7.4 부적절한 안아올리기 기술과 적절한 안아올리기 기술

그림 출처: *Positioning for Infants and Young Children with Motor Problems* [비디오 매뉴얼], pp.8-11. Courtesy of the University of Colorado School of Nursing, Marilyn Krajicek, Director, First Start.

격려해 준다.("네가 도와줘야해. 도와줘.")

3. 아동이 도움을 시도한 것에 대한 칭찬을 해 준다.
4. 그 아동을 조심스럽게 안아올린다.

상해로부터 자신을 보호하기 위해 다음과 같이 실행한다.

1. 무릎을 꿇고 등을 곧게 편다.
2. 비틀리는 것을 피한다. 등을 곧게 해서 그 아동에게 접근한다.
3. 아동을 가능한 가까이에 둔다.
4. 이동시켜야 할 아동이 너무 크거나 너무 무거우면 혼자서 이동시키려고 애쓰지 않는다.
5. 도움이 필요할 때만 최소한의 도움을 제공한다.

적절한 안아올리기 기술과 부적절한 안아올리기 기술을 그림 7.4에 제시하였다.

6) 소근육과 대근육 운동 활동을 위한 적응적 장비

운동장애 아동들을 위한 적절한 조기중재 프로그램을 계획할 때 다양한 장비의 준비를 포함시킬 수 있다. 아동들은 교실에서의 기술을 돕는 인공보철물이나 보행용 구두나 휠체어와 같이 이동성이 있는 도구들을 필요로 한다. Best와 그의 동료들(2001)은 적응적 장비를 제시하고 있다.

중증운동장애 아동의 교사가 **적응적 장비** (adaptive equipment)를 사용하는 것을 배우는 것은 중요하다. 기본적으로, 이런 보조 유형의 가치와 목적은 (a) 정상화된 근육의 긴장상태를 유지하는 것을 돕고, (b) 원시 반사의 출현을 억제하고, (c) 아동의 자발적인 움직임을 돕고, (d) 환경과 더욱 효과적으로 상호 작용 하도록 최적의 배치를 제공하고, (e) 독립을 장려한다.

자세를 돕는 도구는 이제 특별한 요구를 지닌 아동들에게 대부분의 모든 프로그램에서 제공된다. 이런 도구는 상업적으로 판매되는 것을 구매하기도 하고, 솜씨 좋은 교사나 부모가 만들기도 한다. 적응적 장비의 선택은 특별한 장애에 알맞은지, 아동이 그 도구를 사용하고 있을 때를 관찰하여 특별한 예방 조치에 대해 기술하여 교사를 도울 수 있는 치료사와의 상담을 통해 결정한다(부적절한 도구의 사용은 오히려 해로울 수가 있다).

6. 적응 행동 기술의 발달

적응 기술(용변보기, 먹기, 돌보기, 옷 입기)은 어린 아동의 일상생활에서 이뤄지는 작업의 많은 부분을 차지한다. 기술 발달과 필요한 적응을 제공하는 것은 조기중재 프로그램에서 주된 고려 사항이다. 운동 기술이 지체되거나 제한된 아동들을 위해 이런 적응적인 기술은 진지하게 절충되어야 한다. 기능적인 활동들의 통합은 팀의 노력을 필요로 하고 학습에서 최적의 기회를 제공한다. 자세지도와 손사용, 그리고 치료적 접근의 역할은 발달이 일어날 수 있도록 많은 틀을 제공하는 것이다.

아동이 자신의 몸을 통제하는 능력을 포함한 확실한 운동 기술은 적응 기술 이전에 먼저 획득되어야 하는 중요한 선수 기술이다. 예를 들어, 물건을 잡고 그것을 입으로 가져가는 능력에는 7개월 경에 주로 나타나는 손가락으로 음식을 먹는 능력을 필요로 한다(Noonan & McCormick, 2006). 비록 적응 기술이 요구되는 때의 차이는 있지만, 발달은 발달적 순서에 따라 나타난다. 적응 영역에서 적응 단계에 대한 지식은 필수적이다. 이것은 지도를 시작해야 하는 곳과 필요한 기술이 무엇인지를 결정하는 자료를 제공한다. 표 7.5는 적응 기술에 대한 주된 이정표를 보여준다.

1) 과제분석의 사용

적응 기술의 과제분석은 예시 7.1에서 제시된 것과 같이 구성 요소를 한 개의 기술 영역에서 나누어 가는 과정이다. 과제의 하위 기술들은 부모와 조기중재자들 모두가 사용할 수 있도록 평가하고 프로그램을 개발할 때 특정 정보를 제공한다. 예를 들면, 혼자 먹기를 가르칠 때, 그 단계들은 한 가지 교수 단위에서 간단한 학습 단위로 나누어진다(Kleinrhk et al., 2001, pp.208-209).

1. 아동은 숟가락을 확실하게 손으로 잡는다.
2. 아동은 음식에 숟가락을 두기 위해 자신의

표 7.5 적응 기술의 발달적 순서

월령	먹기 기술	용변보기 기술	옷 입기 기술
0-3	• 구강 반사(예, 빨기) • 빨기, 삼키기, 숨쉬기의 협응		
3-6	• 물체를 잡고 손을 입으로 가져간다. • 약간의 도움으로 병을 잡기 시작한다. • 단단한 것을 빨고 숟가락을 빤다. • 컵으로부터 뭔가를 삼키기 시작한다.		
6-9	• 병을 잡고 입으로 가져간다. • 크래커를 잡고 먹을 수 있다. • 혀로 입 안의 음식을 옮긴다. • 이유식을 먹는다.		
9-12	• 입술, 혀, 턱을 잘 조절할 수 있다. • 숟가락을 잡는다. • 손으로 음식을 먹는다.	• 소멸하는 행동에 주의를 기울인다.	• 소매안으로 팔을 넣는다.
12-18	• 숟가락을 입으로 가져온다. • 약간 흘리며 컵에 든 것을 마신다. • 적절히 씹는다.	• 더럽혀진 바지에 대한 불쾌함을 나타낸다. • 유아용 변기에 앉기 시작한다.	• 신발과 양말을 벗는다. • 신발 신기를 시도한다.
18-24	• 빨대로 빤다. • 음식을 뜨고, 스스로 먹는다. • 턱관절을 이용해서 씹는다. • 더욱 안정적으로 컵을 사용한다.	• 화장실에 가고 싶다는 의사표현을 한다.	• 큰 옷소매를 찾는다. • 이 닦기를 시도한다.
24-30	• 포크를 이용해서 음식을 찔러본다.	• 낮 동안 소변훈련을 한다.	• 앞쪽의 큰 단추를 잠근다.
30-36		• 혼자 화장실을 이용할 수 있다.	• 손 씻기를 시도한다. • 칫솔을 사용한다. • 앞쪽과 옆쪽 단추를 푼다. • 앞쪽의 똑딱 단추를 채운다.

손목을 돌린다.

3. 아동은 숟가락으로 음식을 퍼 올린다.
4. 아동은 흘리지 않고 그녀의 입으로 숟가락으로 옮기기 위해 손목과 팔을 돌린다.
5. 아동은 입을 벌린다.
6. 아동은 입 안에 숟가락으로 넣는다.
7. 아동은 입을 닫는다.
8. 아동은 입 안에 음식을 옮긴다.
9. 아동은 스푼을 뺀다.

많은 단계와 하위 단계들은 아동의 인지적인 수준, 신체적인 이동성, 칭찬이나 보상에 대한 반응에 근거할지도 모른다.

만약 목표가 너무 어렵거나 아동의 신체적인 능력 밖의 것을 요구한다면 **부분 참여 과제분석**(partial participation task analysis)으로 대체되어야 할 것이다. 이러한 접근에서 단계들은 더 작은 단계로 나누어진다. 이것은 운동에 제한이 있는 아동의 참여를 의미있는 유용한 방법에 참여하도록 좀 더 제한이 있는 아동을 촉진하기 위한 것이다. Snell과 Brown(2000)은 부분 과제분석을 설명하기 위해 이 닦기의 예를 유용하게 사용했다. 그 아동의 참여는 보육자가 칫솔질을 하도록 아동이 자신의 입을 여는 것과 칫솔질 후에 약간의 물을 삼키는 것을 포함한다.

과제분석된 적응 기술의 독특한 특징은 **행동연쇄**(chaining)를 사용하는 것이다. 행동연쇄는 한 단계가 반드시 다음 단계를 실행하기 전에 완성되어야 한다는 것에 근거한다. 목적을 평가할 때, 1단계부터 시작하는 **전진형 행동연쇄**(forward chaining)는 대부분의 유용한 정보를 산출해 준다. **역순 행동연쇄**(reverse chaining)는 기술을 가르칠 때 더욱 유용하다. 역순 행동연쇄에서는 과제의 마지막 부분에서 첫 번째 행동이 달성된다. 다음 예를 생각해 보자.

1. 아동은 발뒤꿈치 위에 있을 때 양말을 신는다.
2. 아동은 발뒤꿈치 아래에 있을 때 양말을 신는다.
3. 아동은 발가락이 들어가기 시작했을 때 양말을 신는다.
4. 아동은 뒤꿈치를 바른 위치에 두었을 때 양말을 신는다.
5. 아동은 양말을 신는다.(뒤꿈치가 바른 위치에 있도록 신는다.)

"양말을 신자." 와 같이 신변자립을 격려하는 말과 함께 성공할 때마다 미소 지으면서 칭찬한다.

옷 입기, 용변보기, 먹기는 각각 복잡한 적응 기술의 세트이며, 그것은 독립에 중요한 것이다. 치료적 그리고 교육적 절차들은 다음 내용에서 강조된다.

2) 옷 입기

가능한 훈련은 적절한 시간과 자연스러운 환경에서 이루어져야 한다. 훈련은 아동의 가정에서 가능한 자주 이루어져야 하고 정상적으로 일어나는 옷 입기와 옷 벗기를 하는 시간 동안에 이루어져야 한다. 이것은 정의된 목적, 교수절차, 확립된 다양한 강화유형 그리고 쉬운 체제로 계획된 가족 활동과 직원 참여를 포함하게 될 것이다.

다른 모든 적응 영역과 마찬가지로 운동장애 아동은 만들어진 적응 기술 없이, 옷 입기 기술을 배우는 데 더 많은 어려움이 따를 것이다. 이는 절대적으로 팀의 노력이 필요하다. Finnie(1997)는 다음과 같이 몇 가지 제안을 하였다.

- 훈련 계획은 가장 입기 쉬운 옷부터 시작해야하고, 옷 벗기 완성의 정상적인 순서의 발달을 따른다.
- 훈련에 사용되는 옷은 아동의 표준 체형보다 더 큰 것을 사용해야 입고 벗기의 조작이 쉽다.
- 개념에 어려움이 있는 아동은 거울 앞에서 옷 입기 연기를 해보는 것도 좋다.
- 부족한 균형감각을 지닌 아동은 누운 채

로 옷 입기 기술을 실행해 본다. 예를 들면, 아동이 바지를 입기 위해 옆으로 눕기 시작하고 서서히 허리를 들어 올리는 수준까지 변한다. 이런 자세지도는 특히 지나친 운동 긴장 상태일 때 유용하다.

- 코너에 앉거나 코너 의자에 앉을 수 있는 아동은 옷을 입는 동안 더욱 안정성을 제공한다.
- 양육자의 무릎, 테이블 혹은 바닥에 반듯이 드러누운 자세로는 확장된 근육 상태를 축소시킬 수 없기 때문에 그 아동이 양육자의 무릎에 엎드려야 한다. 더 낮고 더 높은 극단의 옷 입기는 이 자세로 끝날 수 있다. (항상 치료사들과 상담하라.)
- 아동 옷의 간단한 변화들은 스스로 옷 입기의 성공적인 수준을 결정하는 요소가 될 것이다. 벨크로를 단추나 똑똑단추가 있던 자리에 대신해 보거나, 신축성 있는 허리띠를 해 보거나, 지퍼 끝을 잡고 당기기 쉽게 금속 링을 달아 본다. 또한, 신발에 벨크로 마감을 이용해 보는 것도 좋을 것이다.
- 모든 어린 아동을 위해, 각 단계의 절차를 이야기하고 언어적인 명칭을 제공하는 기회를 사용한다.

3) 화장실 사용

독립적인 배변 기술은 부모와 아동 그리고 조기중재자들에게 종종 염려가 되는 부분이다. 2세 반과 3세 아동들은 낮 동안 대변과 소변 조절을 할 수 있다. 좀 더 발달이 지체된 아동들은 5세가 될 때까지도 불가능 할 수 있다 (Snell & Brown, 2000). 이것은 발달적 장애가 있는 어린 아동에게는 화장실 훈련이 불가능하다고 제언하는 것은 아니다. 그것은 협력팀의 노력을 요구하고 가정과 센터 프로그램 양쪽 모두 일관성이 있어야 한다는 것을 지적한다.

훈련의 필요조건에는 기저귀를 제거했을 때 아동이 불편하다는 것을 알고 신경 근육을 조절하는 것을 포함시킨다. 그러고 나서 소거에 대한 아동의 패턴이 설정되어져야 한다. 아동의 기저귀가 말랐는지 젖었는지 또는 변기통으로 갔는지에 대해 매 30분 간격으로 체크하는 것이 한 가지 방법이다. 만일 식습관과 활동 수준이 그대로 남아 있고 거의 7일 정도 시간이 지나면, 배설의 한 가지 형태가 나타날 것이다. 이런 유형은 실행을 계획하고 있는 훈련자를 안내해 준다.

빠른 용변 조절의 다른 사전 기술들은 도움을 받아 걷거나 도움 없이 걷는 능력, 화장실에 가야 할 신호를 알아차리는 능력, 적어도 5분 정도 앉아서 자세를 유지하는 능력, 그리고 이해하고 가르치는 지시를 따르는 능력이다.

Noonan과 McCormick(2006)은 아동이 배변의 필요조건을 배우는 동안, 시간이 정해진 훈련을 통해 배변훈련이 가장 쉽게 된다고 제안한다. 이것은 배설이 일어나기까지 몇 분 동안 변기에 아동을 앉혀 놓는 것을 포함한다. 만일 아동이 변기를 사용한다면 강화를 제공한다. 만일 아동이 배설을 하지 않는다면 결과 없이 변기로부터 아동을 옮겨 놓는다. 앞으로 아동이 배설하는 매 시간마다 배변훈련 절차의 인식을 증가시켜 나가고 훈련시키는 사람은 말로써 그 과정을 이름 붙일 수 있다. 부모와 교사가 적절하다고 느끼는 어떠한 말이라도(용어는 일관적이어야 한다) 사용하여 "메건, 큰일(또는 작은 일) 했구나" 하고 말한다.

화장실 변기에 앉아 힘 조절하기가 어려운 아동들에게 상업적인 변기의자에 앉아 어깨와 엉덩이를 잡아주어 잘 적응할 수 있도록 만들어 줄 것을 추천한다. 변기에 앉아 있는 동안 불편하고 두려워한다면 화장실 의자는 자연스럽고 편안한 경험보다 오히려 '싸움의 장소' 로 생각되게 된다. 발을 놓는 장소가 안전한 위치의 높이일 때 아동은 긴장감을 해소할 수 있다.

배변훈련 기간 동안 기복이 있을 때 어른의 지원은 아주 중요하다. 기저귀를 바꾸는 것과 마찬가지로 배변훈련 시간은 리듬과 노래를 통한 언어발달 활동을 촉진시킬 수 있는 기회이다.

4) 섭식

통합된 많은 조기중재 프로그램들은 섭식, 식사, 그리고 마시기와 연관된 적응 기술의 지도를 고려한다. 식사시간은 식사의 기술을 배우기 위한 자연스런 시간임과 동시에 말하기 전 단계의 기술을 용이하게 해준다. 특별한 요구가 있는 어린 아동을 위하여 교사와 치료사, 부모들은 다른 영역의 발달과 학습된 새로운 기술을 강화시키기 위해 음식을 조정하는 노력이 필요하다. 가족의 저녁식사 시간은 하루 동안의 운동 기술과 사회성 기술, 언어를 통합할 수 있는 최상의 기회를 제공해 준다. 섭식 과제를 행할 때 요구되는 주의집중과 시간 때문에 부모는 일상적인 저녁 시간 이전에 장애아동의 섭식을 고려할 수 있다. 식사를 하는 동안 아동에게 부모의 급식시간이나 장소에 대한 요구의 제한 없이 아동이 가족과 함께 참여하기를 지속하도록 하기 위해 장난감 또는 디저트를 제공해 줄 수 있다. 그러면 아동은 점점 독립적이고 급식 계획에 변화를 가져다 줄 것이다.

장애 영유아의 경우, 개별화된 섭식 계획을 위해 팀의 도움을 반드시 필요로 한다. 특히 이러한 사실은 운동장애와 같은 뇌성마비를 나타낼 때 그러하다. 이 방법은 아마도 적응 장비의 사용과 적절한 자세가 포함된 구강-운동 문제의 효과를 극소화시키는 것을 필요로 할 수 있다. 자세는 운동 문제를 지닌 아동의 섭식에 중요한 것이다. 만일 적절한 자세 기술이 섭식 시에 사용되지 않는다면 비정상적인 근육 긴장을 지닌 많은 아동들은 구토, 숨 막힘, 혹은 삼키는 것에 문제들을 갖게 될 것이다. 아동에게 섭식을 지도하는 모든 사람들은 매일 매일 그리고 매시간 일어날 수 있는 적절한 변화에 반응하는 아동의 운동 패턴에 대해 이해를 하고 있어야 한다. 가능하다면 언제라도, 작업치료사나 물리치료사들과 상의를 하는 것은 이러한 과정에서 더 중요한 도움을 제공받을 수 있다. 그림 7.5는 무릎, 팔 혹은 의자에서 할 수 있는 일상적인 섭식 자세를 보여준다.

덧붙여, 다음 제안은 Best와 그의 동료들(2004), Hooper Umansky(2003), Klein과 그의 동료들(2001) 그리고 Morris와 Klein(1998)으로부터 나온 것이다.

(1) 급식 자세

- 그림 7.5의 예를 보면 자세는 아동의 나이, 몸의 크기, 근 긴장도, 운동형태가 어떠한가에 따라 다르다
- 영유아에게 젖병이나 수유를 하는 것이 아닌 경우, 가능한 한 바른 자세를 가져야 할 것이다.
- 아이의 머리를 앞으로 조금 기울이면 음식물을 제대로 삼키는 것을 촉진시킬 수 있을 것이다.
- 아이가 음식물을 섭취할 때 머리 뒤에 손을 대거나, 머리 뒤에 압력을 가하는 행동은 아동의 원시반사 작용을 이끌어 내는 것이므로 아이의 몸이 뻗는 등의 원인이 될만한 행동은 가급적 피하는 것이 좋다.
- 어린이 식사용 의자는 아이의 다리가 방바닥에 혹은 발판 위에 닿아 있기 때문에 긴장을 풀게 한다.
- 구강운동 장애가 아닌 아이는 음식과 음식을 넣어주는 사람이 일반적으로 아이의 앞에서 자세를 잡도록 하는 것이 좋다.

(2) 빨기와 삼키기

- 젖병의 우유를 섭취하기 위해서는 일정한 크기의 구멍이 있는 젖꼭지를 사용해야 한다. 너무 큰 구멍이 있는 젖꼭지는 삼키는 것이 어려우므로 숨 막힘의 원인이 될 수 있다.
- 아이가 젖꼭지를 빨기 시작하면 마치 젖꼭지를 뽑을듯이 당길 것이다. 이것은 아이의 빨기 능력을 좀 더 촉진 할 수 있을 것이다. 또한 빨기에 대한 저항력을 위해서 적은 양의 곡물이 함께 있는 두꺼운 액체의 섭취를 시도하라.
- 볼 아래쪽을 쓰다듬는 것은 빨기를 자극시킨다.
- 만일 턱 조절에 문제가 있다면 손을 컵 모양으로 하여 아이의 턱을 감싸 준다.
- 입술을 다물게 하기 위해 입술의 정확한 위치를 가르쳐 주고, 두 번째 손가락을 위, 아래로 '가위' 동작을 취하여 입술을 다무는 방법에 도움을 준다.
- 만약 정상적으로 삼키는 것이 힘들다면, 도움이 필요할 때 아이의 입을 다물게 하고 턱이 아래로 내려왔을 때 턱 끝을 위로 친다.
- 젖을 빨지 못할 경우 손과 고무젖꼭지, 인형을 통해 빠는 힘을 촉진시킨다.

(3) 혼자 먹기

- 씹기를 가르치기 시작할 때 아이가 쉽게

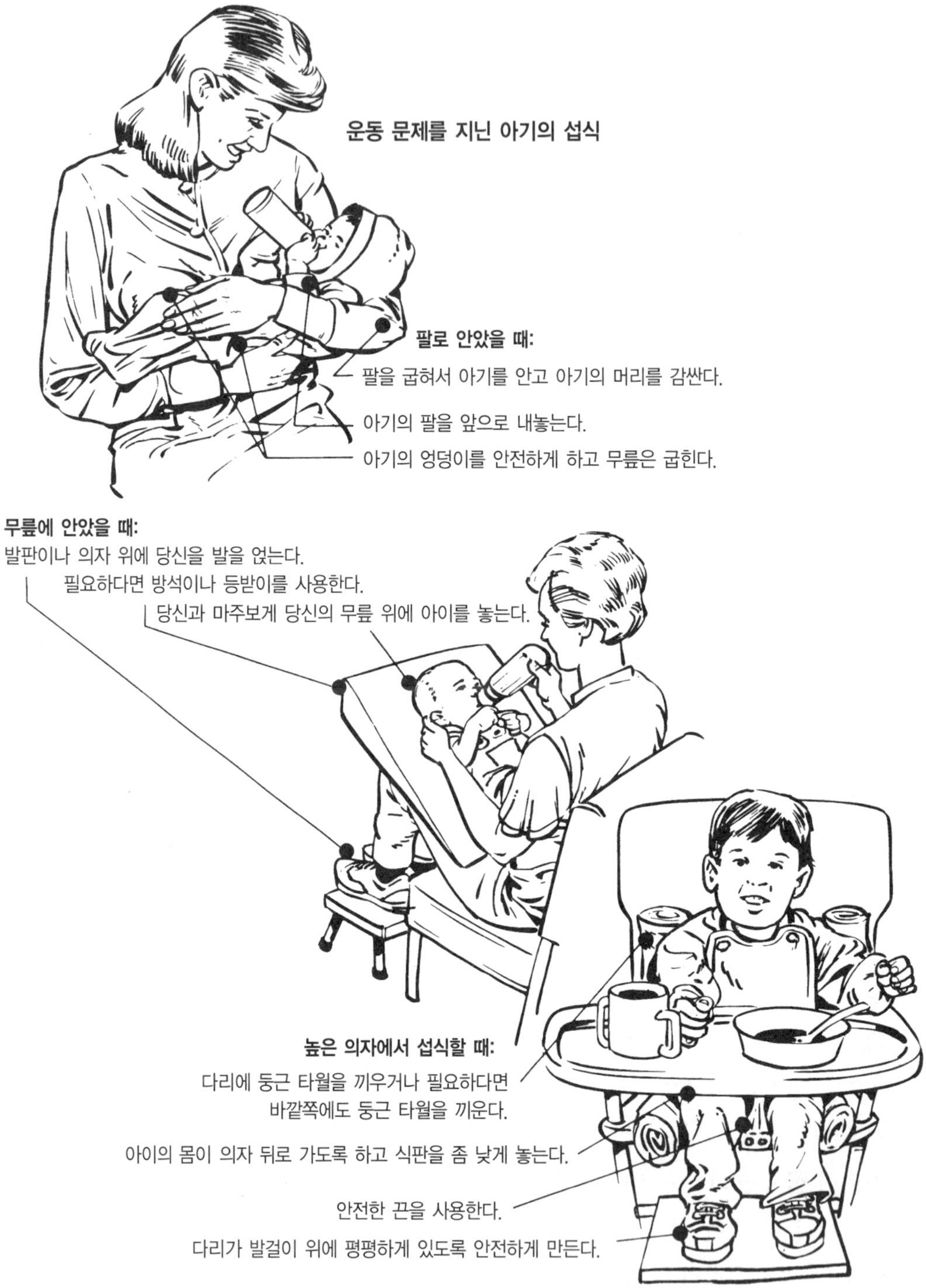

그림 7.5 섭식지도를 위한 자세

그림 출처: Positioning for Infants and Young Children with Motor Problems [비디오 매뉴얼], pp.8-11. Courtesy of the University of Colorado School of Nursing, Marilyn Krajicek, Director, First Start.

소화시킬 수 있는 음식물을 사용한다.

- 입 안의 한 곳에 적은 양의 음식물이 아이의 이 사이에 있다. 입을 닫도록 하기 위해 입과 턱을 필요한 만큼 통제하도록 사용한다. 이것은 음식물을 씹는 반응을 자극할 수 있다.
- 아기 음식은 스프로부터 시작하여 점차 부드러운 음식을 소개해야 한다.(작은 조각의 마른 곡식류, 구운 빵, 부드러운 치즈, 작은 감자 조각 등)
- 손가락으로 음식물을 먹는 문제는 음식을 넣어주는 사람이 아이의 손이 한 곳에 머무르게 하고 숟가락을 사용하여 손으로부터 손목, 팔꿈치 그리고 마지막으로 도움 없이 입 안으로 음식물을 넣을 수 있도록 점차 도움을 줄여야 한다.
- 지나치게 민감해서 반사적으로 깨물 때에는 음식 섭취를 위한 작은 고무 숟가락을 사용하는 것이 좋다. 숟가락의 위치는 혀의 앞쪽 3분의 1의 위치에 있게 하면 음식물이 내려가는 압력으로 알맞을 것이다. 숟가락을 45도 각도로 빼내고 이에 걸려 음식이 떨어지는 것을 피해야 한다. 입술을 사용해 음식을 이동시킨다.
- 먹고 마시는 데 심각한 장애가 있는 아동은 질실할 위험이 있다. 음식물이 기도를 쉽게 막을 수 있기 때문이다. 만약 아이가 기침을 한다면 어느 정도 기도를 막고 있는 것이다. 아이가 기침을 하게 하고 앞으로 기댈 수 있게 도와 준다.
- 안전 주의. 베이컨, 땅콩, 팝콘, 껍질이 있는 핫도그, 포도, 생 당근, 혹은 사탕과 같은 둥글고 작은 음식들은 피해야 한다. 이러한 음식들은 질식하기 쉽다.
- 미끄러지지 않는 고무 같은 재료를 구입해서 음식 접시나 장난감 등의 깔개로 사용할 수 있다.

(4) 마시기

- 컵 훈련의 시작단계에서는 묽은 스프나 너무 달지 않은 액체(따뜻하거나 시원한 액체)를 제공한다. 이 과정에서 우유나 단 액체는 늦추는 것이 적합하다.
- 아이의 입을 낮춘 다음 컵의 테두리에 입술을 댄다. 이 사이에 컵을 고정시키는 것은 비정상적으로 마시는 원인이 된다.
- 입을 다무는 것을 관찰하여 컵 사용을 도와주는 것을 그만두어야 하고 아이의 머리를 뒤로 구부리는 것을 피해야 한다.
- 폭이 넓은 몇가지 적당한 컵과 식사 도구들을 이용할 수 있다. 결과적으로 치료전문가들은 각 어린이들을 위해 가장 알맞은 도구를 선택한다.

7. 환경의 수정

대부분의 장애 조건들은 아동에게 그들의 환경에서 학습 정보원을 사용하여 여분의 어려운 과제를 하도록 요구하기 때문에 특수한 요구를 지닌 아동들의 대다수 프로그램들은 그들의 학습과정에서 아동의 참여를 배우고 촉진하는 데 방해가 되는 것을 구별하려고 노력한다.

1) 교실 또는 센터

통합된 조기교육 교실은 물리적 사회적 구성 요소를 포함한 역동적인 체계이다. 물리적인 구성 요소는 실제 교실 공간, 활동 영역의 정리정돈, 가구와 설치물, 놀이터와 학습도구, 프로그램과 순서에 따른 활동, 참여하는 성인들의 수, 아동들의 유형과 수(장애와 비장애의 수), 그리고 아동 집단과 직원 집단이 포함된다. 사회적인 구성 요소는 교실에서의 아동과 성인의 행동이다. 그 교실의 환경은 아동들이 그들의 행동을 결정하고 자료를 스스로 챙길 줄 아는 아동을 위해 기회를 제공해 줌으로써 움직임과 독립심을 촉진시킬 수 있다. 가장 중증장애 아동일지라도 환경에 대한 어떤 효과적인 변화를 요구한다. 접근가능한 욕실, 급수대 그리고 장난감들은 학습과 독립심을 촉진할 수 있을 것이다. Rogers-Warren(1982)은 교실에서 교사가 지체장애 아동을 위해 수정시키는 데 도움을 주는 유용한 체크리스트를 제안했다.

- 아동의 환경을 어떻게 나타낼 것인가? 창문, 거울, 움직이는 것, 수족관, 장난감과 같은 보고 만질 수 있는 흥미로운 것들이 있는가?
- 휠체어나 이동이 서툰 아이들이 안과 밖을 드나들고 돌 수 있는 공간이 있는가?
- 선반과 테이블이 아동의 키에 맞게 안전한 수준인가? 각 활동 영역에서 아동에게 제공할 수 있는 공간이 있는가?
- 선반, 테이블, 세면대 그리고 다른 설치물들은 도움이 필요한 아동이 최소한으로 움직일 때 무게를 충분히 지탱해 줄 수 있는가?
- 아동이 활동에 참여하는 동안 성인의 도움없이 서기나 앉기 연습을 할 수 있도록 쉽게 접근가능한 영역에 스탠딩 커프와 같은 장치가 있는가?
- 비록 최소한의 움직임일지라도 성인의 도움없이 안전하게 장난감과 여러 도구들을 사용할 수 있는가?
- 청력손실이 있거나 보청기를 하고 있는 아동을 위해 소리 수준과 음향효과 배열이 만족할만한 방이 있는가? 최소한의 소음에서 과제를 할 수 있는 아동을 위해 특별히 조용한 영역이 있는가?

- 시각 손상 아동의 주목을 끌기에 충분한 대비가 포함되어 있는가? 색과 빛의 대조가 감촉의 대비와 높이의 대비를 확실하게 하는가?
- 영역의 차이를 확실하고 일관되게 나누는 색의 사용, 높이 변화, 칸막이 같은 단서가 있는가?
- 얼마나 많은 환경이 스스로 관리하거나 스스로 참여하도록 계획되어 있는가? 아동은 또한 이러한 기회를 얼마나 자주 사용하고 있는가? 아동이 이러한 기회를 사용하기 위해 얼마나 연습이 필요한가?
- 방의 정리정돈은 아동의 필요와 기분 변화를 위해 만나는 사회적 공간과 조용한 공간을 고려하였는가? 교실의 배치가 아동의 요구에 알맞고 분위기 전환에 알맞도록 조용한 공간과 사회적 공간을 허락하는가?(pp.29-30)

장애아동을 위한 적절한 통합교실을 만들려는 노력에서, 운동교육이 포함된 활동들은 가능하다면 잘 움직이지 못하는 것을 크게 강조하지 않는 활동에 아동을 참여시키도록 해야 한다. 예를 들어, 리더는 롤링이나 천천히 기어 갈 수 있는 계단을 이동하는 활동과 함께 앉기 활동을 섞을 수 있다. 이러한 운동 활동들은 음악이나 리듬 운율을 통해 확장된다. 만일 한 아동이 자발적으로 움직이는 능력이 없다면, 한 명의 성인이 활동하는 동안 그 아동을 감독하는 것을 도와야 한다.

2) 가정

가정중심 프로그램에서 초기 학습 환경은 가정과 그 주변이다. 아동의 집에서 프로그램 직원이 조절할 수 없을지도 모르지만, 가정 방문 중재자는 안전한 가정 방문 학습을 촉진하기 위한 방법들을 생각할 수 있을 것이다. 화상, 베인 상처, 낙하, 전기충격, 중독을 가정의 중요한 위험 요인들 중 몇 가지이다. 조기중재자는 가족과 함께 그러한 위험 요인들을 점검하고 안전에 대한 생각을 촉진하는 다른 연령의 아동에게서 무엇이 기대되는지를 설명한다. 가정 방문 중재자가 부모와 함께 탐색할 수 있는 또 다른 일들은 다음과 같다.

1. 집에 있는 여러 가지 종류의 장난감과 물건들은 탐구와 학습을 자극한다.
2. 연령과 발달에 적합한 장난감들은 특수한 요구를 조절하여 적응되어지게 할 수 있다.
3. 가정에서 시각과 청각에 대한 자극 수준은 어떠한지 알아보아야 한다.
4. 환경 수정은 아동에게 더 큰 행동의 자립과 자유를 허락할 수 있도록 조절되어야 한다.
5. 의자, 식탁과 같은 자립보조 적응 기구는 가족생활에 참여할 수 있고, 가족과 사회적 상호작용을 위한 기회를 고무시켜 주는 가정 중심 프로그램에 포함된다.

예시 7.2는 가정중심 프로그램의 치료 모델을 기술하였다.

그래서 조기중재와 유아기 프로그램의 확실한 요소로서 운동교육은 또한 자아상,

예시 7.2

치료적 가정 프로그램 모델

중증 지체장애를 가진 어린 아동의 치료적 중재는 센터 프로그램에서 처방된 일과 또는 한 달에 한번 치료실을 방문하는 것보다 더 많은 것을 포함시켜야 하기 때문에 명확하게 일관적인 목표, 계속 진행 중인 치료처럼 보여지는 기능적인 가정중심 프로그램에 물리치료와 작업치료의 통합을 강조한다. 미국장애인교육법의 Part C는 조기중재 서비스에 가장 적절한 맥락으로써 자연적 환경을 강조한다. 이러한 강조와 함께 지켜지고 있는 것이, 아동에게 적절하고 가족에게 실질적인 치료방법과 치료 목적을 적용시키는 시기와 장소를 판별하기 위해 치료사와 가족이 함께 일하는 것은 기본적인 것이다. 가족의 일상적 일과를 평가함으로써, 치료사와 가족은 아동의 가정과 지역사회 내에서 자연적으로 발생하는 교수의 기회들을 판별할 수 있다.

가족의 일상적 일과에 가정 프로그램의 권장이 첨가되는 한 가지 예는 Frankie의 사례에서 살펴볼 수 있다.

Frankie는 2세의 중증 뇌성마비 남자아이이다. 그는 1주일 단위로 물리치료를 받는 곳으로 가정중심 조기중재와 센터의 조기중재 프로그램에 등록되었다. 치료사와 Frankie의 부모는 가정과 센터의 치료 목적을 구분하였다. 가족계획에는 다음과 같은 2가지 목적이 포함되었다.

1. 어깨와 엉덩이 동작 범위를 증가시킨다.
2. 앉아 있는 동안 좌우 균형과 머리를 통제할 수 있게 만든다.

저녁 5시 30분: T.V., 아빠와 함께 휴식

방법: Frankie의 자세는 아빠 다리에 걸터앉기, 침대에 옆으로 눕기, 아빠의 무릎 위에 엎드려 눕기

근거: 아빠는 그의 휴식에 충돌되지 않는 이러한 절차에 대해 동의를 했고, 또한 Frankie와의 상호작용을 하기 위한 기회를 제공받을 수 있다. 물리치료사는 양쪽의 목적이 설정되었다는 것을 표시하였다.

저녁 7시: 엄마 혹은 아빠와 목욕

방법: 몸을 씻거나 말리는 동안 Frankie의 어깨와 엉덩이를 스트레치, 엉덩이와 어깨를 번갈아 가면서 주요 부위를 스트레치. 물에서 놀면서 신체 부위를 만지면서 머리를 통제하는 것과 뻗기를 촉진시킨다.

근거: 따뜻한 물과 천으로 된 수건은 Frankie가 옷을 벗는 동안 안정되도록 돕는다. 이것은 동작의 범위에 관한 작업으로 좋은 기회이다. 목욕시간은 물에서 머리 통제를 유지하고 팔을 움직이도록 하는 자연스러운 동기를 제공한다. 그것은 의사소통을 위한 훌륭한 시간이다.

최소한의 강요와 부모활동으로서 최대한의 혜택을 주는 전체 가정 활동 모형의 이런 유형의 수정은 중요한 발달적 기술의 연습을 제공하기 위해서 사용될 수 있다.

운동교육

영유아가 그들의 신체 부위를 움직일 때 2가지 종류의 기본적인 학습이 일어난다. 움직임으로 배우는 것과 움직이기 위해 배우는 것이다. 운동발달과 인지발달 간의 연관성이 오랫동안 재인식되어 왔다. Piaget(1952)의 전통적인 인지이론은 아동의 첫 학습경험은 운동적이라는 신념을 지지했다. 이러한 인식은 어린 아동의 운동에 관한 중요성을 강조했고 세계를 탐색하고 경험하도록 했다.

개념발달, 언어발달, 지각변별, 사회성, 여가에 성장을 제공하는 한 가지 방법으로서 검토되어져야 한다. 이 영역에서는 어린 아동의 발달에 있어서 음악과 놀이의 유의미한 역할을 포함하는 운동교육의 수정을 강조할 것이다.

3) 동작 기술과 음악

음악은 동작이 없더라도 어떤 프로그램에 모든 사람을 참여시킨다. Humpal과 Wolf(2003)가 지적한 것과 같이 현장에서 사용하는 수준이다. 그것은 한 활동에 참여함으로써 듣고 관찰하는 것에서 함께 하기까지 참여 범위의 다양한 수준을 제공한다. 춤추고, 행진하고, 모방하고, 상상하는 것을 음악과 함께 하면 더 즐겁고, 특정한 참여는 긍정적인 경험을 손상시키지 않는다.

대부분의 상업적 CD와 테이프들은 유아들에게 처음부터 너무 빠르게 움직이도록 한다는 것을 알아야한다. 만일 그렇다면 반주없이 노래를 부르고 처음에 방향을 말한다. 보통 듣기와 동작이 빠르게 성장하는 아동의 능력 때문에 반주가 첨가될 수 있다. 경도의 청력손실이 있는 어린 아동이나 개념에 문제가 있는 어린 아동은 이해하기 어려운 목소리를 발견할 수 있음을 생각하라.

실제 악기나 숟가락과 팬을 포함한 리듬 밴드는 아동들에게 흥미롭다. 어떤 물건을 쿵쿵 치는 것은 신체 움직임에 대한 인식을 발달시키는 아주 훌륭한 방법이다. 그 음악은 콘서트 홀의 우수한 것이 아닐 수 있지만 확실히 연주자들을 즐겁게 만든다. 발을 크게 구르고 발끝으로 빨리 걸음으로써 소리를 다르게 만드는 것을 학습하는 것은 다른 유형의 신체 인식을 이끌어낸다.

악보책은 음악 반주와 함께 하는 동작 활동에서 교사를 도울 수 있는 유용한 것이다. 연령에 따라 춤이나 리듬활동의 한계를 정하기 어렵기 때문에 교사들은 아동의 발달적 특징을 통해 조심스럽게 생각해야 한다. 가장 흥미로운 소리조차도 연주에 따른 동작이 너무 어렵다면 아동이 좌절할 수 있다(Palmer, 2001). 특수한 요구를 지닌 아동을 위해 가장 간단한 노래에서 움직이기 시작하여 점점 더 어려워지도록 만들고 게임도 적합하다. 마음내키지 않아 하는 아동은 손을 잡아 주고 개인적인 초대를 요구할 수 있다. 만일 아동들이 참여하지 않는다면 참여하도록 강제로 요구해서는 안 된다.

4) 동작 기술과 상상력

아동들은 가정하는 기회가 적기 때문에 종종 상상하는 데 도움을 필요로 한다. 그들은 기차 엔지니어, 버스 운전사, 동물, 로봇인 척하는 것을 즐긴다. 옷 입는 것에 재미를 붙이지만, 필요하지 않다. 이야기와 플란넬제의 보드 물질은 생각을 자극하는 것에 기여할 수 있다. 상상의 호스로 불을 끄는 척하는 것은 거의 진짜 물건만큼 흥미롭고 매우 안전하다.

아동들은 진짜 사람들과 영상 및 그림의 조합을 보는 것을 통해 사람들이 만드는 동작을 발견한다. 그러면 그들은 가정하는 것을 그만둔다. 점차적으로 그들은 창조적이게 된다. 소방관은 지붕의 불을 꺼야하고 그래서 그의 팔로 호스를 아래로 조준한다. 로봇은 뻣뻣한 다리로 점점 더 천천히 걷는다. 교사가 먼저 움직이는 방법을 제시할 필요는 있을 수 있지만, 아동들의 상상력 사용은 빨리 향상된다.

5) 운동 교육의 수정

부모와 조기중재 교사는 연령과 발달에 적합한 운동 기술을 가지는 데 어려움이 있는 아동을 도와줄 때 촉진 단서를 사용하는 것에 능숙하다. 만일 아동이 희망하는 반응을 따라하지 않거나 정상적인 언어 지시에 반응을 하지 않는다면, 그 언어적 지시는 몸짓을 동반하고 반복된다. 만일 아직도 반응이 없거나 부적절한 반응을 한다면, 언어적 요구는 아동을 신체적으로 도와주어 동작을 할 수 있도록 할 수 있다. 긍정적인 강화는 그 행동이 시도되었을 때 주어진다. 물론 신체적 또는 제스처 촉진은 가능한 한 제거된다. 다른 수정 방법들은 예시 7.3에 다음의 목록과 리스트가 포함되어 있다.

1. 수업을 계획할 때, 일일 계획에 따라 운동 교육의 단계를 약간 통합하고 더 완화 할 수 있는 활동적인 활동, 개인이나 짝과 함께 할 수 있는 활동, 그룹에서 할 수 있는 활동으로 분산시킨다.
2. 운동의 모든 속성에 주의를 기울여야 하는 운동 활동을 할 때 운동의 목적인 이동을 포함하여 계단에서의 몸의 위치나 자세도 다양화시킨다.
3. 활동 시간 이외에도 노래나 악기의 사용으로 그들의 신체 활동에 아동들이 집중할 시간을 갖게 한다.
4. 지각적인 지체나 언어적 지체를 가진 아동들을 위해 간단한 언어를 사용하여 지시를 할 때는 반복하고 시범을 보여 준다. 단순한 활동에서 복잡한 활동으로 옮겨 가고 한 가지 활동에서 다른 활동으로 전환을 기대하지 않는다.
5. 각 단계마다 수행을 할 때 과제를 간단하게 연속적으로 쪼개고 가능한 강화를 제공한다. 너무 많이 감싸 주거나 너무 오래 활동하는 것은 피한다.
6. 각 어린이의 피로와 주의 수준을 의식해야 한다. 시선 맞춤을 유지하고 주의를 분산시키지 않는다.
7. 만일 아동이 시각 손상이 있는 경우에는, 그들의 활동을 언어적으로 지시할 때는 그 아동의 이름을 사용한다.

예시 7.3

대근육 운동 활동의 수정

목적

신체상을 발달시킨다. 다른 방향(방향성)에서 움직임에 대한 자각을 증대시킨다.

목표

앞으로, 뒤로, 옆으로 움직이도록 방향을 지시한다. 각 아동은 다음의 활동을 한다.

1. 교사가 신체 촉진, 제스처 촉진 혹은 필요하다면 추가적인 언어 촉진을 했을 때 그 방향으로 간다.
2. 한 집단의 구성원으로서 교사가 말하고 신호를 하면 그것을 따른다.
3. 한 집단의 구성원으로서 제스처 없이 교사가 방향을 말하면 그것을 따른다.
4. 이와 같은 수업을 통해 정확한 자세를 유지하고 멈추는 아동은 "얼음"하고 말했을 때 멈추는 동작을 한다.

절차

아동이 교사의 앞에 있는 선에 앉을 때 시작한다. 활동은 다음과 같은 단계에 따라 진행된다. 물론 아동의 개별적 요구에 따라 다양한 활동이 결정될 수 있다.

1. "Susie, 여기 와서 서." (마루 위에는 테이프으로 ×표시를 해 둔다.)
2. "좋아, 이제 앞으로 걸어." (Susie에게 신체적 촉진을 하고 몸짓을 한다.)
3. "그래, 앞으로 잘 걸었어. 고마워. 넌 앉아 있고. Tommy, 이번엔 네 차례야. ×표시 위에 와서 앉아."
4. "Tommy, 뒤로 걸을 수 있겠니?" (Tommy는 뒤로 움직이려고 하지 않지만 신체적 촉진이 요구되지는 않는다. 뒤로 걷는 제스처를 해 준다.)
5. "Tommy, 넌 바르게 걸었고, 뒤로 걸었어."

절차상 주의 사항

교사의 열의와 격려는 확실히 중요한 것이다. 그 수업은 각 아동의 운동이 관찰됨으로써 개별화될 것이다. 신체 촉진, 제스처, 그리고 시범은 가능한 한 빨리 소개될 수 있다. 활동이 진행되면서 자연스러운 대화를 통해 아동은 그들의 신체 움직임에 대한 이해를 언어적으로 격려받을 것이다. 또 다른 고려 사항들은 다음과 같다.

1. 처음은 각 아동에게 짧고 간단한 개별적 회전이 주어진다. 아동은 봄으로써 배울 것이다. 최대한 성공할 수 있도록 도움을 조금 주거나 주지 않고 아동과 함께 시작한다. 이 아동은 다음에 오는 다른 아동들을 위한 모델로서 시범을 보여준다.
2. 다음, 두 명의 아동이 짝이 되어 지시를 따른다. 움직이는 활동을 하는 발달단계에 있는 아동에게 같은 지시를 하거나 다른 두 가지 지시를 줄 수 있다.
3. 어떤 아동들은 며칠씩 걸릴 수 있지만, 가능하다면 동시에 3-5명의 아동이 집단으로 움직이도록 만든다.
4. 좀 더 다양하게 4/4 박자의 리듬이 레코더나 드럼 또는 노래로 소개될 수 있다. 사각형 춤은 다른 어른의 도움을 필요로 할 수 있다. 방향을 말하는 것과 마찬가지로 시범 보이기나 촉진을 사용하여 아동을 안내한다.
5. 새로운 방향 지시는 춤에 그것을 넣기 전에 이와 같은 동일한 순서에 따라 소개될 수 있다.

수업 수정

1. 청각장애 아동을 위한 수업 수정
   a. 아동이 당신의 얼굴과 몸짓을 볼 수 있게 한다.
   b. 옆에 청각장애가 없는 아동을 배치한다.

c. 리듬이 있는 다른 음악 수업이나 드럼을 아동이 느끼게 한다. 가끔 음악 레코드 플레이어를 설치하도록 돕고 아동이 스타킹을 신거나 벗은 발로 연주하도록 한다.

2. 시각장애 아동을 위한 수업 수정
   a. 언어적 촉진을 따를 수 있기 전에는 신체적 촉진을 사용한다. (가능한 신체적 도움을 제거한다.)
   b. 시력이 있는 보이는 파트너를 배정한다.
   c. 사용될 공간을 확실히 하는 것은 우연히 떨어지거나 헛딛는 일을 막는다.
3. 운동장애 아동을 위한 수업 수정
   a. 참가하는 것에 대해 가능한 충분히 격려를 한다.
   b. 가능하다면 보행기와 지팡이 같은 지원을 사용한다.
   c. 필요하다면 어른이 휠체어를 밀게 한다.
   d. 아동이 초대 손님이나 드럼 연주자가 되도록 배정한다.
4. 학습지체 아동을 위한 수업 수정
   a. 필요한 촉진을 계속한다.
   b. 아동의 옆에 우수한 모범생을 배정한다.
   c. 한 번에 한 가지씩 천천히 지시한다.
   d. 필요한 지시를 가끔 반복한다.
   e. 아동이 전날에 했던 것을 할 수 없다면 인내심을 보인다.
   f. 각각의 작은 단계의 진전이 있을 때마다 사회적 보상을 해 준다.

8. 빨간 불과 초록 불과 같은 표시인 '멈춰'와 '가'와 같은 시각적인 단서의 사용이 이러한 청각장애 아동들을 도와주는 데 필수적이다. 아동들은 당신이 지시하는 것을 볼 때 최소한 무의식적으로 눈빛이 반짝이도록 아동들의 앞에 서 있는 것을 피해야 한다. 지시하기 전에 아동들의 주의를 확인해야 한다.
9. 당신이 지체장애 아동들을 포함시킬 때 창의적이어야 한다. 많은 활동들은 서 있는 자세뿐만 아니라 앉아 있는 자세도 할 수 있다. 예를 들면 아동들은 앉아 있는 동안 그들의 '머리, 어깨, 무릎, 발'을 만질 수 있다. 낙하산 아래로 뛰는 것보다 또래가 낙하산 아래에서 장애 친구의 휠체어를 미는 것을 더 즐거워 할 수도 있다.
10. 통제를 유지하기 위하여 교사나 보조자가 쉽게 묵인할 수 있는 정도의 소음이나 움직임 수준을 넘지 않는 활동을 격려한다.

다음 장의 목적은 의사소통 기술 발달의 복잡한 특성을 전하는 것이다. 어린 아동이 유창한 사회적 상호작용을 주도할 수 있는 기능적 대화기술을 발달시키도록 돕는 것의 중요성에 초점이 맞춰질 것이다.

요약

조기중재의 다양한 상황에서 능력있는 아동에서부터 장애아동에 이르기까지 광범위한 범주의 아동을 대상으로 하는 전문가들은 아동의 정상발달을 저해하는 신체적 심리적 요인을 이해해야 한다. 왜냐하면 영아들이 지금 많은 프로그램 속에 있기 때문에 시작 행동에 대한 지식은 확실히 중재를 계획하고 효과적으로 부모를 도와줄 수 있다.

모든 교육자들은 중추신경계와 운동 기술의 발달과 상호연계성을 연구해야 한다. 운동발달이 지체된 어린 아동은 가정과 학교에서 의사, 치료사, 영양사, 부모, 교사가 포함된 그들의 특별한 요구에 적절한 팀 접근을 요구한다. 관찰과 팀 계획 수립은 일관성과 적절한 중재 전략의 선택을 보장한다. 치료와 교육의 목적에 대한 서로의 성숙된 이해는 운동기술 발달을 더욱 강화시킨다.

의학적 허약 아동이나 운동발달이 지체된 아동이 통합되었을 때 모든 조기교육 프로그램은 교구교재와 환경적인 수정을 고려해야 한다. 이러한 아동들과 상호작용하고 반응을 하고 운동능력을 발달시키는 데 좋은 방법은 교육과정 지침 내에 있는 적은 활동들의 목록보다 더 많은 것들이 요구될 것이다. 대근육 운동 기술과 소근육 운동 기술, 적응 기술, 운동 경험들은 각 아동의 가정과 학교의 활동에 매일 매일의 일상적 활동에 일부분으로 통합되어져야만 한다. 발달의 다른 측면과의 연관성은 운동이 효과적인 조기중재 프로그램의 기본적인 요소가 되도록 만든다.

토론 주제

1. 최소한 3가지의 발달 검목표를 충분히 검토하라. 운동 기술의 연속적 순서에 특히 주의를 기울여라. 당신이 가진 것에서 완전하게 보이거나 자료가 다 모아진 것 같은 검목표 한 개를 선택하라. 정상아동 한 명과 장애아동 한 명 혹은 연령이 다른 두 명의 아동을 관찰하라. 기술 발달에 있어서 차이를 발견할 수 있었는가? 만약 그렇지 않다면, 당신이 가진 그 검목표는 좀 더 작은 작은 단계로 쪼갤 필요가 있다.
2. 지금 하위 기술에서 던지기와 손목 돌리기와 같은 중요한 기술을 택하라. 이러한 기술을 위계화하라. 과제 분석이 완성된 이후, 한 친구나 한 아동에게 그 기술을 가르치려고 시도해 보아라. 어떤 하위 기술이 누락되었는가? 기술의 순서를 바꿀 필요는 없는가? 성인과 함께 줄넘기 하는 것은 과제 분석을 위한 좋은 기술이다.
3. 교실을 방문하여 물리치료사와 작업치료사를 면담하거나 질문을 하라. 정보에 관한 질문을 하라. 예를 들면, 자세지도 기술, 적응 장비, 특별한 교수 절차에 관해 질문을

하라. 치료사가 운동발달에 대해 자신의 관점을 설명하도록 확실하게 질문하라.

4. 운동 기술과 신체 인식 간의 연관성을 조사하라. 신체 인식을 가르치고 자아존중감을 높이기 위해 특별히 설계된 활동 한 가지를 시작하라.
5. 문헌에서는 지각 기술에서 교육은 보호될 수 없을지 모른다는 몇 가지 언급들이 있다. 이 문제를 연구하라. 학급 친구들과 이 문제를 논의하고 논쟁하라.
6. 또 다른 사람들에게 운동발달의 위계적 경향을 설명하려고 시도하라. 특정 예들을 끌어내고 사용하라. 만일 또 다른 사람들에게 그것을 명확하게 설명할 수 있다면, 당신은 그것을 잘 이해하고 있는 것이다.
7. 운동 기술 발달에 영향을 끼치는 마비, 근육실조 그리고 시각장애와 같은 다양한 장애 요인을 조사하고 토론하라. 만일 가능하다면 교사가 도움을 줄 수 있는 방법들을 토론하기 위해 그런 장애로부터 어려움을 겪고 있는 지역사회의 구성원을 방문하라.
8. 한 가지 운동 활동을 계획하라. 창의적으로 만들어라. 낙하산, 등대훈련 그리고 춤을 고려해 보아라. 당신의 교실 친구에게 그 수업을 가르쳐라. 몇 가지 운동 활동이 창조할 수 있는 즐거움을 찾아라. 아동과 함께 그 수업을 실시하여라.
9. 다양한 장애 조건을 가진 아동에게 안전한 곳이 될 수 있는 놀이 장소를 설계하라.

Chapter 8

의사소통 기술의 발달

핵심용어

공동 참조(주의집중)
구어 영어
그림 교환 의사소통 체계
높은 선호 물건과 사건
모델링
모성어
문법적 형태소
반향어
보안 대체 의사소통 체계
비발화적 행동
상호작용적 모델
선호도 검사
언어 내용
언어 형식
언어적 일상
와우각 이식
음운론
의미 관계
의미론
잔존 청력
전보식 언어 사용
전언어 의사소통
점진적 짝짓기
중지-대기 전략
참조
최중도 청각장애
추축 반응 처치
통사론
형태론
화용론
환경교수

핵 | 심 | 개 | 념

- 의사소통과 언어는 사회적 상호작용 맥락에서 발생하는 것으로 가장 잘 이해할 수 있는 매우 복잡한 기술이다.
- 의사소통 기술은 출생부터 시작하여 예상가능한 단계로 발달한다. 언어의 기초는 생의 첫 해 동안에 마련된다.
- 학령전기 동안의 언어발달은 단순히 더 많은 단어나 긴 문장을 구성하는 것이 아니라 다양한 사회맥락에서 효율적이고 적절하게 유아가 상호작용할 수 있도록 하는 실용적인 기능으로 구성된다.
- 의사소통 중재의 초점은 사회적 상호작용을 시작할 수 있고 자신의 환경에 영향을 줄 수 있게 하기 위한 기능적인 의사소통 기능의 발달에 대한 것이어야 한다.
- 의사소통 기능을 촉진시키는 중요한 성인의 행동은 아동의 의사소통 시도를 듣고 반응하며 조심스럽게 아동의 경험을 언어로 구조화하는 것이다.
- 제2언어 학습은 모국어 기제와 같은 유형으로 발달해 가며 모국어처럼 제2언어도 상호작용적인 환경에서 가장 잘 학습할 수 있다.
- 모든 아동은 의사소통할 수 있다. 중증중복장애 아동을 위해서 대안적 의사소통의 모형을 만들 수 있다.
- 청각장애 아동을 위해 교사는 와우각 이식과 같은 새로운 공학기술뿐만 아니라 잔존 청력과 수화 사용의 역할을 알아야 한다.

최근 10년간 의사소통 영역보다 더 많은 관심을 받은 아동발달 측면은 아마 없을 것이다. 비슷하게 말과 언어 기능의 발달과 획득을 촉진시키는 중재전략에 관해서도 많은 관심이 발생하였다. 장애유아들이 주변과 의사소통하도록 지원하는 기법과 전략에 관해서도 많은 학습이 있었다.

이 장은 특별한 요구를 가진 아동을 위한 유아 교육과정의 설계에 의사소통을 촉진시키는 기법과 전략들을 적용하고 연구한 몇 가지 흥미로운 영역을 고려할 것이다. 언어의 다양한 하위기능을 설명하는 데 사용된 기본적인 몇 가지 용어를 먼저 검토할 것이다.(Note: 말과 언어 습득과 의사소통 기능의 발달 과정에 대한 설명은 Hulit & Howard (2006), Owens(2004)의 연구를 보면 된다.)

1. 언어의 하위기술

언어의 복잡성은 인상적이다. 언어는 인간의 능력 중 가장 복잡한 것으로 간주된다. 언어에 대해 이야기를 나눌 때 이 복잡성을 다루기 위해 Bloom과 Lahey(1978) 그리고 좀 더 최근에 Loeb(2003)가 처음 설명한 개념틀을 사용하는 것이 도움이 된다. 이 틀은 언어를 **내용**(content), **활용**(use), **형식**(form)이라는 세 가지 차원으로 나누었다. 각 차원은 **의미론**(semantics), **통사론**(syntax), **형태론**(morphology), **음운론**(phonology)과 화용론(pragmatics)과 같은 몇 가지 전통적인 언어학적 하위기술을 포함한다. 이제부터 그것을 살펴보고자 한다.

1) 내용, 활용, 형식

언어의 내용(content)은 어떤 것에 관한 내용인 어휘와 의미를 말한다. 활용(use)은 어떤 것을 위해 사용된 내용인 언어의 목적 또는 기능을 말한다. 언어의 형식(form)은 통사론적 구조와 형태론적 구조(단어의 순서와 형식 등) 그리고 음운론적 형태(구어에서 나타나는 특정 소리, 음소, 계열)를 말하는 것이다. 모든 발성은 이러한 세 가지 차원에 따라 분석될 수 있다. 예를 들어, 아이스크림을 한 번 더 먹고 싶은 아동의 경우를 보면 그 아동은 엄마에게 "아이스크림 더 있어요?" 라고 묻는다.

- 이러한 발성의 내용은 아이스크림이라고 하는 달콤하고 언 유제품의 존재를 언급하고 있다.
- 이것의 활용 또는 목적은 한 번 더 먹고 싶다는 것이다.
- 발성의 구조는 세 단어의 의문형이다.

이러한 이론적 틀은 다차원적이고 복잡한 언어의 속성을 분명하게 하는 데 유용하다.

2) 의미론

단어의 의미(**의미론; semantics**)를 학습하는 것은 자신의 의미를 분명히 하는 성인과의 상호작용에 크게 영향을 받는다. 예를 들어, 바다를 한 번도 본 적 없는 아동에게 바다에 대해 이야기하면 그 아동은 바다에 대해 거의 이해하지 못할 것이다. 유아들은 단어의 의미를 대리 경험을 통해 학습하지 않는다. 그들이 보는 것은 보고 만지는 동안 이름을 명명해야 한다. 활동들은 그것들이 발생하는 동안 설명해야 한다. 이 때 아동들이 각 단어의 의미를 학습했는지 알아보기 위해 그 단어에 대한 경험을 할 기회를 가지도록 해야 한다.

Lahey(1988)은 아동의 초기 두 단어 조합으로 표현된 몇 가지 **의미론적 관계(semantic relations)**를 설명한다. 이것에는 '주스 더', '다른 바비인형' 과 같은 재현(recurrence), '시리얼이 없어', '인형이 없어' 와 같은 부재(disappearance), '저기 엄마', '거기 공' 과 같은 출현(appearance), '싫어', '씻지 마' 와 같은 거절(rejection), '인형이 떨어졌어', '아빠를 밀어' 와 같은 행위(actions), '쿠키, 냉장고' 나 '강아지 침대' 와 같은 위치(location), '곰인형 내 거', '엄마 신발' 과 같은 소유(possession), '시리얼 뜨거워', '바지 더러워' 와 같은 상황 설명(occasional descriptors) 등이 포함된다.

3) 통사론

문장에서의 올바른 어순에 대한 규칙을 학습하는 것이 **통사론(syntax)**의 한 부분이다. 통사론은 '공놀이를 우리는 할 것이다' 라고 하는 것보다 '우리는 공놀이를 할 것이다' 라고 말하는 것이 바르다는 것을 아는 것이다. 물론 아동들은 통사론적으로 정확하게 문장을 발음하는 것을 학습하는 것은 실제로 의사소통을 하려고 하는 것뿐이다. 그들은 그들이 배운 규칙을 의식하지 않고 실행하는 것이다.

하지만 아동들이 언어를 배울 때, 모든 곳에서 유사한 순서대로 언어를 발달시킨다. 10개월에서 14개월 사이에서는 의사소통을 위한 한 단어를 사용한다. 2세 때는 2, 3개의 단어를 나열하고 4세가 되면 대부분의 통사론적 규칙을 습득하고 듣고 연습했던 언어의 규칙을 따라 문법적으로 바른 문장을 만들어낼 것이다.

4) 형태론

또한 아동들은 개별 단어의 형태가 변하는 규칙(**형태론; morphology**의 규칙)을 학습한다. 예를 들어, 그들은 '들' 을 붙이는 때 그리고 '남자' 가 '남자들' 로 변하는 것을 알아낸다. 그들은 소유격을 만드는 방법과 '그는 걷는다' , '그들은 걷는다(현재)' , '그는 걸었다' , '그는 걷고 있다' , '우리는 걸었다' 와 같이 동사와 시제를 사용하는 방법을 알아낸다. 아동들은 '긴, 더 긴, 가장 긴' 과 같은 비교급과 의미를 바꾸기 위한 접두사와 접미사의 사용 방법을 배운다. 아동들은 '그의, 그녀의' 와 같은 소유대명사와 '나, 그, 그들' 과 같은 주격 대명사, '그를, 그녀를' 와 같은 목적격 대명사를 사용한다.

아동들이 형태론의 규칙을 배울 때, 재미있는 실수를 많이 한다. 그들은 '우리는 갔었었다(We wented)' , '남자들(The mans)' 과 같이 과잉일반화를 한다. 하지만 그들의 실수는 논리적이고 그들이 단지 듣는 것을 따라 하는 것이 아니라는 보여준다. 그들은 규칙을 학습하고 있다. 불규칙 동사와 불규칙 복수형과 같은 예외규칙을 곧 학습할 것이다. 대게 유아들은 '남자들, 뛰었다, 떨어졌다(men, ran, fell)' 와 같이 불규칙 명사와 불규칙 동사를 정확하게 사용한다. 아동들의 언어규칙들을 내재화하기 시작할 때 그들은 규칙-지배적인 형태로 변화시킬 수 있다. 그리고 그들 주변에 있는 성인은 예외규칙을 발견하도록 반복적으로 도와야한다.

5) 음운론

말과 언어의 소리체계(**음운론; phonology**) 규칙을 학습하는 것은 개별적인 말소리 또는 **음소(phonemes)**뿐만 아니라 차이를 만들어 내는 고저와 운율 변화를 발견하는 것이 포함된다. 음률이나 초분절 특질과 같은 억양 형태는 초기에 학습된다. 생후 몇 개월이 지난 아기들은 대부분 어른들이 사용하는 유형과 같은 소리를 유사한 방법으로 더듬거린다. 의식적으로 들으면 아기들이 단어들을 듣기 한참 전에 억양의 유형으로 의문문과 평서문을 말하는 것을 들을 수 있다. 주의 깊게 들으면 감탄사 또한 감지할 수도 있다.

6개월이 될 때, 많은 아기들은 성인 체계의 음소 일부를 포함하는 음절을 더듬거리기 시작한다. 그들의 언어적 산출은 얼마간 자유롭게 나타난다. 1년이 되었을 때, 그들은 어떤 때는 일부 소리를 정확하게 사용하는 것을 배우고 첫 단어가 나타나기 시작한다. 하지만 아이들의 언어적 산출의 정확성은 분명하고

정확하며 자주 만들어 내려고 하는 소리를 들을 수 있느냐에 달렸다. 그들은 단음이나 음절의 소리를 들을 필요는 없다. 구나 문장과 같은 연결된 발화와 단어를 듣는 것으로 충분하다. 하지만 그들은 음소를 들을 필요가 있고 그것을 연습할 기회가 많이 필요하다. 대부분의 유아들은 4세가 되었을 때, 영어 44개의 음소를 거의 다 소리낼 수 있다.

6) 화용론

다양한 맥락에서 적절한 방법으로 언어를 사용하는 방법을 배우는 것은 의사소통 기능의 성공적인 발달에 매우 중요하다(Prutting & Kirchner, 1987). 언어학적 **화용론(pragmatics)**은 다른 상황에서 의사소통을 위해 언어가 어떻게 사용되는가를 적용하는 규칙과 관례를 의미한다. 화용론적 의사소통 기능은 또한 많은 비음성적 행동을 포함한다(Hulit & Howard, 2006).

화자와 청자는 그들이 서로 대화할 때 무의식적인 지침을 따른다. 여기에는 서로를 보고 눈길을 돌리고 화자는 청자에게 말하기 전에 청자가 잠시 멈추도록 기다리는 것과 같은 행동이 포함된다. 이런 행동은 미묘한 단서를 잡기 위해 주의집중을 요구한다. 특정 상황에서 적절한 얼굴표정과 신체 언어도 학습되어야 한다. 상황, 구체적인 주제, 청자와 화자의 관계, 많은 다른 변인들이 말을 하는 방법(how)뿐만 아니라 말을 하는 내용(what)을 결정하게 된다. 이러한 화용론적 기능을 획득하지 못한 아동들은 어눌하게 말하는 아동들만큼이나 차이가 두드러진다. 그러나 부모와 교사들은 그들의 차이가 왜, 어떻게 다른지를 정확하게 지적하는 것이 어렵다.

다음은 한 사람의 의사사소통 방법이 상황적 맥락에 영향을 주는 방법이다. (a) 현재 사람, (b) 이전에 말을 한 내용, (c) 대화의 주제, (d) 대화를 완성시키는 데 사용되는 의사소통의 과제, (e) 의사소통이 일어나는 시기와 장소 등이다. 관찰을 통해 아동들이 이미 스스로 이해하기 위해 말만 사용하기보다는 이런 맥락적 단서들을 사용하는 것을 알 수 있다.

화용론적 기능의 습득은 아동의 첫 단어 전에 잘 발달되기 시작한다. Hulit와 Howard(2006)는 소리를 내고 눈으로 쳐다보는 것과 함께 가리키고 팔을 뻗어 가리키는 것과 같은 다양한 언어 이전 단계의 의사소통 행동을 한다고 설명한다. 이러한 행동은 보통 생후 10개월 경에 나타나며 이런 행동들은 이후 언어 발달에 중요한 기초가 된다.

2. 초기 의사소통 발달에 대한 사회적 상호작용 이론의 기여

언어는 일차적으로 사회적 상호작용을 통해 학습된다고 설명하는 것이 사회적 상호작용 이론이다(McCormick, Loeb, & Schiefelbusch, 2003). 중요한 관심의 변화는 고립된 아동에서 의미있는 개인들 간의 관계, 즉 부모-아동, 교사-아동과 같은 양자관계로 바뀐 것이다. 아동의 의사소통 기능의 발달에 대한 대화와 상호작용의 영향 그리고 아동의 발달에 있어서 초기 양육자-유아와 양육자-아동 상호작용의 역할은 잘 확립되어 있다(Sachs, 2001).

아동의 의사소통 발달 연구에 대한 또 다른 초점의 변화는 아동의 의사소통 행동의 목적에 대한 연구와 사회적 맥락 속에서 의사소통 행동의 기능적 사용에 대한 것이다. 이러한 영역의 강조는 유아특수교육 분야에 중요한 시사점을 주는 정보와 이론을 생성하였다. 몇 가지 이론은 이러한 사회적 상호작용의 몇 가지 측면에 대한 초점을 반영하는 것이다. Tannock, Girolametto, Siegel(1992)은 부모 반응과 **모성어(motherse)**의 사용이 의사소통 발달에 결정적인 요인이라는 것을 제안하는 **상호작용적 모델(interactive model)**을 설명하였다. 또한 이 모델은 이론을 바탕으로 한 중재전략을 제안한다. 여기에는 다음과 같은 아동의 주도가 포함된다. 의사소통을 시도하거나 말을 하기 위해 기다리는 시간이 길어지거나, 아동이 무엇을 하는지 설명하고 중요한 단어나 구절을 반복하고 통사론적으로 의미론적으로 확장된 발화 등과 같은 어떤 언어 모델링 기술과 같은 전략을 사용하는 것이다. Bates와 McWihinney(1988)는 '기능적' 모형을 제시하였다. 이 이론은 문법이 의사소통적인 상호작용 속에서 의사소통적 사용과 의미의 기능이 발달한다고 이야기한다.

Nelson(1986)에 의해 일찍이 이와 같은 유형의 세 번째 이론이 제시되었다. Nelson의 이론은 '희귀 사건을 통한 학습 기제'의 존재라는 개념에 근거한 것이다. 아동이 타인과의 상호작용하는 과정에서 특정한 언어 입력물과 자신들이 사용하는 문법적 기능과 성인의 것이 서로 다를 때 특히 관심을 가질 것이다. 그 때 아동의 선택적 주의집중, 저장(기억), 회상과 가설 검증의 인지적 과정이 모두 활성화되고 새로운 언어 학습이 이루어진다. 또 좀 더 유능한 화자와의 유의미한 상호작용이 일어나는 맥락에서도 이런 현상이 일어난다.

네 번째 이론은 앞의 것과 유사하다. 이것

은 Vygotsky(1978)의 이론으로 아동의 학습 경험에 대한 성인의 사회적 중재이론이다. 단지 언어의 발달만이 아니라 묘든 학습이론에 적용할 수 있는 이 이론은 사회적 상호작용이 일어나고 있는 맥락 안에서 성인이나 유능한 또래가 도움을 줄 수 있다고 한다. 이런 도움이 '근접발달지대(zone of proximal development)'에 있을 때, 아동이 특정한 기술을 습득하여 자립심을 성취할 수 있도록 하는 데 긴요한 비계설정(scaffolding)(Bruner, 1983)을 제공한다.

좀 더 최근 연구는 '함께 주시하기(joint reference)'의 중요성에 초점을 두고 있다(양육자와 아동의 주의집중은 동시에 같은 사물이나 사건에 초점을 두는 것이다(Campbell & Namy 2003), 6-7개월에 정상적으로 발달하는 영아는 특정 대상에 주의를 집중하도록 하는 양육자 신호에 반응하기 시작할 것이다. 1세가 되면 대부분의 영아들은 흥미로운 것에서 성인에게 주의집중을 돌리고 주의를 통제할 수 있게 된다. 성인은 아동의 주도에 따라 아동이 주의집중하는 어떤 것에 대한 언급을 해주며 손가락으로 지적하며, 또는 그것에 관해 이야기를 해주며 함께 주시하고 참조하는 기반을 확대시킨다. 몇몇 장애아동들(자폐증 등)은 함께 주시하기를 형성시키는 양육자의 시도에 반응하는 것이 어려울 수 있다. 이 내용은 Mundy와 Crowson(1997)의 연구를 참고한다.

이러한 사회적 상호작용 접근법은 아동의 생후 1년 동안에 일어나는 언어발달의 시작에 대해 좀 더 이해할 수 있다. 두 번째 연구와 이론들은 아동의 발달에 관해 양육자의 입력과 사회적 상호작용이 중재전략과 조기중재교육과정 계획에 중요한 의미를 지니고 있다는 것과 관련이 있다(Rosetti, 2001).

3. 유아의 의사소통 기술 발달 단계

유아특수교육 교사들은 정상적으로 발달하는 아동의 의사소통 기술 발달을 철저하게 이해해야 한다. 몇몇 이용할 수 있는 책들이 앞에서 정의한 다섯 가지 하위기능의 상세한 설명을 제공하고 있다(예로 Owens, 2000을 참고하라). 표 8.1은 또한 언어의 주요 하위기능에 대한 발달 정보를 제시하고 있다.

다음 절에서 출생에서 3세까지의 의사소통 기능 발달에 있어서 주요 성취를 간략하게 설명할 것이다. 이 과정에 대한 상세한 설명을 할만큼 지면이 충분하지 않기 때문에 간단하게 개관할 것이다.

1) 언어 이전 단계의 의사소통

유아특수교육 교사들은 어린 아동들이 대화나 언어를 시작하기 훨씬 전에 의사소통에 대한 학습과정을 시작한다는 것을 인식하는 것이 중요하다. 사실 태어났을 때부터 유아와 양육자 간의 의사소통은 이뤄진다. 모자간의 상호작용과 화용론의 발달 분야의 연구에서는 언어, 인지 그리고 사회 기술을 포함하는 몇 가지 영역에서 아동의 이후 발달에 생후 1, 2년 동안 형성된 의사소통 유형이 중요하다고 설명한다(Kelly & Barnard, 2000; Landry, Smith, Swank, & Miller-Loncar, 2000을 참고한다).

생후 몇 개월 동안, 영아의 의사소통은 사실 의도적이지 않다. 그렇지만 영아들은 자신들 주변 상황을 통해 쉽게 이해할 수 있다. 예

표 8.1 정상적인 언어발달: 예상되는 순서와 대략적인 연령 기준

연령 (개월)	화용론	음운론	문법 형태론 통사론	의미론
1	응시하기, 울기, 편안한 소리 내기	음높이를 변화시키면서 논다.		
3	놀이를 할 때 웃기, 미소짓기, 가끔 화자에게 소리를 내며 답한다.	두 개 이상의 음절을 소리 낸다.		
6	화자에게 더듬거리며 말을 하고 미소 짓는다. 다른 사람이 이야기를 하면 그 쪽을 쳐다본다.	한 번에 4개 이상 음절을 더듬거리며 이야기한다. /p/, /b/, /m/과 같은 양순음 등을 소리낸다. 모음을 소리낸다.		
8	까꿍 놀이나 손바닥치기 놀이를 하며 성인의 말을 듣는다. 대화 시 화자를 쳐다보며 이해한다는 몸짓을 한다.	명령문이나 의문문의 억양이 나타나고 의미 없는 단어는 5개 이상의 모음이나 자음을 포함한다.	실제 단어는 아니지만, 문장이나 의문과 같은 소리를 낸다.	일부 일반적인 사물의 명칭을 인식한다.
10	음악에 맞춰 손뼉을 치거나 가리키기를 통해 의미를 전달하는 등 간단한 지시를 수행한다.	음의 높이나 리듬을 다양하게 하여 의미 없는 말을 한다.		단어를 흉내 내려고 하면서 처음으로 단어를 말한다.
12	기쁨, 화, 또는 서두름과 같은 화자의 태도나 기분에 반응한다.	자음-모음과 자음-모음-자음 형태의 의미 없는 말을 이야기한다.	한 단어가 나타난다.	거의 매일 새로운 단어를 배우며 둘 이상의 단어를 사용한다.
12-18	하나나 두 가지 단계 정도의 지시를 따른다.	소리나 말소리를 흉내 낸다.	두 단어로 문장을 만들기도 한다.	거의 매일 새로운 단어를 학습하며 많은 친숙한 것을 가리키고 인식한다.
18-24	의미 없는 말과 반향어를 사용하고, 주위를 끌기 위해 대화를 하려고 하며, 도움을 청한다.	/p/, /b/, /m/, /n/, /t/와 모음을 사용한다.	두, 세 개 단어 문장을 사용하지만 관사나 수식어구를 빠뜨린다. 전보식문장과 개인적 대명사를 사용하기 시작한다.	18개월에는 10개에서 20개의 단어를 말하지만 24개월이 되면 200개의 단어를 말하고 그 이상의 단어를 이해한다.

표 8.1 정상적인 언어발달: 예상되는 순서와 대략적인 연령 기준 (계속)

연령 (개월)	화용론	음운론	문법 형태론 통사론	의미론
24-36	만 2세에는 사회적 통제를 위해 언어를 사용하지 않았지만 만 2세 반이 되면 요구를 하고 통제하려고 한다. 만 3세에 언어는 오류가 있기는 하지만 언어학적이고 맥락적으로 우발적이고 말의 70%는 이해할 수 있다. 3, 4개의 단어로 된 짧은 문장이 일반적이다 모든 모음이 정확하지만 /r/, /s/, /ch/, /j/, /v/, /l/, /x/는 대게 불안정하게 발음한다. 어휘는 1,000개 정도가 된다. 문장유형이 행위자-동작, 동작-대상, 행위자-대상으로 나타난다.	90% 정도 비교적 정확히 모음을 사용하고, /f/, /k/, /d/, /w/, /g/와 같은 부가적인 자음을 사용하기 시작한다.	만 2세 반에는 문법적인 형태론은 -ing(현재진행형), -s, -es(복수형), -ed(과거형), a, an, the(관사), my, 와 's(소유격), 조동사, 전치사의 사용이 나타난다.	500단어를 이해하고 대부분의 일반적인 대상의 명칭과 그림을 이해한다.
36-48	사회적 통제로는 속삭이기, 이름을 말하고, 무슨 일이 있었는지 이야기하며, 질문을 한다. 한 가지 주제에 대해 지속적으로 이야기한다, 화자에 따라 체계적 변화가 나타나고 일부는 역할놀이를 통해 초언어학적 인식이 나타나고 단어만큼 몸짓이나 미소로 힌트를 얻는다.	많은 아이들이 대부분의 /l/, /r/, /s/, /z/, /sh/, /ch/, /j/, /th/ 등의 자음이 비교적 정상적인 영역 내에서 조음상의 오류를 범하지만 모든 모음이 정확하다. 음의 높이나 리듬이 성인과 유사할 정도로 다양하지만 이 시기에는 지나치게 소리를 지르거나 속삭이는 것을 좋아한다.	시제, 성별, 수에 따른 명사절이 확장되었다. "to be"의 변형이 정확하고, 대명사, 부사, 복수형을 사용한다. 4세가 가까워지면, 중문이나 복합문의 사용이 늘어난다. 그리고, 때문에, 언제, 그 후와 같은 관계절을 사용하기 시작한다.	단어가 급격히 늘어나고 새로운 단어를 학습하려는 데 적극적이고 실험을 즐기고 재미있는 오류를 범하기도 한다. 단어 유형이 구분되고, 900개에서 1,000개의 단어를 알고 있다.
48-60	지속적으로 정보를 찾고, "왜"라는 질문을 많이 한다. 대화에 참여하는 청자의 행동을 의식하게 된다. 적절성을 이해한다.	강세선을 사용하기 시작하고, 의미에 따라 음높이를 변화시킨다. 조음 오류는 여전히 나타나기는 하지만 줄어들며 유창하거나 독특하지는 않다. 혼성하는 것은 어려워한다.	크다, 더 크다와 같은 비교급을 사용한다. 관계절을 포함하는 모든 유형의 문장을 사용한다. 성인이 사용하는 문법과 유사해졌다.	경험을 통해 단어량이 매우 다양해진다. 많은 아이들이 2,000개 이상의 단어를 알고 있다.

출처: Prutting & Kirschner(1987).

를 들어, 울기, 미소짓기, 옹알이, 쳐다보기와 우연히 손을 뻗어보는 것은 영아가 어떠한 목적이 있는 것은 아니지만, 영아가 양육자에게 대개 중요한 의미를 주는 행동이다. 이런 종류의 의사소통 행동을 설명하는 용어를 대개 '발화 이전 행동(prelocutionary)' 이라고 한다(Hulit & Howard, 2006).

이러한 발화 이전 행동은 그들이 의도한 것처럼 양육자에게 반응하고 양육자에 의해 해석되는 것이다. 영아가 더 많은 통제력을 획득했을 때 무의식적 행동은 종종 의도적인 의사소통 행위가 된다. 9-10개월이 되면 대다수 영아들은 지적하기, 응시의 사용, 관심을 끌거나, 강하게 주장을 하거나, 자신의 동작을 수반하거나 요구와 필요를 표현하기 위해 소리를 내는 것과 같이 일관되지 않은 다양한 의도적(그러나 아직은 비대화적인) 행동을 사용한다.

(1) 언어 이전 단계의 기능

이러한 유형의 의도적인 의사소통 행동을 **비발화 행동(illocutionary behaviors)**이라 한다. 지금은 고전적인 연구이지만 Halliday(1975)는 첫 단어를 획득하기도 전에 영아가 사용하는 의사소통적 기능의 몇 가지 범주를 설명하였다.

1. *상호작용적 기능(interactional function)* 역시 "너와 나" 기능이라고 한다. 이 기능을 사용하여 영아는 임의 환경에서 다른 사람에게 관심과 상호작용을 유도하려고 한다. 예를 들어, 영아는 손바닥치기 놀이를 하려고 소리를 내려고 하며 엄마를 쳐다보고 손뼉을 친다. 또 낮잠에서 깨, 친구를 찾기 위해 침대에서 부르기도 한다.
2. *도구적 기능(instrumental function)* 역시 "나는 원한다" 기능이라고 한다. 여기 이 영아는 음식이나 좋아하는 물건 등 환경으로부터 원하는 것을 얻기 위해 의사소통적 행동을 한다. 예를 들어, 아동이 병을 쳐다보고 있거나, "아"라고 소리 내면서 손가락으로 가리키는 것은 도구적 의사소통 행동이다.
3. *조정적 기능(regulatory function)*은 "내가 말하는 대로 하라" 기능이다. 영아들이 다른 사람의 행동을 조절하기 위해 사용한다. 예를 들어, 영아가 자신의 유모차를 밀어달라고 하거나 자신을 들어서 안아달라고 할 수 있다.
4. *개인적 기능(personal function)*은 "여기 내가 왔어요" 기능이다. 영아가 단지 자신의 감정을 표현하거나 자신의 행동을 동반하기 위해 이 기능을 사용한다. 예를 들어, 영아가 아이스크림을 한 입 먹어보고, "엄마"라고 말하거나 뭔가를 떨어뜨리고 "어!"라고 말한다.
5. *발견적 기능(heuristic function)*은 자신의 환경에서 성인에게 정보를 얻기 위해 의사소통하도록 하기 때문에 중요한 기능이다. 이것은 "이유를 말해줘" 기능이라고 한다. 눈썹을 올린다거나 의문문처럼 억양을 올리는 것과 같은 방법을 사용해서 영아는 주

변 사람들에게 사물 이름이나 설명과 같은 부가적인 정보를 요구하는 것을 학습한다.

6. *상상적 기능(imaginative function)*은 의사소통 발달의 언어 이전 단계에서 몇몇 영아가 사용할 것이다. 이 상상기능은 "하는 척 해보자" 기능이라고 한다. 나이든 유아의 경우 자동차 소리처럼 가상놀이(상상놀이)를 수반한다.

2) 언어의 시작

대략 1세에서 1세 6개월에 영아는 첫 번째 실제 단어를 학습한다. 그 후에 의사소통은 상징적이고 관습적이게 된다. 걸음마기에는 모든 의사소통 기능을 설명하는 데만 계속 사용했지만, 이제는 젖병, 위, 어어, 다다, 밤 밤과 같은 인식할 수 있는 단어를 사용함으로써 표현된다. 게다가 새로운 기능은 이제 걸음마기 아이의 레퍼토리에 부가되는데 그것이 정보적 기능이다. 아동은 상징적 언어 행위를 통해 이제 정말 정보를 교환할 수 있기 때문에 Halliday(1975)는 이것을 "내가 말해 줄게요" 기능이라고 하였다.

비슷한 시기에 유아는 또한 인지발달의 다음 단계인 전조작기로 향하기 시작한다. 이제 유아들은 점점 정신적으로 사물을 표상할 수 있게 된다. 결과적으로 유아들은 방금 주위 환경에서 일어나지 않았고 아주 잠깐 과거에 있었던 일과 같이 상징적 행위를 찾아 새롭게 사용할 수 있다.

그래서 의사소통적 말과 언어기술의 시작과 함께 보통 유아발달의 초석이 되는 흥미있는 몇 가지 일들이 동시에 일어난다. 유아들의 의사소통은 여기, 지금에 국한되어 있다. 사회적 상호작용을 활용하고 자신의 기본적인 욕구와 필요를 충족시키기 위해 자신의 환경을 조절하고 자신의 경험을 다른 사람들과 공유할 수도 있다.

한 단어 시기의 걸음마기 영아의 말이 종종 일반적인 원칙에 기반을 둔 것이 아니라 알아들을 수 없는 말을 한다는 것에 주목할 필요가 있다. "젖병"을 "다"라고 하여 관습적인 단어와 음소적 관계가 거의 없는 특이한 경우가 있을 수 있다. 실제 단어도 의미없는 말이나 대개 "다"나 "티"와 같은 자음-모음 음절처럼 알아들을 수 없는 말소리를 열거해 놓은 것과 혼합될 수도 있다. 걸음마기 영아는 실제로 그렇지는 않지만 전 문장을 다 발화하는 것처럼 소리를 내기도 한다.

3) 단어 조합

20개월에서 24개월쯤, 어린 유아들이 대략 50에서 100개의 단어를 학습했을 때, 그 단어들을 조합하기 시작한다. 대개 처음으로 단어를 조합하는 것은 유아들이 이미 사용하는 단어일 것이다. 예를 들어, 주스 한 잔을 더 마시기 위해 "주스"나 "더"라고 말하는 대신에 "주스 더"라고 할 것이다. 유아들이 왜 이러한 방법으로 단어를 조합하는지는 분명하지 않다. 오랫동안 아동의 언어기제에 관한 연구는 점점 더 성인의 언어에 가깝도록 더 긴 발화를 하도록 학습하는 과정에 관심을 두었다.

언어의 구조는 단어를 조합해서 문장을 만드는 통사론과, 단어의 여러 형태를 나타내는 형태론과 관계가 있다. 어린 아동은 "주스 원해 나는" 이라고 하기보다 "난 주스를 원해" 라고 이야기하고, "그 소년들이 뛴다(The boys is run.)" 라고 하기보다는 "그 소년들은 뛰고 있다(The boys are running.)" 라고 하는 것을 학습해야 한다. 1960년대와 1970년대 초에는 아동의 문법 발달에 대해 설명한 논문이 많았다. 유아교사들이 아동의 문법발달에 대해 상세하게 알고 있을 필요는 없지만 다음 내용에서 설명하고 있는 언어구조 발달의 주요 단계를 알고 있어야 한다.

1. *전보식 언어(telegraphic language).* 아동들이 단어를 조합하기 시작할 때, 핵심적인 의미가 있는 단어만 대부분 활용한다. 아동 언어 기제에 대한 초기 저서에서는 아동이 꼭 필요하지 않는 단어는 생략하기 때문에 이것을 '전보식' 이라고 일컬었다. "아기 젖병 좋아." 와 같은 발화는 이 단계의 아동에게 흔히 있는 일이다.
2. *문법적인 형태소(grammatical morphemes).* 2세쯤이 되면, 아동은 자신들이 이야기할 때 문법적인 형태소에 따르려고 한다. '그' 나 '그런' , 복수형, 현재진행형, 과거형과 같은 단어 등이 발화시에 나타난다. 대게는 올바르게 사용하지는 못한다, 예를 들어, "그 소년은 뛰었다(The boy runned)" 나 "한 개의 사과들(an apples)" 이라고 할 것이다. 교사는 유아들이 문법적 형태소를 모두 빠뜨리는 초기 전보식 단계보다 좀 더 세련되어졌지만 아직 문법적 형태소를 올바르게 사용하지 못한다는 것을 인식해야한다.
3. *단문(simple sentences).* 3세가 되면 점차 아동들이 성인이 사용하는 단문을 흉내내어 문장을 만들어 낸다. 이런 문장은 하나의 주어와 술어가 있을 것이고, 항상 올바른 형태는 아니지만 필수적인 문법적 형태소를 포함한다. 3세 유아 "나는 조금의 우유를 원해요, 주세요." 나 "밖으로 나가자." 또는 "내 인형은 미쳤어!" 라고 이야기한다. 3세 유아는 또한 문장을 변형시킨다. 즉, "이것은 내 인형이야." 와 같은 평서문뿐만 아니라, "너가 내 인형을 가졌어?" 와 같은 의문문, "내 인형줘!" 와 같은 명령문으로 변형시킨다.
4. *복잡 언어(complex language).* 4세가 되면 어린 유아들은 쉽게 단어를 조합해 문장을 만들고 이해할 수 있는 문장을 만든다. 게다가, "만약 내가 새 장난감을 살 수 없다면 난 그 가게에 가고 싶지 않아." 와 같은 복문을 만들 수도 있다. 아마 더 중요한 것은 언어적 유연성이 높아진 것일 것이다.

언어구조와 어휘에서 증가된 아동의 의사소통 기술은 문법적 기능의 출현과 함께 그 기능을 결합시켜 사용할 수 있게 된다. 아동들은 상황의 특성과 청자의 연령과 상태에 따라 그들의 언어 내용과 구조를 수정할 수 있다. 예를 들어, 두 살 된 여동생이 네 살 된 언니에게 "그 아이스크림 줘!" 라고 말하겠지만 어른에게는 "아이스크림을 좀 더 주시겠어요?"라고 구조를 변경시킬 것이다.

4세나 5세 아동은 또한 대화를 이끌어갈 수도 있다. 아동은 서로 번갈아가며 이야기를 하고 주제를 확장시키고, 발언권을 상대에게 줄 수도 있다. 다음 대화는 어린 아동의 사회적 기술 발달에 매우 중요한 대화전략을 설명하고 있다.

Danny: Erin, 어제 TV에서 *심슨가족* 봤어?
Erin: 아니, *사브리나* 봤어.
Danny: 바트가 혼났어.
Erin: 왜?
Danny: 선생님에게 장난을 쳤거든.
Erin: 난 *심슨가족*보다 *사브리나*가 더 좋아.

결국 4세나 5세 아동은 처음, 중간, 마무리가 있는 서사적 이야기를 시작할 수 있다. 아동은 이제 환경을 조절하거나 사회적 상호작용뿐만 아니라 다른 사람에게 자신의 감정을 표현하고 생각과 경험을 공유하기 위해 언어를 사용한다. 언어와 인지는 이제 세상에서의 문제를 해결하고 배우는 수단으로써 서로 묶여있다.

바라건대, 4세 아동이 학업 성취를 지원하는 언어능력을 습득하였으면 한다. 이런 자발적이거나 문어체 형식의 언어는 9장에서 다룰 것이다. 아동은 단어나 문장을 이제 독립적으로 만들어 낸다. 설명될 사건에 대한 사전 지식이 없거나 공유한 자료가 없는 청자에게도 상황이나 이야기를 분명하고 성공적으로 말해줄 수 있다.

이 장에서 설명하고 있는 언어발달 이정표의 많은 부분은 특별한 요구가 있는 어린 아동을 위한 의사소통 목적이 될 것이다. 아동의 의사소통기술을 발달시키기 위한 전력은 이 장 후반부에서 다룰 것이다.

4. 의사소통 기술 발달의 필수 조건

말과 언어 기술의 엄청난 복잡성 때문에, 몇 가지 필수적인 조건은 정상적으로 발달하기 위한 능력으로 갖추어져 있어야 한다.

첫 번째, 말초신경계가 손상되지 않아야 한다. 듣기는 당연히, 언어발달에서 가장 중요한 것이다. 게다가 시각과 구강감각은 잘 기능해야 한다.

중추신경계 역시 손상되지 않아야 한다. 말과 언어발달은 입력되는 청각정보를 받아들이는 것뿐만 아니라 정보를 처리하고 조직하고, 저장하는 능력에 영향을 받는다. 조음기술과 같은 구어발달에 가장 중요한 것은 운동 체계이다. 구어 산출은 점점 많은 근육과 혀, 입술, 턱, 연구개, 후두, 호흡근육의 운동을 포함하는 구어산출 기제를 형성하는 근육들과의 중요한 협응과 연계가 필요하다. 이해할 수 있는 말의 산출을 위해 빨리 연속적으로 발생할 필요가 있는 말소리 산출은 상호의존적으로 순간적인 타이밍과 이런 근육의 매끄러운 조절이 필요하다. 뇌성마비의 많은 유형과 관련된 그런 운동장애를 가진 아동에게 구어산출은 매우 어렵다.

인지능력은 언어능력 발달에 매우 중요하

다. 아동의 언어 내용은 아동이 표상하고 조직하고 이해하며 자신의 주변을 둘러싼 것을 회상할 수 있는 능력에 달렸다.

의사소통에는 사회적 현상도 꼭 필요하다. 생후 1년간의 의사소통 발달과 언어 이전의 많은 전조는 영아와 유아가 자신의 환경 속에서 양육자의 사회적 단서와 타인의 상호작용에 주의집중해서 보는 아동의 관심에 달려 있다. 사회적 상호작용에 대한 욕구가 부족한 아동은 예를 들어, 자폐아의 경우, 의사소통 기능의 발달이 두드러지게 지체될 것이다.

마지막으로, 환경은 영유아의 요구에 반응적이어야 하고 정보를 처리하기 위해 유아의 수준에 맞도록 양육자가 언어적 정보를 제공해야 한다. 이 장의 앞부분에서부터 언급되 것처럼 초기 양육자와 아동의 상호작용은 아동의 이후 발달을 신장시킬 수 있다. 이런 상호작용전략은 또한 유아특수교육 분야의 교사에게 중요하며 교사들이 이러한 전략을 교실에서 이뤄지는 일과로 통합시켜야 한다. 이 장 후반부에서 좀 더 이런 상호작용전략에 대해 논의할 것이다.

1) 언어발달을 방해할 수 있는 특성

일반적 의사소통 장애의 특성은 그림 8.1에 요약되어 있다. 다음 부분은 이런 장애에 대해 좀 더 상세하게 논의한다.

(1) 청력상실

청력상실은 말과 언어발달 모두를 방해할 수 있다. 중이염을 앓고 있는 경우처럼 경미하고 간헐적인 청각장애도 말과 언어를 학습하는데 어려움이 있다. 청력에 장애가 있는 아동에게 말하고 언어를 이해하도록 가르칠 수 있지만 그런 과제는 쉽지 않고 부모와 훈련을 받은 전문가의 도움이 필요하다. 중증 청각장애가 있는 아동은 의사소통의 기본적인 신호언어를 사용할 수도 있다. 농아의 경우는 청력 손실이 잘 판별되지만 경도의 청각장애인 경우는 잘 판별되지 않는다.

경도의 청각장애 아동은 모든 음소를 분명하게 듣지 못한다. 그들이 듣는 파괴된 말소리 유형은 일관성이 없고 부정확하다. Robert와 Burchinal(2001)은 중이염으로 인한 경미하고 간헐적인 청력 손상이 장기간 지속되었을 때 언어발달과 문해발달에 미치는 영향에 대해 논의하였다. 만약 아동이 연령에 비해 의사소통 기술이 정상적으로 발달하지 못했다면, 다른 어떤 요소가 포함되었는지 상관없이, 아동의 청력을 검사하고 정기적으로 전문가에게 재검사를 받아야 한다. 만일 청각에 어떤 문제가 발견된다면 원인을 파악하여 문제를 해결해야 한다. 만일 그렇게 할 수 없다면 부모들은 안내를 받아 아동의 언어발달을 관리하고 농아를 가르치는 훈련된 교사나 언어관리 병리학자에게 지도를 받도록 해야 한다.

전문가의 조언을 고려하면서 가족들은 말이나 신호 또는 둘을 모두 사용하는 등 어떤 방법을 사용할지를 생각하고 결정해야 한다. 생후 1년 동안 정상적으로 듣지 못하는 아동은 언어와 구어 발달의 모든 부분에서 장애를

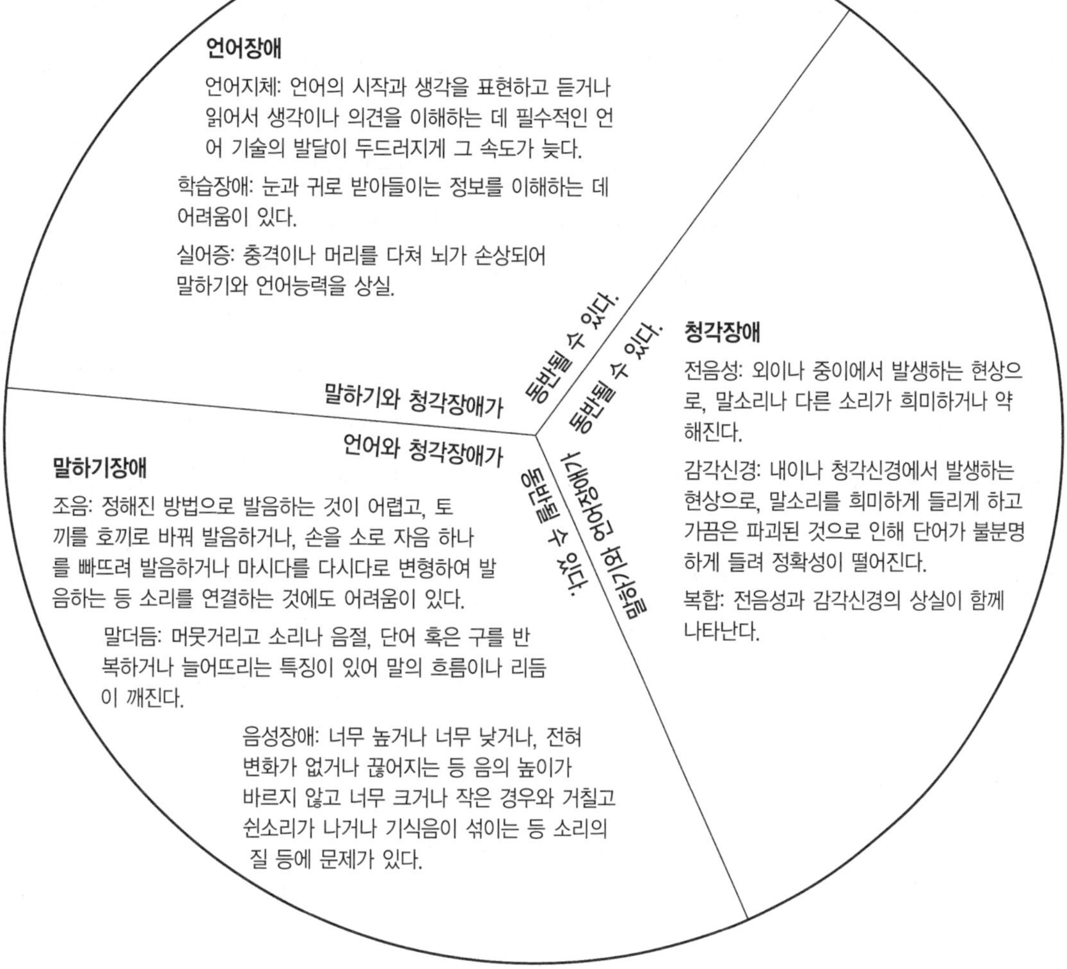

그림 8.1 일반적인 의사소통장애의 특징

출처: American Speech-Language-Hearing Association(1991)

보일 수 있다. 청각장애가 발견되지 않고 긴 시간 동안 치료하지 않으면 의사소통 발달에 더 치명적인 영향을 끼칠 수 있다.

(2) 특정 언어장애

특정 언어장애의 특성에 대한 의견 일치가 부족하다(McCormick, Loeb, & Schiefelbusch, 2003b). 예를 들어, Leonard(1998)는 특정 언어장애는 단순히 언어 능력의 정상적인 연속체에서 아주 낮은 쪽 끝을 나타낸다고 제안하였다. 한편 Tallal 등(1996)은 특히 빨리 제시되는 자극을 처리하는 데 어려움이 있는 청각 정보 처리 장애는 몇몇 아동에게서 특정 언어장애의 원인이 될 수 있다고 제안했다. 정보

처리 속도의 역할에 대한 현재 합의는 없지만, 부모와 교사들은 자극을 지나치게 빠르게 제시하는 것을 가능한 피하도록 해야 한다. 빠른 말 속도는 몇몇 아동들에게는 정보 처리를 어렵게 한다. 혼란스러운 소음 환경은 감당하기 어려울 것이다. 결과적으로 이러한 아동들은 그들의 환경을 조정하지 않는 습관이 길러져 부차적으로 학습 문제를 일으키는 원인이 될 수 있다.

(3) 시각장애

비록 시각장애가 청각장애만큼 장애를 나타내지는 않지만, 개념과 어휘발달에 영향을 준다(Fazzi, 2002). 만일 아동이 확실하게 볼 수 없다면, 이야기되는 사물이나 사건을 인지하기 힘들다. 맹인인 아동이 장애로 인해 경험적 토대를 박탈당하기 때문에 구어와 언어를 습득하는 데 특별한 도움이 필요하다(Rogow, 2000). 이들은 언어발달의 특정 영역, 특히 어휘와 개념발달 영역과 비언어적 화용론적 기능을 획득하는 데 약간의 지원이 필요하다. 부분적인 청각장애 아동과 마찬가지로 부분적인 시각장애 아동도 종종 작은 도움이 필요하다. Fraiberg(1977)은 시각장애 아동을 초기에 판별할 수 있도록 도와주는 자세하고 유용한 정보를 주었다. 부록 D에 시각장애의 징후를 나열해 두었다.

(4) 인지장애

지능이 평균보다 낮은 아동은 신중하게 계획되고 주의 깊게 제공되는 개별화된 기회와 도전이 필요하다. 경도와 중등도의 경우 속도는 느리지만 자신의 연령에 맞는 단계의 말과 언어를 말하고 이해할 수 있도록 학습할 수 있다. 그들의 언어와 인지적 수준에 발달적으로 적절한 자극을 주는 언어 양육 환경을 제공하는 것이 중요하다.

보다 중증인 지체장애아동은 유아특수교육 교사에게 매우 다른 문제와 어려움을 준다. 인지 과정과 지각 과정에 심각한 손상이 있을 때 의사소통 기능의 발달에 대한 영향은 매우 크다. 중도(Severe) 또는 최중도 인지장애아동은 상징적 언어기능에 적용되는 규칙이 아직 발달되지 않을 수 있다. 그러나 이러한 아동들도 어떤 의사소통의 수단을 가져야 한다는 것을 아는 것이 중요하다. 우리는 다음 내용에서 중증 장애와 중복장애 유아에 대해 논의할 것이다.

(5) 정서적 문제

비정상적인 언어 발달이나 의사소통에 대한 거부는 정서적인 문제에서 원인을 찾을 수 있다. 이런 문제들은 전문적이고 특히 아동과 그 가족을 돕는 데 훈련을 받은 사람의 도움이 필요하지만, 대부분은 취학전 환경에서 정신건강을 지원함으로써 충분히 가능하다. 6장은 사회정서적인 문제를 가지고 있는 아동을 위한 교실지원 전략을 소개하고 있다. 치료사, 부모, 교사가 서로 협동하는 것이 이 분야에서는 무엇보다도 중요하다.

(6) 자폐증

자폐증 아동으로 분류되는 핵심적 특징은 사회적 기술과 언어의 비정상적인 발달이다. 최근 이론들은 자폐증의 병인학적 요인으로 신경학적인 부분을 들고 있는데, 이는 아동의 중추신경계가 들어온 자극에 반응하는 것이 다르다는 것이다. 이런 차이는 정보처리과정에 결함과 감각의 통제와 감각 통합의 문제를 일으키는 원인이 될 수 있다(Wetherby & Prizant, 2000). 많은 자폐증 아동들은 특히 촉각과 청각을 자극하는 것에 예민하여 의사소통 기능의 발달을 방해하고 문제행동을 유발한다.

게다가 사회적 수용과 반응에 대한 문제도 역시 의사소통의 기능적인 사용의 발달과 함께 주시하기의 형성에 어려움을 발생시킬 수 있다. 실제로 거기에는 화용적 기술에 중요한 제한들이 있다.(Mundy & Crowson, 1997; Wetherby & Prizant, 2000)

(7) 부모-아동 상호작용의 결핍

적절한 상호작용의 결핍은 의사소통 발달을 제한한다. 이에 대한 많은 연구들이 특히 생후의 만족스러운 자극의 중요성에 대해 지지를 표명하고 있다. 하지만 몇몇 부모들은 유아에게 말을 해야 하는 중요성을 알지 못하고 있다. 어떤 부모들은 유아가 말을 배우기 전에 그들에게 말을 하는 것이 바보 같다고 생각한다.

영유아들에게 어떻게 말해야 하는지 성인뿐만 아니라 아동들도 본능적으로 안다고 전제한다. 그러나 이것은 항상 그런 것은 아니다. 이 장의 뒷부분에서 부모나 다른 성인이 아동과 어떻게 대화하는지를 알려주는 제안이 제시될 것이다. 어떤 경우에는 아동이 말을 하지 않을 때, 언어 교육 환경을 만들도록 부모를 도와줄 것이다.

부모는 의사소통 기능을 가르치는 일상의 경험을 사용하도록 배울 수 있다. 요리하기, 청소, 정원정리는 아동에게 훌륭한 경험이 된다. 이런 활동을 하는 동안 이뤄지는 의사소통은 좋은 언어학습 시간이 된다. 세차를 하거나 도구를 가지고 일을 하는 것 또한 말하기와 언어학습을 촉진하는 좋은 기회이다. 하지만 부모들은 자녀들에게 언어학습을 하게 하는 환경적 자극을 형성하려면 자신들을 격려하고 효과적인 예와 사려깊은 조언자가 필요하다.

2) 말의 발달을 방해할 수 있는 특성

(1) 구조적 이상

어떠한 형태의 두개골 기형은 말하기 기능 발달을 방해한다. 말소리를 모방하거나 재생산할 수 없는 아동은 언어를 사용하는 능력도 떨어질 수 있다. 예를 들어, 비정상적인 구강 구조는 '소년들(boys)'과 '신발들(shoes)'에서 /s/를 발음할 때 혀와 치아가 제자리에 가지 못하며, 이 아동은 /s/를 붙여서 만드는 언어규칙을 사용할 수 없다.

대개 구개파열과 관련이 있는 과다비음도 말하기 학습을 방해한다. 영어의 3가지 말소

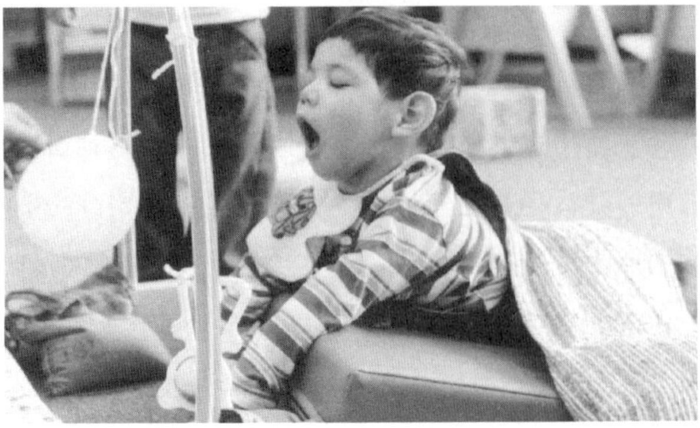

리, /m/, /n/, /ng/이 이런 특징적인 비음들이다. 대부분의 말소리가 비음화되면, 청자는 대체로 알아들을 수 없다. 구개파열 외에도 다른 원인으로 비음화가 나타날 수도 있다. 만약 아동이 코로 소리를 내며 이야기를 한다면 그 원인을 찾아 교정해야 한다.

(2) 운동 문제

올바른 조음을 하기 위해서는 말하는 데 필요한 근육들이 정상적으로 조절되어야 한다. 이것은 너무나 자연스럽게 발달하기 때문에 그 중요성을 간과하기 쉽다. 바이올린을 잘 연주하는 것은 발음을 정확하게 하는 것보다 덜 복잡하다. 이 근육의 역할을 감지하기 위해서는 입술을 살짝 다물고 "래리의 초록색 새 코트를 봐."라고 말할 때 혀의 움직임에 집중한다. 입술을 다무는 것이 혀의 움직임에 더욱 집중할 수 있게 한다.

뇌성마비는 근육의 협응을 방해한다. 이것은 또한 호흡을 할 때마다 말소리에 영향을 준다. 상처, 다른 신체적인 문제, 특정한 약물도 근육의 협응을 방해할 수 있다. 교사는 아동이 이런 문제를 갖고 있을 때 치료사와 긴밀하게 일하고자 할 것이다. 중증 운동장애 아동의 경우, 보완적 기술의 몇 가지 양식은 의사소통 기능의 발달을 증가시키는 데 확실히 중요할 것이다.

(3) 음성장애

수술을 통해 아동기 때 완전히 치료를 했다고 해도 구개파열과 구순열의 영향으로 비음이 섞인 목소리를 낼 수도 있다. 자주 호흡기 감염이 되는 아동은 비음공명이 잘 되지 않을 수 있다. 소리를 많이 지르는 아동은 목이 쉴 수도 있다. 이런 모든 문제는 기술적인 주의와 전문가의 치료가 필요하다.

(4) 말더듬

더듬거리는 것은 말의 흐름을 방해한다. 화자가 말소리나 음절을 반복할 때 다른 사람들보다 더 늘리거나 말의 흐름이 완전히 끊어지면 사람들은 이것을 더듬는다고 표현한다. 일부 말을 더듬는 사람들은 말의 흐름이 막히는 것을 피하기 위해 얼굴을 찡그리고 특정한 몸짓을 하는 등의 유형이 나타난다. 이것을 이차적 특성(secondary characteristics)이라 하는 데, 시간이 지나면서 조건화된 반응이 되는 운동 행동이다.

말더듬은 그 이후에도 나타나기는 하지만 대개 2세에서 4세 사이에 시작된다. 모든 화자들은 보통 소리를 반복하거나 말을 더듬거리거나 가끔은 늘리기도 한다. 이것은 특히 유아들에게 많이 나타난다. 그들은 급하게 말을 하려고 한다. 올바른 단어를 찾는 것은 유아에게 매우 어려운 일이고 그렇기 때문에 말을 더듬거나 반복한다. 이런 행동들은 일반적이고 발달적 비유창성(developmental disfluency)이라고 한다(Hulit, 2004).

일부 언어병리학자들은 유아를 완전히 일반적인 말더듬이라고 신경을 쓰면 그런 현상을 더 반복시키는 결과를 초래할 수도 있다고 믿는다. 아동에게 천천히 말하거나 말하기 전에 생각을 하라고 하면 아동들은 더 말을 더듬을 수도 있다. 그러면 부모들은 더 걱정하게 되고 아동의 말더듬은 더 심해진다. Guitar(1998)은 아동의 말더듬을 다루는 방법에 대해 알려주고 있다.

5. 말, 언어, 개념 기능의 촉진

유아의 의사소통 기능의 발달을 촉진시키는 방법에 관해 유아특수교육 전문가들이 이용할 수 있는 정보는 매우 많다. 이러한 정보가 다음에서 제시될 것이다.

1) 양육자-아동 상호작용의 중요한 역할

초기 양육 환경, 특히 양육자의 반응적인 의사소통적 상호작용 사용의 중요성은 잘 정립되어 왔다. 연구(Landry, Simth, & Miller-Loncar, 1997; Mahoney & Perales, 2003)는 유아의 발달에 대한 양육자-유아와 양육자-아동 상호작용의 영향을 분명하게 증명하였다. 예를 들어, Coates와 Lewis(1984)가 수행한 장기연구에서 3개월 된 영아와 어머니 간의 상호작용 행동과 아동의 6세 때 학교 성취와 인지 기술 간의 긍정적인 관계가 증명되었다. 이런 종류의 많은 연구에서 발견된 것으로, 유아의 발달에 가장 강력한 요인으로 나타난

것이 어머니의 반응성이다.

아동의 언어 기능 발달에 특히 중요한 것은 다음 절에서 설명하게 될 양육자의 확실한 의사소통적 상호작용의 사용이다. 이러한 중요한 영역에 대한 상세한 이해를 위해 독자들은 이러한 기능을 발달시키고 정교화하는 데 있어서 특별한 요구를 가진 아동의 부모를 지원하도록 고안된 몇 가지 중재 프로그램의 설명을 참고한다(Klein & Briggs, 1987; Klein, Chen, & Haney, 2000; Mahoney & Perales, 2003; Weitzman & Greenberg, 2002). 그림 8.2는 영유아를 대상으로 한 상호작용 종류의 예를 제시한 것이다.

다음 절에 설명된 양육자-아동 상호작용은 다른 학문 분야의 교사와 조기중재자들에게도 똑같이 중요하다. 조기중재자들은 부모와

의사소통적 상호작용의 관찰: 어머니-유아 의사소통 프로젝트

영아 이름 ________________ 생년월일 __________ 나이 __________
장소 ________________ 날짜 __________ 조정된 나이 __________
관찰자 ________________________

	거의 또는 전혀	가끔	자주	매우 자주	해당 안됨
1. 부드럽게 쓰다듬기, 가볍게 두드리기, 어르기, 껴안기, 흔들어 주기 등과 같은 적절한 촉각적이고 운동신경적인 자극을 제공한다.	1	2	3	4	N/A
2. 영아와 상호작용하는 동안 즐거워한다.	1	2	3	4	N/A
3. 아동의 칭얼거림이나 짜증에 대한 반응 a. 말을 바꾸어 한다. b. 영아의 위치를 바꾸고 주의를 다른 곳으로 돌리게 한다. c. 쓰다듬거나 흔들어주는 등의 긍정적인 물리적 자극을 제공한다. d. 부정적인 신체적 언어적 반응을 피한다.	1	2	3	4	N/A
4. 얼굴을 마주하거나 7-12인치 떨어뜨리는 등 자신의 위치가 영아와의 눈마주침이 가능하다. a. 눈마주침을 하려고 한다. b. 영아의 소리에 웃으며 반응한다.	1	2	3	4	N/A

그림 8.2 의사소통적 상호작용 검목표

출처: Facilitating Mother-Infant Communicative Interaction in Mothers of High-Risk Infants by M. D. Klein and M. H. Briggs, 1987, *Journal of Childhood Communication Disorders*, 10(2), pp.95-106. Reprinted with permission

아동 간의 상호작용적 행동의 사용을 인식하고 격려하는 능력을 개발시켜야 할뿐만 아니라 이러한 전략을 스스로 시범보이고 지속적으로 사용하는 것도 중요하다.

(1) 대화 촉진하기

어머니-영아 상호작용에 대한 초기 연구문헌은 영아와 대화를 유지하고 촉진하는 데 사용되는 몇 가지 구체적인 전략을 설명하였다. 이것에는 (a) 억양이 올라가는 예/아니오 질문의 사용("지금 먹고 싶어?", "아기 피곤해?"), (b) 발화 후에 영아에게 말할 기회를 주기 위한 중지, (c) 마치 알아들은 것처럼 영아의 말에 반응하거나 영아의 말을 모방하는("응, 그래?", "그것 맞아?", "농담 마!" 등) 것이 포함된다. Cross(1984)는 이러한 의사소통

5. 경우에 따라 영아에게 웃어준다. a. 지속적으로 영아의 미소에 답한다. b. 영아의 목소리에 반응하며 웃어준다.	1	2	3	4	N/A
6. 다양한 억양적 특징 a. 음높이를 높게 한다. b. 천천히 이야기한다. c. 억양을 과장되게 한다.	1	2	3	4	N/A
7. 대화를 고무시킨다. a. 의문문에서는 억양을 올린다. b. 영아에게 이야기를 하고 조금 기다리고 영아에게 말할 기회를 주고 얼굴을 바라본다. c. 아동의 목소리나 단어를 흉내낸다. d. "여기 병이 있네. 병."처럼 자신의 소리, 단어나 구절을 반복한다. e. "어, 그래?", "그래.", "맞니?" 등과 같이 영아의 목소리에 답한다.	1	2	3	4	N/A
8. 영아의 행동에 경우에 따라 반응한다. a. 영아의 목소리에 2초 내에 만져주거나 얼굴표정에 반응한다. b. 영아가 팔과 머리 등을 움직이고 난 후 2초 내에 말을 한다. c. 영아가 말을 하고 난 후 2초 내에 말한다. d. 영아의 말소리나 동작의 변화가 있을 시 자신의 활동이나 말을 멈춘다. e. 2피트 이상의 거리에서 영아의 목소리에 반응한다.	1	2	3	4	N/A
9. 영아의 부정적인 단서에 대한 반응으로 상호작용을 조절한다. a. 활동을 바꾼다. b. 상호작용의 강도를 줄인다. c. 상호작용을 하려는 시도를 중단한다.	1	2	3	4	N/A
10. 언어와 개념을 가르치기 위해 의사소통을 한다. a. "너 배고프구나, 그렇지?"와 같이 영아의 행동을 적절하게 해석한다. b. 성인이 "불을 켤까? 불을 켠다. 불빛이 있네."라고 말하는 등 자신의 문장을 바꾼다.	1	2	3	4	N/A

적 양식을 "모성어"라 하였다.

(2) 아동의 행동에 연속적으로 반응하기

어머니의 반응이 유아의 이후 발달에 중요한 상관이 있는 것으로 밝혀졌다. 유아특수교육 교사에게 특히 중요한 것은 일부 아동에 대한 모든 의사소통적 시도에 대한 민감성이다. 예를 들어, 말을 할 수 없고 상호작용을 거의 모방하지 않거나 주의를 기울이지 않는 장애가 심한 아동은 동작이나 몸의 위치를 바꾼다든지, 소리를 내는 등 의사소통에 대한 어떤 노력이라도 관심을 즉시 보여주어야 한다. 의사소통을 단지 울거나 교사의 옷소매를 잡아당기는 것에 그치는 아동은 큰소리를 내게 하거나 주스를 마시기 위해 그쪽을 가리키게 하기 위해 아주 적극적인 반응을 보여주어야 한다. 왜냐하면 이것은 아동에게는 새로운 행동이기 때문이다. MacDonald(1989)는 교사나 부모가 아동이 평소에 사용하는 방법보다 더 정교화된 반응을 하도록 촉진하는 '판돈 올리기'라고 하는 상호작용 전략을 설명하였다.

(3) 부정적 단서에 대한 반응에서 상호작용 수정하기

어머니하는 반응의 또 다른 중요한 측면은 미묘하긴 하지만 화난 것처럼 쳐다보거나, 몸의 긴장과 얼굴표정을 바꾸거나, 영아가 반응을 적게 하는 것과 같은 단서에 대한 반응으로 영아와의 상호작용을 바꾸거나 중단하는 능력이다. 중재자도 아동이 나타내는 무관심, 지나친 자극, 주의산만함과 같은 단서를 읽을 줄 알아야 한다. "인형 보여주세요."와 같이 특정한 단서나 시도를 계속하면서 아동이 분명히 자극에 집중하지 않을 때는 노력의 낭비이거나 결국 아동에게 압도당하거나 무의미한 자극에 대한 일반화된 전략으로 아동들을 가르치게 될 수도 있다.

(4) 언어와 개념 지도에 대한 의사소통 사용

중류층의 어머니가 자신의 자녀와 상호작용하는 일반적인 언어 유형에 대한 자료는 많이 있다. 이러한 의사소통적 상호작용 전략의 일부는 이후 언어발달과 관계있는 것으로 나타나고 있다. 양육자와 전문가는 아동의 눈 응시, 몸짓 그리고 말이나 단어로 나타난 영유아의 흥미와 주의집중에 대한 반응에 이러한 상호작용 전략을 사용해야 한다(Meadows & Elias, & Bain, 2000). 이러한 상호작용 전략은 다음과 같다.

1. "너 강아지가 짖는 소리를 들었구나, 그렇지?"라고 하며 유아나 아동이 관심을 보이는 것에 의견을 말하는데, 이것을 "평행 대화(parallel talk)"라고 한다(McCormick et al., 2003).
2. "강아지, 그건 강아지야. 강아지 소리를 들었니?, 강아지!"라고 하며 중요한 단어를 강조하기 위해 다른 방법으로 단어나 구절을 반복하고 고쳐 말한다.
3. 아동의 발화나 단어에 좀 더 정교화된 반응을 연결하여, 아동이 "부"하고 이야기하면

교사는 "병, 그래 병이야."라고 하여 아동의 말을 해석한다. MacDoald(1989)는 이것을 "점진적 짝짓기(progressive matching)"라고 하였다.

4. 아동이 "쿠키"라고 이야기하면 교사는 "그래, 그것은 쿠키야."라고 이야기하는 것처럼 유아의 발화를 통사론적으로 또는 의미론적으로 확장시킨다. 즉, 아동이 "강아지"라고 이야기하면 교사는 "그래, 그것은 큰 강아지야!"라고 아동의 발화에 의미를 덧붙인다.

6. 의사소통 촉진을 위한 교실 전략

언어 발달의 사회적 상호작용 이론과 언어 습득의 주요 성취와 단계에 대한 지식은 조기 언어 중재에 유용한 접근법으로 일반화되었다. 이 접근법이 제시한 전략을 설명하기 전에 의사소통 기능 발달과 관련된 세 가지 중요한 원리에 대해 생각해 보자.

1. 상호작용(interaction)은 의사소통 기능 발달을 위한 첫 번째 요소이다. 영유아는 차례를 기다리고 주고받는 상호작용의 즐거움을 경험하도록 배워야 한다.
2. 진정한 의사소통 기능은 아동에게 기능적(functional)이어야 한다. 고정된 질문에 기계적인 대답을 하는 능력은 진정한 의사소통이 아니다. 영유아들은 의사소통을 흉내내는 기회가 있어야 한다. 유아특수학급을 관찰하면 아동은 너무나 빈번하게 대답하는 역할을 하는 것을 알 수 있다. 즉, 그들은 교사가 주는 자세한 조언과 단서에 반응하도록 배웠다. 이런 방법만 사용한 의사소통은 아동에게 학습도구가 될 수 없다. 그들에게 상호작용을 모방하고, 환경을 적절히 조절하기 위해 언어와 다른 의사소통 행동을 사용하고, 질문을 하고 정보를 얻으며, 문제를 해결하도록 격려해 주어야 한다. 아동은 간단히 질문에 답하는 것 이상의 목적을 가지고 언어를 사용하는 것을 학습해야 한다.
3. 언어는 반응적인 환경(responsive environment)에서 가장 잘 발달한다. 유아나 아동의 의사소통 의도에 대부분 민감한 교사는 언어 발달을 촉진하는 데 매우 성공할 것이다. 반응을 하는 많은 자세한 방법들은 모성어(영아나 유아에게 초기에 어머니가 의사소통하는 특징적인 말이나 언어)를 설명하는 논문이 있다.

1) 아동이 있는 곳에서 시작하기

수용언어와 표현언어를 지도하는 적절한 실제의 이해는 교사가 아동의 발달수준에 집중해야 한다는 것을 제안하는 것이다. 그래서 만약 4세인 Sean이 어른에게 아무것도 이야기하지 않으려고 한다면, Sean을 자극하기 위해서는 아주 어린 아이처럼 이야기하는 것이다. 만약 Susie가 분명하게 말소리를 내지 못한다면 간단한 소리를 내는 놀이나 수다를 떠는 활동을 장려할 필요가 있다. 만약 Tommy

가 물건을 요구하지 못한다면, 그가 원하는 것을 가지기 전에 친절하게 말하도록 해야 할 것이다.

말과 언어의 발달 척도는 아동이 발달지체인지 아닌지 판명하기 위해 체크해 볼 수 있다. 언어병리학자는 질문이 생길 때 도와줄 수 있다. 표 8.1은 언어발달을 평가하기 위해 검목표를 구성하기 위한 기초로 사용된다. 하지만 언어발달을 위한 교수 목표는 아동의 기능적 요구에 근거해야 한다. 그들을 발달 검목표에 대한 문항으로 제한해서는 안 된다.

2) 아동과 대화하기

유아가 흥미를 가지는 친근한 것에 대한 대화는 의사소통 기능을 학습하는 데 아동을 도와주는 중요한 도구이다. 아동이 처음 말하게 되는 호칭, 이름은 그들이 알고 연관시킬 수 있는 사물, 사람, 사건 그리고 동작이다. 그들이 정말 관심이 없거나 연관을 시킬 수가 없다면, 그들은 이야기에 참여하지 않을 것이다. 흥미는 무엇을 배우는 데 필수조건이다.

3) 말하는 내용 선택하기

의사소통 기능은 아동이 관심을 가지는 사물과 사건을 중심으로 발달한다. 실제로 별로 이야기하고 싶어 하지 않은 사람이라면 음식으로 이야기를 시작하는 것이 좋다. 예를 들어, 다른 아동들과 탁자에 앉아 있는 동안 교사가 사과를 자를 수 있고 과일의 이름, 부드러움, 빨간 껍질, 작고 까만 씨, 날카로운 칼 그리고 사과의 맛은 어떤지 설명할 수 있다. 화용론적 기능도 이야기를 주고받고 정중하게 요구하는 것과 같은 사회적 상황 속에서 이뤄질 수 있다.

어떤 게임, 인형의 집, 부엌놀이, 장난감 헛간은 대화의 초점으로 사용될 수 있다. 처음에는 교사가 아동이 이끄는 대로 그들이 선택한 장난감으로 아동이 참여하도록 해야 한다. 그 후에 친밀감이 형성되었을 때, 교사가 활동을 선택할 수도 있다. 다양함을 소개하는 것도 중요하지만, 처음에는 아동이 선택하는 것이 가장 좋다. 다음은 유아와의 대화에서 지켜야 할 일반적인 약속이다.

1. 주의집중하여 듣기. 아동이 내는 소리를 알아들을 수 없어도 흥미를 가지고 보고 듣는다.
2. 아동이 매우 제한된 언어 능력을 가졌을 때는 분명하고 천천히 말한다. 핵심 단어를 강조하기 위해 자연적 또는 약간 과장된 억양을 사용한다.
3. 길고 복잡한 문장 구조는 피한다. “네 공은 어디있니? 오, 거기 있구나! 네 공이구나.”와 같이 단어와 구를 바꾼다.
4. 성인이 많은 질문을 하는 일방적인 대화는 피한다. 한 사람이 다른 한 사람에게 하는 질문은 대화를 지속시킬 수 없다. 사실 성인들은 너무 많은 질문을 해서 대화가 이뤄

지지 않는다. 하지만 좋은 질문은 학습을 촉진시킨다.

5. 대부분 여기 지금에 대해 말한다. 과거와 미래에 대해 관계를 분명히 하고, 그것들을 현재와의 관계에 비교한다. 예를 들어, "오늘은 비가 내리고 있어. 어제는 맑았어." 또는 "간식을 먹고 나면 우리는 밖에 나갈 거야."라고 한다.
6. 조용하고 기분좋은 톤의 목소리를 사용한다. 모든 대화가 재미있을 것이다.
7. 당신이 말한 것이 무엇인지를 이해하고 볼 수 있기 때문에 아동이 흥미를 가지고 있는 단어를 사용한다. 물건뿐만 아니라 동작의 명칭도 말한다.
8. 문장 사이는 쉰다. 서두르지 않는다.
9. 아동이 이해하고 더 많이 이야기하면 당신은 점점 문장을 더 길게 해서 많은 어휘를 사용한다.
10. 단문을 습득한 아동에게 좀 더 복잡한 문장 구조를 통해 복잡한 관계를 보여주어라. 예를 들어, "어, 이것 봐, 우리가 모래에 물을 섞어서, 지금 모래 막대기가 붙어 있어." 또는 "만약 우리가 블록 하나를 위에 더 올린다면 어떻게 될까?"와 같이 이야기할 수 있다.

4) 듣기

성인은 대단한 흥미를 가지고 아동에게 귀 기울여야 한다. 이것은 특히 아동의 말과 언어 능력이 정상보다 덜 발달되었을 때는 더욱 그러하다. 그런 부분에 대한 의사소통은 많은 노력을 필요로 한다. 말과 언어 성장을 촉진시키는 데 보상을 주는 것은 대개 관심을 보이는 청자이다. 기민한 얼굴표정을 짓는 것, 조용히 있는 것과 아동을 기다려 주고 주의를 분산시키지 않은 것은 중요한 전략이다.

5) 화용론적 기능 발달

화용론적 기능은 언어의 사회적 기능이다. 대화를 나눌 때, 서로 주고받고 방해하지 않고 적절하게 이야기하는 것은 혼자서는 배울 수 없다. 아동은 사회적 경험을 필요로 하고 사회적 상호작용에 영향을 받는다. 올바른 화용론적 기능을 모델링하게 해서 성인은 정중하고 효과적인 대화방법에 주의를 기울이도록 할 수 있다. 또한, 역할극은 예의바른 형식과 대화를 모방하고, 주제를 확장시키는 것으로 화용론적 기능을 발달시키는 데 유용한 전략이다.

6) 기능 확장하기

이상적으로, 아동의 언어능력은 좀 더 복잡한 문장과 단어를 사용함으로써 확장된다. MacDonald(1989)는 이 전략을 "**점진적 짝짓기(progressive matching)**"라고 했다(p.174). 예시 8.1과 예시 8.2는 아동의 통사론적 발달을 촉진하는 방법을 제시한 것이다.

예시 8.1

통사론적 발달을 촉진하기 위한 몇 가지 방법

Tony는 2개, 3개의 단어로 문장을 만들고, 말하는 것을 좋아한다. 부모님과 교사 모두 하루 종일 그와 많은 이야기를 나눈다. 그들은 아주 흥미 있게 그의 이야기를 듣는다. 가끔 그가 한 말을 확장해 주기도 한다. 토니가 "무너졌어."라고 이야기하면 "너의 큰 탑이 무너졌구나. 큰 소리가 났네."라고 한다. "그래, 네 말대로 무너졌어."라고 말하지만 이것은 "다시 말해봐."를 의미하지는 않는다.

토니가 있는 동안 어른이 무엇을 할 때, 그들은 혼잣말을 할 수도 있다. 자신들이 하고 있는 대로 그 행동이나 기분을 이야기한다. "저녁 먹을 시간이야. 나는 식탁에 접시를 가져다 놓을 거야. 고기와 콩은 벌써 준비가 되었고 샐러드를 만들 차례네. 먼저 당근을 잘라야지." 물론 화자는 토니가 뭔가를 말하려는지 듣고 각 문장마다 쉰다.

가끔 그의 선생님과 부모는 평행대화를 한다. 그들은 토니가 하고 있는 일에 대해 이야기한다. "토니, 너 지금 이 장난감을 선반 위에 두도록 해. 이 블록도 정리했으면 좋겠다. 가장 큰 것을 바닥에 두면 좋겠구나."

토니가 뭔가 틀리게 말하면, 그들은 거의 직접적으로 수정하려고 하지 않지만 수정적 반향어를 사용한다. 만약 토니가 "그녀의 공 던졌다"라고 하면, 그들은 "넌 수희를 보았어."라고 할 것이다. 그리고 "그녀"와 "던지다"를 좀 더 천천히 말해서 과장되게 표현할 수도 있겠지만 그들은 그들이 이해한 것을 확신한다.

7. 중증중복장애 아동의 의사소통 촉진

중증중복장애 아동은 의사소통 행동을 매우 드물게 한다. 이러한 아동의 많은 경우가 알아들을 수 있게 이야기할 수 없을 수도 있다. 일부 아동은 기호나 그림 상징과 같은 의사소통의 어떤 형식적인 상징체계를 사용할 수 없을 수도 있다. 그럼에도 불구하고 이 아동들

예시 8.2

언어 기능 형성을 위한 등원 시간

장면: 아동이 도착하고 교사와 인사를 나눈다.

교수전략: 각 아동과의 따뜻한 인사와 간단한 대화는 아동이 자신이 환영받고 있다고 느낀다. 그가 말하는 것을 모델링하고 확장하고 들어주는 것은 의사소통기술을 촉진시켰던 전략 중에 하나이다. 조음의 오류와 문법적 오류를 바르게 교정하는 것은 피한다.

Ms. McLynn: 안녕, Sally. 네가 인형을 가지고 와서 선생님은 너무 기분이 좋구나. 코트 벗을래?

Sally: 네. 가지고 왔어요. 코트가 더러워.

Ms. McLynn: 너는 코트를 벗을 수 있지. 인형의 코트가 더럽구나, 그렇지? 우리가 씻어주자.

Sally: 할간(빨간) 신발(자신의 새 신발을 가리키며)

Ms. McLynn: 빨간 새 신발이 멋지구나. 반짝거리는 걸.

Timmy: 얘, 이닷!(이것 봐!)

Ms. McLynn: 토끼를 보자. 토끼가 코를 벌름거리고 있네.

Nancy: 선생님, 우리 엄마가 오늘 못 오신대요. 하지만 좀 있다가 전화하신대요. 오늘밤 친구들이 오기 때문에 슈퍼마켓에 가야해요.

Ms. McLynn: 엄마가 못 오시는 걸 이야기해줘서 너무 고맙구나. 너도 슈퍼마켓놀이 해보지 않을래? 우리 가게에도 많은 물건이 있단다.

은 비언어적, 비구어적인 의사소통 체계를 활용하여 의사소통하는 것을 학습할 수 있다.

중복장애 아동을 위한 의사소통 교수 프로그램을 계획할 때, 아마 두 집단의 아동들을 고려하는 것이 가장 쉬울 것이다. 첫 번째 집단은 언어발달, 즉 일부 형식적인 상징적 의사소통 체계를 위해 인지능력이 필요한 아동들이다. 하지만 알아들을 수 있게 말하는 데 필요한 미세한 구강운동기능이 없다. 이 집단의 많은 아동들은 중증 뇌성마비는 있지만 정

신지체는 없다.

두 번째 집단은 형식적인 상징체계의 발달의 예후가 좋지 않은 경우이다. 심한 인지장애가 있고 일부는 농아, 중증 시각장애와 운동장애, 경도의 인지장애와 같이 복합적 감각장애를 가지고 있다. 이런 아동을 위해 알아들을 수 있게 말하는 것과 기호언어나 문자언어와 같이 의사소통을 위한 형식적인 상징체계를 목표로 하는 것은 현실적이지 못하다. 하지만 기본적인 요구, 필요, 감정을 의사소통하는 기능적인 방법을 위한 세부적인 행동은 학습할 수 있다.

중증중복장애 아동에게 익숙하지 않은 학급의 교사는 초기에는 자주, 특히 의사소통 부분에서 어려움을 나타내는 아동을 부담스러워한다. 이 집단의 아동들에 대한 중재전략을 모두 설명할 공간이 없지만 의사소통 행동을 촉진하는 몇 가지 중요한 요소를 다음 부분에서 소개하였다. 게다가 예시 8.2와 예시 8.3에 나와 있는 전략은 장애와 상관없이 모든 아동들의 의사소통을 촉진할 수 있다.

1) 언어적 투입 전략: 중증장애 아동과 의사소통하기

(1) 아동의 행동 단서에 반응

앞에서 논의된 많은 투입전략은 중증장애 아동에게도 적합하다. 영유아가 반응하는 비율이 낮았을 때, 아동의 흥미와 단서에 대해 교사는 즉각적이고 지속적인 반응을 보이고 어떠한 의사소통을 시도하려는 것이 중요하게 되었다. 교사들은 그런 아동들에 대해 좀 더 관심을 가져야 하고 적절한 의사소통 투입으로 반응하려고 준비해야 한다(Klein et al., 2000).

예를 들어, 중증 운동장애나 시각장애 아동에 대해 생각해 보자. 그 아동의 자발적 행동의 레퍼토리가 여기서 저쪽으로 머리를 움직이고 목소리를 약간 낼 수 있는 것이다. 아동은 어떠한 언어적 정보 투입을 이해하는 것 같지 않지만, 어머니 목소리와 준비된 점심식사 냄새를 맡고 갑자기 큰소리로 반응을 한다. 교사는 어떤 입력된 자료에 대해 이 아동이 인식했다는 반응에 놀랄 것이다. 예를 들어, 만약 교실에서 다른 아동이 쟁반을 바닥에 떨어뜨렸다면 중증장애 아동은 깜짝 놀라면서 옆으로 움직이기 시작할 것이다. 교사는 그 아동에게 그 상황과 의미를 받아들이도록 언어적 자료를 제공해야한다. 이런 경우, 교사는 "어머, 큰 소리가 났네, 그렇지? 정말 큰 소리였어. 마리아가 쟁반을 떨어뜨렸어." 처럼 이야기할 수도 있다. 앞의 경우와 같이 아동이 잘 보지 못하기 때문에 소리를 사용하는 경우에 교사가 그 상황에서 가장 두드러지는 면을 이야기하고, 좀 다른 방법으로 그의 반응을 반복하고, 의미론적으로 소리의 원인에 대한 정보를 덧붙여 그 아동의 반응을 확장시킨다.

(2) 반복과 예상 가능한 계획 사용

반복성(repetition), 중복성(redundancy) 그리고 반응성(responsiveness)은 중증장애 영유

예시 8.3

말하기에 대한 구체적인 이유 촉진하기

사물을 알아내기 위해 언어를 사용한다.

호기심은 아동들을 기대하게 한다. 상자나 가방에 무언가를 숨기고 안에 무엇이 있는지 알아맞히게 한다. "동그란가요?", "수영을 할 수 있나요?"라고 질문한다. 답을 찾기 위해 질문을 어떻게 해야 하는지 가르치는 기회를 갖게 된다. 만약 "왜?"와 "어떻게?"질문을 아동들이 사용하지 않는다면, 다른 장난감으로 게임과 실험을 시작할 수 있다.

참여하기 위해 언어를 사용한다.

유아가 자주 함께 놀기(연합놀이)보다 옆에서 놀기(병행놀이)를 하기 때문에 모래, 물, 블록놀이가 놀이에 참여하도록 돕는다. 자신의 의도를 표현하고, 다른 사람에게 지시를 하고, 어떤 일이 있었는지 이야기하는 것을 배우면 새로운 어휘가 급속히 증가한다. 말을 잘 하는 아동과 그렇지 않은 아동이 같이 있으면 자연스럽게 언어를 배울 기회를 갖게 된다.

도움을 청하기 위해 언어를 사용한다.

물건을 치우고 싶거나 너무 높이 있어서 닿지 않을 때 도움이 필요하다. 올려야 하는 지퍼와 풀려 있는 신발끈은 도움을 요청하도록 한다. 이것은 몸짓과 어쩔 수 없다는 표정, 그리고 눈물도 통하지 않는 것처럼 생각되면 당신이 행동할 기회를 준다. 하지만 뭔가를 이야기하려는 그 어떠한 시도도 보상해 주어야 한다. 물론 의사소통에서 비언어적인 것도 사용하지 않는 아동이라도 그 어떠한 노력도 보상해 주어야 한다.

처음에 "내 신발 끈을 묶어요."라고 따라하고 아동이 "묶어요."라고만 해도 수용하는 것은 더 많은 노력을 고취시킨다. 점점 더 당신이 아이가 더 잘 말할 수 있을 거라고 완전히 확신한다면, 당신은 아동이 더 강도 높은 시도를 하기 전까지 당황할 것이다.

관심과 허락을 얻기 위해 언어를 사용한다.

몇몇 아동들은 다른 아동만큼 어른에게 가까이 가고 옆에 있다. 아동은 습관을 변화시켜야 할 상황 때문에 뭔가를 필요로 한다. "봐" 또는 "저를 보세요."와 같은 표현이 많은 상황에서 사용될 수 있다. 다른 방법으로 관심을 끌려고 할 때마다 즉각적인 반응을 피하라. 돌아보고 "내가 쳐다보길 바라니?" (쉬고) "보세요(쉬고)라고 이야기해."라고 한다. 그리고 말을 하지 않는다면 쳐다보지 마라.

무언가를 이야기하기 위해 언어를 사용한다.

흥미를 보이는 청자가 있다면, 대부분의 아동은 무언가를 이야기하려고 한다. 부모들에게 집에서 있었던 재미있는 사건을 메모해달라고 하는 것은 도움이 된다. 그러면 당신은 토론을 시작할 수 있다. 가끔 집에서 좋아하는 장난감이나 사진을 이런 이유로 가지고 오게 한다. 형식적인 보여주기와 말해주기는 유아에게는 대게 효과적이지 않지만 교사나 친구에게 정보를 전하기 위해 이야기하는 것은 인기가 있다.

스스로를 보호하기 위해 언어를 사용한다.

"그만해."라는 말을 빨리 배워야 한다. "비켜주세요."하고 말하는 것은 미는 것보다 좋은 방법이다. 미는 것 대신에 말로 자신을 보호하는 방법을 아동에게 가르치는 것은 가정이나 교실에 더욱 즐거운 분위기를 형성하게 한다. 그들은 예시, 모델, 그리고 미는 것 대신에 뭐라고 이야기해야 하는지 교사가 알려주는 것이 필요하다.

새로운 것을 배우기 위해 언어를 사용한다.

한 가지 방법으로 자신을 어떻게 표현해야 하는지 아는 아동은 사람에 대해 다르게 이야기하는 방법을 더 빨리 배운다. 매우 다양한 새로운 경험이 일 년 내내 제공될 때, 새로운 생각과 단어를 배우게 된다. 제한적으로 말하고 언어를 사용하는 아동에게는 처음에는 그들이 교실과 가정에서 알고 있어야 하고 말해야 하는 것에 초점을 맞추고 그 뒤에 언어 사용을 확장시킨다.

> ***의사소통을 시작하기 위해 어떤 발화를 사용한다.***
>
> 중증장애 아동이 소리를 만들어내려는 시도를 한다면 즉각적인 칭찬으로 보상을 해주도록 해야한다. 아동이 뭔가를 원하는 것을 말하려고 하는 것 같다면, 아동에게 그것을 즉시 제공한다. 만약 당신이 무슨 말을 하려고 했는지 안다면, 당신이 알고 있는 것을 확인하기 위해서 그것을 따라해 본다. 첫 번째 결과는 아동의 언어적 산출을 향상시키려는 시도에 우연히 나타나는 것이 아니다. 그것은 그 후에 나타난다. 하지만 아동이 실제 의사소통하는 것을 알도록 하는 것은 그 자체가 보상이 된다.

표 8.2 중증장애 유아가 선호하는 활동 예시

운동/운동감각	**조작**
튕기기	인과관계가 나타나는 장난감 가지고 놀기
마차 타기	손잡이 조작하기
담요그네 타기	
청각/시각	**장면 변화**
노래 부르기	바깥에 외출하기
레코드 듣기	불쾌한 요소 제거하기
라디오 듣기	
TV 보기	**촉각/신체적 상호작용**
뮤직박스 조작하기	빨기
쳐서 소리나는 장난감 가지고 놀기	안기
익숙한 목소리 테이프 듣기	간질이기
반짝이는 불빛 보기	머리카락 빗기
모빌 보기	바람 쐬기
도깨비 상자 가지고 놀기	물놀이하기

출처: Barber, Turnbull, Behr, & Kerns(1988, p.194).

아에게 활용할 수 있는 중요한 입력 전략이다. 어떤 중요한 단어나 구절은 반복적으로 그날의 중요한 사건을 만들어 익숙해지도록 해야 한다. 어떤 언어적 단서는 어떤 행동과 사건과 항상 연관이 있어야 한다. 이런 방법으로 교사는 언어로 일상의 반복을 만드는데, 이것은 아동이 언어를 해독하는 것을 학습하는 시작이기 때문에 중요하다. 아동의 주의집중에 중점을 둔 학급 전략은 주요 단어와 구절을 활동과 연관시키는 동안 성인이 아동과 함께 활동에 참여하는 "연계된 일상생활 행동"을 만들 수 있다.

예를 들어, 교실에서 하루를 시작하는 인사활동은 항상 반복되는 부분이 포함되어 있어야 한다. 음악시간에서 점심시간으로 바뀌는 것은 항상 "그래, 누가 지금이 무엇을 하는 시간인지 이야기해 볼래? 점심시간이야."와 같이 예상할 수 있는 많은 단서가 수반되어야 하고 예상되는 일이 이어지도록 해야 한다. 예를 들어, 점심시간일 경우 의자를 옮기고, 턱받이를 하고, 식탁을 준비하는 것이 이어지게 된다. 점심식사 후에는 "이제 모두 다 먹었구나. 이제 바깥놀이를 가자."라고 이야기할 수 있다. 식탁을 정리하고 의자를 밀어 넣고, 코트를 입는 등 적절한 언어적 입력전략은 이런 주요 사건을 동반한다.

2) 의사소통 행동 지도를 위한 기법: 산출 전략

홍미와 관심을 보이고 의사소통을 시도하려는 아동이 제시한 단서에 따라 주어지는 주의깊은 언어적 입력은 의사소통 발달을 촉진하는데 중요한 핵심이다. 하지만 중증장애 아동에게 입력전략만으로는 충분하지 않다. 이러한 아동에게는 의사소통을 할 기회와 필요를 만들어내는 환경에서 사물과 사건을 다룰 필요가 있다. 이런 전략의 일부를 다음에 소개하였다.

(1) 기능적인 의사소통을 위한 높은 선호 대상과 활동을 확인한다.

정상적으로 발달하는 유아는 먼저 가장 흥미가 있고 가장 원하는 사물, 활동, 사람에 대한 의사소통 행동이 먼저 발달한다. 유아들이 "엄마"라고 부르고 "병", "쿠키"를 요구하는 것은 의사소통 기능 발달에 대한 동기로 매우 선호되는 사건의 중요성을 반영한다. 일반아동의 욕구와 선호는 많고 쉽게 발견할 수 있다. 하지만 중증장애 아동의 **높은 선호 항목과 일(high-preference items and events)**을 발견하는 것이 큰 과제로 남을 수 있다. 그럼에도 불구하고 의사소통을 해야 하는 상황을 만드는 것은 아동이 가장 의사소통하기를 좋아하는 것을 알아내는 것 없이는 불가능하다.

그래서 각 아동이 선호하는 물건이나 활동(선호도 검목표; preference inventory)을 체계적으로 발견하는 데 시간을 쏟을 필요가 있다. 이렇게 하기 위해서 가정에서의 아동의 일과나 활동에 대해 주의 깊게 부모들을 면접해야 한다. 이런 노력은 선호할 만한 것과 관계된 단서를 못 찾을 수도 있다. 부가적으로 교사는 체계적으로 분류 방법으로 선호하는 물건이나 활동을 찾는데 시간을 쏟아야 한다. 음식은 높은 선호도를 보이는 것으로 자주 가정된다. 그리고 실제 많은 아동들이 그러하다. 하지만 교사는 그 외 중증장애 아동이 의사소통하도록 동기를 부여하는 사물, 사람, 활동이 있다는 것을 인식해야 한다. 표 8.2는 그런 예들을 열거해 놓은 것이다. 교사는 또한 상황에 따라 다양하게 변하는 아동의 기호를 개별적으로 모두 알고 있어야 한다. 기능적인 의사소통기술을 가르치는 데 사용하기 위해 동기를 자극하는 사물, 활동, 사람과 선호에 대한 조사는 중증중복장애 아동을 대상으로 하는 어떤 프로그램이든지 계속적인 과정이 되어야 한다.

높은 선호도의 사물과 활동은 많은 전략을 사용하여 구분하고 찾을 수 있다. 이런 같은 전략은 동시에 중증장애 아동이 의사소통하는 방법에서 사용할 수 있는 의도적 행동이 무엇인지를 결정하는 데 사용될 수 있다. 교사는 잠재적으로 선호하는 사물이나 활동의 단순한 소개는 반드시 유아에게 긍정적인 반응을 불러일으키지는 않을 것이라는 것을 알아야 한다. 많은 경우, 방해하거나 억제하는 사물이나 활동은 그것에 대한 아동의 요구를 불러일으키는 데 더욱 효과적일 것이다.

3) 의사소통적으로 사용될 수 있는 행동 확인하기

교사는 일부 증가하는 의사소통 체계가 활성화되거나 혹은 의사소통적 신호를 보낼 때, 아동이 어떤 행동을 의도적으로 통제할 수 있는지 알아야 한다. 아주 심한 중증장애 아동조차도 눈 응시, 머리 돌리기, 뻗거나 소리를

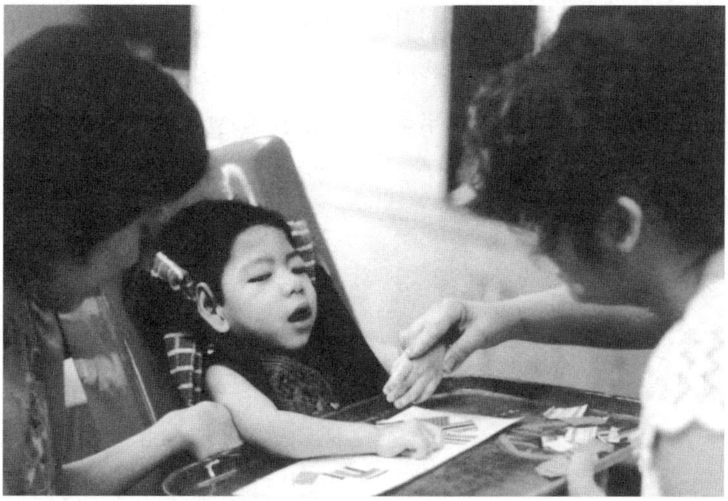

내는 것과 같은 의도적으로 조절할 수 있는 행동이 있다. 어떤 행동은 의사소통적 신호처럼 사용될 수 있다.

세 가지 간단한 절차는 아동이 '의사소통적 맥락'을 만드는 데 사용할 수 있는 행동이 무엇인지 결정하는 데 활용될 수 있다.

1. *제시(presentation).* 한가지 분명한 기법은 단순히 아동에게 제시하고 아동의 행동을 관찰하는 것이다. 그러나 아동이 원하더라도 사물이나 사건의 제시가 아동의 자발적인 반응을 불러일으키지 않을 수도 있다.
2. *저지(interruption).* 다른 방법은 아동이 매우 좋아할 것 같은 사물이나 활동을 소개하고 난 후 활동을 멈추거나 물건을 치워버린다. 예를 들어, 마차밀기를 즐겁게 하고 있는 아동이 마차를 1, 2분 동안 밀다가 마차가 멈춘다. 그 아동의 행동을 주의 깊게 살펴보면, 그 활동을 다시 하려고 한다. 아동은 소리를 내거나 머리를 움직이거나 몸의 위치나 긴장을 바꾸거나 손을 뻗으려고 하는 등의 행동을 할 수도 있다. 교사는 어떤 행동이 통제범위에 속하는지 체계적으로 관찰할 수 있다.
3. *예상되는 사건 보류하기(withholding an anticipated event).* 아동이 좋아하는 일상 중에 규칙적이고 예상할 수 있는 사건이 있고, 아동이 어떤 주어진 단서로 그 일을 예상할 수 있다면, 그 일을 보류하는 것은 위의 두 번째 절차에 나오는 것과 같은 행동을 도출시킬 수도 있다. 예를 들어, 한 아동이 간식시간을 좋아하는 것이 확실하다면 그 아동만 빼고 다른 모든 아이들을 간식 식탁에 앉도록 하면 그 아동은 잠재적인 의사소통 행동의 기회를 갖게 된다.

이런 절차는 Raver(1987)에 의해 "일상적인 일 방해하기"(p.229)로 간주되었다. 비슷한 기법이 Koegel과 Koegel(2006)의 "추측 반응 처치"로 설명되었다.

자발적인 의사소통을 위한 동기를 형성할 수 있는 또 다른 전략은 "목적기능의 방해"라고 한다(Raver, 1987, p230). 한 예로 인형에게 신발을 신길 때 인형 발 위에 컵을 올려 놓거나 머리빗을 올려 놓는 것이 해당된다. 그런 엉뚱한 상황은 아동의 의사소통 행동을 강하게 유도해 낼 수 있을 것이다. Raver는 또한 그런 전략은 유머의 발달을 촉진할 수 있을 것이라고 제언했다.

4) 의사소통적 행동 지도: 의사소통을 위한 기회와 필요성 창출

앞에서 설명한 간단한 전략은 검사를 하고 중재를 시작할 때 효과 있는 기본적인 도구이다. 제시, 저지와 예상되는 활동 보류하기는 선호하는 물건이나 활동을 찾고 확인하는 것뿐만 아니라 기초적인 의사소통 행동을 가르치기 위한 시작이기도 하다. 이 전략은 간단하고 체계적인 과정을 제공해준다. 아동의 선호에 대한 목록이 작성되거나 적어도 의도적 행동이 발견되면, 중요한 의사소통 기능인 '요구하기'를 사용할 기회를 아동에게 제공하기 위해 환경이 체계적으로 조정되고 계획될 수 있다. 대부분의 아동이 정보를 명명하고 공유하기 위한 목적으로 언어나 몸짓을 사용하기 전에 자신이 원하는 사물, 일, 사람을 요구하기 위해 언어나 몸짓을 사용한다는 것을 교사들은 명심해야 한다.

공간이 부족하여 세부적인 많은 중재 기술과 과정에 대한 설명을 하는 것이 어렵기 때문에, 독자는 이 부분과 관련된 다른 정보를 찾아야 할 것이다(Klein et al., 1981, Klein, Chen & Hancy, 2000; Rogers-Warren & Warren, 1984). 여기에는 아동의 일상생활 활동에서 쉽게 편성할 수 있는 몇 가지 방법에 대해 간단히 설명한다.

(1) '더' 요구하기(requesting 'more')

가장 심한 중증장애 아동일지라도 앞에서 설명한 것처럼 원하는 사물이나 활동을 더 요구하도록 가르칠 수 있다. 각 상황마다 아동이 이런 요구를 반복해서 할 필요는 없다. 예를 들어, 아동이 좋아하는 음식을 한 입씩 먹을 때마다 요구할 필요는 없다. 차라리 하루에 3, 4번 정도의 기회를 제공하는 것이 낫다. 집중적인 훈련보다 분산된 훈련이 더 효과적이라는 증거가 있다.

(2) 선택하기(making choices)

다른 중요한 기법은 선택권을 제공하는 것이다. 아동의 전 일과를 통해 가능한 많은 상황에서 결정을 할 수 있는 기회를 제공해야 한다. 활동, 음식, 물건, 장난감, 사람을 선택하는 것은 교실 프로그램에 쉽게 편성시킬 수 있다.

(3) 시간 지연(time delay)

이 절차는 Alpert와 Kaiser(1992) 그리고 다른 연구자들에 의해 설명된 것으로, 기능적인 의사소통을 촉진하는 가장 효과있는 방법이다. **중지-대기 전략(pause-wait strategy)**과 유사한 방법으로, 아동이 어떤 일이 일어날 것으로 예상할 때 그것이 일어나지 않으면 의사소통 하려는 강한 욕구가 생길 수 있다. 그러나 이 방법을 사용하는 많은 교사들은 답할 충분한 시간도 주지 않고 질문과 요구, 즉각적인 답, 단서를 아동에게 퍼붓는다. 많은 중증장애 아동은 다른 아동들에 비해 정보를 받아들이고 반응을 조직하는 과정에 많은 시간이 필요하다. 조용히 기다리는 교사의 표정은 의사소통하려는 요구를 한 번에 행동으로 이끌어내는 놀랄 정도로 효과 있는 장치이다.

(4) 의사소통적 시작(communicative initiation)

마지막으로, 중증장애 아동 특히 이동이 불편한 아동에게 성인의 주의를 끄는 방법을 알려주는 것은 매우 중요하다. 의사소통을 시작하는 것이 다른 사람에 의해 좌우되는 아동은 기능적인 대화를 보장할 수 없다. 많은 아동은 주의를 끄는 도구로써 들릴 정도의 소리신호를 만들 수 없을 것이고, 벨이나 부저 같은 소리신호를 만들 수 있는 것을 제공해야 할 것이다. 의사소통을 시작할 수 있는 능력은 의사소통 교수 프로그램의 성공에서 중요한 요인이다.

5) 구체적인 의사소통 행동 형성을 위한 구조화된 '환경적 교수' 기법 사용

환경적 교수(milieu teaching)는 자연적 환경에서 구체적인 의사소통 기능을 가르치기 위해 사용된 반구조화된 행동 기법을 말할 때 사용하는 용어이다. 환경적 교수에는 (a) 특별한 의사소통 행동 유형에 대한 요구를 증가시키는 방법으로 환경을 정리하고, (b) 구체적인 표적 행동을 확인하고, (c) 구체적인 지도 기법을 적용하는 세 가지 기본적인 요소가 포함된다(McCormick et al., 2003b). 일부 저자는 자연적 환경에서 사용하기 위한 계열적인 의사소통 훈련단계를 설명한다. "요구모델 기법"(mand-model technique)(Halle, Alpert, & Anderson, 1984), "우발교수"(incidental teaching)(Warren & Kaiser, 1986), "시간지연 절차"(time-delay procedure)(Peck, 1985) 그리고 보다 최근에는 "추측 반응 처치"(pivotal response treatment)(Koegel & Koegel, 2006)와 같은 것이다. 이러한 기법 가운데 몇 가지를 자세하게 설명한 것은 Beukelman과 Mirenda(1998)의 저서에서 찾아볼 수 있다. 부록 H는 환경적 접근에서 공통적으로 사용된 계열적 단계를 설명한다.

이 절에서 설명한 전략과 접근법이 대부분 중증장애 아동과 관련하여 자주 보고되지만, 그것들은 경도에서 중등도 장애아동에게도 동일하게 효과적일 수 있다. 유아의 말하기를 촉진하기 위한 몇 가지 구체적인 전략은 예시 8.3에 제시되어 있다.

6) 장애아동과 비장애아동 간의 사회적 의사소통 촉진

아동과 또래 간에 일어나는 성공적인 사회적

상호작용을 위해 두 가지 요소가 있어야 한다. 첫 번째는 아동이 적절한 방법으로 또래가 대화를 시작하는 것에 반응할 수 있어야 한다. 두 번째는 아동이 긍정적인 반응을 얻을 수 있는 상호작용을 시작할 수 있어야 한다.

일부 장애아는 이런 기능이 부족하고 이런 중요한 사회적 의사소통 행동과 관련된 직접 지도가 필요할 수도 있다.

모델링, 촉구하기, 강화와 같은 익숙한 절차가 사용된다. 교사는 처음에 소집단으로 친사회적 행동과 비사회적 행동에 대해 설명하고 협동하여 함께 놀이하는 것과 관련된 교실 행동을 아동에게 익히게 하고 적절한 놀이 행동을 이야기한다. 장애아와 비장애아 모두 "Jose, Mary에게 탑 쌓는 걸 도와달라고 할 수 있겠니?" 와 같이 대화를 시작하는 것을 배워야하고 "Jose, Mark가 너와 쿠키를 나눠 먹고 있네. 고맙다고 이야기해 보렴." 과 같이 실제 놀이 상황에서 적절하게 반응하는 것을 배워야 한다. 초기에는 아동의 적절한 사회적 행동을 교사가 "(착한 표를 주며) 고맙다고 이야기하다니 Jose는 정말 착하구나." 라고 말하는 것처럼 눈에 보이는 강화물을 필요로 할 수도 있다. 하지만 이런 계획적인 강화는 가능한 빨리 중단해야 한다. 최종적인 목적은 아동의 적절한 상호작용과 의사소통의 자연스러운 연속성과 의사소통 그 자체가 보상이 되도록 하는 것이다.

8. 보완 대체 의사소통 체계(AAC)

중증장애 아동을 위해 보완 대체 의사소통 체계(augmentative and alternative communication systems: AAC)가 필요할 것이다 (Beukelman & Mirenda, 1998). 이런 체계는 비구어적인 의사소통 전략을 사용한다. 신호를 보내거나, 그림을 가리키고, 전자 의사소통 보드를 사용하고, 말소리를 종합하여 전산화하는 것 등이 그 예이다. 이 체계는 의사소통 기능과 행동이 생기는 것을 증대시킬 수 있고, 의사소통 수단이 없는 아동에게 말소리를 만들어 내는 대안을 제공할 수 있다.

최근 AAC는 의사소통을 위한 인쇄 출력이나 음성을 합성하기 위해 접촉이나 레이저빔으로 작동시킬 수 있는 컴퓨터 키보드와 같은 높은 기술을 필요로 하는 기구와 많은 사람의 마음을 연합시키게 되었다(AAC 기술과 관련된 자료 목록은 부록 I에 있다.).

하지만 AAC는 높은 기술력과 낮은 기술력이 모두 포함될 수 있다는 것과 다기능 모형을 모두 의미한다는 것을 이해하는 것은 중요하다. 낮은 기술력 시스템은 전기를 사용하지 않는 것이다. 간단한 수신호 적용, 사진이나 의사소통 보드에 연결된 흰색과 검정색 선이 그려진 그림, 카드에 인쇄된 글자와 같은 것이 포함된다.

특히, 아주 어린 아동들에게 아주 간단하고, 낮은 기술적 전략과 도구의 사용으로 시작하는 것은 중요하다. 조기중재전문가는 유아를 위해 만들어진 많은 소프트웨어 프로그램과 컴퓨터 하드웨어를 두려워한다. 하지만 많은 아동에게 낮은 기술적 전략과 도구는 개별적 요구에 더 적절하다. 우연히 전산화된 시스템에서 효과를 본 아동에게 그림을 만지거나 눈길을 조정하는 것과 같은 간단한 전략은 높은 기술적 도구로 전환하는 것이 쉬울 것이다. 조기중재자들은 중복장애를 가지고 있는 아동에게 말하는 것을 가르치는 노력이 보완 의사소통 지도 전에 성공하고 있는지 알기 위해 기다려야 하는 것은 아니다. 비구어적인 의사소통 전략을 가르치는 것은 구어 발달을 방해하지 않는다. 그런 지도는 사실 음성이나 구어 발달을 촉진시킨다. 게다가 AAC 시스템을 성공적으로 사용하기 위해 필요한 많은 기술적인 것도 중증장애 아동이 아닌 아동들에게도 효과가 있다. 예를 들어, 실제 사물이나 활동을 소개하기 위한 그림이나 선을 사용하거나 컴퓨터 키보드를 사용하는 것이 이에 해당된다.

특정 아동을 위한 AAC 체계의 개발은 팀 접근법이 요구된다. 이상적으로 이 팀은 부모, 유아교사, 작업치료사나 물리치료사 그리고 언어치료사로 이뤄진다. 게다가 만약 높은 기술력이 필요한 도구가 사용되면, 기술자들도 그 팀에 중요한 구성원이 된다.

AAC 체계를 개발하기 위한 전략과 절차에 대한 논의를 모두 하기에는 지면이 부족하여 다음 부분에서는 간단히 필수단계의 윤곽만 기술한다.

1) AAC 체계를 개발하는 단계

1. *아동의 의사소통에 대한 요구와 기회를 결정한다.* 아동의 가족과 함께 현재 아동의 요구와 의사소통을 시도하는 목적과 상황을 결정하는 것은 중요하다(만약 아동이 의사소통을 시도하려고 하지 않으면 초기 목표는 의사소통을 시도하는 것을 격려하는 데 필요한 동기를 형성시키는 것이다).

2. *아동의 현재 의사소통 레퍼토리를 결정한다.* 만약 아동이 의사소통하려고 하면 그것을 어떻게 했는가? 필요와 요구를 표현하고 감정을 표현하거나 정보를 공유하기 위해 무엇을 했는가? 아동이 어떤 동작을 의도적으로 조절했는가? 눈, 목소리, 손을 뻗거나 가리키는 것과 같은 몸짓을 사용했는가?

3. *성공적인 의사소통을 방해하는 장애는 무엇인가?* 왜 의사소통이 성공하지 못하는지 알아본다. 목소리를 알아들을 수 없는가? 손짓을 잘 조절하지 못하는가? 어제 일어났던 일과 같이 지금 현재 일어나는 것이 아닌 것에 대해 언급하려 하는가?

4. *사용되는 가장 표현적인 반응을 결정한다.* 어떤 행동을 아동이 가장 잘 조절했는가? 많은 중증장애아에게 눈길만이 확실한 의도적 동작일 수도 있다. 다른 아동은 성공적으로 그림을 만지거나 가리킬 수도 있다. 어떤 아동들은 손을 사용할 수는 없지만 머리를 잘 조절하여 막대기를 헤어밴드에 붙여 가리키거나 머리를 움직여 스위치를 작동시킬 수도

있다.

5. *가장 좋은 상징체계를 결정한다.* 상징체계는 아동의 인지 수준에 따라 거의 좌우된다. 몇몇 아동들은 실제 사물로 시작하고 점점 높은 단계의 추상적 표상으로 나아갈 수 있다.

6. *표현을 계획한다.* 표현적인 반응과 상징체계가 정해지면 상징체계를 어떻게 표현할 건지 결정할 필요가 있다. 걸을 수는 없지만 그림을 가리킬 수 있는 아동에게 일반적인 표현은 휠체어에 의사소통 보드를 붙이는 것이다. 표현적인 반응으로 눈길을 이용하는 아동에게 가장 일반적인 표현은 E-tran 보드라고 하는 깨끗한 플렉시글라스에 그림을 나열하는 것이다. 움직일 수 있는 아동에게 표현은 그림책이나 큰 링에 있는 코팅 카드가 될 것이다.

7. *훈련단계를 계획한다.* 보완적 상호작용 체계를 사용하여 아동을 가르치려면 주의 깊게 훈련과정을 계획해야 한다. 예시 8.4는 눈길을 조절하기 위해 뇌성마비 유아를 가르쳤던 훈련단계이다. AAC 체계의 개발에 대한 좀 더 상세한 자료는 Beukelman과 Mirenda(1998) 그리고 Light와 Drager(2002)의 자료에서 찾을 수 있다.

2) 보완적 의사소통 기능을 촉진하는 학급 전략

보완적 의사소통 기능 발달을 촉진시키는 몇 가지 활동을 유아교육 프로그램의 일과활동 속에서 만들 수 있다. 이런 활동은 중증장애 아동뿐만 아니라 모든 아동들에게 재미있고 의미있는 것으로 될 수 있다. 예는 다음과 같다.

1. *스위치로 작동되는 장난감을 사용한다.* 배터리로 작동되는 장난감은 교실에서 놀이감에 속할 수 있다. 스위치는 중증장애아도 쉽게 작동할 수 있다. 인과관계를 나타내는 장난감은 스위치를 누르고, 큰 토글 스위치, 열감지 스위치 등이 필요하다. 이런 스위치는 모든 아이들에게 흥미를 자아내고 인과관계를 학습하는 것을 돕는다. 게다가 운동장애가 심한 아동에게 의사소통을 활성화시키는 다양한 의사소통 도구는 필요한 소근육 운동을 연습하게 하는 동기와 기회를 준다.

2. *컴퓨터를 사용한다.* 모든 아동이 모니터와 키보드를 편안하게 조작하는 것은 중요하다. 수많은 컴퓨터 프로그램과 활동은 어린 유아에게 흥미를 가지게 하기에 적절하다. 컴퓨터는 유치원 교실에 비치되어 있어야 하고, 장애아동에게 키보드와 모니터는 조작하기 쉬운 것이어야 한다. 이것은 특히 또래 간의 상호작용과 모델링을 위한 좋은 활동이 된다.

3. *그림 표상과 상징을 사용한다.* 성공적인 AAC 체계 개발에서 중요한 기능은 실제 사물이나 활동을 대표하는 그림과 추상적인 상징이 표상적 의미를 가지고 있다는 것을 인식하는 것이다. 장애의 유무에 상관없이, 많은 유아들은 이러한 이해능력을 습득하지 못하고

예시 8.4

AAC 체계를 사용하여 Angie 훈련하기

Angie은 경련성 뇌성마비인 2세 반 여아이다. 근육의 긴장이 심해 몸이 말려있다. 그녀는 지지대가 없으면 앉을 수 없었고, 팔을 뻗거나 손을 중간까지 가져가는 것도 할 수가 없었다. 그녀는 머리를 가누기가 어렵다. 유연히 소리를 내기도하지만 말을 할 수 없었다. 어느 날 그녀의 어머니가 Angie가 최근에 자신이 원하는 물건을 똑바로 바라보기 시작했다고 조기중재자에게 말했다. 조기중재자와 부모가 함께 증진적 방법론으로 훈련된 구어 전문가들로 이뤄진 협의회가 다음의 중재 계획을 세웠다.

1. *주의 깊게 현재 의사소통 행동을 설명하라.* Angie의 경우 매우 확실한 의사소통 행동은 눈동자를 조절하는 것이다.
2. *선호도가 높은 것과 낮은 물건과 활동을 구분하라.* Angie는 먹는 것을 좋아해서 가장 좋아하는 음식을 선호도가 높은 것으로 하는데, 특히 딸기요구르트, 아이스크림과 오렌지 주스. 발견한 선호도가 낮은 활동은 그녀가 제일 싫어하는 것으로 세수하는 것이다.
3. *표현적인 반응을 만들어라.* Angie의 표현 반응은 그녀가 다른 안정적인 의사소통 행동이 없기 때문에 눈으로 쳐다보는 것이다. Angie의 엄마는 그녀가 먹거나 마시기 전에 그녀의 눈이 유리잔이나 숟가락을 따라 가도록 많이 연습시키도록 하였다.
4. *선호도가 높은 것이나 낮은 것을 선택할 수 있게 하라.* Angie의 엄마나 교사는 두 가지를 예로 들고 있다. 오렌지 쥬스 잔과 목욕수건이다. "어느 것이 더 좋아?"라고 물으면 어떤 것이든 그녀가 좀 더 빨리 보는 것은 그녀가 선호하는 것이다. 처음으로 그녀가 우연히 목욕수건을 봤다. 이 단계는 그녀가 눈길의 의사소통 성질을 이해하도록 돕는 것이 필요하다. 물건을 빨리 훑어보고 자신이 원하는 물건을 찾고 그곳으로 쳐다보는 것을 빨리 배웠다.
5. *선호도가 높은 두 가지 물건을 선택하도록 한다.* 다음 단계는 선호도가 높은 물건을 두 가지 선택하는 것이다. 이것은 실제 의사소통 상황을 재연한다. 그녀의 의사소통 파트너는 두 음식 중 어떤 것을 좋아하는지 모른다. 그녀의 눈은 선택을 조절하도록 할 때 의사소통을 위해 응시한다.
6. *물건과 그림 짝짓기: 다음은 물건을 예로 들어, 주스 컵이나 요구르트 그릇과 짝을 지을 그림이 있다.* Angie의 경우 컵과 그릇이 데생된 그림을 사용하였다.(사물의 사진을 사용했지만 Angie의 어머니는 쉽게 그려진 것을 인식하는 것을 배울 수 있다고 생각하셨고, 사진보다 3x5크기의 카드에 매직으로 써서 만드는 것이 더 간편하였다. 그 항목의 이름은 그림 위에 적혀 있다.
7. *물건을 제거하라.* 점점 물건이 시야에서 벗어나고 그림만 남아있다. Angie는 그림이 사물로 재연되는 것을 학습했다. 이것은 보완적 의사소통 시스템을 사용하기 위한 중요한 인지능력인 상징을 이해하기 시작한 것이다.
8. *그림 크기를 줄이고 표현계획을 세워라.* 지금 그림을 작게 만들어 그녀의 휠체어에 붙어 있는 플렉시글라스로 볼 수 있게 두었다. 교사와 작업치료사는 가장 좋은 보드의 위치와 Angie가 무엇이 보이는지 확실히 이야기할 수 있을 만큼의 거리가 얼마인지 정하기 위해 실험하였다.
9. *어휘를 늘리고 시스템을 확장시킨다.* 이 시점에서 침실이나 TV와 같은 중요한 어휘나 "이름이 뭐니?"처럼 문장을 재연하는 새로운 그림을 첨부하는 것은 상당히 쉬운 일이다. 결국 Angie는 손과 팔을 더 잘 조절하고 음성을 조합하는 데 적합한 키보드를 사용하는 것을 배웠다.

있다. 분명하게 이런 상징의 표상능력은 결국 AAC 체계의 개발만큼이나 문해발달에도 필수적이다(9장을 참고하라).

그래서 가능하다면 언제든지 인쇄된 글자를 포함해서 그림과 상징의 기능적 사용이 교실에서 전개되어야 한다.

- 컵선반이나 상자에 무엇이 들어 있는지 알리기 위해 흑백그림을 붙일 수 있다.
- 화장실 표시는 성인의 것과 유사한 것이

어야 한다.

• 점심 메뉴를 언급하거나 붙여둔다.
• 자신이 좋아하는 장난감에 해당하는 네트 위에 그림을 가리키거나 적절하게 코팅 카드를 선택하여 좋아하는 장난감을 선택할 수 있다.

시각적 변별과 일치시키는 능력은 또한 그림 맞추기 게임과 이름인식 등으로 고무시킬 수 있다. (좀 더 인지적으로 발달된 아동은 모양과 글자를 연결시킬 수 있다.)

4. *대화를 시작하는 전략.* 많은 의사소통 훈련 전략들은 아동에게 요구하기를 가르치도록 기대된다. 이것은 중요한 출발점인 동시에 정보를 공유하지 못하거나 다른 사람에게 경험을 말하지 못하는 아동을 돕는 방법을 찾는 데도 중요하다. 이러한 전략은 요구에 대한 의사소통적 기능을 강조하기 쉽기 때문에 매우 중요하다. 이것은 요구와 필요를 요구하도록 가르치는 것이 상대적으로 쉽기 때문에 중증장애아에게 자주 강조되는 의사소통의 기능이다. 유아가 다른 사람과 정보를 공유하는 방법을 아는 것도 중요하다. Beukelman과 Mirenda(1998)은 대화를 시작하는 3가지 전략을 다음과 같이 설명하였다.

수집(collections). 아동이 팔찌, 장난감, 자동차, 친구 사진 등을 자신이 좋아하는 것을 모으도록 격려할 수 있다. 교사와 또래 모두 새로운 수집품뿐만 아니라 수집품에 대해 알려주거나 의견을 이야기 하도록 격려해 줄 수도 있다. 또 이것은 아동이 즐기는 활동이다. 말을 못하는 아동에게 이것은 다른 사람들과 쉽게 참여할 수 있는 훌륭한 의사소통적 상황을 제공한다.

추억 책(remnant books). 추억 책들은 말을 하지 못하는 아동에게 과거 경험을 공유하는 방법을 제공한다. 예를 들어, 아동이 주말에 동물원에 다녀와서 남긴 다양한 물건들을 보관할 수도 있다. 교사와 부모는 아동이 그런 책을 만들도록 도와주어야 한다. 추억 책에 동물원 사진, 입장권, 점심 때 먹은 햄버거 포장지, 재미있었던 동물의 사진, 가족 자동차 그림 옆에 주차티켓을 붙인다. 책은 쉽게 만질 수 있어서 어느 적당한 때에 경험을 공유하는 데 쉽게 접근할 수 있게 만든다.

주제 모음 카드(topic setter cards). 대화를 시작하기 힘든 아동들에게 주제 모음 카드는 유용하다. 유아에게 의미 있는 간단한 선이나 상징이 인덱스 카드에 그려져 있다. 카드의 뒤에는 앞으로 의사소통의 상대자에게 이야기할 내용이 적혀있다. 예를 들어, "좋아하는 TV프로그램은 무엇인가요? 저는 파워레인저입니다."

3) 그림 교환 의사소통 체계(PECS) 사용

최근에 간단하고 낮은 기술력의 그림 의사소통 체계는 특히 기능적 구어가 발달하지 않은 자폐아에게 초기 의사소통 기능을 발달시키는 것으로 알려져 있다. 그림 교환 의사소통 체계(picture exchange communication system; PECS)(Frost & Bondy, 1994)는 원하는 물건이나 활동을 하기 위해서나 설명을 하기 위해 그림을 사용하도록 아동에게 가르치는 행동기술을 사용한다. 체계는 선호도가 높은 물건이나 활동을 정하기 위해 아동을 자세히 관찰하는 것으로 시작된다. 높은 동기가 있는 활동이나 물건이면 언제든지, 사진이나 그림을 만들고 그린 그림은 벨크로 바인더나 카드 위에 둘 수 있다.

좀 더 일반적인 AAC 체계와는 달리 아동이 지적하지 않는다. 아동이 책이나 블라인더의 벨크로 테입에 붙어있는 그림을 떼고 다른 사람에게 가서 그림을 주라고 배운다. 그림을 받은 사람은 적절한 언어로 반응하고, 아동에게 원하던 물건이나 활동을 제공한다. 주의깊은 신체적 촉진(언어적 촉진이 아닌)은 아동이 다음 단계를 학습하기 전에 제공된다.

1. 정확한 그림 찾기
2. 그림 제거하기
3. 성인에게 다가가기
4. 성인에게 그림 전하기
5. 성인의 반응과 요구 기다리기

PESC 체계의 중요한 이점은 의사소통에 성공하기 위해 사회적 상호작용을 요구한다는 것이다. 특히 아동이 단어의 조합과 문장을 표현하기 위해 그림을 연속적으로 조합하는 것을 배울 수 있다.

9. 청각장애 아동과 활동하기

청각장애 아동이 있는 유치원 학급의 교사는 아동의 부모뿐만 아니라 청각장애 영유아와 활동하는 데 훈련을 받은 전문가 또한 가까이 협력해야 한다. 이런 전문가에는 (만약 아동이 청각 보조기를 하고 있다면) 청각학자, 청각장애가 있는 아동과 활동하는 것을 훈련받은 언어병리학자나 청각장애 교사가 포함된다.

중증의 청각장애 아동의 모든 가족에게 매우 중요한 결정은 말이나 수신호(수화)나 두 가지를 모두 포함하는 것중 초기 의사소통 양식을 무엇으로 할 것인지를 결정하는 것이다. 가끔 구어, 구어영어 접근법이라고 하는 말하기를 중요시하는 접근법은 알아들을 수 있는 말하기를 하게 하기 위해, 그리고 다른 사람의 말을 이해하기 위해 청각장애 아동을 가르치는 것의 중요성을 강조한다. 이 접근법 내에서 청각 보조기에서 남은 청력을 최대화하는 청각과 입술읽기와 같은 시각적 자료의 사용을 강조한다. 구어접근법 제창자들은 청각장애를 사람은 청각세계에서 편안하게 기능하기 위한 기술을 부여받았다고 생각한다. 중증 청각장애 아동에게 손을 사용하는 의사소통(수화)이 가장 쉽고 자연스럽게 습득되는 언어라고 생각하는 청각장애 아동의 교사뿐만 아니라 청각장애인 구성원들은 신호나 손을 사용하는 의사소통 접근법을 강력히 지지하였다. 이런 아동에게 말하는 기술을 가르치는 과정은 매우 늦고 지루한 것이다(Hunt &

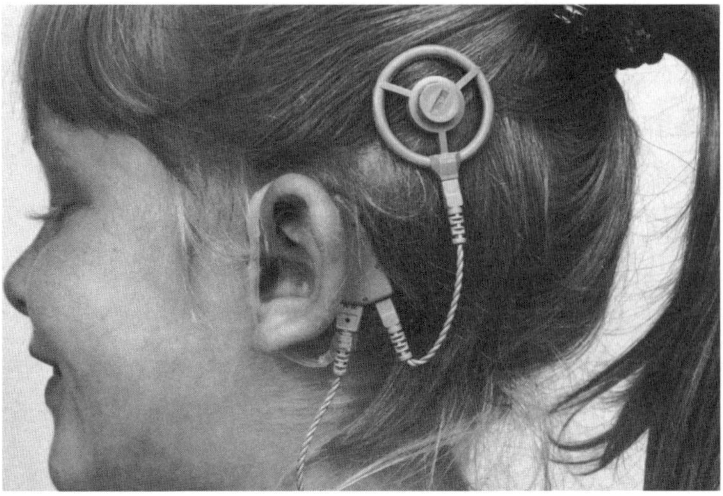

Marshall, 1994).

수화에는 몇 가지 다른 체계가 있다. ASL(American Sign Language)는 대부분의 청각장애인들에게 선호되는 시스템이다. ASL은 자체적으로 언어가 있다. 그것의 구조는 영어 구조와 부합하지 않는다. 어순 규칙이 다르고 진행형이나 과거형과 같은 문법적 특징도 없다. ASL이 말하기와 문해 기술을 학습하는 것을 촉진하지 않는다는 생각 때문에 다른 기술 시스템은 영어의 문법과 어휘와 상당히 가깝게 일치되도록 개발되었다. 이런 시스템은 말하기와 동시에 알려졌다. 손으로 암호화된 영어처럼 이런 시스템의 예는 SEE I(Signing Essential English)과 SEE II(Sign Exact English)이다. 다른 재미있는 시스템은 단서가 제시된 말하기라고 한다. 이 시스템은 수신호 사용을 입 가까이 만든 것을 통해 말하기를 손으로 산출한다. 이런 신호는 말하게 되는 모음과 자음에 대한 보충자료를 제공한다(Hage & Leybaert, 2006).

구화접근법이 제안자들은 청각장애인들이 단어를 들을 때 편안하도록 기능적 기술이 주어져야 한다고 믿는다. 가끔 구어, 구어 영어 접근법이라고 하는 구화를 중요시하는 접근법은 알아들을 수 있도록 말하도록 하기 위해, 그리고 다른 사람의 말을 이해하도록 하기 위해 청각장애 아동 교육의 중요성을 강조하고 있다. 이 접근법에서는 청각 보조기 잔존 청력을 최대화하는 청각적 투입과 독순(입술 읽기)과 같은 시각적 투입의 사용을 강조하고 있다. Ling(1984)은 청각적 정보와 잔존 청력을 사용하는 아동의 능력을 최대화하려는 노력으로 청각적 단서에 신뢰로운 단일감각(unisensory) 접근법을 지지한다. 최근에 **와우각 이식(cochlear implant)**의 기술적 향상이 중증과 최중등 청각장애 아동의 구어 사용과 이해를 촉진하는 데 있어서 구화접근법의 사용을 크게 증가시키고 있다.

가장 좋은 접근법에 대한 논쟁은 200년 이상 계속되고 있고 정서적으로 변화된 논쟁도 계속되고 있다. 전반적으로 연구에서는 효율성이 혼합되어 있다. 한 가지 일치되는 자료는 청각장애 부모가 청각장애 아동에게 ASL을 초기에 사용하는 것이 분명히 언어발달을 촉진시킨다는 것이다. 청각장애가 있고 청각장애 집단과 상당히 관계가 있는 성인에게 청각장애 아동은 병리학적으로 문제가 있거나 결함이 있는 것으로 보이지 않지만 언어, 전통, 가치, 문화가 각기 다른 구성원으로 본다는 생각을 지지한다. 대부분의 청각장애와 관련있는 사람들은 ASL을 자연적인 모국어로 생각하고(Stoke, 2001) 영어를 부가적인 제2언어로 생각한다.

청각장애 아동이 사용하는 언어양식에 관한 결정은 부모가 해야 한다. 만약 부모가 이미 결정을 했다면, 전문가들은 그 접근법을 이해하고 지지해야 할 의무가 있다. 부모가 가장 좋은 접근법을 찾아 결정하려는 경우, 유아교육 전문가는 각 접근법에 대한 올바르고 정확한 정보를 줄 수 있는 전문가를 그들에게 소개할 수 있다.

1) 청각장애 아동과 활동하기 위한 구체적인 전략

다음은 조기중재자나 유아교육 중재자의 학급에 청각장애 아동이 있는 경우에 필요한 일반적인 제안이다. 부가적 제안은 5장에 포함되어 있다.

1. 수화를 배우는 아동의 부모에게 집에서 사용하는 수화를 가르쳐 달라고 하고 학교에서 소개한 것을 부모에게 알려준다.
2. 학급의 모든 아동들에게 핵심 단어에 대한 수화를 가르친다.
3. 창문이나 형광등에서 나오는 빛을 가리거나 아동의 눈이 부시도록 하지 않아야 한다. 아동이 입술읽기나 수화를 읽기 위해 빛이 화자나 신호자에게 비춰져야지 아동의 눈에 비춰지면 안 된다.
4. 가능한 한 교실에 청각장애가 있는 아동이나 성인을 참여시킨다. 청각장애 아동뿐만 아니라 모든 유아에게 청각 보조기를 사용하거나 수화를 사용하는 사람들을 관찰하도록 하는 것이 중요하다. 이런 개인은 이야기나 노래를 알리고 말하거나 단순히 하루 일과를 도와줄 수도 있다.
5. 이야기에 핵심 단어에 대한 수화가 포함된 책을 교실에 비치해 둔다.(활용할 만한 자료는 Gallaudet University Press in Washington, DC.를 참고한다.)
6. 아동이 이해하지 못하는 것 같으면 문장을 반복하거나, 조금 다른 방법으로 말한다. 그런 뒤에 몸짓, 표정이나 그림이나 사물을 가리키는 것과 같은 시각적 단서를 덧붙인다.

2) 말의 이해 촉진하기

다음은 아동의 말 이해 능력의 발달을 촉진시키기 위한 제안이다.

1. 너무 빨리 말하지 않는다. 조금 천천히 이야기할 필요가 있지만 정상적으로 말할 때의 리듬을 깨뜨리지는 않는다.
2. 입술의 움직임을 과장하거나 각 단어 뒤에 쉬지 않는다. 이것은 입술읽기를 어렵게 하고, 아동에게 부적절한 말하기 모델을 제시하게 된다. 하지만 우물거리거나 껌을 씹거나 손으로 입을 가려서는 안 된다.
3. 완전히 서거나 앉아라. 아동은 움직이는 목표물에 집중할 수가 없다!
4. "알아듣겠니?"라고 질문하지 않는다. 아동이 그냥 "예"라고 이야기할 수도 있다. 차라리, 질문을 하거나 설명을 하거나 아동의 반응을 관찰하여 얼마나 이해했는지 알아본다.
5. 만약 아동이 이해하지 못한 것 같으면, 문장을 다시 말하거나 다른 방법으로 이야기한다. 그런 뒤에 몸짓, 표정, 그림이나 사물을 가리키는 것과 같은 시각적 단서를 덧붙인다.
6. 아동의 잔존 청력을 사용하기 위한 잠재력을 인식한다. 아동이 집중하도록 환경에서의 다양한 소리의 의미를 학습하는 것을 돕는다. 예를 들어, 악기소리나 시간을 알리는 종소리 등이 있다.
7. 아마 가장 중요한 것은 모든 아동의 말하기와 언어를 발달시키기 위해 이 교재에 나와 있는 제안을 따르는 것일 것이다.

3) 청각 보조기

유아교육 전문가가 잔존 청력(residual hearing)의 잠재성을 인식하는 것은 중요하다. 거의 모든 청력을 상실한 아동이라도 대개 약간의 청력이 있고 도움이 있으면 언젠가는 따라 듣는 것을 학습할 수 있다. 소리의 의미는 학습되어야 하지 자동적으로 알게 되는 것이 아니다.

지난 10년간 바이오의료 기술의 주요한 진보만큼이나 청각장애 아동의 조기 판별에서도 전례가 없는 변화가 일어났다(Ackley & Decker, 2006). 과거에는 청력 손실 진단의 평균 연령은 말소리를 인지하는 것을 학습하기 위한 발달적으로 중요한 시기를 훨씬 넘긴 24개월이었다. 점차 주정부는 모든 신생아들에게 포괄적인 조기 청력 검사와 중재 프로그램을 수행하고 있다. 또한 기술에 있어서 중요한 진보는 평가 도구의 개선을 가져왔고, 그래서 청력 손실의 유형만큼이나 청력 손실의 판별 가능성도 증가되고 있다.

중요한 것은 청각 보조기의 중대한 진보는 프로그램 가능한 회로로 디지털 같이 증폭 기술의 개선을 가져왔다는 것이다. 결과적으로 청각 보조기는 아동의 청력 손실의 구체적인 특성에 맞도록 배경 소음의 영향을 최소화할 수 있고 프로그램화할 수 있게 되었다.

이상적으로, 청각장애 아동은 잔존 청력을 최대한 활용하기 위해 어릴 때 청각 보조기를 하는 것이 적절할 것이다. 유아가 청각 보조기를 사용하는 것을 지지하는 목표는 중요한 것이다. 청각학자의 도움으로 교사와 부모는 청각 보조기를 최상으로 사용하기 위해 함께 노력해야 한다. 치료센터에서 아동이 지속적으로 청각 보조기를 착용하도록 격려하고 집에서도 그렇게 하도록 부모를 돕는다. 또한 청각학자가 아동이 가장 잘 지각하는 소리를 찾도록 조언을 해야 한다.

다음 제안은 청각 보조기를 사용하는 아동을 격려하는 데 도움이 될 것이다.

1. 매일 배터리를 점검하고 여분의 배터리를 가지고 있어야 한다.
2. 청각 보조기를 조절해서 적절한 레벨로 맞춘다. 코드가 꼬이지 않도록 한다.
3. 보청기 이어몰드(earmold)를 깨끗이 하고 (알코올로 청소하지 않는다), 수신기를 물이나 높은 열에서 멀리하고 떨어뜨리지 않도록 한다.
4. 아동에게 일상생활 중에 자기 스스로 기기를 넣고 다룰 수 있도록 가르치기 위해 부모와 함께 활동한다.
5. 가정에서 정해진 장소에 기기를 두고 애완동물이나 형제들의 손에 닿지 않도록 한다.
6. 영유아에게 귀 뒤에 꽂는 것을 사용할 때는 테이프로 고정할 필요가 있다.
7. 여러분의 학급과 가정환경의 음향적 특징을 인식한다. 증폭기의 적절한 사용을 위해 청각적 환경이 적절해야 한다. 즉, 상대적으로 배경음악, 운동장, 복도의 소음과 같은 큰 소음과 반사되는 소리가 없어야 한다. 말소리가 딱딱한 표면으로 반사될 때, 아동들은 소리를 더 이해하기 힘들다. 카펫, 벽걸이, 청각타일 등으로 소음을 줄이도록 한다.

4) 인공와우 이식: 기술의 놀라운 발전

중증의 청각신경 손상 아동의 수가 증가하고 있고 인공와우 이식으로 치료되고 있다(Nicholas & Geers, 2006). 인공와우 이식은 외과적으로 직접적으로 청각신경을 자극해서 달팽이관의 손상된 신경을 지나가게 하는 전기장치를 이식하는 것이다. 인공와우 이식은 네 가지 요소로 구성된다. 마이크, 신호처리기, 수신기, 외과적으로 이식된 전극으로 되어있다. 인공와우 이식은 소리를 복원하는 것이 아니다. 하지만 집중적인 훈련으로 아동의 중요한 청각 기능을 발달시킬 수 있고 어떤 경우에는 정상 범위 내에서 말하는 언어발달을 시킬 수도 있다.

인공와우 이식 기술의 진보는 매우 역동적으로 이루어졌고, 그것은 분리형 독립된 자극의 좀 더 많은 채널 프로그램을 가능하게 만들었다. 따라서 정상 귀의 주파수와 같은 신경 입력에 좀 더 가깝게 만들었다. 일부 연구는 인공와우 이식 수술을 한 아동의 언어발달이 청각 보조기를 착용한 아동보다 우수하다고 설명하는 것도 있다(Tait & Luttman, 1994). 이것은 조기에 최중도 청각장애로 판별된 아동의 경우에는 사실이다. 인공와우 이식에 앞서 중요한 것은 최중도 청각장애 아동의 이해할 수 있는 언어 성취는 매우 제한적

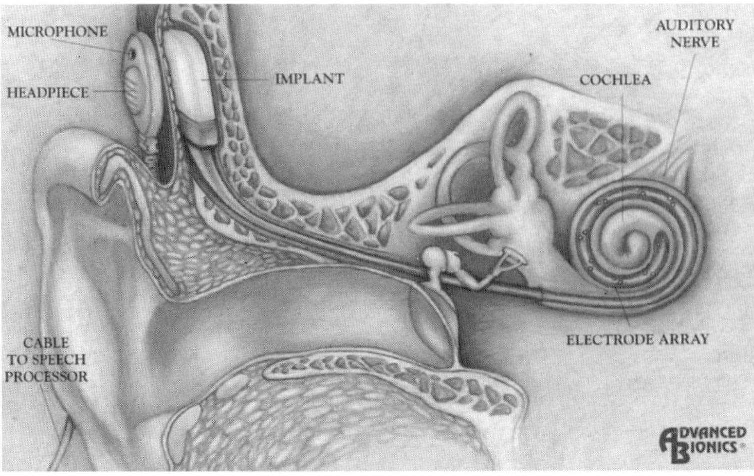

이었다. 비록 의사소통의 양식이 구화에 전통적인 증폭기(청각 보조기)를 더했을 때조차도 제한적이었다(Yoshinaga-Itano, 2006). 최근에 중증의 청각장애 아동이 좀 더 어린 연령에서 인공와우 이식 수술을 받는 것에 대해 이와 같은 기술의 사용을 둘러싼 몇 가지 논쟁이 남아있다. 이 책의 최근 개정판에서 보다 우수한 구어 발달의 조기 수행 결과가 나타나고 있다. Nicholas와 Geers(2006)은 2세 이전에 인공와우 이식을 받은 청각장애 아동들은 2세 이후에 인공와우 이식을 받은 아동들보다 정상적인 구어발달을 성취할 수 있는 기회가 더 크다고 결론을 내렸다.

5) 구어 지원하기

의사소통 양식에 관계없이 Yoshnaga-Itano (2006)는 아동의 **영어 구어(spoken english)**발달을 지원하기 위해 다음과 같이 권고하였다.

- 중재 전략을 보장하기 위한 빈번한 사정은 연령에 적절한 표현 언어 기능을 촉진한다.
- 팀 접근은 아동의 청력 손실의 특성에 맞추고 청각 보조기는 가능한 좀 더 어린 연령대에서 실시하도록 해야 한다.
- 청각 기능을 가르치기 위한 중요한 기회(예, 초인종 소리, 전화벨 소리, 자동차 소리)와 어떤 일에서 나는 특정 소리의 사용(예, 뭔가 떨어질 때 "오오", 아동을 위로 들어올리며 "위로 위로 위로" 또는 장남감 기차를 움직이면서 "폭폭" 소리)을 결합시킨다.
- 최중도 청각장애 (profound hearing loss) 아동의 경우, "조기 인공와우 이식과 질 높은 조기 자극 프로그램은 경도에서 중도의 청각장애로 조기 판별된 아동과 전통적 증폭기를 사용한 것과 유사한 결과가 있다" (p.323).

6) 간헐적 청각장애 아동

대개 유아들은 청력손상이 간헐적이다. 중이에서 유체와 이관의 귀지나 잦은 감기로 얼마나 경미하던가와 상관없이 청력손실이 잠깐 있을 수 있다. 대개 의사들은 이런 것을 부모가 이야기하지 않으면 알 수 없고, 아이가 이것에 대해 말하지 않으면 부모도 알 수 없다. 하지만 "Johnny가 이번 주에 너무 고집을 피웠어. 내가 소리를 지르지 않으면 내가 하라는 것을 하지 않고 오지도 않아." 라고 하거나, "Sandy가 이번 주 내내 너무 까다로웠어. 내 말을 듣지 않고 못들은 척 했어." 라고 할 수도 있다. 경미하고 간헐적인 청각손실이 아동의 언어발달과 학습에 영향을 미칠 수 있다는 것을 인식하는 것은 매우 중요하다. Roberts와 Burchinal(2001)은 청각장애의 변동이 있는 중이염의 영향을 요약하였다. 비록 Roberts와 Burchinal은 부모와 아동의 초기 상호작용 유형이 중이염의 역사보다 더 언어발달과 조기 문해 능력에 영향을 끼칠 수 있는 중요한 요소라고 지적하였음에도 불구하고 이러한 간헐적 청각장애가 언어발달과 초기 문해 기능 모두에 영향을 줄 수 있다는 약간의 증거가 있다.

10. 시각장애 아동과 활동하기

조기중재 전문가들은 시각장애 전문가들과 협력적으로 활동하는 것이 중요하다. 이러한 협력은 조기중재자가 아동의 기능적 목표와 최적의 적응을 만들도록 격려하는 특성을 기술한 중요한 정보를 조기중재자에게 제공할 수 있다. 시각장애 아동을 지도하는 데 있어서 전문가뿐만 아니라 방향정위(orientation)와 보행훈련(mobility) 전문가를 포함하는 것이 현명하다(Pogrund & Fazzi, 2002). 다음의 제안은 시각장애 아동의 의사소통 기능을 촉진하는 데 유용하다.

1. 이 책에서 이미 설명한 전략을 사용한다.
2. 소리를 내고 있을 때 당신이 듣고 있다는 것을 알게 하기위해 아동과 접촉을 한다. 같은 언어 발달 수준의 다른 아동과 함께 하는 것처럼 음성언어로 아동과 이야기를 나누거나 상호작용한다.
3. 아동이 무슨 일이 일어날지 예상할 수 있도록 청각적이고 촉각적인 단서를 사용한다. 예를 들어, 아동의 얼굴을 씻겨주기 전에 목욕수건으로 그의 손을 만지며 "이제 세수를 할 거야." 하고 이야기한다.
4. 발생한 자신과 타인의 행동뿐만 아니라 아동의 행동에 관해 말하고 그것을 설명한다.
5. 아동이 사용가능한 한 최대한의 시각을 사용하는 것을 확신하고 만지는 것과 이야기하는 것을 함께 하도록 결합시킨다.
6. 시각장애 아동이 사물의 모든 부분을 보고 느껴서 그것이 사용되는 맥락에서 전체와 부분과의 관계를 이해한다는 것을 확신한다.
7. 공간관계는 설명하는 것은 어렵다. 아동을 다양한 위치에 두고, 만지고, 조작하는 것

을 격려한다. 가끔 끄고 켜고, 위와 아래, 안과 바깥과 같은 개념을 설명하기 위해 장난감을 사용한다.

8. 예를 들어, "내가 방을 가로질러 가고 있어요. 비켜주세요.", "내가 가고 있어요." 등 방향감각과 거리를 이해하기 시작한 아동을 촉진하기 위해 청각적 형태와 언어를 사용한다. 그러면 아동은 당신의 위치에 따라 목소리의 차이를 들을 수 있다.
9. 너무 많은 이야기로 아동을 공격하지 않는다. 모든 사물과 동작을 설명하지 말고 중요한 단어와 설명을 한다. 자주 쉬고 너무 빨리 이야기하지 않는다.
10. 소리에 집중하는 것과 소리의 근원, 방향, 거리를 인식하도록 가르친다.

11. 자폐아동과 활동하기

자폐아동을 위한 의사소통 중재 목표와 전략을 수립하는 데 있어서 전문가들은 먼저 촉각 방어와 청각 민감성의 문제를 조절할 필요가 있는지를 고려해야 한다. 물리치료사와 작업치료사들이 촉각에 예민한 것을 감소시켜 주는 전략을 고안하는 데 도움을 준다. 그리고 직원들은 아동이 어떤 소리에 민감하고 어떤 소리에 혐오감을 느끼는지 그리고 다른 감각적 문제를 이해하고 찾아내기 위해 부모와 함께 일해야 한다.

우리는 함께 주사하기를 만드는 데 연관된 문제를 이미 언급했다. 그것은 자폐스펙트럼 장애아동에게서 우세한 특성이 있다. 이런 사회적 지각적 문제는 또한 언어발달을 심각하게 방해한다(Girolameto, Verbery & Tannock, 1994). 의사소통적 상호작용과 관련된 중요한 중재 목적들은 이야기를 주고 받고, 사회적 상호작용을 시작하고, 원하는 것과 욕구를 표현하기 위해 몸짓과 단어를 사용하는 것과 다른 사람의 행동에 영향을 주는 그런 도구적이고 규칙적인 의사소통 기능의 발달을 포함시킨다(Prizant, Wetherby & Rydell, 2000을 참고하라).

언어교수에 대한 전통적인 모델링 접근법의 사용은 불확실한 모방이 도출되는 문제가 생길 수 있다. 자폐증 아동은 대개 **반향어 (echolalic speech)**(예를 들면, 다른 사람의 말을 앵무새처럼 즉시 따라 말하거나 잠시 뒤에 반복하는 언어)가 발달하기 때문이다. 그들이 교사가 "'쿠키' 라고 해봐."라는 단서를 시범 보일 때 쉽게 반응해도, '쿠키' 라는 단어를 기능적이고 의미있게, 자발적으로 사용하도록 일반화시키는 것은 매우 힘들다. 좀 더 도움이 될 수 있는 기술은 앞에서 중증장애 아동을 위한 전략을 논의했던 것처럼 모델링과 환경을 조정하는 방법을 포함한다. 자폐아는 대개 청각이나 언어적 정보보다 시각이나 문자 정보를 더 잘 다룬다. 의사소통 행동을 발달시키기 위한 성공적인 한 가지 접근법은 이 장 앞부분에서 이야기한 그림 교환 의사소통 체계(PECS)를 사용하는 것이다. 이 접근법은 자폐아에게 몇 가지 이점이 있다(Frost & Bondy, 1994).

- 기능적 의사소통에 초점을 둔다.
- 사회적 상호작용과 교환을 요구한다.
- 청각보다 시각적 정보를 더 많이 활용한다.
- 파괴적이고 부적절한 의사소통 행동을 하는 아동에게 적절한 대체 행동을 제공한다.

Ogletree와 Oren(1998)은 따로 이뤄지는 것보다 자폐아를 위해 구조적이고 기능적인 의사소통 중재 프로그램의 계획의 중요성을 강조하였다. 그들은 역사적으로 각각 따로 강조했던 접근법을 지적하였다. 예를 들어, Lovaas의 '불연속 사건(discrete trial)' 접근법(McEachin, Smith, & Lovaa, 1993)은 비판을 받았다. 왜냐하면 상대와 상황에 맞는 일반화가 부족하여 출발자라기보다 대답하는 사람으로 아동을 강조하였고, 기능적인 의사소통 기술보다 세부적인 언어형식에 초점을 두었기 때문이다. 이와 반대로 McGee, Morrier, Daly(1999)에 의해 설명된 우발적 교수 접근과 Koegel과 Koegel(2006)에 의해 설명된 비슷한 추측 반응 훈련 접근이 유아들에게 더 효과적일 수 있다.

결합된 접근은 구조화되어 기능적이다. 이러한 접근 유형에서 기능성은 놀이와 일상과 같은 의미있는 맥락 내에서 아동과 함께 활동하고 대단히 선호하고 동기를 유발하는 활동에서 형성되는 것이다. 또한 의사소통적 요구는 기대했던 일의 지연, 원하는 물건을 닿지 않는 곳에 두기, 뚜껑을 너무 단단히 닫았거나 숟가락 주는 것을 잊는 것과 같은 환경 방해(environmental sabotage)의 사용과 같은 전략을 통해 형성된다. 아동이 자신이 원하는 것을 가리킬 때, 기대하는 기다림, 언어적 자극, 모델링 등 구조적이고 직접적인 교수 단계가 사용된다.

자폐아를 위해 추천되는 많은 접근법과 치료법이 있다. 불행히도, 마법이나 치료는 없고 가장 효과적인 의사소통 중재에 대한 전문가 사이의 불일치가 있다. 하지만 확실한 전략과 잘 성립된 고찰은 존재한다. 자폐아는 인지능력과 상관없이 의사소통하는 것이 매우 어렵다. 대개 그들은 청각과 촉각에 너무나 민감하고 시각과 문자 형태의 의사소통을 소리나 언어보다 더 잘 다룰 수도 있다. 그들은 일상의 작은 변화에도 쉽게 압도당하고 혼란, 소음, 예상치 못한 환경을 학습하는 데 많은 어려움이 있다. 예상가능한 충분한 시각적 단서를 제공한 전환과 아동의 에너지와 주의를 형성할 수 있는 환경을 만드는 것일 것이다. 반복과 분명한 단서와 예상 가능한 결과를 제공하는 행동적 기술은 기능적인 의사소통과 사회적 상호작용 기능을 가르칠 수 있는 자연적인 일상활동에서 사용될 수 있다. 자폐증의 진단적 기술은 정신장애진단통계편람(Diagnostic and Statistical Manual of Mental Disorders)(American Psychiartic Association, 2000)에 제시되어 있다.

12. 다른 언어를 사용하는 아동과 활동하기

미국에서 대부분의 사람들이 사용하는 영어를 표준 미국 영어라고 한다. 현실적으로 표준 영어를 사용하는 사람에게 학교나 직장에서 얻는 이점에 대한 의문은 거의 없다. 이상적으로 표준어가 아닌 지방어를 사용하는 사람들은 또한 표준영어를 배울 수도 있다. 유사하게도 다른 언어 배경이 있는 아동은 제2언어로 영어와 모국어를 함께 발달시키도록 고무시켜야 한다. 9장에서 논의될 것이지만 문해에 대한 논의에서 가족이 어떻게 언어를 사용하는가도 중요한 차이를 만든다.

미국의 인구통계적 변화가 극적이기 때문에, 전문가들이 이런 아동의 차이점을 존중하고 언어적 다양성을 기뻐하는 것과 동시에 통합 상황에서 아동이 성공하도록 준비시켜야 하는 것은 피할 수 없다.

1) 지방어의 변화

미국 사회는 점점 다양해지고 있다. 그래서 표준 미국 영어가 아닌 지방어를 사용하는 아동의 수가 증가되고 있다. 1979년에 미시간의 동부지방법원은 Ann Arbor 지방학교에서 지방어의 차이를 존중하되 표준영어를 가르치는 계획을 개발하도록 하였다(Bountress, 1980). 이 결정은 아프리카계 미국인들의 자녀가 학교에서 학생의 지방어를 민감하게 생각하지 않는 교사로 인해 학습에 어려움을 경험하는 것에 대한 부모들의 반응에서 생겨났다. "가장 좋은 조언은 교사가 스페인어를 사용하는 멕시코인이나 푸레토리칸인의 말을 존중하는 것처럼 흑인 아이들의 지방어를 존중해야 한다는 것과 그것은 또한 표준영어를 배울 수 있게 하는 것이다." (Hendrick, 1980, p.239).

다양한 사회적 지방어에 대한 인식이 높아져가고 지방어와 표준어를 모두 발달시키기 위해 아동을 도우려는 시도도 늘어나고 있다. Adler(1979)는 모국어와 표준영어를 모두 가르치는 접근법인 이중 방어구사에 대한 열렬한 지지자였다. Adler에 의하면, "이런 프로그램의 목표는 모국어를 유지하는 것을 존중하면서 표준영어를 사용하도록 가르치는 언어능력의 일반화를 증가시키는 것이다" (p.125). 이런 의도는 어떤 상대나 상황에서도 적절한 언어를 사용할 수 있어서 어느 사회에서나 유능하게 언어를 사용하는 사람이 되도록 아동을 가르치는 것이다.

2) 제2언어로서 영어

영어를 제2언어로 배우는 아동을 동일하게 존중해야 한다. 어휘, 문법 그리고 새로운 언어의 통사론을 학습하는 것에 더하여 이런 아동은 새로운 문화에 맞는 적절한 사회적 행동도 해야 한다. 두 언어뿐만 아니라 각 언어를 사용하는 사회적 상호작용의 두 배경에 대해서 학습하는 것은 혼란과 불편함의 결과이다.

점점 더 이런 프로그램은 이중언어를 사용

하는 교사나 보조자를 필요로 한다. 그것이 불가능할 때는 기본적인 사회적 차이를 공부하고 그런 문화에 대해 설명할 수 있는 부모나 다른 사람들과 모임을 만들어야 한다. 예를 들어, 자주 지적되는 한 가지 차이점은 다른 언어를 사용하는 사람이 기대하는 정도나 눈 마주침을 피하는 것이다. 사회적 차이를 이해하지 못하는 교사는 인디언이나 푸레토리칸아이들이 어른을 존중하는 의미에서 눈 마주침을 피하는 것을 집중하지 않는다고 비난할 수도 있다. 이것은 단지 문화로 인한 많은 화용론적 차이 중 하나일 뿐이다.

3) 새로운 언어 학습하기

Richard-Amato(1988)은 제2언어를 학습하는 것은 상호작용적 과정이 되어야 한다는 생각을 강조하였다. 앞에서 설명한 전략은 제2언어를 학습하는 아동에게 중요한 도움이 된다는 것은 확실하다.

제2언어를 학습하는 아동을 돕는 가장 효과적인 방법은 하루 동안 아동이 흥미있어 하는 것에 대해 대화하는 것이다. Krashen과 Terrell(1983), Weiss(1981)는 모든 아동의 언어를 촉진하는 기본은 아동의 흥미가 교수의 기초가 되어야 한다는 원리를 주장했다. 교사와 아동 간의 대화가 아동의 관심과 주의를 유지하는 상황에서 이뤄져야 한다고 주장하였다. 하지만 그들은 교사가 모국어와 제2언어를 학습하는 아동에게 같은 상황을 사용하는 방법에는 몇 가지 중요한 차이점이 있다고 지적하였다. 교사는 이미 모국어를 사용하는 아동이 즉각적인 상황에서 생각하고 말하도록 도울 수도 있다. 이런 아동은 유사한 다른 일을 기억하거나 유사한 일에 대한 미래를 예상하게 할 수도 있다. 한편, 새로운 언어를 배우는 아동은 처음으로 듣고 있는 것을 이해하기 위해 현재 상황적 단서에 초점을 둘 필요가 있을 것이다. 교사는 각 세부적인 시간과 장소에 따라 그 의미를 확실해 하는 언어를 사용해야 한다.

우리가 이 장에서 계속 강조하고 있는 것은 아동이 모국어를 습득하든 제2언어를 습득하든 상관없이 각 아동의 독특한 요구를 고려하는 것이 중요하다. 앞에서 논의된 장애아동의 의사소통전략은 제2언어로 영어를 배우는 아동에게도 중요할 것이다(Bunce, 2003; Klein & Chen, 2001).

13. 말과 언어 전문가와의 협력적 협의

유아의 의사소통 기능을 발달시키는 데에는 팀 접근법이 필요하다. 조기중재에 대한 훈련을 받은 자격이 있는 말과 언어 전문가가 큰 도움을 줄 수 있다. 말과 언어 전문가는 형식적, 비형식적 측정도구를 사용하여 특히 평가 분야에 중요한 도움을 줄 수 있다

의사소통장애 분야에서 점점 더 강조되는 것은 협력적 협의 모형을 사용하는 것이다 (Montgomery, 1992). 협력적 협의 모형은 교사가 가지고 있지 않은 정보와 서비스를 제공하는 전문가의 역할을 정하는 협의회와 같은

전통적인 전문가 모형과는 좀 차이가 있다. 협력적 모형은 팀으로 일하고, 세부적인 문제를 해결하는 것뿐만 아니라 평가, 계획, 중재 과정에 대한 정보와 다른 기술에 도움을 주는 교사와 언어전문가 사이의 동등성을 강조한다. 다음은 이런 모형에서 일어날 수 있는 협의의 유형에 관한 예들이다.

사정의 일부로서 말-언어 전문가는 아동의 의사소통 행동에 대해 학급 교사와 면담을 하고 교실에서 아동을 관찰한다. 의사소통의 목적과 목표는 교사와 말-언어 전문가를 함께 만나는 부모가 포함된 팀이 결정한다. 혁신적인 교수전략과 활동은 학급교사에게 적응을 위한 제안과 피드백을 받는 말-언어 전문가가 교실에서 시범을 보인다. 협력적 협의 모형은 모든 종류의 교육환경에 있는 아동에 대한 노력의 성공을 위해 점점 더 중요시되고 있다. 이런 프로그램에서 협력은 또한 특수교사와 일반학급 교사 간에도 발생한다.

비록 일부 전문가들은 인지 기술 발달이 언어 기능 발달에 선행한다고 논의하지만, 우리는 의사소통 기능 발달에 대해 먼저 논의하는 것을 선택했다. 준비가 되면 다음 장에서는 인지 기술과 문해 발달을 촉진하는 기법에 대해 집중적으로 설명할 것이다. 역동적인 언어 발달을 이해하는 것은 아동들이 문자해독을 시작하기 때문에 아동의 정신능력 발달에 대한 통찰력을 얻는 데 도움이 될 것이다.

요약

의사소통, 언어, 말은 인지와 운동-지각, 특히 사회적 상호작용을 포함하는 많은 기본 과정의 기능으로 발달하는 매우 복잡한 기능이다. 장애유아에게 의사소통 기능만큼 결정적인 발달영역은 없을 것이다. 부모와 친밀한 관계를 형성하는 조기교육 교사는 이러한 발달 영역에 중요한 영향을 줄 것이다. 그다지 심한 장애를 가지고 있지 않은 아동에게 그들의 지각적 수준과 인지적 수준에서 언어적 정보를 제공하는 것은 사회적 상호작용 맥락 내에서 아동이 의사소통을 시작하도록 만들고 의사소통 기능의 발달을 상당히 촉진시킨다.

중증중복장애 아동을 위해 이러한 투입 전략에 더하여 아동의 기본적인 필요와 요구를 의사소통하는 방법으로 환경을 구성할 필요가 있다. 이러한 중요한 동기적 요인이 제공되었을 때 구체적인 의사소통적 행동이 형성될 수 있다. 종종 이것은 전통적인 말 또는 언어행동이 아니다. 그럼에도 불구하고 기능적 방법으로 사용될 수 있고, 보완적 의사소통 체계의 기반을 형성할 수 있다.

주의 깊은 계획과 함께 의사소통을 촉진하는 전략들은 모든 학급 활동 속에 통합될 수 있다. 게다가 자연적으로 발생하는 다양한 맥락에서 아동의 의사소통 행동을 관리하는 것은 가장 의미있는 진보의 평가를 제공할 것이다.

토론 주제

1. 좋은 녹음기를 사용하여 어머니와 유아와의 대화를 녹음한다. 유아기 아동을 자녀로 둔 어머니를 한 명 이상 찾는다. 각 아동과의 언어적 상호작용을 녹음한다. 그들은 유사한가? 대화가 어떻게 다른가?
2. 어머니의 언어 유형에 따른 아동의 반응을 분석한다. 활동 1에서 사용된 테이프로 발화 길이, 문법 그리고 형태론을 고려한다.
3. 1세, 2세, 2세 반, 3세, 4세의 유아와 여러분의 대화를 녹음한다. 이 유아들과 직관적으로 상호작용한다. 그 후 아동으로부터 받은 피드백에 대한 여러분의 반응을 분석한다.
4. 테이프를 교실로 가져간다. 그것을 듣고 아동에 대한 성인의 발화가 적절한지 비평한다. 어휘, 문장의 길이, 속도, 쉼, 아동의 흥미 그리고 아동의 목소리에 대한 영향을 고려한다.
5. 성인과 4세 아동이 쿠키를 만들거나 그와 유사한 활동을 할 때 하는 대화를 15분 정도 녹음한다. 학급에서 그 테이프를 틀어본다. 새로운 개념이 소개되었는가?
6. 4세 유아들이 같이 놀 때 하는 대화를 녹음한다. 각 언어의 하위기능을 참조하여 아동의 말과 언어를 분석한다.
7. 두 개의 대화를 기록한다. 하나는 정상적인 2세 아동과의 적절한 의사소통적 상호작용을 하는 것이고, 다른 하나는 4세 아동과의 대화를 기록하는 것이다.
8. 중증중복장애 아동을 선택한다. 선호도가 높은 활동이나 사물 세 가지를 찾기 위해 아동의 교사와 부모와 면담한다. 체계적으로 각 아동을 소개하고 아동의 행동을 관찰한다. 또한 여러분이 물건을 가지고 갔을 때나 재미있는 활동을 중지시켰을 때, 아동의 행동을 관찰한다. 어떤 행동이 의사소통 체계로 아동에게 사용될 수 있을지 구분할 수 있는가?

Chapter 9

인지 기술과 문해발달의 촉진

핵심용어

구체적 조작
대상 항상성
도식
동화
메타언어
메타인지
문해-양식 언어
변별
분류
상징 능력
수단-목적 행동
시행-착오 탐색
신생 문해능력
알파벳 원리
연속성
음소적 자각
음운론적 자각
음향학
의도성
인지
자동적 상징 놀이
적응
정신적 표상
조절
주의집중
지각
지연된 모방
참조 언어
총체적 언어 접근
형식적 조작

핵심개념

- 영아의 첫 번째 반사적 행동에서 5세 아동의 문제해결 전략까지, 사고와 추리 발달의 이해는 유아특수교육 교사의 효과성에 결정적이다.
- 주의집중, 지각, 기억과 같은 세 가지의 인지 과정은 아동의 인지 기술 발달을 증진시켜 줄 수 있는 주요한 요소가 된다.
- 아동의 인지발달 이해에 대한 가장 의미있는 단일 기여는 Piaget 이론이다.
- 유아특수교육 전문가는 특별한 요구를 가진 영유아의 의도성, 수단–목적 발견, 시행–착오 탐색, 대상 항상성, 모방과 같은 결정적인 인지 기술을 촉진하는 기법을 습득해야 한다.
- 학령전기 아동에 대한 결정적인 인지 기술에는 상징적 표상(특히 가장 놀이), 문제해결, 학습 준비도와 관련된 인지적 하위기능, 참조 언어 기능의 설명이 포함된다.
- 유아특수교육 전문가들은 인지적으로 지체된 영유아를 위한 학습 환경을 수정하기 위한 구체적인 전략을 사용할 수 있어야 한다.
- 학령전기 프로그램은 이야기와 책에서 풍부한 어휘와 흥미를 포함하고, 문해능력의 중요한 전조를 개발하고, 읽기와 쓰기의 특성과 목적에서 아동의 흥미와 평가를 개발하도록 자연적인 일상 활동 내에서 신생 문해능력을 지원하도록 설계되어야 한다. 또한 교육과정은 활자의 개념, 음운론적 자각, 알파벳 원리 발달에 두어야 한다.
- 아동의 이야기(narrative)와 같은 문해적 구어 양식과 문해능력에 대한 가정 문화와 경험은 다양할 것이다.

Kim: 우리가 전화로 말을 할 때 말이 전화기 전선과 집에 어떻게 전달되나요?

어머니: 글쎄, 설명하기 어려운데 우리 목소리는 음파를 통해 전달된다.

Kim: 아, 그것은 해양과 같은 것이 되겠네요. 우리가 말하는 것은 파도 타기와 같은 것이네.

어머니와 아동의 이러한 상호작용에서 보는 것처럼, 유아의 인지발달은 새로운 문제를 해결하는 데 그들이 아는 것을 사용하려는 시도에서 증거를 찾을 수 있다. 새로운 정보는 이전에 무엇을 배웠느냐와 매우 관련이 있다. 새로운 지식과 오래된 지식은 보다 효율적으로 문제를 해결하는 데 적용된다. 인지는 이러한 세계관을 구성하는 아동의 시도로 생각할 수 있다.

1. 인지의 개념

인지(cognition)란 Oxford English Dictionary에서 "사고, 경험, 감각을 통해 지식을 획득하는 과정 또는 정신적 행위"로 정의하였다. 수십년 전에 Piaget(1954)는 아동의 실재 구성으로 인지발달을 언급하였다. 이렇게 간단한 정의는 인간의 인지과정의 복잡성을 잘못 나타내고 있다. 유아가 그를 둘러싸고 있는 세상을 이해하고 정신적으로 표상하는 능력을 개발하는 방법은 결코 간단한 것이 아니다. 유아의 첫 반사에서 복잡한 문제해결 전략으로 발달하는 사고와 추리의 전개를 이해하는 것은 유아교사로서 우리의 효과성에 결정적으로 중요하다. 특별한 요구를 가진 많은 아동들은 교과 기능 습득에 필수적인 개념 기능과 추리 기능의 발달을 방해하는 인지적 손상을 가지고 있다. 유아특수교육 전문가들은 이러한 문제를 재인식하고 중요한 인지 기술의 성취를 위해 필요한 지원을 제공한다.

2. 기본적인 인지 과정

정보처리와 관련된 주의집중, 지각, 기억과 같은 세 가지 기본적인 과정은 인지발달에 중요한 요소이다. 영아들은 그들의 주변세계에 주의를 집중할 수 있어야 하고, 또한 그들은 자극을 수용하고, 인식하고, 변별할 수 있어야 한다. 결국에 그들은 그러한 자극을 조직하고 해석할 수 있어야 하고, 나중에 인출을 위해 저장할 수 있어야 한다.

1) 주의집중

주의집중(attention)은 특정 환경 측면에 대해 개인의 지각 과정에 초점을 맞추는 것이다. 과제나 상황의 중요한 요소에 주의집중을 할 수 없으면 학습은 일어나지 않는다. 주의집중은 많은 인지적 과제의 기본이며, 효과적인 중재를 위한 선수요건이다. 집중의 형태로서 주의집중은 어느 정도 모순적인 기능인 (a) 관련된 환경의 측면에 초점을 맞추고 가까운 장래의 과제에 대한 기능적 가치를 가지는 능력, (b) 주변의 관련이 없는 자극을 무시하는 능력과 같은 두 가지를 습득하도록 아동이 발달되어야 한다. 선택적 주의집중(selective attention)은 거의 출생하면서부터 시작하고, 자극의 종류와 그것들을 보는 방법도 예언할 수 있는 방법으로 변화된다. 아동이 관련이 없는 많은 자극에 주의를 집중하고 반응하려고 시도할 때, 아동은 주의가 매우 산만해진다.

2) 지각

지각(perception)은 감각 정보를 수용하고 해석하는 과정이다. 지각 능력은 만지고, 맛보고, 고유수용, 냄새 맡고, 듣고, 보는 감각체계에 따라 달라진다. 이러한 체계는 자궁에서 발달하며 신생아는 출생하면서 지각발달의 과정을 시작한다. 각 감각체계(촉각, 시각, 청각, 후각, 미각)는 다른 지각 양식과 결합되어 있다. 지각이 발생하려면 몇몇 정보는 신경계에 저장되어 있어야 한다. 이 때 감각은 저장된 정보의 맥락에서 해석된다.

개인의 지각이나 해석은 마치 시각과 청각이 서로 다른 것처럼 저장된 내용에 따라 다르고 지각 양식의 강화에 따라 서로 다를 수 있다. 그래서 한 아동은 시각 통로를 통해 보다 정확하게 지각하지만, 반면에 다른 아동은 청각 통로를 통해 보다 효율적으로 정보를 저장하게 된다. 앞에서 진술한 것처럼 유아들은 시각적 단서와 마지막으로 언어적 단서에 의해 물리적 단서를 보다 쉽게 해석하게 된다. 불행하게도 대부분의 교사들은 말하기를 우선적으로 가르치는 경향이 있고 언어적 주입에 대한 반응을 기대하는 경향이 있다. 아동의 발달적 요구에 대해 교수를 일치시키려고 노력하는 교사들은 그들이 환경에서 의미를 학습하고 해석하는 데 어려움이 있는 지각장애 아동의 진전에 크게 기여할 것이다.

(1) 변별능력

변별(discrimination)은 관련된 자극 사이의 유사점과 차이점을 지각하는 것이다. 이것은 정보처리의 중요한 측면이다. 예를 들어, 반복된 자극 제시에 변화와 신기성을 변별하는 유아의 능력은 주의집중을 증가시킨다. 나중에 유아기 동안에 형태, 크기, 거리, 색깔과 같은 시각적으로 변별하는 특징을 학습한 아동들은 유치원과 1학년에서의 성공에 필수적인 인쇄된 문자, 숫자, 단어 사이의 미묘한 변별을 하도록 준비될 것이다. 비슷하게 소리의 가락(pitch), 큰소리(loudness), 리듬, 멜로디, 속도, 지속기간에서 차이점과 유사점을 지각하도록 학습한 아동들은 음성학적 방법에 의해 읽기를 학습하는 데 성공할 가능성이 있다. 고의에 의한 대다수 선행읽기 활동은 변별 기능을 개발하는 데 있어서 아동을 지원한다. 예를 들어, 구어를 묘사한 그림을 찾도록 아동에게 요구하면, 소리 변별, 연합, 기억 기능을 연습하는 동안 그림에서 세부 내용들을 변별하게 된다. 이 책에서 논의된 대부분의 활동들은 유아교육방법을 제시한 도서에서 찾을 수 있고 부록 F에 강조되어 있고, 지각적 효율성과 정확성을 발달시키는 데 있어서 아동이 연습할 수 있게 해준다.

3) 기억

세 번째 기본적인 인지 과정이 기억이다. 주의집중과 지각을 통해 수용된 정보가 중추신경계에 저장되는 과정이다. 오래 전에 Atkinson과 Shiffrin(1968)은 다음과 같은 기억 모델을 제안하였다.

1. 들어오는 감각은 짧게 지각된다(약 1초).
2. 만약 집중을 하게 되면, 10-15초 동안 정보를 저장할 수 있는 단기기억에 위치할 것이다.
3. 요인의 수에 따라 정보는 무기한 저장할 수 있는 장기기억에 위치할 것이다.

어린 영아들은 매우 적은 수의 전략을 갖고 있으며, 장기기억에 저장하기 전에 동일한 사건이나 정보의 반복적인 경험이 필요하다.

학습 능력은 기억과 매우 관계가 있다. 가장 보편적인 기억의 유형에는 장기기억, 단기기억, 계열기억, 청각기억, 시각기억, 기계적 기억, 재인, 회상이 포함된다. 기억에 있어서 아동의 어려움을 사정할 때 몇 가지 중요한 질문을 고려해야 한다. 소음, 흥분, 정서적 혼란, 파지를 방해하는 대인문제와 같은 환경조건이 있는가? 기억하게 되는 내용이 발달적으로 적절할 정도로 의미있고, 구체적이고, 간단한가? 요구되는 반응의 종류는 무엇인가? 즉각적으로 혹은 늦게 반응하는가? 재인 또는 재생 혹은 운동적 반응 아니면 언어적 반응을 요구하는가?

실제는 주의집중, 지각, 기억의 세 가지 과정은 상호의존적이다. 개인은 들어오는 자극을 지각할 수 없으면 주의집중을 할 수 없고, 지각할 수 없으면 정보를 저장할 수 없으며, 기억에 정보를 저장할 수 없으면 재인과 해석의 지각 기능을 발달시킬 수 없다.

3. 인지 기술의 발달

1) Piaget의 발달이론

아동발달과 조기교육 분야에 영향을 준 가장 저명한 인지 이론가는 인식론 또는 인간의 지식 연구에 관심을 가진 Swiss 과학자인 Piaget이다. 그는 학습이론가도 성숙주의자도 아니다. 오히려 그는 이 두 가지 관점을 결합하였고, 인간의 인지발달은 환경과 유아의 생물학적 잠재능력 간 상호작용의 산물이라고 믿었다.

Piaget 이론에 의해 개발된 두 가지 고전적 개념이 **도식**(schema)과 **적응**(adaptation) 과정이다. 도식은 비슷한 상황에서 행위에 대한 주형을 개인에게 제공하는 심리적 구조로 정의될 수 있다(Piaget & Inhelder, 1969). 처음에는 유아의 반사인 도식들(schemata)은 점자로 차별화되고, 결합되고, 조직되며, 아동의 통제 아래에 있게 된다. 또한 그것들은 결국에는 내재화되는데, 정신적 과정이 되는 것이다. 이것은 **동화**(assimilation)와 **조절**(accommodation)을 포함한 이중 과정인 적응을 통해 발생한다.

영유아는 기존의 도식들의 적용을 통하여 적응의 동화를 경험하게 된다. 예를 들어, 유아는 엄지손가락에 '빨기 도식'을 적용하게 된다. 그러나 모든 경험이 기존의 도식들에 동화될 수 없다. 예를 들어, 만약 유아가 담요 구석에 기존의 빨기 도식을 적용하려 하면, 성공적인 것이 될 수 없다. 유아는 이러한 새로운 상황에 적응하기 위하여 기존의 도식이 변화 또는 조절되어야 한다. 그래서 먼저 사용한 기존 도식의 상보적 과정과 새로운 경험에 적응하도록 그것들을 수정하는 것을 통하여 유아는 자기 주변의 세상에 적응하게 된다. Piaget의 관점에서 이것을 학습 과정이라 한다.

Piaget의 중요한 인지발달이론에 더하여 가설을 검증하는 상황의 제시와 결합된 영유아의 자연적인 관찰을 포함한 중요한 연구 방법론에 기여하였다. 감각운동기와 전조작기와 관련된 정보는 자신의 아이 관찰에 근거하였다. 정신적 조작의 발달에 대한 그의 설명은 학령기 아동의 관찰에 근거하였다.

Piaget는 인지발달의 몇 가지 단계를 기술하였다. 각 발달단계는 이전의 단계를 구성한다. 이것은 "아는 것의 나선형"(spiral of knowing)으로 언급되는 것이다(Gallagher & Reid, 1981, p.35). 아동이 성숙하고 환경과 상호작용함으로써, 각 단계에서 인지적 능력에 따라 동화와 조절 과정을 통해 실재를 구성하고 재구성하게 된다.

(1) 감각운동 단계

인간 발달에서 가장 창의적이고 빠른 시기가 출생에서 18개월 사이이다. 감각운동 단계는 6개의 하위단계로 구분된다. 처음 5개의 하위단계는 대상과 사건의 정신적 표상인 표상적 사고의 시작을 위한 기초를 놓는다. 대상 항상성의 완전한 성취를 보이는 여섯 번째 단계는 행위 유형을 통해 알게 되는 감각운동에서 정신적 지식과 상징적 능력으로 전환을 표시하는 것이다.

감각운동 하위단계 1: 반사의 사용(0-1개월). 생의 첫 달 동안 영아는 일차적으로 반사를 통해 세상과 상호작용한다. 입술을 만지면 젖꼭지처럼 빨고, 뺨을 만지면 자동적으로 얼굴을 돌리며, 갑자기 큰소리를 내거나 지지하지 않으면 깜짝 놀라고, 모로(Moro) 반사를 나타내는 등이다.

감각운동 하위단계 2: 일차 순환반응(1-4개월). 두 번째 하위단계 동안에 유아의 반사행동은 우연히 새로운 경험을 하게 한다. 예를 들어, 유아가 자기의 엄지손가락을 발견하고, 기존의 젖꼭지 빨기 도식에 이 경험을 동화하게 된다. 유아는 새로운 대상에 조절되고, 그래서 엄지손가락을 빠는 것을 학습한다. 그러한 일차 순환반응은 항상 자신의 신체에 집중한다.

감각운동 하위단계 3: 이차 순환반응(5-8개월). 이 하위단계에서 유아는 자기 신체 외부의 외적 환경에서 사건과 대상과 점점 상호작용적이 된다. 이차 순환반응은 흥미있는 사건을 반복하기 위해서 유아가 관계하는 행동이다. 예를 들어, 유아가 침대 위에 매달려 있는 모빌을 우연히 건드리면 모빌의 움직임을 보게 되는 시각적 경험을 제공하게 된다. 이 때 유아는 이러한 경험을 다시 하기 위해 모빌을 다시 치게 된다.

감각운동 하위단계 4: 의도적 적응(8-12개월). 이 하위단계 동안에 유아는 특정 목적을 달성하기 위해 이차 순환반응을 사용하고 조정하기 시작한다. 이것은 의도성의 발달이라는 인지발달의 주요 시금석을 나타낸다. 이제 유아는 모빌을 볼 수 있고 하위단계 3의 이차 반응을 통해 획득된 보고 때리는 도식을 사용하고, 모빌을 의도적으로 작동시킨다. 이제 유아는 행동을 하기 전에 마음 속에 목적을 가지게 된다. 유아는 수단-목적 관계를 발견한 것이다.

또한 이 단계 동안에 유아는 숨겨진 물체를 탐색하는 초기 능력을 나타낸다. 그러나 유아는 물체를 마지막으로 본 장소에서 탐색할 것이다. 예를 들어, 흥미로운 물체를 담요로 감추면 유아는 그 물체를 다시 찾도록 지지된다. 유아가 보는데서 물체를 상자 아래에 숨긴다. 이것을 관찰했음에도 불구하고, 유아는 담요 아래에서 물체를 다시 찾게될 것이다. 유아는 사라진 물체를 본 장소에 근거한 체계적 탐색을 나타내지 않은 것이다.

감각운동 하위단계 5: 새로운 수단의 발견(12-18개월). 하위단계 5에서 흥미로운 사태를 다시 만들기 위해서 단순히 행동을 반복하

기보다, 유아는 3차 순환반응을 통해서 신기함을 탐색한다. 이것은 때로는 시행-착오 탐색이라 한다. 다음과 같은 행동이 이 유형의 친숙한 예이다. 8개월 된 유아가 높은 의자에 앉아있고, 바닥에 음식을 떨어뜨리고 던진다. 비록 부모들이 이것을 고의적인 장난으로 해석하지만, 이것이 유아의 인지능력 성장의 실질적인 증거이다. 이것으로 인과관계를 학습할 수 있게 된다. 그러한 시행-착오 행동을 통해서 유아들은 목적을 달성하기 위한 새로운 수단이나 전략을 발견하게 된다. 예를 들어, 아동은 장애물을 넘어서 기어갈 수 없으면 그 주위를 돌아서 기어갈 수 있다는 것을 학습하게 된다.

대상 항상성 개념의 계속적인 발달을 이 하위단계에서 볼 수 있다. 이제 유아는 물체가 사라진 장소에서 물체를 보다 체계적으로 찾게 된다. 그러나 만약 유아가 이동된 물체를 볼 수 없으면 그것을 찾지 않게 된다.

감각운동 하위단계 6: 표상적 사고의 시작 (18-24개월). 하위단계 6은 감각운동기의 마지막이다. 이 하위단계 끝에서 유아들은 대상 항상성의 완전한 개념을 습득한다. 유아는 물체의 존재를 볼 수 있는지 여부를 분명하게 이해하게 된다. 유아는 물체가 사라지고 볼 수 없을 때조차 물체를 체계적으로 탐색할 것이다. 이러한 중요한 인지 능력은 발견과 이해를 위한 감각운동 행위에 대한 의존으로부터 자유롭게 한다. 이것은 '지금 그리고 여기' 세계로부터 자유롭게 하는 것이고, 기억 기능을 발달하도록 하는 것이다.

18-24개월 된 유아는 이제 사고 능력인 정신적 표상(mental representation) 능력을 가지게 된다. 이러한 정신적 표상 능력은 하위단계 6의 끝부분에서 관찰된 지연된 모방(deferred imitation)과 가장 놀이(pretend play)라는 두 가지 유형의 행동에 대한 증거이다. 보다 빠른 시기에 관찰한 무엇인가를 모방하는 능력은 유아의 정신적 표상과 그러한 사건에 대한 기억을 나타내는 것이며, 지연된 모방 역시 학습 기제를 제공한다.

또한 가장 놀이를 통해서 이전에 경험한 사건을 실행하는 능력은 그러한 사건에 관해 생각하고 기억하는 능력에 대한 분명한 증거이다. 지연된 모방과 마찬가지로 가장 놀이도 학습에서 중요한 맥락을 제공한다.

(2) 전조작 단계

Piaegt 이론에서 두 번째 주요한 인지발달 단계를 전조작 단계라 한다. 이 용어는 학령전기 아동들이 감각운동기 유아들보다 분명하게 능력이 있지만, 논리적 사고와 추리가 요구되는 정신적 조작을 아직은 수행할 수 없다는 사실을 단순히 반영하는 것이다. Piaget는 이 시기의 전조작 단계 아동의 중요한 성취보다 할 수 없는 내용에 더 호기심을 가졌다. Piaget의 나중의 글에서 이 단계는 전개념기(preconceptual)와 직관기(intuitive)라는 두 가지 시기로 구분하였다.

전개념기(2-4세). 이 시기 동안의 주요 성취는

상징 능력(symbolic ability)의 발달이다. 아동은 한 가지 일이 다른 일을 나타낼 수 있다는 것을 학습한다. 이러한 상징 능력은 가장 놀이와 증가된 언어 발달 모두의 증거이다. 이제 아동은 블록을 트럭으로 사용하거나, 구름은 하늘에 떠다니는 곰이라고 상상할 수 있다. 언어는 즉각적인 맥락에서 해당된다. 이제 상징으로서 단어는 과거에 발생한 경험을 설명하고 공유하는 데 사용된다.

직관기(4-7세). 이 후기 전조작 단계 동안에 아동은 다음 인지 단계의 어떤 전조를 나타내기 시작한다. 예를 들어, 아동은 어떤 특징(빨간 공과 파란 공 또는 포크와 스푼 등)에 근거하여 물체를 범주화할 수 있다. 그러나 아동은 아직 동시에 한 가지 이상의 특징 또는 차원에 초점을 맞출 수는 없다.

Piaget는 아동이 이 단계에서 수행할 수 없는 정신적 조작에 매우 관심을 가졌다. 고전적인 '보존 실험'(conservation experiment)은 분산에 대한 아동의 무능력을 나타내는 것이다. 즉, 두 개의 동일한 비커에 같은 양의 물을 채운다. 한쪽 비커에 있는 물을 좁고 긴 비커에 따른다. 이제 긴 비커에 있는 물이 짧고 넓은 비커에 있는 물보다 같거나 많은지를 물었을 때, 아동은 이리저리 반복하여 물을 부었음에도 불구하고 항상 긴 비커의 물이 많다고 한다. Piaget에 의하며 전조작기 아동은 높이와 넓이 모두를 고려하는 능력이 부족하고 높이에만 집중한다. 또한 가역적 사고가 부족하고, 짧은 비커의 넓이는 높이의 부족을 보충할 수 없다.

또한 분산 능력의 부족은 학령전기 아동의 자기중심성에서도 관찰된다. 이들은 다른 사람의 관점을 가지는 것이 어렵고, 자신과의 관계에서 세상을 보는 것이 부족하다. 자기는 볼 수 있는 것을 다른 사람은 볼 수 없다는 것을 이해하지 못하고, 언어는 종종 충분하지 못하게 관련된다. 타인의 관점을 취하는데 대한 무능력은 최근에 개발된 마음이론 개념과 관련된다. (자폐아동과 관련된 이 주제의 논의를 위해서는 Tager-Flusberg(2000)를 참고한다.)

직관기 동안에 학령전기 아동은 정신적 조작을 수행하는 능력에 있어서 점진적인 이동을 경험하게 된다. 또한 이 시기 동안 아동의 사고는 더욱 정교하게 되는데, 특히 역동적인 놀이 삽화에서 나타난다. 학령전기 아동들은 사회적 일상과 문제해결을 연습하기 위한 기회를 제공하는 길고 복잡한 대인관계 계열을 조직할 수 있다. 이 시기 동안의 아동들의 다른 특징은 논리적으로 사고를 할 수 없다는 것이다. 때때로 아동의 사고는 변환적(transductive)이라고 언급된다. 비록 확실하게 논리적 사고가 귀납적(구체적인 것에서 일반적인 것으로)이도 하고 연역적(일반적인 것에서 구체적인 것으로)이기도 하지만, 유아의 사고는 논리적 연계가 없이 특정한 것에서 다른 특정한 것으로 진행된다. 예를 들어, 4세 아동이 문까지 와서는 "나는 막대 사탕을 전부 먹었고 그래서 나는 잘 걷지 못해!"라고 선언하였다. 비록 아동이 이 단계에서 논리적으로

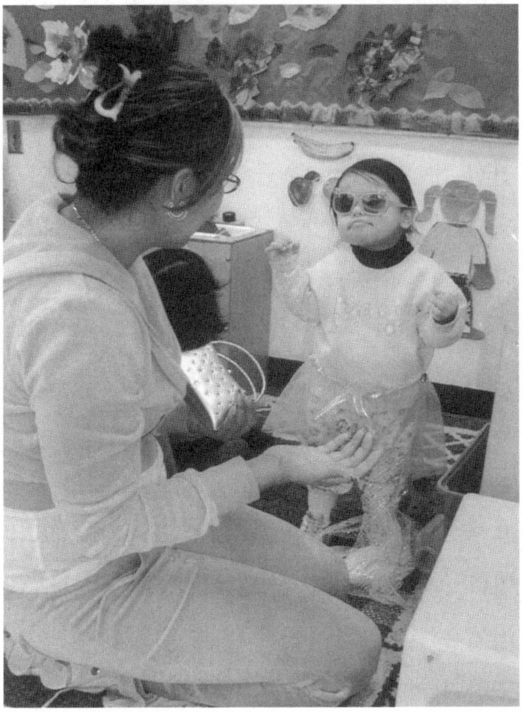

생각은 못하지만, 사건이 원인이 있음을 분명하게 인식하고 설명할 필요가 있다는 것을 지각하고 있다.

(3) 구체적 조작 단계와 형식적 조작 단계

아동이 구체적 조작 단계(7-9세)로 이동할 때, 읽기와 수학에서 요구되는 조작을 수행하는 데 필요한 정신적 유연성과 논리적으로 생각하는 능력을 성취하였다. 앞에서 설명한 보존 실험에서 이 단계 아동은 비커의 높이에 관계없이 부피가 동일하다는 것을 이해하는 데 어려움이 없다. 이 아동은 이제 더 이상 한 가지 차원에만 집중하지 않는다. 이것은 문제해결 능력의 의미있는 향상이다. 이 단계의 인지발달에 있는 아동은 대상이나 문제의 많은 차원을 동시에 고려할 수 있게 된다.

마지막 단계인 형식적 조작 단계는 11-15세 사이에 어느 정도 달성되는 것이다. 초기 청소년들은 이제 보다 추상적인 자료에 대해 구체적 조작 단계 동안에 획득한 정신적 조작을 수행할 수 있다. 이들은 이제 상황에 따라 한 가지 이상의 정답을 가지는 복잡한 도덕적 딜레마에 관해 생각할 수 있다. 또한 가설 검증과 같은 과학적 방법의 과정을 사용하여 과학적으로 생각할 수 있다.

Piaget와 동료들의 발달이론은 복잡하고, 이론의 발달은 1930년대 초에서 1970년대에 걸쳐있다. 이 연구들이 여기에서는 가장 간단한 방법으로 제시되어 있기 때문에 유아특수교육을 공부하는 학생들은 Piaget와 Inhelder(1986), Piaget(1977), Gallagher와 Reid(1981), Bell-Gredler(1986)와 같은 학자들의 책을 읽기를 권한다.

(4) 인지발달의 대안적 관점

비록 Piaget 이론이 유아의 지적 발달 이해에 초석을 제공하지만, 몇몇 이론가들은 발달의 대안적 또는 보충적 관점을 제공하고 있다. 예를 들어, 신 Piaget 이론가들(Case, 1985)은 Piaget의 발달단계는 자신의 발달 시간표를 가지고 있는 그리기, 언어, 수학과 같은 발달의 하위영역인 특정 영역이라고 제안하였다. Bidell과 Fischer(1989)는 인지발달에 대한 교육과정과 사회적 상호작용의 역할을 논의하였는데, Vygotsky(1986)의 사회적-구성주의 관점과 일치하는 접근이다.

4. 유아 놀이의 발달단계를 통한 인지 기술의 증명

아동의 인지 기술 발달을 관찰하는 가장 초기의 방법 가운데 하나가 놀이를 관찰하는 것이다. 인지발달 단계는 단순 조작(simple manipulation), 탐색 놀이(exploratory play), 기능 놀이(functional play), 상징 놀이(symbolic play)와 같은 분류를 사용하여 관찰될 수 있다.

1) 단순 조작

입에 물건 넣기(mouthing), 쿡쿡 찌르기(poking), 탕탕 치기(banging), 손 흔들기(waving), 던지기(throwing)와 같은 단순 조작 행동은 감각운동 하위단계 3에서 전형적인 이차 순환반응의 예이다. 유아가 8-10개월이 되어 하위단계 4에 도달함으로써 이러한 감각운동 도식들은 결합이 이루어지고 의도적으로 통제하게 된다. 이제 아동은 탕탕 치거나 던지려는 분명한 의도를 가진다. 예를 들어, 유아는 공에 주의하게 되고, 적절하게 앞으로 움직이고, 집어 올리고, 던지게 된다.

2) 탐색 놀이

감각운동의 다섯 번째 하위단계로 이동하면서 유아는 시행-착오 탐색을 하게 된다. 블록을 알게 되고 조작할 수 있게 된다. 공을 잡을 수 있고 마루에 두드릴 수 있으며 머리로 공을 치려는 동작도 가능하다. 블록을 집을 수 있고 끼울 수 있으며 와르르 쏟을 수도 있다. 또한 목적을 달성하기 위한 새로운 수단을 고안할 수 있다. 예를 들면, 그녀가 공을 잡을 수 없게 되면 엄마의 도움을 요청할 수 있고 그가 목적한 바를 이뤄낼 수 있다.

3) 기능 놀이

다섯 번째 하위단계가 끝날 무렵이 되면 아동은 물체를 적절하게 사용하는 것을 보여줄 수 있다. 트럭을 밀고, 망치를 두드리고, 전화 다이얼을 돌리고, 머리를 빗는 등을 하게 된다. 또한 잠자기나 먹기와 같은 몇몇 친숙한 활동을 가상적으로 하는 자동적 상징 놀이를 나타내게 된다.

4) 상징 놀이

여섯 번째 하위단계가 끝날 무렵에 아동은 물체와 사건을 내적으로 표상하고, 상징적 행동을 하게 되는 능력을 달성하게 된다. 상징 놀이는 감각운동기의 끝에서 전조작기에 걸친 몇 단계를 통해 발달한다.

처음으로 아동은 잠자기와 같은 매우 친숙한 활동에 관계된 배우가 되어 가장 놀이 활동에 관계한다. 다음 단계 동안에 아동은 인형이나 장난감 곰과 같은 무생물에 대한 가장 놀이 활동에 초점을 둔다. 이제 아동은 침대에 인형을 재우거나 곰에게 커피를 따르는 것을 가장하게 된다. 다음에 인형은 아동의 행위에 대한 대행자가 된다.

24개월 이후에는 전조작기 아동은 점차로 상징적 기능의 향상으로서 실제 물체를 나타내는 비현실적 물체를 사용하는 능력을 보여준다. 점차로 36개월 이후에 아동은 이미지화한 물건이나 사람을 사용하게 된다. 또한 전조작기 동안에 가장 놀이 계열의 길이와 복잡성이 증가된다. 24개월 이후에 아동은 과거 사건을 재현하고 다른 개인의 역할을 할 수 있다. 36개월 이후에 아동은 시작이 있고, 줄거리가 전개되고(해결되는 문제 또는 특별한 경우 등), 종결이 있는 이야기를 보다 좋아하게 된다. 이 단계에서 언어는 놀이의 필수적인 요소가 된다.

4-5세가 되면 아동은 가능한 미래 시나리오(만약 …하면 무슨 일이 생기는가?)와 복합적인 역할(어머니이면서 의사의 역할을 수행)을 수행할 수 있다.

5. 영유아의 인지 기술 발달 촉진

몇 가지의 인지 기술들은 조기중재를 위한 중요 목적이 된다. 특정 장애 조건은 유아 초기에 이러한 중요한 인지 기술의 달성을 방해하게 된다. 예를 들면, 맹아는 대상 개념과 대상 항상성의 성취에 특별히 어려움을 가진다. 운동장애 아동은 수단-목적 전략을 발견하는데 어려움이 있고, 시행-착오 탐색을 연습할 수 있는 기회가 제한된다.

다음에서는 생후부터 3세까지의 몇 가지 핵심적인 인지적 이정표를 설명하고 이러한 인지 기술을 촉진시키기 위한 제안을 제시한다. 또한 독자는 비계설정(5장), 의사소통적 상호작용(5장과 8장), 자연 환경적 중재접근(8장)과 같은 일반적인 전략을 설명한 앞의 장을 검토하도록 한다. 이러한 전략들은 인지 기술의 발달에 특히 효과적이다. 이 장에 있는 많은 구체적인 제안은 그러한 접근을 반영하고 있다.

또한 교수는 활동 중심이어야 한다는 것을 기억해야 한다. 중재 목적과 목표가 즐겁고 발달적으로 적절한 놀이 활동에 통합되고 결합되었다. 그것들은 학습해야 하는 단편적 행동으로 분리되지 않는다.

1) 의도성

앞에서 논의한 것처럼 8-10개월된 영아들도 의도적(계획적)으로 무엇인가를 할 수 있는 능력을 갖고 있다. 그들은 더 이상 그것을 반복하기 위해서 우연히 무엇인가를 발견하지는 않는다. 목적을 갖고 행동을 할 수 있다. **의도성**(intentionality)의 성취는 거의 모든 기능의 선행요건이다. 환경에 대해 정교하게 행동하는 능력은 계속적인 발달에 중요한 요소이다.

중증장애 아동들은 의도성 발달에 있어서 지원이 필요하다. 그러한 아동을 위해 의도성의 중요성은 아무리 강조해도 지나치지 않다. 개인이 의지력으로 행동하고, 그러한 행동이 자기 주변의 세상에 영향을 가지도록 하는 학습이 주요한 성취이다. 다음의 전략은 이러한 중요한 인지적 이정표를 촉진시키는 방법이다.

1. *대단히 흥미로운 대상과 활동을 사용하여 동기를 증가시킨다.* 높은 선호와 낮은 선호의 대상, 사람, 활동에 대한 주의 깊은 조사를 하는 것으로 시작한다. 아동이 좋아하는 것과 싫어하는 것에 대한 좋은 이해를 얻으면 양육자 면접이 필요할 것이다. 이것이 확인되면 몇 가지 방법으로 환경에 행위하려는 필요나 희망을 만드는 데 사용하게 된다.
2. *의도적 행위를 수행하려는 희망이나 욕구를 만들어낸다.* 다음과 같은 전략이 있다.
   a. 손이 닿지는 않지만 아동의 시야 안에 높은 선호 대상을 놓아둔다.
   b. 재미있는 활동으로 시작하고 갑자기 중지한다. 활동을 계속하려고 시도하는 데 있어서 아동이 무엇인가를 하도록 기다린다. 예를 들어, 아동을 그네에 태우고, 그리고 그네를 멈춘다. 아동이 계속하기를 원한다는 어떤 신호를 하도록 기다린 후, 활동을 다시 시작한다.
   c. 아동의 얼굴을 씻는 것과 같은 불쾌한 활동을 시작하여, 만약 아동이 거부하면 (당신의 손을 밀쳐내는 등) 활동을 계속하지 않는다.
   d. 머리를 돌리거나 팔을 휘젓는 것과 같은 무의도적 단서조차 의도적으로 해석한다. 마치 아동이 그것을 목적을 가지고 한 것처럼 반응한다. 예를 들어, 만약 아동이 장난감을 향해 팔을 부주의하게 이동하더라도 아동이 장난감을 다루는 것처럼 반응한다.
   e. 최소한의 움직임으로 아동이 스위치를 조작할 수 있는 선호하는 장난감, 녹음기, 텔레비전 등을 채택한다.
3. *아동이 목적인 행동을 시도하도록 충분한 시간을 허용한다.* 몇몇 아동들은 단순히 반응을 조직하는 데 충분한 시간이 없다는 것을 학습하였기 때문에 의도적 행동을 나타내지 못한다. 종종 성인들은 의도적 행위로 아동의 시도를 방해하여, 그들의 요구나 수행 행위를 기대한다.

2) 수단-목적 행동

유아들이 자기의 환경에 의도적으로 행동하는 것을 학습하는 것처럼, 이러한 행위가 대상과 사람들에게 어떤 영향을 가진다는 것도 발견한다. 그들이 이러한 인과관계에 친숙함으로써, 바람직한 목적을 초래하기 위해 의도적으로 행동하는 데 관계할 수 있으며, 필요할 때 바람직한 목적을 달성하는 데 새로운 수단을 마련하도록 행동을 수정할 수 있게 된다. 예를 들어, 아동이 쿠키를 가지기 위해 판매대에 올라가는 데 도움이 되는 도구를 사용하게 되거나, 쿠키를 가지기 위해 판매대로 자기 어머니의 손을 잡아당기게 된다.

이러한 종류의 행동은 어떤 사건과 그 결과를 인지적으로 연결하는 아동의 능력에 대한 중요한 표현이다. 장애아동들은 종종 이러한 관계를 이해하고 수단-목적 행동을 나타내

는 것에 대한 지원이 필요하다. 원인과 결과를 분명하게 나타내고 어떤 목적을 성취하려고 시도하는 아동을 일관되게 강화하는 방법에서 주의 깊게 환경을 구조화하는 것이 필요하다.

조작의 구체적인 유형에 흥미있는 반응을 나타내는 간단하게 구성된 장난감과 도구들이 효과적일 것이다. 이러한 것에는 busy box, jack-in-the-box, 쉽게 작동하는 음악 장난감과 같은 유아용 장난감이 포함된다.

반응적인 사회적 환경의 기여도 똑같이 중요하다. 유아의 불편함이나 아동의 관심 요청에 빨리 반응하는 양육자들은 수단-목적 행동의 발달을 지원할 것이다.

3) 시행-착오 탐색

물체와 공간을 체계적으로 탐색하는 능력은 경험을 통해 학습하는 아동의 능력 발달과 문제해결 기능을 발달시키는 데 결정적이다. 물체의 체계적인 조작과 자기 행동의 수정은 자기 주도적 학습(self-directed learning)과 새로운 행동과 해결의 발견을 이끌어내는 **시행-착오 탐색(trial-and-error exploration)**이라 한다.

이러한 탐색 전략을 학습하는 데 있어서 아동을 지원하려는 교사들은 구체적인 행동보다는 과정을 가르친다는 것을 이해해야 한다. 예를 들어, 사탕을 담은 항아리가 아동에게 제시되었다. 항아리는 뚜껑이 단단하게 닫혀있다. 아동이 뚜껑을 열도록 가르치기 위해 간단하게 이 기능을 과제분석하도록 요구되었고, 아동이 뚜껑을 여는 것을 습득할 때가지 단계적으로 가르쳤다. 이와 반대로 시행-착오 탐색을 격려하는 것은 다른 접근을 요구한다. 교사들은 5장에서 설명한 일반적 전략 가운데 몇 가지를 사용할 필요가 있다. 아동이 뚜껑을 열기 위한 다른 시도를 하도록 교사가 지원을 해야 하고 성공하지 못하면 인내심을 가져야 한다. 교사는 아동의 지루함이나 좌절에 대한 단서를 읽을 수 있어야 하고, 마지막으로 뚜껑을 성공적으로 열게되는 기준을 알아야 한다. 이후에 이러한 시행-착오 과정을 일반화하는 다른 기회를 계획해야 한다.

다음의 예는 문제해결 전략으로서 시행-착오 행동을 격려하는 방법을 제시한 것이다.

Nathan은 장애가 없는 몇몇 친구들과 식당 테이블에 앉아 있다. 각 아동은 특별한 대우로서 포장된 과일 롤빵을 받았다. 아동들은 포장지를 열심히 찢어서 개봉하였다. Nathan

은 운동협응이 어렵고, 그러한 과제를 잘 관리할 수 없었다. 그는 그러한 상황에서 도움을 요구하는 것이 습관이 되었고, 그래서 교사에게 포장을 건네주었다. 이 때 교사는 즉시 포장을 열지 않았다. 교사는 그에게 다시 건네주고 "Nathan 미안해. 지금은 도와줄 수가 없어. 몇 분 후에 도와줄께"라고 말했다. 교사는 보조자에게 Nathan 옆에 앉으라고 신호를 하였다. Nathan은 포장지를 잠시 만지작거렸고, 보조자를 본다. 그때 보조자는 "자, 이런 방법으로 해보는 거야"라고 말했다. 보조자는 포장의 방향을 바꾸고 그의 손에 되돌려 주었다. 그는 포장지의 한쪽 끝을 당기는 것을 성공하지 못했다. "Nathan, 열심히 했지만 이것이 아니지?"라고 보조자는 말했다. 그는 포장지의 다른 한쪽 끝을 당겼고, 다시 소용이 없었고, 그 때 탁자에 그것을 매달았다. 이 때 보조자는 포장을 잡고 한쪽 끝을 살짝 찢었다. 보조자는 그것을 손에 들고 찢은 쪽을 지적하였다. Nathan은 그 쪽을 당기고 포장지를 열었다. 이 때 교사가 Nathan에게 접근하여 "좋아, 너는 스스로 포장을 뜯었어. 그렇지!"라고 말했다. 이 아동은 다른 해결을 하려는 가치와 인내의 중요성에 관해 무엇인가를 학습했다는 희망을 보여주는 것이다.

4) 대상 영속성

대상 영속성 개념의 성취는 기억과 정신적 표상을 포함하는 중요한 정신적 과정의 계속적인 발달에 결정적이다. 생후 1년 동안 아동은 대상의 존재와 속성에 관해 학습을 하게 된다. 감각운동기 동안 그들은 눈에 보이지 않고 제거하는 것을 관찰하지 못했지만 물체와 사람은 계속 존재하고 있다는 것을 2세 끝 무렵에 알게 된다.

이 시점이 감각운동기의 마지막을 표시하는 것이고, 아동들은 대상과 사건을 내적으로 표상하는 능력을 가지게 된다. 이들은 마음속에서 정신적 그림을 출현시킬 수 있고, 이제 더 이상 보지 않아도 물체가 존재하고 있다는 것을 알게 된다. 이것은 기억 기능의 발달에 중요한 것이 분명하다.

유아를 위해 대상 항상성을 증명할 수 있는 간단한 방법은 많이 있다. 그러한 활동 가운데 하나가 유아가 사람의 얼굴을 볼 수 없을 때조차 그 사람이 계속 존재하고 있다는 것을 증명하는 숨바꼭질을 하는 놀이이다. 대상 항상성을 보여주는 다른 방법은 기대된 저장고에서 빠진 것을 찾기, 숨은 그림 찾기 놀이, 당신의 주머니에 쿠키 숨기기, 당신이 가진 것을 추측하도록 아동에게 묻기와 같은 것이 포함된다.

5) 지연된 모방

이전 시간에 관찰 행위를 재구성하는 능력은 중요한 인지 기술의 발달을 반영하는 것이다. 이것은 대상 항상성의 이해, 기억 기능의 발달, 사건 계열을 정신적으로 표상하는 능력이 요구되는 것이다. **지연된 모방**(deferred imitation)은 결과적으로 가장 놀이 발달과 언어 발달에서 중요한 역할을 한다.

즉각적이든 지연되든, 모방 기능의 발달은 다음과 같은 순서를 사용함으로써 촉진된다.

1. 아동의 행동을 모방하는 것으로 시작하여, 교환을 격려하고, 아동이 게임을 계속하도록 격려한다. 장애가 없는 아동들은 '가라사대' 게임의 일종으로 이것을 즐겁게 하게 된다.
2. 다음으로 아동이 적절히 모방할 수 있을지 여부를 보면서 여러 가지 행동을 제시한다.
3. 아동이 이것을 쉽게 할 수 있을 때 당신은 먼저 아동의 행동을 모방하기보다 모방 게임의 주도자 될 수 있다.(해가 지나면서 모델링, 신체적 촉구, 강화 기법을 사용하여 이러한 수준에서 모방을 가르치도록 많은 프로그램이 개발되었다.)
4. 아동이 일반화된 모방 반응을 획득했을 때 (아동이 훈련된 행동에 더하여 새로운 행동을 모방하도록 시도하는 등)와 대상 항상성 개념이 발달했을 때, 지연된 모방을 가르치는 것이 가능해진다. 모델 제시와 모델 모방 간 시간의 길이는 점차로 증가될 수 있다. 예를 들어, 휴식 시간에 아동은 '오리처럼 걷기'를 가장할 수 있다. 나중에 "휴식 시간에 우리가 한 것을 너는 기억할 수 있니?"라고 말할 수 있다. 이것은 기억과 모방 기능 모두의 사용을 요구한다.

6. 학령전기 아동의 인지 기술 발달 촉진

1) 상징적 표상

아동이 인지발달의 전조작기에 접어들면서 (a) 현재 환경에서 제시되지 않거나 과거에 발생하지 않은 대상과 사건을 표상하는 언어 사용의 증가, (b) 상징적, 가장 놀이를 하는 능력과 같은 두 가지 주요한 성취를 통해 상징적 기능의 출현을 반영한다. 8장에서 상세하게 논의한 언어는 이 장의 후반부에서 설명할 것이다. 이 책에서 놀이에 관해서 이미 많은 것을 제시하였다. 놀이는 가르치는 맥락으로서 중요하고(5장), 사회적 기능 발달에 있어서 그 자체가 목적으로 중요하고, 건강한 정서발달을 촉진하기 위한 수단(6장)으로서 중요한 것이다. 상징 놀이를 통해 아동들은 자기를 둘러싸고 있는 세상의 이해를 표현하고, 사람과 사건의 내적 상관관계를 표현한다. 또한 상징 놀이는 자신과 타인의 정서를 표현하고 경험에 대한 중요한 맥락을 제공한다.

이 장에서 우리는 중요한 인지적 이정표로서 상징 놀이를 논의하였다. 블록은 자동차를 표현하거나 얇은 천은 담요를 표현하는 것과 같은, 한 가지 사물이 무엇인가를 표현하도록 하는 능력은 아동의 상징적 표상 기능 발달의 증거가 된다. 상징적 기능의 다른 증거는 그림, 언어, 정신적 이미지, 읽기, 쓰기, 수학에서 관찰할 수 있다.

유아특수교육 교사들이 일반적으로 놀이 기능, 특별히 가장 놀이 촉진의 중요성을 아는 것은 중요하다. 이 장의 앞에서 논의한 것처럼 상징 놀이는 다양한 단계에 걸쳐 이동한다. 첫 번째는 아동 자신들이 배우가 되는 **자동적 상징 놀이**(autosymbolic play)이다. 이 놀이는 먹는 것이나 잠자러 가는 것을 가장하고, 자료들을 실제로 통합하거나 실제 대상을 면밀히 비유하는 것과 같은 대단히 친숙한 활동을 재현하는 것이다. 감각운동기의 끝에서 발달적으로 기능하는 아동들을 위해서 교사와 다른 아동들 모두가 모방할 수 있는 활동 유형이 있다. 5장에서 논의한 놀이의 사용은 이러한 가장하기의 초기 유형을 형성하는 데 유용할 수 있다.

간단한 수준의 가장하기는 집단 활동에서 촉진될 수 있다. 예를 들어, 교사가 "뱀으로 가장해보자" 또는 "수영하는 것처럼 가장해보자"라고 말할 수 있다. 특별한 요구를 가진 아동을 위해 매우 친숙한 활동이나 개념을 나타내는 가장 활동을 선택하는 것은 중요하다. 아동들은 그들이 경험하지 않은 것은 결코 가장 할 수 없다.

점차로 교사는 다른 아동들이 서로의 관계에서 친숙한 역할을 수행할 뿐만 아니라 인형과 직물로 된 동물과 같은 다른 배우를 포함하는 가장 놀이 시나리오를 소개하여야 한다. 교실은 옷, 장난감 난로, 인형과 인형 침대 등과 같은 가장을 촉진하는 자료가 있는 극 놀이 센터가 있어야 한다.

또한 교사는 점점 더 추상적인 물체를 사용하도록 점차로 격려해야 한다. 예를 들어, 장난감 자동차와 장난감 차고 대신에 나무 블록을 자동차로 사용할 수 있고 거꾸로 된 상자가 차고가 될 수 있다. 같은 블록을 벽으로 사용하고 상자를 인형 침대로 사용하는 능력은 구체적 조작 단계에서 인지발달의 다음 단계의 검증서가 되는 일종의 정신적 유연성(가역성과 변환의 이해 등)의 출현을 말하는 것이다.

다음의 예는 중증장애 아동의 상징적 놀이의 기능 촉진을 보여주는 것이다.

Jason과 Monique는 드라마 놀이 센터에 있는 놀이 집을 좋아한다. 많은 자폐증적 행동을 가진 Andrea는 교실과 바위에서 흔들의자에 앉아 있는 것을 좋아한다. 교사는 드라마 놀이 영역으로 흔들의자를 옮겨 놓기로 결정하고, 오늘은 Andrea가 어머니가 될 수 있다고 Jason과 Monque에게 제안하였다. 그녀는 Andrea를 흔들어줌으로써 침대에 아기를 놓아두는 것을 도울 수 있을 것이다. 아기를 흔드는 동안 Jason과 Monique는 요리를 하였다. Andrea는 자기 침대에 인형을 내려놓도록 격려를 받았다. 이제 모든 사람이 잠자러 가는 시간이다. Jason과 Monique는 베개에 누었고, 그들은 Andrea도 같이 하도록 격려하였다. 밤에 아기가 깨어 울었고, Andrea가 어머니이기 때문에 그녀는 잠을 재우기 위해 흔들어야 했다.

이와 같은 시나리오는 몇 번 반복되는 놀이 스크립트로 활동을 할 수 있다. 이러한 측면에서, 가장뿐만 아니라 언어 발달과 협력 놀이로 Andrea를 지원할 수 있다.

2) 문제해결

학령전기 아동이 점점 더 큰 독립성을 개발하도록 증가되는 요구에 직면함으로써, 문제해결에 관계되는 인지 기술은 점점 중요하게 된다. 전형적인 학령전기 아동들은 해결해야 하는 문제를 인식하는 데 종종 약간의 문제를 가진다. 그들은 보다 효과적인 해결을 생성하는 데만 도움이 필요하다. 그러나 장애아동 또는 위험 아동은 문제해결 전략의 발달에서뿐만 아니라 존재하고 있는 문제를 인식하는 데 있어서도 지원이 필요하며, 자신의 집중적인 노력을 통해서 문제를 해결하는 능력을 가지도록 지원이 필요하다.

문제해결은 교과 학습과는 구분되는 것이다. 교과 기능은 가르쳐야 하는 외부 지식을 말하는 것이고, 문제해결은 아동이 환경과의 상호작용에 의해서 새로운 정신적 관계를 창출하도록 격려되는 초기 아동기 동안의 기회를 말한다. 의미있는 문제는 이전의 문제에 대한 새로운 이해와 관련된 것으로 아동의 정신적 활동을 자극한다.

(1) 문제해결에 필요한 조건

유아들에 대한 활동을 쉽게 구조화할 수 없기 때문에 이들은 문제해결 또는 인과관계를 실현하는 기회를 가지지 못한다. 문제를 인식하는 기회를 가지 못할 정도로 일관되게 부모와 교사들이 문제를 예방하는 것을 경계해야 한다. 가정과 학교에서 일상 활동은 이러한 중요한 기능을 아동에게 가르치는 많은 기회를 제공할 수 있다. 비록 문제해결 기회를 쉽게 이용할 수 있지만, 아동들은 다음과 같은 조건이 충족될 때만 반응할 것이다.

실패의 두려움으로부터 벗어난다. 위험을 감수하는 것은 유아들에게는 자연적인 것이다. 그것이 그들이 주의 깊게 주시해야 하는 이유이다. 그러나 새로운 것을 하는 데 있어서 위험을 감수하는 것은 몇몇 아동들에게는 용기가 필요하다. 만약 초기 탐색이 고통이나 벌을 유발하게 되면 이것은 특히 더 사실이다. 시각장애아동은 신체적으로 불안정하고 탐색에 저항을 하게 된다. 몇몇 장애아동들은 과잉보호되고 있고, 학대받은 아동들은 과도하게 경계를 한다. 아동들은 놀이에 대해, 다양한 장난감과 자료를 사용하는 데 그리고 자연적인 재능과 호기심을 구하는 데 필요한 도움을 발견하는 기회가 제한되어 있다.

인과 경험에 대한 기회. 유아들은 조사와 실험을 통해 인과 관계를 쉽게 학습한다. 교사들과 양육자들은 아동의 의문을 경청하고 그것에 대해 행동하는 데 시간을 가져야 한다. 내외부의 조건이 안전하면 실험을 허용해야 한다. 소음과 불결함은 종종 실행에 대한 인지의 신호이다. 아동들은 파헤치고 물건을 쌓아 올릴 수 있을 때 학습한다. 모래와 물을 쏟고 뒤섞는 것은 새로운 개념을 가르치는 것이다. 발견의 기회는 발견하는 내용에 의해 일부 조절된다. 그러나 스스로 하려는 자유는 어느 정도 가르쳐야 한다.

촉진과 강화. 촉진(encouragement)과 강화(reinforcement) 역시 인지적 학습에 필요하다. 만약 아동이 벌을 두려워하면 인지적 학습은 중단된다. 어지른 다음의 자연적인 결과는 그것을 청결하게 하는 것이고, "교사는 그렇게 하지 말라고 경고했어."라는 말이나 질책을 하지 않는다. 실험을 촉진하는 것은 단순히 이용할 수 있는 자료를 요구하지만, 몇몇 아동들은 가정에서 금지한 특별한 것을 가지고 놀이를 하는 것은 괜찮다고 반복적으로 말하는 것이 필요하다. 이러한 아동과 부모 모두는 어떤 것은 학교에서는 적절하지만 가정에서는 그렇지 않다는 것을 이해하는 것이 필요하다.

교사들은 호기심과 회복력의 표현에 있어서 진전과 학습 성취에 대한 사회적 보상과 유형적 보상을 제공하는 데 주의를 해야 한다. 구조화되고 계열적인 수업은 형태와 색깔 재인에 대해 학습하는 아동에게 필요하며, 촉구와 지지는 호기심, 실험, 문제해결과 같은 학습 속성을 아동에게 요구하게 된다.

(2) 양성된 문제해결 기술

양성된 문제해결 기술에 관하여 Cook과 Slife(1985)는 문제해결에 관한 대다수 연구는 (a) 문제의 인식, (b) 기여 요인의 분석, (c) 가능한 해결의 고려, (d) 최적 해결의 선택, (e) 결과 결정에 대한 피드백의 평가와 같은 다섯 가지 단계가 보편적으로 승인된 과정이라고 제시하였다. 문제해결은 자연적 논리일 뿐만 아니라 자연적으로 나타나는 방해물을 극복하는 동기이다.

아동들은 기본적으로 문제해결을 즐긴다. 식사 장소나 찰흙을 가지고 놀기에 가장 좋은 장소를 결정하는 것은 한 장소가 다른 장소보다 더 좋은 이유를 말하는 기회를 제공한다. 이것이 문제해결의 시작이다. 해결하려는 문제를 고안하는 것은 자발적으로 발생하는 문제에 대해 유용한 첨가가 된다. 식사 시간에 우유 용기를 가지고 우유를 가지러 가기 전에 아동에게 세어보게 하는 요구를 창출할 수 있다. 퍼즐 조각을 잃어버리는 것은 앞으로 이러한 문제를 어떻게 피할 것인지에 대해 말해보는 기회가 될 수 있다. 이 때 아동들은 퍼즐을 끝내거나 완성될 때까지 퍼즐이 없어지지 않고 있어야 한다는 것을 보는 데 도움이 된다. 키가 큰 아동들은 어떤 것을 달성하지만, 반면에 다른 아동들은 문제해결, 수학 시간, 개념 비교 수업(가장 큰 사람은? John은 크지만 Timmy는 더 크다. Bill이 교실에서 가장 크다 등)을 지도할 수 없다는 것을 발견한다.

비록 문제해결 자체는 인지 기술(사고)로 생각되지만, 여기에는 언어 학습, 사회적 인식, 운동 활동이 포함된다. 빈틈없는 교사는 가장 단순한 상황에서 많은 기능을 개발할 수 있는 기회를 알게 된다.

7. 인지장애 아동과의 활동

경도에서 중등도까지의 인지적 지체 또는 학습장애를 가진 영유아를 확인하고 명칭을 붙이는 것은 정식 수업을 하기 전에는 정확하게 하는 것이 어렵다. 그러나 몇몇 유아들은 생의 초기에 의미있게 지체 또는 손상된 인지 기술을 분명하게 나타낼 것이다. 이러한 아동들의 주요 특성은 인지 기술의 발달이 의미있게 지체되어 있다는 것이고, 그래서 정신지체라는 용어를 오랫동안 사용하였다. 1980년대와 1990년대에는 발달지체(developmentally delay)라는 용어가 이 장애를 언급할 때 가장 보편적으로 사용되었다. (이 아동은 느리기는 하지만 발달이 진전되고 결국에는 간파되기 때문에 부모들은 오해하기 쉬운 용어이다.). 우리는 인지장애(cognitive disability)라는 용어를 사용할 것이다. 현재는 지능을 보는 관점이 다르기 때문에 이 용어에 주목하였다. 지능 또는 인지적 능력의 개념이 이제는 더 이상 단일한 측정가능한 능력이라고 수용되지 않고 있다(Gardner, 2006). 오히려 언어, 운동, 사회적, 음악적 등과 같은 많은 유형의 능력 또는 지능이라고 믿고 있다.

여기서의 논의 목적을 위해 우리는 Piaget가 설명한 인지적 과정과 기능 그리고 이 장에서 논의한 여러 종류의 기능에 의미있는 어려움을 나타내는 생의 초기 아동을 언급할 것이다. 이러한 인지적 문제는 유전적 장애, 태아의 약물 감염, 바이러스 감염, 태아 합병증, 그리고 뇌손상, 질식, 중금속 중독과 같은 출생 후 영향을 포함하는 많은 요인에 의해 영향을 받을 수 있다. 비록 이러한 요인들이 항상 의미있는 인지적 손상의 원인은 아니지만 가능성은 있는 것이다. 우리는 특정 신경학적 과정의 손상이 아닌 전반적인 발달적 또는 인지적 결함을 언급할 것이다.

1) 인지적 장애아동의 특성

다음은 인지적 장애를 가진 아동들과 공통적으로 관련된 특성이다.

1. 정신지체아동의 가장 명백하고 규정적인 특성들 가운데 하나는 느린 발달 속도이다. 정신지체아동들은 보다 느린 속도로 학습한다. 종종 학습은 반복되고 체계적인 교수에 의해 향상될 수 있다.
2. 정신지체 정도에 따라 아동들은 이 장의 앞에서 설명한 의미있는 어려움을 경험하게 된다. 그들은 단기기억 결함을 경험하고 관련 자극에 참여하는 데 어려움이 있다.
3. 의미있는 정신지체아동들은 언어발달에 특별한 어려움을 경험한다. 반면에 대다수 발달 영역에 대해 아동은 자신의 정신연령 수준에서 기능할 것이고, 언어발달은 아동의 정신연령 아래에 있다.
4. 많은 정신지체아동들은 정상적으로 발달하는 또래들보다 더 느리게 정보를 처리하고, 반응을 하는 데 더 많은 시간이 필요하다.
5. 의미있는 정신지체를 가진 아동들은 학습한 기능을 자발적으로 나타내지 않고, 새로운 장면에 기능을 일반화하는 데 어려움을 가진다.

2) 교수 수정

이러한 학습 특성에 비추어 몇 가지 전략이 의미있는 인지적 손상을 가진 유아를 지원하는 데 효과적일 수 있다. 이러한 전략을 예시 9.1에 요약하여 제시하였다. 이러한 수정은 거의 모든 학령전기 프로그램에 쉽게 통합할 수 있다. 장애가 없는 또래들도 이득을 얻을 수 있다. 예를 들어, 분류기능을 촉진하기 위해 설계한 활동에서 젓가락, 칼, 숟가락, 색깔이 다른 양말과 같은 친숙하고 기능적인 자료를 사용할 수 있다. 다른 간단한 수정은 모든 직원들이 천천히 말하고 중지의 길이를 길게 하도록 하는 것이다. 이러한 수정은 모든 아동이 보다 쉽게 이해할 수 있도록 하고, 자기의 생각과 의사소통을 조직하기 위한 충분한 시간을 제공하게 될 것이다. 특히 중요한 것은 예견할 수 있는 환경을 만들고, 아동이 모방하도록 가르침으로서 적극적인 학습을 촉진하는 반복을 사용하는 것이다.

8. 교과 성취와 관련된 인지적 하위기능과 정보처리 하위기능의 촉진

학령전기 아동의 인지발달에 대한 가장 커다란 관심 가운데 하나가 읽기, 쓰기, 셈하기, 교실 언어기능과 같은 교과 기능의 학습을 지원하게 될 인지 기술에 대한 것이다. 학령전기 동안에 전개되는 많은 정신적 조작과 사고기능은 학교 수행과 교과 기능의 발달에 결정적이다. 여기서는 이러한 인지적 하위기능의 지도를 설명한다.

예시 9.1

여분의 시간과 공간격이 있는 실제가 필요한 아동을 위한 특별한 고려

1. *구체적이고 다감각적인 과제를 제시한다.* 학령전기 아동들은 과제가 추상적이기보다 3차원적이고 구체적일 때 더 쉽고 자연스럽게 학습한다.
2. *아동의 가장 효율적인 학습 양식을 찾는다.* 각 아동의 가장 강한 학습 양식을 결정하기 위해 주의 깊게 관찰한다. 만약 양식이 시각적이라면, 청각적 지시를 지원하기 위한 시각적 단서를 사용한다. 만약 청각적이라면 청각적 지원과 시각적 과제를 동반시킨다. 만약 운동적이라면, 언어와 인지 기술을 가르치는 데 가능한 한 많은 움직임을 사용한다.
3. *속도(pace)를 점검한다.* 집중이나 정보처리를 더 어렵게 하는 아동들은 일반적으로 쉽게 피로해진다. 보다 느리게 정보를 처리하는 아동들은 정보를 적게 받거나 보다 긴 시간 동안에 정보를 받아들여야 한다.
4. *반복한다.* 몇몇 아동들은 어떤 일을 몇 번이고 되풀이 하려고 하거나 파악하기 전에 몇 번 반복할 필요가 있다. 간헐적인 연습이 그들이 학습한 기능을 기억하는 데 도움이 된다.
5. *모델링과 모방을 계획한다.* 몇몇 아동들은 우연히 정보를 획득하지 않는다. 만약 특정 반응이 바람직하면, 행동이 시연되는 경험과 긍정적으로 강화하는 것을 계획한다. 아동이 바람직한 행동을 모방했을 때는 반드시 기대된 강화를 준다.
6. *과제를 분석한다.* 과제는 가장 쉬운 것에서 가장 어려운 것으로 계열화될 수 있도록 간단하고 짧은 단계로 나누어져야 한다.
7. *분명하게 지시한다.* 몇몇 아동들에게 거의 모든 지시를 느리고 작은 단계로 줄 필요가 있다. 다음 지시를 주기 전에 한 단계가 완성될 수 있어야 한다.

그러나 교과 기능, 특히 문해 기능의 발달은 인지발달 수준에만 의존하는 것이 아니라 아동의 사회적 경험과 언어적 경험에도 영향을 받는다는 것을 기억하는 것이 중요하다. 그래서 유아의 학습 준비도를 정말 이해하고 교과 기능을 촉진하기 위한 전략이 개발되도록, 유아의 가족과 문화에 대한 사회적 맥락의 역할을 이해하는 것이 필요하다(Gee, 2001).

또한 5장과 8장에서 설명한 초기 양육자와의 상호작용도 아동의 후기 인지발달과 교과기능 발달에 중요한 역할을 한다는 것을 기억해야 한다. 학령전기는 초기 초등학교에서 일어나야 하는 읽기, 쓰기, 수학과 같은 형식적인 교과 성취를 위한 준비 시간으로 보아야 한다. 또한 아동의 교과 성공에 결정적인 것으로 보이는 네 번째 영역이 있는데, 그것을 학교 언어(school language)라 한다.

학령전기 동안에 강조되어야 하는 교과의 정도가 무엇인지에 대한 논쟁이 존재하고 있다. 학령전기 프로그램 계획의 접근은 두 가지 정반대의 관점 가운데 하나를 반영하고 있다. 하나는 교과 기능은 알파벳, 소리-문자 관계, 세기, 숫자와 글자 읽기 쓰기 학습을 강조하는 학령전기 프로그램에서 직접 가르쳐야 한다는 것이다. 다른 하나는 교과 기능이든 교과 준비도 기능이든 학령전기 학급에서 적절하지 않다는 것을 강조하는 프로그램이다. 이러한 프로그램은 자기 지향적 놀이(self-directed play)와 탐색 그리고 오직 아동중심 활동을 강조하는 것이다.

다양한 생물학적 그리고 사회적 이유로 위험하고 가난한 환경에 있는 수백만 명의 유아들의 학교 준비의 부족에 대한 계속되는 관심에 비추어, 두 가지 관점의 중간 지점에 있다. 교과 기능의 발달에 대한 아동의 인지적, 사회적, 언어적 기초를 향상하도록 아동 중심 프로그램 내에서 많은 것들이 이루어질 수 있다. 유아특수교육 교육자들은 이러한 교과 기초의 특성을 이해해야 하고, 그러한 기능을 촉진시키는 교육적 환경과 프로그램을 설계할 수 있어야 한다는 것이 우리의 입장이다. 이 프로그램은 아동 중심적이고, 발달적으로 적절하고, 관계적이며, 아동의 창의성, 탐색, 독특한 학습 양식, 자아감에 지원적이어야 한다는 것도 똑같이 중요하다. 예시 9.2는 시간의 이해는 대단히 추상적인 개념이라는 것을 아는 동안 인지발달을 증진하는 "Calendar Time"에 대한 수정 접근의 예이다.

서열, 범주, 일대일 대응, 논리적 사고와 같은 정신적 조작뿐만 아니라 주의집중, 기억과 같은 기본적인 정보처리 기능은 교과에 대한 인지적 기초를 형성한다. 다음 절에서는 이러한 과정과 개념을 촉진시키기 위한 발달적으로 적절한 교실 전략을 제시한다.

1) 아동의 참여 촉진하기

(1) 주의집중 문제 사정

주의력의 능력을 신장하도록 돕기 위해서는 교사는 이러한 것에 원인을 제공한 다양한 요소들을 파악할 필요가 있다. 그러나 5장에서

예시 9.2

모든 아동을 위한 의미있는 Calendar Time 만들기

Calendar Time는 학령전기 프로그램에서는 거의 보편적인 활동이다. 시간 개념의 추상성 때문에 특별한 요구를 가진 아동들은 이러한 활동을 어려워한다. 다음은 어떻게 이러한 개념을 심어줄 수 있는지에 대한 활동의 접근의 한 예이다.

1. 한 달의 개념을 제시하기보다는 그 이전에 한 주에 대한 개념 소개가 적절하다. 매일은 색깔을 달리한다. 학교 오는 날과 그렇지 않은 날을 구분할 수 있도록 하면 주말을 쉽게 이해할 수 있다.

2. 학교에 오는 날은 그날에만 해야 하는 한 가지 활동을 확인한다. 예를 들어, 월요일은 "Pudding day", 화요일은 "Walk-to-the-Park day", 수요일은 "Popcorn day", 목요일은 "Hat day", 금요일은 "Cleanup day" 등과 같이 한다.
3. 각 날짜는 그 활동을 나타내는 특별한 상징이나 그림으로 표시한다. 상징은 달력의 날짜와 같은 색깔과 밑에 요일 이름이 인쇄된 사각형 보드를 붙인다.

4. 활동을 말로 소개한다. "오늘이 무슨 요일인지 아는 사람? 예, 월요일이에요. 오늘은 무엇을 하려고 하는지 아는 사람? 오늘은 맛있는 음식을 먹는 날이야. 우리는 요리를 하려고 해. 누가 월요일 카드를 찾을 수 있겠니?"
5. 색깔과 단어를 짝지어 활동 상징과 관련시킴으로써 적절한 요일을 인식하는 것을 학습하도록 아동을 지도한다.

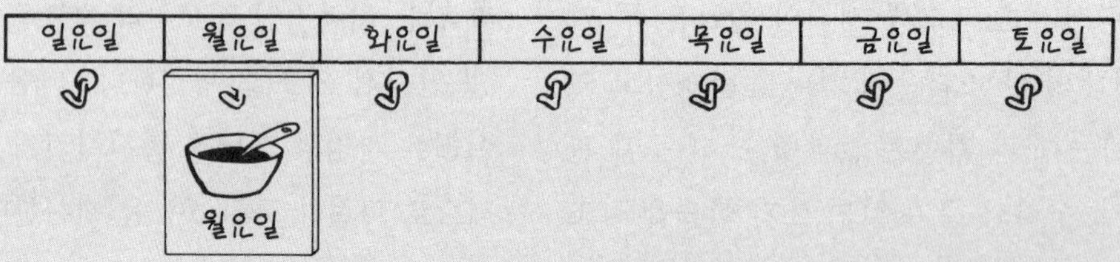

(중증장애 아동을 위해서는 실제적인 활동을 하는 동안 이중의 활동 카드를 보여준다. 이것은 상징적 표상과 기억에 도움이 될 것이다)

6. 하루가 끝날 무렵에 다시 말한다. "오늘은 무슨 요일일까? 오늘은 월요일이고 음식을 만들어 먹는 날이야. 누가 저기 그림을 보고 내일은 무슨 요일인지 말할 수 있는 사람? 그리고 무엇을 할 것인지 알 수 있는 사람?" 아이들로 하여금 카드를 발견하도록 하여 이것을 수행할 수 있도록 기회를 준다. 그러나 내일이 되기까지 이 카드를 걸어주진 않는다.
7. 다음날 시작하면서 다시 물어본다. "어제가 무슨 요일인지 아는 사람? 우리가 했던 것이 무엇이지?" 전날의 달력에 붙어 있는 월요일 활동 카드를 지적하고 월요일 활동을 검토한다. 이것은 아동의 과거 시제 학습을 촉진시킨다.

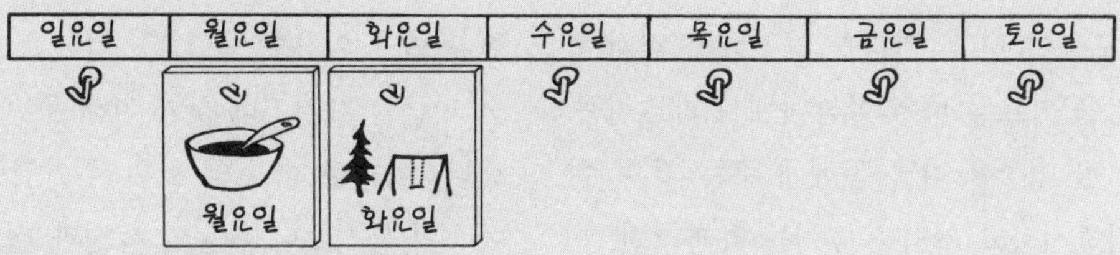

8. 화요일에는 4, 5, 6 단계를 반복한다. 이런 식으로 계속 반복한다.
9. 요일이 지나면서 달력을 활동 카드로 채워 넣음으로써 아동은 요일의 계열성과 시간의 결과를 알게 된다. 한 주가 끝나면 사건들을 검토하고 그리고 주말계획에 관해 말하도록 한다.

중증인지장애를 가진 아동은 이 활동을 함으로써 활동 상징 카드와 특정 요일을 관련시키고 짝짓는 활동을 할 수 있다. 장애가 없는 아동들은 요일을 학습할 수 있고, 과거, 현재, 미래 사건을 설명하는 언어를 사용하고, 요일 이름을 읽는 것을 학습할 수 있다.

논의한 것처럼 아동의 주의집중과 참여(engagement)에 영향을 주는 가장 기본적인 요인은 각 아동에게 본능적으로 흥미와 동기를 부여하는 높은 선호 활동을 확인하는 것이다. 또한 교사는 아동이 건강에 문제가 없고, 시각과 청각에 문제가 없는지를 확인해야 한다. 분명하게도, 많은 특수유아들이 정신집중에 영향을 주는 신체적 문제를 가지고 있다. 5장에 있는 지침은 특별한 요구에 가장 반응적인 환경을 개발하는 몇 가지 지원을 제공한다.

주의집중 기대는 각 아동의 특별한 요구를 고려해야 한다고 가정하는 교사는 과제가 아동의 능력과 짝이 되고 관리할 수 있는 단계로 쪼개져 있는지, 지시가 분명한지, 허위가 적절한 수준인지, 자극의 양이 합리적인지 여부를 사정하기를 원할 것이다.

(2) 자극 선택

교사는 아동에게 반응하도록 요구하는 자극의 양과 복잡성을 분석해야 한다. 일부 주의가 산만한 아동들은 교사와 멀리 떨어져 앉은 많은 아이들 속에서는 매우 높은 목소리를 가진 화려한 손인형에 집중을 할 수 없을 것이다. 같은 손인형이라도 부드러운 목소리를 가진 자원봉사자와 탁자에 2-3명의 아동이 앉아 있는 소집단에서는 전체적으로 다른 반응을 나타낸다. 충돌하는 자극의 양과 복잡성을 줄이면 아동은 무관련 자극에서 관련 자극을 보다 쉽게 분리할 수 있다.

무관련 자극이 무엇인지를 추측하는 데 어려움이 있는 아동은 구체적인 물체, 접촉, 움직임의 형태에서 신기성을 사용하면 주의를 집중하고 유지하는 데 도움이 될 수 있다. 유아들은 촉각을 통해 수용된 자극을 해석하는 것을 먼저 학습한다. 3-4개월 정도가 되면 시각적으로 제시된 정보와 청각적으로 제시된 정보를 통합하게 된다. 그렇다고 하더라도 많은 아동들은 계속적인 접촉이 관련 자극의 특징을 분리하고 아동의 초점 능력을 증가시키는 데 도움이 된다. 거리를 안전하게 건너가는 방법을 가르칠 때 역할놀이에서 가르치는 장난감 곰 경찰을 각 아동에게 주는 것은 주의를 집중시키고 기억을 높이는 효과적인 수단이 된다.

(3) 주의집중의 지속 시간

처음에 과제에 요구된 시간의 양은 주의집중을 유지하는 아동의 자연적인 능력에 긍정적인 영향을 준다. 이 때 정적 강화를 사용하고 몇몇 경우에 타이머를 사용하는 것은 과제에 집중하는 요구 시간이 증가될 수 있다. 종종 아동들은 과제 자체가 부적절해서 주의집중을 유지하지 못하기도 한다. 매우 어린 아동의 학습 과제는 시각적으로 시작과 끝을 분명하게 할 필요가 있다. 몇몇 아동들은 활동을 시작하는 방법을 모르고 시각적으로 빈약하게 조직된 기능을 가지고 있어서 쉽게 주의가 산만해진다. 환경적 요구의 주의 깊은 구조화를 통해 교사는 아동이 초기 학습 자료와 생산적으로 접촉하는 데 도움을 줄 수 있다.

환경적 요구가 아동의 반응 능력을 초과하지 않을 때 좌절을 피할 수 있고 참여가 유지될 수 있다. 퍼즐은 아동에 대한 부적절한 요구를 하는 자료 유형의 예가 된다. 교사들은 유아를 위해 추정하여 설계한 많은 퍼즐의 수준이 어렵다는 데 놀라고 있다. 퍼즐은 구체적인 시작과 종결을 가졌음에도 불구하고 난이도는 단지 제한된 참여만 허용한다. 아동이 퍼즐 코너를 방문하기로 결정했을 때도 적절한 퍼즐을 이용할 수 없다. 아동은 다른 아동의 퍼즐을 가지거나 찾기 위해 주변을 돌아다닌다. 이러한 아동의 소위 주의집중 결함은 아동의 특성보다 활동의 특성과 더 관련되어 있다.

(4) 적극적 보기와 경청

적극적 보기, 경청하기, 생각하기를 촉진하는 좋은 활동이 요리 활동이다. 예를 들어, 거의 모든 아동들은 쿠키나 팝콘을 만드는 것을 좋아한다. 아동들에게 요리법 단계를 제시하는데, 먼저 실제 재료와 부엌도구를 언어적으로 제시하고, 그리고 인쇄와 그림이 포함된 큰 문자를 보여준다.

교사는 요리법의 각 단계를 보여주고, 이 때 아동들은 각 단계에 참여한다(가능한 한 많이 직접 참여한다). 각 아동이 하고 있는 것과 나중에 한 것이 무엇인지를 설명하도록 격려한다. 아동들은 계산하고 측정할 수 있으며, 실제로 국자로 푸고 붓게 된다. 아동들은 사용된 도구의 특징을 관찰하고 설명할 수 있다. 요리를 하거나 구울 때 열이 전달되면 도구들이 어떻게 변화되는지 기대 또는 예견할 수 있다. 그들의 예견을 검증하고 과정을 검토하기 위해 마지막 결과물을 관찰할 수 있다. 마지막으로 그들은 식당에서 먹고 맛볼 수 있다. 요리는 문해 수업, 언어 수업, 소근육 운동 수업, 과학 수업에서 말하고 증명할 수 있다. 게다가 아동의 주의집중과 참여가 쉽게 유지된다. 예시 9.3은 간식 시간이 인지

예시 9.3

간식 시간: 개념 발달을 위한 완전한 시간

대다수 조기교육 센터는 다양한 음식을 즐기는 방법을 유아들에게 가르치는 데 초점을 두고 있다. 그들은 좋은 영양을 강조하고 사회적 예절을 가르친다. 또한 간식 시간은 개념 발달에 대한 독특한 기회를 제공한다. 비록 다른 음식을 먹지만, 일상은 매일 같은 것이다. 즉 탁자를 정리하고, 얼마나 많은 음식이 필요한지 결정하고, 음식 질에 대해 토론한다. 식사하기는 의심의 여지없이 다감각적 경험이다.

명사와 달리 개념 단어는 직접 가르칠 수 없는데, 그것들은 이름을 가진 물체가 아니다. 대신에 개념은 경험을 해야 하는 것이고 적절한 개념 단어가 경험에 적용되어야 한다. 간식 시간은 많은 아동들이 개념 관련 경험에 직접 참여하게 되는 이상적인 기회를 제공한다. 예를 들어, 아동의 컵은 *가득 차* 있거나 *비어* 있고, 자몽은 사과보다 *더 크고*, 빨대가 *충분하지 않지만*, 탁자 위에 *더* 많이 있다. 생생한 대화를 통해 관찰이 이루어질 수 있고, 비교가 되고, 개념 단어를 연습할 수 있다. 의미있는 질문이 수, 크기, 배치 개념들을 쉽게 드러내게 한다.

물론 간식 시간이 오직 개념 발달에만 초점을 두는 것은 아니다. 최선의 것 중 하나이며 그리고 자주 간과되는 시간이기도 하다. 만질 수 있는 마음에 드는 음식을 냄새 맡고, 보고, 맛볼 수 있을 때 집중하는 능력은 크게 향상된다. 매우 쉽게 산만해지는 아동들조차 먹기에 좋은 음식일 때는 의도적으로 참여하게 된다.

기술 발달에 삽입된 완전한 활동이 되는 이유를 설명하고 있다.

2) 학습 경험의 구조화

아직 적당한 주의집중, 정신집중, 지각 기능, 기억 기능이 발달하지 않은 유아들은 그들의 학습 환경과 효과적으로 접촉하지 못한다. 교육과정을 구조화함으로써 이러한 아동들이 적극적인 문제해결자와 효과적인 학습자가 되도록 하는 데 교사들이 도움을 줄 수 있다. 전통적으로 '자유놀이 시간'으로 불리는 시간을 재구조화함으로써 구조화되고, 분리되고, 소집단 교수 회기의 시간을 계획할 때 주의집중이 이루어진다. 통합교육 학급에서 한 집단이 20명일 때 4-5명의 장애아동을 포함시킨다. 비록 1-2명의 교사가 있지만, 성인 1명이 3명으로 구성된 소집단 각각에 포함될 수 있도록 하기 위해서 보조자를 이용할 수 있다. 이상적으로 각 집단은 장애아동과 비장애아동이 혼합되어야 한다. 비장애아동들은 모델으로서 기능하고, 특정 과정에 어려움을 가진 아동을 자발적으로 지원하게 된다.

퍼즐, 자르기, 그리기와 같은 많은 활동들이 쉽게 수정되었다. 아동들은 다른 난이도

수준의 펴즐을 가지고 나란히 활동할 수 있거나 다른 기능 수준에 적응하도록 설계된 가위를 가지고 자를 수 있다. 만약 필요하다면 특정 아동은 강화와 촉구에 대한 충분한 기회를 이용할 수 있도록 하기 위해 성인과 가까이에 앉히게 된다.

다른 접근에는 학급의 반은 활동영역에 있는 동안 다른 반은 자유놀이를 계속하는 것이다. 두 번째 집단은 첫 번째 집단이 개별적으로 설명된 과제의 지시된 숫자를 완성한 후에 활동 영역으로 오게된다. 이러한 방법에서 여분의 지원이 필요한 아동들은 항상 또래 모델을 이용할 수 있다.

(1) 아동의 계획 기능 지원하기

많은 특별한 요구를 가진 유아들은 계획하기(planning)에서 어려움을 가진다. 이들은 과제를 시작하는 방법, 과제를 계속하고, 그것을 끝내는 시기를 아는 것을 학습할 필요가 있다. 그들은 학습에 대한 학습과정 또는 결과에서 기쁨을 찾을 수 있을 때를 인식하는데 실패하고 끝없이 과제를 보게된다. 과제에 대한 성공적인 접촉과 성취의 인식을 촉진하기 위해 시각적으로 구체적인 시작과 끝을 가진 학습 과제로 시작하는 것이 가장 좋다. 놀이 시간 후에 모든 블록을 줍고, 적절한 용기에 넣고, 위에 올려놓고, 제자리에 놓는 것과 같은 기능적인 활동은 아동들이 증가된 주의집중과 정신집중을 개발하는 것처럼 작은 단위들이 점차로 결합되어 질 수 있다.

(2) 자료 정리

다음과 같은 제안들이 자기 활동 영역을 조직하는 데 어려움을 가진 아동에게 유용할 것이다. 그러한 문제는 지각 발달에 지체를 가진 아동들에게는 보편적이다.

1. 자료는 과제를 완성하는 데 필요한 것으로 제한한다.
2. 아동이 도착하기 전에 또는 센터로 필요한 자료를 정리할 빨간 통을 가져오도록 아동에게 요구하기 전에 필요한 자료를 먼저 정리한다. 이것은 아동이 기다리면서 산만해지거나 흥미를 잃기 시작하는 것을 예방하게 된다.
3. 모든 기구들이 아이들의 손에 닿는 위치에 있는지 아이의 눈높이에 맞는지 확인한다.
4. 엎질러서 주의가 산만해지는 것을 피하기 위해 용기에 자료를 느슨하게 넣는다.
5. 좌-우 진전과 같은 필요한 조직 기능을 아동이 개발하는 데 도움이 되도록 약간의 시각적 짝짓기 카드가 있는 카드 홀드를 배치하는 등의 시각적 지원과 지침을 사용한다.

9. 수학과 과학의 부상

미국의 전국유아교육협회(NAEYC)와 전국수학교사협의회(NCTM)의 2000년 공동선언에 따르면, “읽기와 쓰기 학습에 있어서 초기 경험의 중요성을 더 잘 알게 되었고, 수학에 대해서도 비슷한 자각이 결정되었다(p.1)”.

Gelman과 Brenneman(2004)이 수행한 연구에서 보통 받아들여지는 것보다 유아들이 훨씬 더 복잡한 과학적 사고를 할 수 있다는 결론이 얻어졌다. 국립연구위원회(National Research Council)의 최근 보고서에서는 유아기의 수학과 과학 발달에 대한 주제가 다루어졌다. 수학과 과학을 훌륭히 배울 수 있도록 준비된 아동교실에서 Piaget가 기술한 대부분의 초기 인지 기술이 강화되고 이용될 수 있다는 것을 유아교사와 특수교사가 인식하는 것이 중요하다. 실제로 모든 아동은 (특수아동을 포함하여) 자기 주위의 세상에 흥미를 가진다. 아동은 모든 종류의 식물군과 동물군에 대한 탐구와 실험에 참여하기를 좋아하고, 흥미있는 공간의 변화 (예, '큰', '둥근'), 양(예, '한 개', '다수'), 유사점과 차이점 (예 '더 많은', '더 큰') 등에 민감하다. 수학과 과학에 관련된 요소에 선천적으로 끌리는 것을 과소평가하면 안된다. 장애를 가진 유아나 학령전 아동들은 언어나 문해보다 전수학(pre-math) 및 과학적 질문과 관련된 활동에 더욱 끌리고 접근하기 쉽다. 교사들은 과학과 수학을 통해서 이러한 기능에 접근하는 것을 간과하면 안된다.

과거에는 분류하기(sorting)와 짝짓기(matching), 범주로 구분하기, 배열하기, 공간·시간·숫자 개념, 비교(유사성, 차이성, 반대)를 포함하는 범주화와 관련된 활동들은 유아교육 교육과정에서는 보편적이었다. 이들 가운데 몇가지 학급 전략을 다음에 제시하였다.

1) 분류, 서열, 개념 발달

같거나 비슷한 것을 짝짓기(변별의 한 형태)하고 구성하려는 것은 처음에 기대되는 기능 사이에 있다. 동일한 것은 짝짓기(matching)이고, 반면에 어떤 면에서 비슷한 것들은 집단화(grouped)이다. 분류하기(sorting)는 차이에 따라 분리함으로써 발생하는 변별의 한 형태이다. 짝짓기 활동과 분류 활동은 범주(classification)(특성에 따라 구분하는)의 맥락에서 설명된다. 같은 것과 다른 것의 개념에 대한 이해 능력은 검사 수행과 지시 따르기에 필수적인 것이다. 교사들은 '같은 것(same)', '비슷한 것(alike)', '다른 것(different)', '같지 않은 것(not the same)', '비슷하지 않은 것(not alike)'의 언어적 명칭을 주의 깊게 가르쳐야 한다. 아동들이 분류하는 것을 학습함으로써 구체적이고 다감각적 물체를 가지고 시작하도록 촉구되었다. 주의집중은 물체의 다양한 속성(특징)에 따라 환기되어야 한다. 아동들은 그들의 사고가 구체적인 것에서 추상적인 것으로, 간단한 것에서 복잡한 것으로 이동되는 것을 보는 데 즐거워한다. 예를 들어, 유아들은 그들이 보고, 듣고, 냄새 맡고, 만져본 것에 지배된다. 이것이 지각적으로 지배된 존재라고 알려진 것이다. 오렌지 같은 것을 색깔, 둘레, 울퉁불퉁(그들의 어휘 내의 단어에 따라)한 것으로 오렌지를 설명한다. 나중에 그들은 이것의 기능에 관심을 가지게 되고, 먹는 것으로 분류할 것이다. 마지막으로 과일이라는 전체 명칭의 일부가 될 것이다.

일반적으로 기대는 구체적인 것에서 추상적인 것으로, 단순한 것에서 복잡한 것으로, 여기와 지금에서 시간과 공간에서 먼 곳으로 이동한다(Hohmann & Weikart, 2002).

서열(상대적인 차이에 따라 순서를 정하는)(seriation)은 일차적으로 수개념의 이해로 생각된다. 서열의 연습은 크기, 위치, 시간 비교를 시작함으로써 관계를 조정하는 데 도움이 된다. 교사들은 대단히 다른 물건을 가지고 시작하고 점차로 아주 미세한 차이를 변별하는 것으로 이동한다.

동반되는 내용과 하게된 내용에 대한 비교하기는 사고 기능을 향상시키지 않는다. 많은 다른 측면에서 집단화(grouping)와 재집단화(regrouping)는 사고의 유연성을 요구한다. 이러한 유연성은 성공적인 추리, 판단, 문제해결에 기본이다.

결정적인 교과전 기술(preacademic skills)이 학령전기 목표로 확인되었을 때, 다음 단계는 교육과정 내에서 활동을 관계짓고 그것들을 유의미하게 삽입하도록 하는 것이다. 다음 절에서는 유아에게 필요한 교과전 기술을 가르치고 개발하기 위한 제안을 제시한다. 예시 9.1은 교사들이 간격이 있는 연습과 여분의 시간이 필요한 아동에게 교육과정을 수행하는 데 도움이 될 것이다.

2) 분류 촉진

분류 활동은 단순히 비슷한 특징에 따라 집단 또는 정렬하도록 아동을 가르치는 것이 아니라, 다른 측면에서 같은 정보를 조직하도록 아동을 격려하는 것이다. 이것은 보다 유용한 사고를 촉구하게 될 것이다. 대다수 학령전기 교육과정은 색깔, 모양, 크기 지도를 강조하고 있다. 이러한 속성에 따라 물건의 초기 분류는 많은 항목들이 포함되어야 한다. 아동이 색깔에 따라 물건을 분류하게 되면 색깔이 있는 모양을 투입해야 한다. 아동들이 모양에 따라 분류하면 다른 크기와 두께를 가진 모양을 준비해야 한다.

특별한 요구를 가진 아동들은 모양, 색깔, 크기와 같은 보다 추상적인 특징을 분류하기 전에 신발, 컵, 자동차 등과 같은 친숙한 물건을 기능적으로 분류하고 짝짓는 것을 즐긴다. 다른 색깔과 크기의 양말을 짝짓는 것은 활동을 보다 정교하게 가르치는 데 유용하다. 두 개의 상자 속에 있는 색깔이 칠해진 공을 분류하는 것은 학습경험도 되고 유용한 정리 활동도 될 수 있다. 교사는 집단화에 대한 아동 자신만의 준거를 가지도록 격려해야 한다. 이러한 방법으로 교사는 확산적 또는 창의적 사고에 대한 경향을 보상할 수 있다.

(1) 속성을 가진 블록의 사용

속성을 가진 좋은 블록에는 빨강, 노랑, 파랑색의 원, 정사각형, 직사각형, 삼각형이 포함된다. 각 모양은 두 가지 크기와 두 가지 두께로 제시된다. 아동들은 쉽게 볼 수 있도록 만들어진 높이가 낮은 몇 개의 플라스틱 상자에 블록을 분류할 수 있다. 먼저 아동들은 빨간색 모양을 모두 넣도록 가르치고, 같은 상자에 모양은 모두 있지만 색깔은 일정하게 한다. 빨간색, 노란색, 파란색 블록을 같은 양으로 하여 바닥에 함께 쌓아놓는다. "여기에는 빨간색만 모두 넣자."라고 말하면서 한번에 3-4개의 빨간색 블록을 집는다. 그리고 매번 "이것은 빨간색이야."라고 말한다. 다음에 아동에게 "다른 빨간색 블록을 찾아봐."라고 지시하고, 그 블록을 정확한 상자에 집어넣는다. 모든 블록이 색깔에 따라 분류될 때까지 이 과정을 계속한다.

이것을 하고 난 며칠 후에 원과 정사각형은 대조한다. 다시 세 가지 색깔과 두 가지 모양의 블록을 바닥에 쏟아서 섞는다. 교사는 준거로서 모양만 제외하고 설명한 것과 같은 방법으로 단계를 설정한다.

아동들이 이러한 분류를 확실하게 하면 곧 복합적인 준거를 제시할 수 있다. 동일한 자료와 상자를 사용하여 색깔과 모양에 따라 블록을 분류한다. 파란색 정사각형을 한 상자에 넣고 다른 상자에는 노란색 원을 넣는다. 나중에 크고 파란색의 정사각형과 작고 파란색의 정사각형을 분류한다. 노란색 원과 노란색 삼각형은 얇은 노란색 원과 두꺼운 노란색 원을 분리하기 전에 분류하도록 한다.

(2) 교수 수정

개별화된 행동 목표는 모든 교수 활동에서 중요하기 때문에, 재미있고 즐거운 활동을 만드는 교사의 기능이 중요하다. 게임에 대해 엄숙함이나 지나치게 중요함을 가지지 않아야 한다. 성공적인 수준에서 각 아동을 지원하려는 교사들에게 이것은 결정적이다. 만약 수업이 한 가지 기능 수준 이상을 가진 아동이 포함되면, 집단 내에서 개별화하기 위해 구성된 모든 제안이 이루어져야 한다.

잘 조직된 수행 목표들은 실패에 대한 과도한 방애를 회피하면서 적절한 도전을 제공하도록 교사가 전후로 이동할 수 있게 한다. 예를 들어, 교사는 Willie에게 빨간색 원을 주고, 오른쪽 상자에 Willie의 손을 가져다 대면서 "이 크고 빨간색 원을 여기에 있는 다른 크고 빨간색을 원을 함께 넣어라."라고 말한다.

그러나 그녀는 Willie 옆에 앉아 있는 Susie에게 "Suise, 어떤 걸 이 상자에 넣을 수 있지?"라고 크고 빨간색 원을 상자 안으로 넣기 위해 물어볼 수 있다. Suise는 "크고 빨간 원이요."라고 대답할 것이다. 이 방법은 각각의 아이들이 실패하지 않고 도전할 수 있게 한다. 또한 그들이 서로서로 학습하게 된다.

3) 관련 특성에 집중하기

속성을 가진 블록은 규칙의 이해를 발달시키는 데 사용될 수 있다. 분류 활동을 시작하는 동안 교사는 이렇게 말할 수 있다. "이 상자 안에서 내 규칙은 모든 것 노란색만 있어야 하는 거야." 또는 "이 상자 안에서 내 규칙은 원 모양만 있어야 한다는 거야." 교사가 여러 번 규칙이라는 용어를 사용해서 수업을 한 후에 교사는 이렇게 "이 블록에 있어서 규칙이 뭐죠?"라고 블록과 상자의 특징을 나타낼 수 있도록 질문할 수 있다. 만약 아이들이 잘 모르는 것처럼 보일 때에는 교사가 간단한 대답을 요하는 질문을 한다. "이 상자 안에서 규칙은 …" 그리고 한 아이를 불러서 "규칙에 따라서 해봐요."라고 말하고 상자 안에 넣을 블록 하나를 골라준다.

교사는 규칙이라는 용어를 계속해서 사용할 수 있고 그 용어를 이해하지 못하는 아동을 도와주어야 한다. 보통 많은 아동들은 단어들을 정확하게 이해하고 사용하기 시작한다. 그들은 다른 아동들을 위해서 계속 연습시킨다. 이해가 빠른 아동들을 위해서는 새로운 크기를 더 추가할 수 있다. 블록과 상자들을 분류하는 데 그것들을 준비함으로써 교사는 아이들이 규칙을 만들고 교사가 그 규칙을 해결하는 것을 촉진시키게 한다. 그러나 이것은 많은 아이들에게 교사의 규칙을 빨리 확인할 수 있는 데는 시간이 오래 걸린다. 교사는 인내심을 가져야 한다. 이 방법으로 블록으로 하는 놀이를 계속하는 것은 확실한 이해를 돕는 데 중요한 역할을 한다. 같은 물건을 가지고 다른 방법으로 분류 놀이를 할 수도 있다.

(1) 다른 규칙으로 같은 사물 분류

같은 물건들을 사용해서 다른 규칙으로 분류하는 것을 인식하는 것은 읽기를 위해 필요한 것이다. 모든 활동이 끝난 후에 같은 문자를 다른 방법으로 분류할 수 있다. 아동들은 동물, 음식, 가는 데 사용하는 물건(교통수단), 장난감과 같은 하나의 범주에 따라 물건을 집단화할 수 있다는 것을 인식할 수 있어야 하고, 이런 것들을 다른 방법들로 분류할 줄도 알아야 한다. 곧 아동들은 범주들의 기초 개념을 이해하고 각각의 범주를 구별하는 데에서 하위 구별도 가능하게 된다. 음식을 과일, 고기, 채소들로 나누고, 동물들을 농장과 동물원으로, 순한 동물과 맹수 또는 애완동물과 그렇지 않은 동물들로 구분할 수 있다. 옷을 머리를 위한 것, 발을 위한 것, 집 밖에서 입는 옷들과 집 안에서 입는 옷들로 구분할 수 있다. 인지에 관한 이런 기술들은 물건의 이름과 그 물건의 용도 그리고 방법 등의 지식을 아이들이 사물을 구분하는 데 있어 요구된다. 이러한 것이 나중에 일어나는 계층 구분에 필요한 활동을 쉽게 한다는 것을 기억해야 한다.

(2) 사고의 유연성 촉진하기

교사는 생각에 있어서 유연성을 발달시켜야 한다. 다른 시간에 장난감들을 다른 보관 장소에 분류하는 것은 이것을 하기에 유용한 방법이다. 예를 들면, 수업은 동물 그림이 있는 상자 안에 동물 장난감을 넣고 Lincoln Logs도 특별한 상자 안에 넣는 것이다. 첫 번째 날에는 Lincoln Logs와 동물들을 대표하는 두 가지 장난감으로 시작한다. 그 이유는 "우리는 내일 이 통나무를 가지고 우리의 동물원에 울타리를 만들거예요." 아이들이 유연하게 생각하도록 가르치는 것은 창조적인 방법을 주목적으로 하기 때문에 동물들과 통나무를 준비한다. 그것은 누군가가 그것들은 농장에 맞는 것이라고 다른 결정을 할 때까지 한다. 그러면 그것은 교사의 지시 없이 동물원 동물들

몬테소리 교실에서의 문제해결

몬테소리 교실 방문에서 매력적인 자료 정리를 보았다. 각각은 한 가지 차원을 가르치도록 강조하였다. 자료가 오류를 보이면 아동은 앞으로의 경험에 의해 스스로 수정되도록 하는 자기 수정이 되도록 하였다. 예를 들어, 사진에서 보는 것과 같이 손잡이가 있는 원통은 하나의 구멍에만 맞게 되어 있다. 3-6세 아동들 사이의 초점은 자기지향적집중이 되도록 하는 것이다.

과 농장 동물들로 나뉘어져 분류된다. 또한 통나무들도 농장으로 옮기게 된다.

만약 교사가 새로운 개념 이해를 위해 열정적이고 홍미롭게 가르친다면 아이들은 분류의 도전을 즐길 것이다. 예를 들면 교사가 커다란 카드 판을 잘라서 네 조각으로 나눈다. 그림은 아동들이 학습하고 있는 범주에서 선택된다. 첫 번째로 카드 판을 오직 처음 수업에서 사용되었던 상자에 보관한다. (몇몇의 아동들을 위해서 첫 번째 상자에 보관하는 것이 유용하다.) 그러고 나서 그들이 같은 활동이라고 인식할 때 상자는 다시 옮겨진다. 교사는 상자처럼 카드 판 위에 분리하는 것을 계속한다.

이후에, 아동들은 그들의 유치원에서 정사각형과 직사각형을 알 필요가 있다. 이 쉬운 경험은 그들이 종이 위에 있는 상자들과 진짜 상자들 사이의 차이점을 연결하는 데 도움을 준다. 다른 친구들보다 좀 천천히 배우는 아동들은 다양한 자료에서 큰 혜택을 얻는다. 더 많은 관계를 보는 것을 도와줄 뿐만 아니라 긴 기간 동안 같은 방법으로 같은 물건들로 분류하는 활동의 지루함 등이 줄어든다.

4) 서열 촉진하기

첫 번째와 마지막 같은 서열 개념을 아동에게 소개하는 것은 일상 활동의 맥락에서 이루어져야 하는데, 특히 이러한 활동에 신체의 움직임을 포함시킨다. 첫 번째와 마지막은 줄에서 옮기거나 뭔가를 한다. 이런 개념들은 유치원의 모든 어린 아동들에게는 결정적이다. 줄을 서거나 무엇을 하도록 허락하는 것을 포함하는 대부분의 문제들은 아동들의 이러한 용어에 대한 경험과 이해 부족이 원인이 된다. 개념 이해와 정확한 언어 사용은 분리될 수 없는 관계이다. 단어의 개념 이해 없이는 개념에 대해 이야기 할 수 없다. 개념 없이 단어는 무용지물이다.

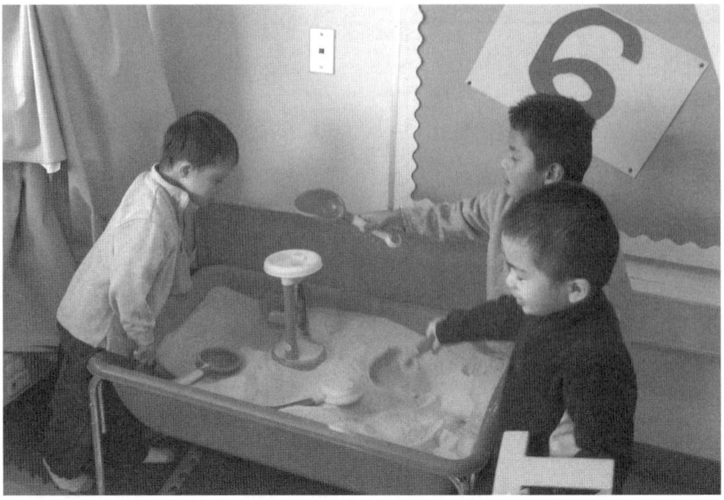

몬테소리 원통과 포개어 지는 컵 장난감들은 전형적인 서열 자료들이다. 종종 철물점에서 구할 수 있는 색 페인트 카드는 어두운 색에서부터 밝은 색의 연속성 개념에 사용될 수 있다. 교사는 집에서 쓰는 계량컵이나 다양한 크기의 못을 사용하는 것을 간과해서는 안 된다.

5) 개념발달 촉진하기

'많은', '다른', '전체', '키 큰', '제일 큰', '앞' 등과 같은 추상적인 개념의 학습은 장애를 지닌 아동들에게는 종종 어려운 도전이 된다. 많은 개념과 함께 충분한 경험을 아동에게 제공해 주고 그들이 학습하고 단어들과의 연관을 짓는 것은 하나의 도전이다. 개념의 과정은 오로지 하나의 체계를 요구한다. 개념을 가르치기 위한 체계는 다음과 같은 특징을 지닌다.

1. 가르칠 개념을 확인한다.
2. 각각의 개념의 관점을 잘 알 수 있도록 많은 활동과 경험을 계획한다.
3. 많은 교실에서 가르쳐야 하는 단어와 연관된 개념을 사용한다. 그것은 아동들에게 개념의 의미를 설명하고 그때 그때마다 그 단어를 사용하여 이해시킨다.
4. 각각의 비슷한 개념을 포함한 많은 경험을 제공한다. 그러나 자연적으로 발생되는 방법이어야 한다. 예를 들면, 만약 첫 번째라는 개념이해가 목표가 되어, 이어지는 순서대로 선을 긋는 등의 요구되는 많은 다른 활동을 한다. 첫 번째 라는 단어가 활동에 초점이 되어 하나의 활동에서부터 교실 내에서 다른 활동들로 이어진다. 줄에 동물 장난감을 줄지어 세우고 동물들로 첫 번째를 확인하고 동물들을 계속 줄지어 놓다보면 마지막이라는 개념을 명확하게 이해하는 데에 도움을 준다.
5. 아동에 의해 개념 단어를 사용하도록 유도한다. 그것은 언제든 자연적으로 단어를 사

예시 9.4

수 개념

수 이전 기능

정렬하기 및 분류하기

- 속성을 서술하기
- 정렬 · 분류하기
- 속성 놀이

패턴화

- 물체로 패턴을 반복하기
- 패턴 서술하기
- 물체로 패턴 완성하기
- 상상한 패턴을 물체로 옮기기
- 패턴 만들기

관계

- 두 물체를 비교하기(대소 등)
- 양을 비교하기(다소 등)
- 물체를 정렬하기(크기 순 등)
- 물체의 대응: 일대일 대응

공간 관계

- 공간상에서 자신을 이해하기
- 자신과 물체의 관계(가까움, 멂, 아래, 위 등)
- 물체와 다른 물체의 관계

시간 관계

- 시간에 시작과 끝이 있음을 알기
- 사건을 순서대로 나열하기
- (처음, 마지막, 전, 후, 다음, 어제, 오늘, 내일 등의) 개념

보존

- 다르게 배열되어도(예를 들어 액체를 다른 모양의 그릇에 담아도) 양과 부피가 변하지 않음을 이해하기

수 기능

- 수 세기
- 외워 세기
- 추리하며 세기: 무리를 기수로 식별하기(예를 들어, "오리 세 마리가 있다.")
- 서수(예를 들어, "첫째, 둘째, 셋째")

출처: D. Keane, Personal Communication(2007)

용할 기회를 주는 것이 적절하다.

6. 대부분의 아동들은 얼마의 시간이 지나면 그 단어를 사용하고 그들의 대부분이 그것을 이해하고 일반적인 개념의 체계를 확립한 것을 보인다. 물론 아동들이 단어의 개념을 자주 사용한다면 그들이 유용하게 필요하기 때문이다. 복습은 자연적으로 쉬워진다.

각 운동장이나 교실은 같은 개념의 많은 단어들에 초점이 맞춰지기를 원할 것이다. 요구들은 아주 일반적이다. 교사들이 유치원에서 하는 실험과 1학년 읽기와 수학영역은 많은 양의 단어 개념을 필요로 한다. 이것은 실제 삶을 통해 소개되고 아동들이 학교에 들어가기 적어도 2년 전에 활동을 해야 한다. "책 꼭대기에 손가락을 갖다 대봐요."는 아동들이 "선반의 꼭대기" 또는 누군가 읽고 있는 이야기책에서 "페이지의 맨 위"에 관한 학습이 없었다면 이해하기 매우 어려운 지시이다. Boehm 기본 개념검사(Boehm, 2001)의 복습은 선택된 목적

의 개념학습에 도움을 줄 것이다.

(1) 수 개념 지도

예시 9.4는 수 이전(pre-number) 개념과 수 개념을 제시하고 있다. 일부의 수 이전 개념은 위에 소개한 기능들에 포함되어 있다. 수와 세기를 가르칠 때에 1부터 5까지 또는 10까지 외워 세기를 가르치는 것이 흔하다. 장애를 가진 아동은 이런 언어사용 양식을 매우 쉽게 배운다. 그러나 항목을 가리키거나 건드릴 때처럼 수와 세는 항목을 대응시키지 않고 반복해서 외워 세면 수 개념을 실제로 이해하는 것이 방해될 수 있다. 예를 들어 블록을 쌓거나 세는 동안 교사 자신이 각 수를 말할 때에 아동이 블록을 들어 올린 뒤 내려 놓도록 도와야 한다. 또한 블록을 얼마나 높이 쌓을 수 있나를 보면서 세면 (예를 들어 "와, 이번에 블록을 9개나 쌓았구나!") 양을 세는 방법으로서 수의 유용성을 설명하는 데에 도움이 된다. 이런 방법은, 추리하며 세기, 즉 무리 안의 물건의 개수(기수)를 식별하는 기능을 발달시키도록 해준다. 그 다음에 첫째, 둘째, 셋째 등의 서수를 이해하는 기능이 발달하게 된다.

(2) 개념에 대한 고정되고 부자연스러운 지도의 회피

확인된 구체적인 행동에 관계없이 필요한 학교 준비도 기능으로 이해는 것이 중요한데, 교사들은 아동의 유연하고, 분석적이고, 논리적인 사고 발달을 지원해야 하고, 할 수 있다. 이러한 과정을 지원하는 것이 위의 예이다. 교사는 특별한 장면에서 적절한 경험을 통해 개념을 학습하도록 아동에게 빈번한 기회를 제공해야 한다.(예로 예시 9.3을 참고한다). 그들은 기회를 잡기 위한 중요한 개념의 학습을 그만두지 않을 것이다. 기본적인 절차는 다음과 같다.

- 개념 확인
- 그것들을 사용
- 명확한 의미 이해
- 점검은 시간이 지나서 사용

10. 문해능력의 발달

앞에서는 교과 준비도와 관련된 특정 인지적 하위기능을 고려하였다. 여기서는 문해능력과 관련된 사회적 요인과 언어적 요인을 고려하게 될 것이다.

거의 20년 전에 Morrison(1991)은 문해능력이 조기교육에서 "뜨거운 감자"가 될 거라고 말했다. 이것은 실제로 이어졌다. 문해 능력에 관한 가장 좋은 교육적인 접근 방법에 관한 논의는 최근 몇 년 사이에 더 강화되었다. 이것은 적어도 5억 미국인이 기능적으로 문맹인 사실을 대답하는 데에 거의 부분적으로 나타난다. 또한 이것은 필요한 기초적인 의사소통 기능과 형식적인 문해 교육에 참여하도록 준비하는 초기 경험이 없이 학교에 들어가는 아동의 수가 증가하는 것과 관련되어 있다.

문해능력에 대한 초기 경험의 관계를 강조를 반영하는 용어가 **신생 문해능력(emergent literacy)**이다. 신생 문해능력은 아동의 삶에서 초기에 원인이 있는 형식적 읽기의 발달적 전조로 언급하는 것이다(Whitehurst & Lonigan, 2001, p.12), 문해능력은 단순히 읽고 쓰는 것과 관련된 구체적인 기능의 누적이 아니라 태어나면서부터 시작하는 사회적 과정과 인지적 과정을 통해 전개되는 것이다. 문해능력에는 점차로 활자를 사용하는 다른 아동과 성인에게 노출되고, 활자 자료에 대한 노출과 상호작용의 기능으로 전개된다. 문해능력의 예에는 다음과 같은 것들이 포함된다.

1. 식료품 구입 목록 작성, 라벨과 조립법 읽기, 복지과 · 고용과 · 자동차과와 같은 여러 가지 공공 서비스 사무실 가기, 요금 지불하기와 같은 일상생활 활동
2. 신문의 영화목록이나 TV 안내 또는 책 읽기, 단어 맞추기 하기, 영화나 비디오의 부제나 소개 글 읽기와 같은 오락 활동
3. 성경공부나 찬송가 부르기, 신앙 일간지 등을 읽는 것과 같은 종교 활동
4. 수표 쓰기, 지시 읽기, 전달 지시 따르기와 같은 일 관련 활동
5. 숙제나 학교놀이 같은 학교와 관련 활동
6. 노트, 편지, 생일 카드 등을 읽고 쓰는 것 같은 대인관계 의사소통
7. 주로 오락을 위해 아동들이 읽는 이야기 책 읽기
8. 읽기나 쓰기가 구체적인 상호작용 초점이 되는 활동을 포함하고 있는 문해 기법과 기능. 그러한 활동들은 아동에 의해 주도되는 것이다.

1) 읽기와 쓰기의 전조

문해발달 영역의 연구자들은 특정 초기 기능과 경험과 읽기와 쓰기 발달 간의 관계를 점점 인정하고 있다(Hart & Risley, 1999; Palakian, 2004; Snow, Burns, & Griffin, 1998; Strickland & Shanahan, 2004; Whitehurst & Lonigan, 2001 등). 문해 출현에 있어서 가장 조기의 우연적 능력의 예언은 말하기와 언어능력, 특정 어휘, **음성 인식(phonological awareness)**과 **알파벳 원리(alphabetic principle)**에 익숙해지는 것이다(8장에서 우리는 사회적 상호작용과 언어 산출 그리고 언어 발달에 필요한 중요한 경험을 제시하였다. 따라서 조기 양육자의 상호작용은 문해 발달에 중요한 영향을 끼친다).

(1) 쓰기

여러 가지 발달 영역은 아동의 쓰기 능력의 발달 시작과 의미있는 관계가 있다. 소근육 운동과 시각운동 기능의 발달은 알파벳의 글자를 구성하는 추상적 형태를 그리는 데 최종적으로 연필과 볼펜을 사용하게 되는 아동의 능력에 결정적이다. 구체적으로 다음과 같은 것들이 중요하다.

- 페인트, 크레용, 펜과 같은 미술 자료에

대한 아동의 초기 경험
- 선이나 원을 만드는 인쇄 도구를 조절하는데 있어서 성인의 지원과 격려
- 모양과 형태에 있어서 유사점과 차이점을 아는 것

또한 중요한 것은 인지적 표상 기능이다.

- 실제 물건을 표현하는 그림 인식하기
- 표상으로서 그림을 사용하려는 것
- 얼굴, 몸의 부분, 집, 꽃, 풀, 하늘과 같은 것의 그리기 학습에서 성인의 지원

초기 사회적 경험은 쓰기 출현에 결정적이다. 식료품 구입 목록 만들기나 편지 쓰기와 같은 성인들의 기능적 쓰기 사용에 참여할 수 있는 기회도 매우 중요하다.

(2) 읽기

특정 경험과 성취 역시 읽기의 우연한 발달에 결정적이다. 언어발달 영역에서 다음과 같은 것이 중요하다.

- 구어 발달, 특히 이야기 기능(이야기말하기)의 발달
- 풍부한 어휘의 발달
- 분절과 압운과 같은 음운론적 그리고 음소론적 인식과 기능

집에서 문해에 대한 초기 노출 역시 읽기 학습에 결정적이다.

- 아동 도서에 대한 노출과 접근
- 규칙적으로 읽기
- 성인의 읽기의 기능적인 사용에 대한 관찰과 참여(예를 들면, 요리법 읽기, 친구와 친척과의 서신 왕래, 식당의 메뉴 읽기 등)
- 성인의 알파벳 원리에 집중(예를 들어, 이야기 책에 인쇄된 단어와 글자 참고, 글자 명명하기, 글자 소리 가르치기 등)

예시 9.5는 한 아동을 위한 신생 문해능력 발달 계열의 예를 제시한 것이다.

Watson, Layton, Pierce, Abraham(1994)은 언어장애아동을 포함하여 모든 아동의 신생 문해능력 발달을 촉진할 수 있는 활동과 자료를 포함하는 것의 중요성을 논의하였다. 그들은 하루 종일 다음과 같은 문해능력 목적을 표현하도록 설계된 학령전기 학급을 기술하였다. 이것은 다음 절에서 논의하였다.

(3) 활자 인식

- 환경적 활자의 인지(예를 들어, 냅킨에 있는 패스트 푸드 로고, 빈 음식 용기와

예시 9.5

신생 문해능력의 표본: 한 아동의 읽기와 쓰기 출현의 계열

쓰기

1. 마커와 크래용으로 휘갈겨 쓴다
2. 선과 원을 그린다
3. 얼굴을 그린다
4. 얼굴에 팔과 다리를 추가한다
5. 집을 그린다
6. 꼬불꼬불한 글씨로 친구에게 편지 쓰는 시늉을 한다
7. 글씨같은 형태를 만드는 연습을 한다
8. 실제 글씨를 포함한다
9. 자신의 이름을 쓴다
10. 다른 단어(예를 들어, "엄마에게")를 쓴다

읽기

1. 책 보기를 즐긴다
2. 그림을 보며 이야기를 주의 깊게 듣는다
3. 책을 똑바로 든다(앞에서 뒤로 책장을 넘긴다)
4. 그림에 대하여 이야기 한다
5. 그림을 보며 재미있는 이야기를 되뇌인다
6. 주변의 인쇄(맥도날드나 코카콜라 상표)를 인지한다
7. 단어들의 운을 맞추기를 시도하다(단어들의 운을 맞춘 책을 좋아한다)
8. 이야기 책을 읽는 시늉을 한다
9. 친근한 책에 반복된 단어를 인지한다
10. 인쇄된 자기 이름을 인지하다
11. '음' 과 소리를 '엄마' 의 자음과 연관시킨다

포장지, 정지 신호, 목욕탕 표시 등)

- 활자의 기능적 사용의 이해(예를 들면, 매일 출석, 점심 메뉴, 일의 부서, 보물 찾기, 편지 읽기 센터, 우체통 등)

(4) 도서 활자(book print)의 개념

- 도서의 부분을 인시기(표지, 페이지, 뒤)
- 도서 방향 이해(앞에서 뒤로 페이지 넘기기, 페이지의 위와 아래, 왼쪽에서 오른쪽으로 읽기)
- 활자와 관련된 어휘 명칭 이해(예를 들어, 글자, 단어, 문장)

(5) 이야기 감각(story sense)

- 주요 이야기 요소 기억(예를 들면, 등장인물, 주요 사건, 결과)
- 잘 구성된 이야기를 고쳐서 다시 말할 수 있다(예를 들면, 계열 속에서 주요 이야기 요소를 유지한다.)

(6) 어휘 발달

- 어휘의 안정적인 증가를 나타낸다.
- 하루의 모든 활동을 통해 새로운 단어의 이해와 사용을 위한 학습을 즐긴다.
- 단어의 의미를 규정하고 토의할 수 있다.

(7) 음성학적 인식

- 말할 단어들을 구분할 수 있다.(예를 들면 '나는 당신을 사랑해.' 는 세 개의 단어로 구성되어 있다는 것을 안다.
- 단어의 시작음을 확인할 수 있고, 나머지 단어와 시작음을 분리할 수 있다.
- 말한 단어들을 음절로 구분할 수 있다.
- 음소나 소리로 음정을 분리할 수 있다.

(8) 알파벳 이해
- 글자에 이름을 붙일 수 있다.
- 글자 결합/계열이 단어를 묘사하는 것을 이해한다.
- 개개 글자가 소리를 나타낸다는 것을 이해한다.

(9) 말/활자 짝짓기
- 익숙한 이야기를 듣는 동안 활자를 좇을 수 있다.
- 약간의 sight vocabulary를 가지고 있다.
- 어두의 소리-글자 연합을 할 수 있다(예를 들어, 아동이 전체 단어는 모르지만 인쇄된 단어 'door'는 'd' 소리로 시작하는 것을 안다)

(10) 읽기/쓰기의 통제
- 읽기와 쓰기를 시도한다.
- 글자 이름을 확인한다.
- 소리가 있는 글자를 쓸 수 있다.
- 의도된 철자를 사용한다.

Watson 등(1994)은 학령전기 학급의 각 요소에서 문해능력 풍요화 활동과 자료를 포함시키기 위해 몇 가지 구체적인 제안을 하였다.(또한 Hemmeter, McCollum, & Hsieh, 2005; McCathren & Allor, 2005를 참고한다) 다음의 내용은 이러한 제안들 가운데 몇 가지를 제시한 것이다.

1. *동아리 활동 시간*
- 아동들은 매트에 있는 이름이나 사진을 확인하여 동아리 활동 시간에 자기 자리를 찾는다.
- 할당된 임무에 이름표를 붙여서 매일의 일을 아동에게 알려준다(예를 들어, Jon-컵 내놓기)

2. *이야기 시간*
- 자주 이야기를 반복한다.
- 아동의 인지적 수준과 흥미에 발달적으로 적절한 개념이 있는 이야기를 선택한다.
- 압운과 예견할 수 있는 구를 가진 책을 선택한다.
- 개별적으로 사용하도록 읽기 영역에서 여분의 책을 제공한다.
- 동아리 활동 시간에 사용된 책은 멀리서도 쉽게 보고 알 수 있도록 충분히 큰 그림과 활자로 되어 있어야 한다.
- 운동적으로 그리고 인지적으로 이야기 시간에 아동이 적극적으로 참여하도록 격려한다(예를 들어, 이야기의 일부를 행동으로 하도록 아동에게 요구하고, 다음에 무엇이 발생할 것인지를 생각하도록 아동에게 요구한다.) 아동이 코멘트 하고 질문을 하고 그리고 성인이 반응하는 '대화 읽기(dialogic reading)' 전략(Whitehurst & Lonigan, 2001)을 사용한다.
- 단어나 자기 이름이나 친구 이름에서 글자를 찾도록 한다. 또는 한 페이지에서 특정 글자를 찾도록 한다.

3. *문해능력 풍요화 센터(literacy-rich centers)*

- 그림과 쓰기 센터: 책 등을 만들기 위한 그리기와 쓰기 도구, 고정시키는 도구, 봉투, 백지, 앨범을 제공한다.
- 역할 놀이 센터: 일반적인 분장 재료와 가구 장난감에 더하여 쇼핑 목록을 작성하기 위한 패드와 연필, 우편함과 봉투, TV 안내, 요리책, 수표책 등이 포함된다.
- 책과 도서관 센터: 카세트 테이프가 있는 책, 동아리 활동 시간에 읽는 책의 사본, 속성이 포함된 책, 신문과 잡지가 포함된다. 성인과 아동 모두가 편안하고 상쾌하게 앉을 수 있는 장소를 제공한다.

4. *간식 시간*
   - 알파벳 스프를 만든다.
   - 음식 용기에 있는 라벨을 읽는다.
   - 조리법에 따른다.

5. *실외 활동*
   - 커다란 단어 카드나 그림을 사용해서 '사이몬이 가라사대' 게임을 한다. 한 번에 두 개의 카드를 읽도록 격려하기 위해 이름 카드와 행동을 결합한다(예를 들면, '산드라-점프한다', '모두-달린다')
   - 보관 장소에 라벨 붙이기 (예를 들면, '자전거', '공')

6. *동아리 종료/음악 시간*
   - 커다란 포스터에 좋아하는 노래를 나타내는 그림을 그린다. 아이들이 적절한 그림을 가리켜 적절한 끝마침 노래를 고른다.
   - 부모들이 읽을 수 있도록 아이들에게 주어 집으로 보낸다.
   - 아이들이 예술적인 목표를 가지고 그것들의 이름을 찾기 위해 집으로 돌려보낸다.

문해 활동에 대한 초기 노출은 비장애 아동과 장애아동 모두에게 똑같이 중요하다. Katims(1991)의 연구에 의하면 경도에서 중등도 장애를 가진 유아들은 교실에서 세 가지 유형의 문해 활동에서 의미있게 도움을 받았다는 것을 발견하였는데, (a) 친숙하고 예측 가능한 도서가 있는 학급 도서실, (b) 빈번한 집단 이야기책 읽기, (c) 교실의 쓰기 센터가 그것이다.

2) 구어와 문해의 관계

학교의 담화 양식의 특성, 또는 학교에서 성공적인 수행에 필요한 학교 언어뿐만 아니라, 구어 기능과 문해 간의 관계에 관해 쓰여진 것은 많이 있다(예, Catts & Kamhi, 2005; Dickinson & Tabors, 2001). 유아들은 특정 언어 유형에 친숙해질 필요가 있으며, 읽기와 쓰기를 학습하기 위하여 이것은 **문해-양식 언어(literate-style language)**로 언급되고 있다. 이러한 언어 유형은 가정에서 사용되는 언어보다 훨씬 탈맥락적이다. 가정에서 사용된 언어는 화자들 사이에 많은 공유를 하고 있다. 그러한 언어는 의사소통에서 사용된 단어에만 의존하는 것이 아니라 화자의 경험과 공유된 지식뿐만 아니라 제스처, 얼굴표정, 억양에 의존한다. 예시 9.6은 가정이나 친한 친구에게 사용되는 대인관계 언어 양식(interpersonal language style)과 읽기와 쓰기 발달의 기초가 되고 학급에서 필요한 유형인 문해 양식(literate style)과 같은 두 가지 유형의 의사소통 양식을 제시하고 있다. 또한 학급에서는 특정 종류의 의사소통 기능을 요구한다. 여기에는 질문에 답하고, 보여주고 말하는 언어 사용, 말하기 전에 손들기, 언어와 사고에 관해 말하는데 사용되는 언어 등이 요구된다.

3) 학교 언어의 특성

학교에서 성공하기 위해 아동은 특정 유형의 의사소통 기능을 실연할 수 있어야 한다. 이러한 기능 가운데 약간은 언어학적이고, 또 약간은 사회적 또는 화용론적이다.

학급에서 요구되는 특정 유형의 상호작용

예시 9.6

4세의 문해와 대인관계 언어 양식의 실연

대인관계 양식

키샤: (초콜릿 우유를 자기 옷에 엎지르며) 어마!

엄마: 저런, 그거 벗어.

키샤: 저거 입어요?

엄마: 좋은 생각이네.

키샤: 더렵혀지지 않길 바래.

문해 양식

키샤: (할머니네 집에 갔다가 돌아와서) 엄마!

엄마: 잘 지냈니? 모두 얘기해 봐.

키샤: 글쎄. 할머니가 나랑 상점가로 마실보러 갔어. 우린 거기서 새 디즈니 상점에 갔지. 디즈니랜드와 똑같은 물건들이 있었어. 정말로 예쁜 미니 마우스 인형을 보았는데 엄청 비싸서 할머니가 내게 사주지 못했어. 그러나 은목걸이를 받았어. 은목걸이엔 미키, 미니, 플루토, 심지어 구피까지 달려 있어. 상점가에서 나와서 우린 맥도날드에서 저녁을 먹었어.

첫 번째 예의 언어에서 짧은 말씨와 대명사의 남발이라는 특징이 있다. 필요하지 않기 때문에 상세함과 명백함이 부족하다. 엄마와 아동이 모두 동일한 참조-엎지른 우유와 옷에 묻은 얼룩-를 공유한다.

두 번째 예에서 키샤는 이야기에 참여한다. 이야기를 말하듯이 과거의 사건을 기술한다. 키샤의 이야기에는 시작, 중앙부, 끝이 있고 사건이 실제로 일어난 순서를 나타낸다. 엄마와 키샤가 경험을 공유하지 않기 때문에 필요한 명백하고 상세한 언어를 사용한다. 문맥상의 단서가 적기 때문에 이러한 유형의 언어 사용을 더 탈맥락화라고 말한다. 또한 자율적 언어를 참고하고 있는데, 이는 단어와 문장이 공유된 문맥이나 시각적인 근거들의 뒷받침 없이 단독으로 의미를 이루고 있기 때문이다.

두 번째 예에서, 키샤가 경험을 이야기처럼 기술한다는 엄마의 예상이 있다는 점을 주목해야 한다. 이는, 키샤가 학교에서 요구받는 학문적 활동을 준비하는 데 도움이 된다.

은 몇몇 아동들에게는 친숙하지 않을 수도 있다. 다음과 같은 것들이 그 예이다.

- 아동들은 말하기 전에 손을 들도록 요구된다.
- 아동들은 개인적으로 질문에 답할 것이 기대되는데, 일반적으로는 집단으로 표현한다.(많은 아동들이 단어보다 행동을 통해 자기의 이해를 보이는 데 습관이 되어 있다.)
- 아동들은 아주 빠르게 반응할 것으로 기대된다.
- 교사들은 '시험용 질문' 으로 질문을 하는데, 교사는 이미 답을 알고 있고 아동의 지식을 평가하기 위해 질문을 사용한다. 그러한 형식은 많은 아동들에게는 친숙하지 않은 것이다.

필요한 언어학적 기능은 다음을 비롯하여 본 장의 앞부분에서 언급되어 있는 것들이다.

- 아동들은 종종 탈맥락화(decontextualized)되는 학급에서 언어를 사용하고 이해해야 한다. 예를 들어, 교사는 종종 단어만을 사용하여 교수하거나 아동에게는 과거 사건을 설명하도록 요구된다.
- 어휘는 구체적이고 정확해야 한다.
- 구문과 문법은 문장 사이의 관계를 주의깊게 표시하도록 사용된다. (예를 들어, '만약', '그러나', '때문에' 등).
- 이야기는 정확하게 계열을 반영하고 일관성이 있어야 한다.

이러한 문해 언어 기능은 학령전기 동안에 나타난 상징적, 참조적 언어 개념을 형성하였다. 다음에는 일학년에서 학습해야 하는 읽기와 쓰기 기능은 문해 양식 언어(literate-style language)의 기반이 될 것이다. 많은 아동들은 저학년에서 성공하기 위해 준비해야 하는 초기 언어 경험이 없다. 부분적으로 이것은 문화적 차이 때문일 수 있다. 다음 절에서 학급에서 기대되는 내용과는 차이가 있는 언어와 문해능력을 가진 아동의 초기 경험의 측면들을 설명한다.

11. 초기 언어와 문해능력 경험에 있어서 문화적 차이

Bunce(2003)는 초기 언어발달과 학문적 성취에 있어서 문화적 및 언어적 차이점의 영향에 대해 논하였다. 영유아는 언어사용, 읽기와 쓰기과 관련된 다양하고 폭넓은 처기 경험에 노출되어 있다. 이들 초기 경험들에서의 문화적 차이와 관련된 가장 중요한 몇몇 연구들은 Heath가 지은 *Ways with Words*(1983)에 나와 있다. 환자 관찰에 대한 전통적인 민족지적 연구 방식을 이용해서, Heath는 아팔라치아의 Piedmont 지역에 거주하는 두 부락의 가족들을 세심히 관찰하였다. 그녀는 노동자층인 White 부락과 교외 아프리카계 미국인 부락에 사는 성인과 유아 간의 상호작용에 대한 상세한 설명을 하였다. 그녀는 White의 중간계층이 가족의 '핵심' 이라고 말하는 전형적인 상호작용의 형태를 가지고 이들의 상호작용과 비교하였다.

1) 아동의 이야기의 초기 사용에 있어서 차이

Heath에 따르면, 그 중 가장 중요한 것은 유아가 이용하도록 한 이야기(narrative)의 형태 속에서 나타난 차이점들이다. 이야기는 양자에게 모두 중요한데, 읽기와 쓰기를 배우는 기틀을 형성시켜주며, 유아들이 학교에 들어가기 전에 어떤 이야기의 형태를 수행할 수 있을 것으로 예상되기 때문이다.

Heath(1986)는 다른 문화 속에서 가장 공통적인 이야기의 형태를 다음과 같이 요약하고 있다.

1. *자세히 이야기하기(Recounts)*. 자세히 이야기하기는 과거 경험의 보고이다. 이것은 일반적으로 부모가 시도한다(예를 들어, "Jeny, 견학에 대해 아빠에게 말해봐."). 이것은 공립학교에서 요구한 이야기의 가장 보편적인 형태이다. 불행히도, 이것들은 비주류 문화권에서는 일반적인 이야기 형태가 아니다. 그러나 중산층은 가정에서, 아이들은 종종 자세히 이야기하기를 이루도록 할 뿐만 아니라, 문행양식 언어—다시 말해서, 정확하고 아주 참조적이면서 적절한 계열을 가진 언어—를 사용하도록 권장받는다.

2. *사건해설(Eventcasts)*. Eventcast는 현재의 활동에 대한 설명이다. 이것은 즉흥적이거나 분명한 상황이나 행동을 설명해준다. 가령, "나는 타워를 짓고 있어." 또는 "엄마가 지금 푸딩을 만들고 있어." 같은 것이다. 이러한 형태의 대화는 일반적인 가정과 공립학교에서는 흔한 것이다.(가령, "John, 그림 속의 아이가 뭘하고 있는지 말해 볼래.") 그러나, 이것은 많은 비주류 문화에서는 극히 일반적이지 못하며, 이러한 문화 속에서 이것은 종종 명백한 것을 말하는 우스꽝스러운 것으로 여겨진다. 이 사건해설를 사용하는 데 익숙하지 않은 아이에 대해 다음의 수업 시나리오에 대한 효과를 생각해보자. Paul은 점토 조각을 가지고 공을 만들고 있다. 선생님은 이를 지며보면서 Paul에게 이렇게 말한다. "Paul, 뭘 만드는지 말해줄래!" 중산층 아이는 자기가 뭘 하고 있는지를 쉽사리 설명할 수 있을 수 있는 반면, Paul은 다소 주춤거리는데, 아마도 선생님의 질문을 잘 이해하지 못한 것 같다. Paul은 이러한 명확한 것이 선생님에게 잘못을 저지른 것이라고 말하려고 했는지도 모른다.

아이가 나이가 들면, 메타언어학과 메타인지적 측면에서 사건해설을 사용하는 법을 배운다. 다시 말해서, 언어나 사고에 따라 반응하도록 언어를 사용한다는 것이다(가령, "이것을 하는 방법에 대해 생각해보자."라든지 "이런! 그게 잘못된 것이라고 말했잖아!"라는 식). 이것은 중요한 학교 언어 행위이며, 학습하는 방식을 배우는 데 있어서 아주 유용하다.

사건해설과 다소 관련된 것이 전형적인 수업용 실험 질문 형식에서—학교 수업에서 철칙인 질문-대답-평가 과정으로 이루어진 친밀한 선생님-학생관계—요구하는 반응 같은 것이다. 다음은 하나의 예이다.

선생님: Sean, 첫 번째 단어가 뭐지?
Sean: 트럭이요.
선생님: 아니야. 틀렸어.

이 형태에서, 아이는 성인이 항상 답을 알고 있는 질문에 답하도록 한다. 많은 아이들에게는 이것이 엉뚱한 것이다.

3. *~라고 생각하기(Accounts)*. ~라고 생각하기는 과거에 대한 이야기를 한다는 점에서는 자세히 이야기하기와 유사하다. 그러나 이것은 성인보다는 아이들에 의해서 시작된다. ~라고 생각하기는 종종 청자의 주의를 이끌려는 의도의 대화 방식에서 나타난다(가령, "이봐, 너 이게 뭔지 알어?"). 이러한 이야기 형태가 비주류 가정에서는 자세히 이야기하기와 사건해석보다 더 일반적이라 하더라도, ~라고 생각하기는 많은 공립학교 교실에서는 그다지 호응이 없이, 종종 방해나 과제이탈 행동으로 여겨진다.

4. *이야기(Stories)*. Heath(1986)에 의하면 비주류 가정의 이야기에 있어서 가장 일반적인 형태는 바로 이야기이다. 이것은 종종 세대로 이어지는 경향이 있으며, 아니면 아이들의 조기 경험 내 어떤 기간 동안 나타낼 수도 있다. 이야기는 특정한 사건에 대해 성인이 아이를 지분대는 것으로 시작할 수도 있다. 이야기는 반복해서 진행되고 변화하며, 점차적으로 그 일부분이 가공된다. 이야기는 강한 행위 요소들을 담고 있다. 즉, 화자의 양식이 중요하며, 이야기에서 청자의 개입이 간혹 예상되기도 한다. 말할 필요도 없이, 이러한 언어활동은 학교 언어의 규칙을 따르지 않으며, 거짓말하는 태도나 주목을 끄는 행위로 보여질 수도 있다.

2) 초기 유아-양육자 상호작용에 있어서 문화적 차이

아동들이 이야기를 사용하는 것을 학습하기 오래 전에 중요한 문화적 차이가 부모들과 영유아들이 상호작용하는 방법에서 관찰될 수 있다(Westby 1985). 이러한 차이점들은 유아들이 학교에 입학하기 전에 문해 양식 언어를 배울 수 있는 기회를 가졌는지의 여부를 결정할 수 있다.

일반적으로, 중산층의 양육자들은 영유아들에게 언어적으로 반응한다. 이것은 어떤 다른 문화에서는 그렇지 않기도 하는 것이다. 비록 다른 문화 양육자들이 접촉이나 얼굴표정을 통해 신체적으로 반응하지만, 그들은 언어적으로 반응하지 않는다. Westby(1985)는 비 중산층 문화 속에서 이러한 차이가 많다고 지적하였다.

중산층 양육자들은 일부 비주류 문화의 양육자보다 대단히 참조적인 언어를 사용하는 것 같다(Snow et al., 1991). **참조적 언어(referential language)**는 명확한 참조 대상에 대해 빈번한 명칭과 정확한 어휘를 사용하는 것으로 특징지을 수 있다. 그래서 전형적인 중산층의 의사소통은 문해 학교 언어 기능의 발달을 촉진하는 언어의 질과 양 모두에 아동을 노출시킨다. 이러한 양육자-아동 상호작용의 다른 유형의 예가 다음의 대화에 제시되었다.

(1) 예 1

Jason은 12세로, 높은 의자에 앉아서 울기 시작한다.

엄마: Jason, 뭐가 잘못됐니?

Jason: (마루를 본다.)

엄마: 이런. 쿠키 봐? 쿠키를 떨어뜨렸네.(엄마가 쿠키를 주우면서) 자. 이 쿠키는 더러워. 자 봐봐. 바닥에 떨어져서 지저분해졌어.

(2) 예 2

Alice는 12세로, 높은 의자에 앉아 울기 시작한다.

엄마: (Alice를 본다.)

Alice: (바닥을 본다.)

엄마: (쿠키를 집어 들고는 Alice에게 건넨다.) 자 여기.

이 두 예에서, 양육자는 유아의 단서에 반응한다. 그러나 첫 번째의 경우에서, 엄마는 언어적으로 반응적이고 참조적이다. 그녀는 쿠키라는 단어를 여러 번 사용하고 떨어졌다, 더럽다, 바닥과 같은 핵심적인 경험의 특징을 구체적으로 언급하는 다른 핵심단어를 사용한다. 두 번째 예에서 비록 어머니가 반응적이기는 하지만, 그녀의 언어는 제한되어 있다. 그녀가 말을 했을 때, 물체(쿠키)나 위치(바닥)를 명백하하게 말하지 않는 비참조적이다. 대신에 그녀는 여기와 이것이라는 단어를 사용한다.

3) 인쇄물 사용에 있어서 문화적 차이

문화적 차이는 읽기와 쓰기에 대한 아동의 초기 경험에서도 관찰될 수 있다. 비록 기쁨과 정보를 위해 책을 읽고 의사소통을 위해 쓰기를 사용하는 것이 중류 계층 가정에서는 보편적이지만 몇몇 비주류 가정에서는 보편적인 것이 아니다.

21세기에 교사들은 영어가 모국어가 아닌 아동을 점점 더 많이 만나게 된다. 아동의 모국어는 단지 차이가 아니라는 것을 아는 것이 중요하다. 많은 요인들이 교사와 아동 간의 심각한 부조화를 만들어낼 수 있다. 비주류 가족들이 아동을 위해 제공하는 초기 언어와 문해 경험의 방법이 나쁘지 않지만, 학교에서 기대되는 것과 때때로 차이가 있다는 것이다. 특별한 요구를 가진 유아를 가르치는 교사들은 이러한 차이를 이해하고 학교에서 성공적인 전화를 하도록 아동을 도울 수 있는 교육적 전략을 아는 것이 특히 중요하다.

12. 문해능력 출현을 촉진하는 전략

조기교육 프로그램에서 문해능력 발달과 관련된 주요 목적은 풍부한 어휘와 문해 양식 언어

기능의 발달에서 문해능력의 하위기능 학습에 대한 읽기와 쓰기의 기능을 알고 이해하는 것까지의 범위를 가진다(음운론적 의식, 알파벳의 학습, 소리-글자 연합 학습의 시작 등). 이러한 기능들은 학급에서 성공적인 교사-학생 상호작용을 위해 필요한 기능뿐만 아니라 읽기와 쓰기에 대한 기초를 제공할 것이다.

아동들이 필요한 기초를 성취하도록 돕기 위하여 교사들은 학교와 학급에서 아동들에게 이미 친숙한 언어와 문해 활동의 종류를 결정하는 것으로 시작해야 한다. Heath(1986)이 언급한 것처럼, 교사들은 학교의 이야기 양식 레퍼토리를 늘리고 풍부하게 할 수 있도록 아동의 가정과 지역사회에서 아동이 언어를 사용하는 방법을 찾아야 한다(p.93). 또한 교사들은 읽기와 쓰기의 가치를 유아들이 이해하도록 도움을 주어야 한다. 다음은 그러한 전략의 예를 제시한 것이다.(예시 9.7은 학령전기 과학 수업에서 문해능력 목적을 전개하도록 삽입한 것의 예이다.)

- *인쇄물의 기능적 사용을 설명한다.* 이것은 교실에서 선생님이 사용할 수 있는 가장 강력한 전략 가운데 하나이다. 여기에서는 점심 때 무엇이 나오는지를 보기 위해 그날 메뉴를 읽고, 출결석한 아이들의 이름을 칠판에 적고, 나중에 할 것을 기억하기 위해 노트에 적어놓고, 다른 선생님에게 보여줄 노트를 적는 등의 행위가 포함된다. 이러한 행동 속에서 아이들이 읽기를 기대하는 것은 아니다. 보다 중요한 것은 아이들이 독서와 작문의 기능에 대한 이해를 키우는 것이다. 아이들이 지면상의 글자의 힘을 볼 때, 신비로운 기호를 해독해내는 마력을 키우게 된다.
- *인쇄물이 각 아동의 가정에서 사용된 방법을 확인하기 위해 부모와 활동한다.* 이것은 텔레비전 안내책, 요리법 읽기, 식료품 가게의 음식 명칭 읽기, 재미있

예시 9.7

과학 수업을 통한 발생적 문해능력 지원하기: 씨 뿌리기

파종은 유아기 교육 단원으로 흔하다. 이 활동의 여러 특징으로 인해 아동들이 타고 난 듯이 끌린다. 파종은 땅을 파고 물을 뿌리는 것과 같은 친근하고 재미있는 감각과 물질을 포함한 참여 활동이다. 또한 대개 실외활동을 포함한다. 파종이 되면 변화를 관찰하고 예측해 가는 기회를 제공한다. (예를 들어, 씨가 식물로 변화하고, 식물의 여러 부분을 구분하고, 여러 종류의 식물을 비교하는 등의) 훌륭한 과학 수업과 (예를 들어, 얼마나 많은 새 식물이 나타났나? 어느 것이 가장 큰가? 얼마나 키가 큰가? 파종한지 며칠이 지났나?) 수 이전(pre-number) 기능과 초기 수학 개념을 발전시킬 기회가 된다. 가능성은 무궁무진하다.

이 활동은 일반적으로 교육과정에 과학 관련 목적을 지원할 의도이지만 창의적인 교사는 발생적 문해의 요소를 이 활동에 쉽게 끼워 넣을 수 있다. 다음 요소들을 파종 과제에 추가하는 것을 고려해 보자.

1. 우선 식물, 성장, 씨와 관련된 책과 자료를 제공한다.
   (책 읽기, 활자 개념)
2. 아동이 휴식시간에 야외에 있거나 '발견 걷기'를 할 때에 아동의 기술적 및 수용적 어휘에 주제어가 포함되도록 교사는 여러 식물(풀, 꽃 등)을 지적한다.
   (어휘의 발달)
3. 아동은 여러 가지 식물을 관찰하고 사진을 찍어서 그릴 수 있다.
   (발생적 쓰기)
4. 아동이 활동을 예측할 수 있도록 교사가 파종 과제를 소개한다.
5. 씨 포장을 제공한다. 포장지의 식물 사진을 볼 뿐 아니라 상표를 읽도록 아동을 격려한다.
   (기능적 활자)
6. 세 가지의 씨로 콩, 국화, 데이지(채소 한종류와 꽃 두 종류)를 제공한다.
7. 과제와 관련된 주제어들–씨, 식물, 콩, 꽃, 국화, 데이지–을 카드에 인쇄하여 게시판에 부착한다.
   (활자가 풍부한 교실)
8. 아동이 단어를 말하고 소리와 분절음들을 분석한다.
   a. /ㅋ/ + /옹/은 종과 운이 맞는다.
   b. '식–물'과 '국–화'는 모두 2음절로 이루어져 있다.
   c. '콩'은 '킹'과 같은 소리로 시작하고 끝난다.
   (음운/음소 인식)
9. (사진 없는) 단어 카드를 계층적으로 배치하여 게시판에 부착한다.

씨

식물

콩 **꽃**

국화 **데이지**

10. 실외의 작은 공간에 흙을 준비한다. 학생은 정원의 위치가 햇빛을 잘 받는 곳인지 확인한다. 세 종류의 씨를 뿌릴 수 있도록 세 구역으로 구분한다.
11. 아동들이 함께 작은 구멍을 뚫고, 씨를 몇 개씩 손가락으로 집고, 구멍에 씨를 넣고, 흙으로 구멍을 덮는다.

12. 아동들이 각 구역에 씨앗을 뿌리고 빈 포장지를 말뚝에 부착하여 각 구역에 어떤 씨를 뿌렸는지 알게 한다.
    (기능적 활자)
13. 아동들에게 물 주기 책임을 부여한다.
14. 식물이 발생하기 시작하면 매주 아동들은 각 구역을 관찰하여 어떤 식물이 성장하는가를 본다.
15. 주제어를 강화한다. 아동의 질문과 지적에 반응하여 새로운 단어를 추가한다.
    (어휘 확장)
16. 매주 새 식물이 발생할 때 게시판의 그 이름 밑에 표시를 한다. 식물의 개수를 정기적으로 기록한다.
    a. 콩 식물의 개수
    b. 국화의 개수
    c. 데이지의 개수
    d. 꽃의 개수
    e. 식물의 총 수
    (질문, 관찰, 기록, 계수, 합산, 계층적 분류)
17. 교사가 각 단어를 가리키며 "이것은 어떤 식물이지?"라고 묻는다.
    시간이 지나면서 교사는 아동들이 다음에 집중하게 한다.
    a. 각 단어의 글자들
    b. 단어들이 공유하는 글자들
    c. 아동 이름의 글자들과 일치하는 글자들
    d. 각 단어의 첫 글자의 소리
    e. 긴 단어와 짧은 단어
    (알파벳 원리)
18. 아동이 다음에 대한 사진을 찍어 식물의 성장을 기록할 수도 있다.
    a. 씨, 흙, 구멍에 씨를 넣기
    b. 씨에 물주기, 첫 새싹, 새 잎, 식물의 키 측정하기 등
19. 사진들로 책을 만든다. 아동들이 각 페이지마다 문구나 문장을 첨가한다.
    (서술, 문법, 활자의 개념)
20. 정원이 풍성해짐에 따라 물, 잎, 줄기, 따기, 가지치기, 꽃다발 등의 새 단어가 어휘 목록에 추가된다.
    (어휘와 지식의 확장)

는 책 읽기 등과 같은 활동이 포함된다. 비슷한 활동과 자료가 학급에서 쉽게 통합될 것이다.

- *아동의 놀이에 문해 사건을 통합한다.* 보물찾기는 인쇄물의 사용을 설명할 수 있는 아주 흥미있는 방법이다. 다시, 아동들이 실제로 단서를 읽을 것이라고 기대하지는 않지만, 보물로 안내하는 인쇄물의 효과를 경험하기를 바라는 것이다. 다른 놀이 활동의 예에서는 우편 서비스(글자가 '쓰여지고', 우편함에 넣어져서 배달된다), 놀이, 쇼핑 리스트를 가지고 식료품 가게에 가기, 인형에게 취침 전 이야기책 읽어주기 등이 포함된다. 요리 활동에서 요리법을 읽고 노트를 쓰는 것은 부모들이 가정에서 해 아동에게 해줄 수 있는 아주 좋은 활동이다.
- *문해 양식 구어를 촉진하기 위해 참조적*

언어를 요구하는 게임을 한다. 예를 들어, 두 아동이 한 개의 스크린으로 분리되어 있다고 하자. 한 아동에게 '그것'을 그리도록 지시하고 다른 아동에게는 같은 것을 그리도록 가르친다(예. "큰 동그라미 한개를 그리고 '그것' 을 파랑색으로 해. 이제 '그것' 위에 검은 두 눈을 그려봐."). 게임의 목표는 그림을 얼마나 근접하게 일치시키는지를 보려는 것이다. 같은 형식으로 인형의 집을 짓거나 다른 모양과 색깔이 있는 블록을 가지고 노는 데 사용될 수 있다. 중증장애 아동의 경우 컵과 신발과 같이 친숙한 것을 가지고 아주 간단하게 게임을 할 수 있다. 상자 안에 컵 1개와 신발 1개를 선택하여 넣은 다음 아동에게 상자 안에 같은 물건이 있는지를 비교해 보게 한다.

- *친숙한 문해 능력 양식을 촉진하는 다른 활동을 구조화한다.* 이것에는 아동들이 누군가에게 게임의 규칙을 설명하고, 학교 사무실에 가고, 언어적 메시지를 전달하고, 결석한 아동에게 재미있는 사건을 설명하고, '전화' 놀이를 하도록 돕는 것이 포함된다. 가장 간단한 형태는 가방 속에 있는 물건을 느끼고 무엇인가를 추측하고, '사이몬 가라사대' 놀이를 하는 것이다. 이러한 활동들은 특정한 자발적 언어의 사용을 촉진한다. 말이 없는 아동을 위해 그들은 정보를 공유하고 다른 사람의 행동을 규제하기 위해 언어의 기능적 사용을 시범보인다.
- *대집단과 소집단 그리고 개개 아동에게 이야기를 읽어준다.* 이것을 하는 것은 매우 중요하다. 선택된 이야기는 아동에게 의미가 있어야 한다. 그것들은 짧고 반복되는 것이어야 한다. 또한 융판과 같은 소품 또는 이야기의 핵심을 강조하는 실제 물건을 포함시켜야 한다. 이야기의 핵심에서 아동의 행위를 포함하는 것 역시 중요하다. 소품과 행위를 포함하는 것은 모든 아동들에게 이야기 시간이 더 재미있게 할 것이다. 이야기를 반복하여 핵심에서 중지하고 아동들이 친숙한 구를 채워 넣도록 한다. 또한 친숙한 이야기책은 자기 스스로에게 또는 친구나 인형에게 이야기를 읽어 줄 수 있는 것처럼 자유놀이 시간에 아동이 이용할 수 있어야 한다.(이것은 이용할 수 있는 좋아하는 책을 몇 권 복사해놓는 것이 필요하다.)

1) 문해능력 발달에 대한 음운론적 접근 대 총체적 언어

유아특수교육 교사들은 1학년의 읽기와 쓰기 지도에서 경향의 변화를 알아야 한다. 1980년대와 1990년에 이 분야는 **총체적 언어 접근(whole-language approach)**에 의해 지배되었다(Goodman & Goodman, 1986). 이러한 접근에서 읽기, 쓰기, 말하기, 듣기는 상호작용적이며 상호 독립적인 것으로 보았다. 다음은 총체적 언어 접근의 보편적인 활동을 제시한 것이다.

- 아동들이 교사에게 구술한 언어 경험 이야기는 공유하고 있는 경험에 근거해야 한다. 교사는 아동들이 반복해서 읽을 수 있도록 플립 차트에 이야기를 써야 한다. 나중에 아동들은 읽기를 위해 이야기를 복사한다.
- 친숙한 이야기나 시를 일제히 소리 내어 읽는다. 소리 내어 읽기는 유아를 위한 좋아하는 노래를 부르는 것과 같은 긍정적인 역할을 할 수 있다. 소리 내어 읽기는 이러한 단어에 대한 예측 가능성과 즐거운 반복을 결합하는 것이다.
- 예측할 수 있는 이야기책의 사용은 문장과 핵심 단어의 반복성을 포함한다.
- 일기 쓰기와 자기의 그림에 표제를 쓴다.

2) 음운론적 인식과 음소론적 인식 지도

총체적 언어와 발생적 문해능력 접근에서 확인된 사회-언어학적 기능과 경험은 확실히 매우 중요하다. 그러나 단어의 소리 분절(음운론적 인식과 음소론적 인식)과 소리-글자 관계(알파벳 원리)를 결정하고 인식하는 아동의 능력은 읽기 학습에 있어서 필요한 하위기능이다.(읽기와 쓰기 지도에서 발달적으로 적절한 실제의 논의를 위해서는 Neuman, Copple, & Bredekamp, 2000을 참고하고, 연구문헌의 검토를 위해서는 Neuman & Dickinson, 2001을 참고한다.)

음운론적 인식(phonological awareness)은 음소, 음절, 단어를 포함하는 언어의 어떤 소리 분절을 인식하고 변별하고 이러한 분절이 분리되고, 연결되고, 이동될 수 있다는 것을 인지하는 능력을 말한다. 음소론적 인식(phonemic awareness)은 보다 구체적으로 음소를 지각하고 조작하는 능력을 말한다(예, 단어 '핀' 은 3개의 가장 작은 음소로 되어 있음). 아동들은 궁극적으로 읽기 학습을 위해서 알파벳의 음소와 글자 간의 관계를 학습해야 한다. 이러한 소리-글자 연합에 초점을 둠으로써 읽기를 학습하는 것을 **음성학**(phonics)이라 한다.

많은 아동들이 학교에 입학할 때쯤에는 이러한 종류의 소리 인식이 발달되어 있지 않다. Adams(1990)는 중류 계층 아동의 25%—문해의 풍부한 환경이 적은 곳의 아동은 더 많은 비율일 수 있지만—가 1학년 때 이러한 기능이 발달하지 않았다. 말할 필요도 없이 청각중심 학습장애아동들 역시 소리 인식에 어려움을 가지고 있다.

조기교육 프로그램은 이러한 기능의 발달에 의미있는 기여를 할 수 있다. 다음은 음소론적 인식의 발달을 지원할 수 있는 활동의 예이다(Adams, Foorman, Lundberg, & Beeler, 1998이 적용한 것임).

- **듣기 기능 발달.** 아동들은 먼저 듣는 것을 학습해야 한다. (가령, 청각적 정보에 집중하고 적극적으로 처리한다). 다양

하고 간단한 소리 인식 게임은 아동의 듣기 능력 발달에 유용할 수 있다.

1. 눈을 감고, 다른 환경적 소리를 구분하도록 시킨다(가령, 흐르는 물, 기타, 벨, 드럼, 사각거리는 종이 소리 등). 소리의 위치를 확인하도록 아동에게 묻고 두세 소리의 순서를 구분하도록 하여 게임의 난이도를 높인다.
2. 아동에게 '부드러운' 또는 '조용한' 소리와 '시끄러운' 소리를 대조시켜 모방하거나 이것을 구분하도록 요구한다.
3. 아동에게 '그것'을 찾도록 한다. 눈을 감고 있는 동안 미묘한 소음을 가진 시계나 타이머를 방안 어딘가에 숨겨둔다. 이 때 아동은 주의 깊게 듣고 그것을 찾도록 한다.
4. 주의 깊게 듣고 부드럽게 속삭이는 단어를 구분하도록 요구한다.

- **아동이 '시작과 운율(onset and rime)'을 지각하도록 돕는다.**
  1. 아동이 단어의 시작 음과 나머지 음에 집중하도록 한다.(예를 들어, "탑" =/ㅌ/와 /압/ 등)
- **운율 기능을 개발시킨다.** 단어 산출과 재인을 학습하는 운율은 음운학적 인식의 첫 번째 단계이다.
  1. 집단 활동에서 충분한 자장가, 시, 운율 책 등을 이용한다. 아동에게 운율에 맞는 단어를 채우게 하고 새로운 운율을 만들도록 한다.
  2. 아동들이 특정 단어가 가진 운율을 산출할 수 있도록 많은 단어나 난센스 음절을 보여준다(예를 들어, "가"자로 시작되는 말은?")
  3. 운율 쌍을 완성하다(예를 들어, 파이-타이, 핀-휜 등).
- **'단어'의 개념을 발달시킨다.** 아동들은 단어가 무엇인지를 자동적으로 알지 못한다.
  1. 아동에게 다른 단어를 적도록 한다(가령, "생각할 수 있는 색상이 얼마나 되지?").
  2. 짧은 문장을 말하게 한다.(가령, "John은 피자를 먹었다.") 아동에게 단어를 잘 듣고 수를 세도록 한다. 세 개의 서로 다른 단어를 설명하도록 한다.
  3. 아동이 '긴 단어'와 '짧은 단어'를 구분하도록 도와준다.(가령, 개와 냉장고)
- **분절음에 대한 인식을 가르친다.** 단어에 있는 개별적인 분절음을 듣도록 하고 정확한 단어로 그것들을 종합하도록 가르친다.
  1. "내가 말한 텔-레-비-젼 이라는 단어의 내용을 이해를 수 있는 사람?"이라고 말한다.
- **단일 분절 단어에서 초성을 듣는다.**
  1. '핀'이라는 단어를 듣는다. 이 단어의 초성은 무엇인가? '피'로 시작하는 다른 단어는 무엇인가?
  2. 소, 박쥐, 돼지 중에서 'ㄷ'으로 시작

하는 단어는 무엇인가? (위에 적혀있는 많은 단어들은 장애아들에게 쉽게 적용시킬 수 있는 것들이다. 이동을 포함한 반복 리듬을 이용하고, 환경 소리들을 구분시키면 심각한 장애아라도 상당히 동기부여를 받을 수 있다.)

마지막으로, 다른 결정적인 신생 문해 기능－그리고 읽기 성취의 중요한 지표(Whitehurst & Lonigan(2001)－을 "알파벳 원리"라고 부른다. Moats(2000)에 따르면 알파벳 원리에는 알파벳의 글자 이름을 대고, 각 알파벳의 글자가 특정 소리와 연관됨과, 인쇄된 단어가 일련의 글자/소리로 이루어져 있음을 이해하는 것이 포함된다. 이것은 알파벳 원리를 가르쳐야 한다는 것을 인정해야 한다.

아동이 인쇄의 기능을 더 잘 알고 단어의 음운/음소 요소에 더 예민하게 되도록 교사가 지도할수록 아동은 글자들의 이름과 소리를 자주 분명하게 참조하게 된다. 교사는 아동이 단어의 글자와 소리를 동일시하도록 동기를 부여하고 촉진해야 한다. 이것은 소리와 글자의 관계를 이용하여 단어를 소리 내고 결국 읽을 수 있음을 아동이 궁극적으로 인식할 수 있도록 중요한 지원을 제공할 것이다.

요약

모든 학령전기 교사와 보육교사들은 아동의 학습 준비도와 더불어 인지적, 적극적 학습, 문제해결 기능의 발달에 대한 책임을 공유한다. 이 과제는 발달지체나 장애를 가진 아동의 교사에게 특히 중요하다. 이 장에서는 이들 기능을 구별하고 가르치는 실질적인 방법을 강조했다.

아동의 놀이를 통하여 인지적 발달을 관찰하는 방법과 함께 Piaget의 인지발달단계를 개관하였다. 문제해결 및 학습 준비도와 관련된 후기의 기능과 함께 초기 인지 기술을 촉진하는 전략을 설명했다.

학령전기 아동의 인지 기술은 자연스러운 놀이와 호기심의 환경에서 쉽게 강화할 수 있다. 아동 발달의 주요 이론의 요소는 문제해결 기능과 학습 준비도와 관련된 전략을 고안하는데 도움을 준다.

아동에게 탐구할 자유와, 불안을 느끼지 않고 실패로부터 배울 기회를 제공함으로써 조기 교육자들은 문제해결 기능 개발을 교육과정에 포함시킬 수 있다. 아동이 문제를 구분하고 정의하여, 대안적 해결을 생각하고 여러가지 대안을 선택하여, 융통성 있는 판단으로 결과를 평가하는 기능을 발달시킬 수 있는 방법을 제시하기 위해 예들과 이론적 근거들이 제공되었다. 문제해결과 학습 준비도 사이의 관계는 개념과 추상적 표상이 문제해결 단계를 거치도록 촉진하는 단어로 해석될 때 명백해진다.

발생적 문해 능력을 다룬 절에서 음운과

음소 발달의 중요성뿐만 아니라 읽기와 쓰기 목적에 대한 아동의 인식을 촉진하는 중요성에 대해 설명하였다. 문해적 언어기능의 개발도 중요한데 이것은 학교에서의 성공에 필수적이다. 교사는 아동의 초기 언어와 문해 경험의 문화적 차이를 인식해야 한다. 이러한 차이는 아동의 사회적 적응과 학교에서의 학문적 성공에 중요한 영향을 끼칠 것이다. 학령전기 아동의 유치원이나 그 이후로의 전환에 성공적이려면 지역 학교 관할구역에 관련된 학문전 기능을 식별해야 한다. "주의를 집중해요."와 "지시를 따라요."에 더하여 대부분의 유아 교실의 교육과정에서 분류(분류하기, 짝 맞추기, 범주로 구분하기, 배열하기를 포함한) 색, 모양, 공간, 시간, 수, 반대개념, 글자 등을 포함한 준비도 활동이 제공된다. 개념을 다루는 데 사용되는 규칙을 산출하고 따르기 위해 필요한 여러 가지 속성과 관련 특징을 아동이 이해하도록 촉진하는 제안들이 포함되었다. 마지막으로 인지 기술이 부족하거나 잠재적 영재성을 가지고 있거나 새로운 환경으로 전환하려는 아동들의 요구에 대하여 특별히 고찰하였다.

토론 주제

1. 문제를 해결하려는 요구를 만드는 몇 가지 방법을 생각해 보자. 2세와 4세 아동에게 적절한 상황을 설계한다.
2. 학령전기 학급을 관찰하고, 인쇄물의 기능적 사용 방법을 기존의 일정과 활동에 통합할 수 있는 방법을 찾는다.
3. 거리와 집 짓기 장난감 블록놀이 활동에서 심각한 인지장애를 가진 아동과 장애가 없는 또래를 통합하는 방법을 생각해 보자.
4. 아동이 인관관계를 경험하도록 촉진하는 학령전기 수업을 설계한다. 가능하다면 아동과 함께 수행한다. 수업 설계를 어떻게 개선할 수 있는가? 기대한 결과를 얻었는가? 아동을 또래와 관련지어 논의한다. 아동의 반응을 녹화하면 아동의 반응을 더 자세히 분석하는 데 도움이 될 것이다.
5. 학령전기에 사회-정서적 활동과 지적인 활동사이의 균형을 유지하는 것이 왜 중요한가? 이는 국가적으로 주목해야 할 중요한 주제이다. 주기적으로 곰곰히 생각해야 한다. 자신의 철학을 인식하고 그 철학이 유아에게 미치는 영향을 조사한다.
6. 취학 전에 스스로 읽기를 가르쳐야 한다고 주장하는 부모에게 대답하는 역할놀이를 한다. 동료에게 건설적인 비평을 요청한다.
7. 지역의 유치원 학급을 방문하여 관찰한다. 행동에 대한 기대와 학문적 요구를 상세하게 관찰한다. 기대한 것과 관찰한 취학전 교실의 졸업 목표를 비교한다. 배운 점을 동료와 토의한다.

8. 주변 환경의 인쇄물 표본을 수집한다. 예를 들어, 맥도날드 컵, 코카콜라 깡통, 피자 상자, 비행기 표 등을 수집한다.
9. 예시 9.7에서 제시된 파종활동에서 설명한 각종 활동은 각 단계마다 특별한 장애를 가진 아동이 경험할 수 있는 문제의 예와 아동의 참여와 학습을 보장하도록 활동을 수정하고 아동의 반응을 지원하는 방법을 제시한다.

Chapter 10

팀 구성: 협력, 문제해결, 자문

핵심용어

갈등해결
감정적 갈등
관찰
모델링
비언어적 의사소통 행동
순회
순회 자문 모델
실제적 갈등
언어적 대화 전략
저항
전문가 자문 모델
준전문가
진전 점검
코칭
협력
협력교수
협력적 자문 모델

핵심개념

- 장애영유아가 지역사회 환경에 통합되어 서비스를 받는 것이 증가하고 있다.
- 다양한 서비스 전달 모형이 유아특수교육 현장에서 장애아동을 지원하는 데 사용되고 있다.
- 성공적인 통합교육 지원은 유아교육 교사와 함께 협력적인 관계를 형성하도록 요구한다.
- 성공적인 협력과 갈등 해결은 의사소통과 문제해결 기술에 따라 달라진다.
- 효과적인 지원을 제공하기 위해서 통합교육 지원 전문가들은 광범위한 지식과 기술적 영역에서 수행 능력을 개발해야 한다.
- 두 가지 공통적인 통합교육 지원 서비스 전달 모형은 협력교수(coteaching)와 순회 자문(itinerant consultation)이다.
- 준전문가는 통합교육 환경에서 장애아동에게 효과적인 지원을 하는 데 중요하다.
- 유아교육 교사는 교실에서 준전문가를 지원하고 감독하는 기술을 개발해야 한다.
- 일대일 보조자로서 준전문가의 사용은 구체적인 문제를 제시한다.

이 책의 앞 장들에서는 장애영유아의 요구를 이해하는 데 중점을 두었고 가족을 지원하는 것뿐만 아니라 모든 발달 영역에 걸쳐 아동의 학습과 적응을 지원하는 데 유용한 이론과 전략을 기술하였다. 이러한 영역의 지식과 기능이 중요한 것처럼 유아특수교육 영역에서 훈련은 아동의 삶에서 다른 중요한 사람들과 효과적이고 협력적인 팀을 구성하는 데 필요한 기능과 배치에 관한 평가 없이는 완성될 수 없다. 이 장은 협력적 팀 구성과 문제해결, 통합교육 지원모델, 준전문가 관리와 같은 세 가지 영역을 제시한다.

여기에 제시된 정보는 지식과 실제의 실질적인 내용을 소개한 것이다. 제시된 아이디어와 전략은 믿지 못할 정도로 단순하지만, 많은 연습과 인내가 없이는 효과적으로 수행하기 어려운 것이다. 효과적인 협력은 예술이면서 과학이다.

1. 협력, 문제해결 그리고 공유된 의사결정

효과적인 협력의 세 가지 중요한 요소가 제시된다. Friend와 Cook(2003)은 **협력**(collaboration)을 상호작용의 한 양식으로 정의하였다. 그래서 능숙한 협력의 주요 요소가 효과적인 의사소통이다. 자신의 의사소통 양식을 알고, 타인의 의사소통 단서를 읽고, 효과적 협력적 자문과 팀 구성에 필요한 의사소통 기능과 양식을 습득하는 것이 주요 문제가 될 것이다. 두 번째는 문제해결이다. 진정한 협력적 문제해결과 의사결정의 공유는 집단이 활동에 함께 참여한다는 동의만으로 생기는 것은 아니다. 효과적인 팀—비록 친한 팀이라도—은 문제해결과 어려운 의사결정에 대해 단계적인 과정을 거쳐야 한다. 세 번째 중요한 협력 요소는 **갈등해결**(conflict resolution)

과 관련된 기능이 포함된다. 때때로 팀 구성과 문제해결 과정은 중대한 갈등과 저항 때문에 진전되지 않는다. 갈등과 저항의 원천과 갈등을 해결하고 관리하는 전략을 아는 통찰은 유아특수교육 교사에게는 필수적인 기능이다.

1) 의사소통 전략: 성공적인 팀 구성의 핵심

협력적 팀 구성과 자문을 요구하는 역할을 하는 유아특수교육 교사들이 점점 더 직면하게 되는 큰 어려움은 효과적인 의사소통 기능의 개발과 몇몇 의사소통 행동에서 오는 문제와 장벽에 관한 이해이다. 다양한 자료에서 채택된 언어적 비언어적 의사소통과 관련된 제안들은 부록 F에 제시되었다. 효과적인 협력자는 팀 구성원 간의 협력과 의견을 일치시키는 방법에서 자신의 언어적 비언어적 의사소통을 인식한다. 효과적인 팀 구성과 협력은 타인의 시각과 관심을 이해하기 위해 의사소통 단서를 읽는 능력 또한 필요하다. 때로는 한 사람이 잘 할 수 있으나, 그의 의사소통 행동 혹은 대인관계 양식 혹은 경청하는 능력이 없음으로 인해 손상된다.

자신의 의사소통 행동을 인식하기 위해서, 유아교사들은 비디오 테이프, 자기 반성, 혹은 동료로부터의 피드백을 통해 자기의 의사소통 양식을 주의 깊게 관찰해야 한다. 그후 그들은 자신의 전문성을 방해하는 태도를 제거하기 위해 노력할 수 있다. 의사소통의 유효성을 약화시킬 수 있는 몇 가지의 공통적 의사소통의 장벽이 있다. 이러한 것은 덜 효과적인 의사소통 심지어 의사소통의 파괴를 초래 할 수 있다. 예를 들어, 너무 빠르게 혹은 너무 감정적으로 조언을 주는 것이나 비확신, 부주의, 비약이 심한 주제 전환, 관련 없는 질문은 협력과 문제해결을 빠르게 약화시킬 수 있다. 의견 일치 형성에 또 다른 공통적 장벽은 해결에 과도하게 빨리 도달하려하거나 팀 구성원으로부터 성실을 인정할 시간을 가지지 않는 것－'미봉적' 해결책－이다.

(1) 비언어적 의사소통 행동

화자가 종종 눈치 챌 수 없을 때조차 **비언어적 의사소통 행동**(nonverbal communication behavior)은 아주 중요하다. "중요한 것은 말보다 행동이다."라는 옛 속담은 효과적인 의사소통 기능에서 많은 진실성을 가진다. 놀랍게도, 비언어적 의사소통은 화자가 실제로 말하는 것보다 더 큰 효과를 (긍적적, 부정적 둘 다) 가질 수 있다!

비언어적 의사소통의 효과와 의미는 문화적으로 결정된다. 특정한 태도나 표현의 긍정적 혹은 부정적 영향은 관습과 어떤 집단에서 사회적 상호작용의 역할에 영향을 받는다. 성공적인 협력자는 다른 사람들의 암시를 잘 이해하고 그 자신의 비언어적 행동의 영향을 예리한 인식으로 발전시키는 것이다. 놀라운 것은, 신체언어가 충돌을 자극하고 널리 퍼뜨릴 수 있다는 것이다. 그러므로 비언어적인 행동으로 몇몇 부정적인 메시지를 전달하는 것을 피하는 것과 잠재적인 충돌을 감소시키는 데 도움을 주는 다른 비언어적 행동을 사용하도록 배우는 것은 중요하다. 다른 사람의 시각과 느낌을 더 잘 이해하기 위해서 그들의 신체언어를 읽는 것을 배우는 것도 비슷하게 중요하다. 물론, 긴장과 저항을 감소시키기 위해 신체언어를 사용하는 것도 가능하다. 긍정적인 상호작용을 용이하게 하는 몇 가지 비언어적 요소가 있다. 안정하고 팔을 벌린 화자를 대하는 것, 화자의 영향과 움직임에 반응하는 것, 미소와 끄덕임으로 들리는 것에 대한 비언어적 인지를 보여주는 것이다. 비언어적 의사소통의 이러한 행동들은 미국의 주류 문화에서 충돌을 줄이는 경향이 있다.

(2) 언어적 대화 전략

언어적 의사소통 행동은 집단 과정과 관계 형성에 부정적이거나 긍정적 영향을 가진다. 예를 들어, 간단하게 말을 너무 많이 하거나 끼어드는 것은 협력적 노력을 상당히 방해한다. 또한 어느 한 사람의 입장을 옹호하기보다는, 각 사람이 말하는 의미를 이해하고 숙고하는 데 진심으로 집중하는 것이 더 중요하다. 아마도 가장 효과적인 언어적 대화 전략은 단순히 말하는 것을 그만두고 듣는 것이다! 다른 효과적인 전략은 다시 말하는 것이나 숙고하는 것, '나' 라는 메시지를 이용하는 것 등이 포함된다. 효과적인 의사소통 전략과 관련된 상세한 정보나 예시는 부록 F에 수록되어 있다. 이러한 의사소통 노력과 기술은 아동들과 가족들에게 아주 긍정적인 이익을 줄 수 있다. 그러나 이러한 구체적인 전략은 아동과 가족의 최대 흥미에 대한 진정한 관심과 통합 환경에 관련된 모든 개인들의 기여에 대한 진정한 존중의 부재에서는 효과적이지 않을 것이다.

2) 문제해결과 갈등해결

문제해결과 공유된 의사결정은 효과적인 팀 구성의 과정에서 중대하다. 문제해결이 어려운 의사결정에 일상적으로 통합될 때, 문제해결 과정에서 협력적 전략을 사용하는 것은 갈등을 줄이는 방법이 된다. 심지어 이러한 과정이 명백하게 시간 낭비일 수 있지만, 그것은 어려운 논제를 해결하는 데 아주 유용할 수 있다. 의견의 차이가 크게 존재하거나 중요한 결정을 해야 하는 시점과 같은 상황에서 만일 모든 팀이 이것을 이용하는 과정과 동의에 익숙하다면 최대로 효과적일 것이다. 문제해결 과정이 알맞지 않는 몇몇 상황이 있는 것 또한 중요하다(Friend & Cook, 2003). 예를 들어, 문제가 팀의 책임 외의 것이거나, 팀의 일부에서 의향이나 수행의 일반적인 부족이 있을 때이다.

(1) 한 가지 문제해결 접근

자문과 갈등해결에 대한 선행연구에서 많은 문제해결 접근이 논의되었다. 여기에 제시하는 접근은 Kurpius(1978), Heron과 Harris (2001)에서 채택한 것이다. 그것은 간단하지만 팀 구성 과정에서의 유효성을 방해하는 상황에 접근하는 체계적인 방법이다. 뒤에 제시되는 단계들은 문제해결 과정에서 권장된다.(다음 장에서 제시한 Paulo의 사례에서 더 상세하게 설명하였다.)

- **문제 확인.** 문제가 있는 행동이나 상황에 객관적으로 동의하고 진술한다. 무엇이 문제인지 인정하지 않는 것은 종종 문제해결을 실패하도록 한다. 문제 확인에 유용한 한 가지 전략은 현재 상황과 희망하는 상황의 불일치를 확인하는 것이다. 예를 들어, 현재 상황은 아동이 다른 아동을 날마다 한두 번씩 문다. 희망하는 상황은 아동이 다른 어떤 이도 전혀 물지 않는 것이다. 그런 후 질문 형태로 문제를 글로 표현하라. "깨무는 횟수를 줄이기 위해서 우리는 어떤 전략을 이행할 수 있을까?"
- **가능한 해결책 산출.** '올바른 해결'을 아직 모른다는 것을 이해하는 것이 팀 구성원들에게는 중요하다. 판단하지 않고 모든 아이디어를 책상 위에 올려놓고 가능한 해결을 브레인스토밍을 하는 것은 아이디어 생성에서 생산적인 과정이 될 수 있다.
- **수행을 위한 해결책 토론과 선택.** 팀은 특정한 해결책을 시도하는 데 동의한다. 일반적으로 계획을 실제 수행하는 사람이 시도할 수 있는 해결책을 선택할 수 있도록 기회가 주어져야 한다.
- **해결책 수행.** 언제, 무엇을 할 것인지 고려하며 활동 계획을 작성한다.
- **결과의 평가.** 무엇이 효과가 있었고 무엇이 효과가 없었는지 결정한다. 필요하다면 과정을 되돌려 순환하여 다른 해결책을 선택한다.

3) 갈등 다루기: 관점 갖기와 갈등해결 과정

종종 많은 수행자들과 많은 의견들이 있고, 때로는 성공적인 통합교육이 무척 힘들기 때문에 갈등이 일어난다. 갈등을 성공적으로 해결하지 못하는 것은 자문 과정을 심각하게 손상시키고, 앞에서 제시한 문제해결 단계를 수행하기가 더욱 어렵게 한다. 다음으로 갈등과 갈등해결 전략을 간략하게 설명한다.

(1) 갈등의 특성

갈등은 어떤 충실한 팀 집단에서도 피할 수 없다. 각 개별 팀은 명확한 해결책과 '증명된' 기법의 계획과 의사결정 과정에 대해 매우 다른 배경, 목적, 가치, 관점을 가지고 있다. 아동의 요구는 보다 복잡하고 강렬한 것이어서 최적의 지원 형태와 지원 범위에 큰 변화가 생긴다.

Ellis와 Fisher(1994)에 따르면, 갈등은 '실제적'이면서 '감정적'인 것이다.

- 실제적인 갈등은 지적 차이로부터 일어나고 내용에 근거한다. 개인들은 근본적으로 우선순위, 중재 전략, 교육과정, 철학, 최선의 실제, 서비스 전달 절차 등의 차이로 인해 갈등이 일어난다. 이러한

종류의 갈등은 피할 수 없고, 적절하게 운영될 때 팀 과정에 좋은 기여를 할 수 있다.

- 감정적인 갈등은 개인간의 감정의 불일치에 근거한다. 성격 충돌, 편집증, 지위와 조절의 손실에 대한 두려움, 비탄 등과 같은 요인들이 가장 어려운 갈등을 초래할 수 있다. 자주 실제적인 갈등에 감정적인 요소가 존재한다. 이러한 갈등의 유형이 가장 힘들 수 있다.

(2) 저항의 근원

종종 갈등의 중요한 요소는 **저항**(resistance)이다. 개인들은 문제해결 과정이나 해결 수행 과정에 참여하거나 협력하는 것에 저항한다. 이것이 다시 갈등의 원인이 된다. 가능한 저항의 원인은 많다. 유아의 통합교육 환경에서는 다음과 같은 것들이 공통적이다.

- **'고장난 거 아니면 고치지마' 태도.** 때때로 개인은 상황이 가능한 좋고, 변화나 문제 해결의 어떠한 이유도 없다고 단순히 믿는다.
- **두려움.** 개인들은 변화에 매우 두려워한다. 직무에 따라 책임은 바뀐다. 개인은 새로운 역할을 수행하는 데 무능함을 느낀다. 가장 공통적인 예는 장애유아에 대한 훈련이 적거나 없는 유아교육 교사들이다. 종종 교사는 단순히 무엇을 해야 하는지 모르는 것을 두려워한다. 이것은 모두에게 편안하지 않는 상황이다. 실패와 무능력에 대해 두려워하는 개인이 '나쁜' 사람으로 여겨져서는 안 된다.
- **사회적 저항.** 많은 개인들은 그들의 직업에서 상당한 편안함과 사회적 지원을 찾는다. 이러한 확신과 편안함을 위협하는 것이 그 무엇이든 근심을 낳을 수 있다. 주간 보육시설의 환경과 같은 통합 상황에서 주로 저임금 직업의 이익 중의 하나가 사회적 동료애와 지원이다. 통합은 편안한 영역 안에 끼어드는 좀 더 잘 훈련된 몇몇의 다른 전문가들로 인해 저항이 생긴다.

저항을 이해하기 위해서, 통합교육 자문은 다른 중요 수행자들의 관점을 수렴할 수 있어야 한다. 예를 들어, 지역사회에서 많은 조기교육 프로그램은 인원이 부족하다. 심지어 경도 장애아동을 통합하는 것도 적응을 요구하고 증가된 작업부하를 가져온다(만약 아동의 요구가 실제로 충족되고 있다면). 유아 교육기관의 직원은 추가적인 자원이나 수입의 증가 없이 장애아동의 요구를 충족시키도록 요구하는 것에 분개한다.

통합교육 장면에서 지도 교사는 센터나 교실환경, 아동들, 직원들 '영역'을 통제하는 데에 익숙할 것이다. 만일 치료사나 특수교사 그리고 부모들이 경고나 제안을 퍼붓는다면 그녀는 지위에 엄청난 상실을 느낄 수 있다.

(3) 저항 다루기

Hoskins(1996)는 팀 구성원의 저항을 이해하

고 다루는 데 유용한 몇 가지 구체적인 고려를 제시하였다. 첫 번째 단계는 위에서 언급한 것처럼 저항의 근원이 되는 두려움과 걱정을 확인하려고 시도하는 것이다. 다음 단계는 이러한 두려움이 어떻게 개인의 행동에 영향을 주고 있는지를 이해하려고 노력하는 것이다(예를 들면, 전화 응답이 오지 않으면, 팀 회의에서 공격적이고 감정적이게 되고 일의 수행이 되지 않는다). 다음은 '저항자' 가 원하는 것(예를 들면, 존경받는 것, 권위를 유지하는 것)과 피하려고 노력하는 것(예를 들어, 굴욕감을 느끼는 것, 전문적 기술의 부족을 인정하는 것, 여분의 일을 하는 것)이 무엇인지 결정하려고 노력하라. 끝으로, 집단의 목적을 수행하는 중에 저항자가 원하는 것을 성취할 수 있도록 도와주어라(예를 들어, 좋은 아이디어의 칭찬, 걱정에 대한 타당성 인식).

저항을 다루고 협력적 과정을 지원하는 데 효과적이기 위해서 팀 구성원들은 자신들의 요구를 통제하고, 최선의 아이디어를 가지기 위해 신뢰하고, '올바르다' 고 증명된 것을 인정하는 것이다. 경쟁적인 미국 문화에서, 이것의 숙달은 가장 어려운 전략 중의 하나이다. 대부분의 우리는 이겨야 한다는 뿌리 깊은 욕구를 가지고 있다.—옆 사람보다 더 낫게, 무리로부터 두드러지게. 협력은 이러한 욕구들을 버리기를 요구한다.

(4) 갈등 회피

저항은 갈등을 초래한다. 모든 사람들은 갈등으로부터 생겨난 좌절과 정서를 경험해 왔다. 대부분의 사람들이 ('선전을 좋아하는' 얼마 안되는 몇몇 개인들을 제외하고는) 갈등을 피하기 위해 격렬하게 노력한다. 그러나 때때로 갈등의 회피는 갈등 그 자체만큼 해로울 수 있다. 다음은 갈등 회피의 예시들이다.

물러남(예, "나는 그것에게 빠져.")
어느 한 사람도 만족하지 않는 타협
조절(예, "좋아, 네가 하고 싶은 대로 해.")
다수결(예, "투표로 정합시다.")

모든 상황에서 관계 형성과 협력 진행에 대한 요구가 있어서 일반적으로 갈등 회피는 자문 과정을 약화시킨다.

갈등 회피는 통합지원에서 만족스럽지 못한 접근이다. 그것은 시간이 지나면 갈등을 악화시키고 관계를 손상시킨다.

(5) 갈등 해결 전략

그래서 중요한 질문은 갈등을 어떻게 관리하고 해결하는가이다. 몇 가지 전략이 즉각적인 단기 해결을 제공할 수 있다.

- **멈추고 심호흡을 한다.** 당신이 갈등과 관련하여 격한 감정을 경험하고 있든 다른 사람들의 그러한 것을 관찰하고 있든, 짧은 시간 동안 아무 말도 않고 아무것도 하지 않는 것이 중요하다. 당신 자신의 감정을 평가하라. 말하기 전에 다른 사람의 근심을 신중하게 들어라.
- **중립에 서서 갈등의 쟁점 또는 측면을**

진술하려고 노력한다. 예를 들어, "내가 여기 다른 두 생각을 정리할 수 있는지 좀 들어봐. Rivera양, 당신은 당신 딸이 다치게 될까봐 두려워하고 있군요. 아동들이 너무 많기 때문에 직원들이 그녀의 모든 순간들을 돌볼 수 없기 때문에요. Janice, 당신은 어머니께서 다소 과잉보호한다고 느끼고 그녀의 걱정이 정당화되지 않는다고 느끼는 것 같군요. 내 말이 맞나요?" 만일 당신의 진술이 올바르게 잡아내지 못했거나 당신이 올바르게 진술했다는 것을 인지했다면 이런 접근은 개인들이 그들의 위치를 고쳐 말하도록 한다. 둘 모두 차이에 대한 정직한 표현을 격려하고 가치로운 비모순적인 방법이 될 수 있다.

- **정직하게 자신의 역할을 평가한다.** 당신이 진정으로 중립에 있든 갈등에서 자신의 역할을 자각하라(이것은 모든 시간의 대부분일 것이다!). 예를 들면, "당신도 알다시피, 직원이 상황을 충분히 신중하게 주시할 수 있을지에 대해 같은 걱정을 가지고 있다는 것을 인정해야 합니다. 내가 그들이 그녀를 내버려 둔다는 것을 알게되면 난 화가 날 것입니다."
- **문제해결 접근으로 집단을 이동하려고 시도한다.** 이상적으로, 갈등이 한창 심할 때, 갈등을 해결하기 위해 앞에서 설명했던 것과 같은 문제 해결 접근을 사용하려고 시도해야 한다. 그러나 종종 수반되는 감정 때문에, 일부 자문에 대해서는 상당한 기능이 요구된다.
- **유머감각을 사용한다.** 유머는 때때로 긴장 상태를 흐트려뜨리고 경감시킨다.

비록 이러한 전략들이 갈등의 단기 관리를 제공하지만, 장기적으로 진행되는 전략을 통합해야 한다. 특정 행동과 실제는 시간이 지나면 다음과 같은 협력적 분위기를 만들 것이다.

- 오해가 일어나기 전에 이슈를 명확하게 한다.
- 일반적인 절차로서 의견을 표현하도록 모든 수행자들을 격려한다.
- 빨리 해결하는 데 초점을 두기보다 요구(예를 들어, 아동의 요구, 교사의 요구, 부모의 요구)에 초점을 둔다.
- 당신의 감정과 선입견을 표현함으로써 열린 토론을 촉진한다(예를 들면, "이것에 대해 난 정말 불편함을 인정해.").
- 다른 사람의 의견에 가치있는 피드백을 한다(예를 들면, " 오, 여기서 당신의 의견이 어디서부터 왔는지 알겠어요.").
- 집단 구성원들이 다른 사람들의 관점을 알 수 있도록 한다. 그들이 동의할 필요 없이, 단지 인식하고 이해하면 된다. 많은 다른 관점을 이해하는 것이 상황을 더 잘 이해하게 만들고 더 나은 해결을 만든다는 생각을 지원한다.

또한 협력 관계를 구축하고 갈등을 예방

하는 데 결정적인 것이 신뢰를 형성하는 것이다. 예시 10.1은 신뢰를 형성하기 위한 제안이다.

마지막으로 갈등을 다루는 중요한 장기 전략은 체계적인 문제해결 과정에 통합하여 필요할 때 사용하도록 하는 것이다(이것은 갈등 위기가 발생되기 전에 희망이 있다). 이 장 앞부분에서 기술되었던 문제해결 과정은 다음에 Paulo의 상황에 적용될 것이다. 그것은 관점 갖기, 저항, 효과적인 갈등 관리의 예를 제공한다.

4) 문제해결 사례연구: Paulo

다음의 사례는 통합교육 장면에서 핵심적인 수행자가 직면한 전형적인 문제이다. 그러한 문제를 해결하는 데 결정적인 것이 관점갖기이다. Paulo와 같은 아동을 위한 효과적인 중재와 교육 프로그램을 수행하고 평가하는 데 책임을 가진 성인들은 무엇이 최선인지에 대해 매우 다른 관점을 가지고 있다.

(1) Paulo의 문제

Paulo는 최근 동네의 보육 프로그램에 등록되었다. 가족들은 그를 위해 일대일 보조를 정하였다. 유아특수교사인 Marie는 Paulo를 위해 임명된 통합지원 전문가이다. Paulo는 자폐아동이다. 그는 의사소통 능력이 거의 없고, 그의 언어병리학자는 Paulo의 화가 의사소통에 대한 능력 부재와 관련되어 있다고 믿는다. 그러므로 그녀는 그림 의사소통 체계(PECS; Frost & Bondy, 1994)로 알려진 대체 의사소통 절차를 소개했다. 이 체계는 아동이 원하는 목적이나 활동과 교환하기 위해 그림을 선택하여 어른에게 주는 구체적인 절차가 사용된다. 통합지원 전문가는 이 과정을 수행

예시 10.1

협력적 팀 문제해결에 있어서 신뢰 형성하기

- 신중한 주의력으로 이해하기 위해 경청하라. "내가 …에 틀렸다면 바르게 고쳐주세요." 혹은 "당신이 …라고 말하는 것을 내가 이해 할 수 있도록 해주세요."와 같은 문장들을 사용하라.
- 말한 것은 지켜라.
- 사람들에게 중요한 것이 무엇인지 배우고 그것을 존중하도록 노력하라.
- 스스로 정직하게 공유하라.
- 대화를 지배하지 않으면서 전문적 지식을 공유하라.
- 다른 이의 의견을 간청하라.
- 다른 이를 신뢰하라. 다른 이를 믿으면 주로 그들도 당신을 믿게 된다.(당신이 그들을 신뢰하는 것보다 그들이 당신을 더 신뢰하도록 강요하지 마라.)

출처: Bridges(1991) and Margolies and McCabe(1998).

하기 위해 일대일 보조인 Evelyn을 교육한다. 그녀는 만일 다른 직원들도 그림 의사소통 체계를 배운다면, Paulo는 실용적인 의사소통 체계를 가지게 되고 그의 분열적 행동이 감소한다는 두 가지 중요한 목적을 달성할 수 있다고 믿는다.

유아 프로그램 직원들은 추천되고 있는 그림 의사소통 체계의 유효성을 꽤 의심한다. 그들은 Paulo의 화가 증가하고 있다고 믿고 Paulo가 이 센터에서 성공적으로 포함될 수 있을지에 대해 좌절한다. 이 팀은 위기에 도달했다.

(2) Paulo의 사례에서 주요 수행자들의 가능한 관점

이 팀의 구성원들은 회의에 다른 관점을 가져올 것이 명백하다. 다음 부분에서 이러한 관점들을 서술한다.

통합지원 전문가. 팀의 전문 교육자인 Marie는 Paulo의 행동 문제가 그의 화용적 의사소통의 결핍과 관련되어 있다고 강하게 믿는다. 그녀는 Paulo가 이 환경에서 성공하길 바란다. 그녀는 그림 의사소통 체계를 사용하도록 Paulo를 교육하는 데에 아주 애를 쓰지만 직원들은 이것이 협동과 훈련 시간을 요구할 것이라 믿는다. 그녀는 Paulo를 지원하는 최상의 방법을 알지만, 그녀는 직원들의 그림 의사소통 체계를 배우려는 수행의 결핍과 아동의 분열된 행동을 조절해야 하는지에 대한 걱정에 좌절한다. 그녀는 그들이 Paulo를 프로그램에서 제외시키자고 협의하는 쪽으로 가고 있다고 믿는다. Paulo의 어머니는 그녀가 그의 의사소통을 가르칠 뿐 아니라 이 문제를 해결할 수 있기를 그녀에게 기대한다고 느낀다. Marie는 그녀의 신용이 위태로워질 것 같이 느끼기 시작한다.

Paulo의 어머니. Paulo의 어머니인 Johnson 씨는 아들이 특수학급에 있다고 생각하지 않지만, 그녀는 그의 행동이 그 통합환경 배치를 위태롭게 하고 있음을 깨닫는다. 그녀는 일을 해야 하고 Paulo를 위해 육아를 해야 하는 추가적 부담을 가진다. 그녀는 전혀 발전을 보지 못해 왔음에 걱정한다. Marie가 Paulo를 어떻게 도와야 하는지 안다고 이해했지만, 그녀는 확신을 할 수가 없다. 어머니는 교사인 Jenny로부터 부정적인 느낌을 느끼기 시작했고 그녀가 Paulo를 싫어한다고 의심한다.

유아교사. Jenny는 아주 헌신적인 유아교사이다. 그녀는 그녀의 일을 즐기고 Paulo를 그녀의 교실로 기꺼이 받아들인다. 그러나 그녀는 특별한 요구가 있는 아동들에 대한 경험이 거의 없다. 그녀는 Paulo로 인한 힘든 일에 대해 전혀 준비되어 있지 않았다. 그녀는 일대일 보조가 있음에도 불구하고 교실을 전적으로 혼란스럽게 하는 그에게 놀란다. 그녀는 질렸고 하루하루 일하러 가는 것이 꺼려지기 시작했다. 그녀는 의사소통 훈련 과정을 하도록 Marie로부터 압력을 느낀다. 비록 그녀는 Marie가 '전문가'인 것은 알지만, 어떻게 아

동의 화내는 것을 감소시킬지 알 수가 없다. 그녀는 교실 안의 다른 아동들의 반응을 보기 시작한다. Jenny는 또한 Paulo의 어머니에게 죄책감을 느낀다. 그녀는 Johnson씨가 얼마나 간절히 Paulo가 이 프로그램에 있기를 바라는지 안다.

보육 관리자. 보육 프로그램 관리자인 Murillo양은 법률상 특별한 요구가 있는 학생들이 센터에 입학하는 것에 대한 압력이 증가하고 있음을 이해한다. 그녀는 이 일을 하는 것을 감수하고 이러한 아동들을 지원하는 장소에 흥미를 가진다. 그러나 그녀는 무엇을 준비해야 하는지, 이것이 가능하려면 얼마나 시간을 소비해야 하는지 전혀 모른다. 그녀는 Paulo가 특별한 상황이기를 바란다. 그녀는 이 한 아이에게 얼마나 많은 노력이 소비되고 있는지에 놀란다. 그녀는 센터에서 가장 좋은 교사인 Jenny에게 끼치는 영향이 점점 걱정된다. Murillo양은 Jenny에게 압력이 가해지고 있고 그녀가 수행하도록 하는 다른 이들의 기대에 못미치고 비판을 Jenny가 느끼고 있음을 깨닫는다. Murillo양은 Marie에게도 다소 분노를 느끼기 시작한다. Murillo양의 직원과 치료사를 배정하는 경험은 특히 긍정적이지 않았다. 그녀는 학교 직원들이 보육교사들을 무시한다고 느낀다. 그녀는 일반적으로 이런 빈약한 예산으로 보육 프로그램을 관리해야 하는 것에 좌절한다. 이것은 정당하지 않다.

일대일 보조. Evelyn은 단지 한 아이를 담당

해서 일해 보았다. 그 아이는 Paulo 같지 않았다. 그녀는 이 직업에 점점 불행을 느꼈다. PECS 과정은 복잡하고, 그녀는 이것이 효과가 있을지 확신하지 않는다. 그녀는 유아교사가 그녀가 Paulo의 화를 조절할 수 있어야 한다고 생각하는 것을 깨닫는다. 또한 그녀는 그녀가 얼마나 의사소통 훈련을 하는지에 Marie가 만족해하지 않는다는 느낌을 받는다. 그녀는 단지 1주일에 한 번 그녀를 본다. 그녀는 어떤 이도 기쁘게 하지 못한다는 피해망상을 느끼기 시작한다. 그리고 그녀는 또한 누가 그녀의 상사인지 알 수 없다. 온종일 하는 스타벅스 일이 더 나은 것 같다.

언어치료사(SLP 자문). 보통 언어치료는 기본적으로 Paulo의 지원에 포함되지 않지만, 언어치료사는 그녀의 식견과 추천이 유효하고 잘 수행되어지는 것에 아주 자신만만하다. 그

녀는 통합지원 교사인 Marie가 보육센터의 직원이 그림 의사소통 체계를 수행하는 데 이러한 어려움을 겪고 있는 것에 놀란다.

(3) 갈등에 기여하는 요인

관점의 차이. 비록 시나리오대로 역할을 맡아하는 모든 팀 구성원들이 Paulo를 지원하는 데 관심이 있지만, 그들은 위와 같이 회의에서는 아주 다른 시각을 가지고 온다. 성공적인 협력은 이들 관점 중 어떠한 것도 '잘못된' 것으로 여겨져서는 안 된다는 것을 요구한다. 통합지원 전문가들이 다른 이들의 관점과 생각을 존중하고 가치를 두는 것과 각자 관점의 성향을 결정하기 위해 효과적인 전략을 개발시키는 것은 중요하다.

저항의 근원. 갈등의 주요인은 변화에 대한 저항과 자신과 다른 생각들에 대한 저항이다. 이러한 저항의 씨앗은 종종 팀에서 반영되는 다른 관점에 있다. 이러한 차이는 유아 통합 영역에서 공통적이다. Paulo의 상황에서 통합지원 전문가는 그녀가 다른 이의 생각에 반대되는 그녀의 학습법을 아주 열렬히 믿는다. 관리자인 Murillo양은 그녀의 권위가 도전받고 있다고 느끼기 때문에 아마 직원에게 하는 Marie의 제안에 반대할 것이다. 교사인 Jenny는 그녀의 교실 관리와 그녀의 능력이 위협받고 있다고 느끼기 때문에 Paulo의 행동에 대한 쟁점을 다루는 어떠한 제안에도 반대할 것이다.

Paulo의 "문제" 해결. 다음은 Paulo의 팀이 사용한 단계적 문제해결 과정에 관한 설명이다.

단계 1. 준비

순회 특수교사인 Marie는 형성되기 시작한 난국의 해결을 시도하기 위한 회의 소집의 역할을 맡는다. 회의 전에, 그녀는 각 주요 담당자들과 간단히 대화를 한다.

단계 2. 회의 시작(첫 번째 회의의 시작)

회의가 시작될 때 Marie는 다과를 가져오고 좋은 날씨에 대해 말하기도 하고 아동들의 미술 작품 전시를 언급하며 소통을 하고 긴장을 풀도록 하기 위해 노력한다. 그녀는 팀 구성원들이 시간이 없다는 것을 알고 그녀는 전체에게 올바른 토론이 유지되는 데 도움이 되는 몇가지 문제해결의 '기본 원칙'에 동의하는지 묻는다. 이 과정에서 중점은 충돌의 해결에 있는 것이 아니라 토론과 공동 의사 결정을 위한 과정을 구축하는 데 있다.

단계 3. 문제 정의

문제 해결에서 가장 큰 실수는 너무 빨리 해결로 달려가려는 시도에서 아래의 단계를 무시하는 것이다!

첫 번째, 팀이 구성원들은 문제라고 생각하는 것을 말해야 한다. 종종 갈등은 사람들이 문제를 아주 다르게 보거나 전혀 다른 논점에 초점을 맞추기 때문에 일어난다. 이 단계는 팀이 서로의 관점을 이해하는 데 도움이 된다. 만일 무엇이 문제인가에 대한 반대가 있다면, 팀이 가능한 해결로 움직일 수 있기 전에 반드시 의견 일치가 되어야 한다. 또한 진행을 하는 개인이나 전체에 가장 영향을 끼치는 사람에게는 처음에 견해를 제시하는 것을 피하도록 하는 것이 중요하다. Paulo의 상황에서는, Marie는 문제에 대한 모두의 견해를 들은 후 마지막에 자신의 생각을 말한다.

회의를 진행하기 전에, 그들은 무엇이 문제인지에 대해 의견 일치에 도달하여야 한다. 즉, 무엇이 해결되고 고쳐져야 하는가? Marie는 그녀가 명백히 소수라는 것을 깨닫는다. 다른 팀 구성원들은 즉각적인 문제가 아동의 분열적 행동이라 믿는 반면에 그녀는 해결되어야 할 가장 우선의 문제가 Paulo의 의사소통 체계의 결핍이라 믿는다. 그녀의 견해가 올바르다는 것을 전체에게 설득시키려고 시도하는 것은 이 시점에서 역효과일 것이다. 그러므로 전체는 가까이 있는 문제가 Paulo의 화내는 성질이라는 것에 동의한다.

단계 4. 가능한 해결책의 결정

이 국면에는 브레인스토밍 활동이 필요하다. Marie는 모두에게 아이디어를 제안하고, 판단이나 비판하지 않고, 모든 아이디어가 수용가능하다는 것을 제안한다. 각각의 제안이 가급적이면 모두가 볼 수 있도록 차트나 칠판에 기록되어야 한다. Marie가 회의를 용이하게 하고 있지만, 기록을 해줄 지원자가 필요하다. 모든 주요 담당자가 이 과정에 실제로 참가한다는 것은 중요하다. Marie는 그녀가 믿는 것이 최선의 해결이라는 것에 과잉 투자해서는 안 된다. Paulo의 상황에서 중간 휴식을 취하게하자거나 그를 집에 데려가라고 어머니께 전화하자는 등 팀 구성원으로부터 제안된 몇가지 아이디어들은 전혀 Marie에게 받아들여지지 않는다. 그럼에도 불구하고, 모든 아이디어들은 회의에서 나와야 한다.

몇가지의 해결책들(행동 분석, 그림 의사소통 체계, 중간 휴식, 교실에서 그를 내보냄, 그를 집에 데려가라고 어머니께 전화함)이 제안된 이후에, 시도하게 될 해결책을 선택하는 사람은 그것을 실제로 책임질 사람이다. Paulo의 경우 교실의 교사는 Jenny이다. Marie는 Jenny에게 수행할 해결책을 선택하게 한다. 이전에 어려움에 처했었기 때문에, 심지어 Marie은 Jenny가 선택한 것이 최선의 해결책이 아니라고 생각하더라도 전체를 위해서 Jenny의 선택을 지원한다. 또한 만일 집단에 의해 선택된 해결책이 효능이 있을지를 이해하고 다른 해결책이 시도되어질 수 있다는 것을 이해한다면 아주 도움이 될 것이다. 이것은 누가 '올바른' 아이디어를 가지고 있는지 알아보는 콘테스트가 아니다. 일단 협력 과정에 사용될 해결책이 정해지면, 저항은 없어지기 시작하고 신뢰가 생겨나는 길이 열린다.

Jenny는 아동의 행동이 극도로 분열적이 되면 집단에서 떼어내 달라고 Evelyn에게 요청하는 전략을 선택한다. 그녀는 그가 진정되면 집단에 되돌려 보낼 것이다. Marie는 이것이 성공적인 전략이 될 것이라 느끼지 않고 의사소통 훈련이 최선이라는 그녀의 강한 믿음 때문에 이전에 이것에 반대해 왔다. 하지만 한번 시도해보려는 Jenny의 요구를 지원한다. Paulo의 어머니인 Johnson씨는 간식시간 동안에는 제한된 그림 의사소통 체계의 수행을 제안한다. 그림 의사소통 체계의 사용이 간식시간으로 제한된다면 그 책임을 기꺼이 받아들이겠다는 Evelyn의 제안에 Jenny는 동의한다.

과정은 좀 더 협력적으로 되었다. 그녀만 올바른 해결책을 가지고 있고 전체를 Marie가 설득시키는 것 보다 전체 집단 구성원 모두가 동의하는 계획을 만든다.

단계 5. 활동 계획

동의한 해결책의 세부사항인 활동 계획 없이 회의를 끝내지 않는 것이 중요하다(활동 계획 양식은 부록 H를 참고하라). Marie는 누가 무엇을, 언제, 얼마나 자주 등등을 기록한다. 또한 3주마다 계획이 얼마나 잘 되고 있는지 정리하는 사후 점검 회의를 위한 하루를 정한다.

단계 6. 사후 점검

사후 점검 회의에서 팀은 활동 계획의 유효성을 평가한다. 어떤 요소가 효과가 있었는가? 어떤 것이 없었는가? 다음 단계는 무엇인가? 놀랍게도 Marie는 Paulo의 화내는 횟수와 강도가 줄어들었다는 것을 인정한다. Jenny는 필요할 때 Paulo를 집단에서 떨어뜨려 놓는 선택 행위가 그녀의 생활을 더 쉽게 만들었다고 언급한다. 그녀는 이 상황에서 자신감에 찬다. 또한 그녀는 간식 시간 동안 Paulo가 얼마나 빨리 PECS 카드 사용을 이해하는지에 대해 마음에 든다고 인정한다.

팀의 구성원은 반드시 효과가 없는 다른 팀 구성원의 해결책에 대해 책임과 비난을 느낄 필요가 없다. 그것은 간단히 다른 접근이 시도되어야 한다는 것을 의미한다. 대부분 중요한 것은 첫 번째 해결책을 시도하면서 배운다. 이것은 다음에 두 번째 시도의 성공 가능성을 증가시킬 것이다. 해결책이 효력이 없을 때, 팀 구성원이 "내가 말했잖아." 라고 말하는 반응을 피하는 것이 중요하다. 개인적으로 '승자' 와 '패자' 라는 어떤 관념은 협력 과정을 약화시킬 것이다. 해결책이 효능이 있고 아동이 이득을 얻을 때, 모두가 이긴 것이다.

실제로 협력 과정과 관계는 힘의 공유와 모든 팀 구성원들이 동일한 양의 기여를 요구한다(이것은 하루아침에 일어나지 않는다는 것을 명심하라!).

단계 7. 필요하다면, 문제해결 단계를 순환시킨다

만일 해결책이 효과가 없거나 만일 문제가 더 악화되었다거나 만일 새로운 문제가 있다면, 문제해결 단계는 다시 진행되어야 한다. 오랫동안 문제해결 과정은 두 번째 특성이 된다. 덧붙여 협력과정의 몇 가지 특징은 팀 구성원 사이의 협력 관계와 상호 신뢰와 존중의 발전을 강화시키는 것을 계속한다.

2. 통합교육 장면에서 특별한 요구를 가진 아동을 지원하기 위한 모델

전형적으로 지역사회중심 집단 환경에서 서비스를 받는 장애아동들은 다양한 방법으로 지원이 된다. 최근에 0세부터 5세까지의 아동들에게 통합교육 지원의 여부, 시기, 방법에 대한 일반적으로 수용된 기준이나 지침은 없다(Guralnick, 2000). 아동이 서비스를 받는 장소와 '하나의 크기가 모두에게 적합하다'는 것에 관계없이 개별화교육계획(IEP)과 개별화가족서비스계획(IFSP)의 개별화된 측면이 있다. 아동에 주어지는 이상적인 지원 모델은 아동의 요구, 가족의 선호, 이용 가능한 환경의 특성을 포함한 몇가지 요인에 따라 달라진다.

Klein, Richardson-Gibbs, Kilpatrick, Harris(2001)는 이러한 환경에서 지원을 위한 다양한 서비스 전달 모형을 기술하였다. 여기에는 순회 교육, 순회 협력 자문, 팀 교육, 유아교사의 현직 연수, 특수교사와 함께하는 역통합 모델, 일대일 보조원으로서 보조교사의 이용이 포함된다. 또한, 다양한 이유 때문에 몇몇 아동들이 지원 없이 유아교육 환경에 놓여진다. 이러한 서비스 전달 모델의 특징과 장점이 고려될 것이다.

1) 지원 부재

지역사회중심 환경에 배치된 장애유아가 항상 몇몇 종류의 지원이 필요한지 여부를 결정하는 의사결정자들 사이에 동의가 나타나지 않고 있다. 예를 들어, 유아의 직원이 고도로 숙련되었다면 아동을 충분히 감당하고 아동들의 참여에 필요하다면 수정을 기꺼이 할 것이다. 다른 예는, 부모들은 직원과 의사소통하는 환경에서 아동을 지원하기에 충분하다고 느낄 것이다. 아동과 직원이 지원을 필요로 하겠지만, 지원이 간단히 가능하지 않거나 알맞게 요구되지 않는 상황도 있다. 이러한 상황에서 힘든 점은 아동의 IEP 목표를 달성하기 위한 과정에 누가 책임이 있는지를 결정하는 것이다.

2) 일대일 보조원의 이용

'그림자 도우미', '통합교육 지원 도우미', '치료 동료', '코치' 등등으로 알려진 일대일 보조원의 이용에 관하여 많은 논의가 있어 왔다. 이 모델에서는 특정 아동에게 제공되는 프로그램에서 직원이 실제적으로 제공할 수 없는 몇 가지 구체적인 보조나 지원을 제공하기 위한 목적으로 특정 성인이 임명된다. 쟁점으로 훈련의 부족, 감독과 역할과 책임감의 요구 그리고 또래 아동과의 상호작용과 독립에 대한 악영향 등이 포함된다(Giangreco, Edelman, Broer, & Doyle, 2001). 몇몇 상황에서 일대일 보조원은 오직 원조이다. 다른 상황에서는 일대일 보조원이 구체적인 역할을 위해 훈련되고 유아특수교사나 다른 전문가의 감독 아래 일을 한다. 훌륭한 유아교육 환경에서 알맞은 지원과 상담이 협력으로 제공될 때, 일대일 보조원의 필요는 종종 없어질 수 있고 단기간에 상당히 줄어들 수 있다는 것이 우리의 관점이다.

3) 직원 현직 연수 모델

다양한 프로젝트는 특별한 요구를 가진 유아의 지원을 보장하기 위한 일차적인 수단으로서 유아교육 프로그램 직원을 훈련시키는 목적이 있다. 이러한 상황에서 직원은 장애유아와 활동하는 데 필요한 유용한 전략과 관계가 있는 연수를 제공받는다. 몇몇 상황에서는 이러한 현직 연수는 지원의 다른 모델과 결합하여 제공된다.

4) 통합교육 지원의 순회 자문 모델

통합교육 지원의 몇몇 모델 중 하나는 순회적 접근이다. 앞에서 설명했듯이, **순회(itinerant)**는 각 장소에서 장애아동에게 지원을 제공하며 이곳에서 다른 곳으로 이동하는 사람이다. 각 장소에 목표된 아동들의 수와 한 장소에서 다음 장소와의 거리에 따라 일반적인 순회 담당 건수는 15명에서 20명일 것이다. 일반적인 방문 횟수는 1주일에 한 번에서 한 달에 한 번이다.

Dinnebeil, McInerney, Roth, Ramaswamy (2001)는 몇 명의 순회교사는 특별한 환경에서 그들이 교사일 때 사용했던 직접교수 활동과 같은 방법을 간단하게 사용한다고 지적했다. 그들은 이전의 환경에서나 통합 교실에서나 직접적인 중재를 제공할 것이다. 비록 유아교육 직원과의 의사소통이 자주 있다할지라도, 비장애아동과 상호작용을 한 적이 거의 없고 장애아동에게 우선적으로 초점을 두고 있다. 이런 순회교사의 *직접 지도*는 여분의 교실에서 장애아동을 고립시키는 경향이 있으며 불행하게도 아동이 교실에 포함되기 위해서는 특별한 서비스를 받아야 한다는 유아교육 프로그램 직원의 믿음을 만들 것이다.

다른 순회 모델—대부분 하나의 통합 환경에서 어린 아동을 위한 진행 중인 지원 모델로서 더 알맞은 모델—은 **순회 자문 모델(itinerant consultant model)**이다. 자문가 역할은 대부분의 유아특수교육 교사의 역할 중에 직접 교육 역할보다 상대적으로 덜 친숙한 역할이다. Wesley, Buysse, Keyes(2000) 그리고 Wesley, Buysee, Skinner(2001)는 유아교사들은 자문 역할에 익숙하지 않은 것으로 보고해 왔다.

유치부 특수학급이나 조기중재 센터의 프

로그램에서 특수교육 교사의 전통적인 역할은 순회 자문가의 역할과는 매우 다르다. 자문가로서 유아교육 전문가는 학급에서 아동을 가르치고 학습하는 데 있어서 직접적인 책임은 없다. 대신에 다른 성인과의 관계를 통해서 대집단 속에서 아동을 지원하기 위한 간접적인 책임이 있다. 전통적인 특수학급에서 특별한 요구를 가진 아동과 활동하는데 요구되는 기능과 지식에 더하여, 부가적인 기능이 통합교육 환경에서 정상 또래들과 장애아동이 성공적으로 관계하는 데 필요하다. 게다가 이러한 교육과 지원 전략의 실행을 유아교육 프로그램 직원들이 수행하기 때문에, 다른 다양한 성인들과 다양한 환경에서 효율적으로 일하는 능력 또한 필수적이다.

다음 부분에서 자문을 정의하고 전문가 자문 모델(expert consultation model)과 협력적 자문 모델(collaborative consultation model)이라는 두 가지 유형의 자문을 논의한다(Friend & Cook, 2003; Heron & Harris, 2001).

(1) 자문의 개념

Brown, Pryzwansky, Schulte(2006)에 따르면, 자문은 문제를 규명하고 해결 또는 재해결하는 방법에서 자문가와 피자문가가 함께 활동하는 문제해결의 간접적인 방법이다. 이 정의에서 자문은 내담 아동과 활동하는 피자문가(조기교육 교사 등)와 자문가로 활동하는 3인조이다. Klein 등(2001)은 유아특수교육의 순회 자문가는 협력적 자문과 전문가 자문 모두를 혼합해야 한다고 제안한다. 자문의 목적이나 특성은 사용될 자문 방법의 유형을 결정해야 한다.

전문가 자문 모델. 많은 상황에서 자문은 때때로 '임상적 자문(clinical consultation)'으로 언급되는 전문가 모델의 사용이 제공된다. 이러한 접근에서 자문가는 문제를 평가하고 피자문가에게 권고를 제공하기 위한 전문적 지식을 사용하는 전문가로서 보여진다. 전통적으로, 전문가 자문 모델은 자문가와 피자문가 사이에 위계적 관계를 암시한다. 이런 접근의 목적은 전문적인 아동 평가와 아동과 직원이 어떻게 효율적으로 일을 할 수 있는지에 대한 권위있는 충고를 제공하는 자문이다. 일반적으로 결과는 내담자(아동)를 다루는 피자문가(직원)의 (지원, 교육)능력을 증가시킨다. 이러한 접근은 양질의 기술적 전문 지식과 문제에 대한 '최상'의 해결이 필요할 때 가장 많이 사용된다(Heron & Harris, 2001).

특수교육 현장에서, 전문가 자문 접근의 개념은 종종 자신이 윗사람으로서 말하고 일반교사의 기능을 존중하지 않는 자문가의 부정적 의미를 수반한다. 전통적인 전문가 자문 모델의 부정적 경험의 결과로서, 모든 수행자가 과정에서 '동일한'—비록 보완적이겠지만—기술을 가졌다고 여기는 협력적 접근의 강조가 증가한다. 그러나 기획 지원에서 그들의 경험을 보고하는 Klein과 그의 동료들(2001)은 유아교육 직원이 특정한 요구를 가진 아동과 함께 일하는 데에 관련된 훈련이 거의 없거나 전혀 없다는 것과, 많은 예에서 통합지원 전문가가 전문지식을 제공하기를 원한다는 많은 예를 찾아 내었다. 덧붙여서, Friend와 Cook(2003)이 지적한 바와 같이 K-12의 일반교육 교사들은 가끔 전문가 모델을 선호하는데, 아마 실제 협력 시간에 대한 요구 때문일 것이다. 물론 이 '전문적' 역할은 다른 중요 책임자들의 기여를 찾고 평가하는 존경스러운 접근의 사용으로 실행될 수 있고 협력적 문제해결을 향해 일할 수 있다.

협력적 자문 모델. 현재 교육에서 선호하는 자문 접근은 **협력적 자문 모델(collaborative consultation model)**이다(Idol, Nevin, & Paolucci-Whitcomb, 2000). 이 모델은 아동의 성공적인 성과를 위한 집단적 의무가 필요할 때와 하나 이상의 해결책이 문제를 해결할 수 있을 때 가장 많이 사용된다. 예를 들어, 미취학 환경에서 아동의 화를 줄이기 위한 가능한 많은 접근이 있다면 구체적인 중재 계획을 수행하기 전에 아동과 함께 일하는 모든 개인들의 선호, 기능, 철학을 평가하는 것이 필요할 것이다. 협력적 자문 접근이 집단과 연관되어 있기 때문에, 이 자문 유형의 고찰에는 두 가지 차원이 있다. 문제(과제)에 대한 결단의 개발과 사회적 역동성과 효과적인 집단 상호작용(사회적 차원)의 효과이다.

협력적 자문의 주요 특징은 자문가와 피자문가 사이의 호혜주의와 상호 관계이다. Heron과 Harris(2001)에 따르면, 협력적 자문은 각 사람이 특정한 문제를 해결하기 위한 특정한 전문적 지식에 기여하는 상호관계이다. 이것은 또한 효과적인 자문이 진행되는 과정이어야 한다는 것을 의미한다. 효과적인 자문은 사정의 과정, 계획, 수행 그리고 평가에서 협력해야 한다.

각 책임자(우리의 상황에서, 유아의 통합지원 자문가와 유아교사 혹은 보육교사)는 문제해결 과정을 위한 동질의 무엇을 가져온다. 비록 그들의 기여가 확연히 다를 수 있지만, 협력 과정은 쌍방이 독립적으로는 생산해 낼 수 없을 해결책을 만들어 낸다(Idol et al., 2000). 과정은 종종 순회 자문의 촉진과 리더십을 요구하지만, 문제해결은 반드시 공동 기여와 상호작용의 결과로 나타난다.

Friend와 Cook(2003)에 의하면, 협력은 반드시 관계에서의 동격, 공동 목표, 공동 책임, 신뢰와 존경, 공동 수단 그리고 의사결정에 대한 공동 책임을 포함한다. 성공적인 협력의 중요한 필수조건에는 "문제해결의 공유"(p.79) 과정을 지원하는 효과적인 의사소통 기술과 상호작용에 참여하는 능력을 포함한다.

(2) 유아특수교육 자문 모델

여기에 제시된 유아특수교육 순회 자문 모델은 유아특수교육과 조기중재 영역에서 전문적 기술을 소유하기 위한 자문의 필요성을 협력적 자문 연구로부터 인용하고 있다. 모델의 각 요소별 특징은 다음의 표에 있다.

이 결합된 접근은 효과적인 통합교육 지원 전문가들이 상당한 전문성을 가지고 일을 맡아야 하지만 주요 책임자들이 특별한 요구를 지닌 아동의 발달과 학습을 강화시키는 공동의 목적을 추구하기 때문에 주요 책임자 사이에 협력적 관계를 강화시키는 이 전문성을 공유해야 한다고 제안한다.

5) 순회 자문가 역할에 있어서 통합교육 지원 전문가의 책임

순회 자문가들이 직면하는 몇 가지 큰 과제들은 복잡하고 변화하는 요구이다. 이러한 요구와 기대는 각 아동과 각 환경에 따라 다르다. 자문가는 유아교육 프로그램 직원, 아동과 가족, 비장애 또래아동, 다른 팀 구성원들 그리고 프로그램 관리자들에 대한 책임감을 가질 것이다. 이러한 책임감들은 한 장소에서 또다른 장소로 상당히 많을 수도 있다.

통합교육 지원 과정에서 다른 책임자들과 관련된 가능한 역할과 책임의 몇 가지 예가 다음에 기술되어 있다.(부록 H에 있는 몇 가지 양식은 구체적인 역할과 활동을 계획할 때 도움이 될 수 있다.)

유아특수교육 전문가 자문과 협력적 자문의 특성

유아특수교육 전문가 자문의 특성

- 자문가는 정의된 문제에 관한 지식과 기술을 가지고 있다(예를 들어, 중재인은 아니다).
- 자문가는 아동이 지닌 장애의 특징을 명백히 설명할 수 있고 가족의 관점과 우선순위를 의사소통할 수 있다.
- 자문가는 자신의 역할과 진행 중인 권고를 구술과 문서로 명백하게 정의한다.
- 자문가는 신중하게 문제를 관찰하고 평가한다.
- 자문가는 문제 해결을 위한 충고를 한다.
- 자문가는 효과적으로 설명하고 교육과 중재 전략의 이용에서 대해 직원에게 지도한다.

유아특수교육 협력적 자문의 특성

- 자문가는 주요 책임자들 사이의 상호적이고 신뢰 있는 관계를 촉진한다.
- 자문가 모델은 개방적이고, 과정이 효과적이다.
- 각 개인의 독특한 기술과 공헌은 가치가 있다.
- 목표 또는 문제는 신중하게 정의되고 동의되어야 한다.
- 자문가는 체계적인 문제해결 과정을 팀에게 안내한다.
- 자문가는 유아교육 프로그램의 가치, 시각, 시간 요구를 인지하고 존중한다.
- 자문가는 갈등 해결에서 저항과 갈등의 근원을 자각하고 효과적으로 일을 착수한다.

(1) 지역사회 학교 또는 아동 보육 직원에게

- 교사와 직원들의 관심사를 듣고 아동의 요구에 알맞은 추천에 직원의 통찰과 전문성을 통합한다.
- 구성원 개인 또는 전체 직원 회의에 정보를 제공한다(특정 장애, IEP 절차, 전환 계획 등에 대한 정보).
- 진행되고 있는 호혜적 상호작용을 계속하고 아동의 모든 발달 영역과 구체적인 IEP 또는 IFSP 목적이나 결과의 달성에 대해 교사와 정보를 공유한다(학급에서 활동에 대한 반응성, 신변 자립 기술 또는 놀이의 발달, 또래와의 사회화, 소근육과 대근육 운동 수준 등).

- 직원이 관찰하고 반복하도록 효과적인 교수전략을 시범보이거나 지도한다.
- 교수전략에 대한 보완적인 피드백과 시범을 위해 사용되도록 학급 활동을 녹화한다.

(2) 아동에게

- 학교 환경에서 기본적으로 진행 중인 아동의 요구를 관찰하고 사정한다.
- 구체적인 목적의 성취를 격려하기 위해 필요하다면 아동과 함께 개별적으로 활동한다(예를 들어, 집단 활동에 참여, 하나의 활동에서 다른 활동으로의 순조로운 전환, 또래와 교사 사이의 적절하고 효과적인 의사소통).
- 모든 교육과정 영역에서 성공을 증가시키기 위해 교실에서 아동이 사용할 수 있는 적응 장비를 만들고 획득한다(예를 들면, 의사소통 증가를 위한 사진과 선 그리기, 정형 외과적, 시각적 혹은 청각적 장애가 있는 아동들의 요구를 충족시키기 위한 다양한 장비).

(3) 가족에게

- 아동의 진보를 걱정하는 부모에게 계속적인 토론과 피드백을 제공한다.
- 일하는 부모와 유아교육 직원과의 연락에 도움을 준다.
- 전환 배치에 관한 결정에 대해 부모를 지원한다.

(4) 정상 또래에게

- 장애아동에 대한 또래의 반응을 적절하게 다루도록 직원을 지원한다.
- 특별한 요구를 가진 아동과의 효과적인 의사소통과 상호작용을 격려하기 위해 정상 아동과 함께 활동한다.
- 특별한 요구를 가진 아동과 특정한 상호작용을 사용하도록 또래를 가르치기 위해 구체적인 또래 지도 전략을 때때로 사용한다.

(5) 모든 팀 구성원에게

- 직원과 아동의 요구에 가장 알맞은 교실 방문의 시간을 정리한다(방문 계획을 짤 때 융통성 있고 창조적인 능력).
- 아동의 발달에 관한 정보를 공유하도록 팀 회의(IEP와 IFSP)에 참여한다.
- 적절할 때 전문화된 서비스 제공자(예

를 들어, 치료사)와 유아교육 직원 사이의 연락에 도움을 준다.

- 아동 지원의 적절한 수준을 보장하기 위해 다른 서비스에 협동하도록 지원한다(예를 들어, 필요하다면 서비스와 일대일 보조에 도움을 주기. 말하기, 언어, 건강적 요구 등과 같은 영역에서 도움을 원하는 팀 구성원들의 요청에 응답하기.).
- 기관에 대한 자문 서비스의 결과를 시의적절하게 계속 보고한다(예를 들어, 학교 교육청이나 지역사회 프로그램의 관리자).
- 협력적인 팀의 상호작용과 효과적인 문제해결과 공유된 의사 결정을 시범보이고 촉진시킨다.

6) 통합교육 전문가에 대한 독특한 협력적 문제

순회 자문가가 직면하는 중요한 과제는 주요 책임자들의 수와 각기 다른 통합 장소의 독특한 특성들이다. 많은 책임자들이 통합교원 지원 과정에 포함되어 있기 때문에, 몇몇 사람들은 순회 자문가들에 의해 직접적으로 영향을 받게 된다. 반대로, 이러한 개인들이 순회교사에게 강한 영향을 끼칠 수 있다.

(1) 유아교육 직원

아동 발달 환경의 직원을 포함한 가능한 논쟁은 유아교육과 특수교육에 대한 그들의 철학과 태도와 관련된다. 순회 지원 제공자는 확실히 몇 가지 유형의 장애를 지닌 아동의 통합교육 교육과정이나 태도에 동의하지 않는 다른 사람의 관점을 만날 수 있다.

또 다른 논쟁은 유아교육 직원의 '훈련' 에 있어서 변화로부터 제기되고 있다. 아동 발달과 특수교육에 있어서 '훈련' 과 지식은 장면에 따라 다르다. 유아교육과 아동발달에 잘 훈련된 직원이 있는 이러한 장소에서 진실된 협력적 파트너십을 구축하는 것은 더 쉽다. 직원과 특수교육 순회교사는 쉽게 그들의 전문적 지식을 상호 호혜적인 방법으로 공유한다. 유아교육 직원이 덜 훈련되었을 때는, 심지어 유아 교육의 기본에서, 협력 관계의 구축은 더 힘든 일로 나타난다.

다른 과제는 순회교사에 대한 직원의 기대와 관련되어 있다. 자문가는 유아교사들이 자동적으로 이해하는 자문가 역할과 접근의 가정 아래 수행하는 경향이 있다(Wesley, 2002). 명백하게 역할과 책임을 정의하는 것은 첫 번째 단계에서 언제나 중요하다. 직원은 아마 긍정적이거나 부정적인 자문가와의 과거의 경험을 가지고 있을 것이다. 그들의 과거 경험은 그들이 통합 지원 순회교사를 어떻게 이해하는지에 영향을 미친다.

결국 순회교사가 어떻게 직원과 처음에 의사소통하는가는 교사들이 감시받고 비평받고 있지 않다는 것을 안심시키는 것이다. 오히려 순회교사가 직원과 아동 모두를 지원하고 아동을 관찰하기 위해 그 환경에 있다. 순회교사가 *유아교육 직원에게 자신이 그들을 지원하기 위해 그곳에 있다는 것을 전달하는 것은*

중요하다. 특별한 요구가 있는 아동을 지원하는 최상의 방법은 직원을 지원하는 것이다.

순회 자문가와 직원 사이에 새로운 관계가 시작될 때 직원이 원하는 지원의 종류가 무엇인지에 대해 선험적 판단을 내리는 것이 불가능하다. 이것은 오직 의사소통과 관찰과 협력의 과정을 통해서만 나타날 것이다.

(2) 가족

자문가는 가족의 기대와 요구에 대해 가능한 논쟁이 있다는 것을 알게 된다. 위에서 중요하게 지적한 바와 같이, 순회교사가 통합교육 지원 전문가로서 자신이 무엇을 할 수 있고 무엇을 할 수 없는지를 명백하게 하는 것은 필수적이다. 가족이 통합교육 지원 전문가의 역할을 이해하도록 돕는 것은 가족이 그들이 필요한 다른 서비스가 무엇인지 결정하는 것을 돕는다.

또한 가족은 유아교육 직원에게 기대를 가진다. 만일 아동이 과거에 특수학급에 참여한 적이 있다면, 가족은 통합교육 환경에 대해 비슷한 기대를 가진다(예, 교사 대 아동의 낮은 비율, 교사와 아동의 빈번한 개인적 상호작용 등). 가능하다면 통합교육 환경의 배치에 앞서, 통합 지원 순회교사가 센터의 철학이 무엇인지, 얼마나 많은 아동들이 교실에 있는지, 아동 대 성인의 비율이 어떻게 되는지를 가족이 이해하도록 도와야 한다.

유아교육 환경에서 가족들은 그들의 아동에게 또한 몇 가지 기대를 가진다. 예를 들면, 만일 그들이 특수교육 환경에 익숙하다면, 그들 아동의 프로그램에 대해 그들이 가지는 기대는 IEP 목표 충족, 치료 지원, 일대일 지도 등에 더 초점을 둔다. 몇몇 가족들은 통합 환경에서 아동의 사회 참여 기회에 더 많은 관심을 가진다. 이러한 기대들은 일찍 구별되는 것이 매우 중요하다.

통합교육 환경에 아동을 계속 배치할 때, 다른 가족의 요구와 관심사는 통합교육 지원 순회가 가장 큰 도움으로 떠오를 수 있다. 그것은 다음에 제시되는 것을 포함한다.

- 아동의 장애에 대한 구체적인 정보
- 정서적 지원
- 취학전 환경이나 유치원으로의 전환을 도움
- 특수교육법, 서비스 체계, 부모의 권리 등에 관한 정보
- 특수교육－일반교육 공통된 영역에 관한 정보
- 장애 아동을 위한 다른 지원 서비스에 대한 접근

(3) 아동

일반교육 환경에서 장애아동을 충분히 지원하려는 통합교육 순회교사에게 확실한 어려움이 자주 발생한다. 예를 들어, 순회교사는 다른 환경에 걸친 다양한 요구를 어떻게 충족시킬 수 있을지 설명해야 한다(특히 아동이 중증의 장애를 가지고 있다면). 예를 들어, 센터나 치료 환경에서 배우게 되는 것들이 가정 환경으로 어떻게 옮겨지게 될 것인가?

또 다른 중요한 문제는 **진전 점검**(progress monitoring)과 책무성의 영역에서 발생한다. 전문가는 아마 평가를 조정하고, 목표나 결과의 성취에 대한 책임을 가지고 아동의 진전 과정에 대한 자료를 수집할 사람을 팀이 결정하는 데 도움을 제공한다. 특수교사가 모든 책임을 가지고 있기 때문에 전통적인 특수학교의 학급에서는 이것은 문제가 되지 않는다.

행동적 문제는 종종 유아교육 직원이 특별한 관심을 나타낸다. 때때로 아동이 유아교육 환경에 놓여졌을 때 미리 심각한 행동 문제로 정의되지 않은 특이한 행동은 새로운 심각성을 유발시킨다. 다른 경우에는 새로운 환경에 적응을 시도하는 동안 아동의 행동 문제를 발달시킬 수 있다. 만일 집단 환경에서 아동의 문제 행동이 즉각적이고 효과적으로 다뤄지지 않는다면, 심각하게 도전적인 행동을 지닌 아동은 학교에서 잠재적으로 퇴학될 수 있다. 이런 상황은 모두에게 상당한 좌절과 실망감을 준다. 통합교육 지원 순회교사는 행동문제를 빠르게 다루고 예방하기 위해 준비되어져야 한다. 심각한 행동 장애를 가진 것으로 이미 판별된 아동을 위해 행동관리 계획은 심지어 아동이 배치되기 전에 설명되어져야 한다.

때때로 어떤 아동과 함께 활동할 때 행동적 문제는 모든 시간에 걸쳐 일어날 수 있다. 아동이 처음에는 잘 해낸 후 문제 행동이 시작될 수 있다. 직원과 아동 가족의 정기적인 센터 방문과 직원과 아동 가족의 훌륭한 의사소통은 "제 때에 한 바늘이 뒤의 아홉 바늘을 던다."라는 옛 속담과 같이 순회교사를 상당히 도울 것이다.

7) 순회 서비스 전달 역할에서 장애 전문가와 치료사에 대한 주의

적절한 순회교사 역할과 실제에 대한 이 토론은 또한 아동들에게 현장의 서비스를 제공하는 많은 전문가들과 치료사와 관련되어 있다. 다양한 전문가들의 역할에 대한 간단한 설명이 표 10.1에 제시되어 있다. 각 전문가는 일반적으로 한 가지 특정한 발달상 영역을 강조하고 있다. 심지어 이러한 전문화된 서비스 제공자들의 역할이 아동의 전체적인 성취와 안녕 혹은 통합 환경에서 아동의 일상적인 참여의 질을 지원하고 점검하는 데 불필요하더라도, 이용되는 서비스 모델은 직접적 서비스 혹은 자문 모델 혹은 둘의 혼합인 순회교사 모델이다. 그러므로 다음 부분에서 설명되는 특정 전략을 포함하여 여기에 있는 많은 논의는 팀의 중요 구성원들에게 또한 적용될 수 있다.

8) 순회교사에 의해 제공되는 특정 지원 전략

순회 자문가는 통합교육 지원을 공유된 모험으로 보아야 하는데, 즉 유아교육 직원과의 협력적 파트너십으로 봐야 한다. 다음은 순회 자문가가 이용하는 특정 지원 전략과 활동의 예들이다. 이와 같은 전략들은 협력교사에 의

표 10.1 중재 팀에서의 전문가의 역할

전문가	기술
청력학자	청각 문제에 대한 선별과 진단을 수행하고 청각 보조를 추천 혹은 청각아동을 위한 접근법 훈련 제안
유아 전문가	특수한 요구가 있는 어린 아동을 위한 개인 사정에 맞는 프로그램의 평가와 지도. 학습과 성공적인 일상 생활에 영향을 주는 아동발달의 모든 면에 관련.
조기중재자	특별한 요구를 가진 영유아와 그들의 가족에게 일차적인 서비스를 제공하는 모든 전문가.
신경학자	뇌와 중추신경계 장애의 선별, 진단, 치료
간호사	아동과 가족의 전체적인 의학적 안녕을 감독. 위개구술 튜브의 관리와 같은 구체적인 치료에 대한 책임을 가질뿐만 아니라 예방 과정도 수행.
영양사	아동의 식습관과 영양 상태를 평가. 일반적이고 치료적인 영양에 관한 충고와 아동의 자가 급식 기술을 증가시키는 특수 급식 장비와 기술에 관한 정보를 제공.
작업치료사	자립이나 팔, 머리, 손, 구강운동을 이용하는 활동의 수행에 어려움을 가진 아동의 평가. 독립을 촉진하는 활동 제안.
안과 의사	시각 능력을 제안하는 질병, 상처, 선천적 결핍의 선별, 진단, 치료
정형외과 의사	근육과 관절, 뼈의 질병과 상처의 선별, 진단 치료.
이비인후과 의사	귀와 코와 목의 장애 선별, 진단 치료. 때때로 ENT(귀, 코, 목) 내과의사로 알려져 있다.
소아과 의사	아동의 질병과 문제, 건강 관리 전문가
물리치료사	아동의 근긴장, 자세, 움직임의 범위, 운동 능력의 평가. 걷기, 앉기, 자세 바꾸기와 같은 대근육 운동 기술에 우선적으로 관련된 자립을 격려하는 데 목표를 둔 물리치료 프로그램 계획. 휠체어, 부목, 목발과 같은 특수 장비를 사용하는 데 도움.
정신과 의사	정신적, 정서적, 발달적 혹은 장기의 문제에 관한 선별, 진단, 치료, 약물 처방, 신경 장애를 일으키는 물리적 문제를 경계.
심리학자	정서적, 행동적, 발달적 문제가 있는 아동의 선별, 진단, 치료. 지적과 감정적 발달에 우선적으로 관련.
사회사업가	문제를 겪고 있는 개인이나 가족에게 카운슬링 혹은 상담 서비스 제공.
말-언어치료사	의사소통 장애가 있는 아동의 선별, 진단, 치료.
기술보조원	적응 장비와 장치의 개발과 유지에 도움.

출처. Adapted from Head Start: *Mainstreaming Preschoolers Series, by Project Head Start, 1978, Washington,DC: U.S. Department of Health and Human Services, Office of Human Development Services, Administration for Children, Youth and Families.*

해 종종 사용된다는 것은 알아야 한다.

(1) 정보 제공

명백하게 순회 자문가 직무의 상당 부분은 유아교육 직원에게 정보를 제공하는 것이다. 모든 정보가 요구되거나 유용하지 않다는 것과 그러므로 궁극적으로 아동에게 이익이 되지 않을 수 있다는 것은 아는 것이 중요하다.

다음의 지침은 직원에게 정보를 제공하기 위해 제안된 것이다.

- 항상 직원의 정보 요청에 따른다. 만일 당신이 정보를 가지고 있지 않다면 얻으려고 시도한다.

- 가능한 한 가장 효율적이고 겸손한 방법으로 정보를 제공한다.
- 정보를 받는 직원의 선호를 그들에게 물어본다. 예를 들어, 그들이 하고자 하는 간단한 토론을 당신이 방문하는 동안에 하고자 하는지 아니면 당신의 방문 하고자 하는지 어떤 것을 선호하는가? 교실 안 혹은 교실 밖에서 원하는지? 말로 아니면 문서로 받고자 하는지? NCR 형태로 혹은 공책 형태로 원하는지? 팀 회의 동안에 메일을 통해 혹은 전화를 통해 받고자 하는지?
- 직원에게 흥미 있거나 중요한 주제에 대한 작은 서비스를 제공한다.
- 직원이 당신에게 정보와 관찰을 제공하고 질문을 하는 최선의 방법을 결정한다. 정보는 반드시 쌍방향으로 흘러야 한다.

(2) 관찰

관찰(observation)은 순회 자문가에게 중요한 활동이다. 그들은 교실의 규칙, 일상 그리고 문화를 이해하기 위해 주의 깊게 관찰을 한다. 그들은 다른 활동에서 다른 개인과 함께 있는 아동의 행동을 관찰한다. 그들은 또한 다른 이들이 아동과 어떻게 상호작용 하는지, 아동의 부적절한 행동의 선례와 결과를 관찰한다.

(3) 모델링

모델링(modeling) 전략에서, 순회교사는 직원 구성원이 보는 동안 특별한 전략을 실지로 해 보인다. 예를 들어, 그들은 아동에게 알맞은 양의 도움을 제공하기 위해 계속해서 자극하는 것을 어떻게 감소시키는지 혹은 어려운 과제에 어떻게 발판을 설정하는지를 시범보여야 한다. 단순하게 모델링하는 관점은 직원이 실제로 자신 스스로 그것을 수행할 수 있기에는 역부족이라는 것을 아는 것이 중요하다. 모델링은 지도하는 과정과 혼합될 때 최고로 이용된다. 즉, 통합 전문가는 과정을 실제로 보여주고, 그러고 나서 직원 구성원에게 그것을 할 수 있도록 격려한다. 매일 복잡한 절차를 조직하는 제한된 직원의 유아교육 프로그램에서는 어려울 것이다. 비현실적인 기대는 직원이 죄책감을 느끼거나 화를 내는 결과를 초래한다.

(4) 코칭

코칭(coaching)은 아동을 지원하고 가르치는 데 매우 유용한 구체적 전략을 직원이 배우도록 도움을 주는 효과적인 기술이 된다. 그러나 코칭은 순회교사와 직원 사이의 긍정적이고 신뢰 있는 관계를 요구한다. 위에서 설명한 것과 같이 코칭은 모델링의 풍부한 사용에 따른 더 효과적인 방법이다. 순회교사는 관심 있는 특정 활동에서 직원과 아동을 주시하고 (예를 들면, 자유놀이나 간식시간) 활동이 진행되는 시간에 직접적인 충고를 한다. 이것은 전문가 자문 접근법의 예이고 신중하게 하지 않으면 위험하게 된다.

(5) 발달적으로 적절한 활동의 사용

때때로 유아교육 직원은 아동의 분열적 행동이나 참여에 대한 반항이 교실에서 다른 아동보다 어리다는 발달상 사실에서 비롯된다는 것을 알지 못 할 때가 있다. 이런 상황에서, 교실에서 교구, 교육과정의 목적 그리고 행동적 기대는 아동에게 부적절할 수 있다. **발달적으로 적절한**(developmentally appropriate) 기대와 활동이 교실 안에서의 몇몇 활동과 힘든 일을 쉽게 만들 것이다. 다음은 그 예이다.

Tina와 블록

Tina는 다른 아동과 상호작용하는 것에 반항을 한다. 그녀는 스스로 고립되는 경향이 있고 때때로 반복적인 자기자극 행동을 한다. 순회 자문가인 Marie는 다른 아동들이 작은 블록들을 가지고 노는 방의 한 구석에 아주 큰 블록들이 쌓여 있다는 것을 알았다. Tina는 이 단순한 활동에 흥미를 가지고 Marie의 커다란 탑에 접근하고 즉시 그것을 무너뜨린다. Tina는 흥분과 함께 손바닥을 친다. 작은 소년이 근처에 와서 블록을 다시 쌓는 활동을 함께 한다. 탑이 믿을 수 없을 정도로 놓아지면, Tina는 그것을 다시 넘어뜨린다. 정상발달을 하는 또래아동들은 Tina와 박수를 치거나 소리를 지른다. 그들은 즐거운 게임을 다시 계속한다.

이 게임이 정상발달 또래아동들에게 알맞은지 고려하면, 틀림없이 발달적으로 어리다. 반면에, Tina에게는 적절하고 또래아동과 순서대로 게임을 하는 것에 들어서게 한다.

(6) 직접교수의 사용

상황에 따라, 심지어 자문 모델에서도, 직접적 중재는 아동이 특정 활동에 완전하게 참여할 수 있도록 하는 특정 기술을 쓰는 데 필요하다. 순회교사는 아동을 직접적으로 가르치는데 시간을 소비할 것이고 시간이 지나면 특정 행동의 결과를 수행할 것이다. 그러나 일반적으로 순회교사는 교실에 일정하게 나타나지 않으므로, 이 전략은 만족할 정도의 효과를 주지 않을 수 있다.

(7) 교육과정 또는 자료의 수정

Guralnick(2000)이 지적한 바에 따르면, 현존하는 프로그램을 한 아동의 요구를 받아들이기 위해 전적으로 교육과정을 수정할 수 있거나 수정해야 하는 것으로 생각하는 것은 적합하지 않다. 그러나 몇몇 상황에서 순회교사가 상대적으로 주제넘지 않은 변화를 제안한다. 이어지는 예는 Tina의 변화를 보여 준다.

Tina가 흉내 놀이를 배우다

교실에서 정상발달 아동들이 분류하고, 범주화하고, 짝 맞추기를 통해 학습 준비도 목표를 돕는 테이블 위의 활동에 참여하고 있다. 도구들은 다양한 형태(예를 들면, 동물, 어른 그리고 아동)와 다른 모양의 자동차와 작은 색깔 블록을 포함한다. Tina는 다운증후군이고 발달상 어리기 때문에, 활동에 참여하지 않고 다른 아동들을 괴롭히며 테이블 주변의

작은 도형들을 밀어내는 경향이 있다. 순회 자문가인 Marie가 이것을 눈치채고, 그녀는 테이블 위에 크고 납작한 도형 두 개를 놓는다. 그녀는 도형 중 하나를 집어 블록위에 놓으며, "여기 봐. 이 소년은 졸려. 소년은 그의 침대에서 잠을 자. 잘 자!"라고 말한다. Tina는 즉시 그녀에게 주목한다. 그녀는 눈을 감고 자는 척을 하며, "밤이야. 자야지."라고 말한다. 순회교사는 다른 도형을 가져오도록 그녀를 부추긴다. Tina는 즉시 두 번째 블록을 놓으며, "잘 자."라고 말한다. 이 때 Tina 옆에 있던 정상발달 또래아동이 개 모형을 침대 옆에 놓으며, "이 개도 피곤해! 그도 잠자길 원해."라고 말한다.

여기서 Marie는 직원에게 더 지적으로 적절한 (그리고 결과적으로 더 흥미를 끄는) 변화를 소개함으로써 그녀가 Tina에게 알맞은 발달상의 목표인 흉내내기 놀이 활동을 장려할 수 있음을 증명한다. 수정의 또 다른 예는 단순한 물리적 수정이다.

Tina가 참여하도록 촉구하는 좋은 위치
Tina는 다른 아동에 비해 작고 교실의 의자가 그녀에 비해 너무 크다. Tina의 발은 땅에 닿지 않는다. 그녀가 바닥에 발을 닿지 않고 의자에 앉을 수 있어도, 그녀는 덜 안정적이고 안절부절 못하며 그녀는 발을 휘저으려 한다. 이것은 그녀가 손으로 하는 활동의 집중에 방해를 하고 심지어 그녀의 소근육 운동을 방해한다. Marie는 Tina의 발아래 전화번호 책을 함께 고정시키는 것이 그녀를 더 안정적이게 하고 그녀의 앉는 자세를 고정시키고 유지시키는 데 더 쉬울 것이라고 제안한다. 직원은 의자의 크기가 Tina가 안절부절 못하는 것에 기여할 것이라는 것을 생각하지 못했고, 이 제안을 감사히 여겼다.

순회교사가 이러한 변화를 어떻게 해야 할지 단순히 교사에게 말하는 것보다 실제로 보여주는 것이 중요하다. 많은 상황에서, 심지어 그것이 단순하더라도 유아교육 직원은 변화를 만들 시간과 수단이 없다. 순회교사 모델에서, 제안된 과정이나 수정의 '보완 매입(buy-in)' 은 실제적이다. 순회교사는 상대적으로 짧은 기간에 제한된 장소의 교실 안에 있다. 만일 직원이 특정한 전략에 쓰여지지 않거나, 만일 전략이 너무 어렵거나, 만일 그것을 수행하는 데 자원과 시간을 충분히 가지고 있지 않거나, 만일 그들이 그것은 말이 되지 않는다고 생각한다면, 과정이 일관되거나 적합하게 사용되지 않을 것이다. 다르게 말한다면, 훌륭한 의사소통과 강력하고 협력적인 관계가 없는 전문가 자문 접근은 효과적이지 않다.

(8) 환경 수정

환경의 수정이 아동의 성공적인 통합에 중요하다는 몇 가지 예가 있다. 예를 들어, 부분적으로 볼 수 있거나 시력이 없는 아동을 맡는 것이다. 센터에서 센터로 가는 통로를 깨끗하고 뚜렷이 식별되게 하는 것은 필수적이다.

시력이 없는 아동을 위해, 중요한 도구와 교실의 중요 영역을 다른 직물이나 점자로 두드러지게 하는 것은 중요한 신호를 제공하고 보행 전문가의 협력과 함께 아동의 독립적인 보행에 기여한다.

(9) 또래 지도하기

유아 통합에 관한 연구는 특히 좀 더 심각한 장애를 가진 아동인 경우, 정상발달 또래아동이 어떻게 우정을 쌓고 연결하는지를 배우는 데 조금의 도움이 필요하다고 제안한다(예를 들면, Odom, 2000). 따라서 또래 지도하기는 순회교사가 직원에게 실제로 보여줄 수 있는 또 다른 유용한 전략이다. Tina는 매우 한정된 의사소통 능력을 가지고 있다. 원하는 목적이나 활동을 표현하는 사진을 선택할 수 있다. Marie는 Tina가 의사소통을 위해 사진을 이용하는 것에 흥미를 가진 어린 소녀 둘을 가르치고 있다. Tina는 이미 이 의사소통 전략에 훈련되어 있기 때문에, 이것은 소녀들 사이에서 아주 긍정적인 결과를 낳았다.

(10) 교실에서 직원 지원하기

순회 자문가가 가끔 교실에서 도움을 제공하는 있는 것은 중요하다. 이것은 일손이 부족할 때 직원들에게 소중할 수 있다. 그것은 또한 순회교사에게 장애아동을 멀리서 지켜보는 것과 동시에 다른 아동과 참여할 수 있는 기회를 제공한다.

(11) 부모 참여

부모는 지역사회 환경에서 장애아동의 성공적인 통합에 필수적이다. 유아교육 직원은 센터에서 일상의 과정에 가족의 활동적인 참여를 촉진시키거나 일관된 의사소통을 보장하는 데 익숙하지 않을 것이다. 순회교사는 가족의 요구를 최대한 충족시키기 위한 방법으로 부모의 참가에 중대한 도움을 제공할 수 있다. 어떤 상황에서 가족들은 순회 자문가가 부모와 유아교육 직원 사이의 연락자 역할하기를 선호할 것이다. 그들은 가족과 전화로 의사소통을 하고 각 방문 뒤에 매번 적어 둔 그녀의 메모 복사본을 그들에게 제공한다. 또

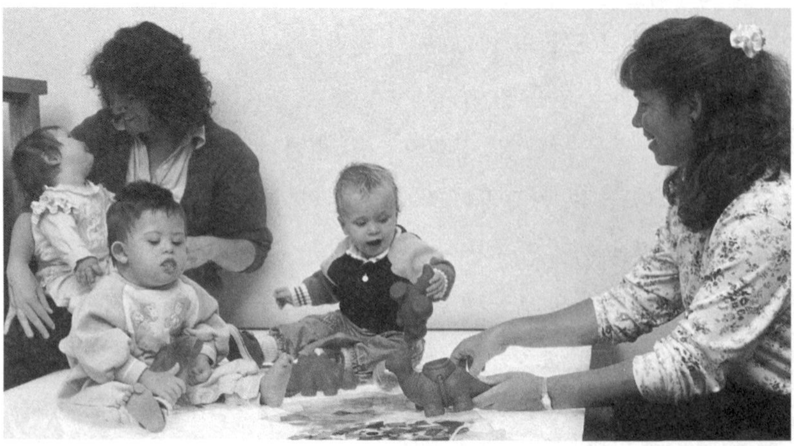

한 가족 구성원이 중요한 팀 구성원으로 여겨지고 그들이 모든 팀 회의에 참석하는 것도 중요하다.

순회교사는 가족에게 다른 방법으로 많은 도움을 제공할 수 있다. 예를 들어, 순회교사는 유아교육 환경과 특수교육 환경의 차이점(예를 들어, 자원의 제한, 철학의 차이, 교육과정)을 부모가 이해하도록 돕는다. 순회교사는 아동이 일대일 보조원이 필요하다면 보조를 결정할 필요가 있다. 순회교사는 또한 부모와 유아교육 직원 사이의 연락자로서 역할을 할 필요가 있다. 순회교사는 부모와 함께 환경에 대한 기대가 무엇인지 분명하게 하는 것 또한 중요하다. 우선적으로 안전한 보육 환경을 제공하는가? 정상발달 또래아동과의 사회적 상호작용 기회를 제공하는 것이 목표인가? 혹은 모든 아동의 IEP 목표와 치료적 요구가 유아 프로그램에서 충족된다고 가족이 생각하고 있는가?

(12) 팀 조정과 회의

많은 유아교육 프로그램에서 일정을 짜는 것은 어렵지만, 순회교사는 반드시 가능한 많은 주요 책임자들을(주요 책임자는 교사, 보조교사, 일대일 보조원, 프로그램 관리자, 통합지원 교사, 치료사 그리고 가족 구성원이 포함된다.) 포함한 정기적 회의의 중요성을 인지해야 한다. 이런 회의는 종종 유아교육 프로그램에서 필요한 시간 배당을 허락하지 않아서 어렵다. 그러나 정기적인 회의의 몇 가지 유형은 자주 많은 문제를 예방하고 궁극적으로는 시간을 실제로 아끼게 된다. 때때로 문제와 충돌은 피할 수 없다는 것을 가정해야 한다. 이런 상황에는, 그들에게 설명하는 체계적인 방법을 가지는 것이 중요하다.

유아교육 직원에게 언제, 어디서 회의가 최고로 진행될지에 대해 그들의 제안과 기호를 묻는 것이 중요하다. 순회교사는 현실적이고 유아교육 직원에게 충족될 수 없는 기대를 가지지 않는 것 또한 중요하다.

통합교육 환경에서 아동을 받아들이는 데 문제 중 하나는 주요 책임자의 증가된 수와 그들의 서비스와 의사소통을 조정하는 어려움과 요구이다. 심지어 특수교육 서비스가 행정기관이나 프로그램 안에 수용되어질 때라도, 정의된 지역사회중심 프로그램에서의 아동의 배치는 두 기관 사이의 조정에 대한 요구를 초래한다. 아동의 요구가 더 강하고 복잡할수록 더 큰 조정을 요구한다. 게다가 현장에 서비스를 제공하는 연관된 많은 전문가와 치료사들이 있을 때, 유아교육 프로그램 직원에게 때때로 스트레스를 주는 상황이 생긴다. 그러므로 이러한 서비스 전문가들의 활동을 조정시킬 필요가 있다. 그러나 많은 상황에서 팀을 조정하는 책임을 가진 사람은 없다. 유아특수교육의 통합교육 지원 전문가는 아동과 가족의 모든 서비스 전달 요구를 이해하는 데 가장 좋은 위치에 있으므로, 그들을 조정시키는 최고의 위치에 있다. 진실되고 효과적인 팀 협력은 노력, 기술, 실제가 있어야 한다는 것을 알아야 한다.

순회교사 모델에서 협력적 관계를 쌓는 것

은 모든 구성원이 우호적이고 기꺼이 참여하려고 하더라도 자동적으로 일어나지 않는다. 협력적 관계는 진행적이고 계속적으로 진화하는 과정이다. 몇몇 순회교사의 실행은 다른 이들이 그것을 방해하고 약화시키는 반면 이 과정을 강화시킬 것이다. 부록 H는 이러한 관계를 강화시킬 수 있는 순회교사의 지원 과정과 실행을 구체적으로 제시한다. 또한 부록 H는 IEP 목표와 지원 전략을 계획하고 점검하는데 유용한 양식이 포함되어 있다. 이상적으로, 순회 자문가는 서로 만족하는 각 장소마다 주요 관계자들의 관계를 발전시킬 것이다. 시간이 지나면 순회 자문가는 유아교육 직원들의 자신감, 승인, 특별한 요구가 있는 아동과의 즐거움을 강화시키는 방법으로 유아교육 직원들의 지식, 기술, 위안의 수준을 증가시키는 데 공헌할 수 있다.

3. 통합교육 지원에 대한 협력교수 접근

순회 자문가 서비스 전달과 관련된 이전의 많은 논의는 다른 공통적인 통합교육 지원 모델에 적용될 수 있다. 그러나 협력교수에는 중요한 몇 가지 과제와 전략이 있다. 그것은 협력교수 지원 배치에 관한 특성이다.

1) 협력교수의 정의

통합교육 지원에 대한 협력교수 접근에서, 유아교사와 특수교사 교실에서의 책임을 공유한다. Gately와 Gately(2001)는 정의를 다음과 같이 제시하였다. "협력교수란 학급에 배정된 모든 학생의 모든 교수에 대한 책임에 대한 일반교사와 특수교사 사이의 협력이다." (p.41)

Friend와 Cook(2003)은 협력교수의 결정적인 특성을 아래와 같이 나열하였다.

- 둘 이상의 전문가
- 교수의 공동 전달(협력교사는 단지 '여분의 일손' 이 아니다.)
- 다양한 학습적 요구가 있는 학생
- 공동의 교실 공간

이 모델에서 각 협력교수 교사의 역할과 책임은 아동의 요구, 교사의 기호, 교실의 외형, 활동의 성질 그리고 다른 직원의 도움을 포함한 몇 가지 요소에 따라 다르다.

2) 협력교수의 문제

협력교수와 관련된 많은 독특한 문제들이 있다. 첫째, 개인은 일상에서 서로 친밀하게 활동해야 한다.(경험이 있는 협력교사는 이 관계를 결혼과 비슷한 것으로 설명하였다.) 이것은 팀 구성원들에게 그들 자신의 활동 양식을 깨닫기를 요구한다. 예를 들면, 한 교사는 아주 유기적이고 변화에 대한 어려움을 가진 반면에 다른 교사는 창조적이고 쉽게 지루해한다. 부하보다는 리더가 되려는 욕구와 자신감을 느끼려는 욕구를 강하게 가지고 있는 사람은 리더십을 공유하고 협력적으로 일하는 데에 어려움을 가지고 있다. 협력교수 상대자들은 반드시 통합교육에 대한 자세, 특정 장애의 특성에 대한 그들의 지식이나 이해 또는 특수한 요구가 있는 아동을 위한 가장 효과적인 전략과 수용에 대한 그들의 믿음과 같은 가르침에 대한 철학과 가치에서 그들의 차이점을 자주 협상해야 한다. 다른 개별적 요소보다 더 중요한 것은 협력교수 교사는 *상대의 철학과 기술을 높이 평가하고 존중해야 한다*는 것이다. 이 상호적인 존중이 결핍되었을 때, 이 교재에서 제안된 전략의 효과는 상당히 약화될 것이다.

또 협력교수의 상당히 어려운 다른 일은 시간 계획의 필요성이다. 성공적인 협력교수는 보고를 듣고 평가하는 시간뿐 아니라 신중한 계획 없이는 생기지 않는다. 대부분의 상황에서 이러한 협력교수 활동을 계획하기 위한 충분한 시간을 인지하는 것은 (특히 시간제 보육 교사는) 프로그램 관리자의 지원과 참여를 요구할 것이다.

3) 효과적인 협력교수의 요소

협력교수의 네 가지 중요한 요소가 있다. 첫 번째는 위에서 언급한 것과 같이 적당한 시간을 포함한 적절한 계획 절차의 개발이다. 또 다른 요소는 적당한 협력교수 구조의 설계이다. 예를 들어, 어떠한 활동에서 누가 무엇을 가르칠 것인가. 다른 요소는 (단지 협력교수 접근뿐만이 아니라 모든 효과적인 팀워크에 필수적인) 효과적인 협력과 충돌을 해결하기 위한 계속되는 헌신이다. 마지막으로, 경영상의 보완 매입(buy-in)과 지원의 획득이 필수적이다. 이 요소들의 각각을 간단히 논의한다.

(1) 계획과 평가

많은 협력교수 활동과 전략은 장애아동을 효과적으로 지원하는 데 이용될 수 있다. 협력교수 팀이 계획해야 하는 두 가지 영역이 있다. 그들은 반드시 아동이 최대한 참여하고 IEP 목표를 달성하는 것을 보장함으로써 요구되기 쉬운 구체적인 변화와 지원을 계획해야 한다. 게다가 누가 무엇을 해야 하는가를 계획해야 한다. 예를 들면, 구체적인 협력교수의 구조를 계획해야 한다. 비록 몇 가지 지원 활동이 관례화되지만, 다른 것들은 아동의 활동과 요구와 이용 가능한 직원에 따라 다양해진다.

협력교수팀은 전문가와 보조 전문가가 함께 계획하고 각 성인의 역할을 계획한다. 일상 활동을 위해, 팀들은 책임을 다하도록 임명되기를 바라고 그들의 임명으로 팀이 만족하는지를 확인하기 위해 간단히 정기적인 재방문을 원할 것이다. 전형적이지 않은 상황은 실지 견학, 교실에서의 특별 공연, 매일의 예술 활동 등, 잠재적인 과제는 구분되어야 하고 구체적인 성인의 역할과 책임이 계획되고 기술되어야 한다. 몇몇 상황에서는 또래아동 보조의 임명과 같이 또래아동의 역할 또한 계획될 수 있다. 이것은 아동의 주의를 배회하지 않고 과도한 도움 없이도 특수한 요구가 있는 아동의 학습과 참여를 최대화 하도록 돕는다. 다음 내용은 계획에 포함되어야 할 몇 가지 중요한 단계들이다.

1. 일관된 회의 시간을 확인한다. 심지어 회의가 단기간을 위한 것이라거나 매주가 아닌 매 다른 주더라도, 일관성이 중요하다. 만일 모든 팀 구성원이 매 회의마다 참석이 불가능하다면, 돌아가며 참가한다.
2. 이전 회의 이후의 사건들과 경험들을 반성하며 회의를 시작한다. 무엇이 효과가 있었나? 무엇이 잘못되었나? 무엇이 변해야 하는가? 아동의 욕구와 학습 스타일에 관련된 새로운 이해가 수집될 수 있는가?
3. 활동을 자세하게 계획한다. 어떤 활동과 전략이 변화없이 계속 유지될 것인가? 무엇이 새로운 활동인가? 그것은 언제 들어가기로 계획되어 있는가? 누가 그것을 할 것인가? 어떤 도구가 필요한가?
4. 아동의 참여를 지원하고 아동의 IEP나 IFSP의 목적에 도달을 수 있도록 하는 편의와 교수전략을 계획한다. 매일의 스케줄과 매일의 일상이나 구체적인 활동에서 계획한다. 각 아동의 구체적인 IEP 목적에 시선을 느슨하게 두지 않는다. 일상적 활동에 참여만으로는 충분하지 않다.
5. 각 아동의 요구, 활동의 특성, 지원에 이용 가능한 자원 그리고 교사의 양식과 선호에 기초하여 협력교수 구조를 계획하고 수정한다. 예를 들어, 어떤 역할이나 과제를 각 성인이 최선을 다하고 가장 즐겁게 할 수 있을 것인가?
6. 새롭거나 독특한 활동을 계획할 때(예를 들어, 산타클로스 방문하기) 생길 수 있는 어려움이나 각 아동의 부정적인 반응을 계획한다. 이 장 뒤에 있는 Elijah의 예를 참고하라. 어떻게 그러한 문제를 다룰 것인가?
7. 계획을 평가한다. 다음 회의에 신중하게 결과와 재방문 계획을 보고한다.

예시 10.2에 제시된 양식은 능률적인 회의 계획을 세우는 데 유용할 것이다.

예시 10.2

협력교수 계획 양식: 역할과 책임의 배치

날짜: ________ 아동: ____________

출석한 구성원: ________________

____

Ⅰ. 이전 기간의 재검토:

무엇이 효과 있었는가?

무엇이 잘못되었는가?

무엇이 바뀌어야 하는가?

Ⅱ. IEP 과정의 평가:

목표:

#1

#2

#3

#4

Ⅲ. 다음 기간의 계획(누가, 무엇을, 언제 할 것인가?):

A. 계속 진행 될 일반 과정:

B. 예정된 특별 행사와 새로운 활동:

이 아동에게 가능한 힘들 일:

구체적 지원 전략(누가 무엇을 할 것인가?):

어떠한 준비/선행교육이 필요한가?

Ⅳ. 다음 회의 날짜: ____________________

교실에서 각 성인의 구체적인 역할은 각 아동의 학습과 참여를 최대화하도록 계획될 필요가 있다. 몇몇 활동에서 각 직원의 역할을 계획하는 것과 아동들이 특정한 기술과 IEP 목표에 도달하는 것을 돕도록 하는 몇 가지 교수전략의 수행을 계획할 필요가 있다. 교실 활동에 아동의 완전한 참여를 보장하도록 요구됨에 따라 구체적인 계획을 세우는 것도 필요하다. 예시 10.2를 참고한다.

(2) 협력교수 구조 설계

협력교수 역할과 책임을 형성하는 다른 방법을 여기에서는 구조라고 일컫는다. 설계될 수 있는 구조의 유형에는 제한이 없다는 것을 인식하는 것이 중요하다. 또한 앞에서 언급했듯이, 몇몇 구조는 판에 박힌 것이지만, 다른 것들은 몇 가지 활동이나 아동들을 위해 특별하게 계획된 것이다. 협력교수 구조나 형성의 유형은 각 통합 팀의 요구와 창조성에 의해 결정된다. 공통적인 협력교수 구조의 예시는 다음과 같다.

1명의 교수-1명의 지원(one teaching-one supporting). 가장 쉬운 협력교수 구조는 1명의 교수-1명의 지원 구조이다. 이 상황에서 교사(주로 유아교사)는 유아특수교사가 장애아동의 요구에 도움을 제공하는 동안 활동을 이끈다. 이것은 최소의 계획과 협력을 요구하므로 이 협력교수 구조는 확실히 가장 쉽다. 이 구조의 단점은 종종 특수교사가 실제 협력교사보다 보조로 가르치는 역할을 하는 것이다. 적응과 활동 지원의 특성에 대한 결정에 신중한 계획이 부족하다. 비록 이 구조가 아동의 참여를 장려하는 데 효과적이지만, 구체적이고 어려운 IEP 목표를 충족시키는 데는 덜 효과적일 수 있다.

보충지도(complementary teaching). 보충지도에서는 특수교사는 한 아동에게 아주 특별한 지원을 제공하고, 매우 구체적인 기능을 가르친다. 이러한 기능은 결국 아동이 독립적으로 활동에 참여할 수 있도록 신중하게 선택된다. 보충지도는 필요한 지원이 다음에 설명되는 사전지도의 집중적인 교수 전략을 요구할 정도로 강제적이지 않을 때 가장 잘 사용될 수 있다. 특수교사의 직무는 필요한 기능을 분석하고 활동하는 동안 다양한 촉구 전략을 감소시킴으로써 기능을 가르친다. 촉구는 점차로 감소시키고, 전략은 독립적으로 수행하는 아동의 능력을 이끌어 낸다. 다음은 그 예시이다.

Joshua는 간식을 먹은 후 그의 테이블을 깨끗하게 정리하지 못했고 돌아다니며 분열적 행동을 하는 경향이 있었다. 늘 한 성인이 Joshua가 테이블을 치우는 것을 배우도록 촉진을 시도하는 전적인 도움을 제공했다. 그러나 과제를 독립적으로 수행하는 그의 능력에는 어떠한 발전도 없었다. 특수교사와 유아교사는 Joshua에게 이 기술을 가르치는 데 우선순위를 결정할 필요성에 대해 토론했다. 보충지도의 구조를 이용하는 동안, 특수교사는 날마다 간식을 먹은 후 Joshua에게 직접적 지도

를 제공하도록 임명되었다. 연쇄, 많은 도움 그리고 촉진의 감소와 같은 교수전략의 구조를 이용함으로써, Joshua는 그의 테이블을 치우는 것과 쓰레기를 쓰레기통에 넣는 것을 빠르게 배웠다.

사전 지도. 다른 예는 사전 지도(preteaching)이다. 상황에 따라 특정한 아동이 보충 지도를 통해 배우기에는 너무 어려운 기능을 요구하는 활동이 있다. 또는 아동이 새로운 활동이나 몇 가지 새로운 행사에 참여하기 위해 준비해야 할 필요가 있을 수 있다. 이러한 상황에서 팀은 아동이 최소의 자극과 신호로 활동에 참여 할 수 있도록 충분히 독립적으로 될 때까지 날마다 기술을 직접적으로 일대일 지도를 하는 구조를 설계할 것이다. 예시는 날마다 아동들이 간식을 먹으러 오기 전 몇 분 동안에 테이블 준비하는 것을 일상적으로 빠르고 독립적으로 할 수 있을 때까지 배우게 하는 것이다. 다음의 예를 생각해 보라.

Elijah가 사진의 날을 위해 준비를 하다.

해마다 오는 '사진의 날'이 한 달 후이다. Elijah는 플래쉬 빛, 낯선 사람과 일상의 변화를 다루는 데 커다란 어려움을 가지고 있다. 사진의 날은 Elijah에게 엄청나게 힘든 일을 내포한다! 그의 교사는 선행지도 계획을 세우기 위해 Elijah의 엄마와 만난다. 유아특수교사는 상상의 카메라를 이용하는 소그룹 사진의 날 대본을 전개시킨다. 몇몇 아동은 몇 주에 걸쳐 자유 놀이 시간 동안 사진의 날을 연극한다. 교사는 Elijah가 의자에 앉아있고 카메라의 플래쉬 빛을 견디는 것을 배우는 데 도움이 될 간단한 프로그램을 개발한다. 그녀는 계속적인 접근을 이용한다. 그녀는 Elijah가 좋아하는 활동인 간식 시간 전에 날마다 이것을 한다. 집에서 Elijah의 엄마는 사진의 날의 긍정적인 영향을 말하고 사진을 찍는 날까지 남은 날을 세며 Elijah에게 사진의 날을 자주 언급하기 시작한다. 이 선행지도 구조의 이용은 사진의 날의 재앙을 막는데 도움이 될 뿐만 아니라 Elijah가 기꺼이 참여하도록 하는 아주 유명한 흉내내기 연극 시나리오를 소개한다.

스테이션 지도. 스테이션 지도(station teaching)는 센터에서 아동의 학습과 참여를 지원하는데 이용된다. 이 협력교수 구조에서, 특수교육 교사는 특정 아동에 대해 커다란 도전의 자세를 취하게 될 센터에 전략적으로 배치된다. 예를 들어, 만일 몇 명의 아동들에게 소근육 운동 기술의 발달을 지원하고 도와주는 것이 필요하다면, 교사를 파견할 때 예술 센터가 가장 알맞을 것이다. 또는 만일 좀 더 개방적인 활동에서 문제 행동을 경험한 아동들이 있다면 유아특수교사는 블록으로 된 제한된 구역이나 역할놀이 하는 곳에 위치를 정한다. 교사는 다른 성인과 구체적인 전략이나 기술을 공유할 수 있어서 시간이 지나면 그들은 스스로 중재를 수행하는 것에 편안함을 느낄 것이다. 다음 내용은 스테이션 지도의 예이다.

할로윈 가면 센터

할로윈 주에 세 개의 센터가 계획되어 있다. 하나는 오렌지색과 검정색을 사용하여 손으로 그림을 그리는 것이다. 두 번째는 테이프에 있는 할로윈 이야기를 듣는 이야기 듣기 센터이고, 세 번째는 종이 접시와 깃털로 된 가면을 만드는 공예 활동이다. 세 센터 중에 가면 만들기 활동은 매우 힘든 일의 연속, 어려운 과제 지속성 그리고 소근육 운동 기술을 요구한다. 특별한 요구를 지닌 두 명의 아동은 이 활동에 참여하기 위해 상당한 용기가 필요했다. 게다가 두 아동은 소근육 운동 기술 향상과 관련된 IEP 목표를 가지고 있었다. 그래서 유아특수교사가 이 '스테이션' 에 배정되었다. 교사는 신중하게 각 아동이 가능한 참여와 IEP 목표를 향해 진행하도록 도움을 주는 기술과 조절을 계획했다.

4) 구체적인 IEP 목적의 달성 지원

일상의 활동에서 사회적 기능의 향상은 통합교육 장면에서 많은 아동에게 공통적이고 중요한 IEP 목적이다. 사회적 기능은 일상의 활동에서 완전한 참여와 또래아동과의 상호작용을 함으로써 쉽게 지원될 수 있다. 그러나 몇몇 IEP 목적은 그것의 성취를 보장하기 위한 다양한 교육적 전략(다른 분야와의 협력 포함)의 신중한 계획과 수행을 요구한다. 확실히 수정된 몇 가지 행동(예를 들어, 아동이 안경을 쓰거나 보청기를 하도록 장려하는 것), 특정 기술의 숙달을 향한 진전(예를 들어, 인쇄물에서의 사람의 이름을 인지하는 것을 배우기), 그리고 발달 이정표에서의 몇 가지 획득(예를 들면, 신변자립)은 매일의 활동에서 Lieber가 *'삽입된 학습 기회'* 라고 언급한 교육 기회와 고찰과 구체적인 교육전략의 설계를 요구한다(Horn, Lieber, Li, Sandall, Schwartz, 2000; Horn, Lieber, Sandall, Schwartz, 2000). (삽입된 학습 기회에 관한 주석이 달린 저서 목록을 보기 위해서는 Pretti-Frontczak, Barr, Macy, Carter, 2003을 참조하라.) 유아특수교사들은 IEP 목적이 다루어질수 있는 기회를 구별하고 계획할 뿐 아니라, 한 단계 더 앞서 가야하고 아동을 각 목표의 성취로 이동시킬 적응 전략이나 구체적인 교육을 설계해야 한다. 목표-활동 매트릭스는 예시 10.3에 삽입된 학습 기회를 위한 계획의 예시가 제시되어 있다.

5) 협력교수 모델에서 의사소통과의 협력

협력교수 배치는 교사들에게 협력 관계를 발전 시켜야 하는 강한 부담을 줄 수 있다. 훌륭한 의사소통 기술과 문제를 해결하고 충돌을 해결하는 능력은 성공적인 협력교수에서 중요한 기술이다. 팀을 이루는 것과 협력교수는 많은 개인의 의사소통과 문제 해결 능력에 큰 요구를 대신할 수 있다. 다른 말로 하면, 협력적으로 일하기 위해 공들이는 노력이 '가족' 감각을 만들고 만족스런 작업 환경을 만들 수 있다.

모든 팀 구성원들이 그들 자신의 기질, 의

예시 10.3

삽입된 학습 기회 목표

아동의 이름 LISA(L) 날짜: ______

목적 수정 / 전략

목적	사회	언어	운동	선행 학습	신변자립
활동:	**가까운 아동을 위한 허용을 증가시킨다.** **사회적 의사소통을 이용하여 또래아동을 인지한다.**	**기능적 의사소통을 증가시킨다(요구). 말하는 어휘의 사용을 증가시킨다.**	**놀이와 일상에서 효과적이고 독립적으로 운동계획과 정확도를 발달시킨다.**	**책 보기를 즐긴다.** **알파벳 원칙, 언어와 활자와의 관계를 이해한다.**	**촉진 없이 움직인다.** **도움 없이 스스로 먹기 위해 기구와 컵을 이용한다.**
도착 전환 신호: 놀이 영역에서 자연스런 신호	T는 L을 맞이하고 즉시 L이 또래아동에게 "좋은 아침"이라고 말하도록 자극을 준다.	T는 L이 그녀의 책가방을 벗는 것을 도와달라고 요청을 하도록 격려하기 위해 멈춤-기다림 전략을 이용한다.	T는 L이 자켓과 책가방을 거는 것을 돕는 물리적인 발판을 이용한다.	T는 L의 주의를 사물함 위의 이름/사진 카드로 돌리며 "너의 사물함을 찾아"라고 말한다.	T는 교실로 들어가 찬장에 물건을 두고 놀이영역으로 걸어가는 연속적 운동계획을 돕기 위해 역순연쇄법 절차를 사용한다.
자유 놀이 전환 신호: 정리를 위한 불 켜고 끄기	T는 "같이 놀 친구가 있는 것이 좋지 않니!"라고 말하며, 매트 위 L로부터 편안한 거리에 또래아동이 앉도록 권함으로써 L의 가까운 또래아동에 대한 허용을 돕는다.	T는 L이 좋아하는 음악상자 장난감을 다른 곳에 둔다. L이 교사에게 다가와 그녀의 어려움을 말하면 즉시 T는 "오 이런, 함께 너의 음악상자를 찾아보자!"라고 말한다.	만일 L이 그녀가 선택했던 장난감 활동에 어려움을 가지면, T는 신체적 자극을 제공한 후 소거한다.	T는 L의 주의를 레고 박스와 플라스틱 공룡 박스위의 라벨로 돌리게 하고 선택하도록 격려한다.	T는 L이 장난감을 고르도록 기다린다.
자유선택 활동 전환 신호: 휴식을 위해 서 보자 (T는 문을 가르킨다)	T는 아동들이 자리를 잡을 때까지 L을 원 밖에 남겨둔 후, "어디에 앉고 싶은지 보여줘."라고 그녀를 자극하며 그룹에 가까이 다가가게 한다.	T는 L이 좋아하는 "작은 빨간 열차"를 "기차노래"라고 말하며 그 노래를 L에게 요청하기 위해 말을 흉내내어 L을 자극시킨다. (L은 이미 블록 공간에서 기차를 가지고 놀 때 "기차"라는 말을 사용하였다.)	율동과 함께 노래하기 위해, T는 필요에 따라 신체적 자극을 제공한다. 율동을 하는 동안에 만일 L이 원한다면 원에서 나가 있도록 한다.	T는 L이 좋아하는 이야기 책은 자유선택활동 시간 동안 고른 것임을 확인한다. T는 L에게 단어 앞에 있는 '이' 발음을 과장되게 "리사는 ㄹ로 시작해" 하면서 "네 이름 리-사를 찾아보렴" 말하며 이름카드 세 개를 그녀 앞에 바로 놓는다.	T는 필요할 때만 L을 원쪽으로 이동하도록 격려한다. T는 모든 아동들이 앉을 때까지 기다린다. 그녀가 그 장소에 갈 필요가 있을 때, 만일 L이 원으로 이동하지 않는다면, L의 주의를 원에 가장 가까운 테이블로 옮긴다. ('사회적' 목적을 참고한다.)

목적	사회	언어	운동	선행 학습	신변자립
활동:	**가까운 아동을 위한 허용을 증가시킨다.** **사회적 의사소통을 이용하여 또래아동을 인지한다.**	**기능적 의사소통을 증가시킨다(요구).** **말하는 어휘의 사용을 증가시킨다.**	**놀이와 일상에서 효과적이고 독립적으로 운동계획과 정확도를 발달시킨다.**	**책 보기를 즐긴다.** **알파벳 원칙, 언어와 활자와의 관계를 이해한다.**	**촉진 없이 움직인다.** **도움 없이 스스로 먹기 위해 기구와 컵을 이용한다.**
바깥활동 전환 신호: T는 안으로 들여보내기 위해 종을 친다.	T는 L에게 시소는 두 명이 필요하다고 상기시키며 J(정상발달 또래아동)가 L과 시소를 타자고 말하도록 한다.	T는 L이 나가기 전에 "어디서 놀고 싶니?"라고 물어본다. 만일 대답이 없으면 "시소 혹은 배수구?"라고 자극한다.	T는 "처음에 손잡이를 잡으렴"이라 말하며 처음에 L이 무엇을 하는지 보면서 그녀가 스스로 시소에 타도록 도와준다. T는 멈춘다. "다음엔 다리를 넘기렴." 필요하다면 신체적 촉진을 이용하고 시간이 지나면 없앤다.	T는 놀이터에 있는 흥미 있는, 특히 L이라는 글자을 가리킨다. 또한 모래에 L의 이름을 적고 나중에 이젤로 가서 L이 자신의 이름을 칠하는 것을 돕는다.	('운동' 목적을 참고한다.)
간식 전환 신호: 아동들은 테이블을 치운다. 작별 노래를 부른다.	T는 L과 J와 다른 두 명의 지원 또래 아동을 작은 4인용 테이블에 앉힌다. 시간이 지날수록 커다란 테이블의 남은 공간에 가까이 옮겨진다.	L이 좋아하는 간식인 포도가 찬장에 있다. 만일 L이 별로 좋아하지 않는 음식을 두 입 이하로 먹으면, T는 "디저트로 무엇을 먹고 싶니?" 라고 묻는다. 만일 L이 대답이 없거나 가리킨다면 "사과 혹은 포도?"라고 T가 말한다. 만일 여전히 대답이 없다면, 잠시동안 다른 아동과 바쁘게 일한다.	T는 언어적, 신체적 자극을 이용하며(시간이 지날수록 감소시켜라) 알맞은 소근육 운동 과제를 준비한다. 예를 들면, 우유팩 열기, 치즈와 크래커 랩 벗기기, 바나나 껍질 벗기기, 봉지에서 샌드위치 꺼내기.	T는 우유로부터 주스를 변별하기 위해 라벨을 읽는다. L의 이름의 L과 짝을 이루는 글자를 라벨에서 가리킨다. 점심 전에, T는 L이 점심메뉴를 보도록 해야 한다.	('운동' 목적을 참고한다.)

목적	사회	언어	운동	선행 학습	신변자립
	가까운 아동을 위한 허용을 증가시킨다. 사회적 의사소통을 이용하여 또래아동을 인지한다.	기능적 의사소통을 증가시킨다(요구). 말하는 어휘의 사용을 증가시킨다.	놀이와 일상에서 효과적이고 독립적으로 운동계획과 정확도를 발달시킨다.	책 보기를 즐긴다. 알파벳 원칙, 언어와 활자와의 관계를 이해한다.	촉진 없이 움직인다. 도움 없이 스스로 먹기 위해 기구와 컵을 이용한다.
활동:					
하교	T는 J에게 L이 자켓을 입는 동안 책가방을 들고 있도록 요청한다. T는 즉시 L이 J에게 잘 가라고 손을 흔들도록 자극한다. L이 즉각적인 자극에 응답이 없다면, 신체적 촉진을 제공하라.	L이 버스에 오를 때, T는 강조된 어조로 "내일 보자." 라고 말한다. 그리고 L에게 강조된 어조를 반복 사용하여 "'내일 보자' 라고 말해 주렴." 이라고 말한다. T는 매일 같은 방법으로 이것을 한다. 만일 L이 어떤식으로든 말을 한다면, T는 "맞아! 내일 보자!"라고 말한다.	T는 L이 사물함으로 걸어가고, 걸이에서 자켓을 가져와 입고 사물함에서 가방을 꺼내는 L의 운동 계획을 돕는 역순 연쇄를 이용한다. T는 L이 자켓을 입도록 도와준다.	T는 "Lisa 너의 사물함을 찾아봐." 라는 신호를 준다. 다른 아동의 사물함을 가리키며 "이것이 Lisa이니? 아냐, 이것은 Paul의 첫글자인 P야." 라고 말한다. "엄마에게 이것을 *읽어보시라고* 전해주렴, 알겠지?"라고 말하며 집으로 엄마에게 들고갈 노트를 보여준다.	('운동' 목적을 참고한다.)

사소통 유형 그리고 기호를 인식하는 것이 모두에게 도움이 된다. 그들은 또한 그들의 프로그램에 대한 철학을 분명하게 표현하고 그들의 협력교수 상대자나 다른 팀 구성원 간에 얼마나 비슷하고, 얼마나 다른지를 이해할 수 있어야 한다. 성공적인 팀을 이루는 것과 협력교수에 중요한 몇 가지 개인적 특성과 대인관계 기술은 다음에 포함된다.

- 열린 의사소통
- 자기 인식
- 자신의 역할에 만족하고 즐기기
- 각 팀 구성원의 상호 존중과 수용
- 팀 정신과 공감
- 융통성
- 관심을 공유하려는 의지
- 명백하게 정의된 역할 안에서 활동하는 능력
- 전문성
- 계획과 평가의 수행

주의: 협력교수모델에서 특수교사는 우선적으로 장애아동에 초점을 맞추고 유아교사는 정상발달 아동들에게 초점을 맞추려는 자연적인 경향이 종종 나타난다. 특수교사와 협력교수 상대자는 각 교실의 모든 아동들에게 각자 책임을 지는 것은 아주 중요하다.

6) 협력교수 모델에서 문제해결과 갈등해결

문제해결과 갈등해결은 이 장의 다른 부분에서 더 자세히 거론된다. 그러나 몇 가지 문제해결에 관한 고찰은 협력교수 상황에서 아주 중요하다. 첫째로, 문제는 회피하지 말고 해결되어야 한다는 것을 일반적인 동의로 발전시키는 것이 중요하다. 협력교수 모델에서 매일의 접촉 정도가 문제해결 전략으로 요구된다. 일치와 차이의 정도를 구분하는 것은 일상의 한 부분이 되어야 한다. 갈등은 어떠한 과정에서도 필연적인 것임을 이해하는 것 또한 중요하다. 반대가 일어날 것을 예상하고 팀 구성원이 반대의사를 표현하도록 격려하고 반대의 의사표현을 다루는 것은 갈등을 피하려고 노력하는 것보다 팀을 이루는 데 좀 더 효과적이다.

둘째, 몇몇 상황에서는 팀 구성원의 개인적 친분관계가 의사소통과 문제해결을 더 쉽게 만들기 보다는 오히려 더 어렵게 만든다는 것을 인지할 필요가 있다. 친구 사이에서 정말 다른 점이 나타났을 때, 관계를 위태롭게 할 어떠한 상호작용을 회피하려는 경향이 나타난다. 이것은 효과적인 문제해결을 방해한다.

세 번째 관점은, 특히 팀을 만드는 초기 단계에서 진정한 문제 해결에는 시간이 소비될 수 있다는 인식이다. 문제를 분석하고 다른 이들의 시각을 이해하는 데 시간이 걸린다. 해결하려고 돌진하는 것은 종종 문제를 해결하는 데 실패를 가져다준다. 따라서 이러한 문제 해결의 실패는 팀 만드는 것을 방해할 수 있다.

7) 행정적 논쟁

협력교수 모델 (또는 문제에 맞는 어느 모델)을 이용하는 성공적인 유아 통합교육에서 중요 요소는 행정적인 문제이다(Hanson et al., 2001). 위에서 서술된 많은 협력교수의 전략과 실행은 많은 시간을 소비하는 협력 과정을 요구한다. 만일 이러한 시간 계획을 위한 행정적 지원이 없다면, 협력 팀 과정은 상당한 곤경에 처할 것이다. 게다가 몇몇 행정적인 상황에서는 두 기관에서 온 관리자가 관계 될 수 있다(예를 들면, 주정부에서 지원하는 취학전 프로그램과 지방의 교육청). Klein과 그의 동료들(2001)은 유아특수교육의 통합 실천과 전략을 위한 행정상의 지원을 강화시킬 수 있는 몇 가지 요소를 설명했다.

- **관리자와의 확실하고 열린 의사소통 방법을 구축하라.** 관리자가 '무지에 대한 두려움' 을 가지고 있을 것이란 점을 이해하는 것이 중요하다. 유아특수교육의 통합은 몇몇 영역에서는 여전히 상대적으로 새롭고, K-12 통합과는 다르다. 관리자는 프로그램 성공에 대한 결정적인 책임을 견디고 실행과 힘든 점을 명백하게 통지 받아야 한다. 또한 관리자는 그들의 지원에 대한 신뢰와 감사를 받아야 한다.
- **'상자 밖에서 생각하기' 를 장려하라.** 그들의 직업적 요구 사항들의 특성 때문에, 관리자들은 종종 보수적일 수 있다. 앞에서 열거한 두 가지의 지적을 이해한

직원은 창조적이고, 문제 해결 과정에 참여하고, 전적으로 다른 방법을 시도하는 어려움을 무릅쓰고 관리자를 격려하는 데 더 큰 성공을 거둘 것이다.

8) 협력교수 관계의 단계

효과적인 협력교수 관계는 순식간에 발전하지 않는다. 개성, 가치, 선호, 습관 등에 따라 천천히 진행된다. Gately와 Gately(2001)는 협력교수 관계의 세 가지 중요 단계를 기술하였다.

시작 단계는 조심스럽고 신중한 의사소통으로 특징지어진다. 의사소통은 꽤 표면적이고, 상대자가 틀을 정한다(예를 들면, 몇몇 주제나 논점은 금지 사항으로 여겨진다). 유아교사는 참견 받는다고 느끼는 반면, 유아특수교사는 분리되고 배제되고 있다고 느낀다. 그들은 그들의 역할을 정하려고 분투한다. 협력교수 상대자는 이 시작 단계에서 '꼼짝' 않고 있다. 그들의 의사소통은 위기와 스트레스를 주는 것에 직면할 때까지 조심스러움을 유지한다.

다음 단계는 타협 단계라 일컫는다. 관계가 발전함에 따라 의사소통은 점점 더 열리고 상호적으로 된다. 주고받는 관계가 성립되고 타협이 필요하다는 수용이 존재한다. 상대자는 성취하거나 다른 논점에 동의를 얻기 위해 몇몇 생각이나 선호를 기꺼이 포기한다.

결국 팀은 더 협력적인 단계에 도달한다. 이 단계는 개방되고 솔직한 의사소통으로 특징지어진다. 유머 그리고 높은 편안함. 이 단계에서 각 상대자가 동등하게 기여하는 진정한 협력이 존재한다. 경계와 역할 한정은 다소 흐릿해진다. 교사들은 더 이상 "당신의 아이들"과 "나의 아이들"이라고 언급하지 않는다. 이 단계에서 다른 사람에 대한 상호적인 감탄과 존중이 종종 존재한다.(진실로 협력적인 팀에서는, 이 편안함과 존중은 협력교사를 넘어 보조교사와 직원에까지 확장된다.)

효과적인 협력교수 관계는 문제와 반대로부터 자유로울 수 없음을 추가적으로 인식하는 것이 중요하다. 효과적인 팀의 장점은 위기가 되기 전에 협력적인 방법으로 늘 이 잠재적인 충돌을 해결 과정으로 다루는 것이다.

4. 간학문적 전문가들과의 효과적인 팀 구성

조기중재나 유아특수교육에서 팀의 구성원으로서 일하도록 요구되지 않는 상황은 거의 없다. 많은 이해 관계자와 주요 전문가들은 어린 장애아동의 발달적 그리고 교육적 요구를 충족시키는 데 관여된다. 효과적인 팀워크는 이러한 각 개인들의 기여가 알맞고 효율적으로 사용되고 특별한 요구가 있는 아동의 발달과 가족의 만족을 강화시킬 가능성을 증가시킨다. 반면에 효과적인 팀 만들기의 결핍은 주요 전문가의 투입에 충분하지 못한 접근을 낳는다. 더욱 나쁜 것은 혼란과 심지어 해로운 서비스 전달이다.

우리는 효과적인 통합교육 지원에서 가족 구성원, 유아교사, 특수교사 그리고 보조교사의 참여를 위한 서비스 전달 구조의 다양성을 토론해 왔다. 그러나 독특하거나 집중적인 요구가 있는 아동들은 전문가들의 다양함에서 오는 정보, 지원, 평가를 요구할 것이다. 이것은 특정 치료사들(예를 들어 작업치료사, 물리치료사, 언어치료사)과 장애에 관련된 특정 전문가(예를 들어, 시각장애 전문가, 농과 난청 전문가)를 포함한다. 관련된 많은 전문가들의 역할이 표 10.1에 제시되어 있다.

이러한 투입을 통합 환경에 통합하고 그들의 노력을 통합시키는 것은 상당히 힘든 일이다. 전문가들이 통합교육 환경에서 아동에게 서비스를 제공하는 다양한 방법이 있다. 일반적으로, 관련 전문가는 순회교사로 일한다. 이 모델에서는 순회 전문가는 아동과 직접적으로 일을 하거나 자문 역할에서는 일차적으로 직원과 함께 일하거나, 이 두 모델의 혼합이다. 전문가와의 의사소통은 중요하다. 만일 아동들을 위한 전문가의 중재 전략과 목표가 이해되지 않고 일상에 통합되지 않는데 매주 한 시간씩 아동들과 직접적으로 일하는 것이 효과가 있는지에 대한 증거는 거의 없다. 더군다나, 전문가들의 노력은 오직 아동의 생활에 관련된 주요 관계들과의 협력을 통해서만 강화된다.

각 전문가들은 그들의 능력과 일정에 따라 센터를 방문한다. 이상적으로, 전문가들의 서비스가 조직화되는 방법이 신중하게 계획되고 통합되어야 한다. 전문가들은 센터의 팀과 정기적으로 만나야 한다. 그러나 이것은 비현실적이다. 통합교육 환경에서 다양한 전문가들의 투입을 이용하고 조정하기 위한 가능한 한 모델은 그들의 투입에 '도관' 처럼 서비스를 제공하는 유아특수교육의 협력교수 교사나 순회교사이다. 유아특수교육의 협력교수 교사나 순회교사는 전문가들과 일하고 다른 직원과 가족들에게 정보를 전달하는 데 우선적인 책임을 가진다. 잘 훈련된 전문적 협력교수 교사가 사용하는 전략에 익숙하게 됨으로써 이 모델은 아주 효율적일 수 있고 심지어 다른 그룹에서 함께 회의를 할 때 조차도 팀 구성원들 간의 의사소통을 용이하게 한다.

5. 준전문가와의 활동

장애인교육법(IDEA)과 그 법률의 개정은 준전문가 훈련 개발 단계에서의 인력 부족이 준전문가의 중요한 역할을 재인식하게 했다. 서비스 제공의 부족은 문화적 능력이 가족 중심의 활동 제공에 필수적이란 것을 인지함으로써 더 복잡해진다. "준전문가들은 그들이 일하는 사회에서 살기 때문에, 그들은 문화적 시각을 제공하거나 비영어를 사용하는 학생의 일차적 언어를 사용할 것이다" (Giangreco, Yuan, McKenzie, Cameron & Fialka, 2005).

덧붙이자면, 통합교육 환경에서 아동들을 지원하기 위한 일대일 보조원의 빈번한 이용은 유아특수교육에서 준전문가의 이용을 크게 증가시켜 왔다. 많은 주는 준전문가를 그들의 서비스 전달 체계에 통합시켜 왔고 준전문가를 위한 새로운 직업적 범주를 구축해 왔다. 이 장의 나머지 부분에서 센터나 교실에서 준전문가를 효과적으로 발전시키고 사용하기 위한 지침을 제시한다.

환경에 상관없이, 준전문가는 유아기 서비스 전달에 점점 더 중요한 역할을 한다(Appl, 2006). 그들은 어떤 조기중재나 취학전 교육 팀의 필수적인 구성원이다. 그러나 준전문가와 유아교사나 유아특수교사 사이의 감독자-비감독자 관계는 앞에 기술한 팀 구성과 협력과는 다소 다른 독특한 경향이 있다.

1) 준전문가는 누구인가?

준전문가는 그들의 도움을 통해 교사와 다른 중재자의 능력과 효율성을 확장시키는 사람이다. 정의에 의하면, 준전문가는 전문적 교사 훈련과 전문적 지식을 가지고 있지 않고, 그들은 적은 봉급을 받는다(Hans & Korfmacher, 2002).

이렇게 조기중재 프로그램에 참여하지만 교사나 임상가들처럼 완전하게 역할을 다하는데 필요한 최대한의 훈련과 검증이 부족한 사람들을 언급하는 데 다양한 용어들이 이용되어 왔다. 보조교사(teacher aide), 조기중재 보조원(early intervention assistant), 준교사(para-educator), 특수교육 프로그램 보조자(special education program aide), 교사 보조원 또는 치료사 보조원(instructional or therapist assistant)와 같은 용어가 공통적이다. 이 장에서는 준전문가 또는 교사 지원가란 용어는 일반적으로 조기교육 프로그램에 도움을 제공하지만 완전하게 자격을 갖추지 않은 이러한 모든 사람을 언급할 것이다.

2) 직무 설계와 정의

직무 설계와 정의(designing and defining jobs)는 준전문가를 효율적으로 이용하기 위한 시작점이다(French, 2003). 왜 직무 설계가 알맞은 출발점인지에 대한 두 가지 주요한 이유가 있다. 첫 번째는, 직무 설계 요소의 신중한 고찰은 특히 유급의 보조교사를 뽑을 때, 준전문가를 모집하고 선택하는 기준을 제공한다. 두 번째는, 사람들은 그들이 무엇을 하도록 정해져 있는지와 어떻게, 언제 그것을 하도록 정해져 있는지를 알 때 더 효과적으로 일한다. 그러므로 직무 설계는 직무 기능과 역할 관계에 아주 중요한 개념적 틀을 만든다.

여기에 대한 책임이 교사에게 돌아오기 때문에, 그들의 마음속에 준전문가가 교실 팀의 한 부분이 되는 목적, 과제 그리고 환경을 명백하게 해야 한다. 비슷하게, 명백하게 정의된 과제, 책임 그리고 관계는 준전문가들에게 그들이 일하도록 예상되는 개념적 틀을 만든다.

(1) 활동, 상호작용, 감정의 틀

직무 설계는 교사 지원가, 자원봉사자, 교사, 교장, 감독자의 직무가 되고, 어떤 직무의 내용과 관계를 구체화하는 것을 말한다. 당연히 직무 설계는 사람으로서 직업인과 조직(또는 교실)의 이익에 기대되는 활동 기여 둘 다를 고려한다. 직무 설계 특징에 대해 생각하는 간단한 방법은 Homans(1992)가 어떠한 작업 집단(예를 들며, 교사, 준전문가 그리고 학생)을 사회적 체계로서 생각하는 집단 역학의 고전적 연구로부터 개념을 빌려온 것이다. Homans는 모든 작은 작업 집단의 공통적인 세 가지 특징을 정의했다. 활동, 상호작용, 감정이다. 다음은 센터와 학교에서 필수적인 직업 설계 요소를 정의하는 기본을 제시한다.

1. *활동 또는 과제.* 이 특징은 직업인이 무엇을 할 것인가 하는 그 내용을 정의한다. 과제의 범위나 폭은 무엇인가? 그들이 창조적인 대신 어느 정도 규격화되고 관례적인 것인가? 얼마나 자주 수행할 것인가? 어떤 결과가 예상되는가? 어떻게 결과가 인식될 것인가(보조교사와 교사 둘 모두에게)?

2. *상호작용 또는 역할 관계.* 이것은 직업인이 누구와 상호작용할지, 얼마나 자주(혹은 어떠한 환경 아래) 이것이 일어날지 그리고 그 관계의 질을 정한다. 준전문가가 아동들과 어떤 관계를 가지게 되는가? 다른 직원과 부모와는 어떤 관계를 가지는가? 교사와 관련된 준전문가의 책임과 권위의 한계는 무엇인가? 일에서 얼마나 많은 자율과 자기 주도적 자유가 준전문가에게 주어질 것인가? 개인적 행동 대신에 어느 정도의 팀워크가 예상되는가?

3. *감정 또는 가치와 태도.* 감정은 어떤 작업이 수행되어지는 분위기와 직업인에게 효과 있는 만족의 근원을 정의한다. 감정에 주의를 환기시킴으로써, 교사는 다음과 같은 교실에서 준전문가의 참여의 질에 영향을 주는 필수적인 질문들을 예상하고 만들어야 한다. 어떤 개인적 보상이 준전문가에게 의미가 있는가? 훈련 방법과 화장실 습관과 같은 예민한 논점을 어떻게 바라보게 될 것인가? 준전문가의 어떤 가치와 태도가 프로그램 목적에 가장 많이 기여하고 이 교사들과 뜻이 맞겠는가?

(2) 직무과제 설명서 개발하기

각 준전문가는 다른 기능과 직업에 대한 기대를 가져오고 각 교사나 교실의 요구가 다르므로, 준전문가의 직무 설명서는 요구되는 독특한 상호작용을 반영하여 설계되어야 한다. 준전문가의 역할과 책임의 명확한 이해는 준전문가가 알맞게 이용되고 있는지를 보증하는데 필수적이다. "직무의 타당성은 감독의 정도와 교사가 제공하는 지도의 명쾌함 뿐만 아니라, 준전문가의 훈련, 지식 그리고 기술에 의존한다" (Warger, 2003).

직무 설명서는 각 참여자가 참조와 재검토를 위해 복사본을 들고 있도록 문서로 표현되어야 한다. 이것은 수행 평가 뒤에 각 1년에 최소 한 번과 업무에 커다란 변화가 있을 때 작성되어야 한다. 이 직무 설명서는 전형적으로 진술한 '책임이 있는' 진부한 목록보다 더 많은 것을 전달한다. 이전에 제안했듯이, 작성된 직무 설명서는 후보를 심사하는(교사 지원가의 경우에) 기준과 후보들에게는 직무 설명서를 제공한다. 직무 설계의 유용한 보고서를 만드는 시작점에서, 관리는 교사 지원가나 자원봉사자가 유익할 수 있는 방법에 대해 생각해야 한다. 직무 실현성의 목록 같은 것을 개발하는 가장 쉬운 방법 중 하나는 하루 동안 생각나는 아이디어를 메모하는 것이다. 준전문가에게 유익할 수 있는 몇 가지 방법이 예시 10.4에 제시되어 있다.

일단 교사가 바람직한 과제를 확인하면, 그것은 (a) 누가 활동을 지도할 것인지, (b) 얼마나 자주 수행되어질 것인지, (c) 만일 표준화나 일관성이 요구된다면 그것이 수행되는 방법, (d) 모든 관계자가 어떻게 성공적인 수행을 인식할 수 있는지를 명백하게 할 필요성이 있다.

(3) 역할 관계 시각화

교사가 활동 영역을 정의하고 난 후, 교사는 준전문가를 위해 역할에 대한 시각화를 신중하게 생각해야 한다. 준전문가가 아동들의 학습에 창조적인 기여자가 될 것인가, 단순히 도구를 준비하며 무대 뒤에 서있는 사람이 될 것인가? 준전문가가 활동을 제안하도록 장려할 것인가? 오직 교사가 계획한 것만 하도록 격하될 것인가?

이런 역할 관계 질문들에 대한 대답은 교사의 철학과 유형을 반영한다. 그림 10.1은 직원을 지원하는 관계에서 교사 스스로 가지는

예시 10.4

가능한 준전문가의 과제

- 센터를 열고, 특수한 목적에 필요한 도구들을 준비하고, 매일의 공급품을 준비하는 것을 포함한 교실 준비하기.
- 아동을 반기고 모든 일과에서 돕기.
- 교실과 운동장에서 활동을 관리하기.
- 나쁜 품행에 대해 수용적이고 효과적으로 대응하며, 적절한 행동으로 보육하기.
- 교사가 계획한 구체적 활동을 지도하기.
- 급식과 배변 프로그램에서 아동을 돕기.
- 보조공학 기술을 사용하는 아동을 돕기.
- 행동관리 프로그램의 수행 동안 행동을 기입하기.
- 보조 장비를 정리하고 조립하는 데 돕기.
- 아동을 배치하고 이동시키는 것을 도우며 전문가의 지도에 따르기.
- 긍정적 사회 통합을 보장하기 위한 적절한 자극을 제공하기.
- 중재 게임과 도구를 준비하고 분류하고 정리 보관하기.
- 미디어 장비 준비하기.
- 비디오 테이프, 슬라이드, 특별 자료를 보여주기.
- 회의의 준비를 위해 부모에게 연락하기.
- 청소를 포함하여 하루의 정리를 돕기.

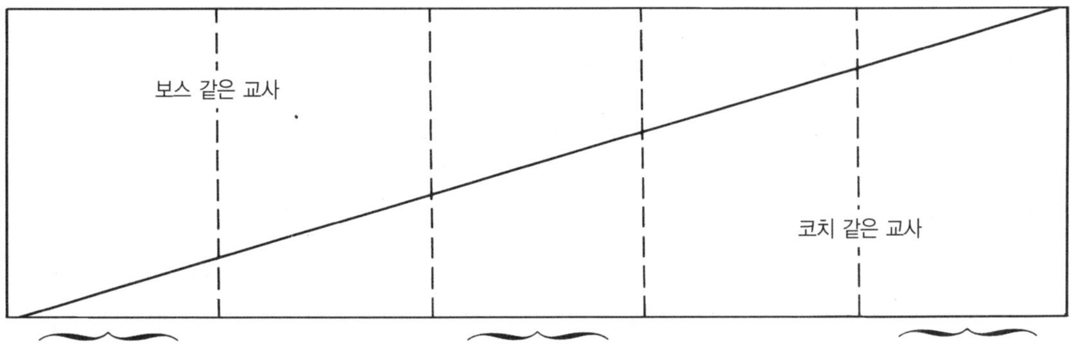

교사는 모든 의사를 결정하는 권위자로 지배적이다. 보조교사에게 자유가 거의 주어지지 않는다. 이것은 오직 교사의 방법이 '옳기' 때문에 무엇을, 언제, 어떻게 할지 교사의 말에 달려 있다.

교사는 의견을 물어본다. 아동과 교육적인 주제에 관해 토론한다. 보조교사는 계획안에서 교사와 약간의 관계를 가지고 일반적인 지침에서 직무를 수행하기 위해 자율을 조정한다.

상담에서 교사는 필요하다면 후원자 역할을 한다. 보조교사는 광범위한 과제를 할당받는다. 교육 원리에 따라 활동 내용을 계획하고 수행하는데 독립적으로 직무를 다하기 위해 교사에 의해 훈련되고 지도받는다.

그림 10.1 교사와 준전문가 간의 역할 관계 철학의 범위

상호작용의 극단적인 견해를 표현했다. 상사가 되고 빈틈없는 교실을 운영하기를 원하는 교사는 이 원리를 깨달아야 한다. 이런 상황은 확실히 준전문가의 자유와 자율의 범위를 제한한다. 그리고 협력적 관계의 발전을 방해한다.

만일 교사가 준전문가에게 전해 줄 구체적인 지침을 개발하기 전에 역할-관계 원리와 리더십 유형을 신중하게 생각한다면 유용할 것이다.

(4) 정책 지침에 감정 전환하기

수업 계획이나 교육과정 해설의 어떤 지침 없이 일하는 교사는 거의 없다. 마찬가지로 교사는 미리 준전문가에게 기대되는 필수적 수행 과제를 계획하고 계획된 관계를 명백하게 해야 한다. 그러나 최적의 효율을 위해서, 교사는 준전문가에게 기대되는 정의적 행동을 계획하고 분류해야 한다. 이것은 준전문가의 의무가 아니라, 기대되는 강제성 대 반응성의 수준뿐만 아니라 아동과 상호작용의 영향과 풍토를 설명하는 부분을 의미한다.

받아들이기 어려운 아동의 행동에 반응하는 지침은 특히 중요하다. 예를 들어, 만일 어떤 아동이 다른 아동에게 침을 뱉는다면, 어떤 반응이 알맞다고 여겨지는가? 자연스런 방향 재조정은? 험한 얼굴표정? "Jason, 너 Philip에게 화가 난 것 같구나."란 말에는 명백히 '옳은' 혹은 '그른' 반응은 필요하지만, 주어진 환경에서 문화의 부분이 되어왔던 몇몇 기대가 있을 것이다. 준전문가는 이런 종류의 정서적 기대를 이해하는 것이 중요하다.

역할을 명백하게 설명하는 것은 활동의 범위에 대한 분명한 기대뿐만 아니라 준전문가의 행위에 대한 권위의 특성도 포함된다. 예시 10.5는 유아와 상호작용하기 위한 지침의 예를 제시한 것이다.

그것은 피드백을 위한 준거의 틀로 주어지기 때문에 직무 설계 지침은 필요할 때 준전문가의 행동을 재조정하는 데 도움이 될 뿐만 아니라 직무 만족을 자극한다. 준전문가는 좋은 직무를 가졌을 때 또는 프로그램의 기준 내에서 어려운 상황을 성공적이고 일관되게 다루는 때를 안다. 또한 지침은 교사가 적절한 행동을 강화하도록 한다. 준전문가가 신중하게 선택을 하도록 허용하는 정도에 대한 지침은, 학습 과정에 포함된 것에 관해 보다 전문가로 느끼도록 하는 데 도움이 된다.

예시 10.5

준전문가를 위한 아동 상호작용 지침

1. *즐거운 분위기를 만들어라.* 긴장한 아동은 효과적으로 참여할 수 없다. 그들이 따뜻하고 열중함으로써 편안함을 느끼도록 도와라. 당신이 스스로 긴장을 풀고 즐긴다면 아동들은 이것을 느끼고 당신의 본보기를 따를 것이다.
2. *당신의 목소리가 자산이다.* 부드럽고, 자신감 있는 목소리는 높거나 큰 것보다 더 빨리 아동의 주의를 이끌어 낸다. 첫째로 아동과 눈을 마주치고, 그 다음 아동에게 직접적이고 부드럽게 말하는 것은 교실을 가로질러 소리치는 것보다 더 효과적이다.
3. *긍정적이어라.* "너의 우유를 쏟지 말아라."라고 말하는 대신, "컵을 두 손으로 잡으렴."이라고 말하는 것이 낫다. "좋은 건축가는 조심스럽게 그들의 장비를 치워둔단다."라고 말하는 것이 "너의 도구를 던지지 말아라."라고 말하는 것보다 낫다.
4. *꼬리표는 젤리 병을 위한 것이지, 아동을 위한 것이 아니다.* "버릇없는 소년"이나 "못된 소녀"와 같은 꼬리표와 문구는 아동들이 자신을 수치스럽고 하찮게 느끼게 한다. 이렇게 느끼는 아동들은 학습할 수 없다.
5. *교실에서 경쟁을 하지 못하게 하라.* 아동들 사이에서 경쟁을 촉진시키는 것으로부터 얻어지는 것은 아무것도 없다. 아동들이 "난 Susie보다 그림을 더 잘 그릴 수 있어요." 라고 말하면, "각 사람들은 자신들만의 방법으로 그림을 그린단다."라고 말을 하며 말려라.
6. *선택은 선택하기 위한 것이다.* 청소 시간에, 아동들에게 청소를 할지 안할지를 물어보지 말아라. 대신에 "청소할 시간이야."라고 말하라. 만일 당신이 어떠한 대답도 받아들일 의도가 없다면 그들에게 선택권을 주지 말라. 당신은 그들이 진정으로 선택하기를 바랄 때, 선택권을 주어라.
7. *공유하는 것은 단순하지 않다.* 미취학 아동들은 공유하는 것을 배운다. 만일 그들이 어떤 것을 가지고 논다면, 그들의 마음속으로 그 장난감은 그 순간 그들의 것이라 생각한다. 아동들은 반드시 그들이 차례를 가질 수 있을지 없을지 물을 수 있고 그들이 장난감을 가지고 놀 때 다른 아이들에게 말할 수 있도록 격려되어야 한다.
8. *아이들을 항상 주시하라.* 아동들은 항상 감독하는 성인의 시야 안에 있어야 한다. 아이들은 빈틈없는 감독이 필요하고 요구되는데, 책임 있는 성인이 다른 성인과 대화중일 때는 이것이 불가능하다. 너무 많은 아동들이 어느 한 놀이 공간에 들어오면, 몇몇은 다른 장소로 보내라.
9. *아동들의 활동을 좌우하지 마라.* 아동들은 그들이 아이디어와 도구로 실험하듯이 그들의 활동적인 상상을 사용하도록 허락되어야 한다.
10. *예방은 완벽하다.* 문제가 될 행동을 조정할 수 있도록 주의하라. 아동들은 그들이나 다른 이들을 다치도록 해서는 안 된다는 것을 기억하라.

3) 기대 의사소통 하기

효과적인 직무 관계를 형성하는 사회화 과정은 진정으로 상호 책임을 지는 것이다. 상대방 모두 서로에게 배워야 한다. 의사소통(언어적으로, 문자로, 행동으로)의 과정에서 그들은 상호 역할 관계의 설명을 확대하면서 시작한다. 그 본질에서 역할은 무엇이 적절하게 되어질지, 무엇이 회피되어질지에 대한 일련의 기대이다. 전문가를 위해, 역할은 합리적으로 잘 정의되고 격려될 수도 있고, 즐겁지 않은 직업과 압박적인 감독은 모호하고 갈등이 되며 거북할 수도 있다.

교사와 준전문가 둘 다 그들의 기대를 의사소통해야 한다. 교사와 준전문가 사이의 관계는 경험을 풍부하게 하고 만족스럽게 하거나 빈약하고 지루하게 만든다. 더 중요한건, 부정적인 관계는 프로그램의 효율을 방해할 수 있다.

만일 한 명의 교사와 한 명의 교사 보조원이 참여한다면, 오리엔테이션은 교실의 쾌적한 한 구석에서 하거나, 정해진 점심시간 동안 식당에서 할 수 있다. 참여하는 사람들의 수는 회의를 어디서 할지와 어떻게 수행할지에 영향을 미치지만, 토론되는 내용에는 영향을 주어서는 안 된다.

공동 목표를 전달하는 중요성을 강조하며, Carroll(2001)은 준전문가들이 새로운 위치에 적응함으로써 즉시 다루어져야 하는 몇 가지 중요 항목들을 정하였다. Carroll은 다음의 것들을 포함시켜 구성하도록 제안한다.

- 시작과 마치는 시간
- 종소리 시간표
- 주차 허용
- 건물의 지도
- 응급 절차
- 출근 방침
- 비밀보장 방침
- 그들의 스케줄에서 강조되는 학생과 직

원의 일정

이 목록에 더 할 수 있는 것은 전문적인 행위의 중요성이다. 전문가로서 행동하도록 기대되는 준전문가는 주로 그렇게 행동할 것이다. 이것은 적절하게 옷을 입고, 아동의 특성과 행동의 모든 측면을 존중하는 것이 포함된다.

4) 특별한 기능과 재능의 발견과 사용

오리엔테이션을 진정한 쌍방향의 의사소통의 기회로 만들려면, 지략이 풍부한 교사는 새로운 준전문가가 그들의 특별한 흥미, 기술, 재능을 드러내도록 장려해야 한다. 이전의 활동 경험을 물어보는 것은 중요하다. 그러나 부모 역할하기와 가사 기술은 유치원이나 보육시설에서 동일하게 중요하다. 몇 가지 기능은 교실 활동에 유용하고 흥미롭게 받아들여지지 않는다. 스포츠에서 바느질까지 모든 것이 어딘가에 적합하다. 취미는 신나는 수업의 원천이 될 수 있다. 빵 만들기, 정원 손질, 바느질, 청소는 과학과 수학 수업의 기본이 될 수 있다.

준전문가의 특별한 기술과 재능을 발견하기 위한 한 가지 효과적인 방법은 잠재적인 지원가가 작성할 수 있는 간단한 질문지를 개발하는 것이다. 많은 교사들은 부모의 참여를 장려시키기 위해 질문지를 완성시키도록 요청받는다. 다른 이들은 고용된 준전문가와 자원봉사자에게 질문지를 이용한다. 그림 10.2의 질문지는 응답자에게 약간의 선택 범위를 허용하며 유아교육 센터의 요구를 통합시키기 위해 계획된 것이다.

일단 준전문가의 특별한 홍미, 기술, 재능이 알려지면, 교사는 그것을 활동에 채택하는 계획을 세운다. 한 교실의 교사 보조원은 정원 손질을 좋아했다. 실외 정원은 많은 개념을 제공했다. 아동들은 곧은, 앞의, 뒤의 줄을 배웠다. 그들은 더 크게 자라는 식물과 더 작게 자라는 식물을 배웠다. 그들은 가장 짧은 줄기와 가장 긴 줄기를 발견했다. 그 정원은 아름다움과 즐거움의 원천일 뿐 아니라 과학 수업과 영양 주제의 기본이 되었다.

다른 교사 보조원은 인형극에 특별한 관심을 가지고 있었다. 그녀는 각 아동들에게 양말 꼭두각시 인형을 만들어 주었고 그들에게 기본 기술을 가르쳐 주었다. 인형극은 영양 수업과 언어 수업을 생기 있게 해주었다. 꼭두각시들은 오프닝 곡을 불렀고 "제발(please)"과 "고마워"라고 말하는 것을 배웠다. 인형극은 모든 것을 도왔고, 교사 보조원은 그녀의 성취에 자부심을 느꼈다.

교사가 교실의 책임과 준전문가의 기능과 재능을 연결시키는 특별한 생각과 관리를 해준다면 그것은 모든 이들에게 이득이다. 이상적으로 교사 보조원은 무엇이든지에 준비되어있을 것이고, 많은 이들이 그렇다. 그러나 준전문가들이 '어느 것이든, 무엇이든' 기꺼이 하는 것은 관계와 수행능력은 홍미가 유발될 때 훨씬 더 낫다.

이름: ______________________________

	엄마	아빠	당신은 무엇을 하길 원하십니까:
1.	[ ]	[ ]	몇몇 아이들에게 책을 읽어 주는 것?
2.	[ ]	[ ]	노래나 몇몇 다른 음악 활동을 이끄는 것?
3.	[ ]	[ ]	아이들이 예술적인 것을 창조하는 데 돕는 것?
4.	[ ]	[ ]	센터를 방문할 때 반려동물을 데리고 오는 것?
5.	[ ]	[ ]	견학을 준비하거나 감독하는 것?
6.	[ ]	[ ]	아이들의 이야기 책을 만드는 것?
7.	[ ]	[ ]	퍼즐을 하거나 게임을 하는 것?
8.	[ ]	[ ]	아이들과 당신의 취미를 공유하는 것? 취미:
9.	[ ]	[ ]	어떻게 간단한 목공용 도구를 다루는지 보여주는 것?
10.	[ ]	[ ]	기타(혹은 다른 악기)를 가져와 연주를 보여주는 것?
11.	[ ]	[ ]	사진을 자르고 풀로 붙이는 것?
12.	[ ]	[ ]	당신의 직업에 대한 것을 아이들에게 가르쳐 주는 것?
13.	[ ]	[ ]	간단한 과학 실험을 지도하는 것?
14.	[ ]	[ ]	다른 나라의 옷을 입거나 그것에 대해 말하는 것?
15.	[ ]	[ ]	필요한 도구나 씨앗들을 가져오는 것?
16.	[ ]	[ ]	양탄자 짜기, 가죽 꾸미기 혹은 다른 수공예를 보여주는 것?
17.	[ ]	[ ]	잼이나 버터 만들기?
18.	[ ]	[ ]	게시판 꾸미기?
19.	[ ]	[ ]	옷과 혹은 인형 옷을 바느질하기?
20.	[ ]	[ ]	특별한 장난감이나 장비를 조립하기?

만일 당신에게 흥미를 끄는 것이 여기에 없다면, 당신은 무엇을 하고 싶습니까?

그림 10.2 부모 자원봉사자 검목표 표본

5) 준전문가에 대한 교사의 책임 규정

관계 형성은 양방향 과정이다. 우리는 준전문가에게 조언하고 안내하는 교사 책임의 중요성을 강조해 왔다. 교사의 리더십과 안내를 위해 공통적으로 받아들여진 책임은 예시 10.6에 요약되어 있다. 그러나 이러한 진실된 관심이 궁극적인 책임을 맡고 있는 교사의 역할인지를 방해해서는 안 된다. 아동들이나 부모의 호의에 대한 주도권 쟁탈전은 해를 끼치고 역기능적이다. 아동들에게 최고인 것에 대한 원리를 달리하는 것은 이상하고 분열적인 경험을 초래한다. 준전문가가 교사의 책임과 권위를 받아들이는 것에 대한 거부는 한계를 초래한다.

교사가 부모와 다른 성인들 앞에서 교사 보조원이나 자원봉사자를 무안하게 하거나 비판하는 것을 피하는 것과 같이, 준전문가는 교사의 명예를 손상시키지 말아야 한다. 처음부터 이것을 분명하게 하는 것이 교사의 책임이다. 교사는 행동관리나 교육방법을 방해하는 공공연하거나 은밀한 어떤 시도든지 알아차릴 수 있도록 경계해야 한다. 이런 방해는 즉시 대처해야 한다. 만일 아동의 일관된 태도와 관리의 중요성에 대한 자유롭고 열린 토론이 시작된다면 미래의 문제는 최소화될 것이다.

예시 10.6

준전문가에 대한 교사의 책임

1. 조화로운 협력자들의 팀을 형성하기 위한 활동적인 리더십과 안내에 노력하기.
2. 보조교사가 효과적으로 수행하기 위해 수용되고 동기부여를 받는 분위기 만들기.
3. 보조교사들이 그들에게 무엇이 기대되어지는지 알 수 있도록 넓은 구조와 방향을 제공하기.
4. 새로운 보조교사와 프로그램의 목표와 과정과 지침과 특별한 요구가 있는 아동들에 기대되는 것을 토론하기 위한 오리엔테이션 활동을 개최하기.
5. 근무일 전에 작업을 계획하고 보조교사에게 수행하도록 할당된 업무에 다양성을 구축하기.
6. 보조교사들이 그들의 직무를 수행할 수 있도록 충분한 정보를 제공하고 그들이 어떻게 수행하고 있는지 알 수 있도록 피드백을 제공하기.
7. 보조교사들이 할당된 업무를 수행하는 데 필요할 자원을 곁에 가지고 있기. 도구를 어디서 찾는지, 활동을 어떻게 시작하는 지, 특별한 어떤 장비를 어떻게 작동하는지 보여주고, 특정한 아동들을 받아들이기 위한 규정과 특정한 요구를 알려주기.
8. 수행이 증가되는 책임과 자율을 제공하면서 보조교사의 능력 범위 안에서 업무를 할당하기.
9. 교사와 보조교사 사이의 정기적으로 계획된 회의 기회를 제공하기. 이러한 회의는 알맞은 계획을 허락하고 의사소통을 강요하는 곤란한 상황을 피하게 한다. 정기적으로 계획된 회의를 임시변통인 회의로 대신해서는 안 된다.

6) 적절한 역할 모델되기

교사는 적절한 역할 모델이 되어야 한다. 말하는 것과 행동하는 것이 다르면 용서할 수 없다. 교사가 행동하는 것이 그들이 말하는 것보다 더 큰 소리를 낸다. 또한, 교사는 특정한 과정을 해보이려 하는 의도와 준전문가가 실행하고 배울 과정에 대한 그들의 기대를 명확히 해야 한다. 교사는 무엇이 행해질지 왜 행해지는지 설명해야 한다. 때때로 특정한 과정은 기록되어 참고로 이용될 수 있다. 이것은 새로운 활동에 중요하다. 교사가 전략의 구체적인 증명이나 활동을 지시하는 것을 완수하고 나면, 준전문가는 스스로 기술을 연습해 보기를 원할 것이다. 예를 들어 "내일 내가 당신을 주시하는 것에 준비가 되었다고 느낄 때 나에게 말해줘요."라고 하듯이, 준전문가가 전략을 사용하는 데 준비되었다고 느낄 때 교사가 관찰해도 되겠냐고 묻는 것은 교사에게 도움이 된다. 역할 모델로서의 교사의 책임은 준전문가의 요구와 생산적인 에너지를 침식시키지 않고 세우도록 한다. 아동을 향한 책임에 대해 교사가 의존적이기 보단 완전히 독립적으로 활동하도록 돕는 것과 마찬가지로 준전문가에게도 적용된다. 그러나 준전문가의 독립적인 기술과 동기의 개발은 자포자기를 통해 생겨나지 않는다. 교사의 활동이 준전문가가 어떻게 행동해야 하는지에 대해 생각이 거의 없다는 것은 교사를 도우려 노력하는 준전문가를 혼란스럽게 하고 낙담시킨다. 준전문가의 기술과 동기를 발전시키는 것을 도울 수 있는 가장 효과적인 방법 중 하나는 보조교사의 역할로서, 일하는 사람의 시각을 통해 보는 것이다. 예시 10.7은 세심하지만 강하게 표현된 준전문가의 수행의 메시지에 대한 이러한 견해를 제시한다.

7) 충분한 시간 계획 허용하기

예시 10.7에 메시지를 제공했던 교사 보조원은 보조원들의 동기부여에 관해 교사의 계획이 지니는 의미에 대해 적었다. 준전문가의 동기부여와 효율의 다른 측면은 시간을 계획하는 것을 우선시하는 교사와 준전문가로부터 유래된다. 초기의 많은 정부 기금 프로그램은 교사와 준전문가가 함께 계획하는 모든 시간을 허용했다. 기금 프로그램들이 정기적인 평가와 수업을 계획하는 것에 이용될 수 있다. 오늘날 이러한 시간 계획의 필요성을 포함하는 프로그램은 거의 없다. 계획하기 위한 시간은 사치이다.

모든 것과 마찬가지로, 교사들은 그들이 할 수 있는 것을 해야 한다. 매일의 계획은 아주 작은 시간 단위로 압착되어져야 한다. 학교 마친 후, 점심시간 그리고 이른바 휴식시간은 계획하기에는 부족한 시간이다. 이러한 매일의 시간제한은 교사가 학교 학년이 시작되기 전에 전체적으로 계획을 세우도록 만든다. 학년이 시작되기 전에 필요한 계획은 문서 보존 체계 설계하기, 기초 활동 계획 선택하기, 교실 조직하기, 활동 일정 짜기, 도구 준비하기, 책임 할당하기를 포함한다. 매일의 일정 안에의 준전문가의 책임이 기록되어야 한다. 교사와 교사 보조원이 아무리 헌신적이더라도, 이러한 종합적인 계획을 위한 학교 시작 이전의 시간과 학교 이후의 충분한 시간은 좀처럼 없다.

그러나 시간이 지나면, 보조원은 몇 가지

예시 10.7

준전문가로부터 교사에 대한 충고

주의: 다음의 내용은 경험 있는 교사 보조원이 작성한 것이다. 그녀는 많은 교사들과 함께 일해 왔고 그녀의 작업을 효과적이고 보람 있게 만든 교사의 행동과 그녀의 효율성을 방해한 교사의 행동에 대해 강한 인상을 가지고 있었다.

그들이 상식이 없는 것처럼 다루는 것은 당신이 도움을 거의 얻지 못한다. 대부분의 보조교사들은 그들이 인정받는 것보다 더 지적이다. 그들에게 하찮은 허드렛일뿐만 아니라 좀 더 만족스러운 일을 주어라. 그들에게 활력과 스스로 발전할 수 있는 분위기를 제공하면, 그들은 당신에게 당신이 상상하는 것보다 더 교사로서 도움이 될 것이다. 한번은 한 주에 하루만 교사를 위해 일을 했었다. 내가 갈 때마다 교사는 종종 "오! 오늘 당신이 오는 날이었나요? 이번 주에 당신이 왔는지 몰랐어요."라고 말했다. 내가 아주 환영받고 유용하다고 느끼게 했다. 때때로 그녀는 "오늘 당신이 할 어떤 일도 나에겐 없네요. 다른 선생님에게 당신이 할 일이 있는지 가 봐요."라고 말했다. 그러므로 미리 계획하는 것은 중요하다. 교사는 "할 일이 너무 많다."고 불평을 하고, 그들은 계획을 세우지 않았기 때문에 보조원의 시간을 잘 사용하지 못했다.

당신의 보조원을 지적인 사람으로 취급하라. 보조원들은 간식을 준비하고 더러운 얼굴을 씻기는 것보다 더 많은 것을 할 수 있다. 만일 당신이 그들에게 무엇을 할지, 왜 하는지를 말해주고 어떻게 하는지 보여주면, 그들은 진정으로 좋은 선생님이 될 수 있다. 그들에게 수업을 계획하기를 기대하지 말라. 그러나 약간의 도움으로 그들은 아주 효과적으로 어린 아동들을 가르칠 수 있다. 모든 질문에 가능한 빨리 대답하고, 당신이 다른 어떤 성인에게 하듯이 그들도 대답한다. 그들에게 '낮추어 말하지' 말라. 당신의 대학 학위가 그들의 이해 능력을 얕볼 수 있는 권리를 주지 않는다. 당신은 어떤 일을 왜 하는지 말하고, 만일 처음에 그들이 이해하지 못한다면, 다른 방법으로 그들에게 다시 말하라. 어떻게 일을 하는지 당신 스스로 올바른 방법으로 보여주어라. 단순히 말하고 가버리지 말라.

너무 많이는 안 되지만, 가끔 당신의 보조원을 칭찬하라. 너무 과한 아첨은 모욕이다. 그러나 진실되게 "당신이 Susie에게 어떻게 코트의 단추를 잠그는지 보여준 방법은 맘에 들었어요."는 아주 가치 있게 만들도록 돕는다.

보조원들이 그들의 실수로부터 배울 수 있도록 하라. 항상 '그들을 붙들고' 있지 말라. 잠시 동안 다른 방법으로 그들을 바라보아라. 그들 스스로 바뀔 수 있는 기회를 주어라. 그러나 그들이 진정으로 그르게 어떤 일을 하고 있거나, 똑같은 방법에 고착되어 있다면, "가끔 이 방법으로 그걸 하면 도움이 되요."라고 제안하라. 그리고 그들에게 보여주고 다시 얘기해 주어라.

아동들이나 부모들, 드물게 다른 이들 앞에서 그들을 부끄럽게 하지 마라. 만일 당신이 그들을 바르게 고쳐줘야 한다면, 당신이 혼자 있는 시간에 그것을 할 수 있을 때까지 기다려라. 똑똑한 교사는 충고를 칭찬처럼 보이고 들리게 만드는 방법을 안다. "당신은 확실히 Tommy가 어떻게 손을 씻는지 가르쳐 주고 있어요. 당신이 생각하기엔 Tommy가 솔을 이용하는 것을 배울 준비가 된 것 같나요?"라고 말하는 것이 "기억 못하나요? 난 아이들이 손을 씻을 때 당신은 아이들이 그들의 손톱을 솔질하도록 가르쳐야 된다고 말했는데."라고 말하는 것보다 훨씬 낫다.

보조원들의 비평을 들어라. 때때로 그들이 당신에게 제안하는 데 만족감을 가지도록 하라. 이따금씩 "오, 당신이 그것에 대해 제안한 것이 기쁘군요." 라고 말하는 것이 백 개의 성의 없는 말보다 낫다. 가끔 당신 보조원의 의견을 묻고 들어라.

기억하라, 당신은 교사이다. 당신은 책임이 무겁다. 당신이 담당이다. 보조는 '그들의 교사'가 무엇을 하는지 알아야 한다. 그들은 당신이 해온 모든 교육을 존중해야 한다. 그들에게 기회를 주어라.

Robbie Crane

Alton, Illinois

구체적인 활동을 계획하도록 격려된다. 교사는 목표와 목적을 정하는 반면, '대응하는 활동' 은 준전문가에 의해 제안될 수 있다. 예를 들어, 한 보조원이 열대어를 제시했다. 그녀의 도움으로 아동들은 수족관을 계획했다. 그들은 바닥의 돌들을 고르면서 색깔을 배웠다. 그들은 물고기를 위해 수족관을 계획하면서 물 온도를 발견하였다. 물고기를 기르는 것은 측정 기술과 책임감을 발달시켰다.

수족관이 훌륭한 교육 도구로 이용되는 한 달 동안, 교사와 보조원은 그것이 사용될 수 있는 많은 방법을 토론했다. 개발된 훌륭한 교육 아이디어의 반 이상이 준전문가로부터 고안되었다. 교사는 성취할 수 있는 구체적인 목적을 정확하게 지적하는 것을 계속했고, 준전문가의 지식과 이 계획을 책임지려는 열의 때문에 그것은 유일하게 성공적이었다.

8) 건설적인 피드백 제공하기: 준전문가에 대한 코칭과 멘토링

일상의 시간 계획이 효율성을 증폭시키는 것과 마찬가지로, 교사로부터 준전문가에게 전해지는 일상적이고 건설적인 피드백과 코칭 또한 그러하다. 교사는 교사 보조원이 어떻게 하고 있는지에 대한 피드백을 확립해야 한다. 이것은 특별한 요구가 있는 어린 아동과 일한 경험이 없는 준전문가에게 특히 중요하다. 형식이 없는 피드백이 많은 토론의 계기가 되어서는 안 된다. 그것은 구체적이고, 명백하게 서술되고, 시기적절해야 한다. 교사는 바뀌거나 발전되어야 할 강점, 행동, 태도를 확인해야 한다. 더 올바른 피드백일수록 더 효과적이다.

개성에 초점을 맞추는 것을 피하라. 변할 수 있는 업무 태도와 과정에 초점을 맞추어라. 예를 들면, 보조원에게 부주의하다고 말하는 것은 도움이 되지 않는다. 그러나 크레용과 가위를 테이블 끝에 두는 대신에 각 아동들이 닿을 수 있는 곳에 놓아야 하는지 설명하는 것은 그녀가 어떻게 유기적으로 되고 유능하게 되는지를 정확하게 이해하도록 돕는다. 교사는 왜 구체적인 것이 중요한지 혹은 몇 가지 전략이 어떻게 특정한 아동의 학습 유형에 더 낫게 작용하는지를 토의해야 한다. 필요하다면 보조원을 재교육하고 다시 실제를 보여줘야 한다. 어떤 성인이나 출석한 아동들이 없거나 들을 수 없는 거리에 있을 때 평가하고 보조원에게 충고를 제시하는 것이 특히 중요하다. 교사의 목표는 보조원의 기술을 지원하고 발전시키는 것이다. 특정 행동의 부정적인 영향을 과장하지 않는 것이 중요하다. 차라리 무엇을 원하는지, 왜 그것이 바람직한지 그리고 어떻게 그것이 성취될 수 있는지를 말하여라.

교사는 성공의 일부분인 능력과 노력을 보상하는 것을 잊어서는 안 된다. 교사에게 쉬운 것이 경험 없는 보조원에게는 어려울 수 있다. 교사는 모든 것이 한번에 배워질 것이라 기대해서는 안 된다! 실제에는 시간이 필요하다. 원칙에 따른 역할에 맞는 행동에 '감사' 를 통한 인정은 예외적인 성공에 대한 특별한 보상만큼이나 중요하다. 그러나 이러한 임의적이거나 형식을 따지지 않은 피드백 기회가 준전문가 행동의 주기적이고 형식적인 평가의 필요성을 제거하지 않는다. 유아특수교사들은 자신이 가지고 있지 않은 준전문가의 기여와 강점을 기꺼이 인정하는 것 또한 필수적이다. 모든 준전문가—심지어 경험이 없는 준전문가—는 그들의 특별한 지식이나 견해를 팀으로 가지고 온다.

준전문가에게 계속되는 피드백과 용기를 제공하는 것에 덧붙여, 경험 있는 전문가는 멘토링과 직원 발전에 참여할 것이다. 흥미 있는 문서로 된 자료 제공하기, 회의와 워크숍에 참여하는 것과 다른 교실을 관찰하도록 장려하기, 어렵거나 독특한 교육 방법이나 절차를 배우는 데 준전문가를 코칭하기는 좋은 감독을 넘어서 확장된 교사 활동의 예이다. 이 멘토링 관계는 교실에서 종종 협력적 문제 해결과 팀 형성 과정을 강화시킬 수 있다.

6. 일대일 보조원으로서의 준전문가

앞에서 언급했듯이 점점 더 준전문가들이 통합교육 현장에서 일대일 보조원으로서 이용되고 있다. 그들은 때때로 '그림자 도우미' 라고 불린다. 제한적으로 특정한 아동에 대한 일대일 보조원의 임명은 명확한 결점을 가진다. 이것이 보통 사실이 아니지만 유아교육 교사는 종종 보조원이 아동과 일하는 것에 잘 훈련되어 있다고 생각한다. 다른 단점은 관계의 집중과 제한 때문에 아동이 보조원을 너무 좋아하고 또래아동과 다른 성인들과의 상호작용을 피하려 한다. 또한 또래아동이 장애아동에게 다가가려고 시도할 때 준전문가가 무의식적으로 장애아동을 도와주거나 친하게 지내려는 또래아동의 노력을 방해한다(Causton-Theoharis & Malmgren, 2005).

아동이 극단적으로 공격적이거나 자학적이거나 의학적으로 허약한 상태와 같은 몇몇 상황에선 일대일 보조원의 임명이 필요하고 그 아동은 그 프로그램에서 제외되어야 한다. 그러나 일대일 보조원의 이용은 분리된 특수교육 환경만큼이나 제한적이라는 것을 기억하는 것이 중요하다.

Giangreco와 그의 동료들(2005)은 유치원부터 고등학교 교육 환경에서의 준전문가의 이용을 논의했다. 일반교육에서 특별한 요구가 있는 아동들을 위한 보조원의 불필요한 근접을 제안하는 연구는 아동들의 진전을 확인하는 것을 실제로 방해한다고 한다. 다음의 보조원의 '배회' 에 관련된 중요성의 영역이 기술되어 있다. (a) 일반교사는 일대일 보조원의 도움을 받는 학생의 교육에 책임이나 권한을 피하는 경향이 있고, (b) 보조원은 아동을 집단의 나머지 부분에서 분리시키려는 경향이 있으며, (c) 보조원에 대한 장기적인 근접은 아동의 성인에 대한 의존을 조성했으며, (d) 보조원의 과도한 접근은 때때로 또래아동과의 상호작용을 방해하였고, (e) 비현실적인 교육적 기대나 보조원의 훈련 부족은 그들의 보살핌을 받는 아동들의 부적절한 학습적 지도를 초래하였고, (f) 의사소통장애가 있는 학생은 종종 그들의 보조원이 그들을 대신해 말하고 의사결정을 하였고, (g) 학생의 성별은 배변과 같은 일에서 보조원에게 2차적인 일이 되었으며, (h) 학생들이 부적절한 행동을 보임으로써 준전문가를 가지는 것에 대해 그들은 당혹감이나 불편함을 표현하였다.

비록 인용된 연구가 정상발달 아동들에 관련이 있지만, 결과는 유아특수교사들에게 많은 주의를 제시한다. 저자들은 일대일 보조원을 임명하는 증가된 경향에 대해 재고를 권고했다. 그들은 또한 가능하다면 보조원들은 개인적인 아동보다 아동 집단를 위해 고용되어야한다고 권고한다. 그들은 촉진의 제거, 또래아동의 지원, 과도한 접근의 회피, 역할 책임의 설명, 준전문가와 그의 감독에 관한 모든 추가적인 훈련과 같은 자연스러운 지원의 이용을 보장하는 확실한 지침의 개발을 촉구한다(Giangreco & Doyle, 2002; Giangreco et al., 2001).

1) 통합교육 환경에서 일대일 보조원의 감독

아동이 일대일 보조원에게 지정될 때, 가장 중대한 논점 중에 하나는 감독이다. 지역사회의 통합교육 환경에서 일대일 보조원들은 아마 유아교사나 특수교사와는 다른 기관이나 교육청에 의해 고용될 것이다. 결과적으로, 일대일 보조원의 훈련과 감독에 대한 책임은 불분명해진다. 이 논점에 대한 명료함의 부족은 통합 환경에서 충돌의 잠재적인 원인이 될 수 있다. 누가 보조원을 고용할 책임이 있는지 결정하는 것은 누가 감독을 제공할 것인지를 가리킬 수도 있다. 몇몇 일대일 보조원들은 알맞은 지원의 제공에서 기술을 발전시켜 왔지만, 많은 이들은 훈련을 거의 혹은 아예 받지 못했다.

명확하게 해야 하는 또 다른 논점은 일대일 보조원의 역할이다. 필요한 지원의 정도와 일련의 목적을 누가 정했는가? 일대일 보조원의 구체적인 임무는 무엇인가? 유아특수교육 교사들은 훈련과 감독에 관한 그들의 역할을 알기를 원하는가? 그들은 시간을 가지려고 할 것인가? 그들은 지식과 전문적 기술을 가지고 있는가? 그들은 교실에서 다른 성인을 감독하는 추가적인 책임을 가지길 원하는가?

2) 일대일 보조원 활용 지침

다음은 유아교육 환경에서 일대일 보조원 활용을 위해 제안된 지침이다.

- 일대일 보조원의 목적을 분명하게 규정한다.
- 오직 아동의 학습과 참여를 지원하고 아동의 안전을 보장하는 데 필요한 조정의 정도를 제공하는 것으로 일대일 보조원을 분명히 규정한다.
- 일대일 보조원은 다른 아동들과의 상호작용 기회를 방해해서는 안 되고 아동과 보조원 사이의 일관된 장벽과 완충물이 되어서는 안 된다.

- 일대일 보조원의 활용이 아동의 독립성 발달을 방해해서는 안 된다.
- 교실에서 성인의 애착을 요구하는 아동에 대한 편견을 피한다.
- 보조원의 구체적인 일상 책임과 활동을 기록한다.
- 부모를 자문하는 데 있어서 보조원의 정도와 접근을 점차 줄인다.
- 표적 아동의 공간에 점점 더 많은 아동들을 포함시킨다.
- 가능할 때마다, 일시적인 임무로서 일대일 보조원을 봐야 한다.
- 다른 직원에 대한 아동의 애착을 장려한다. 일대일 보조원의 임명은 장애아동과의 상호작용과 장애아동에 대한 책임을 맡는 다른 직원을 방해해서는 안 된다.
- 일대일 보조원의 활동이 분리된 교육환경보다 더 제한적이어서는 안 된다!

일대일 보조원의 성공적인 활용

James는 발달지체인 30개월 된 아동이다. 때때로 숨이 막히므로 식사시간은 James에게 아주 힘든 일이다. 그는 또한 가끔 다른 아동들에게 공격적이다. 그는 전체 보육환경에 완전히 통합되어 있고, 그의 엄마와 선생님 모두 이 환경에서는 그에게 충분한 지원을 제공 할 수 없는 직원 비율과 기술 정도에 대해 걱정한다. James에게 일대일 보조원을 고용하자고 결정되었다. 처음에는 비록 먹을 때만 숨이 막히는 일이 생겼고, 그의 공격적인 행동이 예측될 수 없었음에도 불구하고, 일대일 보조원이 모든 순간에 그에게 붙어 있어서 문제가 있었다.

엄마와 보조원을 포함한 팀 회의에서, 보조원의 가까운 접근이 필요한 시간은 오직 식사시간으로 하도록 결정된다. 세심한 행동 분석은 James에게 다른 아동들이 몰려들 때에만 공격적인 행동이 발생한다는 것을 보여준다. 하루 종일 아동을 그림자처럼 쫓아다니기 보다는 보조원은 단순히 공격적 행동이 발생하는 이러한 상황을 경계하고 다룬다.

6개월 안에, James 더 이상 숨이 막히지 않았고 직원은 공격적인 행동을 어떻게 예방할지와, 일대일 보조원의 필요가 상당히 줄어들었음을 알게 된다. 이때 보조원의 이용은 종결되었다.

7. 준전문가 서비스 평가

준전문가의 업무를 평가하는 것은 유아를 위한 향상되고 성공적인 프로그램을 발전시키는 단계에서 중요하다. 비형식적인 매일의 피드백은 준전문가가 안정되고, 가치 있고, 인정받고, 전문적이라고 느끼는 분위기를 만드는데 도움을 준다. 더 형식적이고 주기적인 평가는 계속되는 개인적 발전을 도울 뿐만 아니라 프로그램 발전을 강화시킬 수 있다.

일반적으로, 첫 번째 평가는 의견 차이와 모호한 기대에 초점을 맞추고 바르게 고치는 것으로 처음 고용에서 너무 지난 이후에 이루어져서는 안 된다. 1개월의 수습 중인 기간에 시작하는 것이 유용하다. 당연히 이것은 조기 평가의 결과에 따라 연장되거나 줄여질 수 있다. 효율적인 평가는 보조교사뿐만 아니라 교사도 경험에 의해 배울 수 있기 때문에 이러한 설명은 두 관계자에게 이익을 제공한다. 다음 평가와의 간격은 3개월이나 4개월 정도로 연장한다. 경험 있는 보조원은 1년에 한 번이 적당하다.

1) 자기 평가 활용

한 가지 형식적인 기법은 준전문가에게 그들의 기여와 느낌을 스스로 평가할 기회를 허락하는 것이다. 만일 준전문가를 감독하는 교사와 이러한 자기 평가를 공유하는 데 편안함을 느낀다면, 성장하고 발전할 수 있는 기회가 높아질 것이다. 자기 수행에 대한 지각은 교사의 관찰과 기대에 대응하여 판단되어진다. 교사는 건설적인 피드백을 제공하고, 용기를 주고, 코치할 수 있는 기회를 가진다. 자기평가 과정은 개방적이며, 그림 10.3에 예시된 것과 같은 검목표에 의해 이루어질 수 있다.

그림 10.3의 제시에서 알 수 있듯이, 최근의 주요 사건의 이용은 전형적으로 역할 행동과 학습을 명백히 설명하기 위한 실용적인 기술이다. 성공적인 사건과 그렇게 성공적이지 않은 사건을 비교함으로써, 문제 해결 접근은 과거 문제의 비판을 공격하기보다는 미래의 성공에 필요한 분위기를 강조할 수 있다. 보조원이나 자원 봉사자가 필요하다고 믿는 어떤 일을 하지 않고 왔을 때(예를 들어, 아동들의 말을 듣지 않았거나), 교사는 이러한 행동의 결과를 탐지할 수 있다. 교사는 준전문가의 이러한 불이행이나 태만이 부적절한 결과를 초래했을 때의 예들을 제공할 준비가 되어 있어야 한다. 교사와 보조원 모두 바람직하지 못한 행동의 횟수를 줄이기 위한 행동의 계획을 향해 일을 해야 한다.

2) 준전문가의 교사 주도 평가

몇몇 사람들은 다른 사람이 하는 것보다 자신의 행동을 더 긍정적인 시각으로 바라보기 때문에 교사가 제시하는 보조원의 평가가 필요하다. 따라서 자기평가 회의는 잠재적으로 교사와 보조원 사이의 견해에서 왜곡을 다루어야 한다. 평가의 주요한 이유가 개인과 팀의 발전이기에, 견해의 차이로 의해 생기는 충돌의 위험이 줄어든다. 특히 교사가 체크리스트나 평가 양식을 사용할 때, 교사에 의해 제시된 평가는 시각 차이의 잠재적 갈등을 극복하게 된다. 그러나 교사가 제시하는 평가는 평가되어지는 사람 쪽에서는 불안과 방어를 발생시킬 수 있다. 어느 경우에나 성공은 교사가 회의를 다루는 방법에 의해 정해진다.

의존성이나 사람 사이의 관계와 같은 일반성보다 구체적인 행동에 초점을 맞추는 것이 교사에게 더 좋다. 교사는 효과적인 수행을 돕고 방해하는 보조원의 구체적인 행동을 묘사하는 데 시간을 쓸 필요가 있다. 면대면 평가 회의를 조직하기 위한 쉬운 기술은 교사가 다음의 세 가지 영역에서 선별된 아래의 몇 가지 행동적 서술을 열거하는 것이다.

1. 수행의 가치를 높이기 위해 다음 사항을 증가시키거나 더 자주 하는 것을 고려하라.
2. 수행의 유지를 위해 지금까지 해온 것과 같이 다음 사항들을 하도록 하라.
3. 당신의 수행을 격하시키는 것을 피하기 위해서 다음 사항을 줄이거나 중지하라.

각 질문에서 당신에게 해당되는 알맞은 괄호에 체크하시오. 이 뒷장에는 각 질문에 대한 최근의 경험담의 두 가지 예시(가능하다면 반대의)를 간단하게 적으시오.

	주로	가끔	드물게
1. 교실의 교사의 지시를 따르는가?	[ ]	[ ]	[ ]
2. 교사에 의해 사용되어지는 기술을 가까이에서 관찰하고 아동들과 그룹과 일할 때 그것들을 사용하는가?	[ ]	[ ]	[ ]
3. 도움이 필요한 명백한 요구가 있을 때 교사에게 나의 서비스를 제공하는가?	[ ]	[ ]	[ ]
4. 아동들과의 배당된 업무를 계획하는가?	[ ]	[ ]	[ ]
5. 개인적으로 아동의 선호, 비선호, 흥미 그리고 한계를 알기 위해 가까이 관찰하는가?	[ ]	[ ]	[ ]
6. 직접적인 도움을 주기 전에 아동들 스스로 생각하고 행동할 시간을 허락하는가?	[ ]	[ ]	[ ]
7. 일상활동에서 아동에게 선택권을 줄 기회를 찾는가?	[ ]	[ ]	[ ]
8. 아동들이 말하는 것을 진실로 듣는가?	[ ]	[ ]	[ ]
9. 아동들의 성공, 알맞은 행동을 인지하고 실패와 부적절한 행동을 최소화시키는가?	[ ]	[ ]	[ ]
10. 감정적으로 화내지 않고 권고와 비판을 받아들이는가?	[ ]	[ ]	[ ]

그림 10.3 준전문가를 위한 자기평가표

교사와 보조원은 각 행동이 증가되어야 할지, 감소되어야 할지 혹은 유지되어야 할지를 토론한다. 구체적인 사건들은 왜 변화가 유용한지를 설명하고 증명하는 데 이용된다. 각 범주의 목록이 너무 길어서는 안 된다. 목적은 생각건대 집중된 노력으로 바뀔 수 있는 몇몇 중요한 행동을 구별하는 것이다. 교사는 변화를 위해 행동의 몇 가지 계획을 전달하도록 촉구하지만, 만일 교사가 문제의 원인의 일부분이라면 보조원의 수행 향상은 교사도 또한 변해야 한다는 것을 의미한다.

의미 있는 평가의 중요한 것은 기록된 것이 아니라 기록된 내용에 대한 교사와 보조원 사이의 토론이다. 회의는 목적이나 미래에 의도된 변화의 목표를 발전시키기 위한 기본이다. '목표의 관리' 방식에서 교사와 보조원에 의해 동의된 모든 목적들과 행동 계획들은 간단하게 기록되고, 날짜를 적은 후 2명이 서명한다. 그 후 재검토는 이전에 공식화된 목적들에 도달하기 위한 과정인지를 고려한다. 총괄하여, 이러한 주기적인 평가는 대부분의 학교 관할 교육청에서 보조원에게 요구되는 연말 평가의 기초가 된다. 이러한 주기적인 회의는 심리적 이익으로 교사가 보조원을 당연한 것으로 여기는 것을 줄이고, 그들이 전문가처럼 참여하도록 격려된다.

3) 준전문가의 교사 평가

준전문가의 효과적인 활용을 향상시키는 데 헌신하는 교사는 교육적 우수성과 준전문가 감독의 신뢰할 수 있는 모델로서 그들 스스로를 평가하는 것이 가치 있다는 것을 안다. 만일 교사와 준전문가가 신뢰 관계와 전문성을 발전시킨다면, 교사는 준전문가의 평가 피드백으로부터 많은 것을 얻을 수 있다. 교사들은 그들의 지시가 불분명할 때, 그들이 과하게 기대를 할 때, 그들이 부적절하고 둔감한 때가 언제인지 알아야 한다. 대부분의 교사들은 부정적이거나 무능하게 되고 싶지 않다. 그러나 그들도 사람이기 때문에 때때로 잘못을 한다. 만일 건설적인 피드백의 쌍방향 의사소통과 긍정적인 보강이 유효하다면, 모두에게 이득이 될 것이다.

보조원의 교사 평가의 목적은 그들의 역할 관계와 팀 수행을 향상시키는 것이므로, 과정은 간단하게 유지되어야 한다. 그러나 모든 면대면 회의 전에, 보조원은 그들의 생각을 종이에 기록할 기회가 주어져야 한다. 이것은 보조원이 역할 관계의 질에 대한 생각을 체계화하고 곰곰이 생각하는 것을 보장한다. 시간은 계획되어야 하고, 보조원은 작성된 비평이나 피드백을 가져오도록 요구받는다. 이러한 준비를 촉구하는 가장 효과적인 방법은 앞부분에서 언급된 간단한 기술의 세 가지 샘플을 이용하는 것이다. 이러한 평가 양식은 그림 10.4에 나와 있다.

만일 교사와 보조원 모두가 같은 세 개의 '증가시키거나 감소시키거나 혹은 유지할' 역할 행동 논점의 표본을 이용한다면 평가과정은 강화된다. 이 단순한 한 장의 문서는 교사와 보조원이 동시에 둘 모두에게 이익이 되

보조원의 교사 평가 기법

받는 이(교사): ______________________________

보내는 이(보조원): ______________________________

날짜: ______________________________

1. 만일 당신이 다음의 것들을 증가시키거나 더 자주 한다면 당신은 나의 성과와 우리 팀의 노력에 도움이 될 것이다.

2. 만일 당신이 이러한 것들을 줄이거나 그만둔다면 나는 당신을 돕는 일을 더 잘 할 수 있을 것이다.

3. 좋은 행동을 유지하기 위해, 당신이 해온 것처럼 이것들을 계속하시오.

그림 10.4 보조원의 교사 평가 기법

도록 각자가 서로를 도울 수 있는 것을 생각할 수 있게 한다. 몇몇 행동의 증가, 감소, 유지의 개념은 쉽게 이해된다. 등급, 점수, 평가 점수를 사용하지 않는 것은 양쪽 모두의 방어하는 태도와 불안을 줄인 것이다. 회의는 구별되는 구체적인 태도를 다루기 위한 목적이나 전략을 만드는 세 가지 단계에 초점을 맞춘다.

4) 준전문가의 탈진 예방

자신의 직무에 대한 극단적인 환멸은—준전문가의 탈진—준전문가들 사이에서 공통적이다. 환멸에 대한 몇 가지 이유는 Frith와 Mims(1985)에 의해 20여년 전에 밝혀졌다. 그 후, Mueller(1997)가 Vermont의 758명의 준전문가에 대한 연구를 수행했고 준전문가의 탈진과 관련된 요소를 밝혀냈다. 따라서 다음 요소들은 오늘날에도 의미가 있다고 생각해도 안전하다.

1. 전문적인 진보를 위한 기회의 부족으로 생긴 침체.
2. 몇몇 준전문가들을 적극적으로 전문적인 팀에 참여하는 것을 막는 불충분한 훈련.
3. 규정되지 않은 역할 설명과 권한의 한계에 대한 불분명한 이해에서 비롯된 비유기적인 구조.
4. 승진 기회가 없는 낮은 임금.
5. 우수한 능력을 지닌 준전문가이 있다는 재인식의 부족은 감독의 위치에 있는 이들에 대한 위험이다(pp.225-227).

비록 교사들이 승진을 충족시켜 줄 수 있는 위치에 있지 않더라도, 그들은 준전문가가 가치 있고 필요하다는 느낌을 느낄 수 있는 기회를 제공할 수 있다. 우리는 분명한 직무에 대한 설명, 준전문가가 팀에 공헌하는 구성원이라고 느끼도록 해주는 특별한 기술과 재능을 발견하고 조합의 중요성 그리고 평가를 표현하는 유용한 방법에 대해 논의해 왔다. 오히려 이러한 기초적인 전략들이 조기교육 팀의 훌륭한 구성원이 된 준전문가들의 탈진을 예방하는데 성공할 것이다.

준전문가들의 역할이 무엇이든, 그들의 효과는 그들의 기능뿐만 아니라 그들의 동기에도 크게 의존한다. 준전문가들은 실제적인 보상보다 유아를 도우려는 열의 때문에 일을 더 열심히 함으로 그들이 하도록 기대되는 직무는 그들의 능력 신장을 허락해야 한다.

요약

이 장에서는 통합교육 환경에서 특별한 요구가 있는 유아에게 지원을 제공하는 데 관련된 폭 넓은 주제를 다루었다. 효과적인 통합교육 지원의 중심은 팀 구성의 과정과 협력과 문제해결과 갈등해결이다. 통합교육 지원에 대한 공통된 두 가지 접근법은 순회 자문과 협력교수이다.

일대일 보조원의 활용을 통해 준전문가의 역할이 확장되고 있다. 준전문가는 교사 관리의 확대와 유아의 발달을 위한 귀중한 자원이다. 이 잠재성이 나타나는 정도는 우선적으로 교사가 어떻게 기대를 전달하고 준전문가와의 직무 관계를 어떻게 발전시키는가에 달려 있다.

이 장에서 언급한 접근법과 전략은 지역사회의 유아교육 환경에서 장애유아들의 요구를 충족시키려고 노력하고 중요한 이해 관계자와 업무 담당자의 수가 증가됨에 따라 많은 지식과 기술이 효과적인 방법으로 사용될 수 있고 장애아동의 발달과 가족의 안녕을 실제로 강화시킬 수 있음을 보장하는데 점점 더 중요하게 될 것이다.

토론 주제

1. 이 장에 나왔던 Paulo의 경우에서, 이 경우를 '위기' 라고 부르는 것을 과장이라고 생각하는가? 왜 그런가? 때때로 갈등이 유용할 수 있다는 데 동의하는가? 왜 그런가?
2. 당신의 팀에서 당신이 관찰한 저항의 원인 중 몇 가지 예들은 무엇인가? 다른 사람의 관점을 이해하는 것이 몇몇 문제의 성공적인 해결을 만드는 상황이라고 생각할 수 있는가?
3. 문제해결 과정을 이용하는 데, 중재 해결에 성공하지 않을 것이라 믿는 것에 동의하는 몇 가지 단점이나 부정적인 영향이 있을 것이라 생각하는가?
4. 몇몇 사람들의 개성은 협력적인 자문가로서 효과적이지 못하다고 자주 언급된다. 효과적인 협력은 당신의 견해를 제쳐두고 집단 과정을 믿는 능력을 요구한다. 강한 자아욕구나 지휘하려는 욕구를 가지고 있거나, 모호함을 잘 다루지 못하거나, 남을 잘 믿지 못하는 이러한 개인은 이 업무에서 리더가 될 사람이 아니다. 당신이 생각하기엔 당신의 성격이 협력적 자문의 역할에 잘 맞다고 생각하는가?
5. 전문가와 치료사가 통합교육 환경에 있는 아동들에게 도움이 될 수 있는 여러 가지 방법은 무엇인가? (예, 교실 외 장소, 자문, 직접 서비스, 준전문가의 이용, 직원 연수 등)
6. 당신은 보육 센터의 순회 자문가이다. 당신이 지원하는 Tony는 제한된 언어 기능을 가지고 있지만 아주 사교적이고 의사소통에 의욕을 가진다. 당신은 그를 위해 자유놀이 시간에 사용할 간단한 의사소통 판을 만든다. 그것은 그가 선호하는 장난감을 고르도록 한다. 당신은 당신의 다음 방문에서 조언을 했음에도 불구하고 직원들이 그 의사소통 판을 사용하지 않는다는 것을 알아챈다. 당신은 무엇을 할 수 있겠는가?
7. 실제 팀 회의를 비디오로 녹화하라. 각각의 다음 내용을 분석하기 위한 검목표를 만들

어라. 팀의 물리적 구성, 신체 언어, 언어 행동(대화적 전략) 그리고 사용되는 의사 결정 전략. 갈등을 피하고 다루어 가며 팀의 "성공을 위한 잠재성"을 평가하라.

8. 미래의 보조원과의 면접에서 역할극을 하라. 개인의 재능, 기술, 흥미, 동기, 성향을 알 수 있는 질문들에 주의를 기울여라. 당신이 준전문가가 하거나 하지 말았으면 하는 것에 대해 분명하게 말할 수 있도록 미리 생각하고 준비하라. 관찰자는 그들의 반응과 상호작용을 주시하면서 배운 것들을 공유함으로써 참가자에게 건설적인 피드백을 줄일 수 있다.
9. 일대일 보조원의 임명이 필요하다고 믿는 상황에 대해 토론하라. 각 상황에서 일대일 보조원을 대신할 수 있는 아이디어를 학급의 친구들에게 물어보아라.
10. 길에서 뿐만 아니라 교실 밖으로 도망가 버리는 아동을 맡을 새롭게 고용된 일대일 보조원을 위한 일반적 지시와 지침을 만들어라.
11. 순회교사로서, 사회 참여에 대한 배려는 거의 없지만, 편부모나 직장이 있는 부모들에게 제공되는 질 낮은 보육 환경에 있는 아동의 문제에 관해 당신은 어떻게 접근할 것인가?
12. 다음의 팀 협력교수에서 일어날 수 있는 힘든 일에 대해 고려하라. 누가 아동의 IEP 과정을 모니터링하는 책임을 가지고 있는가? 누가 팀을 소집하는가? 팀 회의에서 다른 이들보다 더 '필수적인' 팀 구성원이 있는가? 가족 구성원이 팀 회의에 참석할 수 없거나 참석하지 않으려 한다면 어떻게 될까? 전문가의 업무(예를 들어, 치료자, 행동치료사, 심리학자)와 조정이 되는가? 모든 팀 회의를 위한 협의 사항으로 무엇을 제안할 것인가?
13. 통합교육 지원의 협력교수 모델에서, 두 교사 모두 교실의 모든 아동들에 대한 책임을 동등하게 공유하기 위한 몇 가지 전략은 무엇인가?
14. 다음의 다른 상황이 어떻게 협력교수 지원 계획에 영향을 미칠 것인가.
    a. 휠체어에 있는 아동과 달려 나가는 성향의 아동.
    b. 직접 교수를 선호하는 교사와 놀이 상황에서의 아동 주도를 선호하는 다른 교사.
    c. 교실에서 몇 명의 고령자 자원 봉사자의 참여와 일손이 부족한 직원.

부록 A

정상발달 이정표

	대근육 운동 기술	소근육 운동 기술	언어 이해력	표현적 의사소통
0–3개월	엎드린 자세에서 머리를 쳐든다. 어깨를 고정시켰을 때 고개를 든다. 양다리를 교차하며 찬다. 옆으로 누운 자세에서 바로 몸을 돌린다.	팔을 대칭적으로 움직인다. 눈으로 정중선까지 쫓는다. 바로 누운 자세에서 두 손을 정중선까지 모은다. 장난감을 보고 팔을 움직인다.	목소리에 반응한다. 말하는 사람의 눈과 입을 바라본다. 눈으로 소리가 나는 곳을 찾는다.	배고프거나 불편할 때 운다. 편안한 소리를 낸다.
	인지적 기술		**자립 기술**	**사회적 기술**
0–3개월	주위를 살핀다. 기대를 표현한다. 자신의 손을 살핀다.		음식의 자극에 반응하여 입을 벌린다. 빨기와 삼키기와 숨쉬기를 조정한다.	얼굴을 쳐다본다. 신체적 접촉을 즐긴다. 안겼을 때 신체를 맞추고 편히 한다. 시선을 맞춘다. 고통을 표현한다.

출처. 다음에서 채택한 것임.

The Carolina Curriculum for Handicapped Infants at Risk, by N. Johnson-Martin,K.G.Jens, and S.M. Attermeier, 1986, Baltimore: Brookes.

The Carolina Curriculum for Preschooler with Special Needs, by N. Johnson-Martin,S.M.Attermeier, and B. Hacker, 1990, Baltimore: Brookes

Help for Special Preschoolers Assessment Checklist, 1987, Palo Alto, CA: VORT Corporation.

HELP Hawaii Early Learning Profile Activity Guide, by S. Furuno, K.A. O'Reiley, C.M. Hosaka, T.T. Inatsuka, T.L. Allman, and B. Zeisloft, 1985, Palo Alto, CA: VORT Corporation.

Mainstreaming Preschoolers, by CRC Education and Human Development, Inc. for the Administration for Children, Youth and Families, 1978, Washington, DC: U.S. Government Printing Office (1979620-182/5708).

Transdisciplinary Play-Based Assessment: A Functional Approach to Working with Young Children, by T.W. Linder, 1990, Baltimore: Brookes.

연령				
3–6개월	**대근육 운동 기술**	**소근육 운동 기술**	**언어 이해력**	**표현적 의사소통**
	앉히기 위해 들었을 때, 머리를 몸과 일직선으로 유지한다. 엎드린 자세에서 손으로 무게를 지탱한다. 가벼운 도움으로 앉는다. 도움을 받으며 앉아 있을 때 머리가 흔들리지 않고 세운다. 바로 누운 자세에서 옆으로 몸을 돌린다.	머리를 움직이지 않고 눈으로 쫓는다. 대부분의 시간에 손을 벌리고 있다. 손을 움켜쥔다. 물건에 닿고 움켜잡는다.	엄마의 목소리에 평온해진다. 우호적인 목소리와 화난 목소리를 구분한다. 자신의 이름에 반응한다.	구구거리며 다양한 모음 소리를 보여준다. 웃는다. 돈다. 말하는 것에 목소리를 내는 것으로 반응한다. 불쾌함과 흥분을 표현한다.
	인지적 기술		**자립 기술**	**사회적 기술**
	딸랑이를 가지고 놀기 시작한다. 익숙한 활동을 반복하거나 계속한다. 물건의 감각적 탐구를 위해 손과 입을 이용한다. 자신의 손, 손가락, 발가락을 가지고 논다.		손에 쥔 장난감이나 물건을 입으로 가져온다. 걸러진 음식이나 퓨레 음식을 삼킨다. 설근반사를 그만둔다.	사교적으로 웃는다. 낯선 사람을 구별한다. 주목을 원한다. 기쁨과 불쾌함을 목소리로 표현한다. 사교적 놀이를 즐긴다, 예를 들어, "This Little Piggy." 엄마를 향해 팔을 뻗는다.
6–9개월	**대근육 운동 기술**	**소근육 운동 기술**	**언어 이해력**	**표현적 의사소통**
	몸을 바로 세우는 반응을 보인다. 방어적으로 팔을 뻗는다. 손을 사용해서 스스로 앉는다. 잡고 매달려 서 있다. 뒤로 기어간다. 도움없이 앉을 수 있기 시작한다.	물건을 옮긴다. 비트는 동작으로 장난감을 활동적으로 다룬다. 팔꿈치를 펴서 닿고 쥔다.	잠시동안 그림을 본다. 이름을 불렀을 때 가족 구성원이나 애완동물을 쳐다본다. 제스처가 있는 간단한 요청에 응답한다.	사람들에게 서투른 소리를 낸다. 재잘거리며 다양한 자음 소리을 보여준다. 어른의 억양으로 재잘댄다. "mama", "baba"와 같은 중복된 음절을 재잘된다. 주의를 끌기 위해 크게 소리낸다.

	인지적 기술		자립 기술	사회적 기술
6– 9개월	손에 닿지 않는 물건을 갖기 위해 애쓴다. 숨기는 것을 보여준 물건을 찾는다. 활동을 재시작하기 위해 어른의 손이나 장난감을 만진다. 한 장난감을 2–3분 정도 가지고 논다. 빠르게 움직이는 물건의 궤도를 따라간다. 소리나는 물건에 흥미를 보인다.		입안에서 음식을 움직이기 위해 혀를 사용한다(4–8개월). 자신의 젖병을 쥔다. 고형 음식을 먹고 씹는다. 자유의사로 문다. 물기 반응을 그만둔다. 과자를 스스로 먹는다.	엄마를 알아본다(4–8개월). 낯선 사람에 대한 불안감을 표현한다. 거울상을 보며 웃는다. 엄마로부터 떨어지는 것에 대한 불안을 보인다.
	대근육 운동 기술	**소근육 운동 기술**	**언어 이해력**	**표현적 의사소통**
9– 12개월	손과 무릎으로 기어다닌다. 앉은 자세에서 엎드린 자세로 바꾼다. 순간적으로 선다. 가구를 잡은 채 걷는다(만보).	상자에서 물건을 꺼낸다. 두 손 모두 자유롭게 사용한다. 낙서를 흉내내려 노력한다. 상자에 물건을 넣는다. 자발적으로 물건을 놓는다. 검지 손가락으로 찌른다. 두 손으로 솜씨 좋게 쥔다.	"안돼."를 이해한다. 친숙한 단어를 선별적으로 듣는다. 책 보는 것을 즐긴다.	예를 들어, "ba"와 같이 하나의 자음–모음 음절을 재잘댄다. 알맞은 제스처가 있는 몇몇 단어(예를 들어, "잘가 하고 손 흔들자.")에 응답한다. 요구를 표현하기 위해 목소리와 행동을 이용한다.
	인지적 기술		**자립 기술**	**사회적 기술**
	물건을 갖는 데 장애가 되는 것을 극복한다. 다른 도구를 이용하여 물건을 얻는다. 제스처를 흉내낸다. 장난감을 푼다. 책 보는 것을 즐긴다.		다양한 음식을 손가락으로 먹는다. 숟가락을 쥔다. 팔과 다리를 뻗어서 옷입는 데 협동한다. 우걱우걱 씹는다.	순서가 있는 놀이를 즐긴다. 엎드린 자세를 하지 않으려 한다. 몇몇 사람이나 물건 혹은 상황에 기호를 보인다. 다른 사람들에게 장난감을 보여준다. 놓지는 않는다. 새롭고 장난스런 행동으로 식사시간이나 잠자는 시간에 부모의 반응을 시험한다.

<table>
<tr><td rowspan="4">12-
18개월</td><td>대근육 운동 기술</td><td>소근육 운동 기술</td><td>언어 이해력</td><td>표현적 의사소통</td></tr>
<tr><td>엎드린 자세에서 일어난다.
도움없이 걷는다.
공을 던진다.
기어서 계단을 올라간다.
걷는 동안 장난감을 끌어 당긴다.
걷는 동안 커다란 장난감을 들고 다닌다.
음악에 따라 움직인다.</td><td>한 손은 잡고, 한 손은 다른 일을 하며, 정중선에서 두 손을 이용한다.
거침없이 낙서한다.
나무 못을 판에 꽂는다.
2-3개 정도의 큐브 탑을 쌓는다.</td><td>간단한 언어적 요구에 응답한다. 한 신체 부위를 구별한다.
많은 단어를 이해한다.
요구에 따라 다른 방에 있는 물건을 가져온다.</td><td>다양한 의사소통적 목적을 표현하기 위해 제스처와 목소리를 혼합한다.
의도적으로 "mama"와 "dada"를 말한다.
한 단어를 이용한다.
"Oh, oh!"와 같은 감탄을 이용한다.
유의미한 "no"를 말한다.
10-15단어를 이용한다(18개월쯤).</td></tr>
<tr><td colspan="2">인지적 기술</td><td>자립 기술</td><td>사회적 기술</td></tr>
<tr><td colspan="2">어른의 지시를 이해한다.
장난감을 어른에게 돌려준다.
모양판에 원과 사각형을 놓는다.
2-3개의 캔을 포갠다.
거울에서 자신을 식별한다.</td><td>음식을 거절할 수 있다. 식욕이 줄어든다.
숟가락을 입으로 가져온다.
약간 흘리며 컵으로 마신다.
대소변을 눈 바지의 불편함을 표현한다.
양말을 벗는다.</td><td>독립적인 행동을 보인다. 훈련하기 힘들 것이다.
언짢은 기분을 표현하는 행동을 보일 것이다.
유머감각을 보인다.
쉽게 주의를 흐뜨린다. 앉은 자세를 유지하기 힘들다.</td></tr>
<tr><td rowspan="2">18-
24개월</td><td>대근육 운동 기술</td><td>소근육 운동 기술</td><td>언어 이해력</td><td>표현적 의사소통</td></tr>
<tr><td>페달이 없는 장난감을 타고 이동한다.
한 계단에 양발을 사용하여 손잡이를 잡고 계단을 오른다.
바닥에서 장난감을 떨어뜨리지 않고 집어 올린다.</td><td>낙서하듯 원을 모방한다.
수평선을 한번에 모방한다.
주먹으로 크레용을 잡는다.</td><td>신체 부분 가운데 3-6개 정도를 확인한다.
동물과 소리를 짝짓는다.
인칭 대명사, 약간의 동사와 형용사를 이해한다.
동요를 즐긴다.</td><td>약 65%의 시간 동안 명료한 단어를 사용한다.
사투리를 사용한다. 사투리와 단어를 사용하여 경험을 말한다.
두 단어 문장을 사용한다.
2-3개의 그림을 명명한다.
단어가 있는 노래를 부르려고 한다.
3-4개 단어 구를 모방한다.</td></tr>
</table>

	인지적 기술		자립 기술	사회적 기술
18–24개월	숨기는 것을 보지 못한 물건을 찾는다. 기계 조작적인 장난감을 움직인다. 물건과 사진을 짝맞춘다. 물건을 분류한다. 사물함과 서랍을 뒤진다. 물건이 어디에 있는지 기억한다. 사진에서 자신을 알아본다.		음식을 푸고, 숟가락으로 스스로 먹는다. 회전식의 턱 운동으로 씹는다. 음식으로 논다. 신발끈이 풀렸을 때 신발을 벗는다. 커다란 지퍼를 잠그고/연다. 배설의 욕구를 인지함을 표현한다.	감동을 표현한다. 질투, 두려움, 화, 동정, 황당함, 불안, 기쁨을 포함한 광범위한 감정을 표현한다. 다른 사람을 조절하려 한다. 조절당하는 것에 저항하고, 동료 상호작용이 다소 공격적이다. 동등한 게임에 참여한다. 때때로 혼자서 노는 것을 즐긴다.
	대근육 운동 기술	**소근육 운동 기술**	**언어 이해력**	**표현적 의사소통**
24–36개월	앞으로 잘 달린다. 두 발을 함께 하여 점프한다. 도움을 받아서 한 발로 선다. 발끝으로 걷는다. 공을 앞으로 찬다.	4개의 큰 구슬을 매단다. 가위로 자른다. 주먹이 아닌 손가락으로 크레용을 잡는다. 대다수 활동에서 일관되게 한 손을 사용한다. 손목 운동으로 그림을 그린다. 점, 선, 원을 그린다. 찰흙을 굴리고, 치고, 누르고, 당긴다.	이름이 있는 보편적인 물건의 그림을 지적한다. 그것들의 활용을 말할 때 물건을 확인할 수 있다. *무엇*과 *어디*라는 형태의 질문을 이해한다. *없다, 아니다, 할 수 없다, 하지 않았다*와 같은 부정문을 이해한다. 간단한 이야기책을 듣는 것을 즐기고 그것을 다시 요구한다.	두 단어 구에서 단어를 함께 결합한다. 성과 이름을 말한다. 무엇과 어디라는 질문을 한다. 부정적인 문장을 만든다. 이해하지 못한 것에 대해 좌절을 보인다. 2–3회 주고받는 대화를 한다.
	인지적 기술		**자립 기술**	**사회적 기술**
	그림책을 고르고 보며, 그림의 사물을 말하고, 한 그림에 있는 여러 물건들을 구별한다. 조합된 물건을 의미있게 연결하고 사용한다(예를 들어, 컵과 컵받침, 구슬이 주어지면, 컵과 받침을 함께 둔다). 나무 못에 고리를 크기별로 쌓는다. 공상의 놀이에서 자아와 물건을 이용한다. 그 혹은 그녀가 하고 있는 것을 간단히 설명할 수 있다.	어른들의 행동을 따라한다(예를 들면, 가사놀이). 제한적인 집중 시간을 갖는다. 탐구와 어른의 지시를 통해 학습한다(그림 이야기책를 읽는 것처럼). 기능적인 개념과 친숙한 단어(예를 들면, 숟가락은 먹는 데 사용한다)와 부분적/전체적 개념(예를 들면, 신체 부위)을 이해하기 시작한다.	통이나 물꼭지로 마신다. 손목을 돌려 문을 연다. 외투를 벗는다. 도움을 받아 외투를 입는다. 도움을 받아 손을 씻고 말린다.	다른 이들을 쳐다보고, 그들의 놀이에 잠시동안 참여한다. 자신의 소유를 지킨다. 소꿉놀이를 시작한다. 단순한 단체 활동에 참여한다(예를 들면, 노래하고, 박수치고, 춤을 춘다). 성별을 안다.

	대근육 운동 기술	소근육 운동 기술	언어 이해력	표현적 의사소통
36-48개월	장애물 주의를 뛰어다닌니다. 일직선으로 걷는다. 5-10초 동안 한 발로 균형을 잡는다. 한 발로 껑충 뛴다. 바퀴달린 장난감을 밀고, 당기고, 조종한다. 세발 자전거를 탄다(예를 들면, 조종하거나 페달을 밟는다). 도움없이 미끄럼틀을 탄다. 15cm 높이의 물건을 뛰어넘고, 두 발로 착지한다. 머리 위로 공을 던진다. 그 또는 그녀에게 튕겨진 공을 잡는다.	9개의 작은 블록을 쌓는다. 못이나 나무 못을 박는다. 원을 그대로 따라 그린다. 십자가를 모방한다. 찰흙 물질을 잘 다룬다(예를 들어, 타래, 공, 뱀, 쿠키).	시간 개념이 포함된 문장을 이해하기 시작한다(예를 들면, "내일 우리는 동물원에 간다."). *큰*과 *더 큰*과 같은 크기 비교를 이해한다. *만약에 …라면*이나 때문에 문장으로 표현된 관계를 이해한다. 2-4개의 연결된 지시를 수행한다. "흉내놀이하자."라고 했을 때, 이해한다.	주어-행위-목적("나는 공을 본다.") 혹은 주어-행위-장소("아빠는 의자에 앉아 있다.")의 형식을 가지는 세 개 이상의 어절로 된 문장을 이야기한다. 과거 표현을 말한다. 복수를 가리킬 때 명사에 *-s*를 사용한다. 과거형을 말할 때 동사에 *-ed*를 사용한다. 대명사인 *나*를 사용하여 자신을 언급한다. 최소 하나의 동요를 반복하고 노래를 부를 줄 안다. 낯선 사람도 말을 이해할 수 있지만 여전히 약간의 잘못된 부분이 있다.
	인지적 기술		**자립 기술**	**사회적 기술**
	6가지의 색을 인지하고 연결한다. 계획적으로 크기별로 블록과 링을 쌓는다. 어른에게는 의미없다면, 아동에게는 의미가 있는 조금은 알아볼 수 있는 그림을 그리고, 이름을 붙이고 간단하게 그림을 설명한다. 정보를 위한 질문을 묻는다. 간단한 답을 요구하는 *왜*와 *어떻게*의 질문. 자신의 나이를 안다. 자신을 성을 안다.	짧은 집중 시간을 가진다. 어른을 관찰하고 모방하고, 어른의 지도와 설명을 통해 배운다. 쉽게 산만해진다. 물건을 무리짓고 물건의 기능의 개념에 대한 이해가 증가된다(예를 들면, 인형의 가구를 알맞은 방에 놓는다). 부분적/전체적(예를 들어, 신체의 부분으로서 손과 발의 사진을 구별할 수 있다). 과거의 현재를 인식하기 시작한다(예를 들면, "어제 우리는 공원을 갔다. 오늘 우리는 도서관을 간다.").	작은 물주전자로 잘 붓는다. 나이프로 부드러운 버터를 펴 바른다. 커다란 단추를 잠그고 연다. 도움없이 손을 씻는다. 상기시켜주면 코를 푼다. 독립적으로 화장실에 간다.	다른 아동들과 함께 논다. 상호작용을 시작한다. 장난감을 공유한다. 도움을 받아 순서대로 한다. 모든 장면을 연기하며, 연극 놀이를 시작한다(예를 들면, 여행, 소꿉놀이, 동물 흉내내기). 슬픈 동료를 위로한다.

	대근육 운동 기술	소근육 운동 기술	언어 이해력	표현적 의사소통
48–60개월	경보식으로 뒤로 걷는다. 넘어지지 않고 10번을 앞으로 점프하며 뛴다. 발을 교차하며, 계단을 오르고 내린다. 재주넘기를 한다.	연속적으로 일직선된 선을 자른다. 십자가를 그대로 그린다. 사각형을 그대로 그린다. 몇 개의 대문자를 쓴다.	3개의 연관없는 지시를 순서대로 따른다. *예쁜, 더 예쁜, 제일 예쁜*과 같은 비교를 이해한다. 긴 이야기를 듣지만 종종 사실을 오역한다. 언어적 지시를 놀이 활동에 병합한다. 말을 했을 때 사건의 계열을 이해한다(예를 들어, "우리는 먼저 가게에 갔고, 그 때 우리는 케이크를 만들 수 있고, 내일 그것을 먹게 될 것이다.").	*언제, 어떻게, 왜* 질문을 묻는다. *할 수 있다, 할 것이다, 해야 한다, 일 것이다* 같은 법을 사용한다. 문장을 조합한다(예를 들면, "난 가게에 갔고 아이스크림을 샀다."). 때문에와 그래서를 사용하며 인과관계에 대해 말한다. 이야기의 내용을 말하지만 사실을 혼동하기도 한다.
	인지적 기술		**자립 기술**	**사회성 기술**
	4–6가지의 색깔을 가리키고 이름을 안다. 친숙한 물건의 그림을 연결시킨다(예를 들면, 신발, 양말, 발, 사과, 오렌지, 바나나). 팔, 머리, 다리와 같은 알아볼 수 있는 2–6가지의 부분과 함께 사람을 그린다. 이름을 말하고 자신의 신체와 연결시킨다. 자신이 사는 마을과 길을 안다. 탐구를 통해서 뿐만 아니라 이름을 관찰하고 듣는 것을 통해서 더 확장된 집중 시간을 갖는다. 산만해지기 쉽다. 기능, 시간, 부분적/시간적 관계의 개념에 대한 이해가 증가된다.	알고 있는 그림을 그리고, 이름을 말하고, 설명한다. 성인을 모방하여 5까지 기계적으로 센다. 다음에 일어나는 것이 무엇인지 설명한다. 세부사항, 시간, 장소에 집중하면서 극놀이가 더욱 현실적이다. 물체의 기능이나 아용을 물체의 이름과 관련하여 진술한다. 시간 개념이 확장된다. 아동은 어제, 지난주(오래전에), 오늘, 내일 발생할 것에 관해 말할 수 있다.	칼로 쉬운 음식을 썬다(예를 들어, 햄버거 패티, 토마토 슬라이스). 신발끈을 묶는다.	다른 아동과 놀고 상호작용한다. 가장 놀이를 한다. 성별을 표현하는 데 흥미를 보인다.

	대근육 운동 기술	소근육 운동 기술	언어 이해력	표현적 의사소통
60–72월	발끝으로 똑바로 달린다. 평균대 위를 걷는다. 한 발로 깡충깡충 뛰어 2m를 갈 수 있다. 발을 교대로 뛴다. 줄넘기를 한다. 스케이트를 탄다.	간단한 모양을 자른다. 삼각형을 따라 그린다. 다이아몬드를 그린다. 이름을 따라 쓴다. 1–5까지 숫자를 쓴다. 선 안에 색칠을 한다. 잘 쓰는 손이 정해졌다.(아동은 왼손잡이 또는 오른손잡이 등) 적절하게 풀을 바르고 붙인다. 교실의 도구를 적절하게 사용한다.	학업 전 기술을 나타낸다.	아동의 문법과 성인의 문법 간에 약간의 분명한 차이가 있다. 주어–동사 일치와 약간의 불규칙 과거시제 동사와 같은 것을 학습할 필요가 있다. 대화에서 적절하게 화제를 바꿀 수 있다. 정보를 주고 받는다. 가족, 친구, 타인과 의사소통을 잘한다. 그림책에서 이야기를 정확하게 다시 말한다.
	인지적 기술		**자립 기술**	**사회적 기술**
	몇몇 문자와 숫자의 이름을 안다. 10까지 기계적으로 센다. 한가지 특성(색깔, 형태, 크기–만약 차이가 분명하면)에 따라 물체를 분류한다. 내일과 어제와 같은 시간 개념을 정확하게 사용하기 시작한다. 일과를 시간과 관련시키기 시작한다. 주목할만하게 주의집중 범위	가 증가하고 성인의 가르침에 의해 배우고, 관심이 있을때 주의산만은 무시할 수 있다. 어떤 일이 일어나는 이유를 이해할뿐만 아니라 기능의 개념도 증가하며, 주요 사건의 측면에서 미래를 이해할 정도로 시간 개념이 확장한다.(예를 들어, "크리스마스는 2주 뒤에 온다." 등)	스스로 완전하게 옷을 벗고 입는다. 나비 매듭을 묶는다. 지원을 받지 않고 양치질을 한다. 안전하게 길을 건넌다.	자기 친구를 선택한다. 간단한 게임을 한다. 경쟁 게임을 한다. 집단 결정, 역할 부여, 공정 참여가 포함된 타인과의 협력놀이를 한다.

부록 B

아동의 말하기와 듣기 연령 확인하기

안내: 당신의 아동과 같은 연령의 그룹에 관한 각 질문을 읽고 예, 아니오로 답하시오. 총합을 더하고 점수를 계산하시오.

모두 예 = 좋다! 당신의 아동은 정상적으로 듣기, 말하기, 언어가 발달하고 있다.

1-3개의 아니오 = 조심한다. 당신의 아동은 듣기, 말하기, 언어 발달지체가 있을 수 있다.

3개를 초과하는 아니오 = 대처한다. 당신의 아동이 전문적인 도움을 받도록 한다.

확인					확인	
예	아니오	듣기와 이해	아동의 나이	말하기	예	아니오
☐	☐	당신의 아동은 가정에서 대부분의 말을 듣고 이해하는가?	5세	당신의 아동은 s와 th를 제외하고 모든 발음을 정확히 말하는가?	☐	☐
☐	☐	당신의 아동은 처음 불렀을 때 듣고 답하는가?		당신의 아동은 가족들과 같은 문장 구조를 사용하는가?	☐	☐
☐	☐	당신의 아동은 조용하게 말하는 것을 듣는가?		당신의 아동의 목소리는 다른 아동들과 마찬가지로 분명한가?	☐	☐
☐	☐	당신의 아동을 아는 모든 이들이 그 또는 그녀가 잘 듣는다고 생각하는가(교사, 아이를 봐주는 사람, 조부모 등)?				

출처: Adapted from public information materials of the American Speech-Language-Hearing Association. Used with permission.

확인					확인	
예	아니오	듣기과 이해	아동의 나이	말하기	예	아니오
☐ ☐ ☐ ☐ ☐ ☐	☐ ☐ ☐ ☐ ☐ ☐	당신의 아동은 쉽게 대화를 이해하는가? 당신이 다른 방에서 부르면 당신의 아동은 듣는가? 다른 가족 구성원과 같은 소리 크기로 텔레비전이나 라디오를 듣는가? 당신의 아동은 의미의 차이를 이해하는가 ("가다-멈추다.", "자동차가 트럭을 받다-트럭이 자동차를 받다.")? 당신의 아동은 책 속의 그림들이 불려졌을때, 그것들을 가리키는가? 당신의 아동은 소리를 알아채는가(개가 짖는 소리, 전화벨 소리, 텔레비전 소리, 문을 노크하는 소리 등)?	2세 6개월 -4세	당신의 아동은 까다로운 발음을 제외하고 대부분의 발음을 하는가? 당신의 아동은 문장 속의 단어를 때때로 되풀이하여 말하는가? 당신의 아동은 200-300개의 단어를 사용하는가? 당신의 아동은 2-3개의 어절로 된 문장을 사용하는가? 당신의 아동은 많은 "왜"와 "무엇"이 있는 질문을 묻는가? 당신의 아동은 어떤 것의 이름을 말하는 것을 좋아하는가?	☐ ☐ ☐ ☐ ☐ ☐	☐ ☐ ☐ ☐ ☐ ☐
☐	☐	당신의 아동은 두 개의 지시를 따르는가 ("공을 잡아서 테이블 위에 놓아라.")?	1세 6개월 -2세	당신의 아동은 10-15개의 단어를 사용하는가(2살쯤에)? 당신의 아동은 요구를 되풀이해서 말하는가? 당신의 아동은 한 개에서 두 개의 단어로 된 질문을 묻는가("아기고양이 어디에? 바이바이 해? 더?")? 당신의 아동은 두 단어를 조합하는가("쿠키 더")?	☐ ☐ ☐ ☐	☐ ☐ ☐ ☐
☐ ☐ ☐ ☐	☐ ☐ ☐ ☐	당신의 아동은 질문에 답을 하기 시작했는가("여기로 와","좀 더 줄까?")? 당신의 아동은 당신이 불렀을 때 돌아보거나 올려보는가? 당신의 아동은 새로운 소리를 들으면 찾거나 돌아보는가? 당신의 아동은 사람들이 말하는 것을 듣는가?	9개월-1세	당신의 아동은 단어를 말하는가(6개월 때는 8-10개의 단어, 1세 때는 2-3개의 단어)? 단어가 불분명할 수 있다. 당신의 아동은 소리를 흉내내는 것을 즐기는가? 당신의 아동은 종잡을 수 없는 말을 사용하는가(말하는 것같이 들리는 재잘거림)? 당신의 아동은 주의를 끌기 위해 목소리를 내는가?	☐ ☐ ☐ ☐	☐ ☐ ☐ ☐
☐ ☐ ☐	☐ ☐ ☐	당신의 아동은 "안돼"와 그 또는 그녀의 이름에 반응하는가? 당신의 아동은 소리의 근원을 알아차리고 둘러보는가? 당신의 아동은 소리가 나오고 있는 옆쪽을 향해 그 또는 그녀의 머리를 돌리는가?	6개월	당신의 아동은 불분명하지만 부모가 말하는 것과 같은 소리를 재잘거리는가? 당신의 아동은 다양한 많은 소리를 내는가?	☐ ☐	☐ ☐

<table>
<tr><th colspan="2">확인</th><th colspan="3"></th><th colspan="2">확인</th></tr>
<tr><th>예</th><th>아니오</th><th>듣기과 이해</th><th>아동의 나이</th><th>말하기</th><th>예</th><th>아니오</th></tr>
<tr><td>□
□
□
□</td><td>□
□
□
□</td><td>당신의 아동은 말하는 사람을 향해 돌아보려고 노력하는가?
당신의 아동은 말을 걸면 웃는가?
당신의 아동은 소리나 말하는 것에 노는 것을 멈추고 듣는 것 처럼 보이는가?
당신의 아동은 엄마의 목소리를 인지하는가?</td><td>3개월</td><td>당신의 아동은 재잘대는가?
당신의 아동은 다른 요구에 따라 다르게 우는가?
당신의 아동은 같은 소리를 많이 내는가?</td><td>□
□
□</td><td>□
□
□</td></tr>
<tr><td>□
□
□</td><td>□
□
□</td><td>당신의 아동은 말하는 것을 듣는가?
당신의 아동은 소음에 깜짝 놀라거나 우는가?
당신의 아동은 큰 소리에 깨는가?</td><td>태어 났을 때</td><td>당신의 아동은 구구거리거나 꿀꺽거리는가?</td><td>□</td><td>□</td></tr>
</table>

부록 C

반사, 반응, 시사점

정상 연령 범위	반사	유도하는 방법	운동 반응	시사점
태어난 후부터 3-5개월	물기	엄지 손가락으로 아동의 입 가쪽 잇몸 부위를 문질러라. (이가 있는 아동에게는 시도하지 마라.)	아동이 주기적으로 입을 벌리고 닫는다.	계속 지속되면, 이것은 씹는 데 필요한 입가쪽 턱의 운동을 방해한다.
	찾기	아동의 입 구석에서 턱을 지나 귓볼까지 손가락으로 쓰다듬어라.	자극된 곳을 향해 머리를 돌린다.	계속 지속되면, 이 반사는 자연적 음식 섭취 형식을 방해한다.
태어난 후부터 3-4개월	쥐기	아동의 손바닥 위 넷째와 다섯째 손가락 밑에 물건을 (연필, 딸랑이, 검지 손가락) 두어라.	시험자의 손가락, 연필, 딸랑이를 쥔다.	태어났을 때 나타나지 않으면, 운동 영역에 이상을 의미한다. 계속 지속된다면, 정상적인 쥐기와 놓기를 방해한다.
	걷기	아동을 두 발에 무게를 실으며 선 자세로 잡고앞 쪽으로 약간 기울인다.	아동은 발을 높이 드는 몇 걸음을 걸을 것이다 (걷는 것 처럼).	태어났을 때 나타나지 않으면, 신경상에 문제를 가리킨다. 지속되면, 대군육 운동 기술을 방해한다.
태어난 후부터 4-6개월	비대칭성 긴장성경 반사 (ATNR)	머리를 정중선에 놓고, 팔과 다리를 편하게 하여 반듯이 눕힌다.	아동은 부분적이거나 전체적으로 머리를 돌린 방향의 팔과 다리를 곧게 뻗는다. 반대 쪽 팔다리는 부분적이거나 전체적으로 굽는다(검객 자세).	정중선에서와 앉아 있을 때, 균형을 잡을 때 손의 활동과 사지의 조절은 머리가 돌아갔을 때 잘 되지 않는다.

정상 연령 범위	반사	유도하는 방법	운동 반응	시사점
태어난 후부터 6개월	모로	머리를 정중선에 놓고, 팔을 옆으로 하고 시험자가 아동의 목 뒤에 손을 두고 바닥 위로 올린다. 머리를 다시 놓으며, 지탱하는 손을 뺀다. 바닥에 닿기 전에 아동의 머리를 잡는다.	아동의 팔을 옆 쪽으로 뻗은 후 정중선으로 가져온다.	태어났을 때 나타나지 않으면, 신경성 미성숙이나 이상을 가리킨다. 지속되면, 반사는 일반적 운동 조절을 방해한다.
태어난 후부터 6개월	목 바로잡기 (통나무 굴리기)	팔은 옆에 가지런히 일직선으로 뻗게 하고, 머리를 정중선으로 해서 반듯이 눕힌다. 머리 양쪽에 당신의 손을 두고 옆으로 머리를 돌려라.	몸이 머리가 돌아가는 방향과 같은 방향으로 단일체와 같이 돌아간다.	계속 지속되면, 연속적인 구름을 방해한다.
6개월에서 18개월	부분적 굴림 (몸쪽으로 몸을 뻗기)	목을 똑바로 세우기에 관한 자극을 하라.	첫째로 머리가 돌아가고, 어깨가 돌아가고, 골반이 돌아간다.	자발적으로 되고 정상적 구름 형태의 몸통 회전을 제공한다(예를 들면, 엉덩이로부터 시작하기).
6개월에서 24개월	란다우 반응	어깨와 골반 사이의 몸체를 바닥과 나란하게 밑에서 지지하며 아동을 잡는다(지지하는 데 두 손을 써라).	아동은 완전하게 머리와 몸통과 골반을 편다('스완다이브' 자세).	만일 나타나지 않으면, 서고 걷는 데 필요한 평근의 발달이 지체되거나 방해될 것이다.
6개월에서 그 이상	평근 보호 반응(파라슈트)	1. 엎드린 자세에서 배를 지탱하며 아동을 공중에서 든다. 머리를 테이블이나 바닥 쪽으로 향한채 아동을 빠르게 밑으로 내린다. 2. 아동은 독립적으로 앉아있다. 가볍게 앞으로, 뒤로, 옆으로 민다.	아동은 팔을 앞으로 뻗어서 무게를 지탱한다. 만일 아동이 보호하는데 두 손을 사용하지 않는다면 주의하라. 아동은 지탱하기 위해 팔을 뻗고 무게를 지지한다.	나타나지 않으면, 아동은 앉는데 균형을 유지하지 못한다.

출처. 다음에서 채택함: *Normal and abnormal Development: The Influence of Premature Reflexes on Motor Redevelopment,* by M.R. Fiorentino, 1972, Springfield, IL: Thomas.
Psychological Assessment of Handicapped Infants and Young Children, by G. Ulrey and S.J. Rogers, 1982, New York: Thieme-Stratton.

부록 D

의뢰 신호 검목표

청각적 신호			
관찰할 수 있는 신호, 증상 혹은 불평	**가끔**	**예**	**아니오**
귀에서 액체가 흘러나온다.	[ ]	[ ]	[ ]
빈번한 이통(耳痛)을 앓는다.	[ ]	[ ]	[ ]
감기나 인두염을 자주 앓는다.	[ ]	[ ]	[ ]
편도선염이 되풀이해서 발생한다.	[ ]	[ ]	[ ]
입을 통해서 숨을 쉰다.	[ ]	[ ]	[ ]
머릿속의 소음을 불평한다.	[ ]	[ ]	[ ]
목소리가 너무 크거나 너무 낮다.	[ ]	[ ]	[ ]
과도하게 발음을 실수하는 이상적 말하기나 지체를 가진다.	[ ]	[ ]	[ ]
"그 또는 그녀가 듣고 싶어하는 것을 들으려"하는 것같이 보인다.	[ ]	[ ]	[ ]
공상에 빠져 있는 듯해 보인다.	[ ]	[ ]	[ ]
말을 걸면 종종 곤란해 하고, 얼굴을 찌푸리거나 긴장하는 것처럼 보인다.	[ ]	[ ]	[ ]
다른 이들이 흥미있는 것에 흥미를 보이지 않는다.	[ ]	[ ]	[ ]
관찰할 수 있는 행동			
말하는 사람의 말을 듣기 위해 고개를 돌리거나 곧추 세운다.	[ ]	[ ]	[ ]
부르면 소리가 나는 곳으로 돌아보기 보다는 훑어 본다.	[ ]	[ ]	[ ]
집중하지 않는다.	[ ]	[ ]	[ ]
큰 단체에서 특별하게 부주의하다.	[ ]	[ ]	[ ]

주의. 하나 또는 두 개의 증상이 문제를 일으키지는 않는다. 미취학 아동들은 자연적으로 이러한 행동들을 보이므로 부록 A에 나와 있는 일반적인 발달표는 신중하게 확인되어야 한다. 형식은 눈에 띄어야하고 의심이 있을 때에는 관찰이 계속되어야 한다. 언어적 신호는 8장에서 볼 수 있다.

출처. 다음에서 채택함: *Educating Young Handicapped Children,* by G. Garwood et al., eds., 1979, Germantown, MD: Aspen Systems Crop.
The Exceptional Student in the Regular Classroom, by B.R. Gearheart and M.W. Weishahn, 1984, Columbus, OH: Charles E. Merrill.

	가끔	예	아니오
말할 때 과도한 부끄러움을 보인다.	[ ]	[ ]	[ ]
구어적 지시(녹음)를 따르는 데 힘들어 한다.	[ ]	[ ]	[ ]
모르는 사이에 행동한다. 완고함, 부끄러움, 움츠러듬을 보인다.	[ ]	[ ]	[ ]
언어적 능력과 시험 항목의 수행 사이의 눈에 띄는 불일치를 보인다.	[ ]	[ ]	[ ]
참여하기 전에 다른 아동들이 무엇을 하고 있는지 본다.	[ ]	[ ]	[ ]
종종 일을 끝내지 않는다.	[ ]	[ ]	[ ]
그 또는 그녀가 교사를 볼 때만 교사의 말을 듣는다.	[ ]	[ ]	[ ]
며칠은 듣지만 다른 날은 듣지 않는다.	[ ]	[ ]	[ ]
전적으로 질문과 관련없는 답을 한다.	[ ]	[ ]	[ ]
빈번히 반복을 요구하거나 "어?"를 말한다.	[ ]	[ ]	[ ]
시각적 신호			
관찰할 수 있는 신호, 증상 혹은 불평			
붉은 눈꺼풀	[ ]	[ ]	[ ]
안, 바깥, 위, 아래로 돌아간 눈동자(아마 두 눈이 각각 독립적일 것이다).	[ ]	[ ]	[ ]
눈물어린 눈이나 고름이 남.	[ ]	[ ]	[ ]
눈꺼풀이나 속눈썹 사이에 딱지가 앉는다.	[ ]	[ ]	[ ]
다래끼나 부은 눈꺼풀이 되풀이 된다.	[ ]	[ ]	[ ]
한결같지 않는 크기의 눈동자.	[ ]	[ ]	[ ]
눈동자의 과도한 움직임.	[ ]	[ ]	[ ]
늘어진 눈꺼풀.	[ ]	[ ]	[ ]
과도한 눈 비빔(흐려보이는 것을 털어버리려 하는 것처럼 보인다).	[ ]	[ ]	[ ]
한 쪽 눈을 감거나 덮는다.	[ ]	[ ]	[ ]
쫓아가고 초점 맞추는 데 힘들어 함.	[ ]	[ ]	[ ]
눈에 가까이 하여 일을 한 후의 두통이나 메스꺼움.	[ ]	[ ]	[ ]
시각적 과제를 하는 동안 긴장한다.	[ ]	[ ]	[ ]
눈에 가까이 하여 일을 하는 동안 눈을 가늘게 뜨기, 깜빡거리기, 얼굴 찌푸리기.	[ ]	[ ]	[ ]
관찰할 수 있는 행동			
머리를 기울이거나(가능하면 사용하는 눈 쪽으로) 앞으로 돌진한다.	[ ]	[ ]	[ ]
빛을 피하려 노력하거나 불평한다.	[ ]	[ ]	[ ]
눈의 고통과 통증을 불평한다.	[ ]	[ ]	[ ]
얼굴에 가까이 물건을 쥔다.	[ ]	[ ]	[ ]
눈의 가려움, 따끔함 혹은 얼얼함을 불평한다.	[ ]	[ ]	[ ]
눈에 가까이 하여 일을 하는 동안 화를 잘내거나 피한다.	[ ]	[ ]	[ ]
물건을 보는 데 눈을 돌리기보다는 머리를 돌린다.	[ ]	[ ]	[ ]
시각적 과제를 한 후 쉽게 피로해한다.	[ ]	[ ]	[ ]

	가끔	예	아니오
비슷한 모양의 글자, 숫자, 디자인을 자주 혼동한다.	[ ]	[ ]	[ ]
특이적으로 서투르거나 불편해한다. 작은 물건에 넘어진다.	[ ]	[ ]	[ ]
안 좋은 시력과 손의 조정.	[ ]	[ ]	[ ]
그 또는 그녀의 25-30cm 앞에 있는 목표물을 따라갈 수 없다.	[ ]	[ ]	[ ]

건강이나 신체적 신호

관찰할 수 있는 신호, 증상 혹은 불평

	가끔	예	아니오
얼굴이 쉽게 붉어지거나 턱, 입술, 또는 손가락 끝이 옅게 푸르스름하게 된다.	[ ]	[ ]	[ ]
빈번하게 경도의 열과 감기가 걸린다.	[ ]	[ ]	[ ]
육체적 활동을 한 후 마른기침을 자주하거나 흉통을 호소한다.	[ ]	[ ]	[ ]
운동 후에 특이적으로 숨이 가쁘다.	[ ]	[ ]	[ ]
지나치게 느리거나 부진하다.	[ ]	[ ]	[ ]
비정상적인 크기이다.	[ ]	[ ]	[ ]
지나치게 배고파하거나 갈증을 느끼나.	[ ]	[ ]	[ ]
팔, 다리, 혹은 관절의 통증을 호소한다.	[ ]	[ ]	[ ]
빈약한 운동 조절이나 조회된 기능를 가진다.	[ ]	[ ]	[ ]
어색하거나 절뚝거리며 걷는다.	[ ]	[ ]	[ ]
운동 중에 통증의 신호를 보인다.	[ ]	[ ]	[ ]
경련적이거나 비틀거리는 모습으로 움직인다.	[ ]	[ ]	[ ]
발끝이 뒤틀린 채로 걷는다.	[ ]	[ ]	[ ]
두드러기나 발진이 있다.	[ ]	[ ]	[ ]
식이요법 없이 체중이 빠진다.	[ ]	[ ]	[ ]
쉽게 피로해진다.	[ ]	[ ]	[ ]
과하거나 빈번한 타박상, 부푼 상처, 종창이 생긴다.	[ ]	[ ]	[ ]

관찰할 수 있는 행동

	가끔	예	아니오
지나치게 느리거나 부진한 모습으로 움직인다.	[ ]	[ ]	[ ]
지나치게 배고파하거나 갈증을 느낀다.	[ ]	[ ]	[ ]
팔, 다리 또는 관절의 통증을 호소한다.	[ ]	[ ]	[ ]
과도하게 불안해하거나 활동이 지나치다.	[ ]	[ ]	[ ]
너무 게으르다. 육체적 운동을 피한다.	[ ]	[ ]	[ ]
쉽게 기절한다.	[ ]	[ ]	[ ]
너무 부주의하다.	[ ]	[ ]	[ ]
씹고 잘 삼키지 못한다.	[ ]	[ ]	[ ]
균형 맞추기를 포함한 운동 활동에 어려움을 보인다.	[ ]	[ ]	[ ]
생식기 영역의 고통이나 불편함을 호소한다.	[ ]	[ ]	[ ]

	가끔	예	아니오
학습 신호			
관찰할 수 있는 신호, 증상, 혹은 호소	[ ]	[ ]	[ ]
쉽게 운다. 쉽게 좌절한다.	[ ]	[ ]	[ ]
서투르고 불편해 한다. 시각적 운동의 어려움(예를 들어, 색칠하기, 퍼즐, 자르기에 이상적인 어려움).	[ ]	[ ]	[ ]
시각적 혹은 청각적 지각력 어려움을 보인다.	[ ]	[ ]	[ ]
큰 소음에 쉽게 방해받는다.	[ ]	[ ]	[ ]
잔신을 혼동하고 확신이 없다.	[ ]	[ ]	[ ]
관찰할 수 있는 행동			
아주 느리게 일하거나 모든 것에 돌진한다.	[ ]	[ ]	[ ]
독립적으로 행동하는 데 어려움을 겪는다.	[ ]	[ ]	[ ]
아주 산만하고 충동적이다.	[ ]	[ ]	[ ]
지나치게 짧은 집중 시간을 가진다.	[ ]	[ ]	[ ]
지시를 따르지 못한다.	[ ]	[ ]	[ ]
과도하게 활동적이거나 과도하게 비활동적이다.	[ ]	[ ]	[ ]
집요하게 되풀이한다(활동을 계속해서 반복한다).	[ ]	[ ]	[ ]
한 곳에서 배운것을 다른 곳에 옮기질 못한다.	[ ]	[ ]	[ ]
변화에 극심하게 저항한다.	[ ]	[ ]	[ ]
끊임없이 교실을 혼란스럽게 한다.	[ ]	[ ]	[ ]
교실의 일상을 기억하지 못한다. 다른 기억력 문제를 가진다.	[ ]	[ ]	[ ]
의사결정을 하는 데 어려움을 갖는다.	[ ]	[ ]	[ ]
창의력이 부족하다. 낮은 연령의 단계의 흥미를 느낀다.	[ ]	[ ]	[ ]
너무 느리게 배우므로 그 또는 그녀는 다른 이들에 잘 참여하지 못한다.	[ ]	[ ]	[ ]

부록 E

유아특수교육 실습생 수행능력

	아주 낮음	낮음	보통	좋음	아주 좋음
I. 강점과 요구를 적절하고 완전하게 사정한다.					
A. 적절한 형식적 도구를 선택한다.	1	2	3	4	5
B. 적절한 비형식적 전략을 선택한다.	1	2	3	4	5
C. 아동의 발달을 자주, 체계적으로 점검한다.	1	2	3	4	5
D. 가족의 참여와 만족을 평가한다.	1	2	3	4	5
II. 효과적인 중재 프로그램을 계획한다.					
A. 선택한 목표와 목적과 전략에서 부모와 협력적으로 활동한다.	1	2	3	4	5
B. 목적은 사정 결과와 관련된다.	1	2	3	4	5
C. 목표와 목적이 분명하고 아동과 가족의 최우선적인 요구와 연관된다.	1	2	3	4	5
D. 계획이 구어적으로나 문서로 분명하게 전달된다.	1	2	3	4	5
III. 아동의 학습방법 이해와 일반적인 교수전략의 활용능력을 나타내는 데는 다음이 포함된다.					
A. 사회적 상호작용의 역할.	1	2	3	4	5
B. 동기(예를 들면, 많이 선호되는 목적, 사람, 행사를 구별한다).	1	2	3	4	5
C. 물리적 환경의 배치.	1	2	3	4	5
D. 맥락과 방법 모두로서 놀이의 사용.	1	2	3	4	5
E. 행동분석(과제분석과 선행자극과 결과자극의 확인 포함).	1	2	3	4	5
F. 행동분석(정적 강화의 사용, 단서와 촉구, 용암, 연쇄, 자극 일반화의 사용 포함).	1	2	3	4	5
G. 반복과 일과.	1	2	3	4	5
H. 적절한 양육자-아동 상호작용.	1	2	3	4	5
I. 아동의 발달에 있어서 가족의 결정적 역할.	1	2	3	4	5
IV. 최적 학습에 대한 교실 환경관리.					
A. 물리적 환경을 효과적으로 정리한다.	1	2	3	4	5
B. 적절한 교실 일정을 구성한다.	1	2	3	4	5
C. 훈련을 위해 매일의 일과를 이용한다.	1	2	3	4	5

	아주 낮음	낮음	보통	좋음	아주 좋음
D. 효과적인 놀이 일정을 구성한다.	1	2	3	4	5
E. 휴식과 조용한 시간의 기회를 제공한다.	1	2	3	4	5
F. 부모가 참여하기에 편안한 분위기를 만든다.	1	2	3	4	5
G. 아동들의 안전에 책임을 진다.	1	2	3	4	5
H. 준전문가, 자원봉사자, 자문가를 효과적으로 관리하고, 조정하고, 참여시킨다.	1	2	3	4	5
I. 동기부여가 높은 활동을 선택한다.	1	2	3	4	5
J. 소집단과 전체집단을 적절하게 구성할뿐만 아니라 개인도 활용한다.	1	2	3	4	5
K. 각 활동에서 모든 발달영역(예를 들어, 언어, 인지, 운동, 사회-정서적, 자립)을 통합한다.	1	2	3	4	5
V. 의사소통 기술의 발전을 촉진한다.					
A. 의사소통 단서를 인지하고 정확하게 해석한다.	1	2	3	4	5
B. 언어와 말하기 능력 발달의 단계와 특성을 이해한다.	1	2	3	4	5
C. 순서 바꾸기를 한다.	1	2	3	4	5
D. 아동의 의사소통 의도에 반응한다. 아동의 리드를 따른다.	1	2	3	4	5
E. 반복과 배역 바꾸기를 사용한다.	1	2	3	4	5
F. 적절한 속도와 말의 비율을 사용한다. 아동의 반응를 기다린다.	1	2	3	4	5
G. 대상과 핵심 사건에 적절하게 명령을 붙인다.	1	2	3	4	5
H. 아동의 발표력을 확대시킨다.	1	2	3	4	5
I. '양보하는' 방법을 안다(예를 들면, 더 좋은 차례에 자극을 시킨다).	1	2	3	4	5
J. 놀이 일과를 활용한다.	1	2	3	4	5
K. 관련있고 기능적인 의사소통 목적을 선택한다.	1	2	3	4	5
L. 필요하면 보완대체 의사소통 체계와 기술을 개발한다.	1	2	3	4	5
M. 선택의 기회를 제공한다.	1	2	3	4	5
N. 언어의 교양있고 자율적인 사용를 촉진한다. (예를 들면, 서술하기, 설명, 이야기하기).	1	2	3	4	5
VI. 인지적 기술의 발달을 촉구한다.					
A. 정상적인 인지 발달의 단계와 특성을 이해한다.	1	2	3	4	5
B. 모든 아동이 '효과'를 경험하도록 기회를 제공하고(예를 들면, 계획된 행동을 발달시킨다), 원인과 결과를 이해하도록 아동을 돕는다.	1	2	3	4	5
C. 모델링을 통해 탐색과 시행착오 행동을 효과적으로 장려한다.	1	2	3	4	5
D. 대상 영속성을 가르친다.	1	2	3	4	5
E. 정신적 표상과 기억을 촉구하는 활동과 자료를 활용한다.	1	2	3	4	5
F. 가장 놀이와 그래픽 상징의 인식과 같은 상징 행동을 발전시킨다.	1	2	3	4	5
G. 문제해결의 기회를 제공하고 해결책을 찾도록 아동들을 돕는다.	1	2	3	4	5
VII. 정서적 성장과 사회적 성장을 촉구한다.					
A. 사회적, 정서적 발달의 단계를 이해한다.	1	2	3	4	5
B. 아동과 긍정적인 상호작용 관계를 맺는다.	1	2	3	4	5
C. 넓은 범위의 정서를 모방하고 명칭을 붙인다.	1	2	3	4	5

	아주 낮음	낮음	보통	좋음	아주 좋음
D. 아동의 정서적 반응과 상태를 해석하고 인정한다.	1	2	3	4	5
E. 사회적, 정서적 발달을 향상시키기 위해 상징놀이를 사용한다. (적절한 발달 단계에서).	1	2	3	4	5
F. 정서적 양육, 신뢰 촉진, 숙달과 독립을 통해 자긍심을 확립한다.	1	2	3	4	5
G. 유연하고 행동적인 지침은 있지만 한계와 일관성을 설정한다 (예, 규칙).	1	2	3	4	5
H. 아동에게 안정적인 양육 환경을 가능한 정도로 제공한다.	1	2	3	4	5
I. 장애 아동과 비장애 아동 모두와의 또래간 상호작용을	1	2	3	4	5
J. 발달적으로 그리고 문화적으로 적절한 방법으로 이타적인 행동과 태도를 장려한다.	1	2	3	4	5
Ⅷ. 운동 기술의 발달을 촉구한다.					
A. 정상적인 운동 발달의 단계와 특성을 이해한다.	1	2	3	4	5
B. (필요하다면 적절한 치료사와의 자문에서) 최적의 소근육 발달과 대근육 발달을 촉진하고 참여와 독립성을 극대화하기 위해서 각 활동에 적절하게 아동을 배치한다.	1	2	3	4	5
C. 자주 아동의 자세를 바꿔준다.	1	2	3	4	5
D. 점차로 독립적인 보행이 되도록함으로써 아동의 운동 능력과 자신감을 효과적으로 형성한다.	1	2	3	4	5
E. 알맞은 보조장치를 활용한다.	1	2	3	4	5
F. 기능적인 소근육 운동기술과 눈-손 협응을 촉진하기 위해 효과적인 교수전략을 활용한다.	1	2	3	4	5
G. 달리기, 오르기, 던지기와 같은 대근육 기술의 발달을 위해 실외 활동을 활용한다.	1	2	3	4	5
Ⅸ. 자립 기술의 학습을 촉구한다.					
A. 긍정적인 식사시간 환경을 만든다.	1	2	3	4	5
B. 다양한 음식과 촉감을 씹고 삼키는 능력, 손가락으로 먹기, 부엌기구 사용의 발달을 위해 아동을 지원한다.	1	2	3	4	5
C. 적절한 배변 계획을 수립한다.	1	2	3	4	5
D. 부모와의 협력에서, 일관되고 적절한 배변 훈련 절차를 개발한다.	1	2	3	4	5
E. 자연스러운 상황에서 옷 입는 기술을 배울 수 있는 기회를 자주 제공하다.	1	2	3	4	5
F. 독립성을 지원하기 위해 필요하면 옷을 수정한다.	1	2	3	4	5
G. 필요할 때, 자립 기술을 가르치는 행동적 기법과 과제 분석을 적용한다.	1	2	3	4	5
Ⅹ. 학습 준비도를 조장한다.					
A. 분류, 보존, 순서와 같은 인지적 조작을 가르치기 위해 발달적으로 적절한 기법과 자료와 일상 상황을 사용한다.	1	2	3	4	5
B. 기능적인 인쇄물의 이용을 보여준다(예를 들면, 교사는 아동에게 유의미한 방법으로 쓰기와 읽기의 이용을 모형화하고 교실 전체에 인쇄물을 붙여 둔다).	1	2	3	4	5

	아주 낮음	낮음	보통	좋음	아주 좋음
C. 문해 행동의 기능과 관련성을 경험하도록 아동에게 기회를 제공한다(예를 들면, 보물을 찾는 단서, 우편 배달부 놀이 등).	1	2	3	4	5
D. 반대('같은'과 '다른', '큰'과 '작은'), 비교('키가 더 큰'과 '키가 제일 큰'), 공간적 용어('앞에,' '옆에,' '뒤에'), 양('많은', '적은', '더 많은') 등과 같은 중요한 학습 개념들을 자연스런 상황에서 가르친다.	1	2	3	4	5
E. 유용한 방법으로 수와 양의 개념을 가르친다(예를 들면, 단순히 기계적으로 수를 세는 것 말고, "둘임"과 "셋임"을 가르친다.).	1	2	3	4	5
F. 청각적 인지, 변별, 소리의 운율, 소리 조합을 가르친다.	1	2	3	4	5
XI. '정상화'를 장려한다.					
A. 장애가 없는 또래가 참여할 수 있는 기회를 만든다.	1	2	3	4	5
B. 아동과 가족이 지역사회에 참여하고 자원을 활용하도록 기회를 만든다.	1	2	3	4	5
C. 교수와 환경적 수정을 통해 연령과 문화에 적절한 활동을 수행할 수 있는 아동의 능력을 개발한다.	1	2	3	4	5
XII. 협력기술과 대인관계 기술을 시범보인다.					
A. 팀 접근과 다른 분야와 협력적 활동을 촉진한다.	1	2	3	4	5
B. 장애 전문가와 긴밀한 협력과 자문에 있어서 중증장애와 의학적 위험 아동의 발달을 촉진한다.	1	2	3	4	5
C. 초기 중재 서비스를 제공하는 데 있어서 각 분야의 역할을 이해한다.	1	2	3	4	5
D. 각 전문가의 능력과 자긍심을 개발하고 직원들을 효과적으로 관리한다.	1	2	3	4	5
E. 전문가와 비전문적 직원 모두와의 긍정적 업무 관계를 발전시킨다.	1	2	3	4	5
F. 부모와 알맞은 파트너십을 구축한다.	1	2	3	4	5
G. 명확하고 문화적으로 적합한 방법으로 부모와 의사소통한다.					
H. 문제 해결 전략과 함께 어려운 상황에 접근하고 융통성을 보인다.	1	2	3	4	5

부록 F

협력적 관계와 갈등해결 확립: 효과적인 의사소통 전략

1. 효과적인 의사소통의 장애물

효과적인 자문가는 자신의 언어적, 비언어적 의사소통 행동을 인식해야 한다. 비디오 테이프, 자기 반성, 동료로부터의 피드백을 통해서 자신의 의사소통 양식을 주의 깊게 알아본 후, 자문가는 반드시 자신의 전문적 레퍼토리에서 방해되는 태도를 제거해야 한다. 덜 효과적인 의사소통이나 심지어 의사소통을 파괴하는 몇몇 요소에는 다음과 같은 것들이 포함된다.

1. **너무 많거나 너무 빠른 충고.** 충고해 주는 것은 의존성을 기를 수 있다. 몇몇 상황에서, 비록 잘 계획된 것이라도 충고는 단순히 나쁜 충고가 될 수 있다. 너무 빠르게 혹은 너무 강하게 충고하는 것을 피한다.
2. **잘못된 확신, 감정의 최소화.** "오! 그녀는 괜찮을 거라고 확신해. 그것은 단지 그녀에게 새로운 경험일 뿐이야."라는 식으로 말하지 않는다. 문제를 간단하게 처리하거나 다른 사람의 감정을 최소화 하지 않는다(예를 들면, "당신은 그저 지나치게 활동적이에요. 당신은 과보호적이군요.").
3. **그릇된 방향의 질문.** 상호작용에서는 방향을 유지하도록 노력한다. 주제와 관련없는 질문을 하지 않는다.
4. **빗나간 주의력.** 집중해야 한다! 만일 당신의 주의가 산만했던걸 깨달았다면, 바꾸어 말하기나 질문을 통해 설명을 요구한다(예를 들면, "죄송해요. 마지막 중요사항이 뭐였죠?").
5. **방해 자극.** 방해가 존재하면 효과적인 의사소통 상호작용은 일어나지 않는다(예를 들면, 휴대폰 벨소리, 동료의 방문 등). 가능한 만큼 방해를 최소화하도록 노력하라.
6. **주의산만과 조바심.** 당신은 좋은 의사소통을 방해하는 비언어적 행동을 인지할 수 없을 수 있다. 예를 들면, 낙서하기, 펜을 톡톡치기, 종이를 뒤섞기, 시선을 마주치는 것을 피하기, 다리를 흔드는 것 등은 만일 당신이 그렇더라도 당신이 듣고있지 않

다는 인상을 준다. 당신의 전문적인 의사소통으로부터 이것들을 없애도록 노력해야 한다.

7. **성급한 결정.** 해결책을 너무 빨리 찾으려고 노력하는 것은 위험할 수 있다. 가능한 해결책에 대한 사람의 생각뿐 아니라 모든 관심사도 들어야 한다.

Ⅱ. 효과적인 비언어적 의사소통

옛 속담인 "중요한 것은 말보다 행동이다."는 효과적인 의사소통 기술에 관해서는 엄청난 진실성을 부여한다. 비언어적 의사소통은 언어적 의사소통보다 더 큰 영향을 (긍정적 혹은 부정적 모두) 끼칠 수 있다. 비언어적 의사소통의 영향과 의미는 문화적으로 결정된다. 특정한 행동이나 표현의 긍정적이거나 부정적인 영향은 집단에서 사회적 상호작용의 규칙과 관례에 영향을 받는다. 성공적인 자문은 다른 사람들의 신호를 잘 이해하는 것을 포함하고 자신의 비언어적 행동의 영향에 대한 예리한 인식을 발전시킬 것이다. 놀랍게도, 신체 언어는 갈등을 자극시키거나 퍼뜨릴 수 있다. 그러므로 부정적 메시지를 보내는 비언어적 행동을 피하는 것을 배우고 잠재적인 갈등을 경감시키는 데 도움이 되는 다른 비언어적 행동을 사용하는 것이 중요하다. 다른 사람의 관점과 감정을 더 잘 이해하기 위해 다른 사람의 신체 언어를 읽는 것을 배우는 것 또한 중요하다. 물론, 신체 언어를 긴장과 저항을 줄이기 위해 사용하는 것도 가능하다. 이 긍정적인 상호작용의 몇몇 비언어적 요소가 있다. 팔을 벌리고 편안하게 말하는 사람과 대면하기, 말하는 사람의 영향과 움직임을 반영하기, 웃거나 고개를 끄덕이면서 비언어적인 맞장구를 보여주는 것은 충돌을 줄이는 경향이 있는 비언어적 의사소통의 예시들이다.

1. **적절한 눈 맞추기.** 가장 변하기 쉬운 비언어적 의사소통 행동 중에 하나는 눈 맞추기이다. 미국의 주류문화에서, 직접적인 눈 맞추기는 관심과 집중을 가리키고, 눈 맞추기 부족이나 시선 회피는 성실함과 정직성의 부족으로 해석된다. 그러나 다른 문화에서는, 직접적인 눈 맞추기는 겁을 주는 것으로 경험되어 진다. 아동들은 특정 성인과의 직접적 눈 맞추기를 피하고 눈길을 피하도록 교육받는다.

2. **얼굴표정.** 당신의 얼굴표정이 부적절한 웃음이나 신경질적인 표정인지를 점검하는 것은 중요하다. 일반적으로 당신의 표정은 환영과 진실된 관심을 표현해야 한다. 미국의 주류문화에서는 표현이 풍부한 웃는 얼굴은 주로 긍정적이다. 일반적으로 당신은 '부적당하게 짝지어진' 감정의 표현을 피해야한다. 즉, 만일 듣는 사람이 긍정적이고 웃으려고 노력하고 있다면, 당신의 주름진 이마나 험한 표정은 상당한 의사소통 장애를 만들어낼 수 있다. (비록 몇몇 문화의 구성원들은 얼굴표정을 통해서 자신의 감정을 표현하고 다른 이들의 감정을 반영하

는 것을 피하거나 혹은 그들은 슬플 때 웃을 수도 있다는 것도 주의되어야 한다.)

3. **맞장구치기.** 미국에서 '맞장구치기'는 말하는 사람이 하고 있는 말에 집중과 관심을 가리킴으로 그것은 듣는 사람 쪽에서는 중요한 태도이다. 이들은 고개를 끄덕이고 얼굴표정에 활발한 변화와 "오 이런(Oh my)", "농담 하지마(No kidding)", "알겠어(I see)" 등과 같은 대답을 하는 것과 같이 비언어적 행동을 포함한다. 비록 맞장구치기가 모든 문화에서 공통적이지는 않지만, 주로 말하는 사람이 하는 말을 확인하는 데 효과가 있다. 반대로, 맞장구치기가 없으면 반대하거나 집중하지 않는다고 해석되어진다.

4. **신체 언어.** 대화에 참여하는 동안 당신이 당신의 몸으로 하는 것은 강력한 의사소통자가 될 수 있다. 팔짱을 끼고, 말하는 사람으로부터 고개를 돌리고, 시계를 보고, 종이를 뒤섞거나 하는 등은 어려운 상황의 긴장을 더하는 모든 예시들이다. 다음을 생각해보자.

   열린/상처받기 쉬운 자세 대 닫힌/방어적인 자세. 팔짱을 끼고 다리를 꼰 채 앉아 있는 것은 닫힌 마음과 자기 방어적인 인상을 전달한다. 이와 반대로, 더 열린 자세는 기꺼이 듣고 수용한다는 것을 전달할 수 있다.

   움직임을 반영하기. 다른 사람이 확신을 느끼게 하고 의사소통을 촉구시키는 하나의 방법은 물리적으로 다른 사람의 움직임을 반영하는 것이다(물론, 포착하기 어려운 방법으로). 예를 들어, 만일 당신의 대화 상대자가 앞으로 몸을 내밀어 앉아 있다면, 당신은 약간 앞으로 움직일 수 있다. 또는 만일 테이블에 팔꿈치를 대고 있다면, 당신도 똑같이 할 수 있다. 반대로, 만일 사람이 뒤로 물러선다면(아마도 "집단을 재결성해야 합니다." 또는 "지금 전 안전하다고 느끼지 않습니다."의 표현으로), 예리한 경청자는 뒤로 약간 기댐으로써 대응할 수 있다. 그러므로 당신이 무엇을 중요시하든 비언어적 메시지를 주는 사람은 느끼고 있다.

   개인적 공간. 문화는 친밀하게 잘 알지 못하는 사람과 대화할 때 '편안한 거리'로 여겨지는지를 결정한다. 너무 가까운 것은 겁을 주고 불편하게 하며, 너무 먼 것은 무관심과 경계심으로 해석된다.

   물리적 장애물. 책상이나 테이블과 관련된 당신의 몸을 어디에 위치하는가 또한 의사소통에 영향을 준다. 커다란 책상 뒤에 숨어있는 것은 대화의 자유로운 흐름을 막는다. 테이블이나 '방패가 되는 것' 없이 누군가와 의자에 마주 앉아 있는 것도 불편할 수 있다. 종종 가장 좋은 물리적 배치는 작은 원 테이블이나 사각 테이블의 모퉁이이다.

5. **침묵의 이용.** 대부분의 우리는 대화가 오랫동안 중단되면 오랫동안 인내심을 발휘해

힘들다. 우리는 약 2초 후에 침묵을 메우기 위해 돌진한다. 또, 이것은 문화적으로 결정되어 지는 경향이 있다. 그러나 누군가의 대답을 기다리는 것을 배우고 다른 사람을 대신해 대답하려 하거나 대화를 진행시키려는 유혹에 저항하는 것은 중요하다. 솔직한 분위기에서 더 늦은 속도를 만들어 내는 것은 다른 사람이 그들의 어렵고 복잡한 생각과 느낌을 반영하고 표현할 기회를 줄 수 있다.

6. **경청하기.** 최고의 의사소통 전략은 경청하는 것이다! 당신의 신체 언어는 당신이 이해하려고 듣고 있다는 것을 전달할 것이다.
7. **자신의 비언어적 의사소통에 대한 인식.** 당신의 신체 언어가 열린 의사소통을 방해하기 보다는 촉진시킨다는 것을 명심하라.
8. **타인의 비언어적 의사소통의 신중한 관찰.** 타인의 신호에 주의를 기울이는 것은 그들의 관심과 시각에 관해, 심지어 그것들을 말로 나타내는 게 달갑지 않을 때 조차도 종종 중요한 신호를 제공할 수 있다.

Ⅲ. 효과적인 언어적 대화 전략

언어적 대화 전략은 집단 과정과 관계 형성에 부정적이거나 긍정적인 영향을 미칠 수 있다. 예를 들어, 말을 너무 많이 한다거나 가로막는 것은 협력적인 노력에 상당히 방해될 수 있다. 또한, 다른 사람이 말을 할 때 자신의 입장을 지키는 데 초점을 맞추기보다는, 각 사람이 무엇을 말하는지 이해하는 데 진지하게 초점을 맞추는 것이 중요하다. 구체적인 언어적 대화 전략은 다음을 포함한다.

1. **대화를 지배하는 것을 피한다.** 너무 많이 말하는 것은 자신의 주장이 다소 강하지 않은 팀의 구성원이 주제에 '끼어들기' 어렵게 만든다. 또한, 당신이 말을 하면 당신은 들을 수 없다! 듣는 것은 효과적인 상담에 중요하다.
2. **친밀감을 형성한다.** 길게 보면, 신뢰가 부족하면 진실된 협력은 구축하기 힘들다. 친밀감을 형성하는 것은 신뢰를 발전시키는 시작 단계가 될 수 있다. 친밀감 형성의 간단한 전략은 유머를 이용하고, 더 어려운 논제를 다루기 이전에 위압적이지 않고 중립적인 대화를 이용하는 것(예를 들면, "교통체증이 정말 믿을 수 없었어. 난 내가 늦을까봐 조마조마했어."), 악수를 하고, 커피를 대접하는 등의 예의를 보이는 것이다.
3. **타인의 관점을 결정한다.** 만일 당신이 다른 사람의 관점을 알지 못하면, 당신은 문제를 효과적으로 해결할 수 없다. "이 상황에 대한 그의 견해는 어떻지?" 라고 자신 스스로에게 물어보아라. 만일 모르겠다면, 알아내라. 예를 들어, "프로그램이 Joshua에게 작용을 하는지에 대해 당신은 어떻게 생각합니까?" "당신은 왜 동아리 활동 시간에 Maria가 화가 나는지에 대해 어떠한 생각

을 가지고 있습니까?"

4. **반영적 경청하기를 사용한다.** 다른 사람이 표현하는 것이 무엇인지 당신의 생각을 말한다(예를 들면, "그래서 당신은 Jane의 화가 다른 아동들에 대해 진정으로 화가 난 것이라고 말하는 것이지요?" 나 "당신이 말한 것을 들은 내 생각은 …"). 이것은 말하는 사람이 당신의 이해가 맞는지 알 수 있게 하거나 입장을 좀 더 명확하게 다시 말해야 한다고 자극시킬 수 있다.

5. **'나' 메시지를 사용한다.** "나는 이것이 전혀 현실성이 없다고 느낀다."라는 것은 말하는 사람 자신의 느낌이나 기호가 담긴 '나' 메시지의 사용을 보여준다. 다른 이들의 생각을 판단하거나("당신의 전략은 말이 안된다.") 약간 높은 권위가 당신의 견해의 것이라고 하는 것("이것이 가장 효과적인 전략이라는 것을 모두가 안다.") 보다 '나' 메시지를 이용하는 것이(예를 들어, "난 정말 이것에 대해 화가 난다.") 충돌 상황을 완화시키는 것을 도울 수 있다.

6. **더 많은 정보를 요청한다.** 예를 들어, "점심시간 전에 일어난 것에 대해 좀 더 말해 보세요."라고 말하라.

7. **설명을 요구한다.** "난 당신을 따르지에 대해 확신이 없어요."라고 말하라.

8. **다른 사람이 무엇을 원하는지 묻는다.** "당신은 무엇이 일어나기를 바라는지 말해봐요." "내가 무엇을 도와줄 수 있나요?"라고 물어라.

9. **멈추고 기다린다.** 인내심을 가져라, 돌진하는 분위기를 만들지 말고 방해하지 마라. 거창한 설명이나 이론적 해석을 피하라. 다른 사람이 응답할 충분한 시간을 제공하라.

이 영역에서는 협력을 좀 더 효과적으로 만드는 다양한 구체적인 대화 전략을 요약하였다. 궁극적으로 이러한 의사소통 전략과 구체적인 충돌 해결 전략은 아동들에게 굉장히 이익을 줄 수 있다. (그러나 이러한 구체적인 전략은 아동과 가족의 최고의 관심에 대한 진정한 배려와 통합 환경에 관계된 모든 개인들의 기여에 대한 진정한 존중이 없다면 비효율적이라는 것을 주의하는 것이 중요하다.)

부록 G

통합교육을 받고 있는 특정 장애아동을 돕는 방법

주의. 다음은 종종 유용하다고 증명된 몇몇 구체적인 전략과 조절이다. 더 자세한 장애-구체적 정보를 위해서는 10장에서 제시한 Klein, Richardson-Gibbs, Kilpatrick, Harris(2001)를 참고하라.

다음의 제안은 실제로 시행되었고 특수교육과 중증 장애 영역에서의 교수와 통합 전문가들의 토론에 근거한 것이다. 정보는 일반적으로 아동 발달 센터와 유치원에서 찾아볼 수 있는 여러 가지 놀이나 학습 공간과 집단 구성에 따라 구성되었다. 제안은 장애에 따라 열거된다(정신지체, 신체적 장애, 청각장애나 난청, 시각장애 등).

정신지체아동을 돕는 데 필요한 조언

예술 영역

- 물건을 여전히 입에 넣는 발달지체아동에게 숨이 막히게 할 위험이 있는 작은 물건에 대해 주의한다.
- 과정을 강조하는 활동을 선택한다.
- 아동이 여러 발달 단계에 참여할 수 있는 활동을 선별한다(예를 들면, 콜라주, 낙서, 그림, 찰흙이나 점토를 이용).

조작 영역

- 물건을 여전히 입에 넣는 발달지체아동에게 숨이 막히게 할 위험이 있는 작은 물건에 대해 주의한다.
- 최종 작품을 위해 작은 아이템들을 모으기 보다는 아동이 넣고 꺼낼 수 있도록 상자를 제공한다.
- 여는 데 어른의 도움이 필요한 뚜껑이 있는 투명한 상자를 이용한다. 아동이 조작 영역에서 덜 버려지고 더 많은 관리를 받을 수 있도록 아동은 도움을 요구해야 한다.

블록 영역

- 조작 영역에 대한 제안을 참고한다.

가장 놀이 영역(예를 들어, 의상, 운송 수단)

- 아동이 실제 물건(예를 들어, 인형, 병, 자동차)의 연출을 모방 놀이에 참여하기 위해 사용할 수 있는 기회를 제공한다.

- 아동이 '무엇이 다음에 오는가'를 이해하고 놀이와 관련된 중요 단어를 배우는 데 도움이 되는 연극 대본을 이용한다.
- 간단한 치장(모자, 스카프, 가방, 지갑, 신발)을 이용하고 사용가능한 거울을 이용한다.

대근육 운동 영역 또는 활동과 실외 놀이

- 아동이 다른 공간으로 부터의 물건과 상호 작용할 때는 모든 신체를 사용할 수 있도록 한다(예를 들면, 유모차의 아기를 밀기, 작은 수레로 블록을 운반하기).
- 감각 중추 피드백을 위해 카트나 수레를 무겁게 한다.
- 만일 원하다면 테이블 위 활동을 할 때 그가 움직일 수는 있지만 활동에 집중할 수 있도록 서있게 한다.
- 장애물 코스를 구성하기 위해 교실 장비를 이용한다. 위에, 안에, 위로, 넘어서, 밑에, 통하여 등.
- 아동에게 시설 위에서 미끄러지고, 그네 타고, 튀게할 수 있는 기회를 제공하고, 건강에 대한 적절한 배려를 한다. 다운 증후군 아동은 그의 척추에 심각한 문제가 있고 재주넘기를 하도록 해서는 안 된다.

대집단 활동

- 아동이 흥미를 잃기 시작하는 긴 활동 대신에 짧은 집단 활동을 하도록 노력한다.
- 아동이 좋아하는 활동을 하도록 동아리 시간에 변형할 수 있는 물건을 가져올 수 있도록 하고, 대집단 활동에서 변형을 쉽게 하도록 돕는다.
- 아동이 동아리 활동 시간 이후에 무엇이 일어날지를 알 수 있도록 '다음은 무엇(What's next)' 구성에 사진이나 상징을 제공하라.
- 만일 활동이 너무 질리게되면 아동이 대집단 활동을 떠나겠다고 요청할 수 있는 적절한 방법을 제안한다(예를 들어, '밖으로(out)'와 같은 단어 사용, 그림이나 상징으로 신호 특정한 어른에게 찾아감등).
- 음악을 이용한다! 심지어 말을 하지 않는 아동도 종종 음악이나 노래를 하는 동안 목소리를 낸다.
- 활동하는 동안 아동에게 '목소리'를 들려 주기 위해 전화 교환기나 녹음기를 사용한다.
- 아동이 그의 시력, 청력, 신체 등을 최대로 사용할 수 있게 하는 선택적인 자리를 이용한다.
- 주의산만을 최소로 하는 교실의 공간에서 대집단 활동을 지도하도록 노력한다(예를 들면, 보이기 쉬운 장난감들이 열린 선반에 있는 공간, 쑤셔 넣거나 찢거나 당길 수 있는 것들이 있는 벽, 타고 오르거나 밑으로 들어 갈 수 있는 흔들 의자와 같은 큰 물건 등을 피한다).

도서

- 반복구나 후렴이 있는 책을 선택한다.
- 아동이 매일 경험하는 것과 관련있는 책을 선택한다.
- 명확한 그림과 전경과 배경 사이의 분명한 대비가 있는 책을 선택한다.
- 정돈된 그림이 있는 책을 선택한다(예를 들면, 한 장면에서 많은 일들이 일어나기, '난잡한' 배경 등).

신체장애 아동들을 돕는 데 필요한 조언

예술 영역

- 빗, 마카 등에 벨크로 손잡이를 이용하고 아동을 위해 벨크로 손잡이를 만든다.
- 아동이 잡을 수 있는 충분히 큰 손잡이를 가질 수 있도록 빗, 마카, 크레용 등에 마스킹이나 전기 테이프로 손잡이를 만든다.
- 쓰고 남은 크레용 조각을 녹여 작은 크기의 종이컵에 붓는다. 왁스가 굳기 전에 양 면의 지름을 거치고도 몇 센티 정도 남을 길이의 리본이나 뜨개실을 덧붙인다. 왁스가 굳으면 컵에서 떼어 낸다. 덩어리진 크레용을 잡고 있는 것과 같이 리본을 아동의 손에 묶는데 사용한다. 리본은 쥐는 것이 지속적이지 않더라고 크레용이 손에 있도록 해준다.
- 아동이 과제를 수행할 수 있도록 물건이 제자리에 있게 Dy-Cem 매트, 빨대 컵, 마운팅 테이프 등을 이용한다.
- 평평한 바닥에서 줍기 힘든 잘려진 종이 조각보다는 잡기 쉽도록 하는 미술 재료를 이용하도록 노력한다(예를 들어, 누에의 그림을 만드는 데 평평한 입체 구성 종이 조각보다는 담배 파이프 청소기구를 자른다.).

조작 영역

- 커다란 박스(스웨터 크기의)를 이용하여, 아동이 다른 질감과 조작으로 놀이를 할 수 있고 재료를 '놓치지' 않도록 팔을 안으로 밀어넣을 수 있게 한 면을 잘라낸다.
- 큰 주걱를 만들기 위해 빈 표백제 통을 자른다. 만일 필요하면 위의 벨크로 아이디어를 이용한다. 아동이 손가락으로 집을 수 없는 작은 물건들을 퍼 올릴 수 있다.
- 힘들더라도, 아동이 정중선을 가로지르고 두 손을 이용할 수 있도록 촉구한다.

블록 영역

- 조작 영역에 대한 제안을 참고한다.

가장 놀이 영역(예를 들어, 의상, 운송 수단)

- 단추나 지퍼 대신 벨크로가 있는 의상을 제공한다.
- 간단한 치장(모자, 스카프, 가방, 지갑, 신발)을 이용하고 사용 가능한 거울을 이용한다.
- 안정된 자세로 스스로 옷을 입을 수 있

도록 아동을 바닥에 위치시킨다.

대근육 운동 영역 또는 활동과 실외 놀이

- 감각 중추 피드백을 위해 카트나 수레를 무겁게 한다.
- 아동의 발이 페달에 계속 고정될 수 있도록 벨크로나 가죽 띠를 사용하여 세발 자전거를 개조한다.
- 아동에게 기구 위에서 미끄러지고, 그네 타고, 튀게할 수 있는 기회를 제공한다. 그러나 건강을 위해 적절한 배려를 한다. 선트(shunt) 수술을 받은 아동은 거꾸로 되는 것을 참을 수 없는데, 선트는 그러한 자세에서는 작동하지 않기 때문이다.
- 잡고 던지기 쉽게 하기 위해 비치 볼 타입의 공의 바람을 약간 뺀다.
- 다리 대신 팔을 이용해 움직일 수 있는 개조된 자전거를 구입하여 사용한다.

대집단 활동

- 아동이 집중력을 유지하고 감각 신호에 접근하는 데 도움이 되도록 그의 시력, 청력, 신체 등을 최대로 사용할 수 있게 하는 우선적인 자리를 사용한다.
- 아동을 또래와 같은 높이에 앉혀야 한다—만일 모두가 바닥에 앉아있다면 아동을 휠체어에 있게하거나 서있게 하지 않아야 한다.
- 물건들을 작업 바닥에서 줍거나 두드려 떨어버리기보다는 주위에 미끄러지게 할 수 있도록 달력과 같이 자석이 있는 물건을 사용한다.
- 악기나 다른 집단-시간 도구들을 아동이 더 쉽게 쥘 수 있도록 보철 장치를 첨가한다.

환경

- 아동이 교실의 여러 공간으로 보행기나 휠체어를 독립적으로 잘 다룰 수 있는 공간이 있도록 환경을 배치한다.

청각장애나 난청아동을 돕는 데 필요한 조언

동아리 활동 시간/이야기 시간

- 의사소통 양식에 관한 가족의 선호를 확인한다. 노래하기, 말하기, 혹은 둘 다.
- 보고 듣는 데 가장 좋은 자세로 아동을 말하는 사람과 가까이 앉힌다.
- 교실에서의 음파의 공명과 주위를 에워싼 소음을 알아차린다. 어디든 가능하다면 줄이도록 노력해야 한다(예를 들면, 카펫 이용, 소리를 흡수하는 물질, 장식. 아동을 시끄러운 에어컨이나 교통소음이 들리는 열린 창문 근처 등에 앉히지 않는다.)
- 아동의 보청기가 적절하게 작동하는지 확인한다.
- 강한 베이스 비트가 있는 음악을 사용한다.

실외 놀이

- 만일 아동이 당신의 언어적 신호에 반응하지 않는다면, 아동의 주의를 끌기 위해 촉감적, 시각적 신호를 사용한다.
- 시끄러운 환경에서 아동의 청각을 증가시키기 위해 고함을 치기 보다는 가까이 다가간다.(아동의 보청기는 가까운 거리의 소리를 가장 분명하게 전달한다.)

미술과 공예 활동

- 실연과 그림과 함께 언어적 지도를 지원한다.

시각장애아동을 돕는 데 필요한 조언

예술 영역

- 흥미와 인식을 증가시키기 위해 촉감을 강조한다.
- 대비를 강조한다(예를 들어, 짙은 종이에 밝은 색의 물감, 분필 등 또는 밝은 종이와 짙은 색의 재료).
- 학습 공간에 추가적인 빛을 사용한다.
- 아동이 필요한 재료들을 정리하고 찾을 수 있도록 하는 가장자리를 가진 정리함이나 공간 안에서 아동의 작업을 제한한다.
- 아동의 작업 공간 안과 주위의 혼란 정도를 줄인다.
- 새로운 재료를 소개하기 위해 아동의 손을 교사의 손 위에 둔다. 교사는 새로운 재료, 물건, 예술 매체를 쥔다. 교사는 아동이 그의 손가락 끝으로 새로운 재료를 느끼도록 한다. 아동이 편안함을 느낌에 따라, 아동이 교사가 쥐고 있는 재료를 좀 더 느낄 수 있도록 교사는 아동의 손 주위를 가볍게 굴린다.

조작 영역

- 커다란 박스(스웨터 크기의)를 이용하여, 아동이 다른 질감과 조작으로 놀이를 할 수 있고 재료를 '놓치지' 않도록 팔을 안으로 밀어넣을 수 있게 한 면을 잘라낸다.
- 아동이 조립하기 위해 필요한 것을 쉽게 찾을 수 있도록 난잡함을 줄인다.
- 아동이 분리된 물체라고 알 수 있도록 물체들 사이에 간격을 두고 아동의 작업 공간에 둔다(만일 물건들이 함께 뭉쳐져 있다면, 시각장애 아동은 아마 몇몇 조각이 아닌 고체 물건이라 생각할 것이다).
- 빛, 공간 등에 대한 조언들은 위의 예술 영역의 제안을 참고한다.

블록 영역

- 조작 영역에 대한 제안을 참고한다.

가장 놀이 영역(예를 들어, 의상, 운송 수단)

- 아동이 '무엇이 다음에 오는가'를 이해하고 놀이와 관련된 중요 단어를 배우는 데 도움이 되는 연극 대본을 이용한다.
- 아동이 물건이 어디 있는지 배우는 것을

돕는다. 인형, 의상 또는 놀이용 음식, 컵, 접시 등.

대근육 운동 영역 또는 활동과 실외 활동

- 감각 중추 피드백을 위해 카트나 수레를 무겁게 한다.
- 화창한 날의 눈부신 빛이 아동의 속도를 어느 정도 늦추게 하는지 인식한다. 어두운 실내와 야외 사이의 대비가 시각장애 아동을 과장되게 할 수 있다.
- 아동이 운동장을 돌아다니도록 촉구한다.—그네 위나 모래놀이상자 안에서 노는 것은 금지한다.(운동장에서 가장 안전한 장소!)
- 시각장애 아동은 실외에 대해 큰 두려움을 가지고 있을 것이다.—주위는 더 크고 언제나 변한다. 여분의 시간을 주고 '두려움의 요소' 를 없애도록 돕는다.

대집단 활동

- 아동이 그의 시력, 청력, 신체 등을 최대로 사용할 수 있게 하는 우선적인 자리를 이용한다.
- 나이 든 아동을 위한 아침 모임 시간(calendar time) 동안 점자달력을 구입하고 사용한다.

환경

- 맹아동을 위해 모든 환경에 점자로 된 꼬리표를 단다(아동이 닿을 수 있는 곳).
- 아동들의 의자, 사물함 등을 식별할 수 있도록 촉감 신호(예를 들면, 사포, 천, 고무의 조각)를 사용한다.
- 교실의 다른 영역 사이에 시각적 대비를 최대화하도록 색을 사용한다.

도서

- 아동이 매일 경험하는 것과 관련있는 도서를 선택한다.
- 명확한 그림과 전경과 배경 사이의 높은 대비가 있는 도서를 선택한다.
- 정돈된 그림이 있는 도서를 선택한다(예를 들면, 한 장면에서 많은 일들일 일어나기, '난잡한' 배경 등).
- 점자가 찍히고 촉각으로 알 수 있는 도서를 선택한다.
- 교실 아동들에게 교사가 책을 읽어 줄 때 따라갈 수 있도록 시각장애 아동에게 자신만의 책(같은 것)을 준다.

부록 H

환경적 접근에 사용되는 훈련 단계의 공통적 순서

단계 1. 높은 선호도 목록을 관리한다.

유아나 어린 아동이 흥미를 가지고 동기 부여가 되는 물체, 사람 그리고 사건들을 확인한다.

단계 2. 의사소통의 욕구와 기회를 만든다.

시간지연이나 일상의 변화와 같은 절차를 이용하여, 의사소통을 시도하도록 장려하기 위해 환경적 변수를 조작한다. 유아나 어린 아동의 흥미를 끌고 동기 부여를 하는 물체, 사람, 사건들을 확인하는 것이 이 단계에 중요한 필요조건이라는 것을 명심한다.

단계 3. 멈추고 기다린다. 아동이 의사소통을 시작할 수 있는 기회를 제공한다.

중증장애 아동들은 이것이 아마 10초에서 20초가 걸릴 지도 모른다(반대로 장애를 가지지 않은 개인은 1초나 2초 안에 행동을 계획하고 수행할 수 있다). 두 가지 방법의 사용될 수 있는 멈추고-기다리기 전략이 있다. 교육의 초기에는 기대하며 아동을 쳐다보는 것이 종종 도움이 된다. 많은 교사들이 아무 말 없이 아동을 10초에서 20초 동안 쳐다보는 것은 매우 어렵다는 것을 안다. 하지만 몇몇 상황에서는 이 시간 지체의 사용이 이전에 눈에 보이지 않던 의사소통적 행동을 생기게 할 수 있다.

기다리는 시간 동안 아동을 기대하며 쳐다보는 것 대신에 아동이 다른 행동을 습득해왔을 때(예를 들어, 직접적인 눈 응시, 물건을 가리키기, 그림을 가리키기 등), 비록 어떤 것을 하는 데 바쁘더라도 이동하거나 버릴 수 있다. 이 과정은 발성이나 증대성의 대안적 의사소통(augmentative and alternative comunication, AAC) 행동 스위치와 같은 주목을 끄는 행동의 사용을 촉진하는 데 사용되어 질 수 있다. 처음에, 이 과정은 두 교사를 필요로 할 것이다. 다른 교사가 아동의 성공적이지 못한 시도를 관찰하고 자극과 신호를 제공하는 동안 한 교사는 지체를 수행한다.

단계 4. 자연스러운 단서를 제공한다.

처음 의사소통 행동을 가르치는 데 있어서, 기다리는 시간 동안 단서와 자극은 아동이 응답할 수 없거나 부적절하게 응답할 때 제공되어질 수 있다. 그러나 마침내 바람직한 의사소통의 결과를 얻기 위해 아동이 일련의 단서를 단순하게 기다리도록 배우게 하지 않기 위해 단서와 촉구는 매시간 제공되어지지 않는 것이 중요하다. 때때로, 의사소통 기회는 단순히 하루 중 더 늦은 시간까지 종결되어져야 한다. 이것은 특별히 장난감이나 디저트를 고르는 것과 같은 추가적인 상황에 알맞다. 기다리는 시간 동안 아동이 반응하지 않을 때, 자연스러운 단서를 이용한다. 자연스런 언어적 단서는 자연스런 환경에서 쉽게 나타나는 경향이 있다, 예를 들면, 누가 "넌 무엇을 원하니?" 혹은 "내가 도와줄까?" 혹은 "지금 네가 무엇이 하고 싶은지 나에게 말해보렴."이라고 말하는 것이다. 만일 아동이 여전히 반응이 없다면, 자극이 이용되어질 것이다.

단계 5. 촉구와 지원을 사용한다.

아주 다양한 촉구는 의사소통적 행동에서 아동을 돕는 데 사용되기도 한다. 많은 촉구들은 행동적 교육 전략에서 차용되는 것이다. 아마 가장 공통적으로 사용되는 자극 전략은 **모델링(modeling)**의 이용이다. 모델링은 일반화된 모방 전략을 가지고 있고 교사의 모델을 모방하려고 시도할 아동에게 효과적인 자극이 될 수 있다. 불행하게도, 중증장애를 가진 많은 아동들은 모델을 모방하는 일반화된 능력이 없다. 이러한 아동을 위해서는, 신체적 촉구와 행동형성법이 필요하다.

신체적 촉구(physical prompting)는 행동을 통해 신체적으로 아동을 안내하는 것을 포함한다. 예를 들면, 만일 당신이 바라는 물건을 가리키거나 그것에 닿도록 아동을 가르치고 있다면, 신체적 촉구를 가리키는 동작을 통해서 아동의 손과 팔을 이동시킬 것이다. 전통적인 행동적 방법을 사용하면서, 아동이 스스로 행동을 수행할 수 있을 때까지 서서히 이 신체적 촉구를 줄여나간다.

신체적 촉구를 효과적으로 사용하기 위해서, 행동의 '지형도'는 접근하기 쉬워야 한다. 불행히도, 발성—아주 중요한 의사소통적 양식—은 신체적 촉구에 적합하지 않다. 발성의 조절은 전적으로 내면적인 것이다. 교사는 모방적인 촉구를 사용함으로써가 아니고 발성에서 아동을 돕거나 강요할 수 없다. 그러므로 신체적 촉구가 사용되어져야 할 때, 음성적 행동이 아닌 의사소통적 행동이 선별되어져야 한다는 것을 깨닫는 것이 중요하다.

단계 6. 의사소통적 요청에 응한다.

이 단계의 순서에서는, 아동이 목표된 의사소통적 행동에 만족스러운 접근을 만들어낸 어느 시점에서든 바라는 물건이나 활동을 제공한다. 즉, 아동은 장난감을 가져야 하거나, 좋아하는 위치에 옮겨져야 하거나, 레코드를 켜거나, 바라는 무엇이든 가져야 한다.

게다가 교사는 항상 적절한 언어적 정보(input)가 있는 그 또는 그녀의 승낙을 동반해야 한다. 특히 반복과 고쳐 만든 문장의 이용과 같은 이전에 언급된 정보 전략은 여기서 아주 중요하다. 교사가 바라는 물건을 제공하면서, 그 또는 그녀는 "오, 넌 *인형*을 원하는구나. 어! 여기 너의 *인형*이야. 정말 귀여운 *인형*이야."라고 말해야 한다. 만일 아동이 인형에 집중하는 것이 보이면, 교사는 약간의 정보를 덧붙이며 이 말을 의미있게 늘일 수 있다. 예를 들면, "오, *인형*이 새 옷을 입었구나. 봐."라고 말한다.

부록 I

통합교육 지원 순회 절차

다음 부분은 순회 통합 지원 프로그램을 구성하기 위한 구체적인 제안을 보여준다. 교재에 참고된 형식은 이 부록의 끝에 나온다.

I. 시작하기

A. 의뢰 자원으로부터 정보를 수집한다(개별화가족서비스계획(IFSP)과 개별화교육계획(IEP)의 진행 기록과 사정 자료를 포함한다.).

B. 가족과 만난다.

1. 가족의 관심, 우선순위, 자원에 대해 토론한다.
2. 부모는 누구보다 자기 아이에 대해 잘 알고, 통합교육 장면에서의 문제와 잠재적 이득에 대해 정확하게 지각할 것이라는 것을 기억한다.

C. 통합교육 장면에서 접촉하는 사람(예를 들면, 관리자, 교사)을 결정하고 처음 전화를 한다.

D. 다른 지원 제공자와도 연락한다(예를 들어, 치료사, 행동 전문가, 장애 전문가 등).

E. 당신이 모든 관련 당사자들에게 제공할 수 있는 서비스의 종류를 설명한다. 그들의 기대와 요구를 확인한다.*(주의: 많은 지역사회에서, 통합교육 지원은 상대적으로 새롭고 낯선 서비스일 것이다. 가족들은 아마 당신의 역할을 이해하지 못 할것이고, 초기 아동기 교육자들은(early childhood educator, ECE) 몇몇 방법으로 당신이 그들을 엄격하게 평가할것 이라고 믿는다. 당신이 그 곳의 방문을 시작하기 전에 이러한 논제를 명백하게 하는 것이 매우 중요하다.)*

E. '효과적인 통합교육을 위한 가능한 수정(Possible Modifications for Effective Inclusion)' 과 결합에서 '통합교육 계획 검목표(Inclusion Planning Checklist)' 의 사용(이 부록의 끝에 있는 형식을 참고)은 다음을 포함해서 당신이 서비스를 제공하는 방법에 대한 구체적인 상세 목록을 수행하는 데 유용할 것이다.

1. 방문과 서면 보고서의 횟수
2. 피드백을 제공하기 위한 전략과 시간
3. 부모와 ECE 직원으로부터의 제안과 질문의 기회

Ⅱ. 첫 번째 방문

A. 통합교육 장면에서 당신이 아동을 보기 전에 위에서 언급한 처음의 연락이 중요하다.

B. 처음의 방문을 위한 시간을 정한다.

1. 그 곳의 관리자와 접촉하는 것을 확실히 한다.
2. 당신의 교실을 보여주고 직원에게 당신을 소개해 주도록 요청한다.

C. 만일 위에서 기술된 처음의 연락에 학급 교사와 함께 하지 않았다면, 당신은 당신의 역할을 간단하게 설명해야 할 것이다.

D. 가능하다면, 당신이 제공할 수 있는 가능한 서비스와 활동을 설명한 문서를 제공하다. *(당신은 교사가 전문적 기술과 장애아동의 특징에 관련된 지식을 가진 사람과의 첫 번째 접촉 상대자라는 것을 명심해야 한다.)*

주의. 질문에 대답하도록 준비하고 (필요하다면) 직원과 공유하기 위해 추가적인 정보를 기꺼이 획득한다.

E. 첫 번째 혹은 두 번째 방문 동안은 아동을 관찰하고, 신중하게 기록하고, (참견하지 않고) 교사와 이야기하는 것이 최선이다. 이것은 신뢰를 쌓는 데 중요한 시간이다. 통합 상담자는 이 시점에서 두 가지 중요한 논점을 깨달아야 한다.

1. ECE 직원은 아주 바쁘고 종종 일손이 부족하다.
2. 그들은 당신의 역할을 확신하지 않는다. (당신의 역할에 대한 공통적인 오해는 당신이 아동을 직접적으로 가르치거나 치료하기 위해 그곳에 있다는 것부터 당신이 그들의 환경과 그들의 교육 기술을 평가하기 위해 그곳에 있다는 생각까지 미친다.)

F. 각각의 방문을 상세히 기록한다. 당신과 ECE 교사 그리고 부모가 당신의 방문과 제안의 기록을 가질 수 있도록 NCR지의 부록 끝에 있는 '통합교육 관찰/지원(Inclusion Observation/Support)' 형식과 비슷한 형식을 모방한다.

1. 형식은 다음을 포함할 수 있다.
   a. 방문의 날짜와 시간.
   b. 아동의 발달에 대한 당신의 관찰(아동의 적응을 위한 ECE 직원의 지원을 믿고, 조정을 이용하는 등 가능한 긍정적이 된다).
   c. 직원과 부모에 의해 식별된 문제를 처리하기 위한 구체적인 제안.
   d. 당신이 무엇을 할지에 대한 설명(예를 들면, 의사소통 판을 만들기, 행동 분석을 돕기, 의뢰하기, 부모와 토론하기 등).

e. 다음 방문의 날짜와 시간.

f. 당신의 이름과 전화번호.

2. 형식의 복사본을 부모에게 제공한다.

주의. '통합교육 관찰/지원(Inclusion Observation/Support)' 형식을 사용하여 상세하게 기록된 관찰은 교사가 아닌, 아동과 관련된 지원에 대한 순회 상담자의 관찰을 강조한다.

G. 처음의 방문 동안 다른 아동들의 이름을 알도록 해야한다. 교실 안에서 몇몇 아동들과의 관계의 발전은 당신에게 편하다. 또한, 당신이 특정한 아동을 돕기 위해 거기에 있다는 사실을 강조하지 않도록 노력한다 – 비록 아동들은 결국 이것을 이해하게 되더라도.

Ⅲ. 계속적인 방문

A. 당신의 통합교육 지원 활동을 개개의 사정에 맞춘다.

1. 아동의 요구를 확인한다.
2. ECE 직원에게 가장 편한 것이 무엇인지 확인한다. 기억할 것을 통합교육 장면에서 편안함을 느끼는 데 시간이 걸리는 것이다. 성격 요인, 프로그램 원리, 위치, 장소의 물리적 특성 등 때문에 장소에 따라 당신은 다르게 반응할 것이다.
3. 아동과 직원의 요구에 최상으로 맞는 전략을 선택한다.

관찰과 문서나 말로써 피드백/추천을 제공한다.

아동에게 직접적인 교육을 제공한다.

직원을 위해 중재 절차를 모델링한다.

직원을 코칭한다.

동료를 코칭한다.

장비와 자료를 수정한다.

자원을 획득한다.

4. 매일의 활동에서 아동의 목표를 어떻게 성취시킬지를 계획하기 위해 부록의 끝에 있는 '개별 지원 일정표(Individual Support Schedule)' 형식을 이용한다.

B. 부모, 직원 그리고 지원 기관과의 상담에서 필요에 따라 방문의 횟수를 조절한다.

C. 가족과 ECE 직원의 요구와 기대를 균형을 맞추는 것을 배운다.

1. 많은 통합 상담자들에게 가장 어려운 과제 중의 하나는 주요 이해 관계자들의 다른 시각과 우선순위에 '끼어들고 있다는' 느낌이다.
2. 통합 상담자는 가족의 선호를 우선시켜야 하면서도 통합 환경에 존재하는 매개변수와 현실에서의 작업을 해야 한다.
3. 종종 통합 지원 전문가는 공동체 환경의 관습이나 원리를 변화시키려는 요구나 아동에게 무엇이 최선인지에 대한 개인적 편견을 제쳐두는 것이 필요할 것이다.

D. 쉽게 해결되지 않는 갈등이 일어났을 때, 갈등 해결 전략을 학습한다.

E. 최소 분기별로, 아동의 발달과 현재의 요구, 협의된 다음 단계, 단기간 목표를 상세히 기록한 자세한 보고를 작성하라. 부록의 끝에 있는 '간편 IEP(A Quick Look at the IEP)' 형식은 모든 IEP 목표를 충족시키기 위해 통합 환경에서 사용하기 위한 IEP를 단순화 하는 데 유용하다. '통합교육 계획 검목표(Inclusion Planning Checklist)' 와 '통합교육 활동 계획(Inclusion Action Plan)' 을 재검사하는 것은 IEP의 목표와 목적의 성취를 향한 안정된 진전을 확실하게 하는 구체적인 수정을 계획하는 데 접근하도록 팀을 도울 수 있다.

F. 과도기나 필요와 요구가 가족이 새로운 상황에 대해 숙고하기 위해 일어남에 따라, 이 종종 어려운 의사 결정 과정에서 가족을 돕는다.

G. 계속되는 팀 협동 지원을 제공하라. 자주, 통합 지원 전문가는 다른 팀 구성원(예를 들어, 부모, 장애 전문가, 치료자)과의 활동과 의사소통을 조화시키는 것을 선도해야한다. 이것은 두 가지 이유 때문에 필연적인 역할이다. (a) 협동은 ECE 직원이 이 책임을 지는 데 어렵게 만들며 매우 시간을 소비하는 활동이다. 그리고 (b) 통합 지원 제공자는 종종 아동과 가족과 가장 정기적인 접촉을 한다.

출처. *Centro de Niños y Padres Inclusion Consulting Handbook,* by V. Bridges and A. M. Richardson-Gibbs, 1998, unpublished document, Los Angeles: California State University로부터 채택함.

효과적인 통합교육을 위해 가능한 수정

직원

______ 특별한 지원이 불필요함
______ 시간제로 특별 지원이 필요함(하루의 특정 시간)
______ 전일제로 특별 지원이 필요함(1:1 도움)

신체적 지원

______ 신체적 지원이 불필요함
______ 요구시 신체적 지원 필요
______ 부분적 신체적 지원 필요
______ 완전한 신체적 지원 필요

교육과정

______ 낮은 인지적 수준을 위한 교육과정 수정
______ 시각장애를 위한 교육과정 수정
______ 청각장애를 위한 교육과정 수정
______ 신체장애를 위한 교육과정 수정

각 활동의 시간과 속도

______ 다른 모든 아동들과 동일한 속도와 시간
______ 다른 아동보다 적은 시간(예, 주의집중의 시간이 적음)
______ 다른 아동보다 많은 시간(예, 진도가 늦음)
______ 이해의 속도가 느림(예, 이해와 행동을 하는 데 대기시간이 김)

촉구 위계

______ 활동 완성에 완전한 신체적 지원 필요
______ 활동 완성에 부분적으로 신체적 지원 필요
______ 활동 완성에 직접적인 언어적 도움이 필요(예, "앉아라.")
______ 활동 완성에 간접적인 언어적 도움이 필요(예, "무엇을 해야 할까?")

____________ 활동 완성에 몸짓 도움이 필요(예, 가리키기)

환경

____________ 착석 적응(예, 너무 높은 의자, 아동은 특정 또래 옆에 앉기를 잘한다.)

____________ 산만함이나 자극을 감소시키거나 최소화한다.

____________ 한계를 정한다(예, 신체적 혹은 행동적 한계)

행동

____________ 한계를 정한다(예, 신체적 혹은 행동적 한계)

____________ 정적 강화를 사용한다

____________ ABC(선행사건, 행동, 결과)를 사용한 행동 수정 계획을 결정한다

통합교육 계획 검목표

아동 이름 ______________________________ 통합교육 장면 __________________________

Ⅰ. 통합교육 계획 세우기(아래의 정보를 정리하고, 수집하고, 확인하는가?)

_____________ IEP/IFSP

_____________ 아동에 관한 관련 보고서

_____________ 이용 가능한 지원과 자원의 유형

Ⅱ. 팀 구성 계획(진행중인 의사소통 계획을 개발하는가?)

_____________ 누가 팀의 일원인가?

_____________ 언제 회의를 하는가?

_____________ 얼마나 자주 회의를 하는가?

_____________ 모든 회의에 모든 팀원이 출석해야 하는가?

_____________ 의제는 누가 작성하며, 어떻게 작성하는가?

Ⅲ. 수정 설계(시기, 내용, 어느 정도인지를 어떻게 결정하는가?)

_____________ 일과 계획의 각 부분(대집단, 소집단, 자유활동, 식사 등)에서 "아동이 일과의 이 부분에서 무엇을 얻어야 하는가?"에 답한다.

_____________ 수정의 선택권과 수준을 검토한다.(아동이 일과의 각 단계에서 배울 수 있도록 무엇을 변화시키거나 추가해야 하는가?)

Ⅳ. 수행(수정된 계획을 어떻게 수행하는가?)

_____________ 수정하거나 대체할 자료와 활동을 누가 개발하는가?

_____________ 어떤 수행 단계가 포함되는가?

_____________ 수정에 필요한 자료와 직원을 결정한다.

_____________ 지원을 배분한다(예, 1:1 보조가 필요한 경우).

_____________ 아동과 또래 아동에게 수정을 어떻게 설명하고 사용할 것인가?

_____________ 수정 작업을 어떻게 결정할 것인가?

V. 평가(수정이 얼마나 잘 이루어졌는가?)

______________ 수정과 수행이 아동에게 성공적이었는가?

______________ 수정을 유지, 변경, 재사용, 포기할 것인가?

출처. *A Practical Guide for Early Childhood Inclusion Support Specialists,* by M. D. Klein, A. M. Richardson-Gibbs, S. Kilpatrick, and K. Harris, 2001, Los Angeles: Project Support, Galifornia State University, Los Angeles, Division of Special Education.

간편 IEP

아동 이름________________ 날짜________________ 교사 이름________________

목적#1 ________________
목표
a.
b.
c.
d.
e.
f.

목적#2________________
목표
a.
b.
c.
d.
e.
f.

목적#3________________
목표
a.
b.
c.
d.
e.
f.

목적#4 ________________
목표
a.
b.
c.
d.
e.
f.

목적#5________________
목표
a.
b.
c.
d.
e.
f.

목적#6________________
목표
a.
b.
c.
d.
e.
f.

통합교육 활동 계획

아동 이름:

목적/비전:

현재 상태:

장면/대상:

활동	기대되는 결과	책임자	시간표	평가

일상적 교실 수업 내의 IEP 목표

아동 이름 ________________ 날 짜 ________________

	일일 계획							
IEP 목표								

개별 지원 일정표

아 동 이 름 ____________ 날 짜 ____________

교 사 이 름 ____________ 기 관 ____________

통합교육 자문 ____________

일 정 ________________ 특정 지원 / 수정 ________________________________

(아동이 활동에 부분적으로 참여하도록 돕는 직원의 지원)

도 착	
아침 활동(자유놀이)	
정리	
화장실/손 씻기	
간식	
특별활동	
소집단 활동(과제 시간)	
실외놀이	

출처. *A Practical Guide for Early Childhood Inclusion Support Specialists*, by M. D. Klein, A. M. Richardson-Gibbs, S. Kilpatrick, and K. Harris, 2001, Los Angeles: Project Support, California State University, Los Angeles, Division of Special Education.

통합교육 관찰/지원

날짜 ________________ 아동 이름 ________________ 기관명 ________________

교사 이름 ______________ 통합교육 자문가 ________________

일정	관찰 (자문가가 관찰한 것)	지원/수정 (아동이 활동에 부분적으로 참여하도록 교사를 위한 제안)

특별한 요구를 지닌 아동과 가족 관련 웹사이트

Assistive Technology

Assistive Technology Education Network (ATEN)
http://www.webable.com

The Boulevard
http://www.blvd.com

Closing the Gap
http://www.closingthegap.com

Comforty Media Concepts
http://www.comforty.com

Augmentative and Alternative Communication

American Speech-Language-Hearing Association
http://www.asha.org

Disability Specific Centers and Organizations

American Foundation for the Blind (AFB)
http://www.afb.org

American Speech-language-Hearing Association (ASHA)
http://www.asha.org

Autism Society of America
http://www.autism-society.org

Center for the Study of Autism
http://www.autism.com

Council for Children with Behavioral Disorders
http://www.ccbd.net

Down Syndrome: Health Issues
http://www.ds-health.com

Epilepsy Foundation
http://www.epilepsyfoundation.org

National Association for Down Syndrome
http://www.nads.org

National Association of the Deaf
http://www.nad.org

National Down Syndrome Society
http://www.ndss.org

National Organization for Rare Diseases (NORD)
http://www.rarediseases.org

The Arc of the United States (facts about mental retardation)
http://www.thearc.org

United Cerebral Palsy Association
http://www.ucp.org

Early Childhood

Early Head Start National Resource Center
http://www.ehsnrc.org

Head Start Bureau
http://www.acf.dhhs.gov/programs/hsb

Hilton/Early Head Start Training Program
http://www.specialquest.org

National Head Start Association
http://www.nhsa.org

Education

Early Childhood Outcomes Center (ECO)
http://www.fpg.unc.edu/~eco

ERIC (Education Resources Information Center)
http://www.eric.ed.gov

Native Child
http://www.dhhs.gov

Puckett Institute
http://www.puckett.org

U.S. Department of Education
http://ed.gov/offices/OSERS/OSEP

Families

Beach Center on Families and Disability
http://www.beachcenter.org

Center for Child and Family Studies
http://www.wested.org/ccfs

Family Education Network (Exceptional Parent)
http://www.familyeducation.com/home

Fathers Network
http://www.fathersnetwork.org

Foundation Center Library
http://www.foundationcenter.org

Individuals with Disabilities Education Act
http://www.ideapractices.org

National Center for Fathering
http://www.fathers.com

National Parent Information Network
http://npin.org

Pacer Center
http://www.pacer.org

Parents Helping Parents
http://www.php.com

Policy Action Network
http://www.movingideas.org

Positive Parenting
http://www.positiveparenting.com

Health

Indian Health Service
http://www.his.gov

KidsHealth
http://www.kidshealth.org

National Library of Medicine
http://www.nlm.nih.gov

The Department of Health and Human Services
http://www.dhhs.gov

Literacy

Foundation for Family Literacy
http://www.barbarabushfoundation.com

Houston READ Commission
http://www.houread.org

National Center for Family Literacy
http://www.famlit.org

Nutrition

Food and Nutrition Information Center
http://www.nal.usda.gov/fnic

U.S. Food and Drug Administration
http://www.fda.gov

Organizations Relevant to Early Childhood Special Education

Association for Childhood Educational International
http://www.acei.org

Center for Effective Collaboration and Practice
http://www.cecp.air.org

Council for Exceptional Children (CEC)
http://www.cec.sped.org

Division for Early Childhood (DEC) of the Council for Exceptional Children
http://www.dec-sped.org

National Association of Early Childhood Teacher Educators (NAECTE)
http://www.naecte.org

National Association for the Education of Young Children (NAEYC)
http://www.naeyc.org

National Information Center for Children and Youth with Disabilities (NICHCY)
http://www.nichcy.org

Society of Research in Child Development
http://www.srcd.org

Zero to Three: National Center for Infants, Toddlers and Families
http://www.zerotothree.org

Safety

Consumer Product Safety Commission
http://www.cpsc.org

Safe Kids Worldwide
http://www.safekids.org

부록 K

유아특수교육 정기간행물

American Journal of Speech-Language Pathology: A Journal of Clinical Practice
American Speech-Language-Hearing Association
10801 Rockville Pike
Rockville, MD 20852-3279
http://www.asha.org

Child Development
Society for Research in Child Development
University of Michigan
3131 South State Street, Suite 302
Ann Arbor, MI 48108-1623
http://www.srcd.org

Child Welfare Journal
Child Welfare League of America, Inc.
440 First Street NW, Third Floor
Washington, DC 20001-2085
http://www.cwla.org

Childhood Education
Association for Childhood Education International
17904 Georgia Avenue, Suite 215
Olney, MD 20832
http://www.acei.org

Exceptional Children
Council for Exceptional Children
1110 North Glebe Road, Suite 300
Arlington,VA 22201-5704
http://www.cec.sped.org

The Exceptional Parent
Psy-Ed Corporation
EP Global Communications
5151 Main Street
Johnstown, PA 07675
http://www.exceptionalparent.com

Focus on Autism and Other Developmental Disabilities
PRO-ED
8700 Shoal Creek Boulevard
Austin, TX 78757-6897
http://www.proedinc.com

Infant Mental Health Journal
John Wiley & Sons, Inc.
111 River Street, Suite 2000
Hoboken, NJ: 07030
http://www.wiley.com

Infants and Young Children
Lippincott Williams & Wilkins, Inc.
P. O. Box 1620
Hagerstown, MD 21741
http://lww.com

Journal of Early Childhood Teacher Education

National Association of Early Childhood Teacher
Educators
Taylor & Francis Group
325 Chestnut Street
Philadelphia, PA 19106
http://www.naecte.org

Journal of Early Intervention
Division for Early Childhood
The Council for Exceptional Children
1110 North Glebe Road, Suite 300
Z12_COOK3818_07_SE_A11.QXD 6/30/07 2:13 PM Page 449
Arlington,VA 22201-5704
http://www.dec-sped.org

Journal of Speech, Language, and Hearing Research
American Speech-Language-Hearing Association
10801 Rockville Pike
Rockville, MD 20852-6897
http://www.asha.org

Language, Speech, and Hearing Services in Schools
American Speech-Language-Hearing Association
10801 Rockville Pike
Rockville, MD 20852-3279
http://www.asha.org

Monographs of the Society for Research in Child
Development
Blackwell Publishing
350 Main Street
Malden, MA 02148
http://www.customerservices@blackwell publishing.com

Teaching Exceptional Children
The Council for Exceptional Children
1110 North Glebe Road, Suite 300
Arlington,VA 22201-5704
http://www.cec.sped.org

Topics in Early Childhood Special Education
PRO-ED
8700 Shoal Creek Boulevard
Austin,TX 78757-6897
http://www.proedinc.com

Topic in Language Disorders
Lippincott Williams & Wilkins, Inc.
P.O. Box 1620
Hagerstown, MD 21740-2116
http://www.lww.com

The Volta Review
The Alexander Graham Bell Association for the Deaf, Inc.
3417 Volta Place NW
Washington, DC 20007
http://www.agbell.org

Young Children
National Association for the Education of Young Children
1313 L Street NW, Suite 500
Washington, DC 20005
http://www.naeyc.org

Young Exceptional Children
Division for Early Childhood
1380 Lawrence Street, Suite 650
Denver, CO 80204-2076
http://www.dec-sped.org

Zero to Three
National Center for Clinical Infant Programs
2000 M Street NW, Suite 200
Washington, DC 20036-3307
http://www.zerotothree.org

Glossary 용어해설

한글 순

가벼운 신호(soft sign): 중추신경계에 대한 손상의 존재를 집합적으로 제시하는 몇 가지 신경학적 지표를 말한다. 여기에는 균형 장애, 시각 운동 장애, 운동 협응 부족 등이 포함된다.

가위 패턴(scissor pattern): 한 쪽 다리가 다른 쪽 다리와 교차되는 신체 움직임이다.

가족 기능(family functions): 가족이 효과적으로 기능하는 데 필요한 상호 관계가 있는 활동을 말하는 것으로 가족체제이론 요소들 가운데 하나이다.

가족 하위체계(family subsystems): 부부(성인 파트너), 부모(부모-아동), 형제(아동-아동), 확대가족(핵가족-친척)을 포함하는 가족체제이론에 따른 관계적 하위체계 또는 상호작용적 하위체계이다.

가족중심 사정접근(family-centered approach to assessment): 사정 팀에 대한 일차적인 의사결정자로서 가족 구성원이 포함되는 진단 실제이다.

가족중심 조기중재(family-focused early intervention): 가족과 아동에게 동등하게 중재를 집중하는 것이다.

가족 체계 관점(family systems perspective): 가족은 상호작용적 단위이다. 한 구성원에게 영향을 주는 것은 모두에게 영향을 준다.

간질 중첩증(status epilepticus): 두 가지 주요 발작을 가진 사람이 있는 상황을 말하는 것으로, 응급조치가 즉시 이루어져야 한다.

간질(epilepsy): 의식을 잃게 하는 원인이 되기에 충분한 매우 가벼운 또는 무거운 발작을 유발하는 뇌 장애이다.

갈등해결(conflict resolution): 'win-win'의 결과를 얻기 위해 불일치와 갈등을 관리하기 위한 체계적인 과정이다.

감각 과부하(sensory overload): 하나 이상의 감각이 아동의 내성 수준을 넘어서 과잉자극이 되었을 때 발생하는 상태이다. 지나친 소음, 빛, 운동의 결과로 발생하게 된다.

감각 통합(sensory integration): 기술을 개발하기 위하여 감각(촉각, 움직임, 시각, 소리, 냄새와 같은)으로부터 수용하고, 처리하고, 학습하는 중추신경계의 능력이다.

감각운동(sensorimotor): 감각기관의 투입과 운동 활동의 산출의 결합을 말한다.

감정이입(empathy): 타인의 감정, 생각, 경험을 대신 경험하기 위해 타인에 관해 할 수 있는 모든 것을 학습하려는 적극적 과정이다.

강화 또는 치료 회전기(bolster or therapy roll): 유

아가 근육강화, 균형, 전향 반응을 개발하는 데 도움이 되도록 놓여진 원통형 장비를 말한다.

강화자(reinforcer): 반복되면 행동의 가능성을 증가시키는 사건이나 결과자극(보상)이다.

개념(concepts): 정신적 심상 또는 아이디어이다.

개별화(individualize): 특정 개인을 가르치는 능력에 지도 과제를 짝짓는 것이다.

개별화가족서비스계획(individualized family service plan: IFSP): 아동의 현재 기능 수준, 가족의 관심사와 우선 순위 그리고 자원에 대한 진술, 아동과 가족이 성취할 것으로 기대되는 측정할 수 있는 결과, 진전을 결정하는 준거, 절차, 시간표, 제공되어야 하는 구체적인 서비스, 자연적 환경, 서비스 개시 일자, 서비스 조정자의 이름을 포함하는 성문화된 서비스 계획이 되는 협력적 과정이다.

개별화교육계획(individualized education plan: IEP): 아동의 현재 기능 수준, 특별한 서비스가 필요한 구체적인 영역, 연간 목적, 단기 목표, 제공되어야 하는 서비스, 수행에 대한 평가 방법을 포함하는 성문화된 프로그램 계획이 되는 협력적 과정이다. 개별화교육프로그램은 공법 101-476에 의해 서비스를 받는 모든 아동에게 필요한 것이다.

개인간 차이(interindividual differences): 개인들 사이의 차이이다.

개인내 차이(intraindividual differences): 다른 시기에 다른 요인 또는 같은 요인에 대해 한 아동의 수행에 있어서 차이를 말한다.

검안사(optometrist): 눈의 굴절력을 측정하고 눈병을 치료하는 데 렌즈를 사용하지 않고 안경을 처방하도록 훈련받은 시각 전문가이다.

겸상 적혈구 빈혈증(sickle cell anemia): 적혈구 가운데 산소를 운반하는 헤모글로빈의 이상으로 발생하는 유전병이다. 관절통, 만성적인 발목 궤양. 복통, 신경학적 장애와 같은 여러 가지 증상의 원인이 된다.

경련(spasm): 근육의 갑작스러운 강직 현상을 말한다.

경련성(spasticity): 근육의 갑작스럽고 불수의적인 수축으로 발생하는 근육의 불균형 상태로서, 뇌성마비의 한 형태이다.

경직(rigidity): 근육 강도가 계속 펼쳐지는 뇌성마비의 한 유형이다.

경축(contracture): 영구적으로 단단한 근육과 관절 마디이다.

고집성(perseveration): 쉽게 한 활동에서 다른 활동으로 이동하는 능력이 부족한 것으로 특징지어지는 같은 행동을 계속 반복하는 것이다.

공간관계(spatial relationships): 자신에 관하여 그리고 서로에 관하여 두 가지 이상의 대상의 위치를 지각하는 능력이다.

공동지도(coteaching): 단일 학급에서 아동들을 위해 일반교사와 특수교사가 협력하여 교육활동을 계획하고 수행하는 팀의 형태이다.

과긴장성(hypertonicity): 근육이 긴장되어 있고 일관되게 흥분되어 있는 상태이다.

과민반응(hyperresponsive): 조절되지 않은 반응행동이다. 과민반응을 가진 아동들은 지나치게 낮은 인내력으로 자극을 적극적으로 피하게 된다.

과소반응(hyporesponsive): 적정한 반응 반행이 부족한 것이다. 과소반응 아동들은 자극에 대한 반응이 느리다.

과잉행동(hyperactivity): 대다수 아동들에게 나타나지 않은 지나치게 활동적인 행동이다.

과제분석(task analysis): 어려운 과제를 수행하도록 이끄는 작은 단계로 나누는 것이다. 도중행동은 최종 목표 또는 어려운 과제로 이끄는 개별적 하위기술을 진술하는 행동적 목표들이다.

관절염(arthritis): 관절의 염증을 말한다.

관절의 가동 범위(range of motion): 관절이 자연적인 방향으로 움직일 수 있는 전체 거리이다.

관찰가능한 행동(observable behavior): 행동은 볼 수 있고, 들을 수 있고, 느낄 수 있다.

관찰학습(observational learning): 우리 주변의 것들을 보는 것으로 학습한다.

교수 목표(instructional objectives): 달성되는 구체적인 성취를 규정하는 것이다. '행동적 목표(behavioral objectives)' 를 보라.

교육과정(curriculum): 능숙한 지도 계획의 모든 구체적인 특징들은 교실에서 특정 교사에 의해 선택된 것이다. 교과는 학교마다 다르지만, 각 교육과정은 아동에게 중요하다고 학교가 결정한 기능, 과제, 행동을 반영하고 있다.

교정술(orthotic): 적절한 신체 조절을 촉진하고, 관절을 안정화하고, 근육이나 다른 유조직의 수동적 확장에 사용되는 부목, 관절보호대, 깁스와 같은 맞춤식 정형외과적 기구이다.

구어 자극(oral stimulation): 3-6개월 사이의 영아에게서 나타나는 장난감의 자연적인 말투 또는 아동이 자기 입에 닿는 물건에 대한 구강 촉각 방어기제를 부드럽게 다루는 데 도움이 되도록 설계된 구체적인 활동을 말한다.

굴곡(flexion): 팔꿈치, 엉덩이, 무릎 등의 구부러지는 상태이다.

규준(norms): 특정 행동을 비교할 수 있는 대규모 사람들의 행동 표본이다.

규준지향검사(norm-referenced tests): 특정 아동의 수행을 같은 생활 연령의 다른 아동과 비교하여 보고하는 검사이다. 그러한 검사들은 표준화되어 있고, 일반적으로 규준 표본에 장애아동은 포함되어 있지 않다.

근 영양실조(muscular dystrophy): 골격과 호흡기 기능에 영향을 주는 중추신경계 질병이다.

근긴장이상(dystonia): ① 증가된 것이든 감소된 것이든 근육 긴장의 이상, ② 심각한 근육 경련을 경험하고, 특히 걸을 때 이상 운동과 자세를 나타내는 아동이 보이는 유전적 장애이다.

근이양증(dystrophy): 근육의 약화와 퇴화를 말한다.

긍정적 행동지원(positive behavior support): 문제행동을 예방하고 문제행동의 기능을 확인하여 보다 긍정적인 행동에 대해 지원을 제공하고, 보다 수용할 수 있는 대체행동을 아동에게 가르치는 행동 기법이다. 또한 행동의 원인이나 가능한 유발 단서로서 문제행동의 선행사건을 확인하고 그러한 원인을 수정하거나 제거하려는 기법이다.

기능적 기술(functional skills): 아동에게 바로 유용하게 사용될 수 있고, 아동의 일반적인 환경에서 상대적으로 자주 사용될 수 있는 기술이다.

긴장(extension): 몸통과 사지가 경직되는 것이다.

긴장성 목반사(tonic neck reflex): 한 쪽 팔은 똑바르게 딱딱해지고 다른 팔은 구부러지기 때문에 통제할 수 없는 머리 회전의 움직임을 말한다.

낭포성 섬유증(cystic fibrosis): 호흡과 소화 문제의 원인으로 발생된 만성 장애이다.

내재적(innate): 개인내의 선천적인 것이다.

내적 언어(inner language): 사고가 발생하는 언어이다. 상징에 의해 표현될 수 있는 경험을 내재화하고 조직화하는 과정이다.

내전(adduction): 사지가 신체 안쪽으로 움직이는 것을 말한다.

높은 위험 신호(high-risk signals): 영아에게서 그러한 신호가 관찰되었을 때 앞으로 장애나 발달지체의 가능성이 정상보다 더 많다고 예언할 수 있다.

높은 선호 검사(high-preference inventory): 아동의 높은 선호 항목 확인 보호자 면접과 아동의 선호에 대한 주의 깊은 관찰을 통해 결정되며, 얻어진 정보는 아동을 강화하고, 동기를 부여하고, 관계시키는 방법을 확인하는 데 사용될 수 있다.

높은 선호 항목(high-preference items): 아동이 가장 좋아하는 활동, 물건, 사람이다.

뇌성마비(cerebral palsy): 뇌손상에 의한 자세, 근육 강도, 움직임의 장애를 말한다.

뇌수종(hydrocephalus): 두개골 확장의 원인이 되는 뇌 속에 액체가 축적되는 선천적 질환이다.

다감각 학습(multisensory learning): 동시에 여러 감각 양식을 결합하여 학습을 촉진시키는 기법이다.

다학문적 팀 접근(multidisciplinary team approach): 다른 학문 분야의 개인들이 전문적 상호작용이나 통합된 계획을 위한 작은 기회를 제공하게 되는 평가와 중재를 수행하는 것이다.

당뇨병(diabetes mellitus): 불충분한 인슐린과 관련된 신진대사 장애이다.

대근육 운동 기술(gross motor skills): 대근육을 사용하여 달리고, 오르고, 구르고, 높이 뛰는 것과 같은 활동이다.

대칭적인(symmetrical): 신체의 두 측면 사이의 체형에 있어서 유사성이다.

데시벨(decibel): 청력 강도 또는 큰소리를 측정하는 데 사용되는 단위이다.

도식(schemata): 인지적 패턴이다.

도중 행동(en route behaviors): 설계된 목적이나 목표(도달 행동)에서 한 가지 기능 수준으로 이동하는 것으로 증명된 행동이나 습득된 과제이다.

도형-배경 변별(figure-ground discrimination): 환경의 다른 측면을 배제하면서 시각적 또는 청각적 분야의 한 측면에 집중하는 능력이다.

동형실제(equivalent practice): 반복으로 인한 지루함을 예방하기 위해 교사는 같은 기능을 개발하도록 설계된 다양한 자료와 활동을 제공함으로써 동형실제를 제공한다. 과제는 같은 난이도 수준을 가져야 하고 동형인 같은 종류의 실제를 제공한다.

등가(parity): 가치나 기준이 동등함을 말한다.

말단(distal): 원점에서 먼 곳을 말한다. 예를 들어, 손가락은 어깨에서는 말단이고, 팔꿈치는 어깨에서 가장 가까운 곳이다.

말더듬(stuttering): 망설임, 반복, 호흡의 충동에 의한 말 장애이다.

메인스트리밍(mainstreaming): 적절할 때 일반학급에서 특별한 요구를 가진 아동을 배치하는 것이다.

메타인지(metacognition): 사고나 학습을 위해 전략을 조정하는 방법과 사고 과정에 대한 지식을 가지는 것이다.

명칭부여(labeling): 장애 조건과 그러한 조건을 나타내는 사람에게 범주적 용어를 주는 것이다. 예를 들어, 정서장애 또는 지적장애 등과 같은 것이다.

모델링(modeling): 기대되는 행동의 시범을 제공한다.

목적(goals): 달성하기를 기대한 지도 내용을 진술한 개별화교육 프로그램에 제시된 일반적인 진술이다. 예를 들어, "영희의 소근육 운동 기술을 향상시킨다."와 같은 것이다.

무도병아데토시스(choreoathetosis): 사지와 때로는 얼굴에서 통제하지 못하는 근육 움직임이 나타나는 뇌성마비의 한 유형이다. 무도병(chorea)과 아데토시스 운동에 의한 특징이 나타나는 상태로서, 무도병은 급속하고 복잡한 불규칙 수축성 운동이 다양한 정도로 끊임없이 나타나는 경련성 정신병으로, 그 근육운동은 잘 조화된 협조운동 같이 보이지만 불수의적으로 일어나며 흥분 또는 우울과 더불어 정신장애를 수반하기도 한다.

무산소증(anoxia): 산소의 부족을 말한다.

무상적절한 공교육(free appropriate public education: FAPE): 공적 비용으로 특수교육과 관련 서비스를 제공하는 미국의 공법 94-142에 의해 계획된 것이다. 그러한 서비스는 개별화교육계획, 아동의 개인적 요구에 적절한, 지역 교육청의 요구조건에 부합하도록 기술된다.

무의식적 운동(involuntary movements): 의도가 없는 운동을 말한다.

무호흡 관찰자(apnea monitor): 유아가 무호흡 상태에 있을 때 경고를 보내는 사람을 말한다.

무호흡(apnea): 계속해서 20분 이상 호흡이 정지된 상태이다.

문법(grammar): 언어의 언어학적 규칙이다.

물리치료(physiotherapy): 운동 장애를 치료하는 것이다.

물리치료사(physical therapist): 대근육 운동 기술을 사정하고 운동과 자세 문제를 치료하는 치료사이다.

미성숙 유아(premature infant): 임신 기간 37주 이전에 출생한 신생아이다.

미숙아 망막증(retinopathy of prematurity: ROP) 미성숙 영아에게서 발견될 수 있는 눈 장애이다. 장기간 높은 산소 수준에 노출된 유아에게서 출현이 증가하고 있다.

반사(reflexes): 아동의 통제를 완전히 벗어난 자세와 움직임이다.

반신불수(hemiplegia): 신체의 한쪽 측면에 주요한 어려움을 유발하는 뇌성마비이다.

반전(reversal): 글자의 전위를 말한다.

반향어(echolalia): 타인이 말한 것을 의미없이 반복하거나 되풀이(echoing)하는 습관이다.

발달 연령(developmental age): 아동 기능의 사정과, 정상으로 고려된 연령과의 기능 비교에 근거하여 아동이 기능하는 연령이다.

발달지체(developmental delay): 발달규준보다 의미있게 뒤처진 수행을 하는 것으로 진단된 아동이나 그렇지 아동을 위한 분류이다.

발달장애(developmentally disabled): '손상' 또는 '지체' 보다는 확인된 규준과 비교된 정신적 또는 신체적 발달에서 확인할 수 있는 지연을 나타내는 사람이다.

발달적 교육과정 검목표(developmental curriculum checklist): 표준화 검사 또는 척도에서 문항을 선택하여 준비한 행동 검목표이다. 이중 문항은 삭제하고 나머지 문항은 발달계열에 따라 배열한다. 이 때 검목표는 교육과정을 설계하고 교육과정을 통해 아동의 진전 기록을 제공하는 지침으로 사용된다.

발달적으로 적절한 실제(developmentally appropriate practices: DAP): 아동의 연령과 발달 수준에 적절한 전략과 활동이다.

발달지수(developmental quotient: DQ): 유아의 발달 수준을 기술하는 IQ와 유사한 점수이다.

발생적(genetic): 유전 원리와 관계가 있는 것이다.

발육부진(atrophy): 크기에 있어서 감소 또는 파괴적인 소실이다.

발작 후 수면(post-ictal sleep): 발작이 일어난 후 자연적으로 수면에 들어가는 상태이다.

발화(utterance): 무엇인가를 구어적으로 말하거나 산출한 것이다. 말이 되는 발화는 아동의 발화의 평균 길이(MLU)를 정확하게 계산할 필요는 없다.

방식(patterning): 정상적인 움직임 방식을 자극하기 위하여 일련의 수동적인 움직임을 통해 아동의 팔이나 다리를 인도(guiding)하는 것이다.

방향성(directionality): 좌우, 상하, 전후, 기타 다른 방향을 아는 능력이다.

백분위(percentile rank): 정상분포에서 특정 점수 아래의 점수를 받은 사람들의 백분율이다.

벌(punishment): 미래 행동의 가능성을 감소시키기 위해 주어지는 결과자극이다.

범주적 배치(categorical placement): 추측된 장애의 범주에 따라 아동을 배치하는 것이다. 학급은 장애 명칭에 따라 아동을 범주적 집단으로 구성되는데, 예를 들어 학습장애 아동 또는 정서장애 아동을 위한 학급이 그것이다.

변별(discrimination): 유사한 자극 사이에서 차이를 구별하는 능력이다.

병행적 말(parallel talk): 유아의 부모들은 자기 아이들이 우연히 한 것처럼 행동한 것에 대해 말을 한다. 부모들은 아동이 수행한 것과 병행하여 말을 한다. 이것은 유아들의 언어 학습을 도울 때 나타나는 방법이다.

보완대체 의사소통(augmentative communication: AAC): 말이 아닌 수화, 제스처, 그림판, 전자 또는 비전자 도구로 의사소통을 하는 모든 방법을 지칭한다.

보철(prosthesis): 신체 일부는 대체하는 데 사용된 인공 장치이다.

보형술(orthosis): 뼈, 관절, 근육 기형을 교정하는 또는 지지, 조정, 예방에 사용된 모든 보조 도구이다.

보호적 배려(custodial care): 일반적으로 교수 장면에서 제공된 신체적인 요구의 배려와 일정한 감독을 말한다.

복와(腹臥)또는 엎드린(prone): 배를 바닥에 대고 누운 것이다.

복합 경화증(multiple sclerosis): 운동 통제에 영향을 주는 진행성 중추신경계 질병이다.

부당경량아(small for gestational age: SGA): 임신 기간 동안 저체중(백분의 10 이하) 신생아를 말한다.

부호화(encoding): 단어나 제스처로 자기를 표현하는 행동이다.

분류(classification): 어떤 것의 특징을 구분하는 것으로 유형화, 짝짓기, 다른 집단화 방법이 있다.

분류(sorting): 차이에 따른 변별과 분리를 말한다.

분만기(perinatal): 출산을 하는 시간을 말한다.

불균형 또는 비대칭(asymmetrical): 동등하지 않은, 신체의 두 측면 간 형태에서 유사성이 부족한 것을 말한다.

비밀유지(confidentially): 아동에 관한 기록과 다른 정보는 정보를 볼 수 있도록 허용된 사람 외에는 누구에게도 제공하지 않아야 한다. 정보를 다른 개인이나 시설에 제공하기 전에 부모에게 서면으로 동의를 받아야 한다.

비범주 프로그램(cross-categorical program): 장애 유형이 다른 아동들에게 제공되도록 설계된 프로그램이다.

비범주적(noncategorical): 명칭을 부여하지 않고 아동을 집단화하거나 추측된 장애에 따라 범주화하는 것이다.

비언어적 능력(nonverbal ability): 단어를 사용하지 않고 과제를 수행하는 기능을 가지는 것이다.

비운동성(nonlocomotor): 한 장소에서 다른 장소로의 움직임이 부족한 것이다.

비전형적(atypical): 전형적이 아닌, 규준 또는 평균과 다른 것이다.

사례관리(case management): 가족을 위한 서비스를 조정하고 개별가족서비스계획이 기술되고 수행되는 것을 보장하는 데 책임을 가지는 것이다. 현재는 서비스 조정이라 한다.

사시(strabismus): 두 눈이 함께 활동하지 못하는 상태로서, 한 쪽 눈과 다른 쪽이 서로 빗나가는 것을 말한다. 한 쪽은 안쪽으로 향하고 다른 한 쪽은 바깥쪽으로 향하는 것이다.

사정(assessment): 검사이든 관찰이든 특정 발달영역에서 아동의 강점이나 약점을 결정하는 과정이다.

사지마비(quardriplegia): 뇌성마비가 팔과 다리 모두에 영향을 준 상태이다.

상관(correlation): 요인들 사이의 관계이다.

상반 움직임(reciprocal movement): 걷기 또는 손과 무릎으로 기기에 포함된 움직임과 같은 팔과 다리의 교차 움직임이다.

생물학적 위험(biological risk): 정상적 발달에 문제를 유발시키는 신체상의 체제에 대한 손상을 말한다.

생태적 타당도(ecological validity): 친숙한 양육자와 일상생활을 하는 동안 나타나는 기능과 아동의 요구가 드러나는 자연적인 장면에서 사정이 관찰을 포함할 때 발생되는 것이다.

생태학적 관련성(ecologically relevant): 기술들은 기능적이고, 기술들은 아동이 일상의 환경적 요구에 대처하는 것을 지원한다.

생활 연령(chronological age: CA): 연월에 의한 아동의 실제 연령이다.

서비스 조정(service coordination): 아동과 가족이 요구하는 서비스 전달을 획득하고, 조정하고, 관리하는 가족을 돕기 위해 설계된 전문적 지원이다.

서열(seriation): 상대적인 차이에 따라 순서를 정하는 것이다.

선별(screening): 문제를 가진 전체 아동 집단을 분류하는 과정이다. 이것은 종종 아동 발견 또는 아동 점검이라는 전체 프로그램의 일부이다. 이것은 앞으로 진단 검사가 필요한 사람을 결정하고 만약 문제가 정말로 존재하는지를 결정하기 위해 특별히 설계된 선별 도구로 모든 아동을 검사하려는 목적이 있다.

선천적(congenital): 출생하면서부터 존재하는 것으로 추측된 것이다.

성적 전파 질환(sexually transmitted disease: STD): 성적 접촉을 통해 전파된 전염성 질병이다. 또한 STD는 혈액 접촉과 같은(주사기의 공동 사용과 같은) 다른 방법에 의해도서 전파될 수 있다.

소근육 운동 기술(fine motor skills): 손과 손가락에 의한 활동이다.

소두증(microcephaly): 비정상적으로 작은 머리 크기로서, 빈약한 뇌 성장과 정신지체를 유발한다.

소송(litigation): 고소를 통해 법률에 의해 이의를 제기하는 행위 또는 과정이다.

소아과의사(pediatrician): 영아와 유아를 치료하는 전문의이다.

손가락 파악(pincer grasp): 집게손가락과 엄지손가락의 협응이다.

손에 의한 지도(hand-over-hand guidance): 소근육 운동 기술에 포함된 움직임을 통해 아동을 신체적으로 지도하는 것이다(예: 아동이 숟가락을 잡고 입으로 가져가는 것을 돕는 것).

수용언어(receptive language): 누군가의 의사소통 노력의 의도와 의미를 이해하는 능력이다.

수의적 근육(voluntary muscles): 수축 통제가 의식적으로 이루어지는 신체의 근육을 말한다.

수정 연령(유아의)(corrected age): 생활 연령에서 조숙한 주(weeks) 수를 빼서 계산된 연령이다.

수행 목표(performance objectives): '행동적 목표(behavioral objective)' 와 같은 의미이다.

순회 자문(itinerant consultant): 자문 모델을 통해 서비스를 제공하는 것으로, 한 개인이 한 장소에서 다른 장소로 이동한다.

스테나인(stanine): 정상분포 곡선에 근거한 단일 범위 파생 점수이다. 평균 5로 된 1에서 9까지의 값의 범위를 가진다.

시각 추적(ocular pursuit): 움직이는 물체를 계속 보는 것이다.

시각적 변별(visual discrimination): 여러 가지 모양, 크기, 색깔, 숫자, 글자 사이의 차이를 구별하는 능력이다.

시각적 연합(visual association): 시각적으로 제시된 개념들을 관련시키는 과정이다.

시각화(visualization): 심상으로서, 정신적 상을 인출하거나 산출하는 능력이다.

신경학적 검사(neurological examination): 신경계 손상 여부를 결정하기 위해 감각이나 운동 반응을 검사하는 것이다.

신기능(emerging skills): 아동들이 학습한 것으로서, 때때로 새로운 기능을 사용한다. 가끔 관찰된 기능을 신기능이라 한다.

신뢰도(reliability): 검사가 주어진 수행을 일관되게 측정하는 정도이다. 측정오차로부터 의존적이고, 안정적이며, 상대적으로 자유로운 정도이다.

신생아집중치료실(neonatal intensive care unit: NICU): 미성숙 신생아와 임신기간 동안 질병을 가진 신생아의 결정적인 질병을 치료하는 특별히 훈련된 의학 전문가들이 있는 병원 치료실이다.

신전형(extensor pattern): 사지의 경직을 유발하는 근육 움직임의 형태이다.

신체 인식(신체상)(body awareness): 자기 자신의 신체에 대한 인식과 시간과 공간에 따른 신체에 대한 태도를 말한다.

실제적 갈등(substantive conflict): 지적 차이에 의해 발생되며, 철학, 우선순위 등에 있어서 차이에 근거한 내용이다.

심리언어학(psycholinguistics): 전체 언어 과정의 이해를 위해 심리학과 언어학을 결합한 학문 분야이다.

아동 발견(child-find): 특별한 요구를 가진 아동을 찾고 확인하는 과정이다.

아테토시스 운동 패턴(athetoid movement patterns): 비통제적으로, 연속적으로 움직이는 것을 말한다.

안과의사(opthalmologist): 눈병을 진단하고 치료하는 것을 훈련받은 의사이다.

앙와위(supine): 등을 대고 반듯이 누운 것이다.

양식(modality): 개인적 정보 수용과 그것에 의해 학습하는 통로이다. 몇몇 개인은 다른 양식보다 한 양식을 통해 더 빨리 학습한다. 예를 들어, 몇몇 청각적 정보 처리는 시각적 정보 처리보다 더 효율적이며, 그래서 청각적 학습자로 분류된다.

양측(bilateral): 양쪽 측면을 말한다.

양측마비(diplegia): 다리의 주요 어려움과 팔의 최소 어려움을 가진 뇌성마비로서, 신체 양측의 같은 부분에 오는 마비를 말한다.

언어병리학자(audiologist): 청각 예민성을 측정하고, 청각 손상을 진단하고, 보청기와 교육적 수정을 포함하는 교정을 위한 계획을 지원하는 훈련받은 전문가이다.

언어적 표현(verbal expression): 자기의 아이디어를 언어적으로 표현하는 능력이다..

여성, 영아, 아동 프로그램(women, infants, and children program: WIC): 임산부, 산모, 영아, 유아에게 식품 보증, 영양 상담, 의료를 제공하는 연방 정부가 재정을 지원한 프로그램이다.

역량강화(empowerment): 자신의 삶을 통제할 수 있는 상태로 있는 것으로, 원하고 필요한 것을 가지기 위해 행동을 취할 수 있는 상태이다.

역순 행동연쇄(reverse chaining): 하향식이다. 과제와 활동의 마지막 단계를 지도하기 시작하여 거꾸로 지도한다. 특히 자립기술 지도에 유용하다.

역주류화(reverse mainstreaming) 장애가 없는 아동들이 특별한 요구를 가진 아동으로 구성된 학급에 통합되는 것이다.

역할 해제(role release) 자신의 훈련-특정 기술에 있어서 다른 전문가의 체계적인 훈련이다.

연속적 근접성(successive approximation): 보다 많이 원하는 표적 행동을 나타내도록 아동에게 점진적으로 기대를 증가시키는 과정이다. 행동 형성에서 사용된 이전 행동은 아니다.

연약 X 증후군(fragile X syndrome): X 염색체와 관련된 장애로서, 경도에서 중등도 정신지체를 가질 가능성이 있다. 연약 X 증후군 아동들은 평균적인 지능을 가지며, 학습장애를 가지기도 하고 가지지 않기도 한다.

연합(association): 한 가지 개념을 다른 개념과 관련짓는 과정이다.

염색체 이상(chromosomal abnormality): 소수이든 많은 수이든 염색체에 의한 또는 수가 많거나 적은 염색체에 의한 유전적 장애이다. 다운 증후군은 하나의 염색체 이상(21번 염색체가 많은)에 의한 것이다.

영아돌연사증후군(sudden infant death syndrome: SIDS): 건강하게 태어난 영아의 예기치 못한 갑작스러운 사망이다. SIDS는 잠자는 동안에 발생하고, 생후 1개월에서 1년 사이의 영아 사망의 가장 공통적인 원인이다. 원인은 아직 알려져 있지 않다.

예민성(acuity): 소리를 듣고 시각적 상을 볼 수 있는 능력의 정도를 말한다.

예후(prognosis): 질병의 가능한 진행 과정에 대한 예측을 말한다.

옹호자(advocate): 타인의 이익을 위해 행동하는 사람이다.

완전취학(zero project): 다른 동일한 연령의 아동이 제공받는 무상 적절한 교육이 거부되는 아동이 없어야 한다는 원리이다.

완전통합(inclusion): 장애아동과 비장애아동의 통합(integration)에 사용된 다른 용어이다.

완화 기간(remission): 조건의 증상이 예언할 수 없는 기간 동안 사라지는 기간을 말한다.

외상(trauma): 충격 또는 폭력으로 발생된 상처로 생긴 신체적 또는 정신적 상태이다.

외전(abduction): 사지가 신체 바깥쪽으로 움직이는 것을 말한다.

운동 계획(motor planning): 과제를 완성하는 데 요구된 움직임의 적절한 계열을 계획하고 수행하기 위하여 감각 정보를 조직하는 능력이다.

운동감각(kinesthesia): 아동이 자신의 신체 위치와 운동을 환경과 관계를 짓는 근육 감각이다.

운동력(locomotor): 한 지역에서 다른 지역으로 움직이는 것에 관한 것이다.

운동신경장애(apraxia): 뇌 손상에 기인된 자발적, 목적적인 움직임을 할 수 있는 능력이 상실된 상태이다.(예를 들어, "손뼉을 치세요."라는 요구에 대해 수행 움직임이 무능력한 상태)

운동실조(ataxic): 불균형적이고 경련을 나타낸다.

운동실조증(ataxia): 뇌나 척수 손상에 의한 균형 상실과 서투른 움직임으로 특징지어지는 상태를 말한다.

운동이상증(dyskinesia): 뇌의 기초 신경절의 손상으로 자발적 운동 수행이 곤란한 것이다. 예를 들면, 무도병(chorea)과 아데토시스가 해당된다.

원시 반사(primitive reflex): 정상적인 터치나 움직임과 같은 자극에 대한 유아의 반사 반응이다. 원시적(primitive)이란 단어는 유아가 태어나면서 나타내는 자발적 생존 반응을 말하는 것이다.

원인론(etiology): 질병이나 장애 원인을 연구하는 것이다.

원형 사정(arena assessment): 가족을 포함하는 팀의 다른 구성원이 관찰하고 기여하는 동안 한 전문가가 사정을 수행하는 과정이다.

유대감(bonding): 유아와 성인 보호자 간의 정서적 유대감을 형성하는 것이다.

유전(hereditary): (눈동자 색깔과 같은) 속성 또는 (낭포성 섬유증과 같은) 질병이나 감염을 말한다. 유전 이상은 출생시에는 명백하지 않으며, 출산 감염은 유전성이 아니다.

융합학문적 팀 접근(transdisciplinary team approach): 통합된 서비스 계획과 제공을 위해 학문적 경계를 넘어서 팀 구성원들이 활동하는 접근을 말한다. 이 접근은 다른 팀 구성원들로부터 지원과 자문을 통해 역할을 공유한다.

음조(tone): 근육의 견고성을 말한다.

의학적 연약(medically fragile): 건강 상태가 안정적이지 못하거나 발달지체의 위험이 있는 유아나 아동을 말한다(종종 정상적인 활동에 참여하는 유아의 능력이 제한되거나 건강상태가 나쁜 것에 기인된다).

이과의사(otologist): 귀의 질병을 치료하도록 훈련받은 의사이다.

이분척추(spina bifida): 운동 협응과 신체 기능에 영향을 주는 척추 이상이다.

이상(anomaly): 비정상성(abnormality)을 말한다.

이인후과의사(otolaryngologist): 귀, 코, 목의 장애를 진단하고 치료하는 전문의이다.

인지(cognition): 알고 있다는 행위의 결과인 정신적 행동의 분석적, 논리적 행위들이다.

일시 보호(respite care): 중증 질병이나 장애아동의 부모에게 제공되는 숙련된 아동보호 서비스이다.

일화기록(anecdotal record): 아동 행동에 대한 사실적 설명이다.

임신 연령(gestational age): 착상 전의 어머니의 마지막 월경기간의 첫날부터 성장하기 시작한 태아 또는 유아의 연령이다.

자극(stimuli): 감각에 의해 받을 수 있는 정보이다.

자기 조절(self-regulation): 자신의 정서적 상태를 조절하고, 자극에 대해 적절한 행동적 반응을 조직하는 능력이다. 유아의 경우 자기 조절은 최적 각성 수준에 도달하려는 능력을 말한다.

자기충족예언(self-fulfilling prophecy): 지각하는 관점에 따라 행동하게 되는 개인의 경향성이다.

자문(consultation): 초기 아동기 교육에서 제 삼자에 관하여 문제를 드러내도록 전문가가 다른 개인을 지원하는 3자 관계 과정이다.

자세 갖추기(positioning): 균형적인 신체 조정의 증진, 근육 강도의 정상화, 기능적 기술의 증진을 위해 아동이 특정 자세를 취하도록 하는 것이다.

자연적 환경(natural environments): 아동과 가족들에게 가장 자연적이고 안전한 장면에서의 서비스를 강조하는 철학이다.

작업치료(occupational therapy): 일상생활을 위한 움직임을 향상시키는 데 주어진 처치이다.

잔존 청력(residual hearing): 증폭이 없이 손상 후 개인의 청각 예민성을 말한다.

장루(stoma) 신장에서 소변이 배출되도록 외과 수술을 통해 만들어진 복벽의 구멍을 말한다.

저긴장/낮은 근육 긴장(low tone/low muscle tone): 근육의 저긴장성이다.

저긴장성(hypotonicity): 근육이 무기력하고 긴장에 대한 저항을 나타내지 않은 상태이다.

저활동성(hypoactivity): 과잉행동과 반대되는 것이다. 무기력한 상태이다.

적극적 경청(active listening): 편견을 가지지 않고 내용뿐만 아니라 감정을 의도적으로 듣는 것, 그리고 이해를 한 감정과 의도의 배경을 반영한다.

적응적 장비(adaptive equipment): 사용자의 독립성을 향상시키기 위해 수정된 모든 도구이다.

적응적(adapt): 기본적인 모형은 유지하면서 변경이나 수정을 하는 것이다.

적응 행동(adaptive behavior): 새로운 상황에 적응하고 그러한 상황에 대해 친숙하거나 새로운 기능을 적용하는 능력이다.

전도(inversion): 반대로 되는 것이다.

전정자극(vestibular stimulation): 전정 장치(균형감을 갖도록 하는 내이에 있는 구조)를 자극하고, 균형 반응뿐만 아니라 공간에서 신체 자세에 대한 인식을 개발하는 데 도움이 되는 활동이다.

전진형 행동연쇄(forward chaining): 어려움이 가장 작은 단계부터 시작하여 단계로 구분된 기능을 지도하는 방법이다.

전환(eversion): 뒤집다.

전환(transition): 유아 발달 프로그램에서 유아 통합교육 프로그램과 같은 한 프로그램에서 다음 프로그램으로 이동하는 위험 아동이나 발달장애 아동에게 도움을 주는 목적적이고 조직된 과정이다.

절충주의(eclecticism): 다양한 이론, 체제, 프로그램에서 최선의 것을 선택하는 방법 또는 실제이다.

정신 연령(mental age): 정신 기능의 수준이다. 정신 연령이 4세인 아동은 4세 아동과 같은 정신 기능을 보여준다.

정위(righting): 비정상적 또는 불편한 자세일 때 적절한 자세를 위해 머리와 몸을 꽂꽂이 하거나 회복하는 능력이다.

정의적 갈등(affective conflict): 사람들 사이의 정서적 충돌이다.

정의적 영역(affective domain): 감정 상태와 감정 표현을 말한다.

정의적(affective): 정서, 감정, 태도에 관한 것이다.

조기중재(early intervention): 출생에서 학령기 아동(과 가족)을 위한 서비스이다.

조음(articulation): 말소리를 만들어 내는 방법이다.

조정(coordination): 움직임에서 근육이나 근육 묶음의 조화로운 기능이다.

준거(criterion): 행동 또는 문항에 대한 규준 또는 표준이다.

준거지향검사(criterion-referenced tests): 구체적인 과제에 대해 형성된 표준에 특정 과제에 대한 아동의 수행을 비교하는 검사 또는 관찰로서, 그러한 검사는 아동이 할 수 있는 것과 할 수 없는 것이 무엇인지를 확인하게 된다.

준전문가(paraprofessional): 종종 보조교사 또는 준교사로 언급되는, 전문교사에 대해 훈련된 보조자를 말한다.

중이염(otitis media): 보통 감염에 의한 중이의 염증이다.

증거중심실제(evidence-based practice): 가족과 전문가적 지혜와 가치를 가진 가장 잘 이용할 수 있는 연구 증거의 통합에 근거한 실제이다.

지각(perception): 오감을 통해 수용된 것을 해석하는 과정이다.

지각-운동(perceptual-motor): 다양한 통로의 운동 활동 지각의 상호작용이다. 예를 들어, 발차기 행동은 눈과 대근육 운동 반응의 지각-운동 상호작용이다.

지체(retarded): 전통적으로 이 용어는 학습이 느리거나 가르치는 것이 어려운 개인을 설명하는 데 사용되었다. 이 용어는 정확한 것이 아니고, 현재는 자주 사용하지 않는다. 법률은 이 용어를 적절하게 사용할 수 있기 전에 검사 점수, 적응행동, 다른 요인들이 관계가 있어야 한다고 열거하였다.

진단(diagnosis): 아동을 관찰하고 검사 결과를 고려하여 지체나 장애의 여부를 확인하는 활동이다.

진동(tremor) 커다란 근육의 불수의적 떨림을 말한다.

참가 행동(entry behavior): 일련의 과제를 시작하기 전에 이미 획득한 행동 또는 기능의 수준이다.

천식(asthma): 폐색(obstruction), 거친 호흡, 헐떡이는 숨으로 특징지어지는 복잡한 폐질환이다.

청각 기억(auditory memory): 들었던 내용을 유지하고 회상하는 능력이다.

청각 변별(auditory discrimination): 하나의 소리를 다른 소리와 구분하는 능력을 말한다.

체계적(systemic): 관절염과 같은 신체 전체에 존재할 수 있는 질병을 말한다.

체계적 용암(systematic fading): 아동의 학습을 지원하는 어떤 지지의 점진적인 제거이다.

체계적(systemic): 관절염과 같은 신체 전체에 존재할 수 있는 질병을 말한다.

촉각 방어(tactile defensiveness): 신체에 손을 대거나 만지는 것에 대한 유아의 회피 또는 거부로 나타난 접촉에 대한 비정상적 민감성이다.

촉각(tactile): 접촉감을 말한다.

촉구(prompting): 바람직한 행동을 형성하도록 전체 단서나 부분적인 단서를 사용하는 것이다. 언어적 촉구(verbal prompting)는 아동이 말하려거나 행동하려는 것을 기억하도록 도움이 되는 단어나 간단한 소리를 말한다. 신체적 촉구(physical prompting)는 운동 기능이나 자립기능을 시도하는 데 유용할 수 있는 신체적 지지나 터치를 말한다. 촉구는 서서히 줄여나가야 한다.

최선의 실제(best practices): 일반적으로 증거에 근거한 실제에서 도출된 전문가들이 권고한 전략이다.

최소제한환경(least restrictive environment: LRE): 장애아동들이 최대한 비장애 또래들과 일반교육 장면에서 교육을 받도록 요구하는 공법 94-142에 제시된 개념이다.

최종 목표(terminal objective): 특정 교사가 아동이 달성하는 것을 돕기 위한 의도로 가장 높은 수준의 기술로 선택한 행동적 목표이다.

추적(tracking): 눈으로 물체를 좇는 것이다.

출생전 약물 노출(prenatally exposed to drugs: PED): 어머니의 약물 남용에 의해 태아가 약물에 노출되어 출생한 유아를 말한다.

친밀감 형성(rapport): 조화로운 관계이다. 친밀감을 형성하는 것은 아동과 활동을 할 때 아동이 충분히 편안함을 느끼는 분위기를 만드는 것이다.

카테터(catheter): 신체 내부의 공동을 유지하거나 팽창시키기 위해 신체 도관에 삽입된 작고 유연한 튜브이다.

타당도(validity): 하나의 도구가 측정하고자 하는 내용 또는 검사자가 측정할 필요가 있는 내용을 측정하는 정도를 말한다.

토탈 커뮤니케이션(total communication): 효과적인 의사소통을 보장하기 위해 청각적 방법, 수화적 방법, 구어적 방법을 사용하여 청각장애인을 지도하려는 철학이다.

통합(integration): 적절성을 극대화하기 위해 비장애 급우와 함께 장애아동들을 교육하는 것이다.

통합교육 장면(inclusive setting): 통합이 이루어지고 있는 장소, 교실, 프로그램이다.

특수아동협의회(Council for Exceptional Children: CEC): 영재아동과 장애아동과 활동하는 모든 사람들을 위한 전국적인 전문가 조직이다.

판별(identification): 아동들이 특별한 서비스에서 이익을 얻을 수 있는지 여부를 결정하기 위해 아동을 발견하고 선별하는 과정이다.

퍼덕임(floppy): 흐트러진 또는 약화된 자세와 움직임이다.

편측성(laterality): 측면성의 인식을 말한다. 신체의 좌우를 아는 것이다. 즉, 대뇌 또는 손 등의 좌우 한 쌍의 기관의 좌우 기능이 분화된 것이다.

평가(evaluation): ① 참여한 아동의 요구를 충족시키는 프로그램의 효과에 관한 행동적 정보에 근거하여 가치를 판단하는 과정이다. ② 법에서는 서비스에 대한 아동의 적격성을 결정하는 데 사용하는 사정 절차를 말한다.

표적 행동(target behavior): 행동적 목표를 사용할 때 행동형성의 목적이 되는 최종 목표 또는 마지막 바람직한 행동이다. 이것이 행동수정과 관련하여 사용할 때는 변화되어야 하는 부정적 행동을 말하는 것과 동일한 용어이다.

표준중심 실제(standards based practices): 유아의 학습과 발달을 위해 전문적으로 결정된 기대에 근거한 전략과 활동이다.

표준화 검사(standardized tests): 구체적으로 기술된 표준적인 방법으로 실시되고, 특정 방법으로 채점하고, 표준 집단의 수행과 비교하는 검사를 말한다.

표준화(standardization): 검사를 받는 사람들에 관한 규준 자료를 사용할 수 있도록 하기 위해서 표준 방향과 채점을 가지고 있는 절차를 말한다.

표현 언어(expressive language): 아이디어나 의문을 전달하기 위해 말로 한 것 또는 글로 쓴 내용이다.

피드백(feedback): 자기 행동의 결과에 대한 소식을 받는 것이다.

하반신불수(paraplegia): 양쪽 다리의 마비이다.

학제간 팀 접근(interdisciplinary team approach): 상호 의사결정에 근거한 중재를 제공하고 사정하기 위해 다른 학문 분야의 전문가들이 함께 활동하는 것이다.

합지증(syndactyly): 손가락이나 발가락이 부분적 또는 완전히 붙어 있는 선천적인 이상을 말한다.

해독화(decoding): 보거나 들었던 것에서 의미를 파악하거나 획득하는 행위를 말한다.

행동수정(behavior modification): 개인의 행동을 바꾸기 위한 체계적이고 일관된 노력을 말한다. 구체적 행동에 대한 주의 깊게 계획된 계열이 상황이나 경험에 대해 학습자가 보다 적절하게 반응하고 새롭게 발달시키는 것을 돕도록 설계된 것이다.

행동적 목표(behavioral objective)(수행목표로 언급되기도 한다): 학습자의 관찰가능한 행동을 제시하고, 제한하고, 기술하고, 교사가 수행하게 될 내용을 정확하게 확인하는 것이며, 학습자가 보다 잘 수행해야 하는 방법을 규정한다.

행동형성(shaping): 표적 행동의 연속적 근접 행동이 표적 행동이 획득될 때까지 강화를 받는 행동수정의 기법이다.

혀 내밀기(tongue thrust): 강력한 불수의적(반사적): 혀 내밀기를 말한다. 이것은 몇몇 뇌성마비에서 볼 수 있다.

협력(collaboration): 상호존중과 함께 두 명 이상의 파트너가 자발적으로 활동하고 공동의 의사결정을 통해 공통 목적을 달성하기 위한 협력을 말한다.

혼합유형 뇌성마비(mixed-type cerebral palsy): 경련성과 무도병아데토시스가 나타나는 뇌성마비 유형이다.

화용론(pragmatics): 의사소통을 위해 어떻게 언어를 사용하였는지를 포함하여 사회적 맥락에서 언어를 사용하는 것이다.

확산적 사고(divergent thinking): 보편적이지 않고, 차이가 있고, 탐색하는 사고이다.

확장(expansion): 성인들은 보다 긴 구나 문장에서 아동의 생각을 진술함으로써 아동의 발성을 확대한다.

확증된 위험 조건(established risk condition): 발달지체를 유발할 가능성이 있는 진단된 신체적 또는 의학적 조건이 있는 상태이다.

환경(environment): 아동이 직면하는 모든 것을 말한다. 방, 가구, 장난감, 새로운 경험과 다른 장소에 대한 기회, 아동 주변의 행동들이 환경을 구성한다.

환경적 위험 조건(environmental risk conditions): 발달지체를 가져오는 경험을 유도하는 가족이나 지역사회에 존재하는 요인들이다.

회내운동(pronation; 廻內運動): 손바닥이 아래쪽 또는 뒤쪽으로 향하도록 하는 것이다.

효율성(efficacy): 프로그램, 전략, 절차의 긍정적인 효과 또는 영향이다.

후각(olfactory): 냄새를 맡는 것이다.

후진적 연쇄(backward chaining): 마지막 단계로부터 시작하여 표적 행동에 가까운 기능부터 단계적으로 가르치는 방법이다.

후천성면역결핍증(acquired immune deficiency syndrome: AIDS): 몇몇 유형의 감염에 대한 신체 면역력이 저하되는 전염성 질병이다.

후천적(acquired): 출생 이후에 발생된 특성, 상태, 질병을 말한다(후천적 조건은 선천적이 아니라 환경에 따라 발생한 것이다).

First Chance 프로그램(First Chance programs): 장애교육국(Bureau of Education for the Handicapped)이 재정을 지원한 장애아동을 위한 조기교육 프로그램이다.

W형 앉은 자세("W" sitting position): 발뒤꿈치 사이에 엉덩이를 대고 앉는 것을 말한다(무릎을 굽혀서 W자 형태가 된다).

출처: J. G. Coleman(1999)의 The Early intervention dictionary(Rockville, MD: Woodbine House)에서 인용하였다.

영문 순

abduction(외전): 사지가 신체 바깥쪽으로 움직이는 것을 말한다.

acquired immune deficiency syndrome: AIDS(후천성면역결핍증): 몇몇 유형의 감염에 대한 신체 면역력이 저하되는 전염성 질병이다.

acquired(후천적): 출생 이후에 발생된 특성, 상태, 질병을 말한다(후천적 조건은 선천적이 아니라 환경에 따라 발생한 것이다).

active listening(적극적 경청): 편견을 가지지 않고 내용뿐만 아니라 감정을 의도적으로 듣는 것, 그리고 이해를 한 감정과 의도의 배경을 반영한다.

acuity(예민성): 소리를 듣고 시각적 상을 볼 수 있는 능력의 정도를 말한다.

adapt(적응적): 기본적인 모형은 유지하면서 변경이나 수정을 하는 것이다.

adaptive behavior(적응 행동): 새로운 상황에 적응하고 그러한 상황에 대해 친숙하거나 새로운 기능을 적용하는 능력이다.

adaptive equipment(적응적 장비): 사용자의 독립성을 향상시키기 위해 수정된 모든 도구이다.

adduction(내전): 사지가 신체 안쪽으로 움직이는 것을 말한다.

advocate(옹호자): 타인의 이익을 위해 행동하는 사람이다.

affective(정의적): 정서, 감정, 태도에 관한 것이다.

affective conflict(정의적 갈등): 사람들 사이의 정서적 충돌이다.

affective domain(정의적 영역): 감정 상태와 감정 표현을 말한다.

anecdotal record(일화기록): 아동 행동에 대한 사실적 설명이다.

anomaly(이상): 비정상성(abnormality)을 말한다.

anoxia(무산소증): 산소의 부족을 말한다.

apnea(무호흡): 계속해서 20분 이상 호흡이 정지된 상태이다.

apnea monitor(무호흡 관찰자): 유아가 무호흡 상태에 있을 때 경고를 보내는 사람을 말한다.

apraxia(운동신경장애): 뇌 손상에 기인된 자발적, 목적적인 움직임을 할 수 있는 능력이 상실된 상태이다.(예를 들어, "손뼉을 치세요."라는 요구에 대해 수행 움직임이 무능력한 상태)

arena assessment(원형 사정): 가족을 포함하는 팀의 다른 구성원이 관찰하고 기여하는 동안 한 전문가가 사정을 수행하는 과정이다.

arthritis(관절염): 관절의 염증을 말한다.

articulation(조음): 말소리를 만들어 내는 방법이다.

assessment(사정): 검사이든 관찰이든 특정 발달 영역에서 아동의 강점이나 약점을 결정하는 과정이다.

association(연합): 한 가지 개념을 다른 개념과 관련짓는 과정이다.

asthma(천식): 폐색(obstruction), 거친 호흡, 헐떡이는 숨으로 특징지어지는 복잡한 폐질환이다.

asymmetrical(불균형 또는 비대칭): 동등하지 않은, 신체의 두 측면 간 형태에서 유사성이 부족한 것을 말한다.

ataxia(운동실조증): 뇌나 척수 손상에 의한 균형 상실과 서투른 움직임으로 특징지어지는 상태를 말한다.

ataxic(운동실조): 불균형적이고 경련을 나타낸다.

athetoid movement patterns(아테토시스 운동 패턴): 비통제적으로, 연속적으로 움직이는 것을 말한다.

atrophy(발육부진): 크기에 있어서 감소 또는 파괴적인 소실이다.

atypical(비전형적): 전형적이 아닌, 규준 또는 평균과 다른 것이다.

audiologist(언어병리학자): 청각 예민성을 측정하고, 청각 손상을 진단하고, 보청기와 교육적 수정을 포함하는 교정을 위한 계획을 지원하는 훈련받은 전문가이다.

auditory discrimination(청각 변별): 하나의 소리를 다른 소리와 구분하는 능력을 말한다.

auditory memory(청각 기억): 들었던 내용을 유지하고 회상하는 능력이다.

augmentative communication: AAC(보완대체 의사소통): 말이 아닌 수화, 제스처, 그림판, 전자 또는 비전자 도구로 의사소통을 하는 모든 방법을 지칭한다.

backward chaining(후진적 연쇄): 마지막 단계로부터 시작하여 표적 행동에 가까운 기능부터 단계적으로 가르치는 방법이다.

behavior modification(행동수정): 개인의 행동을 바꾸기 위한 체계적이고 일관된 노력을 말한다. 구체적 행동에 대한 주의 깊게 계획된 계열이 상황이나 경험에 대해 학습자가 보다 적절하게 반응하고 새롭게 발달시키는 것을 돕도록 설계된 것이다.

behavioral objective(행동적 목표)(수행목표로 언급되기도 한다): 학습자의 관찰가능한 행동을 제시하고, 제한하고, 기술하고, 교사가 수행하게 될 내용을 정확하게 확인하는 것이며, 학습자가 보다 잘 수행해야 하는 방법을 규정한다.

best practices(최선의 실제): 일반적으로 증거에 근거한 실제에서 도출된 전문가들이 권고한 전략이다.

bilateral(양측): 양쪽 측면을 말한다.

biological risk(생물학적 위험): 정상적 발달에 문제를 유발시키는 신체상의 체제에 대한 손상을 말한다.

body awareness(신체 인식(신체상)): 자기 자신의 신체에 대한 인식과 시간과 공간에 따른 신체에 대한 태도를 말한다.

bolster or therapy roll(강화 또는 치료 회전기): 유아가 근육강화, 균형, 전향 반응을 개발하는 데 도움이 되도록 놓여진 원통형 장비를 말한다.

bonding(유대감): 유아와 성인 보호자 간의 정서적 유대감을 형성하는 것이다.

case management(사례관리): 가족을 위한 서비스를 조정하고 개별가족서비스계획이 기술되고 수행되는 것을 보장하는 데 책임을 가지는 것이다. 현재는 서비스 조정이라 한다.

categorical placement(범주적 배치): 추측된 장애의 범주에 따라 아동을 배치하는 것이다. 학급은 장애 명칭에 따라 아동을 범주적 집단으로 구성되는데, 예를 들어 학습장애 아동 또는 정서장애 아동을 위한 학급이 그것이다.

catheter(카테터): 신체 내부의 공동을 유지하거나 팽창시키기 위해 신체 도관에 삽입된 작고 유연한 튜브이다.

cerebral palsy(뇌성마비): 뇌손상에 의한 자세, 근육 강도, 움직임의 장애를 말한다.

child-find(아동 발견): 특별한 요구를 가진 아동을 찾고 확인하는 과정이다.

choreoathetosis(무도병아데토시스): 사지와 때로는 얼굴에서 통제하지 못하는 근육 움직임이 나타나는 뇌성마비의 한 유형이다. 무도병(chorea)과 아데토시스 운동에 의한 특징이 나타나는 상태로서, 무도병은 급속하고 복잡한 불규칙 수축성 운동이 다양한 정도로 끊임없이 나타나는 경련성 정신병으로, 그 근육운동은 잘 조화된 협조운동 같이 보이지만 불수의적으로 일어나며 흥분 또는 우울과 더불어 정신장애를 수반하기도 한다.

chromosomal abnormality(염색체 이상): 소수이든 많은 수이든 염색체에 의한 또는 수가 많거나 적은 염색체에 의한 유전적 장애이다. 다운증후군은 하나의 염색체 이상(21번 염색체가 많은)에 의한 것이다.

chronological age: CA(생활 연령): 연월에 의한 아동의 실제 연령이다.

classification(분류): 어떤 것의 특징을 구분하는 것으로 유형화, 짝짓기, 다른 집단화 방법이 있다.

cognition(인지): 알고 있다는 행위의 결과인 정신적 행동의 분석적, 논리적 행위들이다.

collaboration(협력): 상호존중과 함께 두 명 이상의 파트너가 자발적으로 활동하고 공동의 의사결정을 통해 공통 목적을 달성하기 위한 협력을 말한다.

concepts(개념): 정신적 심상 또는 아이디어이다.

confidentially(비밀유지): 아동에 관한 기록과 다른 정보는 정보를 볼 수 있도록 허용된 사람 외에는 누구에게도 제공하지 않아야 한다. 정보를 다른 개인이나 시설에 제공하기 전에 부모에게 서면으로 동의를 받아야 한다.

conflict resolution(갈등해결): 'win-win'의 결과를 얻기 위해 불일치와 갈등을 관리하기 위한 체계적인 과정이다.

congenital(선천적): 출생하면서부터 존재하는 것으로 추측된 것이다.

consultation(자문): 초기 아동기 교육에서 제 삼자에 관하여 문제를 드러내도록 전문가가 다른 개인을 지원하는 3자 관계 과정이다.

contracture(경축): 영구적으로 단단한 근육과 관절 마디이다.

coordination(조정): 움직임에서 근육이나 근육 묶음의 조화로운 기능이다.

corrected age(of infants)(수정 연령(유아의)): 생활 연령에서 조숙한 주(weeks) 수를 빼서 계산된 연령이다.

correlation(상관): 요인들 사이의 관계이다.

coteaching(공동지도): 단일 학급에서 아동들을 위해 일반교사와 특수교사가 협력하여 교육활동을 계획하고 수행하는 팀의 형태이다.

Council for Exceptional Children: CEC(특수아동협의회): 영재아동과 장애아동과 활동하는 모든 사람들을 위한 전국적인 전문가 조직이다.

criterion(준거): 행동 또는 문항에 대한 규준 또는 표준이다.

criterion-referenced tests(준거지향검사): 구체적인 과제에 대해 형성된 표준에 특정 과제에 대한 아동의 수행을 비교하는 검사 또는 관찰로서, 그러한 검사는 아동이 할 수 있는 것과 할 수 없는 것이 무엇인지를 확인하게 된다.

cross-categorical program(비범주 프로그램): 장애 유형이 다른 아동들에게 제공되도록 설계된 프로그램이다.

curriculum(교육과정): 능숙한 지도 계획의 모든 구체적인 특징들은 교실에서 특정 교사에 의해 선택된 것이다. 교과는 학교마다 다르지만, 각 교육과정은 아동에게 중요하다고 학교가 결정한 기능, 과제, 행동을 반영하고 있다.

custodial care(보호적 배려): 일반적으로 교수 장면에서 제공된 신체적인 요구의 배려와 일정한 감독을 말한다.

cystic fibrosis(낭포성 섬유증): 호흡과 소화 문제의 원인으로 발생된 만성 장애이다.

decibel(데시벨): 청력 강도 또는 큰소리를 측정하는 데 사용되는 단위이다.

decoding(해독화): 보거나 들었던 것에서 의미를 파악하거나 획득하는 행위를 말한다.

developmental age(발달 연령): 아동 기능의 사정과, 정상으로 고려된 연령과의 기능 비교에 근거하여 아동이 기능하는 연령이다.

developmental curriculum checklist(발달적 교육과정 검목표): 표준화 검사 또는 척도에서 문항을 선택하여 준비한 행동 검목표이다. 이중 문항은 삭제하고 나머지 문항은 발달계열에 따라 배열한다. 이 때 검목표는 교육과정을 설계하고 교육과정을 통해 아동의 진전 기록을 제공하는 지침으로 사용된다.

developmental delay(발달지체): 발달규준보다 의미있게 뒤처진 수행을 하는 것으로 진단된 아동이나 그렇지 아동을 위한 분류이다.

developmental quotient: DQ(발달지수): 유아의 발달 수준을 기술하는 IQ와 유사한 점수이다.

developmentally appropriate practices: DAP(발달적으로 적절한 실제): 아동의 연령과 발달 수준에 적절한 전략과 활동이다.

developmentally disabled(발달장애): '손상' 또는 '지체' 보다는 확인된 규준과 비교된 정신적 또는 신체적 발달에서 확인할 수 있는 지연을 나타내는 사람이다.

diabetes mellitus(당뇨병): 불충분한 인슐린과 관련된 신진대사 장애이다.

diagnosis(진단): 아동을 관찰하고 검사 결과를 고려하여 지체나 장애의 여부를 확인하는 활동이다.

diplegia(양측마비): 다리의 주요 어려움과 팔의 최소 어려움을 가진 뇌성마비로서, 신체 양측의 같은 부분에 오는 마비를 말한다.

directionality(방향성): 좌우, 상하, 전후, 기타 다른 방향을 아는 능력이다.

discrimination(변별): 유사한 자극 사이에서 차이를 구별하는 능력이다.

distal(말단): 원점에서 먼 곳을 말한다. 예를 들어, 손가락은 어깨에서는 말단이고, 팔꿈치는 어깨에서 가장 가까운 곳이다.

divergent thinking(확산적 사고): 보편적이지 않고, 차이가 있고, 탐색하는 사고이다.

dyskinesia(운동이상증): 뇌의 기초 신경절의 손상으로 자발적 운동 수행이 곤란한 것이다. 예를 들면, 무도병(chorea)과 아테토시스가 해당된다.

dystonia(근긴장이상): ① 증가된 것이든 감소된 것이든 근육 긴장의 이상, ② 심각한 근육 경련을 경험하고, 특히 걸을 때 이상 운동과 자세를 나타내는 아동이 보이는 유전적 장애이다.

dystrophy(근이양증): 근육의 약화와 퇴화를 말한다.

early intervention(조기중재): 출생에서 학령기 아동(과 가족)을 위한 서비스이다.

echolalia(반향어): 타인이 말한 것을 의미없이 반복하거나 되풀이(echoing)하는 습관이다.

eclecticism(절충주의): 다양한 이론, 체제, 프로그램에서 최선의 것을 선택하는 방법 또는 실제이다.

ecological validity(생태적 타당도): 친숙한 양육자와 일상생활을 하는 동안 나타나는 기능과 아동의 요구가 드러나는 자연적인 장면에서 사정이 관찰을 포함할 때 발생되는 것이다.

ecologically relevant(생태학적 관련성): 기술들은 기능적이고, 기술들은 아동이 일상의 환경적 요구에 대처하는 것을 지원한다.

efficacy(효율성): 프로그램, 전략, 절차의 긍정적인 효과 또는 영향이다.

emerging skills(신기능): 아동들이 학습한 것으로서, 때때로 새로운 기능을 사용한다. 가끔 관찰된 기능을 신기능이라 한다.

empathy(감정이입): 타인의 감정, 생각, 경험을 대신 경험하기 위해 타인에 관해 할 수 있는 모든 것을 학습하려는 적극적 과정이다.

empowerment(역량강화): 자신의 삶을 통제할 수 있는 상태로 있는 것으로, 원하고 필요한 것을 가지기 위해 행동을 취할 수 있는 상태이다.

en route behaviors(도중 행동): 설계된 목적이나 목표(도달 행동)에서 한 가지 기능 수준으로 이동하는 것으로 증명된 행동이나 습득된 과제이다.

encoding(부호화): 단어나 제스처로 자기를 표현하는 행동이다.

entry behavior(참가 행동): 일련의 과제를 시작하기 전에 이미 획득한 행동 또는 기능의 수준이다.

environment(환경): 아동이 직면하는 모든 것을 말한다. 방, 가구, 장난감, 새로운 경험과 다른 장소에 대한 기회, 아동 주변의 행동들이 환경을 구성한다.

environmental risk conditions(환경적 위험 조건): 발달지체를 가져오는 경험을 유도하는 가족이나 지역사회에 존재하는 요인들이다.

epilepsy(간질): 의식을 잃게 하는 원인이 되기에 충분한 매우 가벼운 또는 무거운 발작을 유발하는 뇌 장애이다.

equivalent practice(동형실제): 반복으로 인한 지루함을 예방하기 위해 교사는 같은 기능을 개발하도록 설계된 다양한 자료와 활동을 제공함으로써 동형실제를 제공한다. 과제는 같은 난이도 수준을 가져야 하고 동형인 같은 종류의 실제를 제공한다.

established risk condition(확증된 위험 조건): 발달지체를 유발할 가능성이 있는 진단된 신체적 또는 의학적 조건이 있는 상태이다.

etiology(원인론): 질병이나 장애 원인을 연구하는 것이다.

evaluation(평가): ① 참여한 아동의 요구를 충족시키는 프로그램의 효과에 관한 행동적 정보에 근거하여 가치를 판단하는 과정이다. ② 법에서는 서비스에 대한 아동의 적격성을 결정하는 데 사용하는 사정 절차를 말한다.

eversion(전환): 뒤집다.

evidence-based practice(증거중심실제): 가족과 전문가적 지혜와 가치를 가진 가장 잘 이용할 수 있는 연구 증거의 통합에 근거한 실제이다.

expansion(확장): 성인들은 보다 긴 구나 문장에서 아동의 생각을 진술함으로써 아동의 발성을 확대한다.

expressive language(표현 언어): 아이디어나 의문을 전달하기 위해 말로 한 것 또는 글로 쓴 내용이다.

extension(긴장): 몸통과 사지가 경직되는 것이다.

extensor pattern(신전형): 사지의 경직을 유발하는 근육 움직임의 형태이다.

family functions(가족 기능): 가족이 효과적으로 기능하는 데 필요한 상호 관계가 있는 활동을 말하는 것으로 가족체제이론 요소들 가운데 하나이다.

family subsystems(가족 하위체계): 부부(성인 파트너), 부모(부모-아동), 형제(아동-아동), 확대가족(핵가족-친척)을 포함하는 가족체제이론에 따른 관계적 하위체계 또는 상호작용적 하위체계이다.

family systems perspective(가족 체계 관점): 가족은 상호작용적 단위이다. 한 구성원에게 영향을 주는 것은 모두에게 영향을 준다.

family-centered approach to assessment(가족중심 사정접근): 사정 팀에 대한 일차적인 의사결정자로서 가족 구성원이 포함되는 진단 실제이다.

family-focused early intervention(가족중심 조기중재): 가족과 아동에게 동등하게 중재를 집중하는 것이다.

feedback(피드백): 자기 행동의 결과에 대한 소식을 받는 것이다.

figure-ground discrimination(도형-배경 변별): 환경의 다른 측면을 배제하면서 시각적 또는 청각적 분야의 한 측면에 집중하는 능력이다.

fine motor skills(소근육 운동 기술): 손과 손가락에 의한 활동이다.

First Chance programs(First Chance 프로그램) 장애교육국(Bureau of Education for the Handicapped)이 재정을 지원한 장애아동을 위한 조기교육 프로그램이다.

flexion(굴곡): 팔꿈치, 엉덩이, 무릎 등의 구부러지는 상태이다.

floppy(퍼덕임): 흐트러진 또는 약화된 자세와 움직임이다.

forward chaining(전진형 행동연쇄): 어려움이 가장 작은 단계부터 시작하여 단계로 구분된 기능을 지도하는 방법이다.

fragile X syndrome(연약 X 증후군): X 염색체와 관련된 장애로서, 경도에서 중등도 정신지체를 가질 가능성이 있다. 연약 X 증후군 아동들은 평균적인 지능을 가지며, 학습장애를 가지기도 하고 가지지 않기도 한다.

free appropriate public education: FAPE(무상 적절한 공교육): 공적 비용으로 특수교육과 관련 서비스를 제공하는 미국의 공법 94-142에 의해 계획된 것이다. 그러한 서비스는 개별화교육계획, 아동의 개인적 요구에 적절한, 지역 교육청의 요구조건에 부합하도록 기술된다.

functional skills(기능적 기술): 아동에게 바로 유용하게 사용될 수 있고, 아동의 일반적인 환경에서 상대적으로 자주 사용될 수 있는 기술이다.

genetic(발생적): 유전 원리와 관계가 있는 것이다.

gestational age(임신 연령): 착상 전의 어머니의 마지막 월경기간의 첫날부터 성장하기 시작한 태아 또는 유아의 연령이다.

goals(목적): 달성하기를 기대한 지도 내용을 진술한 개별화교육 프로그램에 제시된 일반적인 진술이다. 예를 들어, "영희의 소근육 운동 기술을 향상시킨다."와 같은 것이다.

grammar(문법): 언어의 언어학적 규칙이다.

gross motor skills(대근육 운동 기술): 대근육을 사용하여 달리고, 오르고, 구르고, 높이 뛰는 것과 같은 활동이다.

hand-over-hand guidance(손에 의한 지도): 소근육 운동 기술에 포함된 움직임을 통해 아동을 신체적으로 지도하는 것이다(예: 아동이 숟가락을 잡고 입으로 가져가는 것을 돕는 것).

hemiplegia(반신불수): 신체의 한쪽 측면에 주요한 어려움을 유발하는 뇌성마비이다.

hereditary(유전): (눈동자 색깔과 같은) 속성 또는 (낭포성 섬유증과 같은) 질병이나 감염을 말한다. 유전 이상은 출생시에는 명백하지 않으며, 출산 감염은 유전성이 아니다.

high-preference inventory(높은 선호 검사): 아동의 높은 선호 항목 확인 보호자 면접과 아동의 선호에 대한 주의 깊은 관찰을 통해 결정되며, 얻어진 정보는 아동을 강화하고, 동기를 부여하고, 관계시키는 방법을 확인하는 데 사용될 수 있다.

high-preference items(높은 선호 항목): 아동이 가장 좋아하는 활동, 물건, 사람이다.

high-risk signals(높은 위험 신호): 영아에게서 그러한 신호가 관찰되었을 때 앞으로 장애나 발달지체의 가능성이 정상보다 더 많다고 예언할 수 있다.

hydrocephalus(뇌수종): 두개골 확장의 원인이 되는 뇌 속에 액체가 축적되는 선천적 질환이다.

hyperactivity(과잉행동): 대다수 아동들에게 나타나지 않은 지나치게 활동적인 행동이다.

hyperresponsive(과민반응): 조절되지 않은 반응행동이다. 과민반응을 가진 아동들은 지나치게 낮은 인내력으로 자극을 적극적으로 피하게 된다.

hypertonicity(과긴장성): 근육이 긴장되어 있고 일관되게 흥분되어 있는 상태이다.

hypoactivity(저활동성): 과잉행동과 반대되는 것이다. 무기력한 상태이다.

hyporesponsive(과소반응): 적정한 반응 반행이 부족한 것이다. 과소반응 아동들은 자극에 대한 반응이 느리다.

hypotonicity(저긴장성): 근육이 무기력하고 긴장에 대한 저항을 나타내지 않은 상태이다.

identification(판별): 아동들이 특별한 서비스에서 이익을 얻을 수 있는지 여부를 결정하기 위해 아동을 발견하고 선별하는 과정이다.

inclusion(완전통합): 장애아동과 비장애아동의 통합(integration)에 사용된 다른 용어이다.

inclusive setting(통합교육 장면): 통합이 이루어지고 있는 장소, 교실, 프로그램이다.

individualize(개별화): 특정 개인을 가르치는 능력에 지도 과제를 짝짓는 것이다.

individualized education plan: IEP(개별화교육계획): 아동의 현재 기능 수준, 특별한 서비스가 필요한 구체적인 영역, 연간 목적, 단기 목표, 제공되어야 하는 서비스, 수행에 대한 평가 방법을 포함하는 성문화된 프로그램 계획이 되는 협력적 과정이다. 개별화교육프로그램은 공법 101-476에 의해 서비스를 받는 모든 아동에게 필요한 것이다.

individualized family service plan: IFSP(개별화가족서비스계획): 아동의 현재 기능 수준, 가족의 관심사와 우선 순위 그리고 자원에 대한 진술, 아동과 가족이 성취할 것으로 기대되는 측정할 수 있는 결과, 진전을 결정하는 준거, 절차, 시간표, 제공되어야 하는 구체적인 서비스, 자연적 환경, 서비스 개시 일자, 서비스 조정자의 이름을 포함하는 성문화된 서비스 계획이 되는 협력적 과정이다.

innate(내재적): 개인내의 선천적인 것이다.

inner language(내적 언어): 사고가 발생하는 언어이다. 상징에 의해 표현될 수 있는 경험을 내재화하고 조직화하는 과정이다.

instructional objectives(교수 목표): 달성되는 구체적인 성취를 규정하는 것이다. '행동적 목표(behavioral objectives)' 를 보라.

integration(통합): 적절성을 극대화하기 위해 비장애 급우와 함께 장애아동들을 교육하는 것이다.

interdisciplinary team approach(학제간 팀 접근): 상호 의사결정에 근거한 중재를 제공하고 사정하기 위해 다른 학문 분야의 전문가들이 함께 활동하는 것이다.

interindividual differences(개인간 차이): 개인들

사이의 차이이다.

intraindividual differences(개인내 차이): 다른 시기에 다른 요인 또는 같은 요인에 대해 한 아동의 수행에 있어서 차이를 말한다.

inversion(전도): 반대로 되는 것이다.

involuntary movements(무의식적 운동): 의도가 없는 운동을 말한다.

itinerant consultant(순회 자문): 자문 모델을 통해 서비스를 제공하는 것으로, 한 개인이 한 장소에서 다른 장소로 이동한다.

kinesthesia(운동감각): 아동이 자신의 신체 위치와 운동을 환경과 관계를 짓는 근육 감각이다.

labeling(명칭부여): 장애 조건과 그러한 조건을 나타내는 사람에게 범주적 용어를 주는 것이다. 예를 들어, 정서장애 또는 지적장애 등과 같은 것이다.

laterality(편측성): 측면성의 인식을 말한다. 신체의 좌우를 아는 것이다. 즉, 대뇌 또는 손 등의 좌우 한 쌍의 기관의 좌우 기능이 분화된 것이다.

least restrictive environment: LRE(최소제한환경): 장애아동들이 최대한 비장애 또래들과 일반교육 장면에서 교육을 받도록 요구하는 공법 94-142에 제시된 개념이다.

litigation(소송): 고소를 통해 법률에 의해 이의를 제기하는 행위 또는 과정이다.

locomotor(운동력): 한 지역에서 다른 지역으로 움직이는 것에 관한 것이다.

low tone/low muscle tone(저긴장/낮은 근육 긴장): 근육의 저긴장성이다.

mainstreaming(메인스트리밍): 적절할 때 일반학급에서 특별한 요구를 가진 아동을 배치하는 것이다.

medically fragile(의학적 연약): 건강 상태가 안정적이지 못하거나 발달지체의 위험이 있는 유아나 아동을 말한다(종종 정상적인 활동에 참여하는 유아의 능력이 제한되거나 건강상태가 나쁜 것에 기인된다).

mental age(정신 연령): 정신 기능의 수준이다. 정신 연령이 4세인 아동은 4세 아동과 같은 정신 기능을 보여준다.

metacognition(메타인지): 사고나 학습을 위해 전략을 조정하는 방법과 사고 과정에 대한 지식을 가지는 것이다.

microcephaly(소두증): 비정상적으로 작은 머리 크기로서, 빈약한 뇌 성장과 정신지체를 유발한다.

mixed-type cerebral palsy(혼합유형 뇌성마비): 경련성과 무도병아테토시스가 나타나는 뇌성마비 유형이다.

modality(양식): 개인적 정보 수용과 그것에 의해 학습하는 통로이다. 몇몇 개인은 다른 양식보다 한 양식을 통해 더 빨리 학습한다. 예를 들어, 몇몇 청각적 정보 처리는 시각적 정보 처리보다 더 효율적이며, 그래서 청각적 학습자로 분류된다.

modeling(모델링): 기대되는 행동의 시범을 제공한다.

motor planning(운동 계획): 과제를 완성하는 데 요구된 움직임의 적절한 계열을 계획하고 수행하기 위하여 감각 정보를 조직하는 능력이다.

multidisciplinary team approach(다학문적 팀 접근): 다른 학문 분야의 개인들이 전문적 상호작용이나 통합된 계획을 위한 작은 기회를 제공하게 되는 평가와 중재를 수행하는 것이다.

multiple sclerosis(복합 경화증): 운동 통제에 영향을 주는 진행성 중추신경계 질병이다.

multisensory learning(다감각 학습): 동시에 여러 감각 양식을 결합하여 학습을 촉진시키는 기법이다.

muscular dystrophy(근 영양실조): 골격과 호흡기 기능에 영향을 주는 중추신경계 질병이다.

natural environments(자연적 환경): 아동과 가족들에게 가장 자연적이고 안전한 장면에서의 서비스를 강조하는 철학이다.

neonatal intensive care unit: NICU(신생아집중

치료실): 미성숙 신생아와 임신기간 동안 질병을 가진 신생아의 결정적인 질병을 치료하는 특별히 훈련된 의학 전문가들이 있는 병원 치료실이다.

neurological examination(신경학적 검사): 신경계 손상 여부를 결정하기 위해 감각이나 운동 반응을 검사하는 것이다.

noncategorical(비범주적): 명칭을 부여하지 않고 아동을 집단화하거나 추측된 장애에 따라 범주화하는 것이다.

nonlocomotor(비운동성): 한 장소에서 다른 장소로의 움직임이 부족한 것이다.

nonverbal ability(비언어적 능력): 단어를 사용하지 않고 과제를 수행하는 기능을 가지는 것이다.

norm-referenced tests(규준지향검사): 특정 아동의 수행을 같은 생활 연령의 다른 아동과 비교하여 보고하는 검사이다. 그러한 검사들은 표준화되어 있고, 일반적으로 규준 표본에 장애아동은 포함되어 있지 않다.

norms(규준): 특정 행동을 비교할 수 있는 대규모 사람들의 행동 표본이다.

observable behavior(관찰가능한 행동): 행동은 볼 수 있고, 들을 수 있고, 느낄 수 있다.

observational learning(관찰학습): 우리 주변의 것들을 보는 것으로 학습한다.

occupational therapy(작업치료): 일상생활을 위한 움직임을 향상시키는 데 주어진 처치이다.

ocular pursuit(시각 추적): 움직이는 물체를 계속 보는 것이다.

olfactory(후각): 냄새를 맡는 것이다.

opthalmologist(안과의사): 눈병을 진단하고 치료하는 것을 훈련받은 의사이다.

optometrist(검안사): 눈의 굴절력을 측정하고 눈병을 치료하는 데 렌즈를 사용하지 않고 안경을 처방하도록 훈련받은 시각 전문가이다.

oral stimulation(구어 자극): 3-6개월 사이의 영아에게서 나타나는 장난감의 자연적인 말투 또는 아동이 자기 입에 닿는 물건에 대한 구강 촉각 방어기제를 부드럽게 다루는 데 도움이 되도록 설계된 구체적인 활동을 말한다.

orthosis(보형술): 뼈, 관절, 근육 기형을 교정하는 또는 지지, 조정, 예방에 사용된 모든 보조 도구이다.

orthotic(교정술): 적절한 신체 조절을 촉진하고, 관절을 안정화하고, 근육이나 다른 유조직의 수동적 확장에 사용되는 부목, 관절보호대, 깁스와 같은 맞춤식 정형외과적 기구이다.

otitis media(중이염): 보통 감염에 의한 중이의 염증이다.

otolaryngologist(이인후과의사): 귀, 코, 목의 장애를 진단하고 치료하는 전문의이다.

otologist(이과의사): 귀의 질병을 치료하도록 훈련받은 의사이다.

parallel talk(병행적 말): 유아의 부모들은 자기 아이들이 우연히 한 것처럼 행동한 것에 대해 말을 한다. 부모들은 아동이 수행한 것과 병행하여 말을 한다. 이것은 유아들의 언어 학습을 도울 때 나타나는 방법이다.

paraplegia(하반신불수): 양쪽 다리의 마비이다.

paraprofessional(준전문가): 종종 보조교사 또는 준교사로 언급되는, 전문교사에 대해 훈련된 보조자를 말한다.

parity(등가): 가치나 기준이 동등함을 말한다.

patterning(방식): 정상적인 움직임 방식을 자극하기 위하여 일련의 수동적인 움직임을 통해 아동의 팔이나 다리를 인도(guiding)하는 것이다.

pediatrician(소아과의사): 영아와 유아를 치료하는 전문의이다.

percentile rank(백분위): 정상분포에서 특정 점수 아래의 점수를 받은 사람들의 백분율이다.

perception(지각): 오감을 통해 수용된 것을 해석하는 과정이다.

perceptual-motor(지각-운동): 다양한 통로의 운동 활동 지각의 상호작용이다. 예를 들어, 발차기 행동은 눈과 대근육 운동 반응의 지각-운동 상호작용이다.

performance objectives(수행 목표): '행동적 목표(behavioral objective)' 와 같은 의미이다.

perinatal(분만기): 출산을 하는 시간을 말한다.

perseveration(고집성): 쉽게 한 활동에서 다른 활동으로 이동하는 능력이 부족한 것으로 특징지어지는 같은 행동을 계속 반복하는 것이다.

physical therapist(물리치료사): 대근육 운동 기술을 사정하고 운동과 자세 문제를 치료하는 치료사이다.

physiotherapy(물리치료): 운동 장애를 치료하는 것이다.

pincer grasp(손가락 파악): 집게손가락과 엄지손가락의 협응이다.

positioning(자세 갖추기): 균형적인 신체 조정의 증진, 근육 강도의 정상화, 기능적 기술의 증진을 위해 아동이 특정 자세를 취하도록 하는 것이다.

positive behavior support(긍정적 행동지원): 문제행동을 예방하고 문제행동의 기능을 확인하여 보다 긍정적인 행동에 대해 지원을 제공하고, 보다 수용할 수 있는 대체행동을 아동에게 가르치는 행동 기법이다. 또한 행동의 원인이나 가능한 유발 단서로서 문제행동의 선행사건을 확인하고 그러한 원인을 수정하거나 제거하려는 기법이다.

post-ictal sleep(발작 후 수면): 발작이 일어난 후 자연적으로 수면에 들어가는 상태이다.

pragmatics(화용론): 의사소통을 위해 어떻게 언어를 사용하였는지를 포함하여 사회적 맥락에서 언어를 사용하는 것이다.

premature infant(미성숙 유아): 임신 기간 37주 이전에 출생한 신생아이다.

prenatally exposed to drugs: PED(출생전 약물 노출): 어머니의 약물 남용에 의해 태아가 약물에 노출되어 출생한 유아를 말한다.

primitive reflex(원시 반사): 정상적인 터치나 움직임과 같은 자극에 대한 유아의 반사 반응이다. 원시적(primitive)이란 단어는 유아가 태어나면서 나타내는 자발적 생존 반응을 말하는 것이다.

prognosis(예후): 질병의 가능한 진행 과정에 대한 예측을 말한다.

prompting(촉구): 바람직한 행동을 형성하도록 전체 단서나 부분적인 단서를 사용하는 것이다. 언어적 촉구(verbal prompting)는 아동이 말하려거나 행동하려는 것을 기억하도록 도움이 되는 단어나 간단한 소리를 말한다. 신체적 촉구(physical prompting)는 운동 기능이나 자립기능을 시도하는 데 유용할 수 있는 신체적 지지나 터치를 말한다. 촉구는 서서히 줄여나가야 한다.

pronation(회내운동, 廻內運動): 손바닥이 아래쪽 또는 뒤쪽으로 향하도록 하는 것이다.

prone(엎드린 또는 복와(腹臥)): 배를 바닥에 대고 누운 것이다.

prosthesis(보철): 신체 일부는 대체하는 데 사용된 인공 장치이다.

psycholinguistics(심리언어학): 전체 언어 과정의 이해를 위해 심리학과 언어학을 결합한 학문 분야이다.

punishment(벌): 미래 행동의 가능성을 감소시키기 위해 주어지는 결과자극이다.

quardriplegia(사지마비): 뇌성마비가 팔과 다리 모두에 영향을 준 상태이다.

range of motion(관절의 가동 범위): 관절이 자연적인 방향으로 움직일 수 있는 전체 거리이다.

rapport(친밀감 형성): 조화로운 관계이다. 친밀감을 형성하는 것은 아동과 활동을 할 때 아동이 충분히 편안함을 느끼는 분위기를 만드는 것이다.

receptive language(수용언어): 누군가의 의사소통 노력의 의도와 의미를 이해하는 능력이다.

reciprocal movement(상반 움직임): 걷기 또는 손과 무릎으로 기기에 포함된 움직임과 같은 팔과 다리의 교차 움직임이다.

reflexes(반사): 아동의 통제를 완전히 벗어난 자세와 움직임이다.

reinforcer(강화자): 반복되면 행동의 가능성을 증가시키는 사건이나 결과자극(보상)이다.

reliability(신뢰도): 검사가 주어진 수행을 일관되게 측정하는 정도이다. 측정오차로부터 의존적이고, 안정적이며, 상대적으로 자유로운 정도이다.

remission(완화 기간): 조건의 증상이 예언할 수 없는 기간 동안 사라지는 기간을 말한다.

residual hearing(잔존 청력): 증폭이 없이 손상 후 개인의 청각 예민성을 말한다.

respite care(일시 보호): 중증 질병이나 장애아동의 부모에게 제공되는 숙련된 아동보호 서비스이다.

retarded(지체): 전통적으로 이 용어는 학습이 느리거나 가르치는 것이 어려운 개인을 설명하는데 사용되었다. 이 용어는 정확한 것이 아니고, 현재는 자주 사용하지 않는다. 법률은 이 용어를 적절하게 사용할 수 있기 전에 검사 점수, 적응 행동, 다른 요인들이 관계가 있어야 한다고 열거하였다.

retinopathy of prematurity: ROP(미숙아 망막증): 미성숙 영아에게서 발견될 수 있는 눈 장애이다. 장기간 높은 산소 수준에 노출된 유아에게서 출현이 증가하고 있다.

reversal(반전): 글자의 전위를 말한다.

reverse chaining(역순 행동연쇄): 하향식이다. 과제와 활동의 마지막 단계를 지도하기 시작하여 거꾸로 지도한다. 특히 자립기술 지도에 유용하다.

reverse mainstreaming(역주류화): 장애가 없는 아동들이 특별한 요구를 가진 아동으로 구성된 학급에 통합되는 것이다.

righting(정위): 비정상적 또는 불편한 자세일 때 적절한 자세를 위해 머리와 몸을 꼿꼿이 하거나 회복하는 능력이다.

rigidity(경직): 근육 강도가 계속 펼쳐지는 뇌성마비의 한 유형이다.

role release(역할 해제): 자신의 훈련-특정 기술에 있어서 다른 전문가의 체계적인 훈련이다.

schemata(도식): 인지적 패턴이다.

scissor pattern(가위 패턴): 한 쪽 다리가 다른 쪽 다리와 교차되는 신체 움직임이다.

screening(선별): 문제를 가진 전체 아동 집단을 분류하는 과정이다. 이것은 종종 아동 발견 또는 아동 점검이라는 전체 프로그램의 일부이다. 이것은 앞으로 진단 검사가 필요한 사람을 결정하고 만약 문제가 정말로 존재하는지를 결정하기 위해 특별히 설계된 선별 도구로 모든 아동을 검사하려는 목적이 있다.

self-fulfilling prophecy(자기충족예언): 지각하는 관점에 따라 행동하게 되는 개인의 경향성이다.

self-regulation(자기 조절): 자신의 정서적 상태를 조절하고, 자극에 대해 적절한 행동적 반응을 조직하는 능력이다. 유아의 경우 자기 조절은 최적 각성 수준에 도달하려는 능력을 말한다.

sensorimotor(감각운동): 감각기관의 투입과 운동 활동의 산출의 결합을 말한다.

sensory integration(감각 통합): 기술을 개발하기 위하여 감각(촉각, 움직임, 시각, 소리, 냄새와 같은)으로부터 수용하고, 처리하고, 학습하는 중추신경계의 능력이다.

sensory overload(감각 과부하): 하나 이상의 감각이 아동의 내성 수준을 넘어서 과잉자극이 되었을 때 발생하는 상태이다. 지나친 소음, 빛, 운동의 결과로 발생하게 된다.

seriation(서열): 상대적인 차이에 따라 순서를 정하는 것이다.

service coordination(서비스 조정): 아동과 가족이 요구하는 서비스 전달을 획득하고, 조정하고, 관리하는 가족을 돕기 위해 설계된 전문적 지원이다.

sexually transmitted disease: STD(성적 전파 질

환): 성적 접촉을 통해 전파된 전염성 질병이다. 또한 STD는 혈액 접촉과 같은(주사기의 공동 사용과 같은) 다른 방법에 의해도서 전파될 수 있다.

shaping(행동형성): 표적 행동의 연속적 근접 행동이 표적 행동이 획득될 때까지 강화를 받는 행동수정의 기법이다.

sickle cell anemia(겸상 적혈구 빈혈증): 적혈구 가운데 산소를 운반하는 헤모글로빈의 이상으로 발생하는 유전병이다. 관절통, 만성적인 발목 궤양. 복통, 신경학적 장애와 같은 여러 가지 증상의 원인이 된다.

small for gestational age: SGA(부당경량아): 임신 기간 동안 저체중(백분의 10 이하) 신생아를 말한다.

soft sign(가벼운 신호): 중추신경계에 대한 손상의 존재를 집합적으로 제시하는 몇 가지 신경학적 지표를 말한다. 여기에는 균형 장애, 시각 운동 장애, 운동 협응 부족 등이 포함된다.

sorting(분류): 차이에 따른 변별과 분리를 말한다.

spasm(경련): 근육의 갑작스러운 강직 현상을 말한다.

spasticity(경련성): 근육의 갑작스럽고 불수의적인 수축으로 발생하는 근육의 불균형 상태로서, 뇌성마비의 한 형태이다.

spatial relationships(공간관계): 자신에 관하여 그리고 서로에 관하여 두 가지 이상의 대상의 위치를 지각하는 능력이다.

spina bifida(이분척추): 운동 협응과 신체 기능에 영향을 주는 척추 이상이다.

standardization(표준화): 검사를 받는 사람들에 관한 규준 자료를 사용할 수 있도록 하기 위해서 표준 방향과 채점을 가지고 있는 절차를 말한다.

standardized tests(표준화 검사): 구체적으로 기술된 표준적인 방법으로 실시되고, 특정 방법으로 채점하고, 표준 집단의 수행과 비교하는 검사를 말한다.

standards based practices(표준중심 실제): 유아의 학습과 발달을 위해 전문적으로 결정된 기대에 근거한 전략과 활동이다.

stanine(스테나인): 정상분포 곡선에 근거한 단일 범위 파생 점수이다. 평균 5로 된 1에서 9까지의 값의 범위를 가진다.

status epilepticus(간질 중첩증): 두 가지 주요 발작을 가진 사람이 있는 상황을 말하는 것으로, 응급조치가 즉시 이루어져야 한다.

stimuli(자극): 감각에 의해 받을 수 있는 정보이다.

stoma(장루) 신장에서 소변이 배출되도록 외과 수술을 통해 만들어진 복벽의 구멍을 말한다.

strabismus(사시): 두 눈이 함께 활동하지 못하는 상태로서, 한 쪽 눈과 다른 쪽이 서로 빗나가는 것을 말한다. 한 쪽은 안쪽으로 향하고 다른 한 쪽은 바깥쪽으로 향하는 것이다.

stuttering(말더듬): 망설임, 반복, 호흡의 충동에 의한 말 장애이다.

substantive conflict(실제적 갈등): 지적 차이에 의해 발생되며, 철학, 우선순위 등에 있어서 차이에 근거한 내용이다.

successive approximation(연속적 근접성): 보다 많이 원하는 표적 행동을 나타내도록 아동에게 점진적으로 기대를 증가시키는 과정이다. 행동형성에서 사용된 이전 행동은 아니다.

sudden infant death syndrome: SIDS(영아돌연사증후군): 건강하게 태어난 영아의 예기치 못한 갑작스러운 사망이다. SIDS는 잠자는 동안에 발생하고, 생후 1개월에서 1년 사이의 영아 사망의 가장 공통적인 원인이다. 원인은 아직 알려져 있지 않다.

supine(앙와위): 등을 대고 반듯이 누운 것이다.

symmetrical(대칭적인): 신체의 두 측면 사이의 체형에 있어서 유사성이다.

syndactyly(합지증): 손가락이나 발가락이 부분적 또는 완전히 붙어 있는 선천적인 이상을 말한다.

systematic fading(체계적 용암): 아동의 학습을 지원하는 어떤 지지의 점진적인 제거이다.

systemic(체계적): 관절염과 같은 신체 전체에 존재할 수 있는 질병을 말한다.

tactile defensiveness(촉각 방어): 신체에 손을 대거나 만지는 것에 대한 유아의 회피 또는 거부로 나타난 접촉에 대한 비정상적 민감성이다.

tactile(촉각): 접촉감을 말한다.

target behavior(표적 행동): 행동적 목표를 사용할 때 행동형성의 목적이 되는 최종 목표 또는 마지막 바람직한 행동이다. 이것이 행동수정과 관련하여 사용할 때는 변화되어야 하는 부정적 행동을 말하는 것과 동일한 용어이다.

task analysis(과제분석): 어려운 과제를 수행하도록 이끄는 작은 단계로 나누는 것이다. 도중행동은 최종 목표 또는 어려운 과제로 이끄는 개별적 하위기술을 진술하는 행동적 목표들이다.

terminal objective(최종 목표): 특정 교사가 아동이 달성하는 것을 돕기 위한 의도로 가장 높은 수준의 기술로 선택한 행동적 목표이다.

tone(음조): 근육의 견고성을 말한다.

tongue thrust(혀 내밀기): 강력한 불수의적(반사적): 혀 내밀기를 말한다. 이것은 몇몇 뇌성마비에서 볼 수 있다.

tonic neck reflex(긴장성 목반사): 한 쪽 팔은 똑바르게 딱딱해지고 다른 팔은 구부러지기 때문에 통제할 수 없는 머리 회전의 움직임을 말한다.

total communication(토탈 커뮤니케이션): 효과적인 의사소통을 보장하기 위해 청각적 방법, 수화적 방법, 구어적 방법을 사용하여 청각장애인을 지도하려는 철학이다.

tracking(추적): 눈으로 물체를 좇는 것이다.

transdisciplinary team approach(융합학문적 팀 접근): 통합된 서비스 계획과 제공을 위해 학문적 경계를 넘어서 팀 구성원들이 활동하는 접근을 말한다. 이 접근은 다른 팀 구성원들로부터 지원과 자문을 통해 역할을 공유한다.

transition(전환): 유아 발달 프로그램에서 유아 통합교육 프로그램과 같은 한 프로그램에서 다음 프로그램으로 이동하는 위험 아동이나 발달장애아동에게 도움을 주는 목적적이고 조직된 과정이다.

trauma(외상): 충격 또는 폭력으로 발생된 상처로 생긴 신체적 또는 정신적 상태이다.

tremor(진동) 커다란 근육의 불수의적 떨림을 말한다.

utterance(발화): 무엇인가를 구어적으로 말하거나 산출한 것이다. 말이 되는 발화는 아동의 발화의 평균 길이(MLU)를 정확하게 계산할 필요는 없다.

validity(타당도): 하나의 도구가 측정하고자 하는 내용 또는 검사자가 측정할 필요가 있는 내용을 측정하는 정도를 말한다.

verbal expression(언어적 표현): 자기의 아이디어를 언어적으로 표현하는 능력이다.

vestibular stimulation(전정자극): 전정 장치(균형감을 갖도록 하는 내이에 있는 구조)를 자극하고, 균형 반응뿐만 아니라 공간에서 신체 자세에 대한 인식을 개발하는 데 도움이 되는 활동이다.

visual association(시각적 연합): 시각적으로 제시된 개념들을 관련시키는 과정이다.

visual discrimination(시각적 변별): 여러 가지 모양, 크기, 색깔, 숫자, 글자 사이의 차이를 구별하는 능력이다.

visualization(시각화): 심상으로서, 정신적 상을 인출하거나 산출하는 능력이다.

voluntary muscles(수의적 근육): 수축 통제가 의식적으로 이루어지는 신체의 근육을 말한다.

women, infants, and children program: WIC(여성, 영아, 아동 프로그램): 임산부, 산모, 영아, 유아에게 식품 보증, 영양 상담, 의료를 제공하는 연방 정부가 재정을 지원한 프로그램이다.

"W" sitting position(W형 앉은 자세): 발뒤꿈치 사이에 엉덩이를 대고 앉는 것을 말한다(무릎을 굽혀서 W자 형태가 된다).

zero project(완전취학): 다른 동일한 연령의 아동이 제공받는 무상 적절한 교육이 거부되는 아동이 없어야 한다는 원리이다.

출처: J. G. Coleman(1999)의 *The Early intervention dictionary*(Rockville, MD: Woodbine House)에서 인용하였다.

References 참고문헌

Chapter 1

Banet, B. A. (1979). A developmental approach for preschool children with special needs. In S. J.Meisels (Ed.), *Special education and development.* Baltimore: University Park Press.

Barnard, K. E., Morisset, C. E., & Spieker, S. (1993). Preventative interventions: Enhancing parentinfant relationships. In C. Zeanah (Ed.), *Handbook of infant mental health* (pp. 386-401). New York: Guilford Press.

Beller, E. K. (1979). Early intervention programs. In J.D. Osofsky (Ed.), *Handbook of infancy research.* New York:Wiley.

Bijou, S.W. (1977). Practical implications of an interactional model of child development. *Exceptional Children*, 44, 6-14.

Bloom, B. S. (1964). *Stability and change in human characteristics.* New York: Wiley.

Bredekamp, S. (1993). The relationship between early childhood education and early childhood special education: Healthy marriage or family feud? *Topics in Early Childhood Special Education*, 13(3),258-273.

Bredekamp,S.& Copple,C.(Eds.).(1997). *Developmentally appropriate practice in early childhood programs.* Washington, DC: National Association for the Education of Young Children.

Bricker, D. D. (1988). Commentary: The future of early childhood special education. *Journal of the Division of Early Childhood,* 12,276-278.

Bricker, D. D. (2000). Inclusion: How the scene has changed. *Topics in Early Childhood Special Education,* 20, 14-19.

Bricker, D. & Veltman, M. (1990). Early intervention programs: Child-focused approaches. In J. P. Shonkoff & S. J. Meisels (Eds.), *Handbook of early childhood intervention* (pp. 373-399). New York: Cambridge University Press.

Brown v. Board of Education, 347 U.S. 483 (1954).

Bruder,M. B. (2000). Family-centered early intervention: Clarifying our values for the new millennium. *Topics in Early Childhood Special Education,* 20(2), 105-115.

Caldwell, B. M. (1973). The importance of beginning early. In J. B. Jordan & R. F. Dailey (Eds.), *Not all little wagons are red: The exceptional child's early years.* Reston,VA: Council for Exceptional Children.

Carta, J. J., Atwater, J. B., Schwartz, I. S., & McConnell, S. R. (1993).A reaction to Johnson and McChesney Johnson. *Topics in Early Childhood Special Education*, 13, 243-254.

Childress, D. C. (2004). Special instruction and natural environments: Best practices in early intervention. *Infants and Young Children*, 17(2), 162-170.

Copple, C. & Bredekamp, S. (2005). *Basics of developmentally appropriate practice.Washington,* DC: National Association for the Education of Young Children.

Dinnebeil, L.A., McInerney,W., Roth, J.,& Ramaswamy,V. (2001). Itinerant early childhood special education services: Service delivery in one state. *Journal of Early Intervention,* 24, 36-45.

Dunn, L. M. (1968). Special education of the mildly

retarded–Is much of it justifiable? *Exceptional Children*, 35, 5-22.

Fenichel, E. (Ed.). (2002). Perinatal mental health: Supporting new families through vulnerability and change. *Zero to Three*, 22(6, entire issue).

Foley, G. M. & Hochman, J. D. (1997-1998). Programs, parents and practitioners: Perspectives on integrating early intervention and infant mental health. *Zero to Three,* 18(3), 13-18.

Furth, H. (1970). *Piaget for teachers*. Upper Saddle River, NJ: Prentice Hall.

Gotts, E. E. (1973). Headstart research, development and evaluation. In J. L. Frost (Ed.), *Revisiting early childhood education.* New York: Holt, Rinehart and Winston.

Greenspan, S. I. & Weider, S. (2003). Infant and early childhood mental health:A comprehensive developmental approach to assessment and intervention. *Zero to Three,* 24(1), 6-13.

Gronlund, G. (2006). *Make early learning standards come alive: Connecting your practice and curriculum to state guidelines*. St. Paul, MN: Redleaf Press.

Guralnick, M. J. (1990). Early childhood mainstreaming. *Topics in Early Childhood Special Education, 10(2),* 1-17.

Guralnick, M. J. (1997). *The effectiveness of early intervention.* Baltimore: Brookes.

Guralnick, M. J. (2000). An agenda for change in early childhood inclusion. *Journal of Early Intervention, 23(4),* 213-222.

Hanline, M. F. & Daley, S. (2002). Mom,will Kaelie always have possibilities? *Phi Delta Kappan,* 84(1),73-76.

Hanson, M. J. & Lynch, E. W. (2004). *Understanding families.* Baltimore: Brookes.

Harris, K. C. & Klein, M.D. (2002). Itinerant consultation in ECSE: Issues and changes. *Journal of Educational and Psychological Consultation,* 13(3), 237-247.

Hebbeler, K.M., Smith, B. J.,& Black,T. L. (1991). Federal early childhood special education policy:A model for the improvement of services for children with disabilities. *Exceptional Children*, 58, 104-111.

Horn, E., Lieber, J., Sandall, S., Schwartz, I., & Li, S. (2000). Supporting young children's IEP goals in inclusive settings through embedded learning opportunities. *Topics in Early Childhood Special Education,* 20(4), 208-223.

Hunt, J. M. (1961). *Intelligence and experience.* New York: Ronald Press.

Itard, J. M.G. (1962). *The wild boy of Aveyron.* New York: Appleton-Century-Crofts.

Jerugim, L. (2000). *A personal perspective on raising a child with developmental problems.* Unpublished manuscript.

Karnes, M. B. & Zehrbach, R. R. (1977). Alternative models for delivering services to young handicapped children. In J. B. Jordan, A. H. Hayden, M. B. Karnes, & M. M.Wood (Eds.), *Early childhood education for exceptional children.* Reston,VA: Council for Exceptional Children.

Kelly, J. F. & Barnard, K. E. (2000). Assessment of parentchild interaction: Implications for early intervention. In J.P.Shonkoff & S. J. Meisels (Eds.),*Handbook of early childhood intervention* (pp. 258-289). Cambridge:Cambridge University Press.

Kirk, S. (1958). *Early education of the mentally retarded.* Urbana: University of Illinois Press.

Klass, C. S. (2003). *Home visitor's guidebook.* Baltimore: Brookes.

Klein, M. D., Chen, D., & Haney, M. (2000). *Promoting learning through active interaction: A guide to early communication with young children who have multiple disabilities.* Baltimore: Brookes.

Klein, M. D. & Harris, K. C. (2004). Consideration in the personnel preparation of itinerant early childhood special education consultants. *Journal of Educational and Psychological Consultation,* 15(2), 151-167.

Klein,N.K.& Gilkerson,L.(2000).Personnel preparation for early childhood intervention programs. In J. P. Shonkoff & S. J. Meisels (Eds.), *Handbook of early childhood intervention* (pp. 454-486). Cambridge: Cambridge University Press.

Knitzer, J. (2000). Early childhood mental health services: A policy and systems development perspective. In J.P.Shonkoff & S. J. Meisels (Eds.), *Handbook of early childhood intervention* (pp. 416-438), Cambridge: Cambridge University Press.

Lally, J. R.,Torres,Y. L., & Phelps, M. C. (1994). Caring for infants and toddlers in groups: Necessary considerations for emotional, social, and cognitive development. *Zero to Three*, 14, 1-8.

Lazar, I. & Darlington, R. (1979). *Lasting effects after preschool* (OHDS 79-30179). Washington,DC:Office of Human Development Services Administration for Children,Youth and Families.

Lazar, I. & Darlington, R. (1982). Lasting effects of early education:A report from the Consortium for Longitudinal Studies. *Monographs of the Society for Research in Child Development, 47*(Serial No. 195).

Lord, C.& McGee, J.P. (Eds.). (2001). *Educating children with autism. Washington*, DC: National Academy Press.

Mahoney, G., Boyce, G., Fewell, R. R., Spiker, D., & Wheeden, C. A. (1998).The relationship of parentchild interaction to the effectiveness of early intervention services for at-risk children and children with disabilities. *Topics in Early Childhood Special Education,* 18(1), 5-17.

Mahoney, G. & Perales, F. (2003). Using relationshipfocused interventions to enhance the social-emotional functioning of young children with autism spectrum disorders. Topics in Early Childhood Special Education, 23(2), 77-89.

McWilliam, R. A. & Scott, S. (2001). A support approach to early intervention:A three-part framework. *Infants and Young Children,* 13(4), 55-66.

Meisels, J. J. (1985).The efficacy of early intervention: Why are we still asking the question? *Topics in Early Childhood Special Education*, 5(2), 1-11.

Miller, P. S. & Stayton,V. (1998). Blended interdisciplinary teacher preparation in early education and intervention: A national study. *Topics in Early Childhood Special Education,* 18(1), 49-58.

National Association for the Education of Young Children. (1987). Position statements on developmentally appropriate practice in early childhood programs. *Young Children,* 41, 3-29.

National Association for the Education of Young Children. (2002). *Early learning standards: Creating the conditions for success.* Retrieved August 11, 2006, from http://www.naeyc.org/. . . positions/pdfposition_statement.pdf

Noonan, M. J. & McCormick, L. (2006). *Young children with disabilities in natural environments.* Baltimore: Brookes.

Odom, S. L. (Ed.). (2002). *Widening the circle: Including children with disabilities in preschool programs.* New York: Teachers College Press.

Ozonoff, S., Rogers, S. J. & Hendren, R. L. (Eds). (2003). *Autism spectrum disorders.* Washington, DC: American Psychiatric Publishing.

Public Laws 85-926, 88-164, 90-538, 92-424, 93-380, 94-142,95-568,98-199,99-457,101-336,101-476, 102-119, 105-17,108-446.Washington, DC: U.S. Government Printing Office.

Rapport, M. J., McWilliam, R. A. & Smith, J. (2004). Practices across disciplines in early intervention: The Research Base. *Infants and Young Children,* 17(1), 32-44.

Reynolds, A. J.,Temple, J. A., Robertson, D. L., & Mann, E.A. (2001). Long-term effects of an early childhood intervention on educational achievement and juvenile arrest–A 15-year follow-up of low-income children in public schools. *Journal of the American Medical Association*, 285(18), 2339-2346.

Sandall, S., Hemmeter,M. L., Smith, B. J., & McLean, M. E. (2004). *DEC recommended practices: A comprehensive guide for practical application in early intervention/early childhood special education. Longmont,* CO: Sopris West.

Sandall, S., McLean, M. E., & Smith, B. J. (2000). *DEC recommended practices in early intervention/early childhood special education. Longmont,* CO: Sopris West.

Scheuermann, B. & Webber, J. (2002). *Autism: Teaching does make a difference.* Belmont, CA:Wadsworth/Thomson Learning.

Schweinhart, L. J.& Weikart,D.P.(1988).The High/Scope Perry Preschool Program.In R.H.Price, E. L.Cowen, R. P. Lorion & J. R. McKay (Eds.), *14 ounces of prevention* (pp. 53-65). Washington, DC: American Psychological Association.

Shearer,D. E. & Shearer,M. S. (1976).The Portage Project: A model for early childhood intervention. In T. D. Tjossem (Ed.), *Intervention strategies for high risk infants and young children.*

Baltimore: University Park Press.

Shonkoff, J. P. & Meisels, S. J. (Eds.). (2000). *Handbook of early childhood intervention.* Cambridge: Cambridge University Press.

Shonkoff, J.P.& Phillips,D. A.(Eds.).(2000). *From neurons to neighborhoods: The science of early child development.* Washington,DC:National Academy Press.

Simpson, R. L. (2005). *Autism spectrum disorders: Interventions and treatments for children and youth.* Thousand Oaks, CA: Corwin Press.

Skeels, H. (1942). A study of the effects of differential stimulation on mentally retarded children: A followup study. *American Journal of Mental Deficiency,* 46, 340-350.

Skeels, H. (1966). Adult status of children with contrasting early life experiences. *Monographs of the Society for Research in Child Development, 32(2).*

Skeels, H. & Dye, H. A. (1939). A study of the effects of differential stimulation on mentally retarded children. *Proceedings of the American Association on Mental Deficiency,* 44, 114-136.

Swan,W. (1981). Programs for handicapped infants and their families supported by the office of special education. *The Communicator,* 7(2), 1-15.

Talbot, M. E. (1964). *Edward Seguin–A study for an educational approach to the treatment of mentally defective children.* New York: Columbia University Teachers College.

Wasik, B. H. & Bryant, D. M. (2000). *Home visiting: Procedures for helping families.* Thousand Oaks, CA: Sage.

Wesley, P. W. & Buysee, V. (2004). Consultation as a framework for productive collaboration in early intervention. *Journal of Educational and Psychological Consultation,* 15(2), 127-150.

Wolery, M. & Wilbers, J. S. (Eds.). (1994). *Including children with special needs in early childhood programs.* Washington, DC:National Association for the Education of Young Children.

Zigler,E.(1978).The effectiveness of Head Start: Another look. *Educational Psychologist,* 13, 71-77.

Chapter 2

Banks, J. B. (2002). Childhood discipline: Challenges for clinicians and parents. *American Family Physician,* 66(8).

Barber, P. A.,Turnbull, A. P., Behr, S. K., & Kerns, G. M. (1988). Family systems perspective on early childhood special education. In S. L. Odom & M. B. Karnes (Eds.), *Early intervention for infants and children with handicaps* (pp. 179-198). Baltimore: Brookes.

Beach Center on Disability. (2001). *Family Quality of Life Survey.* Lawrence: University of Kansas.

Bernstein,V. J. (2002, Summer). Supporting the parentchild relationship through home visiting. *IDA News,* 29(2), 1-8.

Bill, P. (2000). *Father's involvement is important.* Minneapolis: Pacer Center.

Boyd, D. (1950). *The three stages.* New York: National Association for Retarded Children.

Carter, B.& McGoldrick,M.(Eds.). (1999). *The expanded family life cycle: Individual, family and social perspectives.* Boston: Allyn & Bacon.

Chao, R. & Tseng, V. (2002). Parenting of Asians. In M. H. Bornstein (Ed.), *Handbook of parenting: Social conditions and applied parenting* (pp.59-93). Mahwah, NJ: Lawrence Erlbaum Associates.

Collins,W. A., Maccoby, E. E., Steinberg, L., Hetherington, E. M. & Bornstein, M. H. (2000). Contemporary research on parenting: The case for nature and nurture. *American Psychologist,* 55, 218-232.

Cook, R. E.,Tessier, A., & Klein, M. D. (1996). *Adapting early childhood curricula for children in inclusive settings* (4th ed.). Upper Saddle River, NJ: Merrill/ Prentice Hall.

Dabkowski, D. M. (2004). Encouraging active parent participation in IEP team meetings. *Teaching Exceptional Children,* 36, 4-39.

Eldridge, D. (2001). Parent involvement: It's worth the effort. *Young Children,* 56(4), 65-69.

Finn, C. D. (2003). Cultural models for early caregiving. *Zero to Three,* 23(5), 40-45.

Gonzalez-Mena, J. (2001). *Multicultural issues in child care.* Mountain View, CA:Mayfield.

Guthrie, A. C. (2000). Fathers' involvement in programs for young children. *Young Children,*

55(4), 75-79.

Hanft, B. E.,Rush,D.D.,& Shelden,M.L. (2004). *Coaching families and colleagues in early childhood.* Baltimore: Brookes.

Hanson, M. J. & Lynch, E. W. (2004). *Understanding families–Approaches to diversity, disability, and risk.* Baltimore: Brookes.

Hanson,M.J. & Zercher,C. (2001).The impact of cultural and linguistic diversity in inclusive preschool environments. In M. Guralnick (Ed.), *Early childhood inclusion: Focus on change* (pp. 413-431). Baltimore: Brookes.

Holzman, M. (2004). *Public education and black male students: A state report card.* Cambridge, MA: Schott Foundation for Public Education.

Johnson, C. P. & Kastner,T.A. (2005). Helping families raise children with special health care needs at home. *Pediatrics, 115*(2), 507-511.

Kübler-Ross, E. (1969). *On death and dying.* New York: Macmillan.

Kunjufu, J. (2005). *Keeping black boys out of special education.* Chicago: African American Images.

Lamorey, S. (2002). Evil eyes, prayer meetings and IEPs. *Teaching Exceptional Children,* 34(5), 67-71.

Lavin, J. L. (2001). *Special kids need special parents.* New York: Berkeley.

Lessenberry, B. M. & Rehfeldt, R. A. (2004). Evaluating stress levels of parents of children with disabilities. *Exceptional Children,* 70(2), 231-244.

McWilliam, R. & Scott, S. (2001). A support approach to early intervention: A three-part framework. *Infants and Young Children,* 12(4), 55-66.

Moore, M. L., Howard, V. F., & McLaughlin, T. F. (2002). Siblings of children with disabilities: A review and analysis. *International Journal of Special Education, 17*(1), 49-64.

Moses, K. (1987, Spring).The impact of childhood disability: The parents' struggle.*WAYS*, pp. 6-10.

Pacer Center. (2000). Father's involvement is important. *Fact Sheet.* Minneapolis: Author.

Pacer Center. (2001).Tips for parents from siblings' viewpoints. *Early Childhood Connection.* Minneapolis: Author.

Poyadue,F. (1998). *Helping families travel an unchosen path.* Santa Clara, CA: Parents Helping Parents.

Public Laws 94-142, 105-17, 107-110, 108-446. Washington, DC:U.S.Government Printing Office.

Purcell,M.L., Turnbull, A.,& Jackson,C.W. (2006).Linking early childhood inclusion and family quality of life. *Young Exceptional Children,* 9(3), 10-19.

Sameroff, A. J.,& Fiese, B. H. (2000).Transactional regulation: The developmental ecology of early intervention. In J. P. Shonkoff & S. J. Meisels (Eds.), *Handbook of early childhood Intervention (2nd ed.),* pp.135-159. New York:Cambridge University Press.

Santelli, B., Poyadue, F.,& Young, J. (2001). *The parent to parent handbook: Connecting families of children with special needs.* Baltimore: Brookes.

Shea,T.& Bauer,A. (2002). *Parents and schools: Creating a successful partnership for students.* Upper Saddle River, NJ: Merrill /Prentice Hall.

Smith, T. B., Oliver, M. N., & Innocenti, M. S. (2001). Parenting stress in families of children with disabilities. *American Journal of Orthopsychiatry,* 71, 257-261.

Smith,T. E. C., Gartin, B. C., Murdick, N. L., & Hilton, A. (2006). *Families and children with special needs.* Upper Saddle River, NJ: Pearson.

Turbiville,V. P. & Marquis, J. G. (2001). Father participation in early education programs. *Topics in Early Childhood Special Education,* 21(4), 223-232.

Turnbull, A. P., Summers, J. A., Brotherson, M. J. (1983). *Working with families with disabled members: A family systems approach.* Lawrence: University of Kansas, Kansas University Affiliated Facility.

Turnbull, A. P. & Turnbull, H. R. (2001). *Families, professionals, and exceptionality:A special partnership.* Upper Saddle River, NJ: Merrill /Prentice Hall.

Vacca, J. & Feinberg, E. (2000). Rules of engagement: Initiating and sustaining a relationship with families who have mental health disorders. *Infants and Young Children,* 13, 51-57.

Varias, L. (2005). Bridging the widest gap. *Educa-*

tion Update, 47(8).

Wasik, B. H. & Bryant, D. M. (2000). *Home visiting.* Thousand Oaks, CA: Sage.

Zeanah, C. H. (Ed.). (2000). *Handbook of infant mental health* (2nd ed.).New York: Guilford.

Chapter 3

Alper, S. & Mills, K. (2000). Nonstandardized assessment in inclusive settings. In S. K. Alper, D. L. Ryndak, & C. N. Schloss (Eds.), *Alternate assessment of students with disabilities in inclusive settings* (pp. 54-74). Austin,TX: PRO-ED.

Bondurant-Utz, J. A. (2002). *Practical guide to assessing infants and preschoolers with special needs.* Upper Saddle River, NJ: Merrill /Prentice Hall.

Bricker, D. D. (2002). *Assessment, evaluation, and programming system for children.* Baltimore: Brookes.

Conroy,M. A. & Paolini, S. (2000). Assessment of infants and young children with disabilities. In S. K. Alper, D. L. Ryndak, & C. N. Schloss (Eds.), *Alternate assessment of students with disabilities in inclusive settings* (pp. 199-219). Austin,TX: PRO-ED.

Gargiulo, R. & Kilgo, J. (2005). *Young children with special needs.* Clifton Park, NY:Thomson Delmar Learning.

Grisham-Brown, J. (2000). Transdisciplinary activity-based assessment of young children with multiple disabilities. *Young Exceptional Children,* 3(2), 3-10.

Guralnick,M. J. (2000). *Interdisciplinary clinical assessment of young children with developmental disabilities.* Boston: Brookes.

Jarrett, M. H., Browne, B. C., & Wallin, C. M. (2006). Using portfolio assessment to document developmental progress in infants and toddlers. *Young Exceptional Children*, 10(1), 22-32.

Jones, J. (2004). Framing the assessment discussion. *Young Children*, 59(1), 14-18.

Linder, T. W. (1993). *Transdisciplinary play-based assessment.* Baltimore: Brookes.

Linder,T. W. (2000).Transdisciplinary play-based assessment. In K. Gitlin-Weiner, A. Sandgrund, & C. Schaefer (Eds.), *Play diagnosis and assessment* (pp.139-166). New York:Wiley.

McLean, M.,Wolery, M., & Bailey, D. B. (2003). *Assessing infants and preschoolers with special needs.* Upper Saddle River, NJ: Prentice Hall.

Meisels, S. J. (1996). Charting the continuum of assessment and intervention. In S. J. Meisels & E. Fenichel (Eds.), *New visions for the developmental assessment of infants and young children* (pp. 27-52), Washington, DC: Zero to Three.

Meisels, S. J. (2001). Fusing assessment and interventions: Changing parents' and providers' views of young children. *Zero to Three, 21(4)*, 4-10.

Meisels,S. J.,Dombro, A.L.,Marsden,D.B., Weston,D. R.,& Jewkes,A. (2002). *The Ounce of Prevention Scale.* Ann Arbor: University of Michigan, School of Education.

Mindes, G. (2003). *Assessing young children.* Upper Saddle River,NJ: Merrill/ Prentice Hall.

National Association for the Education of Young Children. (1988). Position statement on standardized testing of young children 3 through 8 years of age. *Young Children,* 43, 42-47.

National Association for the Education of Young Children & National Association of Early Childhood Specialists in State Departments of Education. (2004). *Young Children,* 59(1), 51-52.

Neisworth, J. & Bagnato, S. (2000). Recommended practices in assessment. In S. Sandall, M. McLean, & B. Smith (Eds.), *DEC recommended practices for early intervention/early childhood special education* (pp. 17-28). Longmont, CO: Sopris West.

Neisworth, J. & Bagnato, S. (2005). DEC recommended practices: Assessment. In S. Sandall, M. L.Hemmeter, B. J. Smith, & M. E. McLean (Eds.), *DEC recommended practices:A comprehensive guide for practical application in early intervention/early childhood special education* (pp. 45-69). Longmont, CO:Sopris West.

Noonan, M. J. & McCormick, L. (2006). *Young children with disabilities.* Baltimore: Brookes.

Pretti-Frontczak, K. & Bricker, D. (2000). Enhancing the quality of individualized education plan (IEP) goals and objectives. *Journal of Early Intervention,* 23(2), 92-105.

Provence, S., Erikson, J.,Vater, S., & Palmeri, S. (1995). *Infant-Toddler Developmental Assess-*

ment: IDA. Chicago:Riverside.

Puckett, M. B. & Black, J. K. (2007). *Meaningful assessments of young children.* Upper Saddle River, NJ: Merrill/Prentice Hall.

Salvia, J. & Ysseldyke, J. E. (2007). *Assessment in special and inclusive education* (10th ed.). Boston:Houghton Mifflin.

Shea, T. M. & Bauer, A. M. (2002). *Parents and teachers of children with exceptionalities: A handbook for collaboration.* Boston: Allyn & Bacon.

Spies, R.A. & Plake, B. S. (2005). *Buros mental measurements yearbook.* Lincoln: University of Nebraska Press.

Twombly, E. (2001). Screening, assessment, curriculum planning and evaluation: Engaging parents in the process. *Zero to Three,* 21(4), 36-41.

Wieder, S. & Greenspan, S. (2001).The DIR approach to assessment and intervention planning. *Zero to Three,* 21(4), 11-19.

Wolery, M., Brashers, M. S., & Neitzel, J. C. (2002). Ecological congruence assessment for classroom activities and routines: Identifying goals and intervention practices in childcare. *Topics in Early Childhood Special Education,* 22(3), 131-142.

Wolery, M.,Strain,P.,& Bailey,D.(1992). Reaching potentials of children with special needs. In S. Bredekamp & T. Rosegrant (Eds.), *Reaching potentials: Appropriate curriculum assessment for young children* (pp. 92-111).Washington, DC: National Association for the Education of Young Children.

Chapter 4

Bruder, M. B. (2005). Service coordination and integration in a developmental systems approach to early intervention. In M. J. Guralnick (Ed.), *The developmental systems approach to early intervention* (pp. 29-58). Baltimore: Brookes.

Deal, A.G., Dunst, C. J.,& Trivette,C.M. (1989). A flexible and functional approach to developing individualized family services. *Infants and Young Children,* 1(4), 32-43.

Dunst, C. J. & Bruder, M. B. (2006). Early intervention service coordination models and service coordinator practices. *Journal of Early Intervention,* 28(3), 155-165.

Hanson, M. J. & Lynch, E.W. (2004). *Understanding families.* Baltimore: Brookes.

Harbin, G. L., Bruder, M. B., Adams, C., Mazzarella, C., Whitbread, K., Gabbard,G., et al. (2004). Early intervention service coordination policies: National policy infrastructure. *Topics in Early Childhood Special Education,* 24(2), 89-97.

Noonan, M. J. & McCormick, L. (2006). *Young children with disabilities in natural environments.* Baltimore: Brookes.

Pretti-Frontczak, K. & Bricker, D. (2000). Enhancing the quality of individualized education plan (IEP) goals and objectives. *Journal of Early Intervention,* 23(2), 92-105.

Public Laws 99-457, 105-17, and 108-446.Washington, DC:U.S.Government Printing Office.

Sandall, S., Hemmeter,M. L., Smith, B. J., & McLean, M. E. (Eds.).(2005). *DEC recommended practices: A comprehensive guide for practical application in early intervention/early childhood special education.* Missoula, MT: Division for Early Childhood, Council for Exceptional Children.

Turnbull, A.,Turnbull, R., Erwin, E., & Spodak, L. (2006). *Families, professionals, and exceptionality.* Upper Saddle River, NJ: Merrill/Prentice Hall.

Chapter 5

American Psychiatric Association. (2000). *Diagnostic and statistical manual of mental disorders* (4th ed.).Washington, DC: Author.

Anastasiow, N. J. (1978). Strategies and models for early childhood intervention programs in integrated settings. In M. J. Guralnick (Ed.), *Early intervention and integration of handicapped and nonhandicapped children* (pp.85-111). Baltimore:University Park Press.

Ayres, A. J. (2005). *Sensory integration and the child: 25th anniversary edition.* Los Angeles:Western Psychological Services.

Bondy, A. & Frost, L. (2002). *A picture's worth: PECs and other visual communication strategies for autism.* Bethesda, MD:Woodbine House.

Bowe, F. G. (2004). *Early childhood special education: Birth to eight.* Clifton Park, NY: Delmar

Learning.

Bricker, D. (1998). *An activity-based approach to early intervention.* Baltimore: Brookes.

Bricker,W. A., & Bricker, D. D. (1974). An early language training strategy. In R. L. Schiefelbusch & L. L. Lloyd (Eds.), *Language perspectives–Acquisition, retardation and intervention.* Baltimore: University Park Press.

Bruner, J. (1982). The organization of action and the nature of the adult-infant transaction. In E.Tronick (Ed.), *Social interchange in infancy: Affect, cognition and communication* (pp. 23-35). Baltimore: University Park Press.

Buysse,V.,Wesley, P.W., Snyder, P., & Winton, P. (2006). Evidence-based practice: What does it really mean for the early childhood field? *Young Exceptional Children,* 9(4), 2-11.

Chasnoff, I. J. (2001). *The nature of nurture: Biology, environment and the drug-exposed child.* Chicago: NTI Publishing.

Cook,R.E.(1986).Motivating children to succeed. *Santa Clara,* 28, 7-10.

Feuerstein, R., Rand,Y., Hoffman, M., & Miller, R. (1980). *Instrumental enrichment.* Baltimore: University Park Press.

Gray, C. (2006). *The new social storybook: Illustrated edition.* Arlington,TX: Future Horizons, Inc.

Gray, C. & White, A. L. (2002). *My social stories book.* New York: Jessica Kingsley.

Greenspan, S. J. & Weider, S. (2006). *Helping children relate, communicate and think with DIR Floortime approach.* Cambridge,MA:Da Capo Press.

Horn, E., Lieber, J., Li, S. M., Sandall, S., & Schwartz, I. (2000). Supporting young children's IEP goals in inclusive settings through embedding learning opportunities. *Topics in Early Childhood Special Education,* 20, 208-223.

Klein, D., Cook, R. E., & Richardson-Gibbs, A. M. (2001). *Strategies for including children with special needs in early childhood settings.* Albany, NY: Delmar/Thomson Learning.

Koegel, R. L. & Koegel, L. K. (2006). *Pivotal response treatments for autism: Communication, social and academic development.* Baltimore: Brookes.

Linder, T. (1983). *Early childhood special education program development and administration.* Baltimore: Brookes.

Lord, C. & McGee, J. P. (2001). *Educating children with autism.* Washington, DC: National Academy Press.

MacDonald, J.(1989). *Becoming partners with children: From play to conversation.* San Antonio,TX: Special Press.

MacNamara, J.(1972).Cognitive basis of language learning in infants. *Psychological Review,* 79, 1-13.

Magnusen, C. L. & Atwood,T. (2006). *Teaching children with autism and related spectrum disorders: An art and a science.* Philadelphia: Jessica Kingsley.

Maslow, A. H. (1998). *Toward a psychology of being.* New York:Van Nostrand Reinhold.

McLean, J. & Snyder-McLean, L. (1978). *Transactional approach to early language training.* Upper Saddle River, NJ: Merrill/Prentice Hall.

Mesibov, G. B., Shea, V., & Schopler, E. (2004). *The TEACCH approach to autism spectrum disorders.* New York: Springer.

Rossetti,L.M.(2001). *Communication intervention:Birth to three.* Albany,NY: Singular/ Thomson Learning.

Slavin,R.E.(2006).*Educational psychology: Theory and practice.* Boston: Pearson Education.

Squires, J. & Bricker, D. (2006). *Activity-based approach to developing young children's social and emotional competence.* Baltimore: Brookes.

Streissguth, A. & O'Malley, K. (2000). Neuropsychiatric implications and long-term consequences of fetal alcohol spectrum disorders. *Seminars in Clinical Neuropsychiatry,* 5, 177-190.

Torelli, L. & Durrett, C. (2004,Winter). Landscape for learning: The impact of classroom design on infants and toddlers. *Connections,* pp. 11-13.

Vincent, L. (1988, March). *Curriculum development.* Inservice training for early childhood specialeducation teachers. Los Angeles Unified School District, Los Angeles, CA.

Vygotsky, L.(1980). *Mind in society: The development of higher psychological processes.* Cambridge, MA: Harvard University Press.

Walker, J. E., Shea,T. M., & Bauer, A. (2006). *Behavior management:A practical approach for educators*. Upper Saddle River, NJ: Merrill /Prentice Hall.

White, R. (1959). Motivation reconsidered: The concept of competence. *Psychology Review,* 66, 297-333.

Chapter 6

Ainsworth, M. D. (1973). The development of infantmother attachment. In B. M. Caldwell & H. Riciutti (Eds.), *Review of child development research* (Vol.3, pp.1-94).Chicago:University of Chicago Press.

Ainsworth, M. D. & Wittig, B. A. (1969). Attachment and exploratory behavior in one-year-olds in a strange situation. In B. M. Foss (Ed.), *Determinants of infant behavior* (Vol. 4, pp. 129-173). London: Metheun.

Allen, K. E. & Cowdery, G. E. (2005). *The exceptional child–Inclusion in early childhood education.* Clifton Park,NY: Thomson/Delmar Learning.

Bailey, E.W. (1978). Ongoing data collection in the classroom. Seattle,WA:Western States Technical Assistance Resource.

Blackwell, P. L. (2004).The idea of temperament: Does it help parents understand their babies? *Zero to Three*, 24(4), 37-41.

Bowlby, J. (1982). *Attachment and loss:Vol. 1. Attachment.* New York: Basic Books. (Original work published 1969)

Bromwich, R. (1997). *Working with parents and infants: An interactional approach.* Baltimore: University Park Press.

Brown, M. & Bergen, D. (2002). Play and social interaction of children with disabilities at learning/activity centers in an inclusive preschool. *Journal of Research in Childhood Education,* 17(1), 26-37.

Chandler, L. (1998). Promoting positive interaction between preschool-age children during free play: The Pals Center. *Young Exceptional Children,* 2(2), 14-19.

Cicchetti, D. & Toth, S. L. (1987). The application of a transactional risk model to intervention with multirisk maltreating families. *Zero to Three,* 7(5), 1-8.

Connor, F. P.,Williamson, G. G., & Siepp, J. M. (1978). *Program guide for infants and toddlers with neuromotor and other developmental disabilities.* New York: Teachers College Press.

Cook,R.E.(1986).Motivating children to succeed. *Santa Clara*, 28, 7-10.

Dicker, S. & Gordon, E. (2006). Critical connections for children who are abused and neglected. *Infants and Young Children,* 19(3), 170-178.

Erikson, E. H. (1971). A healthy personality for every child. In R. H. Anderson & H.G. Shane (Eds.), *As the twig is bent.* Boston: Houghton Mifflin.

Erikson, E. H. (1993). *Childhood and society.* New York: Norton. (Original work published 1963)

Fox, C., Dunlap, G., & Cushing, L. (2002). Early intervention, positive behavior support, and transition to school. *Journal of Emotional and Behavior Disorders, 10(3)*, 149-158.

Fraiberg, S. (1974). Blind infants and their mothers: An examination of the sign system. In M. Lewis & L. Rosenblum (Eds.), *The effect of the infant on its caregivers.* New York:Wiley.

Greenspan, S. I. & Greenspan,N.T. (1985). *First feelings: milestones in the emotional development of your baby and child from birth to age four.* New York: Viking Penguin.

Greenspan,S. I.(1990,September). An intensive approach to a toddler with emotional, motor and language delays: A case report. *Zero to Three*, 1(1), 20-26.

Greenspan, S. I. (1992). *Infancy and early childhood:The practice of clinical assessment and intervention with emotional and developmental challenges.* Madison,CT: International Universities Press.

Greenspan,S. I.,& Weider,S.(1998). *The child with special needs: Encouraging intellectual and emotional growth.* Reading,MA: Addison-Wesley.

Greenspan, S. I. & Weider, S. (2005). *Infant and early childhood mental health: A comprehensive developmental approach to assessment and intervention.* Arlington,VA: American Psychiatric Association.

Guralnick, M. J. & Neville, B. (1997). Designing early intervention programs to promote children's social competence. In M. J. Guralnick

(Ed.), *The effectiveness of early intervention* (pp. 579-610). Baltimore: Brookes.

Hanson, R. F. & Spratt, E. G. (2000). Reactive attachment disorder: What we know about the disorder and implications for treatment. *Child Maltreatment*, 5, 137-145.

Haugaard, J. J. & Hazan, C. (2004). Recognizing and treating uncommon behavioral and emotional disorders in children and adolescents who have been severely maltreated: Reactive attachment disorder. *Child Maltreatment*, 9(2), 154-160.

Hewett, F. M. & Taylor, F. D. (1980). *The emotionally disturbed child in the classroom* (2nd ed.). Boston: Allyn & Bacon.

Kirkhart, R. & Kirkhart, E. (1972). The bruised self: Mending in early years. In K.Yamamoto (Ed.), *The child and his image* (pp. 121-177). Boston: Houghton Mifflin.

Klein, M. D., Cook, R. E., & Richardson-Gibbs, A. M. (2001). Preventing and managing challenging behaviors. *In Strategies for including children with special needs in early childhood settings* (pp. 79-100). Albany, NY: Delmar/Thomson Learning.

Koegel, L. K., Koegel, R. L., & Dunlap, G. (Eds.). (1996). *Positive behavior support.* Baltimore: Brookes.

Kollins, S.H.& Greenhill, L. (2006). Evidence base for the use of stimulant medication in preschool children with ADHD. *Infants and Young Children,* 19(2), 132-141.

Lau, C., Higgins, K., Gelfer, J., Hong, E., & Miller, S. (2005). The effects of teacher facilitation on the social interactions of young children during computer activities. *Topics in Early Childhood Special Education,* 24(4), 208-217.

Linder,T. (1993). *Transdisciplinary play-based assessment: A functional approach to working with young children.* Baltimore: Brookes.

Lyons-Rich, K., Connell, D. B., Zoll, D., & Stahl, J. (1987). Infants and social risk: Relations among infant maltreatment, maternal behavior and infant attachment behavior. *Developmental Psychology, 123*(2), 223-232.

Maslow, A. H. (1968). *Toward a psychology of being.* New York:Van Nostrand Reinhold.

Miller,D. F. (2007). *Positive child guidance.* Clifton Park, NY: Thomson/Delmar Learning.

Morris, S. (2002). Promoting social skills among students with nonverbal learning disabilities. *Teaching Exceptional Children,* 34, 66-71.

Nelson,L. J.,Rubin,K.H.,& Fox,N. A. (2005). Social withdrawal, observed peer acceptance, and the development of self-perceptions in children ages 4 to 7 years. *Early Childhood Research Quarterly, 20,* 185-200.

Noonan, M. J. & McCormick, L. (2006). *Young children with disabilities in natural environments.* Baltimore: Brookes.

Odom, S. L., McConnell, S. R., McEvoy,M.A., Peterson, C., Ostrosky, M., Chandler, L. K., et al. (1999). Relative effects of interventions supporting the social competence of young children with disabilities. *Topics in Early Childhood Special Education, 19,* 75-91.

Parten, M. B. (1932). Social participation among preschool children. *Journal of Abnormal and Social Psychology*, 27, 243-269.

Pelco, L. E. & Reed-Victor, E. (2003). Understanding and support differences in child temperament. *Young Exceptional Children, 6*(3), 2-11.

Piaget, J. (1963). *Play, dreams, and imitations in childhood.* New York: Norton.

Pierce-Jordan, S. & Lifter, K. (2005). Interaction of social and play behaviors in preschoolers with and without pervasive developmental disorder. *Topics in Early Childhood Special Education,* 25(1), 34-47.

Rappley, M. D. (2006). Actual psychotropic medication use in preschool children. *Infants and Young Children,* 19(2), 154-163.

Rosenberg, N. & Boulware, G. (2005). Playdates for young children with autism and other disabilities. *Young Exceptional Children,* 8(2), 11-20.

Ruff, H. & Capozzoli,M.C. (2003).Development of attention and distractibility in the first 4 years of life. *Developmental Psychopathology*, 39, 877-890.

Sameroff, A. J. & Mackenzie, M. J. (2003). A quartercentury of the transactional model. *Zero to Three,* 24(1), 14-22.

Schneider,M. (2002). *Do school facilities affect academic outcomes?* Washington, DC: National

Clearinghouse for Educational Facilities.

Smith, J. M. & Smith, D. E. (1976). *Child management.* Champaign, IL: Research Press.

Snowman, J. & Biehler, R. F. (2004). *Psychology applied to teaching.* Boston: Houghton Mifflin.

Strain, P. S. & Hemmeter,M. L. (1997).Keys to being successful when confronted with challenging behaviors. *Young Exceptional Children,* 1(1), 2-8.

Sturm, L. (2004). Temperament in early childhood: A primer for the perplexed. *Zero to Three*, 24(4), 4-11.

Taylor, A.S.,Peterson,C. A.,McMurray-Schwarz,P.,& Guillou, T. S. (2002). Social skills interventions: Not just for children with special needs. *Young Exceptional Children*, 5(4),19-26.

Texas Tech University (1984). *The special child: Student laboratory manual.* Lubbock,TX:Home Economics Curriculum Center.

Thomas, A., Chess, S., & Birch, H. G. (1968). *Temperamental and behavior disorders in children.* New York:New York University Press.

Thomas, A., Chess, S., & Birch,H.G. (1970). The origin of personality. *Scientific American*, 223, 102-109.

Thomas, A., Chess, S., & Korn, S. J. (1982). The reality of difficult temperament. *Merrill-Palmer Quarterly, 28*, 1-20.

Tomlin, A.M. (2004).Thinking about challenging behaviors in toddlers: Temperament style or behavior disorder? *Zero to Three, 24*(4), 29-36.

Walker, J. E., Shea,T. M., & Bauer, A. (2006). *Behavior management:A practical approach for educators.* Upper Saddle River, NJ: Merrill/Prentice Hall.

Werner, E. E. (2000). Protective factors and individual resilience. In J. P. Shonkoff & S. J. Meisels (Eds.), *Handbook of early childhood intervention* (pp. 115-132). New York: Cambridge University Press.

Wolraich, M. L. (2006). Attention-deficit/ hyperactivity disorder: Can it be recognized and treated in children younger than 5 years? *Infants and Young Children, 19*(2), 86-93.

Chapter 7

Apgar,V. & James, L. S. (1962). Further observations on the Newborn Scoring System. *American Journal of Diseases of Children,* 104, 419-428.

Ayres, A. J. (1979). *Sensory integration and the child.* Los Angeles: Western Psychological Services.

Ayres, A. J.(1994). *Sensory integration and learning disorders.* Los Angeles:Western Psychological Services.

Ayres, A. J. (2005). *Sensory integration and the child: 25th anniversary edition.* Los Angeles:Western Psychological Services.

Batshaw, M. L. (2002). *Children with disabilities.* Baltimore: Brookes.

Best, S. J., Heller,K.W., & Bigge, J. L.(2004). *Teaching individuals with physical and multiple disabilities.* Upper Saddle River, NJ: Merrill/Prentice Hall.

Blasco, P. M. (2001). *Early intervention services for infants, toddlers and their families.* Boston: Allyn & Bacon.

Bobath, K. & Bobath, B. (1984).The neuro-developmental treatment. In D. Scurtton (Ed.), *Management of the motor disorders of children with cerebral palsy.* Philadelphia: J. Lippincott.

Brazelton,T. B. (1996). *Neonatal Behavioral Assessment Scale.* London: Cambridge University Press.

Bricker,D. (2002). *Assessment, evaluation, and programming system for infants and children.* Baltimore: Brookes.

Copeland, M. E. & Kimmel, J. R. (1989). *Evaluation and management of infants and young children with developmental disabilities.* Baltimore: Brookes.

Dunn, W. (2001). The sensations of everyday life: Empirical, theoretical, and pragmatic considerations. *American Journal of Occupational Therapy,* 55, 608-620.

Erikson, E. (1993). *Childhood and society.* New York: Norton.

Finnie, N. (1997). *Handling the young child with cerebral palsy at home.* New York: Dutton.

Greenspan, S. I. (2001).Working with children who have motor difficulties. *Scholastic Early Childhood Today*, 15(4), 20-21.

Hanson, M. J. & Harris, S. R. (1986). *Teaching the young child with motor delays.* Austin,TX: PRO-

ED.

Heller, K.W., Forney, P. A., Alberto, P. A., Schwartzman, M. N., & Goeckel, T. M. (2000). *Meeting physical and health needs of children with disabilities.* Belmont, CA:Wadsworth/Thomson Learning.

Hooper, S. & Umansky,W. (2003). *Young children with special needs.* Upper Saddle River, NJ: Merrill/Prentice Hall.

Howard,V. F.,Williams, B. F., & Lepper, C. (2005). *Very young children with special needs.* Upper Saddle River, NJ: Merrill Prentice Hall.

Howe, M. B., Brittain, L. A., & McCathren, R. B. (2004). Meeting the sensory needs of young children in classrooms. *Young Exceptional Children,* 8(1),11-19.

Humpal, M. E. & Wolf, J. (2003). Music in the inclusive environment. *Young Children,* 58(2), 103-107.

Klein,M.D., Cook, R. E., & Richardson-Gibbs,A.M.(2001). *Strategies for including children with special needs in early childhood settings.* Albany,NY:Delmar.

Lacy, A. (1981). *Dear Mom and Dad.* San Diego, CA: Project Hope, Superintendent of Schools, Department of Education, San Diego County.

Linder,T. (1996). *Transdisciplinary play-based assessment: A functional approach to working with young children.* Baltimore: Brookes.

Linder, T. (2000).Transdisciplinary play-based assessment. In K.Gitlin-Weiner, A.Sandgrund,& C.Schaefer (Eds.), *Play diagnosis and assessment* (pp. 139-166). NewYork:Wiley.

Morris, S. E. & Klein, M. D. (1998). *Pre-feeding skills: A comprehensive resource for feeding development. San Antonio*, TX: Psychological Corporation.

Noonan, M. J. & McCormick, L. (2006). *Young children with disabilities in natural environments.* Baltimore: Brookes.

Nugent, J. K., Keefer, C. H., O'Brien, S. A., Johnson, L., & Blanchard, Y. (2007). *Understanding newborn behavior and relationships:The newborn behavior observation (nbo) system handbook.* Baltimore: Brookes.

Palmer, H. (2001).The music, movement and learning connection. *Young Children,* 56(5), 13-17.

Piaget, J. (1952). *The origins of intelligence in children* (M.Cook, trans.).New York: International University Press.

Rogers-Warren, A.K. (1982). Behavioral ecology in classrooms for young handicapped children. *Topics in Early Childhood Special Education,* 2(1), 21-32.

Snell, M. E. & Brown, F. (Eds.) (2000). *Instruction of students with severe disabilities.* Upper River, NJ: Merrill/Prentice Hall.

Stern, F. M. & Gorga, D. (1998). Neurodevelopmental treatment (NDT): Therapeutic intervention and efficacy. *Infants and Young Children,* 1, 22-32.

Chapter 8

Ackley, R. S.,& Decker, T.N. (2006). Audiological advancement and the acquisition of spoken language in deaf children. In P. Spencer & M. Marschark (Eds.), *Advances in the spoken language development of deaf and hard-of-hearing children* (pp. 64-84). New York: Oxford University Press.

Adler, S. (1979). *Poverty children and their language: Implications for teaching and treating.* New York: Grune & Stratton.

Alpert, C. L. & Kaiser, A. P. (1992). Training parents as milieu language teachers. *Journal of Early Intervention,* 16(1), 31-52.

American Psychiatric Association. (2000). *Diagnostic and statistical manual of mental disorders* (Text revision).Washington, DC: Author. American Speech-Language-Hearing Association. (1991). Report: *Augmentative and alternative communication. American Speech-Language-Hearing Association, 33*(Suppl. 5), 9-12.

Bates, E. & McWhinney, B. (1988).What is functionalism? *Papers and Reports on Child Language Development,* 27, 137-152.

Beukelman, D. R. & Mirenda, P. (1998). *Augmentative and alternative communication: Management of severe communication disorders in children and adults.* Baltimore: Brookes.

Bountress, N. G. (1980). The Ann Arbor decision: Implications for the speech-language pathologist. *American Speech-Language-Hearing Association,* 22, 543-545.

Bruner, J. (1983). *Child's talk.* New York: Norton.

Bunce, B. (2003). Children with culturally diverse backgrounds. In L. McCormick, D. Loeb, & R. L. Schiefelbusch (Eds.), *Supporting children with communication difficulties in inclusive settings.* (2nd ed., pp. 367-408). Boston: Allyn & Bacon.

Campbell,A. & Namy, L. (2003).The role of social referential context and verbal and nonverbal symbol learning. *Child Development,* 74, 549-563.

Coates, D. L. & Lewis, M. (1984). Early mother infant interaction and cognitive status as predictors of school performance and cognitive behavior in six year olds. *Child Development 55,* 1219-1230.

Cross, T. (1984). Habilitating the language-impaired child: Ideas from studies of parent-child interaction. *Topics in Language Disorders,* 4, 1-14.

Fazzi,D. (2002).Developing cognition, concepts and language. In R. Pogrund & D. Fazzi (Eds.), *Early focus: Working with young children who are blind or visually impaired and their families* (2nd ed., pp. 107-153).New York: AFB Press.

Fraiberg, S. (1977). *Insights from the blind.* New York: Basic Books.

Frost, L. & Bondy, A. (1994). *The Picture Exchange Communication System training manual.* Cherry Hill, NJ: PECS, Inc.

Girolametto, L., Verbery, M. & Tannock, R. (1994). Improving joint engagement in parent-child interaction: An intervention study. *Journal of Early Intervention,* 18, 155-167.

Guitar, C. (1998). *Stuttering:An integrated approach to its nature and treatment* (2nd ed.) Baltimore: Williams and Wilkins.

Hage,C.& Leybaert, J. (2006).The effect of cued speech on the development of spoken language. In P. Spencer & M.Marschark (Eds.), *Advances in the spoken language development of deaf and hard-of-hearing children* (pp.193-211).New York:Oxford University Press.

Halle, J.W.,Alpert, C.,& Anderson, S. (1984).Natural environment language assessment and intervention with severely impaired pre-schoolers. *Topics in Early Childhood Special Education, 4,* 36-56.

Halliday, M. A. K. (1975). Learning how to mean. In E. Lenneberg & E. Lenneberg (Eds.), *Foundations of language development* (Vol. 1, pp. 17-32). New York: Academic Press.

Hendrick, J. (1980). *The whole child: New trends in early education.* St. Louis, MO:Mosby.

Hulit, L. (2004). *Straight talk on stuttering* (2nd ed.). Springfield, IL: Thomas.

Hulit, L. M. & Howard, M. R. (2006). *Born to talk: An introduction to speech and language development* (4th ed.). Boston: Pearson/Allyn & Bacon.

Hunt, N. & Marshall, K. (1994). Children who are deaf and hard-of-hearing.In N.Hunt & K.Marshall (Eds.), *Exceptional children and youth* (pp. 336-385). Boston: Houghton Mifflin.

Kelly, J. E., & Barnard, K. E. (2000). Assessment of parentchild interaction: Implications for early intervention. In J. P. Shonkoff & S. J. Meisels (Eds.), *Handbook of early childhood intervention* (2nd ed., pp. 258-289). New York: Cambridge University Press.

Klein, M. D. & Briggs, M. H. (1987). Facilitating mother-infant communicative interaction in mothers of high-risk infants. *Journal of Childhood Communication Disorders,* 10(2), 95-106.

Klein, M. D. & Chen, D. (2001). *Working with children from culturally diverse backgrounds.* Albany, NY: Delmar.

Klein, M. D., Chen, D., & Haney, M. (2000). *Promoting learning through active interactions.* Baltimore: Brookes.

Koegel, R. L. & Koegel, R. K. (2006). *Pivotal response treatments for autism.* Baltimore: Brookes.

Krashen, S. E. & Terrell,T. (1983). *The natural approach: Language acquisition in the classroom.* Oxford: Pergamon.

Lahey, M. (1988). *Language disorders and language development.* Upper Saddle River, NJ: Merrill/Prentice Hall.

Landry, S. H., Smith, K. E., & Miller-Loncar, D. (1997). Predicting cognitive, language and social growth curves from early maternal behaviors in children at varying degrees of biological risk. *Developmental Psychology,* 33, 1040-1053.

Landry, S. H.,Smith,K.E.,Swank,P. R.,& Miller-Loncar,C.L. (2000). Early maternal and child influences on children's later cognitive and social functioning. *Child Development, 71*, 358-375.

Leonard, L. B. (1998). *Children with specific language impairment.* Cambridge, MA: MIT Press.

Light, J. C. & Drager, K. D. 2002. Improving the design of augmentative and alternative technologies for young children. *Assistive Technology*, 14(1), 17-32.

Ling, D. (Ed.). (1984). *Early intervention for hearing impaired children: Oral options.* San Diego, CA: College-Hill Press.

Loeb,D.F. (2003).Diagnostic and descriptive assessment. In L. McCormick, D. F. Loeb, & R. L. Schiefelbusch (Eds.), *Supporting children with communication difficulties in inclusive settings* (2nd ed., pp. 189-234). Boston: Allyn & Bacon.

Mahoney, G. & Perales, F. (2003). Using relationshipfocused intervention to enhance the social-emotional functioning of young children with autism spectrum disorder. *Topics in Early Childhood Special Education,* 23(2),77-89.

Manolson, A. (1985). *It takes two to talk.* Toronto:Hanen Early Language Resource Center.

MacDonald, J. D. (1989). *Becoming partners with children: From play to conversation.* San Antonio,TX: Special Press.

McCormick, L., Loeb,D. F.,& Schiefelbusch,R. L. (2003b). *Supporting children with communication difficulties in inclusive settings* (2nd ed.). Boston:Allyn & Bacon.

McEachin, J., Smith,T., & Lovaas, O. I. (1993). Long-term outcomes for children with autism who received early intensive behavioral treatment. *American Journal on Mental Retardation,* 98, 359-372.

McGee,G.G., Morrier,M. J., & Daly,T. (1999). An incidental teaching approach to early intervention for toddlers with autism. *Journal of the Association for the Severely Handicapped, 24,* 133-146.

Meadows, D., Elias, G., & Bain, J. (2000). Mothers' ability to identify infants' communicative acts. *Journal of Child Language,* 27, 393-406.

Montgomery, J. (1992). Perspectives from the field: Language, speech, and hearing services in schools. *Language, Speech, and Hearing Services in Schools, 23*, 363-364.

Mundy,P.& Crowson,M.(1997). Joint attention and early social communication: Implications for research onintervention with autism. *Journal of Autism and Developmental Disorders, 27*(6), 653-676.

Nelson, K. (1986). *Event knowledge: Structure and function in development.* Hillsdale, NJ: Lawrence Erlbaum Associates.

Nicholas, J. G. & Geers, A. (2006).The process and early outcomes of cochlear implantation by three years of age. In P. Spencer & M. Marschark (Eds.), *Advances in the spoken language development of deaf and hard-of-hearing children* (pp. 271-297). New York: Oxford University Press.

Ogletree, B. & Oren,T. (1998). Structured yet functional: An alternative conceptualization of treatment for communication impairment in autism. *Focus on Autism, 13*(4), 228-233.

Owens, R. (2004). *Language disorders: A functional approach to assessment and intervention* (4th ed.). Boston: Allyn & Bacon.

Owens,R.E., Jr.(2000). *Language development* (3rd ed.). Upper Saddle River, NJ:Merrill/Prentice Hall.

Peck, C.A. (1985). Increasing opportunities for social control by children with autism and severe handicaps: Effects on learner behavior and perceived classroom climate. *Journal of the Association for Persons with Severe Handicaps,* 10, 183-193.

Pogrund, R. & Fazzi, D. (Eds.). (2002). *Early focus: Working with young children who are blind or visually impaired and their families* (2nd ed.). New York:AFB Press.

Prizant, B. M.,Wetherby, A. M., & Rydell, P. J. (2000). Communication intervention issues for young children with autism spectrum disorders. In A. M. Wetherby & B. M. Prizant (Eds.), *Autism spectrum disorders* (pp. 193-224). Baltimore: Brookes.

Prutting, C. & Kirchner,D. (1987). A clinical appraisal of the pragmatic aspects of language. *Journal of Speech and Hearing Disorders, 52,* 105-119.

Raver, S. A. (1987). Practical procedures for increasing spontaneous language in language delayed preschoolers. *Journal of,the Division for Early Childhood, 11*, 226-232.

Richard-Amato, P. A. (1988). *Making it happen: Interaction in the second language classroom.* White Plains,NY: Longman.

Roberts, J. & Burchinal, M. R. (2001). Otitis media and mediating effects on early literacy development. In S. Neuman & D. K. Dickinson (Eds.), *Handbook of early literacy research* (pp. 232-244). New York: Guilford Press.

Rogers-Warren, A. K., & Warren, S. (1984). The social basis of language and communication in severely handicapped preschoolers. *Topics in Early Childhood Special Education, 4*, 57-72.

Rogow, S. M. (2000). Communication and language: Issues and concerns. In B. Silverstone, M.A. Lang, B. P. Rosenthal, & E. Faye (Eds.), *The lighthouse handbook on vision impairment and vision rehabilitation: Vol.1.Vision impairment* (pp. 395-408). New York: Oxford University Press.

Rossetti, L. M. (2001). *Communication intervention: Birth to three* (2nd ed.). Albany,NY: Singular Press.

Sachs, J.(2001).Communication development in infancy. In J. B. Gleason (Ed.), *The development of language* (5th ed., pp. 40-69). Boston: Allyn & Bacon.

Stokoe,W. C. (2001). *Language in hand. Washington,* DC: Gallaudet University Press.

Tabors, P. O. (1997). *One child two languages: A guide for preschool educators of children learning English as a second language.* Baltimore: Brookes.

Tait, M. & Luttman, M. (1994). Comparison of early communicative behavior in young children with cochlear implants and hearing aids. *Ear and Hearing, 15*(5), 352-361.

Tallal,P.,Miller, S.,Bedi,G.,Byma,G.,Wang, X.,Nagarajan, S., et al. (1996). Language comprehension in languagelearning impaired children improved with acoustically modified speech. *Science, 271*, 81-84.

Tannock, R., Girolametto, L., & Siegel, L. (1992). Language intervention with children who have developmental delays: Effects of an interactive approach. *American Journal on Mental Retardation,* 97, 145-160.

Vygotsky, L. (1978). Mind in society: The development of higher order psychological processes. In M. Cole, J. Scribner, J. John-Steiner, & E. Souberman (Eds.), *Culture and thought: A psychological introduction. Cambridge,* MA: Harvard University Press.

Warren, S. & Kaiser, A. (1986). Incidental language teaching: A critical review. *Journal of Speech and Hearing Disorders, 51*, 291-298.

Weitzman, E. & Greenberg, J. (2002). *Learning language and loving it: A guide to promoting children's social, language, and literacy development in early childhood settings* (2nd ed.).Toronto: Hanen Centre.

Wetherby, A. M. & Prizant, B. M. (Eds.). (2000). *Autism spectrum disorders.* Baltimore: Brookes.

Yoshinaga-Itano, C. (2006). Early identification, communication modality, and the development of spoken language skills. In P. Spencer & M. Marschark (Eds.), *Advances in the spoken language development of deaf and hard-of-hearing children* (pp. 298-327). New York: Oxford University Press.

Chapter 9

Adams, M. (1990). *Learning to read: Thinking and learning about print.* Cambridge, MA: MIT Press.

Adams, M., Foorman, B., Lundberg, I., & Beeler,T. (1998). *Phonemic awareness in young children.* Baltimore: Brookes.

Atkinson, P. C. & Shiffin, P. M. (1968). Human memory: A proposed system and its control processes. In K.W. Spence & J. T. Spence (Eds.), *The psychology of learning and motivation:Advances in research and theory* (Vol. 2).New York: Academic Press.

Bell-Gredler, M. E. (1986). *Learning and instruction: Theory into practice.* Upper Saddle River, NJ:Merrill/Prentice Hall.

Bidell, R. R. & Fischer, W. W. (1989). Commentary. *Human Development, 32*, 363-368.

Boehm,A. E. (2001). *Boehm Test of Basic Concepts–3 Preschool.* New York: Psychological

Corporation.

Bunce, B. H. (2003). Children with culturally diverse backgrounds. In L. McCormick, D. R. Loeb, & R. L. Schiefelbusch (Eds.), *Supporting children with communication difficulties in inclusive settings*(2nd ed., pp. 367-408). Boston:Allyn & Bacon.

Case, R. (1985). *Intellectual development: A systematic reinterpretation.* New York: Academic Press.

Catts, H.W. & Kamhi,A.G. (Eds.). (2005). *Language and reading disabilities* (2nd ed.). Boston: Pearson.

Cook, R. E. & Slife, B. D. (1985). Developing problem solving skills. *Academic Therapy,* 21, 5-13.

Dickinson,D. K. & Tabors, P.O. (Eds.). (2001). *Beginning language with literacy:Young children learning at home and school.* Baltimore: Brookes.

Gallagher, J.M.& Reid,D. K. (1981). *The learning theory of Piaget and Inhelder.* Monterey, CA: Brooks/Cole.

Gardner,H.(2006). *Multiple intelligences:New horizons.* Jackson,TN: Perseus Books.

Gee, J. P. (2001). A sociocultural perpective on early literacy development. In D. Neuman & D. Dickinson(Eds.), *Handbook of early literacy research* (pp.30-42).New York: Guilford Press.

Gelman, R. & Brenneman, K. (2004). Science learning pathways for young children. *Early Childhood Research Quarterly,* 19(1), 150-158.

Goodman,K.& Goodman,Y. (1986). *What is whole about whole language.* Portsmouth, NH:Heinemann.

Hart, B. & Risley, T.R.(1999). *The social world of children learning to talk.* Baltimore: Brookes.

Heath, S. B. (1983). *Ways with words: Language, life and work in communities and classrooms.* Cambridge: Cambridge University Press.

Heath, S. B. (1986).Taking a cross-cultural look at narratives. *Topics in Language Disorders,* 7(1), 84-96.

Hemmeter, J. L., McCollum, J., & Hsieh, W. (2005). Practical strategies for supporting emergent literacy in the preschool classroom. In E. Horn & H. Jones (Eds.), *Supporting early literacy development in young children* (pp. 59-74) (Young Exceptional Children Monograph Series No. 7). Missoula, MT: Division for Early Childhood.

Hohmann, M. & Weikart, D. P. (2002). *Educating young children: Active learning practices for preschool and child care.* Ypsilanti, MI: High/Scope Press.

Katims,D. S.(1991).Emergent literacy in early childhood special education: Curriculum and instruction. *Topics in Early Childhood Special Education, 11*(1), 69-84.

McCathren, R. B. & Allor, J. H. (2005). Using storybooks with preschool children: Enhancing language and emergent literacy. In E. Horn & H. Jones (Eds.), *Supporting early literacy development in young children* (pp. 75-86) (Young Exceptional Children Monograph Series No. 7). Missoula,MT: Division for Early Childhood.

Moats, L. C. (2000). *Speech to print.* Baltimore: Brookes.

Morrison,G. S. (1991). *Early childhood education today* (5th ed.). Upper Saddle River, NJ: Merrill/Prentice Hall.

National Research Council. (2005). *Mathematical and scientific development in early childhood:A workshop summary.* Washington, DC: National Academy Press.

Neuman, S. B., Copple, C., & Bredekamp, S. (2000). *Learning to read and write: Developmentally appropriate practices for young children.Washington*, DC:National Association for the Education of Young Children.

Neuman,S.B.& Dickinson,D.K.(Eds.). (2001). *Handbook of early literacy research.* New York: Guilford Press.

Palakian, R. (2004). Early literacy and very young children. *Zero to Three,* 25(1), 37-44.

Piaget, J.(1954). *The construction of reality in the child.* New York: Basic Books.

Piaget, J. (1977). *The development of thought: Equilibration of cognitive structure.* New York: Viking Press.

Piaget, J. & Inhelder, B. (1969). *The psychology of the child.* New York: Basic Books.

Snow, C. E., Barnes,W. S., Chandler, J., Goodman, I. F., & Hemphill, L. (1991). *Unfulfilled expectations:Home and school influences on literacy.* Cambridge, MA: Harvard University Press.

Snow, C. E., Burns, M. S., & Griffin, P. (Eds.). (1998). *Preventing reading difficulties in young children.* Washington, DC: National Academy Press.

Strickland,D. S. & Shanahan,T. (2004).What the research says about reading:Laying the groundwork for literacy. *Educational Leadership, 61*(6), 74-77.

Tager-Flusberg, H. (2000). Understanding the language and communicative impairments in autism. In L. M. Glidden (Ed.), *Autism* (pp. 185-205). New York:Academic Press.

van Kleeck, A. (1990). Emergent literacy: Learning about print before learning to read. *Topics in Language Disorders, 10*(2), 25-45.

Vygotsky, L. S. (1986). *Thought and language.* Cambridge, MA: MIT Press.

Watson, L. R., Layton,T. L., Pierce, P. L., & Abraham, M.A. (1994). Enhancing emerging literacy in a language preschool. *Language, Speech and Hearing Services in Schools, 25*(3), 136-145.

Westby, C. (1985,August). *Cultural differences in caregiver child interaction.* Paper presented at the annual meeting of the American Speech-Language-Hearing Association, Albuquerque, NM.

Whitehurst, G. J. & Lonigan, C. J. (2001). Emergent literacy: Development from prereaders to readers. In S. Neuman & D. Dickinson (Eds.), *Handbook of early literacy research* (pp. 11-29). New York: Guilford Press.

Chapter 10

The content of this chapter is partly based on the works of M. D. Klein,A. M. Richardson-Gibbs, S. Kilpatrick, and K. Harris, in the implementation of Project Support, U.S. Office of Special Education Programs Grant H086U60026, 1997-2002.

Appl,D. (2006). First-year early childhood special education teachers and their assistants: "Teaching along with her." *Teaching Exceptional Children,* 38(6), 34-40.

Bridges,W. (1991). *Managing transitions: Making the most of change.* Reading, MA: Addison-Wesley.

Brown, D., Pryzwansky,W., & Schulte,A. (2006). *Psychological consultation: Introduction to theory and practice.* Boston: Allyn & Bacon.

Carroll, D. (2001). Considering paraeducator training, roles, and responsibilities. *Teaching Exceptional Children, 34*(2), 60-64.

Causton-Theoharis, J. & Malmgren, K. (2005). Building bridges:Strategies to help paraprofessionals promote peer interaction. *Teaching Exceptional Children, 37*(6), 18-24.

Dettmer, P.,Thurston, L. P., & Dyck, N. (2002). *Consultation, collaboration and teamwork for students with special needs* (4th ed.). Boston: Allyn & Bacon.

Dinnebeil, L.A., McInerney,W., Roth, J.,& Ramaswamy,V. (2001). Itinerant early childhood special education services. *Journal of Early Intervention, 24*(1), 35-44.

Ellis, D. G. & Fisher, B.A. (1994). *Small group decision making: Communication and the group process* (4th ed.).New York:McGraw-Hill.

French, N. K. (2003). Paraeduators in special education programs. *Focus on Exceptional Children.*

Friend, M. & Cook, L. (2003). *Interactions: Collaboration skills for school professionals* (4th ed.). Boston: Allyn & Bacon.

Frith, G. H. & Mims, A. (1985). Burnout among special education paraprofessionals. *Teaching Exceptional Children,* 17, 225-227.

Frost, L. & Bondy, A. (1994). *The Picture Exchange Communication System.* Cherry Hill, NJ:PECS,Inc.

Gately, S. E. & Gately,F. J. (2001).Understanding co-teaching components. *Teaching Exceptional Children, 33*(4), 4-7.

Giangreco, M. F. & Doyle, M. B. (2002). Students with disabilities and paraprofessional supports: Benefits,balance, and band-aids. *Focus on Exceptional Children, 34*(7), 1-12.

Giangreco,M.F.,Edelman,S.W.,Broer,S.M.,& Doyle,M.B. (2001). Paraprofessional support for students with disabilities: Literature from the past decade. *Exceptional Children, 68*, 45-63.

Giangreco, M. F.,Yuan, S., McKenzie, B., Cameron, P., & Fialka, J. (2005). "Be careful what you wish for . . .": Five reasons to be concerned about the assignment of individual paraprofessionals. *Teaching Exceptional Children, 37*(5),

28-34.

Grisham-Brown, J.,Pretti-Frontczak, K.,Hemmeter,M. L.,& Ridgley,R. (2002).Teaching IEP goals and objectives in the context of classroom routines and activities. *Young Exceptional Children, 6*(1), 18-27.

Guralnick, M. J. (2000). An agenda for change in early childhood inclusion. *Journal of Early Intervention, 23*(4), 213-222.

Hanson, M. J., Horn, E., Sandall, S., Beckman, P., Morgan, M., Marquart, J., et al. (2001). After preschool inclusion: Children's educational pathways over the early school years. *Exceptional Children, 68*(1), 65-83.

Harris, K. & Klein, M. D. (2002). Itinerant consultation in ECSE: Issues and changes. *Journal of Educational and Psychological Consultation,* 13(3), 237-247.

Heron, T. E. & Harris, K. C. (2001). *The educational consultant: Helping professionals, parents and mainstreamed students* (4th ed.). Austin, TX: PRO-ED.

Homans, G. C. (1992). *The human group.* New York: Transaction.

Horn, E., Lieber, J., Li, S. M., Sandall, S., & Schwartz, I. (2000). Supporting young children's IEP goals in inclusive settings through embedded learning opportunities. *Topics in Early Childhood Special Education*, 20, 208-223.

Horn, E., Lieber, J., Sandall, S., & Schwartz, I. (2001). Embedded learning opportunities as an instructional strategy for supporting children's learning in inclusive programs. In M. Ostrosky & S. Sandall (Eds.), *Teaching strategies: What to do to support young children's development* (YEC Monograph No. 3, pp. 59-70). Longmont, CO: Sopris West.

Hoskins, B. (1996). *Developing inclusive schools: A guide.* Port Chester, NY: National Professional Resources.

Idol, L., Nevin, A., & Paolucci-Whitcomb, P. (2000). *Collaborative consultation* (3rd ed.).Austin,TX: PRO-ED.

Klein, M. D., Cook, R., & Richardson-Gibbs,A. M. (2001). *Strategies for including young children with special needs in early childhood settings.* New York:Delmar.

Klein, M. D., Richardson-Gibbs, A. M., Kilpatrick, S., & Harris, K. (2001). *A practical guide for early childhood inclusion support specialists.* Los Angeles: Project Support, California State University Los Angeles, Division of Special Education.

Kurpius, D. (1978). Consultation theory and process:An integrated model. *Personnel and Guidance Journal,* 56, 335-338.

Margolies, H. & McCabe, P. P. (1988). Overcoming resistance through a new remedial program. *The Clearing House, 62*(3),131-134.

Mueller, P. (1997). *The Vermont paraeducator survey.* Retrieved January 15, 2006, from http://www.2nea.org/esp/resource/csppubl.htm

Odom, S. L. (2000). Preschool inclusion:What we know and where we go from here. *Topics in Early Childhood Special Education, 20*(1), 20-27.

Pretti-Frontczak, K., Barr,D., Macy, M., & Carter, A. (2003). Research and resources related to activity-based intervention, embedded learning opportunities, and routines-based instruction. *Topics in Early Childhood Special Education, 23*(1), 24-39.

Warger,C.(2003). *Supporting paraeducators:A summary of current practices* (ERIC Digest #E642).Arlington, VA: ERIC Clearinghouse on Disabilities and Gifted Education. http://ericec.org/digests/ e642.html

Wesley, P. (2002). Early intervention consultants in the classroom. *Young Children, 57*(4), 30-34.

Wesley, P., Buysse,V., & Keyes, L. (2000). Comfort zone revisited: Child characteristics and professional comfort with consultation. *Journal of Early Intervention, 23*(2), 106-115.

Wesley,P.,Buysse,V.,& Skinner,D.(2001).Early interventionists' perspectives on professional comfort as consultants. *Journal of Early Intervention, 24*(2),112-128.

| 역자 소개 |

조용태 대진대학교 아동학과 교수

강미라 한국아동발달교육연구소 소장, 중부대학교 강사

유경미 대진대학교 대학원 특수교육전공 박사과정,
극동대학교, 영진사이버대학교 강사

함현진 대진대학교 대학원 특수교육전공 박사과정, 대진대학교 강사

유아특수교육의 이해

인 쇄 | 2009년 9월 1일 초판 1쇄 인쇄
발 행 | 2009년 9월 5일 초판 1쇄 발행
저 자 | Ruth E. Cook · M. Diane Klein · Annette Tessier
역 자 | 조용태 · 강미라 · 유경미 · 함현진
발행인 | 구본하
발행처 | 도서출판 **박학사**
주 소 | 서울시 마포구 서교동 460-26 동아빌딩 2층
등 록 | 제10-2230호
전 화 | (02)3142-3764~5
팩 스 | (02)3142-3766
정 가 | 23,000원

웹사이트 www.pakhaksa.co.kr
ISBN 978-89-91633-66-7